生产计划与管控

孔繁森◎主编

清华大学出版社
北京

内 容 简 介

本书由三部分组成：第一部分是基础部分，着重介绍工厂及其运作机制，编制生产计划的基本常识性知识，如流水生产的组织、生产线平衡、期量标准以及生产过程的途程规划等；第二部分是编制生产计划的知识，着重从概念术语、程序性知识与计算性知识三个方面阐释了产能计划、总生产计划、主生产计划、库存及物料需求计划的基本原理；第三部分结合工厂运作实际对生产计划的执行和管控的基本知识进行了详细论述。本书可作为高等院校相关课程教材，也适合从事生产管理相关领域的研究人员、咨询师、企业生产管理从业人员参考学习。学习者可以按照知识的不同深度从基础叙述性知识到程序性知识，根据自身情况循序渐进地学习。

本书封面贴有清华大学出版社防伪标签，无标签者不得销售。
版权所有，侵权必究。举报：010-62782989，beiqinquan@tup.tsinghua.edu.cn。

图书在版编目（CIP）数据

生产计划与管控/孔繁森主编. —北京：清华大学出版社，2021.6（2025.1 重印）
21 世纪经济管理精品教材. 管理科学与工程系列
ISBN 978-7-302-57164-3

Ⅰ. ①生… Ⅱ. ①孔… Ⅲ. ①生产计划管理 – 高等学校 – 教材 Ⅳ. ①F406.2

中国版本图书馆 CIP 数据核字(2020)第 259424 号

责任编辑：张　伟
封面设计：李召霞
责任校对：王凤芝
责任印制：沈　露

出版发行：清华大学出版社
网　　址：https://www.tup.com.cn, https://www.wqxuetang.com
地　　址：北京清华大学学研大厦 A 座　　邮　　编：100084
社 总 机：010-83470000　　邮　　购：010-62786544
投稿与读者服务：010-62776969, c-service@tup.tsinghua.edu.cn
质 量 反 馈：010-62772015, zhiliang@tup.tsinghua.edu.cn
课 件 下 载：https://www.tup.com.cn, 010-83470332

印 装 者：涿州市般润文化传播有限公司
经　　销：全国新华书店
开　　本：185mm×260mm　　印 张：31　　字　数：696 千字
版　　次：2021 年 8 月第 1 版　　印　次：2025 年 1 月第 2 次印刷
定　　价：79.00 元

产品编号：088745-01

前言

作者于2003年春季学期开始讲授"生产计划与管控",至今从未间断。在近20年的教学生涯中,作者一直在思考这门课应该传递给学生哪些知识信息,哪些知识应当在大学期间掌握,哪些知识可以留到将来结合自己的具体工作继续学习。面对刚刚走入大学校门、对工厂基本没有认识的学生,如何讲授以工厂运作为背景的生产计划和管控的知识体系呢?

本书在体例安排上体现了作者的一些思考和教学实践。例如,在前面放上了工厂及其运作机制的内容,使学生在进行课程核心内容学习之前对工厂有一个基本的认识;生产准备这部分内容许多教材中都有,而且学生在未来的职业生涯中会根据具体工作继续学习,因此将这部分知识省略。再比如,与能力规划和生产排程紧密相关的生产线平衡这一章的知识点,是工业工程基本理念"改善"的基础,在后续实践教学环节中还会经常用到,因此,对这部分内容进行了扩充。此外,作者因参加了生产计划与管控的企业培训课程,了解相关课程内容。这部分内容既是企业内训课程,通常也是企业面临的管理难题,作者在内容上予以充实,如物料分析与控制等。还有作者在做企业顾问时所形成的经验知识也在教材中有所体现。

本书撰写历时数年,2015年就得到学校教务处"十三五"规划教材的立项。作者在近20年的教学和为企业服务的工作中,不断从书本和生产实践中汲取营养,结合自己的教学实践,考虑学生大学学习与未来实践的关系,遵循循序渐进、便于理解和学习的原则创建新的知识体系,编成此书供学生们学习使用。

1. 本书定位

本书在生产管理的应用领域中主要的作用如下。

(1)为学生、企业生产管理人员提供生产计划与管控的基本概念、常识与实操性知识。

(2)培养学生应用生产计划及其管控知识于生产过程管理的能力。

2. 本书特色

为实现提升国内制造业管理水平和国际竞争力的目标,本书各章采用不同知识等级深度的撰写方式,将各章的知识按照概念、术语、程序性知识及其应用的模式展开,以多元化提供给不同需求的读者。本书分三篇:基础篇、计划篇和控制篇,每一篇都有一个知识地图指明这部分知识在工厂业务范围中的位置,并附综合案例一个,作为大作业,用于对学生进行综合训练。通过训练使学生对本篇教学内容有更深刻的认识。每一章都附一个知识逻辑及其解释,以帮助学生们将知识点联系起来,促进学生对本

3. 本书架构

生产与运作管理领域所涵盖的知识相当广泛，本书仅专注于生产计划及其管控领域知识，并以由浅入深的方式为读者提供相应的叙述性知识、程序性知识及其部分案例应用。为此本书撰写遵循如下原则。

（1）降低知识梯度原则，如面向本科生增设了工厂的运作机制，旨在带领学生熟悉工厂。

（2）限制内容于生产计划及其管控，并将知识深度限制在是什么（know what）和怎么做（know how）范畴，而不过多关注为什么（know why）的问题。

4. 本书读者对象

有兴趣从事生产管理相关领域的大学生、研究生、讲师、咨询师、企业生产管理从业人员，均可从本书中获得专业知识和应用技能。

5. 需要学习生产计划与管控的理由

（1）生产计划与管控是生产与运作管理的核心知识，是一切组织的三个主要职能之一，只有通过学习生产计划与管控，才能明白人们是怎样组织运作生产性企业的。

（2）生产计划与管控是一切组织运作效率、质量最优化、成本最小化的主要环节之一。

（3）学习生产计划与管控可以明白商品和服务是如何生产出来的。

（4）通过学习生产计划与管控，可以理解生产计划与管理者的职责和作用。理解了这一点，才能掌握管理者所必须掌握的决策技巧，对于想在职场有所作为的人来说，这一点是不可或缺的。

需要说明的是，本书作者在教学过程中参考了许多专家和学者的文献，如章月洲老师的网络博文。这些博文实践性很强，摘录传授给学生们，对未来学生们快速适应工作极富价值。还有一些文献的作者，书中并未留名，但是不能因此而忽视他们对生产计划与管控知识体系的贡献，在此一并表示感谢。

此外，还要感谢李昕女士，她在本书的写作过程中给予了作者很大的支持。

感谢吉林大学教务处"十三五"规划教材建设项目的资助。

生产计划与管控知识体系博大精深，制造业发展日新月异，作者虽倾尽全力，仍难免有遗珠之憾，未言及之处，尚祈见谅！期待各位读者、工业工程领域专家学者不吝指教。

孔繁森
2020 年 12 月于长春审苑

目 录

第一篇 基 础 篇

第1章 生产计划与管控基本知识概述 3
    1.1 生产计划的基本概念与分类 3
    1.2 生产计划与管控的发展历程 5
    1.3 生产计划工作的原则与特点 6
    1.4 企业的生产计划体系 7
    1.5 生产计划的指标体系 10
    1.6 生产计划的管理 14
    1.7 生产控制 19
    学生自学要求 26
    即测即练题 27

第2章 工厂及其运作机制 28
    2.1 创造价值的工厂 28
    2.2 企业种类与制造业 30
    2.3 工厂内的主要工作流程 33
    2.4 汽车制造产业链 35
    2.5 通过分类了解工厂Ⅰ 39
    2.6 通过分类了解工厂Ⅱ 40
    2.7 通过分类了解工厂Ⅲ 42
    2.8 顾客的等待时间与生产方式 44
    2.9 产品的制造过程 46
    2.10 工厂的运作机制 47
    2.11 工厂内的物流与信息流 49
    2.12 产品交付消费者的流程 51
    学生自学要求 52
    即测即练题 53

第3章 流水生产的组织 54
    3.1 流水生产概述 54
    3.2 流水生产线组织设计的准备 58

3.3　单一对象流水生产线的组织设计 ……………………………………………… 59
　　3.4　多对象流水生产线的组织设计 ………………………………………………… 68
　　学生自学要求 …………………………………………………………………………… 81
　　即测即练题 ……………………………………………………………………………… 83

第 4 章　生产线平衡 …………………………………………………………………… 84
　　4.1　生产线平衡概述 ………………………………………………………………… 84
　　4.2　生产线平衡需考虑的因素 ……………………………………………………… 87
　　4.3　生产线平衡问题的数学建模法 ………………………………………………… 87
　　4.4　生产线平衡的启发式求解法 …………………………………………………… 91
　　4.5　生产线平衡算法实务 …………………………………………………………… 92
　　4.6　生产线平衡改善的技术方法 …………………………………………………… 104
　　学生自学要求 ………………………………………………………………………… 106
　　即测即练题 …………………………………………………………………………… 108

第 5 章　期量标准 ……………………………………………………………………… 109
　　5.1　期量标准的概念 ………………………………………………………………… 109
　　5.2　大量流水生产的期量标准 ……………………………………………………… 110
　　5.3　成批生产的期量标准 …………………………………………………………… 119
　　5.4　单件小批生产的期量标准 ……………………………………………………… 136
　　学生自学要求 ………………………………………………………………………… 137
　　即测即练题 …………………………………………………………………………… 139

第 6 章　生产过程的途程规划 ………………………………………………………… 140
　　6.1　生产过程途程规划概述 ………………………………………………………… 140
　　6.2　途程规划设计步骤 ……………………………………………………………… 141
　　6.3　途程规划设计方法 ……………………………………………………………… 142
　　6.4　影响途程规划设计的因素 ……………………………………………………… 143
　　6.5　途程规划设计实务 ……………………………………………………………… 144
　　学生自学要求 ………………………………………………………………………… 158
　　即测即练题 …………………………………………………………………………… 160

案例研究 1：某阀门有限公司的流水线设计问题 …………………………………… 161

第二篇　计　划　篇

第 7 章　需求预测与管理 ……………………………………………………………… 167
　　7.1　需求预测与生产计划 …………………………………………………………… 167
　　7.2　需求预测的内容 ………………………………………………………………… 171
　　7.3　需求预测的方法 ………………………………………………………………… 178

7.4 需求管理 ... 189
学生自学要求 ... 195
即测即练题 ... 197

第8章 产能计划 ... 198
8.1 产能概述 ... 198
8.2 生产能力的核定 ... 202
8.3 产能计划 ... 209
学生自学要求 ... 222
即测即练题 ... 224

第9章 总生产计划 ... 225
9.1 总生产计划概述 ... 225
9.2 总生产计划的制订与修正 ... 228
9.3 总生产计划的其他模型 ... 236
9.4 总生产计划的修正 ... 237
9.5 多项产品模型 ... 239
9.6 多站生产计划模型 ... 239
9.7 固定与移动计划期政策 ... 241
9.8 总生产计划的数学规划实务 ... 242
学生自学要求 ... 255
即测即练题 ... 258

第10章 主生产计划 ... 259
10.1 主生产计划的意义 ... 259
10.2 主生产计划与产品定位策略 ... 261
10.3 主生产计划的技巧 ... 263
10.4 与主生产计划相关的时间术语 ... 268
10.5 主生产计划的逻辑模型 ... 278
10.6 主生产计划与最终组装排程 ... 284
10.7 需求管理与主生产计划 ... 287
10.8 主生产计划的问题 ... 288
学生自学要求 ... 290
即测即练题 ... 292

第11章 库存及物料需求计划 ... 293
11.1 库存管理 ... 293
11.2 常用物料和库存计划方法 ... 297
11.3 物料需求计划——MRP ... 303
11.4 MRP、MRPⅡ再到ERP模式的产生发展 ... 329

11.5　供应链管理简介 330
　　学生自学要求 333
　　即测即练题 336

案例研究 2：某玩具公司生产计划安排 337

第三篇　控　制　篇

第 12 章　生产计划的编制 343
　　12.1　主数据的准备 343
　　12.2　总生产计划的编制 344
　　12.3　主生产计划的编制 348
　　12.4　生产作业计划的编制 351
　　12.5　制定车间生产任务的方法 353
　　12.6　车间内部作业计划的编制 360
　　12.7　生产任务的统筹安排 364
　　学生自学要求 367
　　即测即练题 369

第 13 章　生产计划的执行 370
　　13.1　生产计划的执行过程 370
　　13.2　生产排程 377
　　13.3　机器指派问题 387
　　13.4　工作分派 397
　　13.5　生产作业控制 403
　　学生自学要求 407
　　即测即练题 409

第 14 章　物料分析与控制 410
　　14.1　生产数据的统计分析 410
　　14.2　库存分析 414
　　14.3　物料控制 422
　　14.4　Just In Time 生产方式 434
　　14.5　TOC 理论 440
　　14.6　MRP Ⅱ、JIT 和 TOC 的比较 443
　　学生自学要求 447
　　即测即练题 450

第 15 章　工作催查与生产进度控制 451
　　15.1　工作催查 451

15.2 供应商跟催 ···452
15.3 生产进度控制 ··457
15.4 生产瓶颈的控制 ···469
15.5 生产计划变更管理 ··471
15.6 产销协同控制 ··475
学生自学要求 ··477
即测即练题 ···479

案例研究 3：准时化生产模式在某汽车配套公司的应用 ································480

参考文献 ···485

第一篇 基础篇

- 第1章 生产计划与管控基本知识概述
- 第2章 工厂及其运作机制
- 第3章 流水生产的组织
- 第4章 生产线平衡
- 第5章 期量标准
- 第6章 生产过程的途程规划

学习目标：通过本篇的学习知道生产计划和管控相关的工厂运作基本知识和常识，如工厂分类及其运作的机制，理解流水生产组织设计、生产线平衡、途程规划的基本流程和方法，并能应用上述流程和方法进行流水生产线的设计。

学习效益：即使你没有去过工厂，但是通过本篇的学习，你将对工厂略知一二。

第一篇课程内容的安排与知识逻辑

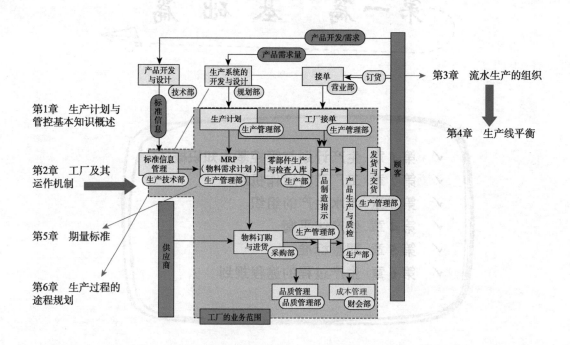

本书是面向本科生教学的。刚刚走出家门的大学生往往缺乏对工厂的认识，那么如何向他们传授以工厂为背景的生产计划与管控领域的专业知识呢？本书第一篇就围绕工厂业务详细介绍与生产计划和管控紧密相关的工厂及其运作基本知识。

第一篇的第1章为生产计划与管控基本知识概述，第5章期量标准详细介绍了生产计划中的常用术语，如需求节拍、生产节拍、生产提前期、生产周期、在制品占用量等计划制订所用期与量的标准，是生产计划的基础。其他章节均围绕工厂及其运作机制展开，第2章的核心是通过分类了解工厂，第3章和第4章则在第2章的基础上进一步详细阐述了离散制造业典型流水生产组织的设计规划、生产线平衡等与产能规划和生产组织紧密相关的知识；第6章生产过程途程规划的含义是指产品由原料到成品所经过的一连串制造过程的安排。生产过程途程规划的目的在于决定制造过程的操作方法、机器的负荷与人工的使用，并设法使制造产品的时间最短、生产路线最短、成本最低、品质优良、机器负荷平均。第2、3、4、6章是产能规划、总生产计划、生产控制的知识基础。

第 1 章

生产计划与管控基本知识概述

【学习目标】 了解生产计划与管控的基本概念和术语,掌握生产计划、生产控制在企业运营管理中的作用,它们之间的联系以及在不同类型企业、产品发展的不同阶段的使用方法等。

【学习效益】 对生产计划与管控这门课的知识体系有一个整体认识,明确课程学习的内容和价值。

1.1 生产计划的基本概念与分类

生产计划是指企业为达到经营目的,建立起的一套有组织、有计划的推行生产活动,即在开始生产产品之前,企业根据市场、资金来源与劳力来源,将所欲生产的制品种类、数量、品质、生产方式、生产地点、生产周期设计一套最合理的计划。

生产活动的具体成果可以用以下三个条件来衡量。

(1)品种—质量:不同的品种可满足客户不同的需求,企业应随时提供实用的、具有独特造型的商品。商品应具有良好的质量,经久耐用。

(2)成本—价格:市场需要价廉物美的商品,制造成本的投入和转换资本过程取决于管理的水平,技术、质量和产量是赢得市场的决定因素。价格决定市场,利润决定企业。

(3)交货期—数量:任何商品都有时效期。整合经济活动一定涉及时间、数量。没有量保证不了供需关系,会失去信用。因此保证如期交付给客户预订的产品数量是企业的生命。

上述三个条件的特性是企业存在的必然目标产生的。因此,为了保证三个条件,必须投入人、机器设备和材料这三个生产要素。

生产计划是指既可满足客户要求的三要素:交期、品质、成本,又可使企业获利,而对生产的三要素:材料、人员、机器设备进行确切准备、分配及使用的计划,如图1-1 所示。

1.1.1 按时间分类

按时间,生产计划可分为年度计划、月(季)度计划、周计划和日计划。

年度计划,是对未来一年的工作所做的计划,其中涉及产值(产量)、设备、工艺、人员、场地、品质、管理改善等方面的内容。

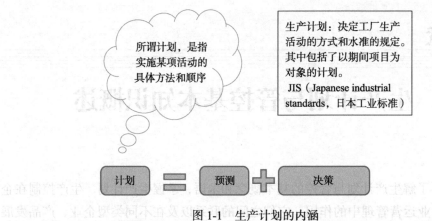

图 1-1　生产计划的内涵

月（季）度计划，是对每月（季）度的工作所做的计划，比年度计划更为具体，主要包括具体订单的排程、产值目标、售货员配置等。生产系统的月计划应当配有生产计划表。

周计划，是更为细致的计划，主要明确生产进度，以及必要的人员、材料配备。每个部门都应有周计划，把每周的工作实施的效果知会到每周管理例会上，有些部门的分支机构有早会制度。会议时间一般不会很长，主要是获得需求的支援和推广合理化建议，为生产做好前期预备，会议本身就是控制调整手段。

日计划，根据月计划和周计划而制订出生产的日计划，主要明确各车间、各班组（工序）的日生产任务，明确每个员工的当日工作量，一般在每日上班前或前一天下班前在各班组的公告板公布，旨在使员工清楚地知晓自己的目标和重要性。

1.1.2　按部门分类

按部门，生产计划可分为生产部计划、车间计划、班组计划。

生产部计划，是由生产部所制订的整个生产系统的总体计划，包括年度计划、季度计划和月度计划等，是所属各部门制订一切计划的基础，是指导生产的纲领性文件。

车间计划，是各车间在生产部总体工作计划的基础上，根据本车间的工作任务所制订的分解性计划，即生产作业明细计划，包括明确的品种、数量、完成日期。其各项要求更细致，完成时间更为确切。制订计划时，要充分地考虑和确认人员、设备、工艺、物料等方面的即时情况，要有可控制性的保证举措，以利于新增生产任务的落实。

班组计划，比车间计划更具体，将计划落实到个人，明确规定每天的工作任务。班组计划中的工作任务分配，时间跨度不宜超过一周。计划要比较准确，应保持其严肃性，没有大的变化，一般不做改动。

1.1.3　按内容分类

按内容，生产计划可分为生产进度计划、设备配置计划、人员配置计划等。

生产进度计划，是生产部所制订的重点计划之一。它大多以表格形式详尽说明各订单的排程情况、各车间交接的时间和具体要求等。生产进度计划一般每月制订一次，于上月末下发，必要时（如插单、订单改期等）进行统一的修改。

设备配置计划，根据需要而制订，主要包括所需设备的名称、数量、需求原因（产销关系）、需求时间以及性能要求等。

人员配置计划，根据生产需要而制订，主要包括所需人员的部门、数量、要求、到位时间等。

1.2 生产计划与管控的发展历程

生产计划最初来源于生产控制与库存控制。生产控制是从生产实践中逐步发展起来的。最初生产控制由生产线主管人员完成；随着业务量的增加，工作分离出来由专门的文员承担，文员又发展成为催货员、调度员；到19世纪90年代，工业企业出现了专门的生产控制部门。

库存控制理论的发展。

1915年，经济批量的基本概念发表。

1934年，R.H.Wilson提出确定订货点的统计方法。然而，这些相当复杂的库存管理方法却很少被应用。

第二次世界大战期间，为解决战争物资的调配问题产生了运筹学。战后，运筹学专家的注意力集中到了生产与库存控制问题上，于是运筹学开始用于生产过程中的预测、库存控制、线性规划等方面。但是运筹学并未在生产控制中起多大作用，只是促进了一些生产控制、库存控制理论的发展。

20世纪50年代后期，工业生产中已广泛使用电子计算机，于是生产控制中也开始用计算机来处理各种信息与数据。由于大多数人只重视计算机装置本身，而忽略了手工干预的重要性，以致计算机在生产控制与库存控制中没有很好地利用起来。

1957年，27名生产与库存控制工作者集会于Cleveland并创建了美国生产与库存控制协会（APICS）。美国生产与库存控制协会通过它的杂志、训练手段、特别报告、支部会议与研讨会、地区性会议以及每年一度的国际会议，促进了生产与库存控制的发展。

同时，该领域有了一本辞典，对一些名词加以定义，文献被编入一系列文献目录；建立了教育与研究基金会以扩充知识主体，设立了一个学术联络委员会，促进实际工作者与学术界之间的沟通。于是产生了物料控制，后来又更名为制造控制（manufacturing control），在许多公司出现了叫作物料管理的组织结构。今日的制造控制中改进作业的计划与控制仍被认为是不可缺少的。

后来，制造控制从一组简单的日常零星工作演变到如今接近于管理上注意力的焦点。先进的高层主管人员开始认识到，需要健全职能去计划与控制工厂的作业。计算机的到来使其具有了可行性。然而许多公司发现，难以充分利用这些可能性，主要原因是它们收集与掌握的信息很零乱、不规范。同时，它们发现产品越来越复杂，成本与服务的竞争压力也越来越大，用人工的、支离破碎的系统去管理制造控制是不可行的。

20世纪60年代，制造计划与控制理论想打破传统的采购订单作业模式（即先发出采购订单,然后按订单先后顺序催促交货),设计出了计算机程序来管理库存记录与计算所需的经济订货量与安全库存(目的是为需求与提前期中不可避免的变化做缓冲)。

1965 年,J.A.Orlicky 提出了独立需求与相关需求的概念。独立需求描述的是:与一家公司的库存中其他物品的需求无关的成品或组件需求。其特征是客户对成品、中介体或服务件的订货。相关需求描述的是:直接由生产母物品或其他伴随物品的日程计划所确定的物品的任何需求。其特征是分解的原料、采购的或自制的零件以及自制的子装配件和附件。

同时,Orlicky 建议,不同的需求应该采用不同的计划方法或订货方式。独立需求可以采用传统的或分时段的订货点方法来确定订货(预测)数量。相关需求可以采用物料需求计划(MRP)方法计算。

在 20 世纪 70 年代人们已经认识到影响制造计划与控制的是订单的准确交货日期。于是产生了一种新的计划方法:根据物料清单中父件与子件的配置关系以及控制订单优先级的提前期进行分解安排物料到货与生产进度以保证订单及时交货,即应用计算机的 MRP 理论。

直到 20 世纪 80 年代初期,随着计算机技术的发展,MRP 才得到广泛的应用与发展。MRP 理论经历了从 MRP 到闭环 MRP 再到 MRP Ⅱ 的发展历程。

到 20 世纪 90 年代,客户的需求越来越个性化,交货周期缩短,产品生命周期缩短,竞争越来越激烈,整个世界出现了经济一体化特征,这些变化对企业参与竞争的能力提出了更高的要求。在这种市场环境里,仅靠一个企业所拥有的资源是不够的,于是出现了"横向一体化"(也称"水平分工")。

"横向一体化"形成了一条从供应商到制造商再到分销商的贯穿所有企业的"链"。于是便产生了供应链管理(supply chain management)这一新的经营与运作模式。这时的市场竞争不再是单一企业的竞争,而是供应链之间的竞争。

这时以面向企业内部信息集成为主的 MRP Ⅱ 系统已不能满足企业多元化(多行业)、跨地区、多供应和销售渠道的全球化经营管理模式的要求。供应链管理的出现促进了企业资源计划(enterprise resources planning,ERP)的发展。ERP 着眼于供应链管理,在 MRP Ⅱ 基础上增加了一些适应供应链管理需求的新功能。

总之,从管理信息集成的角度来看,从 MRP 到 MRP Ⅱ 再到 ERP,是制造业管理信息集成的不断扩展和深化,每一次进展都是一次质的飞跃,生产计划方法一直随着信息技术和现代管理思想的发展而不断改进。

1.3 生产计划工作的原则与特点

生产计划是对企业生产系统进行的总体计划。它反映了在计划期内应达到的产品品种、质量、生产进度及相关布置等问题,对生产工作的具体开展具有指导作用。

1.3.1 生产计划工作的原则

生产计划工作是指通过一系列的综合平衡工作,来完成生产计划的制订。生产计划制订时应遵循的原则如表 1-1 所示。

表 1-1　生产计划制订时应遵循的原则

原则	具体说明
效益性	制订生产计划，要在确定盈利水平的前提下，确定生产计划的各项指标，充分地挖掘企业潜力，充分利用企业的人力、物力、财力并努力降低各种消耗
刚性和柔性	生产计划是企业的行动纲领，一经确定，就要坚持执行不能轻易变动，否则就会扰乱企业的生产程序，影响市场供应次序和员工的情绪。但是，一旦市场需求发生变化，企业必须因势利导，快速响应，以尽快抢占市场，获取销售先机

1.3.2　生产计划工作的特点

生产计划按照计划期时间的长短可分为长期计划、中期计划和短期计划。各类计划的特点如表 1-2 所示。

表 1-2　各类计划的特点

特点	长期计划	中期计划	短期计划
计划任务	制订组织目标和资源计划	合理利用资源	执行中期计划
管理层次	高层	中层	基层
时间跨度	3～5 年	1 年	≤6 个月
内容	概括型	框架型	详细、具体
不确定性	高	中	低
决策变量	生产规模、厂址选择、设备选择、供应商选择、职工培训、生产类型、库存管理类型的确定	设备、劳动力工作时间、劳动力数量、库存水平、外包任务量、生产速率等的确定	产品型号、产品数量、产品生产顺序、生产地点、生产时间、物料控制方式的确定

各种计划工作的重点是实现每一阶段工作的平衡。例如，在长期计划工作中，要做好企业目标与企业资源计划、市场预测和企业财务计划之间的平衡。

1.4　企业的生产计划体系

通常，"生产计划"一词往往被狭义地理解为制造部门内部活动的计划，实际上，它还应包括为上述生产活动提供基础和将经营计划具体实施的内容。换句话说，生产计划是为了确定工厂生产方向和体制制订的计划。

这种计划与销售、技术、财务等计划密切相关，同时，将它们综合起来，就可以成为整个经营计划，所以说，生产计划是经营计划的一个环节。过去也存在着这样一种倾向，即把上述这些计划都作为"生产计划以前的问题"，同狭义的生产计划分别进行考虑，而实际上，技术部门的现场支持和生产中遇到的购买等实际问题，都是相互协作的关系。如果不把两者密切地结合起来进行考虑，那就不能有效地组织生产活动。

企业的长期计划、中期计划、短期计划之间互相紧密联系和协调配合，便构成了一套企业生产计划体系。企业的生产计划体系如图 1-2 所示。

层面不同，其计划所面临的环境因素各不相同，其各自的任务、管理层次、计划方式和面临的问题也有所不同。

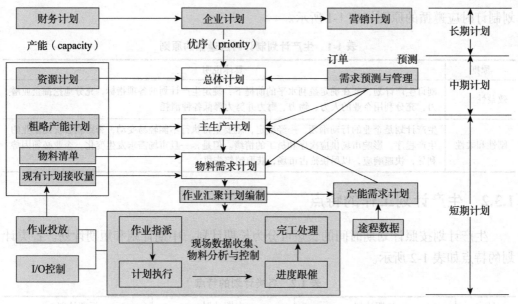

图 1-2 企业的生产计划体系

1.4.1 长期计划

长期计划一般为 3~5 年，甚至可以更长。它是企业对生产、技术及财务等方面的规划，并提出企业的长远发展目标以及为实现目标所制订的战略计划。长期计划是在产品级上进行的，是基于用户订单或销售预测制订。这是因为此时的产品数量和交货期数据通常都是不精确的，而且在大多数情况下还没有关于产品结构和工艺流程的准确说明。

制订长期计划，首先要对技术、经济和政治环境进行分析，作出发展预测，确定企业发展的总目标，如总产量、总产值、利润、质量及品种等的增长速度和应达到的水平。企业长期生产计划的内容如表 1-3 所示。

表 1-3 企业长期生产计划的内容

计划内容	具体说明
经营预测	确定企业的经营领域、经营方向、产品门类、产品系列、产品质量、产品水平及市场渗透策略
资源发展计划	确定实现企业的组织目标和战略计划所需增加的生产资源，进行相应生产方式的变更以及生产能力发展的规划
财务计划	从资金需要量和投资回报等方面，对以上计划进行分析，确定计划的可行性和营利性

1.4.2 中期计划

进行中期计划的必要条件有：产品图纸和物料清单。在进行计划时，根据物料清单计算出所需要的部件、零件的数量及计划交货期。然后根据物料清单计算得到相关的自制件和采购件需求，这个需求决定了下一个工序的生产周期。这样计算得到的毛需求要在每个时间段内与零件的库存进行比较，从而得到净需求。

如果在某个时间段内有多个任务需要同样的物料，则要将其根据成本最小的原则合并成一个经济订单（经济订货数量或经济批量）。

中期计划一般为 1 年。在该计划中，不仅要做好生产任务与生产能力之间的平衡、生产与生产技术准备工作之间的平衡，还要处理好生产与成本、效益之间的关系。中期计划主要包括两种：生产计划大纲和主生产计划。企业中期计划的种类如表 1-4 所示。

表 1-4　企业中期计划的种类

计划类别	具体说明
生产计划大纲	规定企业在计划年度内的生产目标，用一系列指标来表示，规定企业在品种、质量、产量和产值等方面应达到的水平
主生产计划	确定每一具体的最终产品在每一具体时间段内生产数量的计划。主生产计划一般每隔半年编制一次

制订主生产计划之后，企业要对每一种自制零件根据其工艺计划制订作业计划、分配任务到每个能力中心并制订能力计划以消除负荷的高峰和低谷，以确保计划的可行性。

1.4.3　短期计划

短期计划的时间在 6 个月以下，一般为月计划或跨月计划。短期计划包括物料需求计划、生产能力计划、装配计划以及车间作业计划。企业短期计划的种类如表 1-5 所示。

表 1-5　企业短期计划的种类

计划类别	具体说明
物料需求计划	按产品生产计划分解为物料的需要数量和需要时间的计划以及物料投入生产或提出采购申请的计划
生产能力计划	又称设备负荷计划，根据工艺和工时，预估各工作中心（设备组）在各时间周期中的生产能力，然后结合实际生产能力，编制车间的生产能力计划
装配计划	将零部件装配为成品过程的规划。在制订该计划的过程中，要考虑总装配时间和节拍的限制
车间作业计划	车间作业主要包括作业分派、调度，以及生产进度的控制与统计工作。此外，还需针对外协物料编制物料供应计划，并对其进行控制

短期计划确保生产任务能按期完成，为整个生产计划的有效实施奠定了基础。在短期计划阶段要对每个能力中心上的每个工序进行调度。在这个阶段，两个很重要的目标是降低成本和提高计划性能，如根据总的准备时间最少的原则对工作中心前的任务排序。任务分发是任务处理的下一个步骤，它们和反馈系统一起组成生产活动控制系统。

对于制造企业来说，生产计划是生产管理的重要组成部分。为确保生产计划的顺利实施，企业还要设计明确各种生产计划指标，使计划的实施与评估工作有据可依。

1.5 生产计划的指标体系

生产计划的主要指标包括产品品种、产品质量、产品产值和产品产量四个方面。

1.5.1 产品品种指标

产品品种指标是指企业生产产品的名称、型号、规格和种类。它不仅可以体现企业对社会需求的满足能力，也可以体现企业的专业化水平和管理水平。

在设定产品品种指标时，企业常采用两种方法：产品系列结构管理法和收入—利润分析法。

1. 产品系列结构管理法

产品系列结构管理法也称波士顿矩阵、四象限分析法等，是美国波士顿咨询公司创始人乔鲁斯·亨德森于 1970 年提出的一种用来分析和规划企业产品种类的方法。波士顿矩阵如图 1-3 所示。

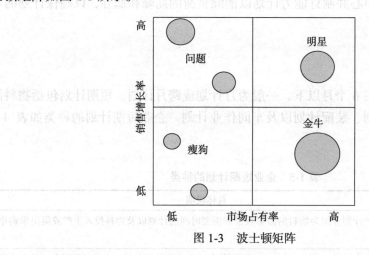

图 1-3 波士顿矩阵

在市场占有率与销售增长率两个因素的相互作用下，出现四种不同性质的产品类型，形成四种不同的产品发展趋势。四种产品的发展趋势说明如表 1-6 所示。

表 1-6 四种产品的发展趋势说明

产品类别	类型说明	发展趋势
明星类产品	指销售增长率和市场占有率均高的产品	这类产品可能成为企业的金牛产品，需要加大投资以支持其迅速发展
问题类产品	指销售增长率高、市场占有率低的产品	销售增长率高说明市场机会大、前景好；而市场占有率低说明企业在市场营销上存在问题。需要针对营销问题进行改善
瘦狗类产品	指销售增长率和市场占有率均低的产品	这类产品利润率低，处于保本或亏损状态，负债比率高，无法为企业带来收益。企业应逐步将此类产品撤出市场，以降低亏损或亏损的风险
金牛类产品	指销售增长率低、市场占有率高的产品	这类产品销售量大、利润率高、负债比率低，是企业回收资金、支持明星类产品投资的后盾。企业要尽量对其设备进行投资，并压缩其他无关项目投资，采用"榨油式"方法，争取在短时间内获取更多利润

在实际使用中，企业可将产品按各自的销售增长率和市场占有率归入不同象限，使企业现有产品组合一目了然。

这种方法的目的是使企业的产品种类及结构适合市场需求的变化，以及将有限的资源合理分配到产品中去，以确保企业受益。

具体使用波士顿矩阵可参照以下两个基本步骤。

第一，核算企业各种产品的销售增长率和市场占有率。销售增长率可以用本企业产品的销售额或销售增长率表示，时间可以是 1 年或者更长时间。市场占有率可以用相对市场占有率或者绝对市场占有率表示，要依据最新的资料进行计算。绝对市场占有率或相对市场占有率的基本计算公式为

　某产品绝对市场占有率 = 该产品本企业销售量/该产品市场销售总量
　某产品相对市场占有率 = 该产品本企业市场占有率/
　　　　　　　　　　　　该产品市场占有份额最大者或特定竞争对手的市场占有率

第二，绘制四象限图。以 10% 的销售增长率和 20% 的市场占有率为例（也可以根据企业实际情况而定），将坐标系划分为四个象限。将企业全部产品按销售增长率和市场占有率的大小，在坐标图上标出其相应位置，再按每种产品当年销售额的多少，绘成面积不等的圆圈。

根据上述步骤，可绘制某企业的产品结构图，如图 1-4 所示。

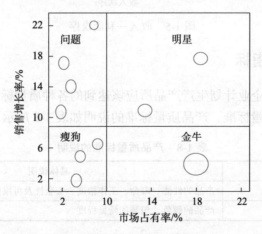

图 1-4　某企业的产品结构图

由图 1-4 可见，该企业只有一个金牛业务，这说明其财务状况极为脆弱。市场环境一旦变化，将可能导致这项业务的市场份额下降，企业就不得不从其他业务中抽回现金来维持现有的"金牛"产品的领导地位，否则强壮的"金牛"也可能会变弱，甚至成为"瘦狗"。

2. 收入—利润分析法

对收入和利润进行分析时，要将企业生产的每种产品按照销售收入和利润进行排序，然后将排序结果填入绘制好的收入—利润坐标上，针对产品所处的位置加以分析。

某企业生产五种产品的销售收入、利润的排序如表 1-7 所示。

表 1-7 某企业生产五种产品的销售收入、利润的排序

销售收入和利润		A	B	C	D	E
销售收入	万元	80	100	50	75	65
	排序	2	1	5	3	4
利润	万元	18	10	2.5	12.5	7.5
	排序	1	3	5	2	4

将每种产品销售收入和利润的排序填入绘制好的收入—利润坐标上，如图 1-5 所示。

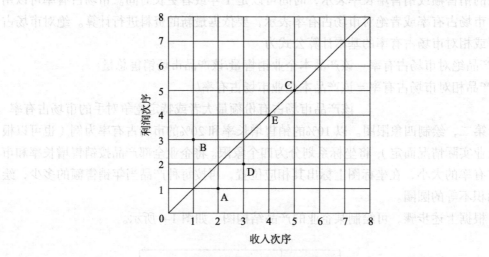

图 1-5 收入—利润次序

1.5.2 产品质量指标

产品质量指标是企业计划生产产品所应该达到的各种质量标准。质量标准包括内在质量标准和外在质量标准。产品质量标准的说明如表 1-8 所示。

表 1-8 产品质量标准的说明

质量标准	具体说明
内在质量标准	产品的性能、寿命、工作精度、安全性及可维修性
外在质量标准	产品的颜色、包装的精良程度

产品的质量标准分为若干个等级，出口产品要符合国际标准，内销产品要符合国家标准、行业标准及合同规定标准等，通常以等级品率来表示，如一等品率、合格品率等。

确定产品的质量标准时应考虑产品质量与企业盈利之间的关系。产品质量与企业盈利、生产成本之间的关系如图 1-6 所示。

由图 1-6 可以看出，产品质量位于 Q_A 点时，企业的获利最多。因此，产品设计人员在设计产品的质量标准时，要充分考虑企业的盈利水平并控制生产成本。

1.5.3 产品产值指标

产品产值指标是企业生产计划指标的主要内容之一，是用货币表示的产量指标，

综合反映了企业生产经营活动的成果。

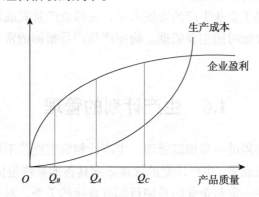

图 1-6 产品质量与企业盈利、生产成本之间的关系

1. 产品产值

产品产值是指企业在计划期生产的可供销售的产品的价值,包括用自备原料或供应商提供的零部件所生产的成品和半成品的价值。产品价值一般按照现行价值计算,其计算公式如下:

$$P_{产} = \sum_{i=1}^{3} P_i \tag{1-1}$$

式中：$P_{产}$ 为商品价值。

2. 总产值

总产值是用货币表示的企业在计划期内完成的工作总量。总产值除产品产值外,还包括自制工具、在制品、模具的期初结存量差额的价值,以及来料加工的材料价值。总产值反映了企业的生产规模和速度等,其计算公式如下:

$$P_{总} = P_{产} + P_{料} + (H_2 - H_1) + (H_4 - H_3) \tag{1-2}$$

式中：$P_{产}$ 为企业在计划期内完成的工作总量；$P_{料}$ 为来料加工的材料价值；H_2 为计划期初在制品的价值；H_1 为计划期末在制品的价值；H_4 为计划期初自制工具和模具的价值；H_3 为计划期末自制工具和模具的价值。

3. 净产值

净产值是指企业在计划期内创造的新价值。在总产值中把转移的生产资料的价值去除,就是净产值。其计算方法如下:

$$P_{净} = P_{总} - \sum P_{物耗} \tag{1-3}$$

式中：$\sum P_{物耗}$ 为各种物资消耗的价值之和。

1.5.4 产品产量指标

产品产量指标是指企业在计划期内生产的、可供销售的合格产品的数量。例如,某企业 2020 年的产量指标是各种化肥、复合肥的产量 150 万吨以上。产量指标一般以实物单位计量。当品种较多时,可将产品的主要技术参数换算成统一的计量单位,如

电动机用台（千瓦）、拖拉机用台（马力）等。

产品产量指标反映了企业生产的发展水平，是检查产量完成情况、分析产品抽检比例和进行产品平衡分配时的主要依据。确定产品产量指标的常见方法有盈亏平衡分析法等。

1.6 生产计划的管理

实施生产计划后必须进一步加以管理。生产计划的实施若不加以管理，则必定会降低生产计划的价值或成果。生产计划的管理必须具备的要件包括责任、管理与控制、组织。优良的生产计划一定与企业的长期目标有直接的关系。对生产计划加以管理，容易使企业达到长期目标。因此生产计划的管理所必须具备的任何一种要件，对企业长期目标的达成都有相当的助益。

1.6.1 责任

生产计划所涉及的责任问题广泛地分散在生产组织当中，即组织里的每一成员多多少少应对企业生产计划的成败得失负一些责任。由于不同的管理水平所计划出来的企业目标不同，这些不同管理水平计划出来的目标集合起来便成为企业的短期或长期的生产计划。

一般而言，高层管理者负责长期计划的活动，基层管理者负责短期计划的活动。而中层管理者参与长期计划的活动，并对整个企业的生产计划加以管制。

在参与计划时，两种不同管理水平掌管企业不同的活动领域。表 1-9 为不同管理水平对不同计划领域所负的责任。

表 1-9　不同管理水平对不同计划领域所负的责任

高层管理（长期计划）	基层管理（短期计划）
长期策略 长期利润 产品组合 人力 投资设备	市场活动： 1. 市场调查 2. 广告、增广销路 3. 销售水准 工程： 1. 研究与发展计划 2. 新产品发展计划 3. 成本降低分析与重设计 生产： 1. 生产方法 2. 制造日程的安排 3. 工具设备

1.6.2 管理与控制

有效的计划必须加以适当的管理与控制。没有正确的方向指引，计划者就无法设定有意义的目标，同时也不能够建立起实现企业目标的策略。

1. 时间为必备条件

制订良好的发展计划需要耗用大量的时间。在目标的发展、策略与长期计划上拟订全面生产计划要花掉 1～2 个月的时间。此外，还要花两三个月的时间在短期计划或年度预算上。

2. 管理上的支持

高层管理者必须支持组织成员在生产计划上所做的努力。管理上的支持必须对目标与策略有所贡献。高层管理人员必须要求一线人员切实执行这些计划。

3. 参与性的计划

生产计划并非只是高层管理者的工作。有关的人员应尽可能地参与生产计划的发展工作。参与性的计划主要有两种好处：计划较真实，也较容易了解；计划的管理较单纯，组织的成员对计划的接受性大。

4. 计划的统一

企业里所有大大小小的计划应统一起来，如此整个生产计划才有中心，企业生产计划的价值才会提高。企业大大小小的计划是以利润为中心或前提的，通过利润这一中心将企业内部所有计划统一起来。

5. 会计部门在生产计划中所扮演的角色

既然生产计划用来作为生产活动管制的工具，而会计资料又足以反映出生产计划实施的成果以及生产计划目标的完成情况，因此会计部门在每月或每季度的生产计划执行报告中也就自然而然扮演着重要的角色。例如投资报酬率的高低、利润率的多寡、销售额的成本率等，这些均足以反映生产计划实施的成果。

1.6.3 组织

适当的组织有助于生产计划的推行。生产计划各层的负责人知道他们的责任，并且企业组织结构必须便于他们履行责任。

1. 生产计划责任的划分

除以董事会或总经理为首的直线组织外，事实上，没有人能对整个生产计划负全部的责任。生产计划是整个企业组织的工作，因此全面生产计划的责任应由整个企业组织层负责。高层管理者负责长期计划，而基层管理者负责短期计划（表1-9）。

2. 功能性责任的划分

以生产为例，在生产当中所必须履行的功能大致可分为三类：计划、管制与操作。虽然所有的部门对生产计划多少有所贡献，但是参加生产计划最主要的是制造工程、工业工程、生产计划等部门的人员以及一些适用的记录与资料。管制工作包括生产管制、品质管制与工业工程标准的维护。操作涉及直线生产组织的人员（图1-7）。

图1-7 所表示的生产功能的分类是依照"计划与管制"将工业工程划分为工业工程方法与工业工程标准，这种分类方法可能不太符合实际需要。若从管理的角度考虑，

依照"计划、管制与操作"来划分更有意义。

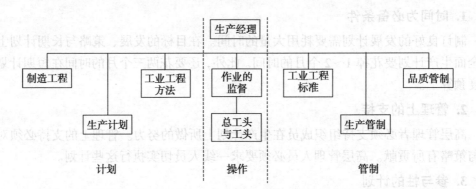

图 1-7 生产功能的分类

3. 生产计划部的组织架构

生产计划部的组织架构,是依照生产计划部在企业中的地位和承担的任务而定的,具体如图 1-8 所示。

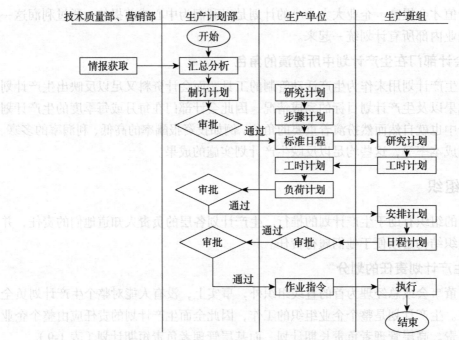

图 1-8 生产计划部在企业中的地位和承担的任务

由图 1-8 可以看出,企业的生产活动起始于生产计划部。生产计划部的组织架构如图 1-9 所示。

一般情况下,生产计划部的主要工作流程如下。

(1)计划员将收到的订单编号、客户编号、已核实的物料数量和型号,交付物流管理人员核查物料库存状态。对无库存物料,要及时向采购部下达请购单。

(2)计划员根据每日的交货计划,对生产能力作出调整,以确保生产活动正常进行，满足客户要求。

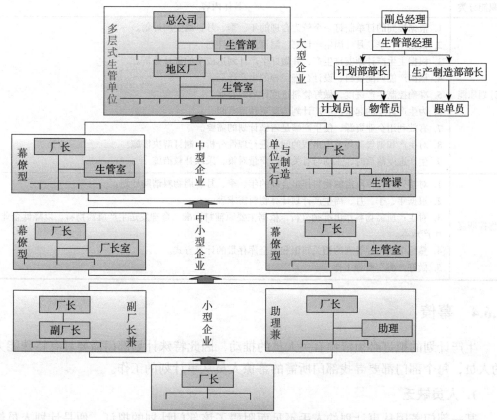

图 1-9　生产计划部的组织架构

（3）生产调度员根据订单交货期制订生产排程计划，开具生产调度计划单，并立即组织生产。

（4）跟单员在计划进入生产流程后，应监督各工序按计划生产，确保各工序在交货期前按质、按量完成。

（5）物料管理人员应确保每日生产物料的供应，督促采购员及时采购到第二天生产所需的物料。

一般情况下，计划员的人数不宜太多，以免在遇到问题时相互推诿。某企业生产计划部的人员编制如表 1-10 所示。

表 1-10　某企业生产计划部的人员编制　　　　　　　　　　　　　　　人

职别	计划部				物管部		合计
	经理	组长	计划员	跟单员	物管员	跟单员	
经理	2	—	2	1	1	1	7
组长	—	1	—	—	—	—	1
小计	2	1	2	1	1	1	8

4. 生产计划部的职能要求

生产计划部的职能主要包括计划职能和物控职能两个方面，如表 1-11 所示。

表 1-11　生产计划部的职能

职能分类	具体内容
计划职能	1. 根据接到的订单制订一个较为合理的年、季、月、周生产计划。 2. 根据年、季、月、周生产计划，制订主生产计划。 3. 根据主生产计划安排生产，并做好生产计划达成率的统计分析。 4. 根据产能匹配资料，设计合理完善的生产计划。 5. 准确控制生产进度，做好物料进度计划的督促。 6. 为生产订单的起伏、生产计划的变更预留空间。 7. 有效利用企业资源，使生产满足营销计划的需要。 8. 对生产和销售等环节中出现的问题进行理性分析，制订解决措施。 9. 生产进度落后时，主动与有关部门商量对策，采取补救措施。
物控职能	1. 对接到的订单所需的物料作出合理的年、季、月、周物料请购计划。 2. 根据年、季、月、周生产计划计算物料需求表。 3. 对生产所需物料作出准确分析，依据主要原辅料标准，合理发送生产所需物料，以降低企业生产成本。 4. 熟练掌握库存管理的相关知识和安全库存量的计算方式。 5. 做好"6S"管理工作

1.6.4　幕僚

生产计划的拟订必须依赖有关人员的推动，因此特殊计划部门需要具有特殊能力的人员，每个部门都要寻找部门所需的幕僚人员从事计划的工作。

1. 人员缺乏

某一部门若因从事计划的人手不足而阻碍了该部门计划的拟订，便是计划人员缺乏的现象。有些企业原就有一些经验丰富的管理人员、工程人员与操作人员，但是因为环境快速改变，原有的经验不足以应付新的环境，因此能力高强的管理人员、工程人员与领导干部就有匮乏之感。计划人员的缺乏尤为严重，因此对于计划人员的培养与选择就显得十分重要。

2. 人员的选择

生产计划到底需要哪种计划人员？最主要的生产计划人员必须能够熟悉企业生产整个作业程序，能够洞察整个企业的生产体系。任何人都能拟订生产计划，问题在于，由于能力的差异拟订出来的生产计划也有好坏之分。因此好的生产计划人员必须具备以下两种能力。

（1）洞察能力。洞察能力因人而异。有的人在工厂里待得很久，但对工厂的情形了解不多；而有的人在工厂里只待了很短的时间，对工厂的情形却了解得十分清楚。后者属于有洞察能力的人。无疑，具有洞察能力的人比缺乏洞察能力的人更适合担负生产计划的拟订工作。有洞察能力的人在了解工厂全部内容后，能够重新安排与组织工厂内所有的部门，使工厂的潜力充分发挥。这种能力构成了生产计划能力当中最有价值的部分。

（2）类比推理能力。类比推理能力配合着洞察能力能使人们将目前的情况与其他情况加以比较，或将其他情况的一部分转换为目前的情况，因而推测出全新的情况。

类比推理能力与洞察能力加上少许的归纳与演绎的技巧,就能设计出生产计划的一些可行方案。然后对这些可行方案加以评核,最后选取最有利的可行方案作为生产计划的实施方案。在技术情况、生产人员与市场因素不断变动之中,生产计划人员应时时设法寻找一些可行方案,从中选取最可行的方案。如此,企业才会维持稳定的成长。因此类比推理能力与洞察能力对生产计划人员是不可缺少的。

1.7 生产控制

同样,欲完成生产控制(production control),必须制订计划,而计划与控制循环相生,永无止境而生成生产管理周期(production management cycle),如图1-10所示。

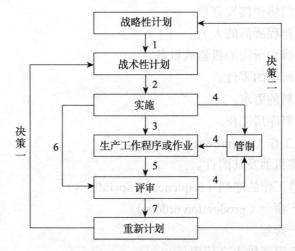

图1-10 生产管理周期

战略性计划(strategic planning)指公司政策性的决策计划,如厂房的扩充、分厂的设立、市场的拓展等,若以某一工厂而言,则属于工厂布置(plant layout)方面的计划;而战术性计划(tactical planning)属于较小的决策计划,如工作的再设计、机器变动、输入原物料的多寡等。计划制订后,经实施(implementation)与生产工作程序或作业(operations)后所得之输出成品或服务,借品质管理的检查报告等给予评审(evaluation),如需变更,可借控制(如图1-10中第4线)予以纠正,或者更改其检查方法(如图1-10中第6线)或重新计划(re-planning),由决策一变更战术性计划或由决策二变更战略性计划完成控制。一般而言,决策二很少使用,决策一其次,而控制才是最常用的。

1.7.1 生产控制的目的

(1)尽量满足顾客需求(maximum customer service)。
(2)使库存投资最低(minimum inventory investment)。
(3)使工厂效率最高、成本最低(efficient or law-cost plant operation)。

这三项实际上相互冲突:欲满足客户不断变化的需求,必须提高库存量(inventory

level），工厂生产必须具有柔性，并经常变更生产排程（schedules）。相反，若使生产效率最高、成本最低，则必须重新对系统进行调整（set-up），大量生产，将产品库存量增高，又不易应对客户的需求。同理，欲使库存投资最低，则必须经常变更生产，且难满足客户需求。

1.7.2 生产控制部门之职责

美国生产与库存控制协会与《工厂杂志》（*Factory Magazine*）协同调查生产控制部门职责。调查表明，有关生产控制部门的主要工作有以下几个方面。

（1）协助决定未来销售量。
（2）估计新工作成本。
（3）与销售部门协调接发订单。
（4）决定未来排程所需的人力。
（5）决定未来排程所需的机器或设备。
（6）决定产品所需的零件。
（7）决定原物料的需求。
（8）负责原物料库房工作。
（9）决定制造工作（operations）。
（10）决定所需机器及其附件。
（11）决定制造工作的序列（sequence of operations）。
（12）准备生产命令（production orders）。
（13）决定生产排程。
（14）确定生产设备供未来使用。
（15）分派人员及机器的工作。
（16）下达生产命令。
（17）原物料在厂内的搬运。
（18）完工报告的审查。
（19）变更设计付诸实施。
（20）数量与排程变更的实施。
（21）如原计划不妥，重新制订或修改计划。
（22）防止再度计划失败之发生。
（23）产品零件库房之管制业务。
（24）成品库房之管制业务。
（25）使销售部门按预期交货。
（26）各库房之管制业务。

其中最基本的业务是设置存量大小，列出原物料加工排程，发布生产命令以及原物料与工作进度的控制等。生产控制部门的业务一般可归纳为：①预测（forecasting）；②库存管理（inventory management）；③生产计划（production planning）；④途程安排（production routing）；⑤生产排程（production scheduling）；⑥工作分派（dispatching）；

⑦工作催查（follow-up）与进度控制。其中从生产计划到工作催查与进度控制，这个过程称为生产控制程序。

成功的生产控制可做到下列各点。

（1）产品如期保质保量交付，使客户满意。

（2）工厂生产或制造部门的管理人员，应能提供系统的记录报告，并随时解决发生的问题，生产进度不致发生延误。

（3）可以有效充分利用人力、机器，使生产活动趋于标准，消除工作量过高或过低之弊。

（4）生产弱点可以预知并设法避免，可减少紧急订单加班费。

（5）使原物料、半成品、成品等保持最适当的存量，无须大量投资且可避免停工待料。

（6）不致有工具短缺的现象。

（7）在制品没有积压。

（8）生产目标可以顺利完成。

1.7.3 生产控制与生产方式

无论何种生产方式均需实行生产控制，研究应何时、何处及由何人执行工作。至于实效，则大有区别。生产控制方式（types of production control）通常可分为以下几种。

（1）订单控制（order control）：系依客户订单所需的产品，分别予以控制而得名。因所需产品不同，故必须分开编号，而其他订单所需产品分别处理。各种控制报表均以此编号为准，以获得该订单的实际生产成本，因此控制的计划执行可能随时变化，故通常适用于间歇生产的企业。

（2）流程控制（flow control）：对重复生产、大量生产相同或相近的产品，无须分别予以控制时，通常使用流程控制，其主要目的是维持定量生产，所有原物料或物件在长时间内均有定率（constant rate）的流程。间歇生产所需的一般控制工作，诸如使用何种物料、利用何种机器设备以及工作程序的安排等问题，均是在工厂布置时预先予以确定。故流程控制工作为执行简易的指示、说明产品及各零件的工作程序与其数量，主要是核对实际的生产量与预先计划的生产量是否符合，否则必须找出其缺点并改正之。至于连续生产的企业，亦均用流程控制，但核对实际与预定生产量的工作更为重要。此外，当生产量变更时，必须添置设备重新布置始成。

（3）负荷控制（load control）：相似程序企业的生产，因其处理程序类似于重复生产，但其生产控制工作却与间歇生产相仿，通常需用负荷控制实现。其主要控制工作，系将某项订单或产品分配于主要机器的时间作为控制的重点。如书籍的印刷与装订，处理工作程序均相同，但不同的书籍需分别控制，虽不像订单控制需对每项工作进行说明，但需要指示每项产品之差异大小以及各类产品分配于主要机器的时间与生产的前后顺序等问题，故负荷控制以主要设备时间与生产速率为主要控制之处。

（4）编号控制（block control）：成衣工厂通常应用编号控制，又略与负荷控制不同，其主要目的在于使每一生产制造部门获得稳定的工作负荷（steady work load）。例如剪裁部门，估计每半天可剪裁的工作量，以半天为标准，分配其工作，并进行编码。在每一生产部门设有查验站，点收该部门完成的数量，直至该批编号全部通过后才算完成。又如飞机制造工厂，有时亦用编号控制。在最后装配前，必须完成该批控制编号的各种零件等。

（5）专案控制（special project control）：对专案计划制造必须应用特殊的订单控制，可称为专案控制。在制造或签订合约前必须预先妥善计划各种主要零件的完成日期，直至确定完成专案制造的总日程。各项零件所需的人力、设备及如何调配是控制的主要工作。

1.7.4 生产计划与生产方式

生产方式有各种类型，因产品种类、订货方式、生产是否连续、生产批量的不同而不同。应根据具体情况进行选择。就生产连续性、生产数量和订货方式对生产计划的影响简述如下。

（1）连续生产系统。连续生产系统大都为高度资本密集型企业，每天作业24个小时。为作业经济起见，要求以接近整个工厂总能力的水准生产。因此，生产设备的维护保养工作变成主要问题。同时原料成本昂贵，为使原料能有效地转变成产品，亦须具有完善的存量管理系统。连续生产系统之生产计划与管制较间歇生产系统简单，因其生产途程在厂房设计时已经固定。由于产品均为标准化，机器设备的布局方式也已经定型，整个生产线都要求平衡，没有排程问题，故生产计划与管制的主要问题为决定生产多少，此与预测正确与否及存量水准相关。连续生产系统特别重视自动化，可使人力成本大量减少，操作性人力所占比例可能较维护保养人力低，故管理者须谨慎选择及指派适当的人员。其中由于连续性所引起的计划差异如表1-12所示。

表1-12 由于连续性所引起的计划差异

连续生产	单件生产
①在产品生命周期的末期，进行必要的预测变得很重要。该阶段担心的是由缺货损失变为过时商品的损失，即滞销问题 ②需要特别注意竞争商品的出现	①通常，与连续生产相比，生产周期要短 ②虽然产品是单件的，但要使零件生产具有连续性，就应对零件实行标准化

（2）重复生产系统。重复生产系统为大量生产且以制造批量为主，生产途程以生产线或装配线配合，工作量可用生产线移动速度加以控制，每一工作站需要人数及每站工作量均能高度技巧处理，以达到最佳的工作效率。生产计划与管制必须配合预测需求量来制定整个产品生产量，进而计划半成品或零件生产量。对各个部门设备能力而言，尤其应该注意实际具有意义的量度单位。对瓶颈能力，计划时更应该谨慎考虑。重复生产系统亦为存量生产，原材料的采购与订货日期、半成品的储存与成品的存量管制变成重要问题。因此制订生产计划，亦必须配合存量管制系统，以降低生产成本并相对提高公司服务水准。其中由于生产数量差异所引起的计划差异如表1-13所示。

（3）间歇生产系统。间歇生产系统通常依据顾客订单拟订生产计划。事实上，由于预测同类性质相近较多项目工作量较预测单项者准确得多，故仍可以过去资料做同类总工作量之预测，作为生产计划的参考。又若某些顾客定期性订购某项成品，在设置能量空间时，亦不妨先生产部分产品，灵活规划生产计划。通常生产计划管制部门在接到订单以后，就给予编号，送往工程部门或自行决定订单所需要的原物料与零件。这既可能是工程分析的结果，也可依据以往制造类似产品的经验，编制总材料单。总材料单内容包括生产一件产品所需的原料以及零件种类与数量。进而编成订单材料单，内容包括订单编号、产品名称与型别编号、生产数量、该订单所需原物料之种类与数量及蓝图规格说明等资料，通常由制造工程部门拟定途程表，表中列出生产步骤顺序及完成一个订单所需的作业与标准时间，所需使用机器与工具计划等。生产计划管制部门根据材料单与途程表拟定排程，规定每个部门与每一机器对此订单所能提供之能力，零件与材料的自制抑或外购，定制的订货交期，自制零件与工作站间移动所需时间，检验时间之预留以及目前存量状况等。综合所有订单，决定其优先顺序，配合目前各部门或机器中心之负荷与能力再依各订单成品交货期限倒推计算每项作业装配，零件制造与成品装配，排定每项订单作业实际开始工作的日期与时间，做成主生产排程表。生产计划管制部门还应将所需原料或零件填送请购单送至采购部门，或向库房填送发料单，以便配合生产所需。排程工作完成后，即为制造工作之分派或派工，亦即签发工作命令。其中由于接受订货方式不同所引起的计划差异如表1-14所示。

表1-13　由于生产数量差异所引起的计划差异

成批生产	小量生产
①专业化程度高，重复性大 ②有必要机械化、自动化 ③可实现流水作业，有节奏地生产	由于安排不当引起的时间损失多，因此，要研究如何集中生产，于是就产生了制造数量分析、经济批量研究和标准化等问题

表1-14　由于接受订货方式不同所引起的计划差异

库存生产（MTS）	订单生产（MTO）
①交货期为0或接近于0，因此，要在订货合同签订之前生产，就需要进行预测。预测多少会有误差。 ②规格自定。其中有害有利，如不符合市场需求，就成为滞留商品。 ③由于预测有误差，或造成库存积压，或与此相反。 ④由于供不应求而造成缺货损失的问题	①先接受订货后生产。因规定了交货期，故存在订货量与生产能力差距问题。另外，还会引起进度快慢的不平衡问题，因此，要调整负荷进度与交货期。 ②由顾客提出规格。 ③或许与以前规格不一样。 ④接受订货量与机械种类的变化大。 ⑤接受订货条件有变动。 ⑥因交货期有限制，故必须事先筹备物资或生产零件，因而要推行标准化

综上所述，不论连续、重复或间歇生产系统的生产计划，均与预测、制造途程、排程与库存管理系统等相关，不同之处在于连续与重复生产着重预测、库存管理与生产线结构安排等。间歇生产着重于制造途程与排程等的规划。一般而言，间歇生产系统生产计划的制订比重复或连续生产系统更复杂。且生产计划制订后，在重复或连续生产中，如果预测需求量与实际需求量偏差较大，生产计划也需跟随预测修正而修订。在间歇生产中，如果顾客增加成品数量或更改原定交货期等，也需修订原有生产计划，

以配合最经济有效之生产，故生产计划的修订非常重要。

（4）项目生产系统。项目生产系统为间歇生产系统的特殊情形，多是用于建筑计划、桥梁、造船以及研究发展等活动。项目计划可能只有一个最终产品，且进行往往延续甚久，如核电站的修建。在此系统中，管理人员应有效地对人员、物料与设备进行管理，以顺利地达成预定目标。通常专案目标需在指定期限内及有限经费与资源下完成，故拟订专案计划者需考虑各项作业活动、先后关系以及各种资源，做适当的调配。项目计划主持人应获取进度状况的最新资料与计划中的进度比较，以便适当修正行动。若计划主持人缺乏经验或未来需做各项作业活动的时间与资源都具有不确定性，将导致系统的管理极端复杂。

1.7.5 生产管理、生产计划与控制

1. 从市场方面观察

从市场方面加以观察，生产管理是经历了下列四个阶段而发展的。
（1）产品一制造出来就可以卖出去的阶段。
（2）产品制造出来就要卖的阶段。
（3）制造卖得出去的产品阶段。
（4）创新需要的阶段。

每个阶段生产管理不尽相同。随着各阶段的演进，生产管理也跟着发生变化。在第一阶段与第二阶段，生产管理纯粹属于工厂内部的事情。这时生产管理的目标在于提高生产效率，并尽可能地降低成本。因此第一、第二阶段的生产管理可分成生产计划与生产控制两个步骤。生产计划当中可再分为产品设计、制造途程的安排与制造日程的安排。生产控制分为工作指派与工作进度的跟催。如图 1-11 所示。

在第三阶段与第四阶段，市场会随时产生变化，生产管理就不仅是工厂内部的事情，还需要顾及市场方面的情形，于是生产管理与企业的经营管理逐渐综合起来，变为综合的生产管理。这时生产管理的目标如下。

（1）提高生产效率。
（2）成本降至可能的最低水平。
（3）产品合乎标准。
（4）产品在一定的期限内制造出来。
（5）使资产的周转率最大。
（6）满足顾客需求。

换句话说，在综合的生产管理之下，生产管理必须以经营计划与利润计划为出发点。此时的生产管理步骤如图 1-12 所示。

2. 从工厂角度观察

从工厂运营角度观察，对应不同的计划周期和细致程度，生产计划和控制由上向下也越来越复杂（图 1-13）。长期计划、中期计划和短期计划之间并没有严格的界限。这些基本的功能可分解到两个子阶段，并且还可以继续分解，直至流程图和程序模块。

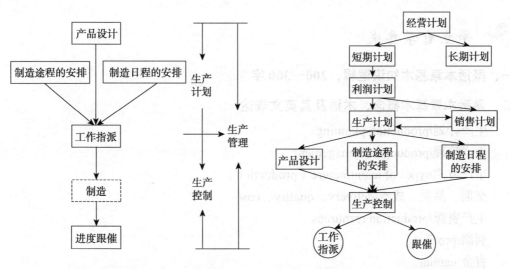

图 1-11　第一、第二阶段的生产管理步骤　　图 1-12　第三、第四阶段的生产管理步骤

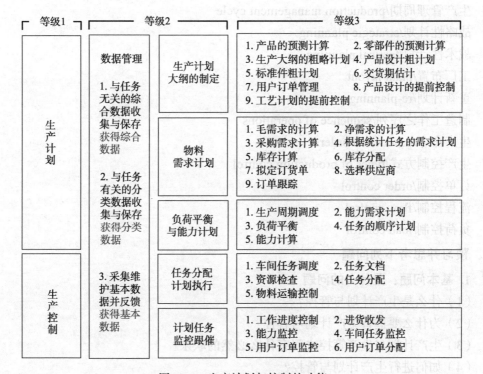

图 1-13　生产计划与控制的功能

对于许多功能来说，已经有标准的程序可以使用，按照模块化编程的方法，可以根据用户的要求将程序模块进行组合。根据企业的产品结构和生产方式，在实际应用中，其功能结构可以采取不同的形式，也可能增加另外的功能，如设备管理、质量检验与监控等。但总的来说，这里描述的功能结构在实际应用中都具有代表意义。

本书将按照图 1-13 所示的传统生产计划与控制的功能、内容和逻辑在后续章节进行细致的论述。

学生自学要求

一、概括本章基本知识逻辑，200~300字

二、熟悉本章基本概念、术语及其英文表达

生产计划/production planning
生产管理/production management
生产方式/types of manufacture（production）
交期、品质、成本/delivery、quality、cost
生产资源/production resources
利润/profit
资金/capital
生产控制/production control
生产管理周期/production management cycle
战略性计划/strategic planning
战术性计划/tactical planning
工厂布置/plant layout
重新计划/re-planning
制造工作之序列/sequence of operations
生产命令/production orders
生产控制方式/types of production control
订单控制/order control
流程控制/flow control
负荷控制/load control

三、预习并思考下列问题

1. 基本问题：是什么的问题

（1）什么是生产计划与管控？
（2）为什么要进行生产计划与管控？
（3）生产计划与生产管控之间有什么必然的联系？
（4）如何进行生产计划与管控？
（5）在现实生活（企业）中，生产计划与管控的必要性体现在哪些方面？
（6）如何利用生产计划与管控来提高效率？
（7）在生产计划与管控中的常用工具有哪些？

2. 综合性问题：怎么做、在哪些场合适合做

（1）生产计划的内涵是"计划=预测+决策"，那么在进行生产计划的过程中，预测是极其关键的问题，在我们所学习过的预测方法中，没有公式能够提供完美的预测，那么如何选择所对应的工具来进行生产计划？偏差多少所得出的生产计划是可执行的或最优的？

（2）生产计划一般分为长、中、短期三种，但从资料来看，短期计划其实算是对中期计划的一个细化，这三者存在一个嵌套关系。对于企业来说，三者都是不可或缺的，那么生产计划的方法在长、中和短期哪个阶段的改善对生产计划效果影响最大？

（3）波士顿矩阵给出了四种产品分类，但是从现实来看，每个产品的地位都会伴随着环境（政治等）的变化而出现浮动，那么一个企业是需要把问题产品转化为主要管控目标，还是以大力开发明星产品和金牛产品为主？除此之外，对于问题产品和瘦狗产品，是舍弃还是改造，也在我们生产计划的考虑范围之中吗？

（4）生产计划与生产控制是循环相生的，如何协调二者的关系，才能最大限度地提升企业效率和品质？而生产管理与生产管控之间又是怎样的关系？两者是否可统一？

3. 关键问题：为什么的问题

为什么要对生产计划进行管控？

四、本章知识逻辑

 即测即练题

第 2 章

工厂及其运作机制

【学习目标】 这部分内容是为刚刚进入大学校门的大学生安排的,希望通过本章的学习能使大学生对工厂及其基本运作机制形成一个基本的认识。

【学习效益】 知道什么是工厂。

2.1 创造价值的工厂

有的时候,做饭就像是变戏法一样——做饭的材料在入锅之前,有些硬得咬不动,有些苦得让人皱眉头,根本无法下咽。而这些材料,只需要一定时间的加工,就能变成香甜可口的美食。天然的材料未经过加工很难为我们所用,这就需要有人为我们"烹饪",做成一盘可以吃的"菜"。如铁矿石本身无法用来松土,但只要把它加工成铁锹,我们就可以拿来松土了。

由此可见,制造业就是对原材料进行加工,使其变成我们可以利用的形式(虽然餐饮业被划分为服务业,但其工作性质从本质上讲属于制造业)。

有一些工厂,如陶瓷工厂,从原材料(黏土)到最终产品(餐具)进行的是一条龙生产。不过,绝大多数企业从事的是分工制造。例如有的工厂把小麦加工成小麦粉,有的工厂用甘蔗提炼白糖,然后才由下一家工厂烤制出饼干来。

各个工厂有次序地让原材料一步步接近我们能够利用(如食用)的形式,像前文所述的从小麦到小麦粉,再从小麦粉到饼干的过程,就叫作"赋予附加价值",如图 2-1 所示。

每家工厂的顾客需要掏钱购买这些附加价值,买小麦粉掏的钱比买小麦的高,买饼干掏的钱又比买小麦粉的高。我们掏钱的多少,是根据附加价值的多少来决定的,而不是进行生产制造所花的费用。

让我们从另一个角度来看一下这个问题。如果一家工厂收益不错,就说明该工厂正在有效率地生产附加价值为消费者所认可的产品。

相反,如果一家工厂总是出现赤字,则说明这家工厂虽然拥有宝贵的人力、物力和财力资源,以及数量有限的原材料,却无法有效率地生产出对我们生活有用的东西。到头来,不过是浪费了人类宝贵的人力、物力、资金和资源。

因此,工厂必须为了实现黑字而努力。因为黑字证明了工厂对社会有用,证明工厂有存在的价值。相反,赤字不仅给投资者造成了损失,还意味着在浪费社会的资源。为了实现黑字,工厂需要采取各种各样的管理机制。虽然工厂的强弱在于制造产品的技术，但只有充分发挥技术的管理机制（management mechanism），工厂才能够实现黑字。

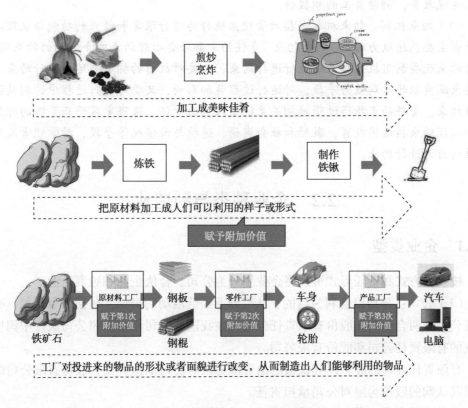

图 2-1 把原材料变成有用的东西

 专栏 1

管 理 机 制

管理机制是以客观规律为依据，以组织的结构为基础，由若干子机制有机组合而成的。例如，依据经济规律，会形成相应的利益驱动机制；依据社会和心理规律，会形成相应的社会推动机制。管理机制的自动作用，是严格按照一定的客观规律的要求施加于管理对象的。违反客观规律的管理行为，必然受到管理机制的惩罚。

管理机制以管理结构为基础和载体。一个组织的管理结构主要包括以下方面：组织功能与目标、组织的基本构成方式、组织结构、环境结构。

管理机制本质上是管理系统的内在联系、功能及运行原理。管理机制主要表现为以下三大机制。

（1）运行机制。运行机制是指组织基本职能的活动方式、系统功能和运行原理。其本身还具有普遍性。

（2）动力机制。动力机制是指管理系统动力的产生与运作的机理。主要由利益驱动、政令驱动和社会心理推动三个方面构成。利益驱动是社会组织动力机制中最基本的力量，是由经济规律决定的。例如：在一个企业中，多劳多得，少劳少得，员工为了"多得"而"多劳"。政令推动是由社会规律决定的。管理者通过下达命令等方式，要求员工完成工作。社会心理推动是由社会与心理规律决定的。管理者通过对员工进行人生观教育，调动员工的积极性。

（3）约束机制。约束机制是指对管理系统行为进行限定和修正的功能与机理。约束机制主要包括权力约束、利益约束、责任约束和社会心理约束四个方面的约束因素。权力约束既要利用权力对系统运行进行约束，又要对权力的拥有与运用进行约束。利益约束既要以物质利益为手段，对运行过程施加影响，又要对运行过程中的利益因素加以约束。责任约束指通过明确相关系统及人员的责任，来限定或修正系统的行为。社会心理约束指运用教育、激励和社会舆论、道德与价值观等手段，对管理者及有关人员的行为进行约束。

2.2 企业种类与制造业

2.2.1 企业类型

按投资方式和责任形式可以将企业划分为公司、合伙企业和独资企业。

（1）公司：是指以营利为目的，从事商业经营活动的组织，包括无限公司、有限责任公司、两合公司和股份有限责任公司。在我国，公司是指依照公司法在中国境内设立的有限责任公司和股份有限公司。

有限责任公司的股东以其认缴的出资额为限对公司承担责任；股份有限公司的股东以其认购的股份为限对公司承担责任。

（2）合伙企业：是指两个或两个以上的投资者投资设立，合伙经营，至少一人对企业债务承担无限责任的企业，包括普通合伙企业和有限合伙企业两种形式。

（3）独资企业：是指单一投资者投资设立的企业，包括国有企业单独投资、集体企业单独投资以及自然人个人单独投资设立的企业，由于这类投资者有的需要承担有限责任，故独资企业的投资人也有有限责任与无限责任之分。

2.2.2 企业所属行业

企业所属行业系指企业所归属的行业类别，最初将农林渔牧矿业归入第一级产业，即服务业，制造业归入第二级产业，服务业归入第三级产业。后来则将第三级产业的服务业再进一步细分成三种，而形成五种产业类型，兹说明如下。

（1）第一级产业：或称初级产业，凡是从事原材料的开采行业尽皆属于之，如农业、林业、渔业、畜牧业、采矿业等。

（2）第二级产业：或称次级产业，系指执行加工生产的行业。即对于第一级产业所生产出来的原料或其他第二级产业生产出来的半成品进行加工作业者，如制造业、营造业、建筑业等。

（3）第三级产业：泛指所有提供服务性质的行业，如医疗服务、法律服务、教育服务、金融服务、批发零售业、维修服务等。

（4）第四级产业：系以提供智慧型服务为其特征的产业，如信息产业、电脑程序设计、人工智慧设计、网络共享服务平台设计、生物化学科技服务等。

（5）第五级产业：系指以非营利为目的的公共产业，如警察治安服务、消防救难服务、社福机构服务、法务司法服务、能源与交通基础建设、国防外交服务等政府公共部门服务。

企业规模，即为规模大小，包括大型企业、中型企业、小型企业等。

中小企业，是指在中华人民共和国境内依法设立的，人员规模、经营规模相对较小的企业，包括中型企业、小型企业和微型企业。

2011年6月18日，工业和信息化部、国家统计局、国家发展和改革委员会、财政部联合印发了《关于印发中小企业划型标准规定的通知》，规定工业划型标准为：从业人员1 000人以下或营业收入40 000万元以下的为中小微型企业。其中，从业人员300人及以上，且营业收入2 000万元及以上的为中型企业；从业人员20人及以上，且营业收入300万元及以上的为小型企业；从业人员20人以下或营业收入300万元以下的为微型企业。

2.2.3 制造业

1. 制造业概述

制造业是指对制造资源（物料、能源、设备、工具、资金、技术、信息和人力等），按照市场要求，通过制造过程，转化为可供人们使用和利用的大型工具、工业品与生活消费产品的行业。其属于第二产业。

制造业直接体现了一个国家的生产力水平，是区别发展中国家和发达国家的重要因素。制造业在世界发达国家的国民经济中占有重要份额。根据在生产中使用的物质形态，制造业可划分为离散制造业和流程制造业。制造业包括产品制造、设计、原料采购、仓储运输、订单处理、批发经营、零售。在主要从事产品制造的企业（单位）中，为产品销售而进行机械与设备的组装与安装活动。

2. 制造业的分类

在制造业中，除了有消费者所熟悉的生产最终产品的公司，还有为其提供原材料（原材料生产商），以及提供生产设备的公司（设备制造商）。

中国政府将制造业分为如下31个业种，这个分类可以使我们更清楚地了解什么是制造业。

1 农副食品加工业
2 食品制造业
3 酒、饮料和精制茶制造业
4 烟草制品业
5 纺织业
6 纺织服装、服饰业
7 皮革、毛皮、羽毛及其制品和制鞋业
8 木材加工和木、竹、藤、棕、草制品业

9 家具制造业
10 造纸和纸制品业
11 印刷和记录媒介复制业
12 文教、工美、体育和娱乐用品制造业
13 石油加工、炼焦和核燃料加工业
14 化学原料和化学制品制造业
15 医药制造业
16 化学纤维制造业
17 橡胶和塑料制品业
18 非金属矿物制品业
19 黑色金属冶炼和压延加工业
20 有色金属冶炼和压延加工业
21 金属制品制造业
22 通用设备制造业
23 专用设备制造业
24 汽车制造业
25 铁路、船舶、航空航天和其他交通运输设备制造业
26 电气机械和器材制造业
27 计算机、通信和其他电子设备制造业
28 仪器仪表制造业
29 其他制造业
30 废弃资源综合利用业
31 金属制品、机械和设备修理业

下面，我们对不易理解的分类名称进行补充说明。

1）电气机械和器材制造业

其代表是家电生产商，其公司数量最多。该分类还包括生产电脑、通信设备、照明器具、发电机以及半导体的厂家。

2）运输设备制造业

其代表是汽车制造业，还包括铁路、船舶、航空航天和其他交通运输设备制造业，生产铁路车辆或自行车的厂家等。

3）通用设备制造业与专用设备制造业

其代表如生产建筑机械、农用拖拉机、机床、办公室机器、纺织机以及其他产业用机器的厂家。

4）金属制品制造业

其包括生产螺丝、螺母的厂家及生产金属建材、金属罐、刀具、西餐餐具、铸件等产品的厂家。

5）仪器仪表制造业

其包括生产医疗仪器、光学仪器（相机等）、测量仪等产品的厂家。

上述这些制造业也称加工组装型制造业，其特点是：产品为构造型的，即由元件、配件、零件构成部件、组件再构成产品。生产过程中只发生形状的改变，没有质变。

与加工组装型相对的产业被称为流程型产业。这一类型的产业通过对原材料进行化学处理后制造产品。其典型代表是石油化工、药品和钢铁产业等。另外，食品加工也属于流程型产业。

各种不同的加工组装型产业在体系上有很多的共同点，本书将以加工组装型为中心对工厂体系进行解说。流程型的体系虽然千变万化，但基本框架与加工组装型相同。

2.3 工厂内的主要工作流程

工厂的中心部分是制造产品的现场，即图 2-2 中写有"制造"的部分。在这里放置着机械和设备，工作人员在此对物品进行生产和加工。以"制造"为中心，四周环绕着辅助制造活动的各项工作。

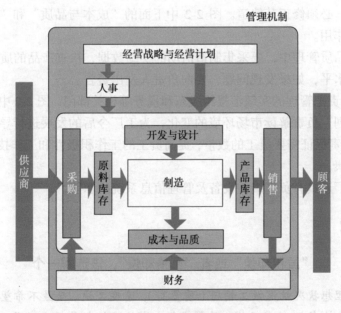

图 2-2 工厂内的工作流程

制造所需的原材料和零部件需要从外部购买。负责这项工作的是图 2-2 中左边的"采购"部分。有些公司也把这一部分称为"原料筹措"或"资材筹集"。

在加工组装型工厂里，原料费占成本的六成到八成。如果能顺利采购到便宜的原材料和零部件，公司的利润率就会提高。相反，如果采购的原材料和零部件未及时到货，制造现场就无法开始加工。这样就会造成人员和设备的闲置。由此来看，采购左右着工厂的利润率，是很重要的工作。

工厂制造的产品，只有卖出去才会变成企业的利润。而图 2-2 中右边的"销售"部分就是负责贩卖产品的工作。如果拿不到订单，制造现场就没有工作可做，发挥不出工厂的能力。销售是企业管理中极为重要的一个环节。

综上所述，工厂内工作的主要流程就是图 2-2 中所示的"采购→制造→销售"的横向流程。

1. "开发与设计"的重要性

除上述横向流程之外，另一个重要的工作流程是"开发与设计→制造"的纵向流程。它指的是开发产品和技术并在制造现场制造出产品的工作。

如今，产品的生命周期越来越短，必须持续不断地向市场投放新产品，所以这条纵向骨架也越来越重要。

不仅如此，为了对抗低价的进口商品，必须提高产品的质量。因此可以说：开发和设计的能力决定了企业的未来。

从开发与设计中获得的知识（产品规格、生产方法等），不仅应用于制造，还应用于购买、销售及维修保养。

2. 工厂两条骨架的管理

上述横向与纵向的两个流程就是工厂的骨架。公司必须监督其运行是否流畅，如果发现了问题，必须修正其轨道。图 2-2 中下面的"成本与品质"和"财务"就起到了监督管理的作用。

在成本与品质管理中，要采集制造活动的实绩数据，检查产品的质量及成本有没有达到预定的水平，如果发现问题，要向负责人发出警告。

"财务"负责把管理的实绩汇报给股东和税务等相关部门。图 2-2 中上面的"经营战略与经营计划"负责解读市场环境的变化，为工厂今后的发展进行导航。

"人事"负责保证需要员工的数量，提高员工的工作积极性和工作技能，并保证他们的安全与健康。

此外，工厂还具有负责维护设备及管理信息系统的职能。

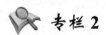

专栏 2

"虽粗却快"或者"虽精却慢"，该选哪一个

工作的最理想状况就是做工精巧（质量高），速度又快。而最不希望看到的状况是做工粗糙（品质拙劣），速度又慢。尽管我们大家的目标都是努力实现又巧又快，然而现实中却是很难做到的。那么，"虽粗却快"和"虽精却慢"二者之间，哪一个更好呢？

在现实的商业界，特别是站在制造行业的角度思考这个问题，"虽粗却快"意味着能按时向顾客交货，但质量没有十足的保证，需要调整或重新提交。而"虽精却慢"则意味着虽然商品的质量很好，但赶不上顾客希望的交货日期。在实际做生意时要具体情况具体分析，分析二者中哪个更好，所以需要从多方面考虑。但是，在实际进行工作时，如果今天对这件事采取"粗却快"，而明天对那件事采取"精却慢"，逐一判断来开展业务的话，则会导致判断的标准参差不齐，企业或组织失去均等的价值观。认为"粗却快"更好的基本思路是：重视速度，快跑前进，如果发现方向错了，就马上修正其轨道。以下是关于某个汽车零部件公司的真实故事。

某大型汽车生产商计划推出的新款车需要一种零件，让三家公司报价，其中就包括上述零部件公司。然而，由于这笔单子有可能会涉及长期大型的交易，所以该公司非常慎重，结果提出报价的时间比截止日期晚了一天。由此导致该公司在交涉时处在了被动的地位，最后让别的公司拿到了项目。在此之后的几年时间里，该公司从未获得这款新型开发车的零件订单。

戴尔电脑（Dell）及大和运输（Yamato）等诸多企业的经营管理者都重视速度，从而业绩不断提高。赶不上规定的期限，不但对顾客不利，也影响公司内部属于后道程序部门的工作。因此，相对于"精却慢"，选择重视速度的"粗却快"会更加稳妥。

（松林光男）

2.4 汽车制造产业链

汽车产业链相对较长，主要由五大部分构成（图2-3）。以汽车整车制造业为核心，向上可延伸至汽车零部件制造业以及和零部件制造相关的其他基础工业；向下可延伸

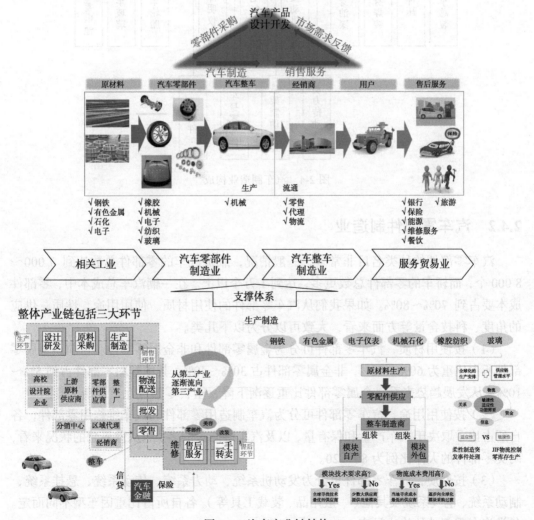

图2-3 汽车产业链结构

至服务贸易领域，包括汽车销售、维修、金融等服务；此外，在汽车产业链的每一个环节都有完善的支撑体系，包括法律法规标准体系、试验研究开发体系、认证检测体系等。如果从利润的构成来看，在成熟的国际化汽车市场中，一般零部件采购供应链占 1/5，整车制造链占 1/5，服务贸易（物流、贸易、金融）占 3/5。

2.4.1 汽车整车制造业

汽车整车制造企业，一般只从事汽车总装及车身制造，其他则由专业零部件制造企业生产，包括总装、冲压、焊装、油漆四大工艺。对于汽车轮胎、橡塑件、汽车玻璃、蓄电池等生产部门，习惯上称为相关行业部门，汽车制造业构成如图 2-4 所示。

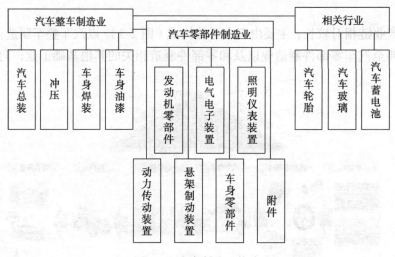

图 2-4 汽车制造业构成

2.4.2 汽车零部件制造业

汽车零部件的种类名目非常多，一般情况，载货汽车的零部件总数达到 7 000~8 000 个，而轿车的零部件总数更多，达到 1 万个以上。在一辆汽车总成本中，零部件成本要占到 70%~80%。如果我们从汽车零部件的使用材质、使用用途、性质、供应的角度、科技含量等方面来看，大致可以分为以下几类。

（1）按使用材质，汽车零部件可分为金属零部件和非金属零部件。目前，金属零部件所占比重为 60%~70%，非金属零部件占 30%~40%，其中塑料零部件占到 5%~10%。从发展趋势来看，金属零部件比重逐渐下降，塑料零部件比重逐渐上升。

（2）按使用用途，汽车零部件可分为汽车制造用零部件和汽车维修用零部件，各自所占比重取决于汽车产量和保有量，以及汽车维修量的多少。从世界总的状况来看，两类零部件的大体比例为 80∶20。

（3）按性质，汽车零部件可分为发动机系统、动力系统、传动系统、悬挂系统、制动系统、电气系统及其他（一般用品、装载工具等）。各自所占比重因车型不同而定。各类汽车零部件的构成见表 2-1。

表 2-1 各类汽车零部件的构成

序号	类别	各类零部件的构成
1	发动机零配件	气缸、曲轴、凸轮轴、连杆、活塞、曲轴瓦、凸轮轴瓦、连杆瓦正时齿轮、气门挺柱、气门推杆、机油冷却器、进排气门、增压器、机油泵、汽油泵、化油器、电喷系统（EFI）、柴油滤清器，高压油泵（喷油泵）、喷油器（喷油嘴）等
2	底盘零件	离合器、变速器、取力器、传动轴、万向节、减速器、差速器、后桥螺旋伞齿轮、转向机、球头销、梯形拉杆、液压制动总泵、气压制动总泵（气制动阀）、前后制动室、真空加力器、制动凸轮、鼓式制动器、盘式制动器、前后制动器等
3	仪表电器件	发电机（磁电机）、起发电机、起动机（永磁直流）、微电机（雨刮、暖风、空压、电扇等）、发电机调节器、分电器、点火线圈、火花塞、电热塞、蓄电池、喇叭、各种蜂鸣器、报警器、车灯总成、开关（含组合开关）、仪表板总成、汽车仪表等
4	车身附件	驾驶室及车身、货厢、刮水器、玻璃升降器、各种汽车门锁、后视镜（外）、空调装置等
5	通用件	随车工具、千斤顶、摩擦材料、橡胶密封件、标准件（螺钉、螺母、垫片）、汽车轴承、汽车弹簧，汽车玻璃，车身涂料

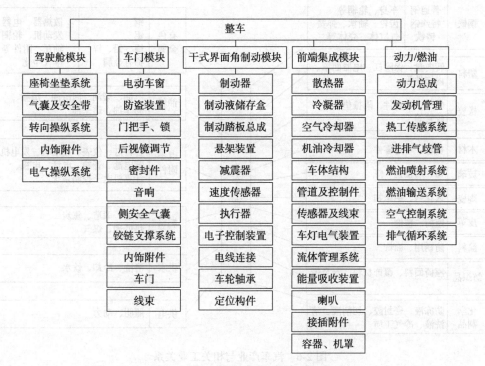

（4）从零部件模块化供应的角度来看，汽车零部件可分为模块、总成、组件、零部件几个层次，在理论上一般依次称为一级零部件供应商、二级零部件供应商、三级零部件供应商。但由于目前受零部件技术水平及传统生产方式的影响，这种真正意义上的模块化生产即使在欧美发达国家也很少见。本书仅以中高级轿车为例，说明其主要构成（图 2-5）。

图 2-5 典型中高级轿车模块化构成

（5）汽车主要零部件按科技含量分类如表 2-2 所示。

表 2-2　汽车主要零部件按科技含量分类

科技含量	零部件名称
高科技类	发动机总成、齿型带、V 形泵、排气催化转化器、风扇离合器、空调设备、后视镜、座椅系统、油封、中央接线盒、汽车仪表、汽车铸件、模具、软内饰件、安全气囊、特种油品、安全玻璃、燃油喷射装置、自动变速箱总成、制动防抱死系统（ABS）、加速防滑调节装置（ASR）、自动平衡系统、四轮转向、四轮驱动、主动悬架、半主动悬架、全自动空气悬架系统、全球定位导航系统（GPS）
科技类	变速箱总成、保险杠（大型塑料件）、活塞、活塞环、气门、液压挺杆、轴瓦、塑料油箱、机油滤清器、燃油滤清器、离合器、盘式制动器、转向盘、刮水器、门锁、安全带、发电机、起动机、组合开关、分电器、等角速万向节、专用紧固件、灯具、汽车锻件、轴承、音响设备、车载电视、特种带材（轴瓦、散热器用）
一般类	高压油管、散热器、制动软管、转向器、传动轴、后桥齿轮、减振器、钢板、弹簧、轮辋、玻璃升降器、风扇洗涤器、暖风机、点火线圈、火花塞、喇叭、电线束、灯泡、随车工具、蓄电池

2.4.3　汽车相关工业

汽车生产涉及钢铁、冶金、塑料、陶瓷等原材料工业，以及电子、电器等其他 10 多个产业部门，这些行业和汽车产业的关系都十分密切（图 2-6）。目前全世界钢材产量的约 15%、铝产量的约 25%、橡胶产量的约 50%、塑料产量的约 10%、石油产量的 1/3 以上用于汽车产业。

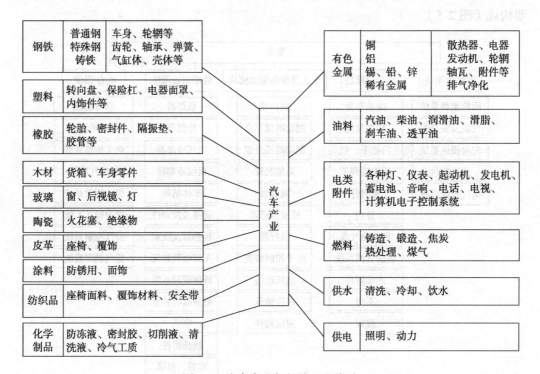

图 2-6　汽车产业与相关工业关系

2.5 通过分类了解工厂 I

工厂种类非常多，现将其归纳成几种类型便于我们理解。

首先，如前所述，政府的产业分类是极其细致具体的。根据产品不同，制造业被分为 31 类。除此之外，人们通常还以各种不同的观点把握生产的特征，以二分法对工厂进行分类。首先让我们了解一下具有代表性的分类方法。

1. 加工组装型与流程型

最常应用的分类之一是加工组装型与流程型。

这种分类方法的分类角度是加工流程，如汽车工厂对零部件进行组装后制造产品，就属于加工组装型；啤酒工厂通过原料的一步步化学变化制造产品，就属于流程型。

加工组装型也称为离散型。这是按产品可以用个数进行计算的角度来定义的称呼。

2. 少品种大批量生产与多品种小批量生产

根据产品的种类和产量，还可以分为少品种大批量生产与多品种小批量生产。产品种类多、每种产品产量小的叫作多品种小批量生产。相反，产品种类少、每种产品产量大的叫作少品种大批量生产。

站在管理工厂的角度来看，品种少产量大的生产方式销量最高，但是当今消费者的需求千变万化，能够采取少品种大批量生产方式的产品越来越少了。

3. 流水车间型与作业车间型

还有一种分类方式为流水车间型与作业车间型。与其说这是对工厂的分类，不如说是对生产现场的机器布局的分类。放置有车床、铣床等加工机器的工厂通常采用这种分类方法。

在**作业车间型**生产现场，根据不同的加工功能（压轧、车削、焊接）分别把各种设备摆在一起，并分别配备专职技术人员，使每一个区域成为一个加工中心（作业车间）。加工品在各式各样的作业车间来回流动，最终变为成品。多品种小批量生产型产品的机械加工，通常采用这种形式。对于这种生产类型，对进度进行严格管理非常重要。

在**流水车间型**生产现场，根据产品的加工顺序摆放设备。参观此类生产现场时，站在生产线的起点朝终点望去，可以看到产品一步步成形的过程。当生产的产品有一定的数量时，就需要布置流水车间。

4. 流水线生产与单元生产

加工组装型工厂还可以分为流水线生产和单元生产。

流水线生产是指将组装作业分成几个人一起来做，作业员按照制造工序一字排开（形成流水线）进行作业。我们经常看到的工厂的照片上作业员沿着传送带一字排开，就是这种类型。

流水线生产可以让每个人的作业简单化，所以在组织生产线时能够控制劳务成本。

如果运行顺畅，则生产率也比较高。但这种生产方式的流水线是根据一定产量进行的最优设计，所以如果产量发生变动，流水线将很难灵活处理。除此之外，由于作业单调，如何提高作业员的工作积极性也是一个难题。

单元生产是指一个人或少数几个人组成一个作业场所（单元）制造产品。必要的零部件及设备也根据每个单元分别进行配备。如果是个人单元，则由一个人完成产品的制造。虽然单元生产要求作业员具备较全面的技能，但会相应提高员工的成就感。该方式可以通过添加或减少单元数量灵活应对产量的增减。同时单元生产还能灵活应对产品制造工序的变化。

生产方法的分类 I 如图 2-7 所示。

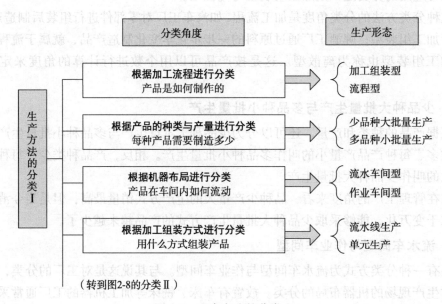

图 2-7　生产方法的分类 I

2.6　通过分类了解工厂 II

在描述生产机制时，经常用到推动型和拉动型这一对术语进行相互比较。这对术语不仅在单纯讨论生产现场的机制时会用到，在广义上对生产机制的设计理念进行比较时也会用到。

1. 推动型是按照计划进行生产

推动型生产为了更高效率地推进生产而制订计划，并按照计划生产。这种生产方式认为，在理论上各个相关部门不需要详细了解前后工序的情况，只要按照指示执行计划，就会自动实现整体上的优化。然而在现实中，是很难按计划顺利开展的。可能需要比预想的少，可能零部件出现不良品或缺货问题，还可能出现员工临时请假的状况，等等——意想不到的事故随时可能发生。

当然，如果可能迅速制订出新的计划，事无巨细地预测到所有意外状况，并对各部门及时下达指示是最好不过的了，然而这样的系统根本不存在。

其实从本质来看，计划体系的理念就是制订一定程度上的大体计划。这是因为，越是把现实世界的各种具体条件考虑进程序里，人们就越难驾驭这样的计划体系。因此，细节部分需要有人实际进行调整。

尽管如此，在复杂的生产现场，人力调整也很难尽善尽美。最终还是要忽略事态的变化，按照计划不停地生产（推动型生产）。这样就可能导致制造出来的产品没有买家，或者畅销产品供货不足等事故的发生。

2. 拉动型是根据售出量进行生产

在拉动型生产中，卖掉多少制造多少，换句话说，就是前道工序只补充生产后道工序取走数量的产品，是一种需求连锁型生产方式。该方式也被称为后道工序取货（拉动）方式。这种方法与理念来自丰田（TOYOTA）生产方式。

采用这种方法，可以防止生产不必要的物品，还能针对卖得好的产品作出灵敏的反应。

生产方法的分类Ⅱ如图2-8所示。

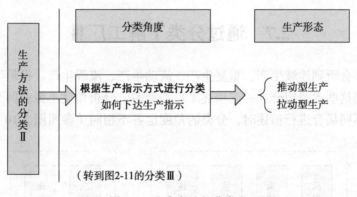

（转到图2-11的分类Ⅲ）

图2-8　生产方法的分类Ⅱ

用这种方式时，后道工序需要向前道工序传达信息，如"产品卖掉了，需要再生产""零部件用完了，请追加生产相应的数量"等。"看板"就是一种可以有效传达信息的手段。

看板机制是指首先在要送给后道工序的加工品上添加标签（此标签称为"看板"），后道工序的作业员在开始对加工品进行加工时，揭下标签返还给前道工序。这一行为表示"用掉了一个，再送一个过来"。

前道工序在收到了来自后道工序的看板时才会进行生产和供给。需要看板既是拉动（取货）的信号，同时也意味着不领取不需要的东西（不让前道工序制作）——这一拒绝信号的意义也非常重大。

拉动型生产也需要按照计划安排设备、人员和零部件等，生产的执行要遵从后道工序发出的拉动信号（看板）。

推动型与拉动型的生产机制如图2-9所示。

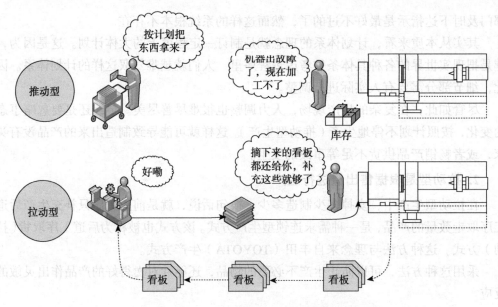

图 2-9　推动型与拉动型的生产机制

2.7　通过分类了解工厂 Ⅲ

我们经常会听到连续生产、重复生产、流动生产、流程生产、批量生产、成批生产等术语。把这些术语组合在一起描述工厂类型时，分析角度不像前两节的分类法那么明确。在不同场合进行描述时，分类的角度也各不相同（参照图 2-10）。

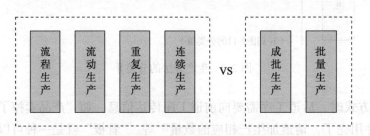

图 2-10　不同分类的术语对比

1. 根据不同的生产日程安排进行分类

可以根据不同的生产日程安排进行分类。

假设某工厂一个月要生产 1 000 件产品。有两种生产方法：一种是持续每天生产一定数量（一个月如果工作 20 天，则每天生产 50 件）；另一种是一次生产 500 件，共两次完成。前者称为连续生产或流动生产，后者称为批量生产或成批生产。后者还可以称为间歇生产，因为单看这一种产品，大多数日子的产量为零，而一个月里有一次（间歇），产量分别为 500 件。

丰田式的生产方式不喜欢间歇生产，它们排斥把产品攒到一起生产，重视流动生产化，每天都制造一些。因为这样的生产方式可以使看板循环通畅，发挥出拉动型生产的效果。

连续生产也被称为重复生产。从事信息系统工作的人为了将其与个别接单式生产进行对比，而采用这种称呼。

2. 根据对现场的不同指示方法进行分类

另一种分类方法是把分析角度放在对生产现场不同的指示方法上。

有两种下达指示的方法：一种是下达"本周必须以日产50件的进度连续生产"的指示；另一种是下达"制造这一批的500件"和"制造下一批的500件"的指示。前者是连续生产，后者被称为成批生产或批量生产。

根据指示方式的不同，随后的计算方法也会发生相应的变化。批量生产以批为单位把握成本。连续生产在计算成本时，对期间成本采取分摊的方式。

不过有一点不好辨别：即使生产时每天定量进行（看起来好像是连续生产），但指示可能是按批下达的。这是因为，即使采用连续生产方法，在管理上也划分为一批一批的，更易于管理。

3. 流程生产和成批生产

还可以按加工过程来进行分类。

流程生产（也称为流水作业）的典型例子是精炼石油。从原料进入管道到流出管道的过程中，产品一直在流动。成批生产（批量制造）是因为一些产品需要暂时中断流程，在反应炉里统一处理。例如酿造啤酒或制药等就采用了批量制造的方式。

对工序进行灵活安排，可以把批量制造流程化。用烤炉烤制饼干原本属于批量生产，而如果在连续炉中放入传送带，就变成了流程生产。

当每一批次的产品对应不同顾客时，成批生产又称为批量生产。特别是在食品及医药品行业，大多数情况下必须留下每一批的生产记录。

在加工组装型工厂，有时也会用到"流程生产"这一术语。例如加工流水线会让产品从进入加工流程的入口直到走完整个流程都一路通畅无阻。

4. 备货型生产与订货型生产

备货型生产与订货型生产的区别在于拿到订单前进行预测生产还是接到订单后再进行生产。图2-11在介绍这两种生产方式的特征时，表述为"根据'库存点'进行分类"。下文将对此进行阐述。

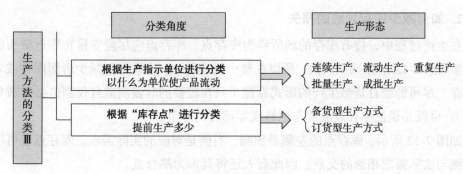

图2-11　生产方法的分类Ⅲ

2.8　顾客的等待时间与生产方式

假如顾客在发出订单后愿意等候产品的完成，并确定照单全收的话，生产管理将会变得相当轻松。除了建筑公司需要在接到订单后才施工建造外，绝大多数场合下顾客不会等到产品做完。企业一般会在接到顾客订单前就采购好原料，或者先把产品生产出来。也就是说，不得不采取准备库存的方式来争取时间。

1. 持有库存的方法不同，生产方式也就不同

顾客愿意等待的时间决定选取怎样的库存方式。

首先，让我们假设顾客一分钟也不愿意等候的情况。这种情况下店铺会持有产品库存。例如便利店销售的快餐盒就是典型代表。这种方式叫作"完全备货型生产"。摆在店里面销售的商品几乎均属于此类型。

其次，在顾客多少能等一会儿的情况下，企业会事先完成产品的一部分，等接到订单后再把剩下的工序做完。例如卖汉堡包或者烤串的小店就采用这种方式。这种类型的生产方式叫作"半备货型生产"。这种生产方式制造的产品并不怎么面向终端客户，一般在采购商品的销售点与制造商之间，或者加工组装厂商与零部件生产商之间采用该生产方式。例如采购半导体等物品需要花费一定时间，所以先做好一部分，根据最终订单再完成最后的工序。

那么，顾客多少肯花些时间等候的情况又该采取怎样的库存方式呢？这种情况下，工厂会持有部件或中间产品的库存。西餐厅就采用这种方式。读者们也可以联想一下根据样品款式定制西装或购买汽车，就更容易理解这种生产方式了。

上述生产方式叫作"订货型生产"，在企业间的交易中也能经常见到这种生产类型。此类产品无论是通用的还是特制的，都会提前设计好，事先作为样品列在一张表上供顾客选择。

除上述情况之外，建筑公司等企业，自己没有库存，而是在接到订单后采购原料，这叫作"完全订货型生产"。这种生产方式有时也称为"项目型生产"，造船等就是典型的例子。

2. 如何减少库存导致的损失

在生产过程中，持有库存的场所称为库存点。库存点应尽量安排在靠近源头的位置（参照图2-12），以减少风险。所以在整个供应链中，应该尽量减少店面库存或者流通库存，尽可能朝订货型生产的形式靠拢（只在需要的时候制造且仅制造必需数量的商品）。也就是说把库存点放置在原料或零部件的环节。

如图2-12所示，库存点的左侧是预测，右侧是对应的实际需求。库存点也可以看作预测与实际需求相遇的交点，因此有人还将其称为耦合点。

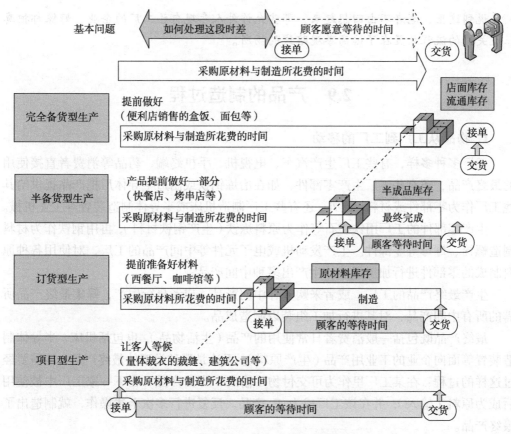

图 2-12 顾客的等待时间与库存管理要点

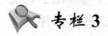

专栏 3

企业中的"无形财产"

所谓无形财产，就是在企业里无法直接看到的财产，典型代表就是"专利"。一家企业独有的技术可以通过"专利"的形式得到保护。一旦取得了专利，就可以阻止其他企业的同类产品参与竞争，或者以专利授权的形式获取使用费。

专利为企业带来利益，是名副其实的财产。而除了专利之外，还有其他东西可以为企业带来利益，比如在工厂中应用的生产流程。关于生产流程中总结出的经验与诀窍（采用什么和什么作为原料，使用什么工具，采用什么步骤制造等）对于企业而言是难以替代的宝贵资产。这些通常被称为商业秘密。

专利这项制度具有两面性，作为公开技术内容的回报，赋予了专利权人垄断性的地位。换句话说，虽然企业专利通过授权可以获得相应的收入，但也暴露了自己常年酝酿而成的企业秘密。一个企业，不管竞争对手愿意花多大的价钱购买自己的专利，也肯定不想让对手用到涉及自己企业机密的部分——这恐怕是所有企业的心里话。实际上有很多企业对于自己真正重要的技术，不会作为专利去公开，而是作为企业秘密严加保管。

说到这里，笔者不由回想起来，那些允许外人参观自己工厂的企业，好像都把真正最关键的流程放置在了远离参观路线的场所。

2.9 产品的制造过程

1. 物品从工厂到工厂的移动

工厂多种多样，有些工厂生产汽车、电视机、手机终端、药品等消费者直接使用的最终产品，还有些工厂生产零部件，如在冶炼钢铁或制造半导体后把产品提供给其他工厂作为零部件或材料。此外，还有些工厂制造机床或半导体制造装置等工业机械。

生产零部件的工厂用铁矿石等作为原料炼铁（生产钢铁材料），再用钢铁作为材料制造螺栓、螺母等零部件。生产发动机或电子元件等中间产品的工厂，对使用各种原料制成的零部件进行加工组装，生产出多种中间产品。

生产最终产品的工厂，或者采购多种中间产品，或者自行生产，筹集最终产品所需的所有中间产品，对其进行加工组装以制造成品。

最终产品既包括一般消费者日常使用的产品（生活物品），也包括机床、半导体制造装置等面向企业的工业用产品（生产原料）。无论是哪种类型的最终产品，均需要经过这样的过程：在某工厂里作为可交付物（输出）的 A 产品，在下一家工厂中被使用后成为原料（输入），并在该工厂成为 B 产品。反复进行多次上述操作，就制造出了最终产品。

2. 制造一台电脑的过程

下面以电脑为例，观察产品在最终成形之前，物品是如何流动的（参照图 2-13）。

首先，电线厂生产铜线，并将其提供给马达工厂，马达工厂用这些零部件制造马达。

马达作为零部件之一被送往硬盘工厂，然后制造电脑中负责记忆数据及程序的硬盘。

接下来，负责加工组装电脑主机（算数逻辑单元）的工厂，投入主板（电路板）及硬盘，加工组装成主机。

然后，根据企业自己的设计或直接来自顾客的要求规格，选择必要的主机和显示器、键盘、电缆等，并将其作为最终产品送往各地。

在以上一连串的加工过程中，各个工厂会进行反复多次检查，质量不合格就过不了关，不会被送往下一家工厂，也无法作为最终产品交货。只有所有检验都合格，才能最终送到消费者手中。

3. 供应链管理

以上所述的过程其实就是一条"供应锁链"，也就是供应链。从最初的原料工厂到形成最终产品的工厂间的流程，以及从代理商、批发商、零售商到消费者的流动，整体上构成了一条供应链。

而供应链管理，就是对整个供应链的物品的流动（物流）、资金的流动（资金流）、信息的流动（信息流）等进行迅速而且有效的管理。

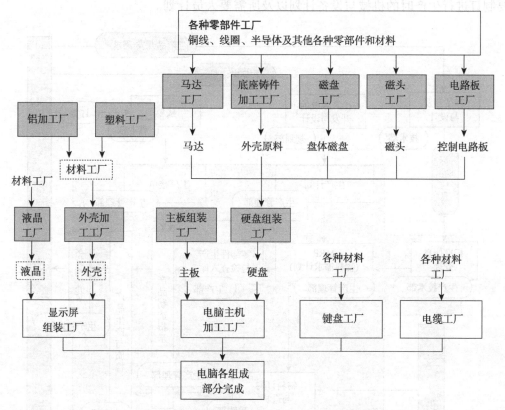

图 2-13　电脑制造过程中各工厂间的关系

2.10　工厂的运作机制

1. 工厂的目标

工厂的规模千差万别，小到只有几个人的小作坊，大到几千人的大型工厂，但无论规模如何，目的都是生产优质的产品，并以合适的价格准时地交给顾客。

2. 工厂的业务流程

工厂的业务流程如图 2-14 所示。

开发和设计新产品时，有关产品的信息会交送给工厂。这些信息被称为标准信息，由零部件或产品相关的图纸以及规格信息（品种信息）、标明产品由哪些组件或零部件构成的产品组成一览表（"物料清单"）等构成。

在工厂里，生产技术部门除上述信息外，还需要使用工艺流程图（关于如何制造产品的信息）进行生产准备。

营业部门根据产品的销售预测制订销售计划。营业部门与工厂的生产管理部门根据销售计划制订生产计划。通常这项业务称为产销存计划——生产、销售、库存计划。

产销存计划是针对未来数月而制订的，但首先需要确定未来 1~2 个月的生产计划,并以此作为基础安排人员、准备零部件。在工厂,除了要制订上述生产计划,还要制订进行生产时的机械与设备计划以及所需要人员计划。

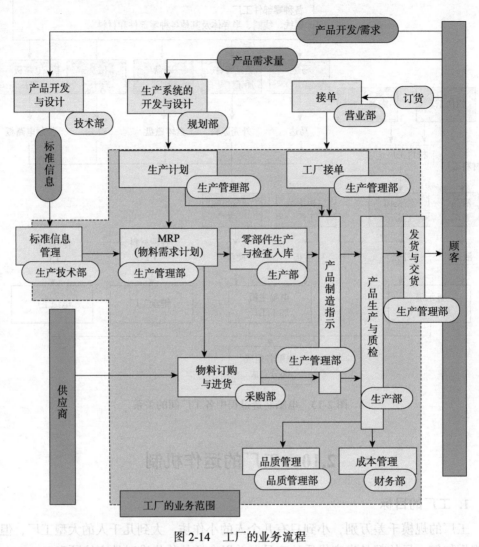

图 2-14　工厂的业务流程

确定了生产计划后,要根据该计划计算订购零部件的时间。

需要订货的时候,就会发出物料采购订单和生产零部件的指示(当零部件由企业内部生产时)。如果是从供应商那里收到订购的零部件,需先将其作为库存保管在仓库里,为生产做好准备。

以上所有准备工作完成后,进入对实际制造下达指示的阶段。

备货型生产方式和订货型生产方式会下达不同的生产指标。如果采用备货型生产方式,一到计划中的着手生产的时间,就会下达生产指标。而订货型生产方式,是在接到订单(顾客发出的采购单)后才下达生产指示。

生产部门接到生产指标后,依照订单在工厂进行生产,并在质检完成后结束工作。这段时间内的生产进展情况及实绩等的作业管理被称为流程管理。

在生产现场需要对采购来的和生产的零部件进行仔细严格的检查，以防止残次品混入其中。产品只有通过所有检查才算完成生产，可以提供给顾客。交货时机以满足顾客希望的交货期为原则。

除以上业务外，产品的成本管理也非常重要。生产管理人员需要收集相关信息，如"生产什么产品时使用了什么零部件、分别使用了多少件""生产和质检花费了多少工时"等，并据此计算出产品的成本。

如上所述，工厂的各部门各尽其职，相互合作，以保证达到QCD（质量、成本与支付）的目标。

2.11　工厂内的物流与信息流

工厂内的物品与信息的流动如图2-15所示。

注释：

①②——根据营业部门的销售计划，制订生产计划（生产什么产品、何时生产、生产多少）。计划包括总生产进度（每年制订一次，以未来一年为对象）和主生产计划（每月制订一次，以未来2~6个月为对象）。

③——为计划购买制造产品的物料（零部件和材料）并进行制造，将主生产计划输入MRP中。

④——在开发与设计业务中制定的基本信息（制造某种产品时使用物料的种类及数量等），也要输入MRP。

⑤⑨——MRP对满足主生产计划所需的物料进行计算，以便在必要的时期采购或生产所需的数量。

⑤⑥⑦——把物料的订单发送给物料供应商，收货后将其放入物料仓库。

⑧㉘——采集统计物料量及生产所费工时，计算出产品的成本。

⑩⑪⑫——接到顾客的订单后，生产管理部门就何时完成该物品的生产向生产部下达指示。该指示称为产品制造订单。

⑬⑭——从仓库发出制造该产品所需的物料，供应给生产现场。

⑮⑯⑰⑱——当委托公司外部的生产商（外部供应商）进行加工或组装时，向其发送委托生产加工单，并向外部供应商提供加工或组装时所需的物料（委托加工物资）。

⑲⑳㉑——外部供应商向企业交货后，物品进入仓库，应付账款信息转入账款管理业务。

㉒㉓㉔——在生产现场制造完成的中间产品进入仓库。以中间产品为基础制造完成的产品放入工厂产品仓库，随后发送给流通仓库或直接交付给顾客。

㉕㉖——在工厂之外，于流通过程中持有库存时，商品通过流通仓库的库存向顾客发货，交货后计算应收账款。

㉗——分别在物料进货、零部件与产品生产完成时实施质检，进行品质管理，剔出次品。

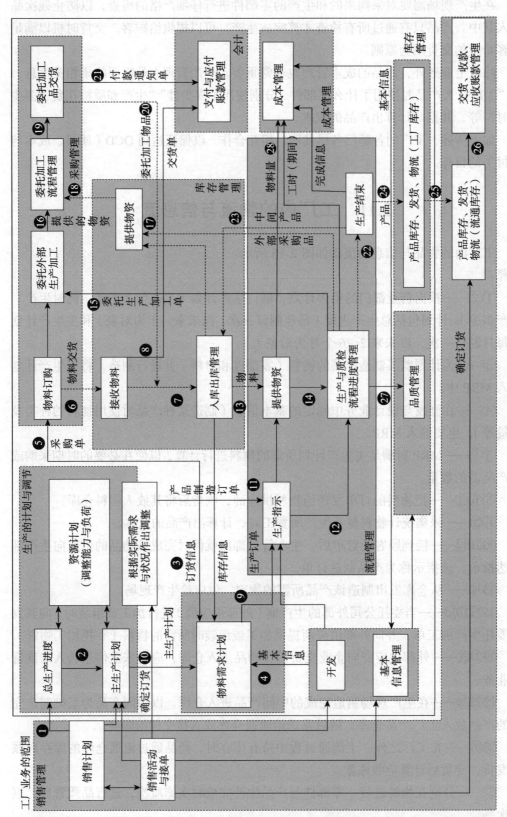

图2-15 工厂内的物品与信息的流动

2.12 产品交付消费者的流程

1. 物品的流通渠道越来越复杂

物品的流通路线呈现复杂化的趋势,但大体可以分为以下模式(图 2-16)。

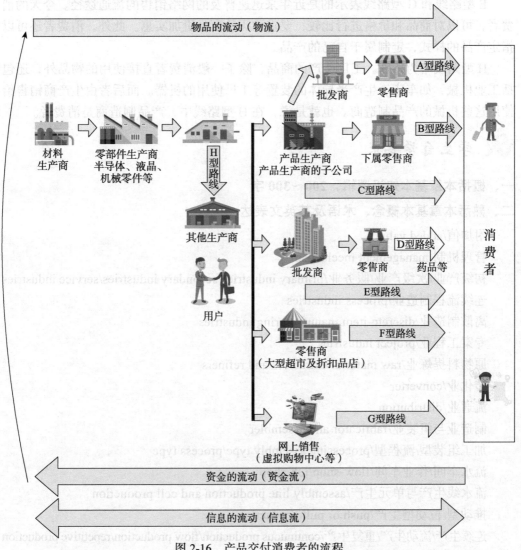

图 2-16 产品交付消费者的流程

大型公司最常见的物流路线是 A 型路线。如果生产最终产品的生产商拥有子公司,那么产品的流动方式基本上是从产品生产商、产品生产商的销售子公司、批发商、零售商到消费者。

B 型路线是产品生产商的销售子公司经由下属的零售店销售给消费者。典型代表是家电生产商经由相关电器店来销售家电产品等。

采取 C 型路线的多为销售汽车或活动组装式住宅等耐久性消费材料的企业。

采取 D 型路线的,如销售药品,产品经由批发商通过零售商进行销售。

2. 网络流通日益普及

F 型路线表示的情形是，较大规模的零售商从产品生产商手中大量购入商品，由此降低进货成本，低价提供给消费者。如家电零售企业就属于这种情况。

采用上述方式，可以省略"中间批发商"的环节，达到提高效率、降低成本的效果。

E 型路线和 G 型路线表示的是近年来迅速普及的网络销售的流通途径。今天的消费者，可以对商品和价格进行比较，要求购买的商品更加实惠。此外，消费者还可以指定产品的样式，定制属于自己的产品。

H 型路线略为特殊。工厂生产的商品，除了一般消费者直接使用的物品外，还包括工业机械，如车床、生产半导体的装置等工厂使用的机器。而后者由生产商销售给使用这些机械的产品制造商。也就是说，在 H 型路线中，产品制造商是消费者。

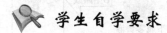

学生自学要求

一、概括本章基本知识逻辑，200～300 字

二、熟悉本章基本概念、术语及其英文表达

附加值/added value
管理机制/management mechanism
初级产业/次级产业/服务业/primary industries/secondary industries/service industries
连续流程制造业/process industries
离散制造业/discrete-item manufacturing industries
专案工程业/project industries
原物料提炼业/raw material extractors and refiners
转化业/converter
流通业/distribution
制造业与组装业/fabricator and assembler
加工组装型/流程型/processing assembly type/process type
流水车间/作业车间/flow-shop/job-shop
流水线生产与单元生产/assembly line production and cell production
推动型/拉动型生产/push or pull production
连续生产/流动生产/重复生产/continuous production/flow production/repetitive production
批量生产/间歇生产/batch production；lot production/Intermittent production
流程生产和成批生产/process production and batch production
备货型生产/半备货型生产与订货型生产/stock production/semi stock production and order production
项目型生产/project production
看板/kanban
无形财产/incorporeal property；intangible property
产销存计划/生产、销售、库存计划/production，sales and inventory plan

三、预习并思考下列问题

1. 基本问题：是什么的问题

（1）你所认为的工厂是什么？

（2）工厂的基本运作机制是怎样的？

（3）什么是附加值？

（4）"工厂必须保证黑字"，这里所说的"黑字"有什么含义？

（5）工厂内工作的主要流程是什么？

（6）工厂可以从不同的角度进行分类。试整理归纳工厂的分类。

（7）一件产品的形成要经历哪些过程？

（8）工厂的工作是如何流动的？

（9）QCD 目标指的是什么？

（10）工厂内全部物品与信息的流动情况是怎样的？

（11）产品送交消费者的流程是怎样的？

2. 综合性问题：怎么做、在哪些场合适合做

（1）银行的运作机制如何，它是如何创造价值的？

（2）餐馆的运作机制与工厂有什么不同，参考工厂分类对餐馆进行分类。

（3）黑字能证明公司对社会有用，能证明公司有存在的价值。因此，工厂必须为了实现黑字而努力。那么，为了实现黑字，工厂需要怎么做？

（4）人们总是希望做工又快又好，但往往很难实现。在"虽粗却快"和"虽精却慢"中二选一，你会怎么选？

（5）针对不同顾客的等待时间，应采取怎样的生产方式？

（6）如何安排库存点以减少库存导致的损失？

（7）工厂的各部门应该怎么做才能保证达到 QCD 的目标？

（8）物品的流通路线多种多样，那么不同的路线各自对应什么样的情形？

3. 关键性问题：为什么的问题

（1）为什么工厂以"制造"为中心开展各项工作？

（2）为什么说开发和设计的能力决定了企业的未来？

（3）为什么丰田公司采用拉动型生产方式进行生产？

四、本章知识逻辑

 即测即练题

第 3 章

流水生产的组织

【学习目标】 熟悉流水生产组织设计的概念、术语；掌握流水生产组织设计的流程和工具。

【学习效益】 具备从事流水生产组织与设计的能力。

3.1 流水生产概述

1. 产生背景

20世纪初，美国人亨利·福特首先采用了流水生产线生产方法。在他的工厂里，专业化分工非常细，仅一个生产单元的工序竟然多达7 882种。为了提高工人的劳动效率，福特反复试验，确定了一条装配线上所需要的工人数量，以及每道工序之间的距离，这样一来，每个汽车底盘的装配时间从12小时28分钟缩短到1小时33分钟。

大批量生产的主要生产组织方式为流水生产，其基础是由设备、工作地和传送装置构成的设施系统，即流水生产线。最典型的流水生产线是汽车装配生产线。流水生产线是为特定的产品和预定的生产大纲所设计的；生产作业计划的主要决策问题在流水生产线的设计阶段就已经作出规定。

亨利·福特（1863—1947）

2. 发展过程

（1）现代流水生产起源于1914—1920年的福特制。福特制的主要内容如下。

①在科学组织生产的前提下谋求高效率和低成本。因而实施产品、零件的标准化，设备和工具的专用化以及工作场所的专业化。遵循单一产品原则。

②创造了流水生产线的生产方法，建立了传送带式的流水生产线。

（2）内容和形式上的变化。

①内容上：产品的装配、零件的机械加工、锻压、铸造、热处理、电镀、焊接、油漆以及包装等。

②形式上：单一产品流水生产线、可变流水生产线、混合流水生产线、成组流水生产线、半自动化线以及自动化线。

流水生产的定义：流水生产指劳动对象按照一定的工艺过程和速度（或节拍），依次通过各个工作地，并按照统一的生产速度（节拍）完成所有作业，完成一个连续且重复的生产过程。

3.1.1 流水生产的特征

（1）工作地专业化程度高。在流水生产线上固定生产一种或几种制品，每个工作地固定完成一道或几道工序。

（2）生产具有明显的节奏性，即按照节拍进行生产。所谓节拍，就是流水生产线上出产相邻两件制品的时间间隔。

（3）各道工序的单件作业时间与该工序工作地（设备）数量的比值相等。设流水生产线上各道工序的工作地（设备）数分别为 $s_1,s_2,\cdots,s_m$；各工序的工时定额为 $t_1,t_2,\cdots,t_m$；流水生产线节拍为 r，则

$$\frac{t_1}{s_1}=\frac{t_2}{s_2}=\cdots=\frac{t_m}{s_m}=r \tag{3-1}$$

符合式（3-1）要求，就可以实现生产同期化。

（4）工艺过程封闭，并且工作地（设备）按照工艺顺序排列成链索形式，劳动对象在工序间做单向移动。

（5）劳动对象如同流水一样从一个工序转到下一个工序，消除或最大限度地减少了对象的耽搁时间和机床设备加工的间断时间，生产过程具有高度的连续性。

将一定的设备和人员按照上述特征组织起来的生产线称为流水生产线。如果工作地是按工艺过程顺序排列，但未满足或未完全满足上述特征要求，就只能称作业线或生产线，而不能称为流水生产线。

3.1.2 流水生产线的分类

流水生产线有多种形式，可以按照不同的标志进行分类。

（1）按生产对象的移动方式可分为固定流水生产线和移动流水生产线。

固定流水生产线是指生产对象固定，工人携带工具沿着顺序排列的生产对象移动，经过一个循环完成一批产品的加工和装配。例如，重型机器的装配、船舶的装配、大型部件的焊接加工等。移动流水生产线是指生产对象移动，工人和设备、工具位置固定，生产对象经过各道工序的工作地（设备）进行加工（装配）后，变成成品或半成品。例如，汽车、电视机、电冰箱等的装配。

（2）按流水生产线生产对象的数目，可以分为单一对象流水生产线和多对象流水生产线。

单一对象流水生产线又称不变流水生产线，它只固定生产一种制品。组织单一对象流水生产线的必要条件是制品的产量很大，能够保证流水生产线的设备有足够的负荷。如果产量不够大，不能保证设备足够的负荷，则只能增加在流水生产线生产的制品品种，组织多对象流水生产线。

若在多对象流水生产线上生产着两种或两种以上的制品，那么它们在生产中就有一个轮换方式问题。从对象的轮换方式来看，多对象流水生产线又可分为可变流水生产线和成组流水生产线。可变流水生产线的特点是轮流成批地生产固定在流水生产线

上的几个对象。当变换对象时，要相应地调整设备和工艺装备。在可变流水生产线上生产的对象，在结构和工艺上基本相似，但工艺过程的组成及零件的加工尺寸可以不同。成组流水生产线也是固定生产几种对象，但不是轮番成批地生产，而是成组地生产。成组流水生产线也有两种：按零件组平行加工的成组流水生产线和按零件平行加工的成组流水生产线。在成组流水生产线上更换生产对象时，基本上不需要重新调整设备和工艺装备。各种对象的生产按照成组加工（装配）工艺规程，使用专门的成组加工设备和工艺装备来完成。

（3）按生产的连续程度可以分为连续流水生产线和间断流水生产线。

在连续流水生产线上，生产对象从投入到出厂连续地经过各工序，没有等待与间断时间。连续流水生产线通常用于大量生产中，是一种较为完善的流水生产线形式。组织连续流水生产线的条件是所有工序的加工时间等于流水生产线的节拍或其整倍数。由于工艺条件的限制，当上述条件不能满足时，可以组织间断流水生产线。在间断流水生产线上，各个工序的能力是不平衡的，因而在单位时间内，各个工序上所能生产的产品数量是不等的，这就使生产对象在工序间不能连续移动而产生间断时间。

（4）按流水生产线的节奏性程度，其可分为强制节拍流水生产线、自由节拍流水生产线和粗略节拍流水生产线。

强制节拍流水生产线是准确地按照节拍出产产品的流水生产线。这种流水生产线对设备、工艺和操作者有严格的要求。组织强制节拍流水生产线的必要条件之一是采用机械化的运输装置。这种运输装置严格地按时传递生产对象，保证节拍的实现。强制节拍流水生产线一般用于大量生产，特别是中型与大型机器产品的装配线上。

在自由节拍流水生产线上，不要求严格按节拍出产产品，生产节拍主要是靠工人的熟练操作来保证，因而可能有波动。自由节拍流水生产线一般在大量生产或成批生产的装配车间和机械加工车间中采用。

粗略节拍流水生产线的特点是各个工序的加工时间与流水生产线节拍相差很大，如果按节拍组织生产，就会使机床设备处在时断时续的工作状态。为了充分用人力和设备，工作地可以在一段时间内连续地进行生产，各个工作地经过不同的时间达到相同的产量。因此，可以确定一个合理的时间间隔（如半个工作班、一个工作班等），并按它组织各工作地的连续生产。这样既能避免各工作地生产的时断时续，较合理地利用人力和设备，又能够在一定程度上保证产品生产的节奏性。这个规定的时间节拍就是粗略节拍，粗略节拍流水生产线也是一种间断流水生产线。

（5）按流水生产线的机械化程度，其可分为手工流水生产线、机械化流水生产线和自动化流水线。

手工流水生产线多用于机器或仪器、仪表的装配。机械化流水生产线应用最为广泛。自动化流水线是流水生产的高级形式，由于投资大，在应用上有一定限制。

流水生产线种类的划分如图 3-1 所示。

3.1.3　流水生产的优点和缺点

在流水生产条件下，生产过程的连续性、平行性、比例性、节奏性和封闭性都很高，所以具有一系列优越性，具体表现在以下几方面。

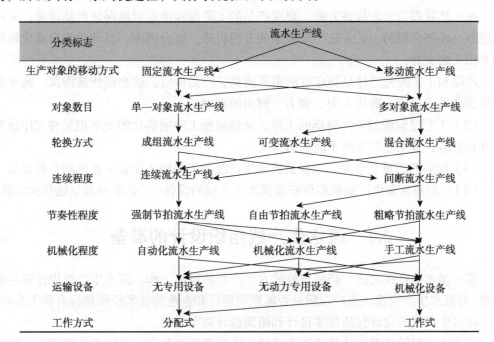

图 3-1　流水生产线种类的划分

（1）能够大量生产统一标准的产品，生产的效率高、成本低，在卖方市场环境下产品的竞争力强。

（2）消除了加工对象的迂回运输，大大缩短了运输路程，减少了运输劳动量和运输设备。

（3）加快了加工对象生产移动的速度，缩短了生产周期。

（4）减少了生产过程中在制品的占用量，提高了资金利用率和生产面积利用率。

（5）加强了工人的生产责任感和集体主义精神，促进了工人之间的互助合作关系，提高了劳动生产率和产品质量。

流水生产方式的主要缺点是不够灵活，不能及时地适应市场对产品产量和品种变化的要求，以及技术革新和技术进步的要求。对流水生产线进行调整和改组需要较大的投资和花费较多的时间。工人在流水生产线上工作比较单调、紧张、容易疲劳，不利于提高生产技术水平。

3.1.4　组织流水生产的条件

流水生产优于其他生产过程的组织形式，但是，必须在一定的条件下，才能组织流水生产，否则就不能发挥其优越性。这些条件如下。

（1）产品结构和工艺相对稳定。

在产品结构方面，要求所设计的产品能反映现代科学技术成就并基本定型；有良好的工艺性并符合流水生产工艺及工序同期化的要求；能分解成可单独进行加工、装配与试验的零部件，以便组织各条流水生产线平行生产；能有良好的互换性，保证加工与装配时间的稳定。

在工艺规程与工艺装备方面，要求产品的工艺规程能稳定地保证产品质量；采用先进的、经济合理的工艺方法，高效率的专用机床、组合机床、自动化半自动化机床和专用工装夹具。

产品和工艺的先进性是稳定性的重要前提，产品落后，就会很快被淘汰，流水生产线也会随之报废，造成人力、物力、财力的浪费。

（2）工艺过程能划分为简单的工序，又能根据工序同期化的要求把某些工序适当合并和分解，各工序的工时不能相差太大。

（3）制品的产量足够大，以保证流水生产线各工作地（设备）正常的负荷要求。

（4）厂房建筑和生产面积容许安装流水生产线的设备、工艺装备和运输传送装置。

3.2 流水生产线组织设计的准备

建立流水生产线之前，必须做好流水生产线的设计工作。流水生产线设计得正确与否，对流水生产线投入生产以后是否能顺利运行和企业的技术经济指标有很大影响。

流水生产线的设计包括技术设计和组织设计两个方面。

流水生产线的技术设计是指工艺路线、工艺规程的制定，专用设备的设计，设备改装设计，专用工夹具的设计，运输传送装置的设计，信号装置的设计等等，又称流水生产线的"硬件"设计。

流水生产线的组织设计是指流水生产线的节拍和生产速度的确定，设备需要量和负荷的计算，工序同期化设计，工人配备、生产对象运输传送方式设计，流水生产线平面布置设计，流水生产线工作制度、服务组织和标准计划图表的设计等，也称流水生产线的"软件"设计。

组织设计是进行技术设计的根据和前提，技术设计应当保证组织设计每一项目的实现。当然，进行组织设计时，也应当考虑技术设计的可能性。无论是技术设计还是组织设计，都应当符合技术上先进、经济上合理的原则。

在设计流水生产线之前，必须做好下列各项准备工作。

1. 进行产品零件的分类

将企业或车间内生产的产品、零部件根据不同的标志进行分组，有两个目的：①明确是否适合用流水生产方式制造产品、零件和部件；②对用流水生产方式制造的产品和零部件规定流水生产线形式。

为了达到第一个目的，应当将企业或车间的产品和零部件按结构的相似程度进行分类，然后根据产量和劳动量确定是否适合组织流水生产。表 3-1 是适合组织流水生产的产量和劳动量的数据。

为了达到第二个目的，应当对适合流水生产的产品、零件进行分类，即按照零件的形状、尺寸和工艺过程的相似性，把零件分组，一般先分成旋转体零件、平板型零件、箱体型零件等零件组；然后每组零件按尺寸分成大、中、小型三个组；最后将分组内具有相同或相似工艺过程的零件归成小组。分类时应注意到不同形状、尺寸的零件可能具有相同的工艺过程。零件分类后，应对每种零件或每类零件的产量和劳动量进行检查，将可以组织单一对象流水生产线和多对象流水生产线的零件组分别编制零件明细表。对组织多对象流水生产线的零件组，应检查各工序设备型号、规格和加工精度的一致性，防止发生同类工艺不能采用同类设备的情况。

表 3-1 适合组织流水生产的产量和劳动量的数据

产品名称	劳动量		产量/（台/年）
	装配/（小时/台）	机械加工/（小时/台）	
重型和精密机器	30～50	15～40	600～2 000
中型机器	5～30	2～15	2 000～50 000
小型机器	0.5～5	0.05～2	50 000～150 000

2. 改进产品结构

为了实现流水生产，应当在产品和零件的结构上进行检查与改进。首先，产品的总成和部件应当是独立装配单位。这是保证零件加工与部件装配的连续性和平行性的需要。例如制造汽车，为了采取流水生产方式，产品被划分为车架、发动机、驾驶室等总成，每个总成都是独立的装配单位。各总成又被划分为部件，如发动机总成包括发动机和减速器两部件，各部件也是独立装配单位。这样就可以使各部件和它的组成零件在独立的流水生产线上生产。其次，产品的零部件应保证充分的互换性，零部件各要素应尽量标准化和通用化。这与非流水生产相比是一个显著的区别。这里不允许有修配和刮研工作，因为这些操作的劳动量波动大，将会影响流水生产线按节拍进行生产。同时，也应当对零部件的精度和公差要求进行检查，用修配方法达到的精度在流水生产中是不适用的。

3. 审查工艺规程

工艺规程的审查是按分类后的零件组进行的。其内容包括：在一条流水生产线上生产的产品、零件或零件组的全部工序应封闭在流水生产线上完成；产品和零部件的加工（装配）基准应力求一致；各产品、部件的装配和零件的加工顺序要尽量一致，工序组成最好相同；提高工序作业的机械化程度，减少手工操作，使工序时间保持稳定。

4. 收集整理设计所需资料

设计所需资料有工厂和车间现有设备明细表、有关车间的厂房建筑和生产面积资料、车间平面布置图、工时定额及实际完成资料、技术组织措施计划等。

3.3　单一对象流水生产线的组织设计

3.3.1　单一对象流水生产线组织设计的步骤

（1）确定流水生产线节拍。
（2）确定各工序所需的工作地（设备）数，计算设备负荷系数。

(3) 进行工序同期化。
(4) 配备工人。
(5) 确定流水生产线节拍性质，选择运输方式和运输装置。
(6) 进行流水生产线平面布置设计。
(7) 编制流水生产线标准计划图表。

流水生产线组织设计流程如图 3-2 所示。

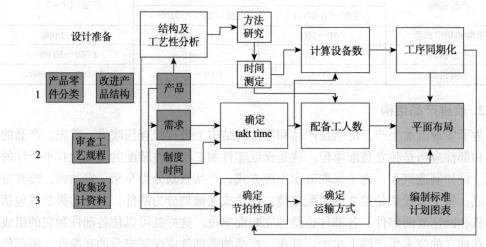

图 3-2　流水生产线组织设计流程

3.3.2　单一对象流水生产线组织设计的方法

1. 确定流水生产线节拍

节拍是流水生产线最重要的工作参数，是设计流水生产线的基础。它表明流水生产线生产速度的快慢和生产率的高低。

节拍定义：指流水生产线上连续出产两个相同制品的时间间隔。

计算公式：

$$r = \frac{F_0(1-\beta)(1-f)}{N} \quad (3-2)$$

式中：r 为流水生产线节拍，分钟/件；F_0 为计划期制度工作时间，分钟；β 为运输装置停止率；f 为计划期废品率；N 为计划期制品产量，件。值得说明的是，按上述计算方法所给的节拍定义，也称为设计节拍或需求节拍，英译（takt time）。

节奏定义：如果计算出来的节拍数值很小，同时制品的体积、重量也很小，不适于按件传送，则需实行成批传送。这时，顺序出产两批同样制品之间的时间间隔称为节奏。

计算方法：它等于节拍与运输批量的乘积，用公式表示为

$$r_g = r \cdot n \quad (3-3)$$

式中：r_g 为节奏，分钟/批；n 为运输批量，件。

流水生产线采取成批传送制品方式时，应正确规定运箱批量 n。规定运箱批量对

于合理使用运输工具、减少运输时间、充分利用生产面积和减少在制品占用量都有一定的意义。表 3-2 所列运输批量值可供设计流水生产线时参考。

表 3-2 流水生产线运输批量的参考值

零件在一道工序上平均加工劳动量/分钟	单件重量/千克						
	0.1	0.2	0.5	1.0	2.0	5.0	≥10
	运输批量/件						
<1.0	100	20	20	10	5	2	1
1.0~2.0	50	20	20	10	5	2	1
2.0~5.0	20	20	10	5	2	2	1
5.0~10	10	10	5	2	2	1	1

2. 确定各工序所需的工作地（设备）数，计算设备负荷系数

为了使制品在流水生产线各工序间平行移动，每道工序的工作地数目应当是工序时间和流水生产线节拍之比，即

$$s_i = \frac{t_i}{r} \tag{3-4}$$

式中：s_i 为流水生产线第 i 道工序所需工作地（设备）数，台；t_i 为流水生产线第 i 道工序的单件时间定额，分钟/件。

工序单件时间定额应包括工人把加工对象从运输装置上取走和放上的时间。

计算出来的设备数若为整数，就可以确定它为该工序的设备数。若不是整数，则采用的设备数 s_{ei} 应取接近于计算数的整数，一般 $s_{ei} = [s_i]$。在这种情况下，该工序在加工每件制品之后发生间断，其数值为

$$t_{ei} = r - \frac{t_i}{s_{ei}} \tag{3-5}$$

式中：t_{ei} 为第 i 道工序加工每件制品之后的间断时间。

由于计算出的设备数往往不是整数，而采用的设备数只能是整数，所以设备负荷必然出现不足的情况。反映此情况的指标称为设备负荷系数（k_i），其计算公式如下：

$$k_i = \frac{s_i}{s_{ei}} \tag{3-6}$$

式中：k_i 为流水生产线上第 i 道工序的设备负荷系数。

流水生产线的总设备负荷系数（k_a）计算公式如下：

$$k_a = \frac{\sum_{i=1}^{m} s_i}{\sum_{i=1}^{m} s_{ei}} \tag{3-7}$$

式中：m 为流水生产线上工序数。

设备负荷系数决定了流水生产线作业的连续程度，因此应根据它来决定流水生产线是连续的还是间断的。一般说来，当 k_a 值小于等于 0.75 时，组织间断流水生产线为宜。假如大多数工序的时间定额超过流水生产线的出产节拍，有必要考虑采用两条或

两条以上加工同一对象的流水生产线,这样比只采用一条流水生产线易于组织和管理。在这种情况下,对每条流水生产线来讲,出产节拍相应地增大。流水生产线与设备负荷系数的关系如图 3-3 所示。

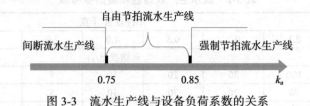

图 3-3　流水生产线与设备负荷系数的关系

（1）当 $k_a>0.85$ 时,宜组织强制节拍流水生产线。
（2）当 $0.75<k_a\leqslant 0.85$ 时,宜组织自由节拍流水生产线。
（3）当 $k_a\leqslant 0.75$ 时,宜组织间断流水生产线。
（4）理想的情况下,k_i（$i=1,2,\cdots,m$）的值应比较接近,极差（$k_{\max}-k_{\min}$）应尽可能小,这样整个流水生产线的负荷比较均匀,有利于流水生产线的组织。如果负荷系数波动较大,则应通过工序同期化措施加以调整。

3. 工序同期化（详见生产线的平衡）

工序同期化是组织连续流水生产线的必要条件,也是提高设备负荷、提高劳动生产率和缩短产品生产周期的重要方法。

工序同期化的定义:通过技术组织措施来调整流水生产线各工序的时间定额,使它们等于流水生产线的节拍或者与节拍呈整数倍的关系。

工序的分解和合并是实现工序同期化的基本方法。工序分解是将较大的工序划分为若干较小工序;工序合并则是把若干有联系的小工序合并为较大的工序。通过把大工序划小、小工序并大的办法来调整各工作地的加工时间,使其等于流水生产线节拍或与节拍呈整数倍关系。这种做法在手工操作为主的装配流水生产线上比较容易实现,而在以机器工作为主的流水生产线上则较难实现。在机器作业中,实现工序同期化的方法主要有采用更完善的设备和工具、改进工艺方法、提高工人熟练程度以及改进劳动组织等。

工序同期化一般分两步进行。第一步是初步同期化。在初步同期化的过程中,主要找出影响同期化的关键问题,解决这些关键问题,使各工序的单件时间定额与流水生产线节拍之比基本上达到 $0.85\sim1.05$。第二步是在流水生产线调整与完善的过程中进行的,这时主要是发现初步同期化的遗留问题并加以解决,以进一步提高工序同期化的水平。

机械加工工序同期化的主要措施有以下几种。

（1）在影响同期化的关键工序上,通过改装机床、增加机床附件、同时加工多个零件等办法,来提高工序的同期化水平。

（2）采用高效专用工艺装备,以减少装夹零件、更换刀具和测量尺寸的时间。

（3）改进工作地布置与操作方法,减少辅助作业时间。

（4）在工艺允许的条件下,改变切削用量,如加大切削速度与走刀量,减少走刀次数，以减少工序机动时间。

（5）加强对工人的培训，提高工人的操作熟练程度和工作效率。

（6）在无法达到同期化的某些工序之间建立在制品储备。

装配工序同期化的主要措施有以下几种。

（1）适当分解或合并某些工序。其要点是先将工序分成几部分，然后根据节拍重新组合工序，以达到同期化要求。表3-3是运用此法进行工序同期化的举例。

表 3-3 装配工序分解与合并举例

原工序号	1		2	3		4		5	6	7	
工序时间/分钟	7.0		3.4	5.8		7.2		2.0	3.7	5.9	
工步号	1	2	3	4	5	6	7	8	9	10	11	12
工步时间/分钟	2.1	3.2	1.7	3.4	1.9	3.9	4.0	3.2	2.0	3.7	2.3	3.6
工作地数	2		1	1		2		1	1	1	
流水生产线节拍	5.2											
同期化程度	0.67		0.65	1.1		0.69		0.38	0.7	1.1	
新工序号	1		2	3			4			5		
新工序时间/分钟	5.3		5.1	9.8			5.2			9.6		
工作地数	1		1	2			1			2		
同期化程度	1.02		0.98	0.94			1.00			0.92		

（2）合理调配力量。例如，相邻工序协作：把熟练工人调到高负荷工序；选拔一名或几名工人沿流水生产线巡回，去协助高负荷工序完成任务。

（3）采用高效率的工具，改进装配工艺方法，以减少装配工时。

同期化后，各工序所需要的工作地（设备）数会发生变化。因此，应根据同期化之后的工序时间，调整工作地或设备的需要数，并重新计算设备负荷系数。

4. 计算和配备工人

在以手工劳动和使用手工工具为主的流水生产线上，工人数按式（3-8）计算：

$$p_i = s_{ei} \cdot w_i \tag{3-8}$$

式中：p_i 为第 i 道工序所需工人数，人；w_i 为第 i 道工序每一工作地同时工作人数，人。

整个流水生产线的工人数就是所有工序工人数之和。

在以设备加工为主的流水生产线上，计算工人数量时，要考虑后备工人和工人的设备看管定额。计算公式为

$$p = (1+b) \cdot \sum_{i=1}^{m} \frac{s_{ei}}{f_i} \tag{3-9}$$

式中：p 为流水生产线操作工人总数，人；b 为代替缺勤人员和替换流水生产线上临时离开的工人的后备人员百分比；f_i 为第 i 道工序每个工人的设备看管定额，（台/人）。

5. 确定流水生产线节拍性质，选择运输方式和运输装置

1）确定流水生产线节拍性质

节拍性质：强制节拍、自由节拍、粗略节拍。

选择的主要依据：工序同期化的程度由加工对象的重量、体积、精度、工艺特性等特征而定。

流水生产线采用的节拍性质主要取决于流水生产线的连续程度。如果组织的流水生产线是连续流水生产线，那么就应当在工序同期化的基础上确定选用强制节拍还是自由节拍。选择节拍的主要依据是同期化程度和加工对象的特征（重量、精度、工艺性等）。当工序同期化程度较高，工艺性良好，加工对象的重量、精度和其他技术条件要求容许严格地按节拍出产产品时，就应当采用强制节拍。当强制节拍实现困难时，如不能完全周期化、工艺尚不够稳定等，可采用自由节拍。在间断流水生产线上，通常采用自由节拍或粗略节拍。

2) 选择运输方式和运输装置

运输工具选择：

（1）强制节拍流水生产线：机械化的传送带（分配式和工作式）。

（2）自由节拍流水生产线：连续式运输带、辊道以及平板运输车、运输箱、滑道等运输工具。

运输方式和运输装置在流水生产中占有重要地位。不同类型的流水生产线需选用不同类型的运输方式和运输装置；反过来，运输方式和运输装置又起着保证流水生产线出产节拍实现的重要作用。

在强制节拍流水生产线上，为了保证严格的出产速度，通常采用三种类型的传送带：分配式传送带、连续式工作传送带和间歇式（脉动式）工作传送带。分配式传送带用于工序之间传送加工对象，允许各工序的工时有小的波动，强制节拍用保险在制品来保证。这种传送带一般用于产量较大的小型产品的生产。连续式工作传送带和间歇式（脉动式）工作传送带严格按节拍所需要的速度运动，产品一般装在传送带上加工或装配。其中连续式工作传送带常用于产量较大的大型产品的装配，间歇式（脉动式）工作传送带则用于工序时间较长、产量不太大而精度要求较高的产品的加工或装配。

（1）分配式传送带：采用该传送带时，各工作地排列在传送带的一边或两边，传送带传送加工对象经过各工作地时，工人就从传送带上取下加工对象，在工作地上加工，加工完毕后，再送回传送带上。如图3-4所示。

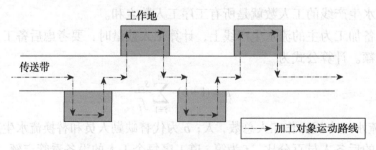

图 3-4 分配式传送带

（2）工作式传送带：采用该传送带时，不必从传送带上取下制品，工人在传送带两旁或者一旁，对传送带上的加工对象进行加工。如图3-5所示。

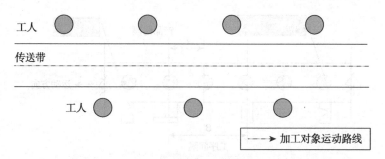

图 3-5 工作式传送带

在自由节拍流水生产线上，由于工序同期化水平和连续程度较低，一般采用下列三种运输装置：连续式运输带、滚道（辊道）和其他各种运输工具（运输箱、平板运输车，滑道等）。这些运输装置的共同特点是允许工序间储存一定数量的在制品，用以调节节拍的摆动。

在粗略节拍流水生产线上，由于生产连续性差，一般采用滚道、重力滑道、各种吊车、手推车等运输装置。在滚道和重力滑道上，制品运输时间很短，而且允许工序间储存一定数量的在制品，以调整工序的不同生产率，保证粗略节拍的实现。吊车通常同时为几个工作地服务，而且运输效率很低，一般用于批量较小的重型零件加工流水生产线。手推车用于运输储存在工序间数量较大的在制品，在加工中小型零件的粗略节拍流水生产线上使用。

输送装置的特点比较见表 3-4。

表 3-4 输送装置的特点比较

输送带形式	物品大小				作业方式		移动		费用		适用范围
	大	中	小	特	移动	静止	容易	困难	造价低	造价高	
皮带运输机		●	●		▲	●	●		●		小件、轻件用
板带式运输机	●	●	●		●	●	●		●		重件用
滚道式运输机	●	●	●		●	●	●		●		重件用
转盘式运输机		●	●		▲	●	●		■		加工件逆流
链条式运输机	●	●	●		▲	●		■		■	异形特大制品用

注：● 适用　▲ 基本适用　■ 特殊情况适用

3）计算传送带的速度和长度

传送带速度由流水生产线节拍决定，速度不宜过快，必须与节拍保持一致。在连续式工作传送带上，产品放在传送带上，产品的间隔距离称为分区单位或跨步。如图 3-6 所示。

当采用机械化传送带时，需要计算传送带的速度和长度。在工作式传送带连续运动时，传送带速度 v 的计算公式为

$$v = \frac{L_0}{r} \tag{3-10}$$

式中：L_0 为传送带分区单位长度，即每经一个节拍传送带应移动的距离。

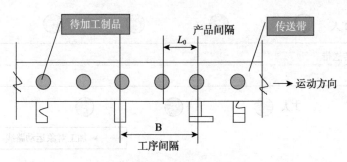

图 3-6 传送带设计计算示意图

工作式传送带工作部分的总长度可按式（3-11）计算：

$$L = \sum_{i=1}^{m} L_i + L_g \tag{3-11}$$

式中：L 为传送带长度；L_i 为第 i 道工序工作地长度；L_g 为后备长度。

分配式传送带流水生产线上，传送带起着运输和分配制品的作用。分配式传送带的速度应该和流水生产线的节拍相配合，其长度计算方法与工作式传送带相同。

为使分配式传送带起到分配制品的作用，必须在传送带上做号码标记，按号码标记将制品分配给工人加工。如表 3-5 所示。

表 3-5 传送带上的号码标记

工序号	工作地号	工人	号码数	分配给工作地（工人）的号码
1	01	A	12	1, 3, 5, 7, 9, 11, 13, 15, 17, 19, 21, 23
	02	B	12	2, 4, 6, 8, 10, 12, 14, 16, 18, 20, 22, 24
2	03	C	8	1, 4, 7, 10, 13, 16, 19, 22
	04	D	8	2, 5, 8, 11, 14, 17, 20, 23
	05	E	8	3, 6, 9, 12, 15, 18, 21, 24
3	06	F	24	1, 2, 3, 4, 5, 6, 7, 8, 9, 10, 11, 12, 13, 14, 15, 16, 17, 18, 19, 20, 21, 22, 23, 24
4	07	G	8	1, 4, 7, 10, 13, 16, 19, 22
	08	H	8	2, 5, 8, 11, 14, 17, 20, 23
	09	I	8	3, 6, 9, 12, 15, 18, 21, 24

6. 单一对象流水生产线平面布置设计

设计原则：便于工人操作；在制品运动路线最短；有利于流水生产线之间的自然衔接以及生产面积的充分利用。这些原则同流水生产线的形状、流水生产线内工作地的排列方法、流水生产线的位置和它们之间的衔接形式有密切的关系。

流水生产线的形状：一般有直线形、直角形、U 形、山字形、S 形和环形，如图 3-7 所示。

工作地的排列方法：每种形状的流水生产线在工作地的布置上又有单列与双列之分，如图 3-8 与图 3-9 所示。

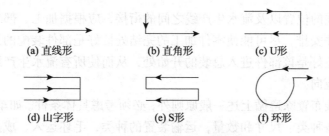

图 3-7 流水生产线布置形状示意图

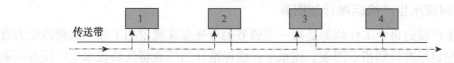

图 3-8 流水生产线单列直线形布置示意图

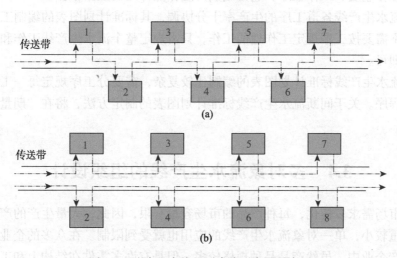

图 3-9 流水生产线双列直线形布置示意图

单列直线形流水生产线，多在流水生产线的工序少、每道工序的工作地也少的情况下采用。

其优点是：安装和拆卸设备方便；容易供应毛坯，容易取下成品；容易清除残料、切屑；工作地同流水生产线的配合比较简单。

当工序与工作地的数量较多而开间的长度不够大时，可采用双列直线形，如图 3-9 所示。

当工序或工作地更多时，可采用直角形、U 形以及 S 形布置。山字形布置通常用于零件加工与部件装配相结合的情况。环形布置多用于工序循环的情况下，如铸造流水生产线。

流水生产线内工作地的排列，首先应符合工艺路线，其次当每道工序的工作地为两个或两个以上时，就应当考虑同类工作地排列方法的问题。如果有两个、四个同类工作地，一般将它们分别列在加工对象流水生产线的两侧；如果有三个同类工作地，可考虑采用三角形排列。当几台设备由一名工人看管时，应考虑工人作业的方便和巡回路线最短的问题。

流水生产线的位置以及流水生产线之间的衔接，应根据加工、部装和总装的系统图所要求的顺序安排，尽可能使零件加工的完结处恰好是部件装配的开始处，而部件装配的完结处正好是该部件进入总装的开始处，从而使所有流水生产线布置符合产品生产过程的总流向。

流水生产线布置除遵循上述一般原则外，必须考虑具体条件。如车间的生产面积、开间长度、设备种类、尺寸和数量，运输装置的种类，毛坯运入、成品运出的条件，通风设备与动力系统的位置等。

7. 编制流水生产线标准计划图表

流水生产线的每个工作地都是按一定的节拍重复完成规定的工序，这就需要为流水生产线制定标准计划指示图表。流水生产线标准计划图表将反映流水生产线各项期量标准、工作制度和工作程序，它是编制月度作业计划的重要依据。

连续流水生产线各道工序的生产率十分协调，其标准计划图表的编制工作也就比较简单，不需要按工序规定工作地的工作，只需规定整个流水生产线工作和间断的时间和程序即可。

间断流水生产线标准计划图表的编制比较复杂，需要分工序规定每一工作地工作的时间与程序。关于间断流水生产线标准计划图表的制定方法，将在"期量标准"一章中介绍。

3.4 多对象流水生产线的组织设计

由于市场需求多样化，每种产品的市场容量有限，因此，大量生产的产品与零部件所占比重较小，单一对象流水生产线的应用也就受到限制。在众多的企业，尤其是在成批生产企业中，虽然产品品种规格较多，但是有许多零件在结构上和工艺上是相同或相似的，这就有可能组织多对象流水生产线进行生产。根据各种对象的结构和工艺相似程度不同，多对象流水生产线可分为可变流水生产线和成组流水生产线两种，而成组流水生产线又可进一步分为顺序生产成组流水生产线和平行生产成组流水生产线以及20世纪70年代初发展起来的混合流水生产线。

3.4.1 可变流水生产线的组织设计

可变流水生产线具有以下主要特征。

（1）流水生产线加工的对象有若干种，且其结构和工艺相似。

（2）每个加工对象在流水生产线上成批轮番地进行生产。

（3）流水生产线更换加工对象时，设备和工艺装备做相应的调整，但调整工作比较容易且工作量不大。

（4）每种加工对象在流水生产线所有工序上的负荷比大致相同。

因为可变流水生产线具有以上特征，所以就计划期（如月度、季度）来说，可变流水生产线的加工对象有很多种，但是在计划期的各段时间内，可变流水生产线和单一对象流水生产线一样。

可变流水生产线组织设计的程序与单一对象流水生产线组织设计的程序类似。其主要步骤如下。

1. 确定流水生产线节拍

可变流水生产线节拍的计算方法有两种：代表产品法和时间分配法。

1）代表产品法

代表产品法是将各种零件的产量按加工劳动量折合为一种零件的产量，并依次计算节拍的方法。其具体步骤如下。

（1）选出代表产品。选择代表产品的原则是：产量大、劳动量大、工艺过程全。它是多对象流水生产线的主导产品。

（2）计算各产品对代表产品的折合系数。所谓折合系数，就是按照劳动量的大小，生产一个某种产品相当于生产代表产品的个数。其计算公式为

$$\varepsilon_i = \frac{T_i}{T_d} \tag{3-12}$$

式中：ε_i 为第 i 种产品的折合系数；T_i 为第 i 种产品各工序单件作业时间之和；T_d 为产品各工序单件作业时间之和。

（3）计算以代表产品表示的年任务量。代表产品的年任务量用式（3-13）计算：

$$N_d = \sum_{i=1}^{m} \varepsilon_i \cdot N_i \tag{3-13}$$

式中：N_d 为用代表产品表示的年任务量；N_i 为第 i 种产品的年任务量；m 为可变流水生产线生产的产品品种数。

（4）计算代表产品的生产节拍。代表产品的生产节拍用式（3-14）计算：

$$r_d = \frac{F_e}{N_d} \tag{3-14}$$

式中：r_d 为代表产品的生产节拍；F_e 为年有效工作时间。

（5）计算各种产品的生产节拍。各种产品的生产节拍用式（3-15）计算：

$$r_i = \varepsilon_i \cdot r_d \tag{3-15}$$

式中：r_i 为第 i 种产品的节拍。

例 3-1：设在某可变流水生产线上加工 A、B、C 三种零件，其计划产量与工时定额分别为 N_A，N_B，N_C，T_A，T_B，T_C，假定 A 为代表零件，将零件 B 与 C 的产量换算为 A 的产量，则总产量 N 为

$$N = N_A + N_B \cdot \varepsilon_1 + N_C \cdot \varepsilon_2$$

式中：ε_1 与 ε_2 为零件 B 与 C 的单件时间定额与零件 A 的单件时间定额的比值，即 $\varepsilon_1 = \frac{T_B}{T_A}$，$\varepsilon_2 = \frac{T_C}{T_A}$。

则各零件的节拍可按以下公式计算：

$$r_A = \frac{T_{效}}{N_A + N_B \cdot \varepsilon_1 + N_C \cdot \varepsilon_2}$$

$$r_B = r_A \cdot \varepsilon_1$$
$$r_C = r_A \cdot \varepsilon_2$$

例 3-2：可变流水生产线上生产 A、B、C 三种产品，其计划月产量分别为 2 000 件、1 875 件、1 857 件，每种产品在流水生产线上各工序单件作业时间之和分别为 40 分钟、32 分钟、28 分钟，流水生产线按两班制工作，月有效工作时间 24 000 分钟，选择 A 为代表产品，则

$$N = N_A + N_B \cdot \varepsilon_1 + N_C \cdot \varepsilon_2 = 2\,000 + 1\,875 \times 32/40 + 1\,857 \times 28/40 = 4\,800 \text{（件）}$$

$$r_A = \frac{T_{\text{效}}}{N_A + N_B \cdot \varepsilon_1 + N_C \cdot \varepsilon_2} = \frac{24\,000}{4\,800} = 5 \text{（分钟/件）}$$

$$r_B = r_A \cdot \varepsilon_1 = 5 \times \frac{32}{40} = 4 \text{（分钟/件）}$$

$$r_C = r_A \cdot \varepsilon_2 = 5 \times \frac{28}{40} = 3.5 \text{（分钟/件）}$$

2）时间分配法

时间分配法是把全年的有效工作时间按各种产品劳动量的大小进行分配，再根据各种产品分得的有效时间和产量，计算它们的节拍。其具体步骤如下。

（1）计算年有效工作时间分配系数。

$$\varepsilon = \frac{F_e}{\sum_{i=1}^{m} T_i \cdot N_i} \tag{3-16}$$

（2）计算各种产品应分得的年有效工作时间。

$$F_i = (T_i \cdot N_i) \cdot \varepsilon \tag{3-17}$$

式中：F_i 为第 i 种产品应分得的年有效工作时间。

（3）计算各种产品的生产节拍。

$$r_i = \frac{F_i}{N_i} = T_i \cdot \varepsilon \tag{3-18}$$

设在某可变流水生产线上加工 A、B、C 三种零件的加工劳动量在总劳动量中所占的比重分别为 α_A，α_B，α_C，则

$$\alpha_A = \frac{N_A T_A}{N_A T_A + N_B T_B + N_C T_C} \quad\Rightarrow\quad r_A = \frac{\alpha_A T_{\text{效}}}{N_A}$$

$$\alpha_B = \frac{N_B T_B}{N_A T_A + N_B T_B + N_C T_C} \quad\Rightarrow\quad r_B = \frac{\alpha_B T_{\text{效}}}{N_B}$$

$$\alpha_C = \frac{N_C T_C}{N_A T_A + N_B T_B + N_C T_C} \quad\Rightarrow\quad r_C = \frac{\alpha_C T_{\text{效}}}{N_C}$$

例 3-3：可变流水生产线上生产 A、B、C 三种产品，其计划月产量分别为 2 000 件、1 875 件、1 857 件，每种产品在流水生产线上各工序单件作业时间之和分别为 40 分钟、32 分钟、28 分钟，流水生产线按两班制工作，月有效工作时间 24 000 分钟，则 A、B、C 三种产品的加工劳动量在总劳动量中所占的比重分别为

$$\alpha_A = \frac{N_A T_A}{N_A T_A + N_B T_B + N_C T_C} = \frac{2\,000 \times 40}{2\,000 \times 40 + 1\,875 \times 32 + 1\,857 \times 28} \times 100\% = 41.67\%$$

$$r_A = \frac{\alpha_A T_{效}}{N_A} = \frac{24\,000 \times 41.67\%}{2\,000} = 5 \text{（分钟/件）}$$

$$\alpha_B = \frac{N_B T_B}{N_A T_A + N_B T_B + N_C T_C} = \frac{1\,875 \times 32}{2\,000 \times 40 + 1\,875 \times 32 + 1\,857 \times 28} \times 100\% = 31.25\%$$

$$r_B = \frac{\alpha_B T_{效}}{N_B} = \frac{24\,000 \times 31.25\%}{1\,875} = 4 \text{（分钟/件）}$$

$$\alpha_C = \frac{N_C T_C}{N_A T_A + N_B T_B + N_C T_C} = \frac{1\,857 \times 28}{2\,000 \times 40 + 1\,875 \times 32 + 1\,857 \times 28} \times 100\% = 27.08\%$$

$$r_C = \frac{\alpha_C T_{效}}{N_C} = \frac{24\,000 \times 27.08\%}{1\,857} = 3.5 \text{（分钟/件）}$$

2. 确定各工序设备数量及计算设备负荷系数

可变流水生产线各工序设备数量通常以主导产品为代表产品来计算，其计算方法与单一对象流水生产线相似。这里仍用公式 $s_i = \frac{t_i}{r}$，$s_{ei} = [s_i]$ 来确定各工序的计算设备数量和实际设备数量。

各工序的设备数量确定以后，就可以计算各工序和整个流水生产线的设备负荷系数。各工序的设备负荷系数计算公式如下：

$$k_i = \frac{\sum_{j=1}^{q} N_j \cdot t_{ij}}{s_{ei} \cdot F_e} \tag{3-19}$$

式中：k_i 为第 i 道工序的设备负荷系数；t_{ij} 为第 j 种零件在第 i 道工序的单件时间；q 为流水生产线加工零件的种数。整个流水生产线的设备负荷计算公式为

$$k_a = \frac{\sum_{j=1}^{q} N_j \cdot T_j}{s_e \cdot F_e} \tag{3-20}$$

式中：k_a 为流水生产线的设备负荷系数；s_e 为流水生产线采用的设备总数。

3. 工序同期化

为了保证可变流水生产线中每批零件在各工序上的连续性，应当采取措施使工序同期化，即要求符合下列条件：

$$r_{ji} = r_j \quad (j = 1, 2, \cdots) \tag{3-21}$$

式中：r_{ji} 为流水生产线上生产的第 j 种零件在第 i 道工序上的节拍；r_j 为流水生产线上第 j 种零件的需求节拍。

满足式（3-21）的要求，就可以保证在流水生产线上生产第 j 种产品时的生产同期化和生产过程的连续性。

$$t_{ji} = a \cdot r_{ji} = a \cdot r_j \quad (j = 1, 2, \cdots, q) \tag{3-22}$$

式中：a 为正整数。式（3-22）表明，在可变流水生产线上生产的第 j 种零件第 i 道工序的单件时间必须等于第 j 种零件的需求节拍的整数倍。只有满足此等式的要求，才能实现式（3-21）的要求。

$$\frac{t_{1i}}{t_{2i}} = \frac{\sum_{i=1}^{m} t_{1i}}{\sum_{i=1}^{m} t_{2i}} \quad (3-23)$$

式中：t_{1i} 为第 1 种零件在第 i 道工序的单件时间；t_{2i} 为第 2 种零件在第 i 道工序的单件时间；m 为流水生产线工序数。满足式（3-23）的要求，才能保证当可变流水生产线上更换加工对象时，流水生产线上各工序的设备需要量不变，既不需增加，也无剩余。

$$\frac{t_{1i}}{t_{2i}} = \frac{r_{1i}}{r_{2i}} = \frac{r_1}{r_2} \quad (3-24)$$

式中：r_{1i} 为第 1 种零件在第 i 道工序的节拍；r_{2i} 为第 2 种零件在第 i 道工序的节拍；r_1 为第 1 种零件的需求节拍；r_2 为第 2 种零件的需求节拍。式（3-24）的作用与式（3-23）相同。

设备数量计算及工序同期化完成后，就可以计算和配备工人，确定流水生产线节拍的性质，选择运输工具和运输方式，进行流水生产线平面布置。

最后，应根据以上的设计计算结果编制可变流水生产线的标准计划图表。这里与单一对象流水生产线不同的是，因为各种加工对象在计划期内是成批轮番生产的，所以有划分批次、确定批量的问题。在划分批次或确定批量时，既要使设备重新调整时间不致太多和便于组织生产，又要有利于减少在制品占用量和节约生产占用资金。

3.4.2 成组流水生产线的组织设计

对生产过程进行时间规划的基本目标是缩短产品生产周期，节约产品加工时间。其主要内容是确定产品或零件加工在各个工序、各生产单位之间的移动方式和投产顺序，而其移动方式是进行生产过程时间规划的基础。

（1）缩短生产周期，首先要缩短产品在工序间的传输时间。

（2）产品在工序间的移动有三种方式，不同的移动方式有着不同的生产时间。

1. 顺序移动方式

1）顺序移动方式的概念

顺序移动方式指一批零件或产品在前道工序全部加工完成后，整批转移到后道工序加工的移动方式。一批产品在前道工序全部完工后，才整批地送到后道工序加工。

这种移动方式的特点是产品在各道工序之间是整批移动的，即一批次的产品在前道工序全部加工完后，才送到后道工序进行加工。这种移动方式的生产时间的组织与计划工作比较简单。由于一批产品是集中加工、集中传输的，所以有利于减少设备的调整时间，提高工效。但将产生等待时间，导致加工时间的延长及生产周期的延长。此方式较适应产品批量不大、单件作业时间较短的情况。

例 3-4：假设产品的加工批量 $n=4$，工序数 $m=4$，各道工序时间分别为 $t_1=10$ 分钟，$t_2=5$ 分钟，$t_3=15$ 分钟，$t_4=10$ 分钟，假设该批零部件在各工艺工序之间无停放、等待时间，工序间的运输时间忽略。其顺序移动方式示意图如图 3-10 所示。

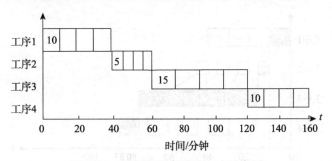

图 3-10 某产品顺序移动方式示意图

顺序移动方式下生产周期计算公式如下：

$$T_{顺} = n \cdot \sum_{i=1}^{m} t_i \qquad (3-25)$$

式中：n 为批量；m 为工序数；t_i 为第 i 道工序单件工时；$T_{顺}$ 为顺序移动方式生产周期。

则产品总加工时间：$T_{顺} = 4 \times (10+5+15+10) = 160$（分钟）

2）顺序移动方式的优缺点

（1）优点：组织生产较简单，设备在加工产品时不出现停顿，工序间搬运次数少。

（2）缺点：生产周期长。

3）顺序生产成组流水生产线的主要特征

（1）一个零件组、一个零件组地进行加工，成组地在工序间转移。

（2）组内各零件顺序地加工，即组内零件只有在前道工序全部完工后，才能整批地转移到后道工序继续加工。

（3）零件组在各道工序加工的时间与流水生产线节拍相等或呈整倍数比的关系。

（4）由加工一种零件转换为另一种零件时，不需要对设备和工艺装备进行重新调整。

顺序生产成组流水生产线的节拍可以按式（3-26）计算：

$$r_g = \frac{F_e}{N_g} \qquad (3-26)$$

各工序的设备需要量按零件组在各工序的加工时间和零件组节拍计算，公式为

$$s_i = \frac{t_{gi}}{r_g} \qquad (3-27)$$

其他设计计算与前述相同。

2. 平行移动方式

1）平行移动方式的概念

平行移动方式指一批零件中的每个零件在前一道工序完工后，立即传送到下一道工序继续加工。

这种移动方式的特点是零件在各工序之间逐件运送，并在不同工序上平行加工。此移动方式下产品的加工时间最短，但运输频繁，当前后工序的作业时间不相等时，会产生设备停歇等待加工现象。平行移动方式示意图如图 3-11 所示。

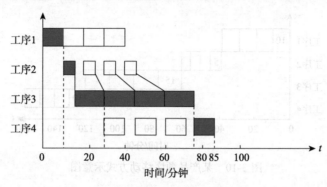

图 3-11　平行移动方式示意图

平行移动方式生产周期计算公式如下：

$$T_{平} = \sum_{i=1}^{m} t_i + (n-1) \cdot t_{长} \tag{3-28}$$

式中：$t_{长}$ 为最长的工序时间。

例 3-4 中 $T_{平}$ =（10 + 5 + 15 + 10）+（4 − 1）× 15 = 40 + 45 = 85（分钟）

2）平行移动方式的优缺点

（1）优点：充分利用平行作业的可能，使生产周期达到最短。

（2）缺点：一些工序在加工时，出现时干时停的现象，对设备运转不利，同时运输次数多，组织生产比较麻烦。

3）平行生产流水生产线的主要特征

（1）对零件组进行加工，在组内各零件不是顺序地加工，而是平行地加工，即组内每一个零件在前道工序加工完，立即转移到后道工序，因此零件的加工时间可以重合，缩短了零件组加工周期。

（2）流水生产线各工序的设备上安装有两套或两套以上的夹具和刃具，可进行多工位加工。

（3）在各道工序加工的零件中，最长的工序工时定额与流水生产线节拍必须相等或呈整数倍比关系，即 $t_{ji} = r_g$。

其零件组的组成和零件组节拍的计算方法与顺序生产成组流水生产线相同。每道工序的设备需要量根据工序工时定额最长的零件来计算。

3. 平行顺序移动方式

1）平行顺序移动方式的概念

平行顺序移动方式是指一批零件或产品，既保持每道工序的平行性，又保持连续性的作业移动方式。此方式既考虑加工的连续性，又考虑加工的平行性。为使每种设备能连续加工该产品，作业安排时要确定每道工序开始加工的时间。平行顺序移动方式如图 3-12、图 3-13 所示。

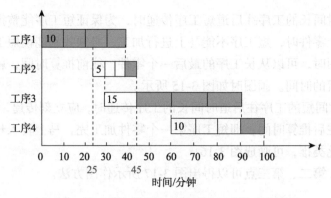

图 3-12 前后道工序时间成倍数关系时的移动方式

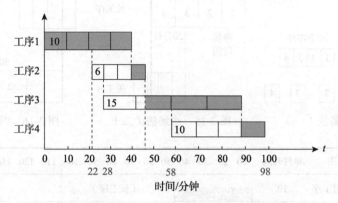

图 3-13 前后道工序时间不成倍数关系时的移动方式

2）平行顺序移动方式的移动规则

当 $t_{前} > t_{后}$ 时，前一道工序加工完第 n 件时，后一道工序恰好加工完 $n-1$ 件，转移的时刻为：$nt_{前}-(n-1)t_{后}$（设前一工序加工时刻为 0）。

当 $t_{前} < t_{后}$ 时，前一工序加工完后，立即转移到下一道工序。

平行顺序移动方式生产周期计算公式如下：

$$T_{平顺} = n\sum_{i=1}^{m}t_i - (n-1)\sum_{j=1}^{m-1}\min(t_j, t_{j+1}) \qquad (3-29)$$

式中：t_i 为相邻两工序中，工时较短的工序单件工时。

例 3-4 中，$T_{平顺} = 160 - (4-1) \times (5+5+10) = 100$（分钟）

平行顺序移动方式吸取两者的优点，生产周期较短，每道工序在加工一批产品时不发生停顿现象，使设备能连续、正常运转。这种方法的运输次数也是多的，组织生产也比较复杂。

4. 技术注释

1）图解法

第一，要保证机器一经启动，就要加工一批零件，即第一道工序的第一个零件加工完之后，就要马上加工第一道工序的第二个零件，依次类推，直到加工完第一工序所有的零件为止。画图时，一批零件就要一个接一个画，中间不能断开。如图 3-14 所示。

第二，当时间长的工序往后道短工序传递时，为保证短工序能整批连续加工，长工序加工完一个零件时，短工序不能马上进行加工，必须找到能使短工序连续加工的恰当时间。画图时，可以从长工序的最后一个零件，往前推算时间，就很容易得出连续加工需要停留的时间。画图时如图 3-15 所示。

第三，当时间短的工序往后道时间长的工序传递时，应立刻传递，使它平行进行。画图时，从前往后推算时间，即短工序第一个零件加工完，马上转入长工序的第一个零件加工，以此类推，可画成图 3-16。

综合第一、第二、第三点可以得出图 3-17 所示作图方法。

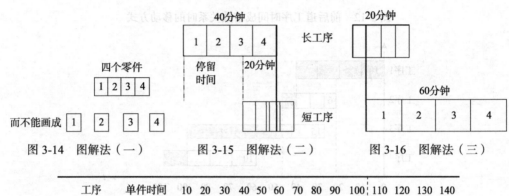

图 3-14　图解法（一）　　图 3-15　图解法（二）　　图 3-16　图解法（三）

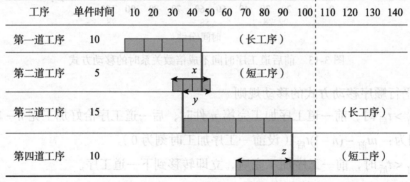

图 3-17　图解法（四）

从图中可知，一批零件加工完需 100 分钟，周期为 100 分钟。

2）公式法

（1）从图中可以得出，平行顺序移动方式的时间 $T_{平顺}$，等于顺序移动方式加工时间，减去 x,y,z 重合部分的时间，即

$$T_{平顺}=T_{顺}-(x+y+z)$$

$$x+y+z=3\times5+3\times5+3\times10=60（分钟）$$

（2）分析 $x+y+z$，其中 4 代表 4 个零件，5 代表两工序相比较短的工序，如一批零件为 n 个，则上式可写成

$$T_{平顺}=T_{顺}-(x+y+z)$$

即

$$T_{平顺}=n\sum_{i=1}^{m}t_i-(n-1)\sum_{j=1}^{m-1}\min(t_j,t_{j+1}) \tag{3-30}$$

式中：n 为零件数目；t_i 为单件时间。把上述例题用公式法计算，可得

$$T_{平顺} = 4 \times (10+5+15+10) - 3 \times (5+5+10) = 100 \text{（分钟）}$$

5. 选择移动方式应考虑的因素

上述三种移动方式，是工艺加工过程中组织各工序在时间上相互衔接的基本形式。从生产加工时间看，平行移动方式最短，平行顺序移动方式次之，顺序移动方式最长。但在选择移动方式时，不能只考虑加工时间，还应综合考虑以下因素。

1）产量

单件小批量生产宜采用顺序移动方式；大量大批生产，特别是组织流水生产线时，宜采用平行移动方式或平行顺序移动方式。

2）订单的缓急情况

对于一些紧急任务，如限期完成的订单，应尽量采用平行移动方式或平行顺序移动方式，以便争取时间，满足需要。

3）工序劳动量的大小和产品的重量

工序劳动量不大、重量较轻的在制品，采用顺序移动方式，有利于减少搬运次数。如果是工序的作业时间长、重量大的产品，为减少资金占用和节省生产面积，可采用平行移动方式或平行顺序移动方式。

4）设备调整与切换时间

设备调整与切换时间，对移动方式是有影响的，如调整与切换时间很长，甚至长于周期时间时，使用顺序移动方式更合适。

5）车间的布局情况

在对生产过程的类型和产品库存的分类有了充分了解后，企业可结合自身的实际情况，选择最适用的生产过程。

3.4.3 混合流水生产线的组织设计

混合流水生产线是在一条流水生产线上混合生产多种产品，通过快速调换工装、制定科学的投产顺序，而达到生产的品种、数量、工时、负荷都均衡的生产方式。与可变流水生产线不同的是，它不是成批地生产完一种产品后再转向生产另一种产品，而是要组织各个品种相互交替生产，从而相间地出产各种产品（图3-18）。

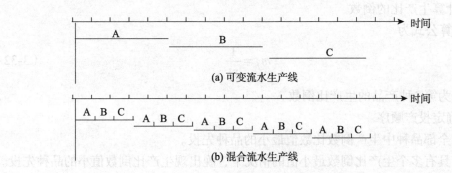

图3-18 可变流水生产线与混合流水生产线排产方式比较

（1）多品种混流生产关键是要实现"生产平准化"。

（2）生产平准化核心是实现投产顺序的最优化。

（3）平准化：指在同一条流水生产线上，相间地制造多种产品，并做到产量、工时上的均衡。

混合流水生产线可以适应市场需求的各种变化，在同一条生产线上出产批量小、型号或品种多的系列产品，这样可以大幅度地降低成本，在最短时间内最大限度地满足不同消费者的不同需求，提高产品的竞争力。因此，近二三十年来混合流水生产线在日、美、欧等发达国家和地区已被广泛应用。混合流水生产线必须在一定的、较严格的条件下才能组织。这些条件如下。

（1）产品结构设计要系列化、标准化和通用化，在不同的品种中尽可能少地采用专用零部件。

（2）加工装配工艺要适应多品种生产要求，能够快速调换工、模、夹具。

（3）有科学的、严密的生产管理计划体系，能编制出可行的混流生产计划。

（4）各个生产环节衔接协调，实行生产过程的同步化生产。

（5）有适应多品种生产、熟练掌握多种操作技术的生产工人和具有精通制造技术的各级管理人员。

在混合流水生产线上，由于不同品种的工序和作业时间不同，所以生产计划必须考虑混流生产中的投入顺序，实行有节奏、按比例的混合连续生产。下面重点介绍混流生产投产顺序编排常用的方法。

1. 生产比倒数法

生产比倒数法是从各品种计划产量中，找出最大公约数，计算出各品种的生产比倒数，然后按一定的规则确定投产顺序。其一般步骤如下。

1）计算生产比

从各品种的计划产量中，找出最大公约数，计算各品种的生产比。其计算公式为

$$x_j = \frac{N_j}{d_y} \tag{3-31}$$

式中：x_j 为第 j 种产品的生产比；N_j 为第 j 种产品的计划产量；d_y 为各种产品计划产量的最大公约数。

各种产品的生产比之和即为一个循环流程的产量。

2）计算生产比的倒数

其计算公式为

$$m_j = \frac{1}{x_j} \tag{3-32}$$

式中：m_j 为第 j 种产品的生产比倒数。

3）确定投产顺序

（1）全部品种中生产倒数比数值最小的品种先投。

（2）具有多个生产比倒数最小值的情况下，晚出现生产比倒数值小的品种先投。

（3）采用这一规则若出现连续投入同一品种，应排除这一品种，在剩下的各个品

种中选择晚出现生产比例数值小的品种先投。

（4）在已选品种的 m_j 上标 "*"，并更新 m_j 值。在所选出的品种的 m_j* 上加上该品种的 m_j，各个品种在混合流水生产线上的流送顺序称为连锁。当全部品种连锁中的生产比与原生产比 x_j 相等时，则表明投产顺序已确定。

例 3-5： 设某一混合流水生产线上生产 A、B、C 三种产品，月计划产量分别为 1 500 台、1 000 台和 500 台。用生产比倒数法编排其投产顺序的步骤如下。

（1）A、B、C 三种产品月计划产量的最大公约数为 500，其生产比分别为

$$x_A = \frac{1500}{500} = 3$$

$$x_B = \frac{1000}{500} = 2$$

$$x_C = \frac{500}{500} = 1$$

（2）各品种的生产比倒数分别为

$$m_A = \frac{1}{x_A} = \frac{1}{3}$$

$$m_B = \frac{1}{x_B} = \frac{1}{2}$$

$$m_C = \frac{1}{x_C} = 1$$

（3）$m_A = \frac{1}{3}$，为最小，所以选产品 A，记入计算表连锁栏，并在被选出产品的 m_A 上标 "*"，依生产比倒数法步骤，可列表速决计算，确定投产顺序。计算步骤及最终计算结果如表 3-6 所示。

表 3-6 生产比倒数法确定投产顺序计算表

计算过程	产品			连锁	备注
	A	B	C		
1	$\frac{1}{3}$*	$\frac{1}{2}$	1	A	
2	$\frac{1}{3}+\frac{1}{3}=\frac{2}{3}$	$\frac{1}{2}$*	1	AB	
3	$\frac{2}{3}$*	$\frac{1}{2}+\frac{1}{2}=1$	1	ABA	选B
4	$\frac{2}{3}+\frac{1}{3}=1$	1*	1	ABAB	
5	1*		1	ABABA	
6			1*	ABABAC	

2. 品种特性逻辑计算法

我们把组成产品的不同零件称为特性，按照这些零部件所需总量与各品种投产顺

序的联系进行计算，以求得各品种投产顺序。这一方法与生产比倒数法的原理基本相同，是生产比倒数法的扩展。其具体方法如下。

（1）确定部件与产品的组成关系。

（2）根据品种的产量计算出部件需要量。

（3）根据部件需要量确定每一品种的权数（产品中含有此部件的个数）。

（4）根据各品种的权数，选其中权数最大者为投产品种。若权数相同，则取投产品种间隔大者或选中部件个数较少者为投产品种。

（5）更新被选中品种的权数，更新后的品种权数 =（该品种第一次参加比较时的权数 × 选取次数）-（选中部件的个数和 × 总产量）。

（6）按更新后品种的权数继续比较，仍选其中最大值的品种作为投产品种，直到选完全部品种。

例 3-6：在一条混合流水生产线上，产品 A、B、C 的产量比为 3∶2∶1。这三个品种分别由 3 个部件组成，其组成关系如表 3-7 所示。各部件需要量及各品种权数如表 3-8 所示。

用品种特性逻辑计算法进行计算的过程及其结果如表 3-9 所示。由表 3-9 可知，选中的投产品种为 ABCABA，符合例题要求的产量比。

表 3-7　部件与品种组成关系

品种	K 系列部件	L 系列部件	M 系列部件
A	K_1	L_1	M_1
B	K_2	L_1	M_2
C	K_3	L_2	M_2

表 3-8　各部件需要量及各品种权数的计算表

品种	部件需要数			品种的权数 (K+L+M)
	K 系列	L 系列	M 系列	
A	3	5	3	11
B	2	5	3	10
C	1	1	3	5

表 3-9　品种特性逻辑计算法确定投产顺序计算表

选取次数	A (K_1, L_1, M_1)				B (K_2, L_1, M_2)				C (K_3, L_2, M_2)				选中投产品种
	G	S	N	G'	G	S	N	G'	G	S	N	G'	
1	11	0	0	11	10	0	0	10	5	0	0	5	A
2	22	3	18	4	20	1	6	14	10	0	0	10	B
3	33	4	24	9	30	4	24	6	15	1	6	9	C
4	44	4	24	20	40	5	30	10	20	4	24	−4	A
5	55	7	42	13	50	6	36	14					B
6	66	8	48	18	60	9	54	6					A

注：G 为第一次参加比较的权数 × 选取次数；S 为选中部件的个数之和；N 为循环总产量 × S；G' 为更新后的权数（$G-N$）。

除了上述两种方法外，还有启发式投入顺序编排法和分支定界法，考虑其计算过程较复杂，本书不再介绍。

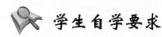
学生自学要求

一、概括本章基本知识逻辑，200～300 字

二、熟悉本章基本概念、术语及其英文表达

  工艺规程/procedure
  工艺规范/process specification
  顺序移动方式/sequential move mode
  平行移动方式/parallel move mode
  平行顺序移动方式/parallel sequential move mode
  手工流水装配线/manual assembly line
  机械化流水装配线/mechanized assembly line
  自动化生产线/automatic line/autoline
  需求节拍/takt time
  强制节拍流水装配线/forced beat assembly line
  自由节拍流水装配线/free beat assembly line
  粗略节拍流水装配线/rough beat assembly line
  节奏/rhythm
  在制品/work in process
  标准在线库存/standard WIP
  工序/process
  工序同期化/process synchronization
  机器时间/auto time
  等待（走动）时间/waiting (walking) time
  工时定额/man hour quota
  设备负荷系数/load factor
  可变流水生产线/varied convertible assembly line
  成组流水生产线/group technology flowline
  混合流水生产线/hybrid flow shop
  单一对象流水生产线/single-object flowline
  多对象流水生产线/multiple-object flowline
  平行成组流水生产线/parallel group technology flowline
  顺序成组流水生产线/sequential group technology flowline
  代表产品法/representative product method
  时间分配法/time distribution method
  生产平准化/smoothing of production

生产比倒数法/production ratio reciprocal method
品种特性逻辑计算法/logical calculation method of variety characteristics
分支定界法/branch and bound method
脉动式生产线/pulsating automatic production line
混合连接生产线/hybrid connection production line
完全自动线/fully automatic line
工种自动线/job automatic line
分散工序自动线/automatic line of dispersed process
集中工序生产线/centralized process line

三、预习并思考下列问题

1. 基本问题：是什么的问题

（1）何谓流水生产，定义的适用领域，它的主要分类有哪些？

（2）生产组织方式中，多品种生产的组织方式有几种？

（3）流水生产线的组织设计和技术设计有何差别？

（4）通过对流水生产的了解，说说你身边哪些产品是通过流水生产出来的，它们都具有什么特征。

（5）流水生产线的分类方式有很多，试从不同的角度整理归纳流水生产线的分类。

（6）在建立流水生产线之前，需要对流水生产线进行设计。请简要说明我们在设计之前需要做哪些准备工作，以及应该从哪些角度考虑对流水生产线进行设计，这些角度的关系又如何？

（7）什么是流水生产线的节拍？什么又是节奏？谈谈你的理解。

（8）如果让你对流水生产线平面布置进行设计，你将遵循哪些原则？

2. 综合性问题：怎么做、在哪些场合适合做

（1）通过本章的学习，如果有机会，你将如何对流水生产线生产的口罩厂进行组织设计？尝试说说你的思路。

（2）如何解决流水生产线中工人因工作枯燥乏味导致生产效率低下的弊端？

（3）为了保证制品在流水生产线的各工序间平行移动，需要对工厂的设备数量进行控制。对此，工厂需要如何设计安排呢？

（4）工序同期化是组织连续流水生产线生产的必要条件，试说明工厂是如何实现的。

（5）以手工生产为主，生产纸质包装袋的 M 工厂近年发现利润率较低，工厂研究觉得可能是人力成本过高导致的，想请你帮忙对工人数进行规划分析，说说你将如何应对。如果面对的是以设备加工为主、生产啤酒的 J 工厂，你又会如何进行规划？

（6）在混合流水生产线上，工厂需要面对许多品种，它们的工序和作业时间都不相同。在这种情况下，应该如何设计以实现各品种有顺序、有节奏、按比例地混合连续生产呢？

（7）说出你所熟悉的流水生产的例子，如汽车零部件生产、装配生产等。

（8）生产线平衡与工序同期化的用法有何差别？

（9）自动化系统与智能制造系统有何差别？

3. 关键问题：为什么的问题

（1）为什么流水线生产准备时流水线节拍与设备数量负荷等因子关系甚大？

（2）为什么在确定某种因子时，有各种不同的确定方法？每种方法的优劣是什么？哪一种方法更好？

（3）为什么工厂要采用流水生产？

四、本章知识逻辑

 即测即练题

第 4 章

生产线平衡

【学习目标】 熟悉生产线平衡的概念、术语；掌握生产线平衡设计的流程、算法和工具。
【学习效益】 具备利用生产线平衡算法和工具进行生产线规划设计与改善的能力。

4.1 生产线平衡概述

工厂的生产作业，常由各种不同功能的机器做各种加工处理，按顺序完成零件，再由零件装配成产品，使整个生产流程能顺利进行，没有停顿、等待或闲置现象，便是生产线平衡问题。

图 4-1 所示为简单生产流程图，其中 A 代表某零件，如何完成此零件，则为另一流程图，在此已予省略，与 B 零件再与 C 零件配合后而成产品 D。

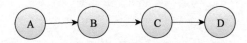

图 4-1 简单生产流程图

此简单流程图也可代表生产某零件时所需部分加工工作。假设 A、B、C、D 为四个工作站。每一工作站含有一个或一个以上无法再分的加工作业，称为作业或工作要素，常以所需时间来衡量。工作站中所有作业及其完成的总时间，分别称为工作站含量及工作站含量时间。生产线所有各工作站含量合并总计，称为总工作含量，其所需的总时间称为总工作含量时间。

工作站含量时间可简称工作站时间，例如在图 4-1 中，若 A、B、C、D 四站工作时间分别为 20 分钟、30 分钟、50 分钟、30 分钟，则该生产线为每间隔 50 分钟才能生产一个单位。这是由于 C 站耗时 50 分钟，虽 D 站仅需 30 分钟，每一单位生产时，必须等待 20 分钟所致。同理，A 站与 B 站也可闲置 30 分钟及 20 分钟，仍不延误每 50 分钟生产一个单位的产品，由此可知生产一单位产品所需的时间完全由生产线工作站中工作含量时间最多者决定。这最多的工作时间，称为周期时间，在本例中周期时间为 50 分钟，故生产率 γ 应为周期时间 r 的倒数，即 $r=1/\gamma$。各站的闲时可由周期时间与该站工作时间之差表示。将各站间闲时总计，称为平衡滞延时间。

在图 4-1 中，若各站工作时间均相等，周期时间也与各站工作时间相同，当各站均无闲时，也无平衡滞延时间，则称此生产线已达百分之百平衡或完全平衡。如此，物料流动速度不变，各站工作顺序而下，也达到最高生产效率。在实际作业中，很难达到完全平衡，总会有少许闲时出现，最简单办法是让空闲人员兼做一些间接性工作。

装配线依装配产品的种类可分为三类，如图 4-2 所示。

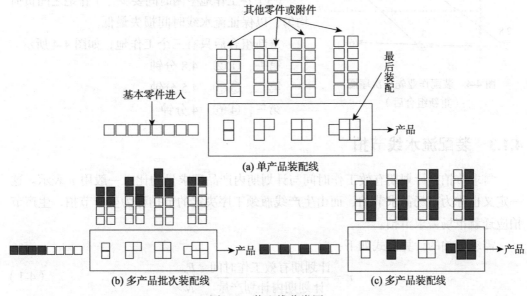

图 4-2　装配线分类图

（1）单产品装配线，即装配单项产品与零件。

（2）多产品批次装配线，即多项产品分别以批次装配完成，批量很大时，与单产品装配线无异；批量小时，则与后述多产品装配线相似。

（3）多产品装配线，为多项产品同时在装配线完成。

定义：装配线平衡又称工序同期化，就是根据流水线节拍的要求，采取各种技术与组织的措施来调整各工作地的单件作业时间，使它们等于节拍或节拍的整数倍。

目的：对装配线实行平衡技术，使所设计的装配线所需工作地数最少，同时使各工作地作业间尽可能接近节拍，减少忙闲不均的现象，并符合高效率和按节奏生产的要求。

4.1.1　为什么要进行装配线时间平衡

设某装配线有 6 道工序，其作业顺序和工序时间如图 4-3 所示（节拍为 5 分钟/件）。

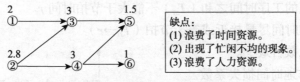

图 4-3　装配作业先后次序图

为了解决以上问题，必须对装配线的工作进行新的组合分析，重新组合工作地。

4.1.2　进行装配线平衡所应遵循的原则

（1）按工序先后顺序，合理地把作业分配给每一个工作地。

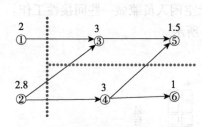

图 4-4 装配作业先后次序图
（重新组合后）

（2）每个工作地综合作业时间要尽量接近节拍，并使装配线所设计工作地最少。

（3）各工作地空闲时间要少，工作地之间负荷均匀，以保证流水线时间损失最低。

重新组合后只有三个工作地，如图 4-4 所示。

第一，①②　4.8 分钟
第二，③⑤　4.5 分钟
第三，④⑥　4 分钟

4.1.3 装配流水线节拍

需求节拍是计划期有效工作时间与计划期内产品需求量的比，一般用 r 表示。这一定义也称为市场需求节拍，而由生产线瓶颈工序决定的节拍称为生产节拍，生产节拍应迁就市场需求节拍。

需求节拍的计算公式如下：

$$r = \frac{\text{计划期有效工作时间}}{\text{计划期内计划产量}} = \frac{F_e}{N} \qquad (4-1)$$

例 4-1：某流水线计划日产量为 150 件，采用两班制生产，每班规定有 21 分钟停歇时间，计划不合格品率为 2%，计算流水线节拍。

$$r = \frac{F_e}{N} = \frac{8 \times 2 \times 60 - (21 \times 2)}{150 \times (1 + 2\%)} = 6 \text{（分钟/件）}$$

4.1.4 进行装配线平衡的步骤

（1）确定装配流水线节拍。

（2）计算装配线需要的最少工作地数 $S_{\min}$，设 t_i 为工序 i 的工作时间，则公式如下：

$$S_{\min} = \left[\frac{\sum t_i}{r} \right] \qquad (4-2)$$

（3）组织工作地。

①保证各工序之间的先后顺序。

②每个工作地的工序时间之和（T_{si}）不能大于节拍时间 r。

③各工作地的时间尽量接近或等于节拍（$T_{si} \to r$）。

④应使工作地数目最少。

（4）计算工作地时间损失系数。

$$\varepsilon_l = \frac{S \times r - \sum_{i=1}^{s} T_{si}}{S \times r} \times 100\% \qquad (4-3)$$

式中：S，r 为理想状态的理论值。对装配线进行平衡，要使时间损失系数尽可能小（图 4-5）。

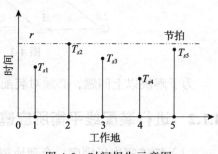

图 4-5 时间损失示意图

4.2 生产线平衡需考虑的因素

1. 生产线布置

生产线的布置将影响平衡的改进,在现有生产线中,工具、夹具与小型设备等的调整,通常不列入生产线平衡作业中,但诸如传送带等大型设备装置,不易改变位置,属于区域限制情形,对以后平衡改进作业具有很大影响。所以生产新产品或建新厂时,应注意工厂布置对生产线平衡影响的程度,对于主要装配线,尽可能使其接近完全平衡,并尽量减少区域或部门限制。

2. 产品的性质

工作要素的时间分配与先后次序相异,对生产线平衡具有不同的影响。Kilbridge 与 Wester 两人的调查研究表明:①周期时间及其他情形相同时,产品中工作要素时间短者数量多,时间长者数量少,易获得平衡;②工作要素先后次序限制越少,越易获得平衡。

3. 周期时间

周期时间也是影响平衡难易程度的主要因素。为求取最佳周期时间应考虑有关产品成本的内外因素,诸如学习成本、时间成本、滞延成本、需求量与生产率、工作人员缺勤与转换、各类设备成本,以及库存持有成本等。

4. 学习因素

工作人员会产生学习效应,即学习时间久,其工作经验增长后,所需处理作业时间渐减。所以某工作站原为瓶颈作业站,却可以渐渐变成非瓶颈作业站,因而整个生产线的周期时间也可能变短。

5. 个人行为因素

生产线上工作人员技能、缺勤率、抱怨程度等个人行为因素,与工作环境及工作场所设计的优劣等外在因素,都会影响工作要素的时间长短。由于个人操作时间,每次不尽相同,其事件分配的变异数也不尽相同。所以如何给予适当合宜的宽放时间应由工作研究分析者制定。

6. 其他因素

在多产品批次装配线或多产品装配线,对于某产品其平衡程度较优,对其他项产品平衡可能较差。如何取舍,使达到两全其美,必须考虑很多因素。诸如不同产品作业的难易,不同生产率与需求量等,但通常以总成本为最后标准。此外生产线在实际情形中,常发生停工待料或某工作站机器故障等情形,也需要迅速予以改正。

4.3 生产线平衡问题的数学建模法

数学模型求解法虽在理论上可获得最佳答案,但实际作业十分烦琐,即使利用电子计算机求解，也耗时很多，数学模型可由整数线性规划、动态规划、网路模式与栈模式等求解。就生产线平衡问题而言，数学建模通常从两个角度进行：一是按照客户需求节拍，以最小平衡滞延时间为目标，求解最小工作站数；二是给定工作站数，向各个工作站安排任务使得平衡滞延时间最小。下面分别予以介绍。

4.3.1 平衡滞延理论

设 r＝周期时间，T_{si} 为第 si 工作站含量时间，也就是第 ei 工作站处理时间，$i=1,2,\cdots,S$，D_{si} 为第 si 工作站的闲时。$i=1,2,\cdots,S$
则总工作含量时间应为

$$\sum_{i=1}^{S} T_{si} \tag{4-4}$$

平衡滞延时间 BD 应为

$$\text{BD} = \sum_{i=1}^{S} D_{si} = \sum_{i=1}^{S}(r - T_{si}) = Sr - \sum_{i=1}^{S} T_{si} \tag{4-5}$$

若以百分率表示则为

$$\text{BD} = \frac{Sr - \sum_{i=1}^{S} T_{si}}{Sr} \times 100\% \tag{4-6}$$

平衡生产线目的是使平衡滞延时间（BD）越小越好，若 BD 为零，即为完全平衡。

若 T_{si} 已知，且为常数，故 $T_{si} \leqslant r$，要达到完全平衡，则 $\dfrac{\sum_{i=1}^{S} T_{si}}{r}$ 必须为整数，此为必要条件。然而实际情形，各作业或工作元素常有先后次序，即使 $\dfrac{\sum_{i=1}^{n} T_{si}}{r}$ 为整数，可能并非正好全部安排，而得完全平衡。设 $S_{\min}$ 为生产线工作站数的最小值，得

$$S_{\min} = \min\left\{ integer\ s \middle| s \geqslant \frac{\sum_{i=1}^{S} T_{si}}{r} \right\} \tag{4-7}$$

若单独作业的时间，超过周期作业时间半数以上时，这种作业，两个无法合并在一起，设 S_{fes} 为生产线工作站的可行最小值，则

$$S_{fes} = \min\left\{ number\ of\ i \middle| T_{si} > \frac{r}{2} \right\} \tag{4-8}$$

> 工作站数的确定，满足工作站含量时间 > r/2，这样就不会再有能合并的两个工作站了，也就是说，可以合并的工作站都已经进行了合并。

所以实际上工作站数目的最小值，应为 S_{min} 与 S_{fes} 中的最大者。由式（4-2）知，若周期时间固定，欲使 BD 小，则必有 S 越小越好。所以通常在平衡生产线时，使工作站数目越少，越能达到我们的目的。若周期时间并不固定，则应在许多周期时间可能值中，分别获得 BD，比较后选择。周期时间的可能值应在式（4-9）间

$$T_{e\max} \leqslant r \leqslant \sum_{i=1}^{S} T_{si} \qquad (4\text{-}9)$$

唯有时间 r 值尚有其他限制，例如必须符合需求量，依式（4-1）知

$$T_{e\max} \leqslant r \leqslant \frac{F_e}{N} \qquad (4\text{-}10)$$

在某些情形下，我们要固定工作站数目，使周期时间减低，达到提高生产率的目的。而各作业时间 T_{ei} 通常不是固定常数，实为随机变量，平衡生产线分析人员通常不给工作站百分之百负荷，以保证即便有不安全因素也可使作业在规定时间内完成，而分析时间 T_{si} 则设为固定常数，较易处理。

除了各作业先后次序限制外，尚有区域限制，即各种设备随工厂布置结果，必须安装在某一特定区域。因此作业无法与不在此区域内执行的作业合并在一个工作站完成。另如大件产品的装配线，工作人员仅能在大件的前后上下部位作业，此称为位置限制。

4.3.2 Bowman 的线性规划模型

如图 4-6 所示，圆圈内数字表示作业编号，圈外数字表示该作业的作业时间，优化目标是在周期时间为 10 的条件下，求得最少工作站数目。根据经验可知生产线最多不会超过 7 站。下列模型以 7 站为准，先列出各类限制条件。令 A_1 为作业 1 分派到 A 工作站（第一站）的作业时间，A_2 为作业 2 分派到 A 工作站的作业时间，以此类推，如 G_3 则为作业 3 分派到 G 工作站（第七站）的作业时间。（注意，各作业时间是不变的，A_1 与 C_1 值相同，只是表示工作站不同）。

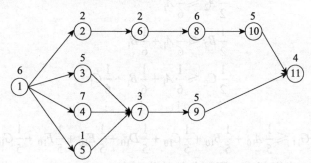

图 4-6　各作业先后次序关系图

（1）因周期时间为 10，故

$$A_1 + A_2 + A_3 + \cdots + A_{11} \leqslant 10$$
$$B_1 + B_2 + B_3 + \cdots + B_{11} \leqslant 10$$
$$\vdots \qquad \vdots \qquad \vdots \qquad \vdots \qquad \vdots$$
$$G_1 + G_2 + G_3 + \cdots + G_{11} \leqslant 10$$

（2）每一作业仅能分派一次，故

$$A_1 + B_1 + C_1 + \cdots + G_1 = 6$$
$$A_2 + B_2 + C_2 + \cdots + G_2 = 2$$
$$\vdots \qquad \vdots \qquad \vdots \qquad \vdots$$
$$A_{11} + B_{11} + C_{11} + \cdots + G_{11} = 4$$

（3）各作业不能分割，故

$$\frac{1}{6}A_1 + A_1' = 1, \quad \frac{1}{6}B_1 + B_1' = 1, \quad \cdots,$$
$$\frac{1}{2}A_2 + A_2' = 1, \quad \frac{1}{2}B_2 + B_2' = 1, \quad \cdots,$$
$$\vdots \qquad \vdots \qquad \vdots$$
$$\frac{1}{4}A_{11} + A_{11}' = 1, \quad \frac{1}{4}B_{11} + B_{11}' = 1, \quad \cdots,$$
$$\frac{1}{6}G_1 + G_1' = 1$$
$$\frac{1}{2}G_2 + G_2' = 1$$
$$\vdots \qquad \vdots$$
$$\frac{1}{4}G_{11} + G_{11}' = 1$$

式中：A_1'，A_2'，$\cdots$，B_1'，B_2'，$\cdots$，G_1'，G_2'，$\cdots$，G_{11}' 为 0 或者 1 的变数。例如 A_1 为零，则 A_1' 为 1。若作业 1 分派至 A 站，A_1' 为零，则 A_1 必须等于 6，表示作业时间不能分割，且与前面限制条件 $A_1 + B_1 + C_1 + \cdots + G_1 = 6$ 相呼应。如 A_1 为 6，则其余 B_1，C_1，$\cdots$，G_1，均必须为零，即表示再不能分派至其他工作站。

（4）在先次序限制，故

$$\frac{1}{2}A_2 \leqslant \frac{1}{6}A_1$$
$$\frac{1}{2}B_2 \leqslant \frac{1}{6}A_1 + \frac{1}{6}B_1$$
$$\frac{1}{2}C_2 \leqslant \frac{1}{6}A_1 + \frac{1}{6}B_1 + \frac{1}{6}C_1$$
$$\vdots \qquad \vdots \qquad \vdots$$
$$\frac{1}{4}G_{11} \leqslant \frac{1}{5}A_{10} + \frac{1}{5}B_{10} + \frac{1}{5}C_{10} + \frac{1}{5}D_{10} + \frac{1}{5}E_{10} + \frac{1}{5}F_{10} + \frac{1}{5}G_{10}$$

在 1、2、3、4 类限制中，限制各件数分别为 7、11、71、91，共 180 个，所有变数 A_1 至 A_{11}，B_1 至 B_{11}，$\cdots$，G_1 至 G_{11} 均需大于或等于零，且为整数。另 A_1' 至 G_{11}' 均为 0 或 1 的变数，所以变数总数为 154 个整数变数，至于目标函数可简列如下：

$$\min Z = 1F_{11} + 5G_{11}$$

此目标函数意义为作业 11 若分派到第六站，其处罚数为 1 倍（$1F_{11} = 4$）。若作业 11 分派至第七站，处罚数为 5 倍（$5G_{11} = 20$）。换言之，最后作业分派到第六站第七站均受处罚，故 minZ 可以尽量提前至第五站。我们若怀疑最后作业在第五站仍不会属于最佳解，则 minZ 可列为 $1E_{11} + 5F_{11} + 15G_{11}$，各处罚倍数可自行拟定，如 $3F_{11} + 28G_{11}$ 也可以。

4.4 生产线平衡的启发式求解法

事实上，由于整个生产线有 70 个工作站与 105 个在先关系，极为普遍，则可能排序办法有 $70!/2^{105} = 10^{85}$ 种，即使由电子计算机求解，计算时间耗用也很大。在实际工作中，尚有地区限制，因此，我们常用启发式求解法寻觅近似答案，简单快速，代替数学模型的烦琐求解。这里我们将探讨几种以手算来帮助解决生产线平衡问题的方法。这些方法属于启发式法则，它们建立在逻辑及一般合理的判断上，并不能保证所得解一定是最佳解，但几乎可达到近似最佳解。各种启发式求解法简述如下。

1. 最大候选法则

这种方法最为简单。它以单元时间的大小作为分配工作单元给工作站的依据，并考虑工艺顺序和需求节拍的限制来分配工作站。

2. Kilbridge-Wester 法

Kilbridge 与 Wester 法（简称"KW 法"）最主要以先后次序为重点，将作业分成纵列。第一纵列包括没有在先情形的作业，第二纵列是直接后随第一纵列的作业，以此类推，可知我们目标是尽量将右边纵列向左侧合并。在同一纵列间可相互先后，当然作业也可向右移，只是与目标相反，不得已时再使用，然后再设法按周期时间合并。

3. 阶位法（相对位置加权法）

阶位法是 Helgeson 与 Birnie 两人在 1961 年提出的求解法。该方法综合了最大候选法则及 KW 法两者的优点。其想法以某作业及其后续作业的总时间为标准，时间长者置于较前工作站。如将总时间较短作业先行完毕，仍需安排总时间较长的众多作业，工作站数量势必增加。基于这一简单原则，将每一项作业分为阶位，总时间越长的作业，阶位越高，也就是优先次序越高，最先给予分配。

4. Moodie 与 Young 法

本法主要特点是以平稳指数（smoothness index，SI）为平衡时衡量标准，可由式（4-11）表示。

$$\text{SI} = \sqrt{\sum_i^S \left(T_{s\max} - T_{si}\right)} = \sqrt{\sum_i^S \left(r - T_{si}\right)^2} \qquad （4-11）$$

故 SI 越小，即 T_{si} 各站含量时间与周期时间相差越小，此即达到平衡目的。若 SI 为零，即为完全平衡。

（1）试凑组合工作地，使各个工作地的含量时间：$T_{si} \to \max$，$T_{si} \leqslant r$，工作地数 $S \to \min$。

（2）在不违反工序优先顺序的前提下，找出 $T_{s\max}$ 中与 $T_{s\min}$ 中单个工序之间的所有可能的交换,并使 T_{smax} 的减少和 T_{smin} 的增加均小于 $(T_{smax}-T_{smin})$。

(3)重复步骤(2)。

5. Jackson 逐步列举法

本法是将各作业依次以周期时间为准合并,在所有组合情形下,消减效果相同的组合,以工作站数量最少为最优。

6. COMSOAL 法

COMSOAL 法是 computer method of sequencing operations for assembly 缩写的简称,是 Arcus 发展出来的电子计算机程序,用以平衡装配线。此法是用随机抽样法抽取候选作业,直至所有作业分配完成,即完成一个顺序。COMSOAL 对每一顺序均有累积闲时记录,所以第一顺序完成后,若第二顺序在中途计算所得累积闲时已超过前面程序总时间,即停止作业,可以节省计算机时间。又若第二顺序完成后累积闲时比前面程序少,则仅保留第二顺序结果。COMSOAL 程序会产生 1 000 个顺序,换言之,其最后结果为在 1 000 个顺序中挑选的最优者。

4.5 生产线平衡算法实务

为了讨论生产线平衡的专门术语及其关联,我们将参考下面的例子。当探讨不同的解决技术时,也会将技术实际应用于这个例子。

例 4-2: 新的小型家电用品准备在流程生产线上做组装,工业工程部门已经先将各最小合理化工作单元以工作研究方法订出标准化时间如表 4-1 所示,表中最右栏说明了每一个工作单元在执行之前,必须先完成哪些作业步骤。假设生产需求为 120 000 单位/年,营运情形为 50 周/年和 40 小时/周,将使得产出控制在 60 单位/小时或 1 单位/分钟。

表 4-1 工作单元

编号	单元描述	T_{ej}/分钟	必须先完成的前序单元
1	将框架置于工作架上并以钳子夹紧	0.2	
2	装上插头,加上固定电线用索环	0.4	
3	在框架上组装 L 形托架	0.7	1
4	装设电线供马达使用	0.1	1,2
5	装设电线供开关使用	0.3	2
6	在 L 形框架上组装机制金属板	0.11	3
7	在 L 形框架上组装螺旋桨叶	0.32	3
8	在 L 形框架上组装马达	0.6	3,4
9	排整螺旋桨叶,并与马达相连	0.27	6,7,8
10	组合开关与 L 形框架上的马达	0.38	5,8
11	加上外壳、检验并测试	0.5	9,10
12	置于托盘、打包	0.12	11

在这里我们将定义几个与生产线平衡相关的专门术语。

(1)最小合理化工作单元:为了将工作分配到各工作站,工作必须被划分为许多小单位。最小合理化工作单元为实际上可行最小不可再分的工作,意指这些工作不能再做更细部的划分。举个例子，一般将钻孔的动作视为最小合理化单元。在人工组装作业里，当进行螺帽与螺丝这两个组件的旋紧动作时，我们将这些动作视为一体是合理的，因此这个组装工作被认定为最小合理化工作单元。我们可以将达成最小合理化工作单元所需的时间给定一个符号为 T_{ej}，j 表示在完成总工作中的第 n_e 个单元。举例来说，例 4-2 中第一个单元的单元时间 T_{ej} 为 0.2 分钟。目前假设将工作单元的时间 T_{ej} 视为常数。另一个使用 T_{ej} 的假设是其具有累加性，完成两个工作单元的时间等于两个独立工作单元时间的总和。实际上，有可能在同一工作站上合并工作的结果使得运作更为简单，透过动作的经济性原则，如此就违反了累加性的假设。

（2）总工作容积：意指在生产线上所有的工作总数，将 T_{wc} 定义为工作容积所需要的时间，则

$$T_{wc} = \sum_{j=1}^{n_e} T_{ej} \tag{4-12}$$

在例 4-2 中，$T_{wc} = 4.0$ 分钟。

（3）工作站制程时间：工作站是在流水式生产中完成工作的位置，有可能是人工或是自动化设备。在工作站里是由一个或多个独立的工作单元来完成工作，而其中工作站所需的时间即为全部工作单元时间的总和。我们使用 T_{si} 这个符号来表示在 n 工作站生产线里第 i 个工作站的加工时间。很显然，总工作站加工时间等于工作单元时间总和。

$$\sum_{i=1}^{n} T_{si} = \sum_{j=1}^{n_e} T_{ej} \tag{4-13}$$

（4）周期时间：这里的周期时间是指流水生产线在理想或理论情况下，零件加工完成后离开生产线的时间间隔。周期时间用 T_c 表示，是根据所要求的生产率而来。在允许机器停止生产的情况下，T_c 必须满足下列不等式：

$$T_c \leqslant \frac{E}{R_p} \tag{4-14}$$

式中：E 为生产效率；R_p 为所要求的生产率。

在例 4-2 中，所要求的生产率为 60 单位/小时或 1 单位/分钟，在生产效率为 100% 的情形下，T_c 值等于 1.0 分钟，生产效率低于 100%。为了弥补机器停止生产的时间，理想周期时间将会缩短。

最小可能的 T_c 值完全取决于瓶颈站为 T_{si} 中最大的值，则

$$T_c \geqslant \max T_{si} \tag{4-15}$$

假如 $T_c = \max T_{si}$，表示在所有工作站的含量时间皆小于 T_c。

最后，使得工作站时间由单元时间组成，即

$$T_c \geqslant T_{ej} (\text{for all } j = 1, 2, \cdots, n_e) \tag{4-16}$$

很明显地，这个不等式所蕴含的意义是，周期时间必定会大于或等于任何一个工作单元时间。要注意的是，这里的周期时间并不包含转移时间。

（5）顺序限制：有时候亦称为产品技术上顺序要求条件，意指在某种范围下，工

作执行或组装的顺序受到限制。在例 4-2 中，必须在组装外壳前，将开关与马达相连。表 4-1 最右边的一列，即清楚地表现出每个工作单元必要的先行关系。几乎每个制程或组装作业，都有其完成顺序的限制。

除了上述的顺序限制，尚有一些其他形式的限制或许会影响生产线平衡问题的处理：主要是关于工作站布置这方面的，非关于工作单元。分区规划限制（zoning constrains）分为正向限制及负向限制。正向分区规划限制意指每个工作单元应该都放置在附近，最好是都在同一工作站里。例如，所有的喷漆工作单元应一起执行，因此此时须利用一特殊的半封闭的工作室。负向分区规划限制则是指工作单元间会互相干涉，所以不应放置在太邻近的位置。如有些工作单元对产品进行最后精确调整或详细的校正，此时便不应该将它们安排在噪声或振动很剧烈的工作站附近。

另一个与工作站布置有关的为位置限制，主要是发生在组装如汽车或是大型家电的大型产品中。因为产品太大使得一位工人无法同时在产品两侧进行加工，因此为了帮助工作，可以由两个作业员同时分别在产品两侧进行加工，此种情况就称为位置限制。

虽然在这里并没有介绍关于实际分区规划限制与位置限制的例子，但必须注意的是，当在设计流水式生产线时，这些都是必须要谨慎考虑的。

（6）顺序图：以图示的方法来表现工作单元间的顺序限制。一般是以节点表示工作单元，以箭头连接各个节点代表工作单元间的加工顺序，单元时间则标记在各节点的上方。图 4-7 为例 4-2 的顺序图。

（7）平衡延滞：有时亦称为平衡损失，主要是用来量测由于工作站上工作配置不平均造成的时间闲置所产生的生产无效率。在流程生产线生产中，以 d 来表示生产无效率，

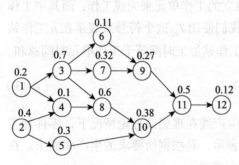

图 4-7 例 4-2 的顺序图

并且可以由式（4-17）求得：

$$d = \frac{ST_c - T_{wc}}{ST_c} \qquad (4\text{-}17)$$

由式（4-17）所计算出的 d 值通常以百分比的方式表现。

以例 4-2 做说明，总工作容积 $T_{wc}=4.0$ 分钟，当我们假设 $T_c=1.0$ 分钟时，且其中可能完全平衡为 $n=4$ 个工作站，根据式（4-17），可以求出：

$$d = \frac{4 \times 1.0 - 4.0}{4 \times 1.0} = 0$$

假使以周期时间为 1.0 分钟，其中可能完全平衡为 $n=5$ 个工作站来计算，平衡延滞则为

$$d = \frac{5 \times 1.0 - 4.0}{5 \times 1.0} = 0.20 \text{ 或 } 20\%$$

在相同理论生产率下，当 $n=5$ 时，由于多出一个工作站，其效率较低，因此也造成必须增加额外的操作人员。一种可能增进效率的方法为缩短周期时间 T_c。假设生产

线在周期时间 T_c =0.8 分钟时达到平衡,则平衡延滞为

$$d = \frac{5 \times 0.8 - 4.0}{5 \times 0.8} = 0$$

由此看来,缩短周期时间的确有可能造成完全平衡。我们可以迅速地计算出在何种 n 及 T_c 数的组合下能达到理论完全平衡,每种不同的组合将造成不同的生产率。一般来说,当平衡延滞 d 为零时,任何的 n 与 T_c 都会具有下列关联:

$$ST_c = T_{wc} \tag{4-18}$$

然而,由于顺序限制及不容许独立 T_{ej} 值,$ST_c = T_{wc}$ 通常不会发生。换言之,式(4-18)为满足完全平衡的必要条件,但并不是充分条件。

由式(4-18)可以发现,期望的 T_c 值主要取决于直线流程的生产率,因此在充分应用平衡滞延下可以固定 T_c 值来决定不同的理论最小工作站数,而 n 必须是一个整数,我们可以说:

$$\text{理论最小工作站数 } S \text{ 为不小于 } \frac{T_{wc}}{T_c} \text{ 之值的最小整数} \tag{4-19}$$

应用此法则于例 4-2 上,当 T_{wc}=4.0 分钟和 T_c=1.0 分钟时,最小 n=4 个工作站。

在 4.5.1 小节,我们将探讨几种试图解决生产线平衡的启发式方法。这些方法皆是在已知的 T_c 下,求取最小的平衡延滞。

4.5.1 生产线平衡启发式求解方法——最大候选法则

最大候选法非常容易理解,以 T_{ej} 值最大的会排在列表的最上端。

步骤 1:以 T_e 值降幂排列所有单元,T_{ej} 值最大的会排在列表的最上端,见表 4-2。

表 4-2 依 T_e 值降幂排列作业单元

作业单元	T_{ej}	先行关系
3	0.7	1
8	0.6	3, 4
11	0.5	9, 10
2	0.4	
10	0.38	5, 8
7	0.32	3
5	0.3	2
9	0.27	6, 7, 8
1	0.2	
12	0.12	11
6	0.11	3
4	0.1	1, 2

步骤 2:从列表的上方依序分配单元到第一个工作站,选择第一个适合的单元给工作站,见表 4-3。适合的单元是指满足优先权要求且其在工作站 T_e 的总和没有超过周期时间 T_c。

表 4-3　根据最大候选法则指派作业单元至工作站

工作站	单元	T_{ej}	合计
1	2	0.4	
	5	0.3	
	1	0.2	1.00
	4	0.1	
2	3	0.7	0.81
	6	0.11	
3	8	0.6	0.98
	10	0.38	
4	7	0.32	0.59
	9	0.27	
5	11	0.5	0.62
	12	0.12	

步骤 3：直到 T_{ej} 的总和超过周期时间 T_c。

步骤 4：在生产线上其他工作站重复第二、三步，直到所有单元都已被分配。所得结果如图 4-8 所示。

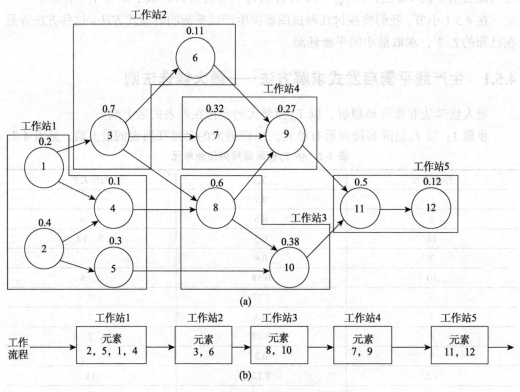

图 4-8　根据最大候选法则所得结果

4.5.2　生产线平衡启发式求解方法——Kilbridge-Wester 法

基本方法：以先后次序为重点，将作业分成队列，第一队列是紧前作业，第二队列是直接后随第一队列的作业，以此类推。然后再设法按周期时间合并。

目标：尽量将右边队列向左合并。

特点：在同一队列中的作业是可以不区分加工先后次序的（将加工顺序可以互换的工作单元排列在同一行，作用是不需要再判断前序作业限制）。

KW法步骤如下。

步骤1：建立顺序图，其中将加工顺序可互换的工作单元排列在同一队列。以图4-9做说明，单元1及单元2排在第一队列，单元3、单元4及单元5在第二队列，其他以此类推。要注意的是，单元5可以排在第二队列或第三队列，并不会违反前序作业限制。

步骤2：依照队列的顺序排列单元，第一队列会在列表的上方。如果有单元可以排列在不同队列，则列出所有可转移的队列。表4-4为此步骤的结果，其中也包含了T_e值及队列总和T_{es}值。

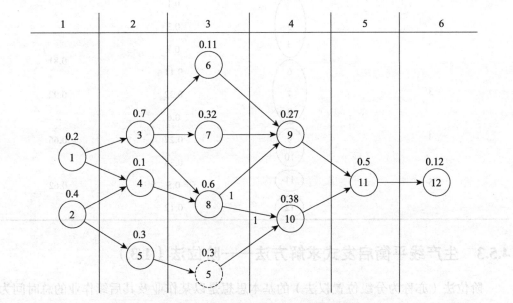

图4-9 Kilbridge-Wester法对例4-2中的工作单元排列

表4-4 按队列的顺序排列单元的结果

作业单元	队列	T_{ej}	队列总和T_{si}
1	1	0.2	0.6
2	1	0.4	
3	2	0.7	1.1
4	2	0.1	
5	2, 3	0.3	
6	3	0.11	1.03
7	3	0.32	
8	3	0.6	
9	4	0.27	0.65
10	4	0.38	
11	5	0.5	0.5
12	6	0.12	0.12

步骤 3：从第一队列开始分派作业至工作站，按照队列的顺序进行分派，直到已达周期时间，预先确定周期时间 T_c=1.0 分钟。第一队列作业单元时间总和为 0.6 分钟，我们必须从第二队列选择作业单元加入工作站 1，使 T_{si} 不会超过 T_c 单元，因此加入单元 4 及单元 5 到工作站 1，使得该站总加工时间等于 T_c。如表 4-5 所示。不同于最大候选法则，在这里并不需要自行判断前序作业限制，因为这部分的问题已经由运用将加工顺序可互换的工作单元排列在同一队列的技巧解决了。

表 4-5 将作业单元指派工作站

工作站	单元	T_{ej}	合计
1	1	0.2	
	2	0.4	
	4	0.1	1
	5	0.3	
2	3	0.7	0.81
	6	0.11	
3	7	0.32	0.92
	8	0.6	
4	9	0.27	0.65
	10	0.38	
5	11	0.5	0.62
	12	0.12	

4.5.3 生产线平衡启发式求解方法——阶位法（1/3）

阶位法（亦称为分级位置权法）的基本思想是以某作业及其后续作业的总时间为标准，时间长的应当放置在前面的工作站。基于这一简单的原则，将每一项作业分成阶位，总时间越长的作业，阶位越高，也就是它的优先次序越高，最先给予分配。

1. 分级位置权的具体做法

步骤 1：确定装配流水线的生产节拍。

$$r = F_e/N$$

式中：r 为流水线节拍；F_e 为计划期内的有效工作时间；N 为计划期内应完成的产量。

步骤 2：计算最少工作站数。

$$S_{\min} = [T_{WC}/r]$$

式中：$S_{\min}$ 为最少工作站数；T_{WC} 为各装配元作业时间之和，$T_{WC}=\sum_{j=1}^{n_e}T_{ej}(j=1,2,\cdots,n)$；$T_{ej}$ 为装配元作业时间；[ ]表示取整。

步骤 3：依据装配元优先约束条件，设置优先图。

步骤 4：计算每一装配元指向的所有的装配元作业时间之和，即分级位置权重 RPW。

$$\text{RPW} = \sum_{j=1}^{n_e} T_{ej} \quad (j=1,2,\cdots,n')$$

步骤 5：将各装配元依据其 RPW 值从高到低进行排列。
步骤 6：把装配元分组，建立工作站。
步骤 7：计算流水线负荷率 E，E 一般应大于 75%。

$$E = T_{WC}/S_r$$

式中：S 为装配流水线工作站数。

2. 分级位置权法的应用例子

例 4-3：某厂欲设计一条轴承装配流水线，它由 14 个装配元组成，作业时间及优先顺序见表 4-6。该产品日产量为 900 套，采用两班制工作，每班次有效工作时间为 7 小时，试求在生产节拍和装配元顺序约束下，用分级位置权法设计该装配线并计算其负荷率。

表 4-6 某流水线作业时间及优先顺序

序号	装配元	装配元作业时间 T_{ej}	优先顺序
1	A	55	—
2	B	10	A
3	C	8	B
4	D	54	—
5	E	8	D
6	F	10	C
7	G	10	C
8	H	10	E
9	I	10	E
10	J	8	FGHI
11	K	10	J
12	L	8	K
13	M	10	L
14	N	9	M

（1）确定流水线节拍。
由已知条件以及流水线节拍计算公式可知其节拍。

$$r = \frac{F_e}{N} = \frac{2 \times 7 \times 3600}{900} = 56 \text{ (s)}$$

（2）计算最少工作站数。

$$S_{\min} = [T_{wc}/r]$$

因为 $T_{wc} = \sum_{j=1}^{14} T_{ej} = 55+10+8+54+8+10+10+10+10+8+10+8+10+9 = 220 \text{ (s)}$

所以 $S_{\min} = [220/56] = 4$

（3）绘制优先图。
根据装配元优先约束条件，作出优先图如图 4-10 所示。

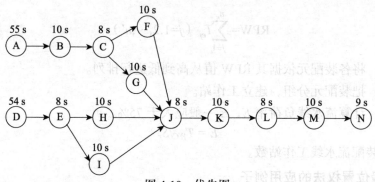

图 4-10 优先图

（4）计算每一装配元的分级位置权重。

$RPW_A = 55 + 10 + 8 + 10 + 10 + 8 + 10 + 8 + 10 + 9 = 138 (s)$

同理可计算出其他装配元的分级位置权重，将全部装配元的分级位置权重计算结果列于表4-7。

表 4-7 全部装配元的分级位置权重

装配元	作业时间 T_e/s	A	B	C	D	E	F	G	H	I	J	K	L	M	N	RPW
A	55	1	+			+	+	+			+	+	+	+	+	138
B	10		1				+	+			+	+	+	+	+	83
C	8						1	1			+	+	+	+	+	73
D	54				1				+	+	+	+	+	+	+	127
E	8								1	1	+	+	+	+	+	73
F	10										1	+	+	+	+	55
G	10										1	+	+	+	+	55
H	10										1	+	+	+	+	55
I	10										1	+	+	+	+	55
J	8											1	+	+	+	45
K	10												1	+	+	37
L	8													1	+	27
M	10														1	19
N	9															9

（5）根据RPW值，将各装配元排列，见表4-8。

表 4-8 各装配元排列

装配元	A	D	B	C	E	F	G	H	I	J	K	L	M	N
T_{ej}/s	55	54	10	8	8	10	10	10	10	8	10	8	10	9
RPW	138	127	83	73	73	55	55	55	55	45	37	27	19	9
优先级	—	—	A	B	D	C	C	E	E	FGHI	J	K	L	M

（6）装配元的分配。依据流水线节拍及优先约束条件，将装配元分配到各工作站，见表4-9。

表 4-9 将装配元分配到各工作站

装配元	RPW	优先级	工作站号	按优先级与 T_{ej} 限制排列装配元	装配元 工作时间/s	$\sum T_{ej}(s)$（按每个工作站）	工作站剩余时间/s
A	138	—	1	A	55	55	1
B	83	A	2	D	54	54	2
C	73	B		B	10		
D	127	—		C	8		
E	73	D	3	E	10	56	0
F	55	C		F	10		
G	55	C		G	10		
H	55	E		H	10		
I	55	E		I	10		
J	45	F, G, H, I		J	8		
K	37	J	4	K	10	55	1
L	27	K		L	8		
M	19	L		M	10		
N	9	M		N	9		

（7）计算该装配线负荷率。

$$E = T_{WC}/S_r = 220/(4 \times 56) = 98.2\%$$

因为 98.2% > 75%，故以此将装配元进行分站，以满足工作要求。工作站站数为 4 个，工作站 1 由装配元 A 组成；工作站 2 由装配元 D 组成；工作站 3 由装配元 B、C、E、F、G 和 H 组成；工作站 4 由装配元 I、J、K、L、M 和 N 组成。

4.5.4 生产线平衡启发式求解方法——Moodie 与 Young 法

例 4-4：有一装配线由 12 道工序组成，市场需求节拍为 10 分钟/件，试进行装配线平衡。

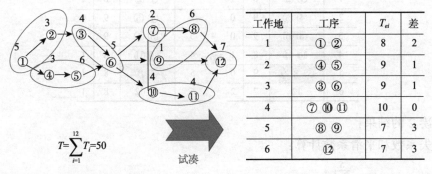

损失系数和平滑系数计算：

$$\varepsilon_l = \frac{S \times r - \sum_{i=1}^{S} T_{si}}{S \times r} \times 100\% = \frac{6 \times 10 - (8+9+9+10+7+7)}{6 \times 10} \times 100\% = 16.7\%$$

$$SI = \sqrt{\sum_{i}^{S}(T_{smax} - T_{si})^2} = \sqrt{4+1+1+0+9+9} = 4.90$$

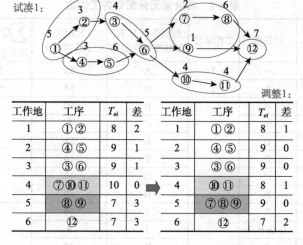

试凑1:

调整1:

工作地	工序	T_{ei}	差
1	①②	8	2
2	④⑤	9	1
3	③⑥	9	1
4	⑦⑩⑪	10	0
5	⑧⑨	7	3
6	⑫	7	3

工作地	工序	T_{ei}	差
1	①②	8	1
2	④⑤	9	0
3	③⑥	9	0
4	⑩⑪	8	1
5	⑦⑧⑨	9	0
6	⑫	7	2

试凑 1 的结果：

$$\varepsilon_l = \frac{S \times r - \sum_{i=1}^{S} T_{si}}{S \times r} \times 100\% = \frac{6 \times 10 - (8+9+9+8+9+7)}{6 \times 10} \times 100\% = 16.7\%$$

$$SI = \sqrt{\sum_i^S (T_{smax} - T_{si})^2} = \sqrt{1+0+0+1+0+4} = 2.45$$

试凑2:

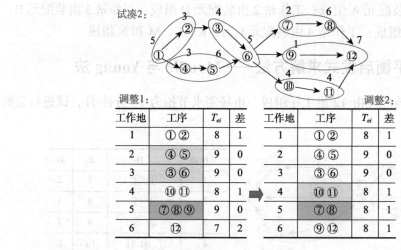

调整1:

工作地	工序	T_{ei}	差
1	①②	8	1
2	④⑤	9	0
3	③⑥	9	0
4	⑩⑪	8	1
5	⑦⑧⑨	9	0
6	⑫	7	2

调整2:

工作地	工序	T_{ei}	差
1	①②	8	1
2	④⑤	9	0
3	③⑥	9	0
4	⑩⑪	8	1
5	⑦⑧	8	1
6	⑨⑫	8	1

试凑 2 的结果：

损失系数和平滑系数计算：

$$\varepsilon_l = \frac{S \times r - \sum_{i=1}^{S} T_{si}}{S \times r} \times 100\% = \frac{6 \times 10 - (8+9+9+8+8+8)}{6 \times 10} \times 100\% = 16.7\%$$

$$SI = \sqrt{\sum_i^S (T_{smax} - T_{si})^2} = \sqrt{1+0+0+1+1+1} = 2.0$$

所以，可以提高节拍至：9 分钟/件，损失系数可降低到：

$$\varepsilon_l = \frac{S \times r - \sum_{i=1}^{S} T_{si}}{S \times r} \times 100\% = \frac{6 \times 9 - (8+9+9+8+8+8)}{6 \times 9} \times 100\% = 7.4\%$$

最终选择试凑 2 的结果

节拍由原来的 10 分钟/件降为 9 分钟/件，提高效率 10%。

选择 6 个工作地。即

平衡后工作地	1	2	3	4	5	6
平衡前工作地	1,2	4,5	3,6	10,11	7,8	9,12

4.5.5 生产线平衡的数学求解方法——分支定界法

它是运用分支定界并寻求最新活动节点的原理，先求出可行的工序组合方案，然后一面依靠返回检查，消除明显的不良工序组合方案，一面求出能使装配工序数为最少的工序组合方案。

分支定界法步骤：

例 4-5：装配关系如图 4-11 所示，节拍 $r=16$ 分钟。

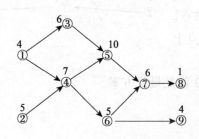

图 4-11 装配关系

最少工作地数 $S_{min}=[T_{WC}/r]=3$

步骤1：列出所有可能作为第一工作地的工序组合方案。
方案1-1：①②③
　　　　　$T_{e11}=15$分钟
方案1-2：①②④
　　　　　$T_{e12}=16$分钟

步骤 1：求出第一工作地各编组方案对装配线所需最少工作地数，公式为

$$S_{ij} = i + \left[\frac{T - \sum T_{eij}}{r} \right]$$

式中：S_{ij} 为根据第 i 个工作地中第 j 个编组方案计算的所需最少工作地；T_{eij} 为已分配和正在分配编组的各工序定额时间；T 为所有工序定额时间之和。

步骤 2：从各编组方案中，找出 S_{ij} 最小的值，该值所在的编组方案即为分支点。当各方案的 S_{ij} 相等时，选取 T_{eij} 较大的编组方案作为分支点。本例中，取方案 2。

本例中：$T=48$, $r=16$。

$$T_{e11} = 15, S_{11} = 1 + \frac{48-15}{16} = 3.06$$

$$T_{e12} = 16, S_{12} = 1 + \frac{48-16}{16} = 3 = S_{min}$$

步骤 3：顺序进行第二个工作地编组，重复上述步骤。

方案 2-1：③⑤

T_{e21} = 16 分钟

方案 2-2：③⑥⑨

T_{e22} = 15 分钟

本例中：$T = 48$，$r = 16$。

$T_{e21} = 16, S_{21} = 2 + \dfrac{48-(16+16)}{16} = 3 = S_{\min}$

$T_{e22} = 15, S_{22} = 2 + \dfrac{48-(16+15)}{16} = 4$

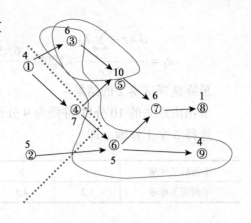

根据以上原则，应取方案 1。

接着进行第三个工作地的组合，剩余的工序只有一个方案组合。即方案 3-1：⑥⑦⑧⑨

$T_{e31} = 16 \quad S_{31} = 3$

步骤 4：检查。由最后一道工序，按编组过程反方向检查每一工作地，用于寻找本分支节点上是否存在 $S_{ij} < S'$ (分支定界数 3)的节点。若没有，则 S' 为最优，否则再重新从 S_{ij} 节点上分支。

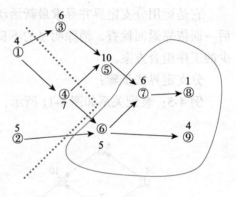

本例不存在 $S_{ij} < S'$ 的节点，所以 $S' = 3$ 就是最优方案。

故此例中最终结果为

工作地为 $\begin{cases} \text{I } ①②④ \quad T_{s1} = 16 \\ \text{II } ②③⑤ \quad T_{s2} = 16 \\ \text{III } ③⑥⑦⑧⑨ \quad T_{s3} = 16 \end{cases}$

损失系数 $\varepsilon_1 = \dfrac{S \times r - \sum\limits_{i=1}^{s} T_{si}}{S \times r} \times 100\% = 0\%$

4.6 生产线平衡改善的技术方法

在 4.5 节中所介绍的生产线平衡技术，是根据特定周期时间指派各工作单元至各工作站的较严密而精确的程序。对于大多数的流程生产线而言，这些技术皆足以产生高度平衡的工作分派。然而，对一个流水生产线（人工或自动化）设计者而言，不应该忽视可改进生产线作业的其他可能方法。本节将讨论一些可能的改进方式。

1. 工作单元分割

我们曾将最小合理化工作单元定义为实际上可行最小不可再分的工作单元。所强调的是，它不能再给予分割（可能无意义）。在某些场合中，某些作业即使是在技术上仍可以再被分割。例如，将钻孔这一项作业视为一工作单元是合理的，因此将所有的此等作业皆安排在同一工作站执行。然而，如果钻一个特殊深孔，将之安排在同一工作站，则可能造成瓶颈的情况，此时或许应将此钻孔作业分成两个步骤。如此处理的优点，一方面可消除产生瓶颈的可能，另一方面亦可保证钻具的使用寿命。

2. 改变自动化工作站的工作速率

面对自动化或半自动化生产线，如机械输送生产线。经由改变可能使瓶颈工作站的制程时间减少、速率增加，但其负面效果可能是使机具的使用寿命缩短，如此便要经常更换机具而造成生产线频繁停机。虽然，速率提高的工作站可能会有较长的运作时间，而降低工作站速率则有时间闲置，但无论如何，最重要的是经改善使其符合生产线平衡改善的原则。

3. 方法分析

方法分析意味着对人类活动的改善研究。也就是说，分析乃是针对流水生产线的工作，在执行生产线平衡时，必须以工作站研究就每件工作界定好所有的工作单元的顺序与时间。此外，方法分析对于瓶颈工作站，亦有助于提高其产出率。方法分析在工作地点布置、机具与夹具的重新设计、手与身体动作之改善等方面皆有贡献。这些方面的改善，皆可促使人工生产线有一个较佳的平衡状况。

4. 组件的先前装配

为减少在正规的装配生产线上之工作总量的负荷，某些部分装配的工作可先行在线外进行。这包括工厂内的其他装配线，或向外面供应商采购此类的半成品。虽然这看起来似乎只是将工作从一个地点转移到另一个地点，但采取这种方式来改变装配作业的主要理由包括：①所需要的一些制程对正规的生产线而言可能较难以执行；②由于这些作业的制程时间变异程度很高，因此如果在正规生产线上执行，则可能延长整个周期时间；③由于工厂内的另一装配单元或外面的供应商可能较专精于这些作业，因此可获得高品质的效益。

5. 工作站间的库存缓冲区

在人工流水生产线方面，设置库存缓冲区有很大的好处。其主要的用途在于平滑工作流程，因为人工的作业往往受到工人因素的影响，而致使制程时间有很大的变异。虽然生产线平衡的技术往往假设制程时间是固定参数，但是任何人类活动的参与总会产生一些随机变异性。而这些变异的种类既繁多又复杂，且每一周期亦皆有所不同。因此工作站间的库存缓冲区的设置，有助于消除这些差异。

6. 平行工作站

隐含在前述启发式方法之内的其中一个限制，便是各工作站必须依序排序下来。如果把这项限制去除，则在发生瓶颈的工作站内，便可使用平行工作站的设计方式。为便于说明起见，假定有一包含 5 个工作站的生产线，其每一站的制程时间除了第五站以外皆为 1.0 分钟，而此第五个工作站的制程时间设为 2.0 分钟。如果先前的设计是每一工作站皆依序排序，那么由于第五个工作站之 2.0 分钟的制程时间，将使得整条生产线的产出率变为 R_c =30 单位/小时。然而，如果在第五个工作站的位置设计为两个平行工作站，那么产出率 R_c =60 单位/小时。原因为平行工作站的每一个的产出率皆为 0.5 单位/分钟，但由于有两个，因此其总和的产出变为 1 单位/分钟。必须注意的是实际上的多数问题并不是像上面所说的这么简单。

 学生自学要求

一、概括本章基本知识逻辑，200～300 字

二、熟悉本章基本概念、术语及其英文表达

  生产线平衡问题/line balancing problem
  工作站/work station
  工作站含量/station work content
  工作站含量时间/station work content time
  总工作含量/total work content
  总工作含量时间/total work content time
  平衡滞延时间/平衡延滞/balance delay time/ balance delay
  完全平衡/perfect balance
  装配线/assembly line
  单产品装配线/single-model assembly line
  多产品批次装配线/batch or multi-model assembly line
  多产品装配线/mixed-model assembly line
  分区规划限制/zoning constraints
  可行最小值/feasible minimum
  位置限制/positional constraints
  平稳指数/smoothness index，SI
  最小合理化工作单元/minimum rational work element
  工作站制程时间/workstation process time
  顺序限制/precedence constrains
  技术上顺序要求条件/technological sequencing requirements
  转移时间/transfer time
  顺序图/precedence diagram
  平衡损失/balance loss
  工作单元分割/dividing work element
  方法分析/methods analysis
  组件的先前装配/preassembly of components
  工作站间的库存缓冲区/inventory buffers between stations
  平行工作站/parallel stations
  滞延成本/balance-delay cost

学习因素/learning factor
启发式求解法/heuristic method
最大候选法则/largest-candidate rule
Kilbridge 与 Wester 法
阶位法/ranked positional weight
Moodie 与 Young 法
生产效率/efficiency
工作站制程时间/workstation process time
顺序限制/precedence constrains
库存缓冲区/inventory buffers

三、预习并思考下列问题

1. 基本问题：是什么的问题

（1）流水线平衡的实质含义是什么？

（2）实现流水线平衡的主要方法和工具是什么？

（3）装配线平衡又称为工序同期化，其与节拍有什么联系？实现工序同期化的目的是什么？

（4）如果装配线不平衡，会对工厂生产产生什么不良影响？

（5）实现装配线平衡的过程中需要遵循哪些原则？详细的步骤是什么？

（6）生产线平衡的实现需要考虑哪些因素？其中哪些因素是主要因素？

（7）时间损失系数是什么？其与流水线节拍是什么关系？

（8）在进行装配线平衡的过程中，我们应保证各工序时间与顺序的状态如何？

（9）改进生产线平衡的方法可以由什么途径获得？

（10）平衡滞延时间是什么？如何计算？

（11）生产线平衡启发式求解算法主要有几种方法？分别有什么特点？

（12）生产线平衡数学模式求解法与启发式算法区别在哪？各自的优缺点是什么？

2. 综合性问题：怎么做、在哪些场合适合做

（1）生产线平衡是我们设计改进的最终目的，那么，生产线平衡的实际内容是什么？其与各站工作时间、周期时间、平衡滞延时间之间分别有什么联系？

（2）装配线根据产品种类可分为三类，不同装配线的节拍分别有什么特点？针对不同的装配线需要考虑的因素相同吗？

（3）在实际生产过程中，流水线节拍与工序时间、工作地时间之间有什么内在联系？工作地数目以及工作地的时间对生产线平衡有影响吗？如果有，尝试阐述它们之间的内在关联与影响。

（4）实际生产中，各作业时间通常不是固定常数，而是随机变数，在这种情况下我们该如何实现生产线平衡？

（5）在生产线的设计改进中，除了作业的先后次序限制外，还需要考虑哪些其他因素？

（6）在实际案例中，如果采用启发式求解方法中的阶位法来进行求解的话，我们应根据什么来对作业进行阶位分级？这里的阶位分级有什么含义？这个方法的基本思想是什么？具体步骤如何？

（7）除了在特定周期指派工作给工作站之外，还有什么其他方法可以改进生产线作业？

（8）生产线平衡的方法除了可以运用在流水线生产中，还可以运用在哪些生产中？

（9）生产线平衡的方法及模式可以运用于其他运营机构（如银行、保险公司等机构）中吗？

3. 关键问题：为什么的问题

（1）为什么要进行生产线平衡？

（2）为什么周期时间是生产线平衡所要考虑的主要因素？

（3）已经平衡过的生产线一段时间后需要重新平衡吗？为什么？

四、本章知识逻辑

 即测即练题

第 5 章

期 量 标 准

【学习目标】 通过本章学习,应了解生产提前期、生产周期、在制品占用量等概念和计算方法。掌握大量生产方式下的连续生产流水线和间断生产流水线标准工作指示图表的绘制流程和相关参数以及各类在制品定额的计算。同时了解成批生产方式下期量标准的计算,最小批量、经济批量的计算和应用。

【学习效益】 具有根据生产方式及其相应的期量标准绘制各类标准工作指示图表的能力。

5.1 期量标准的概念

期量就是期限和数量,"期"和"量"是构成生产作业计划的两个部分。期量标准就是为了合理地、科学地组织企业生产活动,根据产品在生产过程中的客观要求,在期限和数量方面所规定的标准数据。

工业企业的生产过程,是一个在生产上和技术上高度统一的过程,各个生产环节存在着内在联系,这种联系表现为各加工对象在各个生产环节之间流动的过程中,在时间上和数量上的衔接。可见,确定时间上和数量上的标准是生产过程中的客观要求,期量标准的实质就是根据人们对生产过程各个环节之间在期限上和数量上的内在联系的认识,经过科学的分析计算和验证,然后确定出标准数据,作为编制生产作业计划、组织日常生产活动的基本依据,因此,期量标准又称作业计划标准。

因为期量标准是生产作业计划工作的标准数据,所以期量标准确定是否合理,直接关系到编制的生产作业计划的质量,直接影响到企业人力、物力、财力利用的好坏和整个企业生产活动的经济效果,关系到能否按照企业生产活动的规律建立正常的生产秩序和工作秩序。为了科学地制定期量标准和充分发挥期量标准的作用,需做好以下几项工作。

1. 做好基础资料的准备工作

(1)有关产品的技术资料,主要是产品图纸、产品装配系统图、有关工艺文件等。

(2)有关产品的工时定额资料。

(3)有关年度生产任务的资料。

(4)有关各车间、工段分管的产品、零部件、毛坯等资料。

(5)有关各车间、工段设备负荷资料。

(6)有关资金占用和在制品单价的资料。

2. 建立健全期量标准的管理制度

期量标准的制定与修改，要由生产管理部门统一管理。制定期量标准时，要认真、全面地考虑各种因素的影响，采取科学、切合实际、简便易行的方法。期量标准制定出来以后，必须严格贯彻执行。变动期量标准，一定要取得生产管理部门的同意；要对现行的期量标准执行情况进行分析，当影响期量标准的各种因素发生重大变化时，期量标准必须修改或重新制定。为此，企业的生产管理部门必须经常积累有关基础资料，密切注意各种条件变化对期量标准的影响，以便为期量标准的修订做好必要的准备。

3. 对生产组织和劳动组织要进行相应的调整

加工对象的运动只有在符合其运动规律的、先进合理的生产组织和劳动组织形式中进行，才能使人、机、物得到合理的结合。因此，在制定期量标准时，要不断完善生产组织和劳动组织，其工作内容主要有：根据生产的需要，改善车间、工段的专业分工，有条件的要组织流水生产，按工序搞好定机、定人、定任务工作，有条件的要实行多机床看管、多工序看管。

由于企业的生产类型不同，生产组织形式不同，因而生产过程各个环节在期限和数量方面联系的具体方式也不相同，从而形成了不同内容的期量标准。

大量流水生产的期量标准有节拍和节奏、流水线标准工作指示图表、在制品定额等。

成批生产的期量标准有批量和生产间隔期、生产周期、生产提前期、在制品定额等。

单件小批生产的期量标准有生产周期、生产提前期等。

5.2 大量流水生产的期量标准

大量流水生产最基本的特点可概括为以下三点。

（1）产品的产量大、品种少，并且比较稳定。

（2）工作地专业化程度高，广泛采用专用设备和工艺装备。

（3）实行流水作业，工作地按工艺过程的顺序择列，生产过程的节奏性和连续性很强。

大量流水生产的这些特点对生产管理工作具有重大影响，主要表现在以下几方面。

（1）生产作业计划工作比较简单，但要求十分准确和严格。

（2）生产技术准备工作比较正常、稳定，对生产的影响不大，但当变换产品品种时，生产组织工作很复杂。

（3）对设备、工艺装备的修理，材料、毛坯、动力的供应及运输等服务工作要求很高。

（4）全厂各生产环节的生产都要服从产品的出产节拍，各生产环节的活动必须协调一致，紧密衔接。

根据大量流水生产的特点及其对生产管理工作的影响可以看出，在大量流水生产条件下，生产作业计划工作的主要任务就是要保证整个生产过程及其所有环节，按照规定的节拍，严格地、重复地进行生产，保证产品（零件、部件）在生产过程中连续不断地运动。

因此，对于大量流水生产的产品，一般需要制定节拍、流水线标准工作指示图表和在制品定额等期量标准。

节拍是组织大量流水生产的依据，是大量流水生产期量标准中最基本的标准。通常在设计流水线时，根据计划期的有效工作时间和计划产量确定（见3.2节）。

流水线标准工作指示图表又称流水线作业指示图表。它是表明流水线内各工作地在正常条件下的具体工作制度和劳动组织方式的一种标准图表。流水线标准工作指示图表不仅是协调各工序的生产效率、保证流水线按照规定的节拍进行有节奏工作的基础，而且是简化生产作业计划工作、提高生产作业计划质量的有效工具。正确制定流水线标准工作指示图表对于提高劳动生产率、合理利用设备和减少在制品占用量有重要意义。

流水线标准工作指示图表是根据已确定的流水线节拍和工序时间定额，在科学计算的基础上编制的。由于工序同期化程度不同，流水线的连续程度也不同，一般可分为连续流水线和间断流水线，下面介绍两种流水线标准工作指示图表的编制方法。

5.2.1 连续流水线标准工作指示图表的编制

连续流水线工序同期化程度高，各道工序的生产率相等，工作地负荷率高，在不考虑多机床看管的前提下，不需要为流水线每道工序规定工作制度，只为整个流水线规定工作制度即可，也就是规定流水线的工作程序及其工作与中断的时间。表5-1是

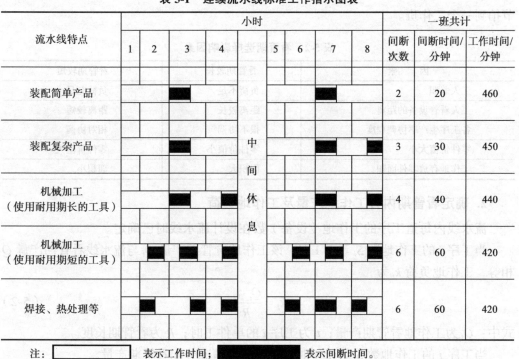

表5-1 连续流水线标准工作指示图表

五条不同紧张程度的连续流水线标准工作指示图表，表中规定了每条流水线在轮班内工作中断次数、中断时刻及每次中断时间。如果流水线采用多机床看管，看管期一般取节拍的长度，并按节拍制定工人看管多台设备的工作指示图表。

5.2.2　间断流水线标准工作指示图表的编制

编制间断流水线标准工作指示图表的工作比较复杂，需要分工序规定每一工作地（设备）的工作时间和程序。编制步骤如下。

1. 确定流水线的看管期

看管期是间断流水线工作循环一次的时间间隔，也就是工人依次在其所看管设备上生产规定数量制品所需时间间隔的最大值。对流水线必须规定看管期，是因为间断流水线中各道工序的工作节拍和流水线的生产节拍不完全相同，没有实现完全同期化。为了使间断流水线有节奏地工作，就需要规定一段时间来平衡和协调流水线上各道工序的生产率。规定的这个时间长度就是看管期。在看管期内，每道工序生产相同数量的制品，其数量为 Q。

$$Q = \frac{R}{r} \tag{5-1}$$

式中：r 为生产节拍；R 为看管期长度。

看管期越长，流水线生产连续性、节奏性越差，线上积存的在制品越多，占用的生产面积和流动资金越多。但是看管期太短，工人在工作班内频繁走动，把过多精力消耗在走路上，对工人和生产都不利。所以看管期不宜很长，也不宜太短，2～4小时为宜。

也可综合考虑表 5-2 所述因素来确定看管期的长度，其数值范围可从流水线生产节拍到一个工作班。

表 5-2　看管期选择影响因素

因　素	看管期较长	看管期较短
工人兼职	负荷不足	负荷充足
工人看管设备的距离	距离较长	距离较短
各工序生产率协调程度	很不协调	相对协调
零件价值大小	零件价值小	零件价值大
工作地存放零件面积	面积大	面积小

2. 确定看管期内各工作地产量及工作地负荷

流水线内每道工序的工作地（设备）数在设计流水线时已确定。

当工序 i 的工作地数 S_i 等于1时，该工作地看管期产量 Q_i 与流水线看管期产量 Q 相等，工作地负荷 k_i 为

$$k_i = \frac{Q_i \cdot t_i}{R} \tag{5-2}$$

式中：Q_i 为工作地看管期产量；t_i 为工序 i 的单件工时；R 为看管期长度。

当工序 i 的工作地数 S_i 大于1时，可按两种情况分配看管期产量。

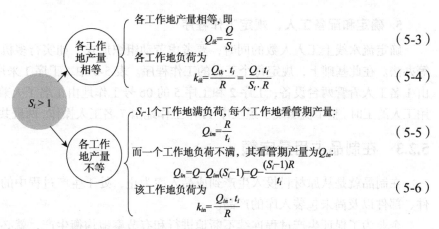

这种分配任务的方式是为了便于组织工人到其他工序去兼管负荷不满的工作地。

3. 计算看管期内各工作地工作时间长度

看管期内各工作地工作时间长度是该工作地看管期产量与工序单件时间的乘积,即

$$R_i = Q_i \cdot t_i \qquad (5\text{-}7)$$

或

$$R_i = Q_{ik} \cdot t_i$$

或

$$R_i = Q_{in} \cdot t_i$$

4. 绘制标准工作指示图表,确定工作起止时间

对于负荷不满的工作地,要确定其在看管期内工作的起止时间。在确定起止时间时,要考虑工人兼管工作地的可能性,与此同时,绘制标准工作指示图表。表 5-3 是间断流水线标准工作指示图表的一个实例。

表 5-3 间断流水线标准工作指示图表

流水线名称			工作班数	日产量/件	节拍	运输批量（p）	节奏	看管时间	看管期产量
轴加工流水线			2	160	6分钟	1件	6分钟	2小时	20件
工序号	设备能力/（分钟/件）	工作地号	设备负荷率/%	工人号	劳动组织	看管期内作业指示图表 10 20 30 40 50 60 70 80 90 100 110 120			看管期内产量/件
1	12	01	100	01	多机床看管					10
1	12	02	100	01						10
2	4	03	67	02	兼管06工作地					20
3	5.2	04	87	03	多机床看管					20
4	5	05	83	03						20
5	8	06	33	02						5
5	8	07	100	04						15
6	5.6	08	94	05						20
7	3	09	50	06	多机床看管					20
8	3	10	50	06						20
9	6	11	100	07						20

5. 确定和配备工人，规定工作程序

确定流水线上工人人数的同时，要考虑劳动组织形式，如实行多机床看管及兼职等办法。在此基础上，规定每个工人的工作程序。表 5-3 中，工序 1 采用多机床看管，由 1 名工人看管两台设备；工序 2 和工序 5 的 06 号工作地由 1 名工人兼管，以充分利用工人的工时。整个流水线 9 道工序 11 个工作地由 7 名工人操作，两班共需 14 名工人。

5.2.3 在制品占用量定额

在制品就是从原材料投入生产到成品入库为止，处于生产过程中的一切毛坯、零件、部件以及尚未包装入库的产品。

企业为了保证生产过程连续不断地进行和有节奏地均衡生产，就必须在生产过程的各个环节中保证有足够的在制品，但在制品不能过多，否则就会积压大量资金和物资，占用大量生产面积和仓库面积，这就要求在保证生产正常连续进行的前提下，在制品占用量越少越好。因此，企业应根据生产技术组织条件，为各种产品制定出先进合理的在制品占用量定额，并要创造条件，采取各种措施，不断降低在制品占用量定额。

在制品占用量定额，就是在一定时间、地点和生产技术组织条件下，为保证连续而均衡地生产所必需的在制品的数量标准。

在制品占用量按具体存放地点，可分为流水线内部在制品占用量和流水线之间在制品（库存）占用量。按在制品占用量的性质和用途，可分为工艺占用量、运输占用量、周转占用量和保险占用量。

在大量流水生产条件下，为了使在制品占用量定额制定得准确合理，需要分别计算各类在制品占用量，然后再进行汇总并确定其定额标准。各类在制品占用量的计算方法如下。

1. 流水线内部在制品占用量

1) 工艺占用量

工艺占用量，就是正在流水线各道工序各个工作地上加工、装配或检验的在制品数量（Z_p）。其计算公式为

$$Z_p = \sum_{i=1}^{m} s_i \cdot g_i \qquad (5-8)$$

式中：s_i 为第 i 道工序的工作地数；g_i 为第 i 道工序每个工作地上同时加工的零件数；m 为流水线工序数。

装配流水线与加工流水线有所不同。装配流水线是随着装配流程的进行，逐步装入各种零部件，最后完成产品的装配任务。因此，装配流水线需按装配工序的次序分别计算各种零部件的工艺占用量。其计算公式如下：

$$Z_{pi} = (w - i + 1) p_i \qquad (5-9)$$

式中：Z_{pi} 为第 i 道工序装入的零部件工艺占用量；w 为装配线总工序数；i 为工序号；p_i 为第 i 道工序装入的零部件/每台份件数。

2) 运输占用量

运输占用量，就是处于流水线内各工序之间运输过程中的在制品数量。计算公式为

$$Z_t = (s-1)p \tag{5-10}$$

式中：Z_t 为运输占用量；s 为流水线工作地数；p 为运输批量。

3）周转占用量

周转占用量，就是为了保证流水线各工序之间协调工作而设置的在制品占用量。在下列两种情况下需要建立周转占用量。

（1）当流水线相邻两工序之间生产率不均衡或工作制度（工作班次或起止时间）不同时。

（2）当流水线上有跨车间的特殊工序时，如零件在生产过程中需要进行热处理。

连续流水线内部各工序的工作节拍完全相同，相邻工序的生产率完全协调，没有周转在制品。周转在制品仅存在于间断流水线上。这是由于间断流水线内部各工序的工作节拍不相同，相邻两道工序的出产量往往不相等。当上道工序的生产率小于下道工序的生产率时，为了保证流水线的连续进行，就必须在两道工序之间建立周转占用量；或者虽然相邻两道工序生产率相同，但上下工序工作的起止时间不同，当下道工序先于上道工序工作时，也必须在这两道工序之间建立周转占用量。由此可见，流水线内部周转占用量就是相邻工序在一定时间的产量差额。由于各道工序在看管期内各个时间间隔的生产率可能是变化的，为此，必须按相邻两道工序产量均不变的时间来分段，并按段分别计算相邻两道工序产量的差额。形成周转占用量的原理如下：

前工序　　后工序
效率高　　效率低：期末积存 ⎫
　　　　　　　　　　　　　　⎬ 形成周转占用量
效率低　　效率高：期初积存 ⎭

周转占用量的计算公式如下：

$$Z_k = T_k \left(\frac{S_i}{t_i} - \frac{S_j}{t_j} \right) = 上道工序产量 - 下道工序产量 \begin{cases} >0：期末库存 Z_{max} \\ <0：期初库存 Z_{max} \end{cases} \tag{5-11}$$

式中：Z_k 为第 k 时间段相邻工序最大周转在制品占用量；T_k 为相邻工序生产率均不变的第 k 个时间段；S_i 为上道工序在 T_k 时间内同时工作的工作地数；S_j 为下道工序在 T_k 时间内同时工作的工作地数；t_i 为上道工序的单件时间；t_j 为下道工序的单件时间。

根据式（5-11），可将各个时间段的周转在制品占用量的最大值计算出来。如果计算结果是正值，说明在该时间段内上道工序产量大于下道工序产量，在制品占用量是不断增加的，并在该时间段末形成最大值。如果计算结果是负值，说明在该时间段内上道工序产量小于下道工序产量，工序间的在制品是不断消耗的，最大值在时间段初形成。在看管期内，各个时间段计算结果的正值之和应与负值之和相等，并根据各个结果画出周转在制品形成与消耗图。

下面以表 5-3 的工序 1～2、2～3、3～4、4～5 为例，说明工序间周转在制品占用量的计算过程。如图 5-1 所示。

其余工序间周转在制品形成与消耗图计算原理同上，结果如图 5-2 所示。

由上述计算可以看出，第一时间段在制品在期初形成最大值，到期末消耗至零；第二时间段期初在制品为零，在期末形成最大值。同理，可计算出其他工序之间在制品占用量，并绘制周转在制品形成与消耗图（图 5-3）。

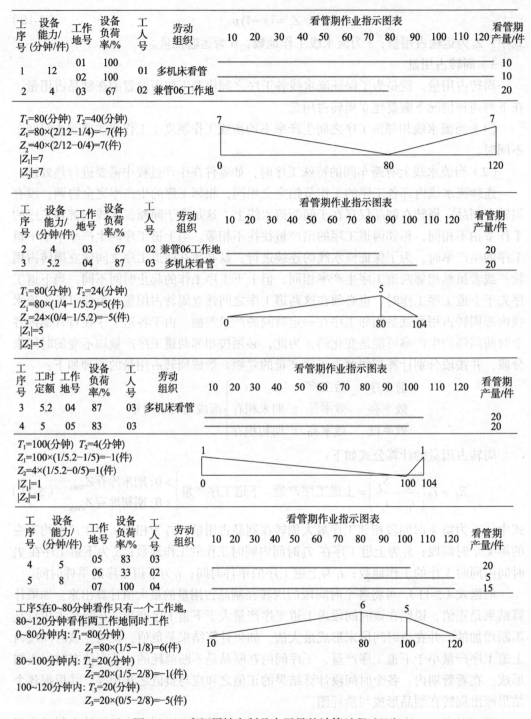

图 5-1　工序间周转在制品占用量的计算过程（一）

在期量标准中需要规定的是看管期期初（或期末）时的周转占用量的数值，而不是规定其最大值。因此，只要计算看管期的第一个时间段，就可得出看管期开始时的周转占用量。若计算结果是正值，期初周转占用量为零；计算结果是负值，其绝对值就是期初的周转占用量，将它们加总起来，即得出流水线周转占用量。其公式为

工序号	设备能力/(分钟/件)	工作地号	设备负荷率/%	工人号	劳动组织	看管期作业指示图表 10 20 30 40 50 60 70 80 90 100 110 120	看管期产量/件
5	8	06 07	33 100	02 04			5 15
6	5.6	08	94	05			20
7	3	09	50	06			20
8	3	10	50	06			20
9	6	11	100	07			20

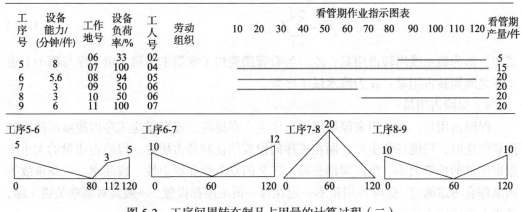

图 5-2 工序间周转在制品占用量的计算过程（二）

工序号	工序能力/（分钟/件）	周转在制品占用量形成地点	看管期内周转在制品形成与消耗示意图 10 20 30 40 50 60 70 80 90 100 110 120	期初周转在制品占用量/件	最大周转在制品占用量/件
1	12	工序1～2		7	7
2	4	工序2～3		0	5
3	5.2	工序3～4		1	1
4	5	工序4～5		0	6
5	8	工序5～6		5	5
6	5.6	工序6～7		10	10
7	3	工序7～8		0	20
8	3	工序8～9		10	10
9	6				

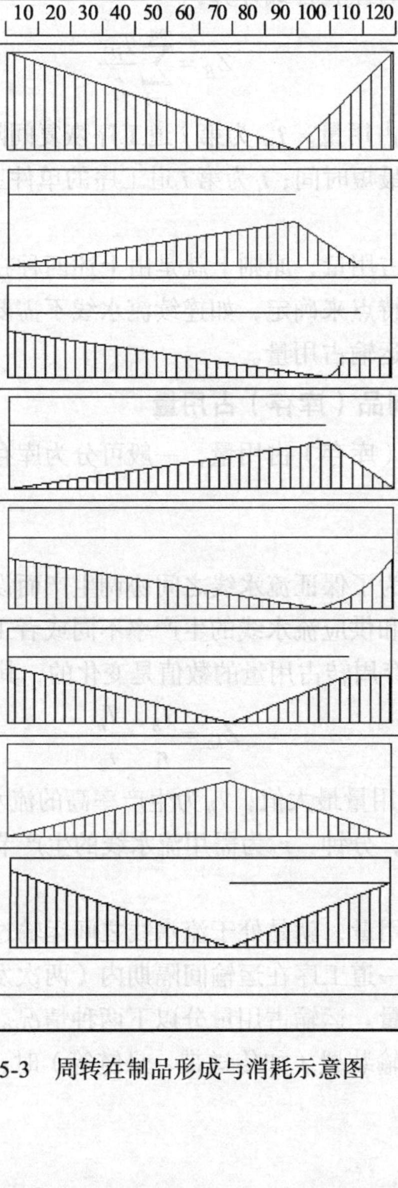

图 5-3 周转在制品形成与消耗示意图

$$Z_z = \sum_{i=1}^{m-1} Z_{i,i+1} \qquad (5\text{-}12)$$

式中：Z_z 为流水线周转占用量；$Z_{i,i+1}$ 为看管期期初（或期末）第 i 道工序与第 $i+1$ 道工序之间周转占用量；m 为流水线工序数。

4）保险占用量

保险占用量，就是用来保证需用工序生产率提高，或者供应工序因故障不能按时按量供应时，仍能正常生产，而在工序间设置的在制品占用量。保险占用量的大小应根据零件的价值大小、生产周期长短、工艺的复杂性和稳定性、废品率、设备事故等因素综合考虑确定。保险占用量不一定在每一道工序都设置，一般只对那些关键工序，考虑上述诸因素后确定。

动用保险占用量后，应及时恢复。恢复方法通常是由工人自己提高生产效率或在休息时间内设法补充上，恢复正常供应所需时间越长，保险占用量也就越大。因此，保险占用量又可用下面的经验公式计算：

$$Z_B = \sum_{i=1}^{m} \frac{T_{iF}}{t_i} \qquad (5\text{-}13)$$

式中：Z_B 为流水线保险占用量；T_{iF} 为第 i 道工序恢复间隔期，即第 i 道工序从发生故障到恢复正常所需要的最短时间；t_i 为第 i 道工序的单件工时；m 为流水线需设保险占用量的工序数。

流水线内部在制品占用量，原则上就是由上述四种在制品占用量构成的。但必须根据各种不同流水线的特点来确定，如连续流水线不需要计算周转占用量，间断流水线可用周转占用量代替运输占用量。

2. 流水线之间在制品（库存）占用量

流水线之间在制品（库存）占用量，一般可分为库存周转占用量、运输占用量和库存保险占用量。

1）库存周转占用量

库存周转占用量是为了保证流水线之间协调生产而设置的在制品占用量。这种占用量是由于需用流水线和供应流水线的生产率不同或者工作制度（工作班次和起止时间）不同而形成的。库存周转占用量的数值是变化的，其最大值可按式（5-14）计算：

$$Z_{kz} = \frac{T_h}{r_1} - \frac{T_h}{r_2} \qquad (5\text{-}14)$$

式中：Z_{kz} 为库存周转占用量最大值；T_h 为生产率高的流水线的工作时间，分钟；r_1 为供应流水线的生产节拍，分钟；r_2 为需用流水线的生产节拍，分钟。

2）运输占用量

流水线之间运输占用量，就是处于流水线之间运输过程中的在制品数量。它是为了保证需用流水线的第一道工序在运输间隔期内（两次发送或取货的时间间隔）正常生产而存放的在制品数量。运输占用量分以下两种情况。

（1）当利用连续运输装置（如传送带、悬链等）时：

$$Z_T = \frac{L}{l} \cdot P \qquad (5\text{-}15)$$

式中：Z_T 为流水线之间运输占用量；L 为运输装置的长度；l 为相邻两批零件在运输装置上放置的距离；P 为运输批量。

（2）当定期运输时：

$$Z_T = \frac{R_T}{r_h} \qquad (5\text{-}16)$$

式中：R_T 为规定的运输间隔期，分钟；r_h 为需用流水线的生产节拍，分钟。

或用式（5-17）计算：

$$Z_T = R_T \cdot Q_h \qquad (5\text{-}17)$$

式中：Q_h 为需用流水线平均日产量。

3）库存保险占用量

库存保险占用量，就是用来保证需用流水线生产率提高时，或者供应流水线因故障不能及时供应时，仍能正常生产而设置的占用量。其计算公式如下：

$$Z_{KB} = \frac{T_F}{r_F} \qquad (5\text{-}18)$$

式中：Z_{KB} 为库存保险占用量；T_F 为供应流水线的恢复间隔期或供应流水线按标准交货时间可能延误的时间；r_F 为供应流水线的生产节拍。

以上是大量流水生产在制品占用量的制定方法。在确定在制品定额时，还应注意以下几个问题。

（1）对于不同的流水线，应明确哪种在制品占用量起主导作用。

（2）在制品占用量定额是按每一种零件分别计算的，计算时应考虑生产过程的衔接，结合流水线标准工作指示图表加以确定，然后按存放地点汇总成各零件的占用量定额表。

（3）占用量定额表由生产管理部门编制，由财务部门估价和核算占用的流动资金。占用量定额一经确定，就成为企业生产计划工作中的一种非常重要的期量标准，对稳定生产作业计划秩序和协调生产活动有着极其重要的作用，应严格执行，并要注意定额水平的变动情况，定期调整。

5.3 成批生产的期量标准

成批生产具有以下几个特点。

（1）产品品种多，其中大部分产品产量比较大，并且是定期重复生产。

（2）工作地专业化程度较高，往往固定加工一定类型的零件，采用通用设备和专用的工艺装备，专用设备较少。

（3）大部分单位是按对象原则组织生产，部分单位是采用流水线或生产线的形式组织生产的。

成批生产的这些特点，对生产作业计划工作的影响主要表现为以下几方面。

（1）车间、小组、工作地定期或不定期地、成批轮番地生产一定类型的产品和零部件，每次变换生产对象时，都需要重新调整机器设备。

（2）各种不同的产品、零件、部件往往同时在车间、小组甚至工作地平行交叉地进行生产，它们不是按固定的节拍来组织生产，而是按一定的配套期来组织生产，生产组织工作复杂。

（3）生产技术准备工作对生产的影响大，特别是图纸和工艺装备的准备工作量大。

由于新产品的试制和某些工艺装备的制造往往要在基本车间进行，因而增加了生产组织工作的复杂性。根据这些特点，组织成批生产时，就必须确定零件成批投入生产的数量，并且按照产品零部件的生产周期确定它们提前投入和出产的时间，同时也要在生产过程中保持一定数量的在制品储备量。只有这样才能正常地进行生产。为此就要根据成批生产的客观规律，制定必要的期量标准，作为编制作业计划、组织生产的依据。

在成批生产条件下，对大部分产品一般都可组织定期成批轮番生产，但某些产品也存在不定期成批轮番生产的问题。两者之间虽然有其共同点，但也有各自的特殊点，主要表现在：定期成批轮番生产的生产间隔期是固定的，不定期成批轮番生产的生产间隔期是变动的。这里主要讨论定期成批轮番生产的期量标准的制定。

5.3.1 确定批量与生产间隔期

批量与生产间隔期是成批生产中最基本的期量标准。其他各项期量标准都和批量与生产间隔期的大小有直接关系，都是在批量的基础上加以制定的。同时批量的大小也直接影响成批生产的经济效果。批量分为产品的装配批量和毛坯、零件的制造批量。

所谓批量，就是指花费一次准备时间，连续制造一批同种的零件（或毛坯），装配一批同种的部件或产品的数量。

生产间隔期，是指相邻两批同种产品（零件、部件）投入或出产的时间间隔。

在定期成批轮番生产条件下，生产间隔期是固定值，不定期成批轮番生产条件下，它是变值。

批量与生产间隔期的关系可用式（5-19）表示：

$$R = \frac{n}{Q} \tag{5-19}$$

式中：R 为生产间隔期；n 为批量；Q 为平均日产量。

从式（5-19）可以看出，生产间隔期和批量存在正比例的关系。这种关系是在一定的平均日产量的基础上建立起来的。也就是说，为了使计划期的生产任务成套地、均衡地完成，在成批生产时，要使生产间隔期与批量保持一定的比例关系。例如，某产品计划月产量为200台，平均日产量为200台/20天=10台/天，如果批量确定为50台，则该产品的生产间隔期为5天。即每隔5天投入和出产一批（50台），一个月投入4次，出产4次，恰好完成月生产任务。

批量反映了产品生产过程内部所应保持的一种数量关系，生产间隔期反映了产品生产过程内部所应保持的一种时间关系。因此，产品装配批量和零件、毛坯的制造批量，在数量上要保持成套关系；产品装配、零件加工、毛坯制造在投入与出产时间上要和批量相适应。

1. 产品装配批量的确定

确定产品装配批量很重要，它的大小，对企业的各项经济指标都有很大影响。在确定产品装配批量时，要综合考虑影响装配批量大小的各项因素，并根据装配阶段的特点来确定。影响装配批量大小的因素很多，主要有下列几点。

（1）流动资金占用量。装配批量选得大，在装配过程中占用的在制品就多，装配周期就长，流动资金占用就多，产品成本就会增加，从这一影响因素来考虑应当尽量选小的装配批量。由于产品在装配阶段所占用的资金很多，往往占整个产品各工艺阶段资金总额的80%以上。因此，确定装配批量时，要特别注意这一因素对装配批量的影响，一般选小一些的装配批量较为合适。

（2）装配工人劳动生产率。装配批量选得大，装配工人则可在较长时间内装配同样产品，有利于提高工人的技术熟练程度，提高劳动生产率。同时，由于批量加大，分摊到每一产品的准备时间相对地减少，装配工人的工时利用率提高。因此，从这一影响因素来考虑，装配批量选大些为好。但是，在装配阶段往往准备时间占全部装配时间的比重很小，影响不大，不应过分考虑这一因素对装配批量的影响。

（3）装配车间生产能力负荷。装配能力是由装配面积、成品仓库面积、装配工人数量等因素所决定的。因此，当装配批量选得太大时，可能会影响计划期其他产品的装配生产。另外，装配批量大，占用的装配面积和仓库面积就大，这就要求根据装配任务和装配能力来考虑选择适当的装配批量。当市场同时需要多种产品时，装配批量宜取得小一些。

（4）装配批量要和计划月产量呈倍比关系。为了便于组织生产活动，确定的装配批量最好是和月产量保持倍比关系。如月产量为 N，则装配批量为 N，或 $\frac{1}{2}N$、$\frac{1}{4}N$ 等。

（5）零件、部件或总成投入装配的批量。零件、部件或总成投入装配的批量可以等于装配出产批量，也可以成倍于装配出产批量，一般应考虑和零件制造批量相适应，尽量减少零件配套发放次数，以及考虑零件库和装配工作地的存放面积等因素加以确定。

2. 零件、毛坯制造批量的确定

正确地确定零件、毛坯的制造批量对于组织生产和提高生产活动的经济效益有着很大的影响。确定批量时，既要考虑其本身的经济合理性，又要考虑与装配批量相互协调。确定的批量要有利于组织生产，建立正常生产秩序。批量大小对技术经济指标的影响主要表现在两个方面：一是对提高生产效率和充分利用设备生产能力的影响；二是对流动资金占用量的影响。从提高生产效率这个角度看，批量是越大越好。因为批量越大，在该种产品计划产量已定的情况下，生产的次数就越少，因而进行设备和工具的调整等准备时间消耗得也就越少，分摊到每个制品上的这一部分时间消耗也就越少。而且由于批量大，能够连续大量生产同一制品，也有利于提高工人的技术熟练程度。这对于提高劳动生产率和设备利用率，保证产品质量、降低产品成本等都有很大好处。但是，加大批量会造成在制品占用过多，生产周期延长，因而增加流动资金的占用，延缓流动资金的周转速度，并过多地占用生产面积和仓库面积，增加储存保管费用，从而导致产品成本上升等不良后果。可见，从减少流动资金的占用这个角度看，批量应该小一点儿为好。因此，就要根据企业的生产任务和技术组织条件，全面衡量上述几个因素的不同影响，找出一个最优值作为批量。

然而，从第一个因素来看，工人劳动生产率的提高，受多种因素的影响，随着技术的不断进步和技术装备的不断完善，批量大小对工人熟练程度的影响将会越来越小。对设备和工具进行调整的时间，随着技术水平的提高，也会逐渐减少。

而从第二个因素来看，批量大小对流动资金占用的影响是很大的，是成比例增长的。所以，企业必须创造条件，不断提高技术水平和管理水平，减少设备的调整时间，取较小的制造批量，以利于获得良好的经济效果。

目前，批量与生产间隔期的确定方法主要有：

（1）以量定期法——先确定批量，再确定生产间隔期。该法又可以分为最小批量法和经济批量法。

（2）以期定量法——先确定生产间隔期，再确定批量。

1）最小批量法

最小批量法是以保证设备合理利用为出发点确定批量的一种计算方法。其主要考虑的因素是充分利用设备和提高劳动生产率，使批量能保证设备调整时间损失与一批零件加工时间的比值不超过允许的数值。这个值称为允许的调整时间损失系数。允许的调整时间损失系数与批量和设备利用率成正比，与设备调整时间成反比，即批量要满足：

$$\frac{t_k}{n \cdot t_p} \leqslant k_R \tag{5-20}$$

由式（5-20）可得出批量的计算公式：

$$n_{\min} = \frac{t_k}{t_p \cdot k_R} \tag{5-21}$$

式中：$n_{\min}$ 为最小批量；k_R 为设备允许的调整时间损失系数；t_k 为设备的调整时间；t_p 为工序单件时间。

从式（5-21）可以看出：设备允许的调整时间损失系数和批量呈反比关系，在设备的调整时间和工序单件时间一定的条件下，提高设备允许的调整时间损失系数时，批量就要减小。为了保持一定的设备利用程度和劳动生产率水平，就要规定一个合理的 k_R 值用于计算批量 $n_{\min}$，批量 $n_{\min}$ 是最低限度，不能再小。如果批量 $n_{\min}$ 再小，k_R 就要超过所允许的范围，此时，设备利用率、劳动生产率就会降低，所以此法称为最小批量法。

用最小批量法计算批量时，为了减少计算工作量，不必逐道工序进行计算，一般是根据零件的主要工序计算的，即取关键设备工序的准备时间及单件时间进行计算，这样可以使主要设备的利用率得到提高。另外，还可以采用下面两种取值方法。

一是按准备时间与单件时间比值最大的工序来计算批量，这样可以使所有设备的利用率均不低于一定的标准。

二是取各道工序准备时间之和与工序单件时间之和来计算批量，这样可以使设备利用率达到一个平均值，但计算工作量很大。

用最小批量法计算批量，关键是正确选择 k_R 值。确定 k_R 值的常用方法是根据统计资料分析确定。选择 k_R 值要考虑两个因素：零件价值的大小和零件的生产类型。如果零件价值较大，k_R 值就要选得大，使批量减小，压缩占用的流动资金。对大批生产的零件，由于年产量大，k_R 值可以选小些，而使批量大些；对小批生产的零件，k_R 值可选大些，使批量小些。k_R 值一般在 0.03~0.12，可根据表 5-4 选用 k_R 值。

表 5-4　设备允许的调整时间损失系数参考值

零件单价	生产类型		
	大批	中批	小批
较低	0.03	0.04	0.05
中等	0.04	0.05	0.06
较高	0.05	0.08	0.12

从最小批量计算公式中可以看出，要减小批量，唯一的办法是降低设备的调整时间。为此，企业要从技术上、组织上采取措施不断缩短设备的调整时间，促使批量逐步减小。扩大批量是目前企业技术与管理水平不高的条件下，为了求得一定的经济效果而采取的办法。随着技术和管理水平的提高，批量要不断减小，使企业的产品更能适应市场的需求变化。

例 5-1：某零件经三道工序加工，其加工数据资料如表 5-5 所示。设 $k_R=0.05$，求最小批量。

表 5-5　加工数据资料

序号	工序名称	单件时间/分钟	设备调整时间/分钟	$t_{调}/t_i$
1	车	15	30	2
2	铣	20	120	6
3	磨	30	90	3

解：

① 计算 $t_{调}/t_i$。

② 选择第二道工序计算。

③ $n_{\min} = \dfrac{120}{0.05 \times 20} = 120$（件）

2）经济批量法

经济批量法就是用数学的方法，综合考虑批量大小对产品（零件）成本的影响，寻求一个使产品（零件）所付出的生产费用达到最小值的批量。根据这一原理计算的批量称为经济批量。

各项生产费用按其与批量大小的关系大致可分为三类。

（1）与批量大小成正比支出的费用。这类费用是与在制品占用量大小有直接关系的费用。它包括：与在制品仓库面积大小有关的费用，如仓库的折旧费、维修费等；

在制品的保管费和运输费,如保管人员、运输工人的工资,仓库日常管理费等;在制品存储过程中的损耗费;为在制品占用的流动资金所支付的利息等。

(2)与批量大小成反比支出的费用。这类费用主要是与调整设备有关的费用,包括设备调整时所发生的工时及废品的损失、设备调整人员的工资等。

(3)与批量大小无关的费用。这类费用主要有产品的材料费和工时支出费用等。

经济批量的大小受前两项的影响,与第三项无关。生产费用与批量关系示意图如图5-4所示。

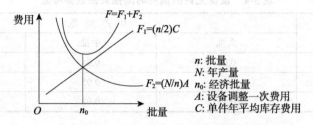

图5-4 生产费用与批量关系示意图

从图5-4中可以看出,总费用 F 由第一类费用 F_1 和第二类费用 F_2 叠加而成,且必有一个最低点。对应于此点的批量 n_0 就是生产费用达到最小值时的批量,即经济批量。

为了建立数学模型计算经济批量,应将生产费用作为目标函数,找出生产费用与批量的函数关系。

具体计算步骤如下。

(1)计算与批量大小有关的两类费用。计算与在制品占用量有关的第一类费用。需要先将发生的这类费用逐项计算,然后进行汇总,再被年度内在制品平均占用量除,得出每件在制品年度费用分摊额,即在制品占用费率(或在制品费用系数)。其计算公式为

$$i = \frac{F_1}{W} \qquad (5-22)$$

式中:i 为在制品占用费率;F_1 为第一类费用;W 为在制品平均占用额。

(2)求出工序上在制品平均占用量。在成批生产条件下,工序上在制品占用量与工序间的移动形式和投入与出产的方式等因素有关。这里给出一般的形式,即上下两道工序同时生产,上道工序生产率为 p,下道工序消耗率为 s。在制品存量变化示意图如图5-5所示。

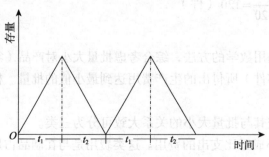

图5-5 在制品存量变化示意图

在这种情况下，在制品最大存量 $Q_{\max} = t_1 \cdot (p-s)$，平均存量 $\bar{Q} = \dfrac{t_1}{2}(p-s)$，式中 t_1 为生产的一个批量的时间，故 $t_1 = \dfrac{n}{p}$。因此，在制品平均存量 $\bar{Q} = \dfrac{1}{2}n\left(1-\dfrac{s}{p}\right)$。

则该工序所应分摊的年度在制品费用 F_1 的计算公式为

$$F_1 = \frac{1}{2}n\left(1-\frac{s}{p}\right) \cdot c \cdot i \quad (5-23)$$

式中：c 为在制品单价（每件在制品平均占用金额）。

（3）计算与调整设备有关的第二类费用。需要先将发生的这类费用逐项计算，然后进行汇总，再被全年设备调整时间总数除，求得小时分摊额(α)，则设备调整一次所支出的费用 A 为

$$A = \frac{\alpha \cdot t_k}{60} \quad (5-24)$$

式中：t_k 为设备调整一次所需的时间，分钟。

设零件年产量为 N，该工序年度内由于调整设备所支出的费用 F_2 为

$$F_2 = \frac{N}{n} \cdot A \quad (5-25)$$

（4）经济批量公式。将与批量有关的两类费用相加得出的总费用如下：

$$F = \frac{1}{2}n\left(1-\frac{s}{p}\right) \cdot c \cdot i + \frac{N}{n} \cdot A \quad (5-26)$$

对批量 n 求导，并令 $\dfrac{dF}{dn}=0$ 得

$$n = \sqrt{\frac{2 \cdot A \cdot N}{c \cdot i \cdot \left(1-\dfrac{s}{p}\right)}} \quad (5-27)$$

式中：n 为经济制造批量；A 为设备调整一次所支出的费用；N 为年计划产量；c 为在制品单价；i 为在制品占用费率；p 为上道工序生产率；s 为下道工序消耗率。

从式（5-27）中可以看出：s 趋于 p 时，n 值很大；若 $s=p$，n 趋于无穷，即大量流水生产；当 $s \ll p$ 时，则式（5-27）可简化为 $n = \sqrt{\dfrac{2 \cdot A \cdot N}{c \cdot i}}$。

3. 标准批量的确定

按最小批量法或经济批量法计算出来的制造批量，并不能直接作为标准批量应用到生产管理中去，必须考虑本企业技术组织等方面的因素，对批量进行适当的修正。修正时，主要考虑以下几个方面。

（1）零件、毛坯的制造批量与产品装配批量相互要呈倍比关系，并使上一工艺阶段的批量等于或大于下一工艺阶段的批量。保持倍比关系，是为了便于组织生产，使毛坯、零件和产品装配之间在数量上保持成套性要求。在一般情况下，产品装配阶段所占用的资金比零件制造阶段大，而零件制造阶段占用的资金又比毛坯制造阶段大，

因此，从经济合理角度考虑，上一工艺阶段的批量最好大于下一工艺阶段的批量。

（2）批量应与月产量相等或呈倍比关系。

（3）批量应尽可能与工具或模具的寿命、工艺装备、设备一次装卡零件数相适应。

（4）批量应等于或大于半个班或一个班的产量。

综合考虑上述因素后，对批量进行修正作为标准批量。在定期成批轮番生产情况下，就可以根据生产任务（平均日产量），计算出生产间隔期。

上面介绍的是零件、毛坯制造批量的确定方法。在成批生产条件下，生产的产品品种较多，每种产品又都有成千上万种零件，如果逐件计算其批量，工作量相当大，实际上比较困难，而且也没有必要。一般常用 ABC 分类法，对产品所有的自制件按其价值大小分成 A、B、C 三大类。对 A 类零件（其数量约占全部零件总数 5%～10%，价值占全部零件总价值的 70%～75%）可以逐个计算，然后确定其批量。对 B 类零件（其数量约占全部零件总数 20%，价值占全部零件总价值的 20%），可进一步分组，并在各组中选典型零件进行分析计算，确立典型零件的批量作为全组的标准批量。对 C 类零件（其数量约占全部零件总数 70%～75%，价值占全部零件总价值的 5%～10%），可以按 B 类零件办法进行，也可进行估算确定。

4. 制定生产间隔期和批量的标准系列

制定生产间隔期和批量的标准系列，就是为产品及其零件和毛坯确定出标准生产间隔期，然后再根据平均日产量计算出相应的标准批量。通过制定生产间隔期和批量的标准系列，可以使产品的零件、毛坯的投入与出产在时间和数量上都能相互协调起来，保证产品成套地、均衡地出产，同时可以使生产取得良好的经济效果。

制定生产间隔期和批量的标准系列的方法步骤如下。

1) 确定产品生产间隔期标准系列

确定产品生产间隔期标准系列，就是固定一系列标准生产间隔期，使之与月度工作日或日历日互呈倍比关系，这样可以使每月投入及出产的次数成为一个整数。表 5-6 列举了标准生产间隔期及标准批量，以及每月投入与出产次数，可供参考使用。

表 5-6 标准生产间隔期与批量系列

标准生产间隔期	1日	2日（1/10月）	4日（1/5月）	5日（1/4月）	10日（1/2月）	20日（1月）	60日（3月）
批类	日批	1/10月批	1/5月批	1/4月批	1/2月批	月批	月批
标准批量	平均日产量	1/10月产量	1/5月产量	1/4月产量	1/2月产量	1月产量	3月产量
月投产次数	20	10	5	4	2	1	1/3

2) 确定产品及其零件、毛坯的生产间隔期和批量，使之标准化

这一工作就是为每种产品及其零件、毛坯，从生产间隔期标准系列中选择相应的标准生产间隔期和批量，并在实际生产中采用。通常有如下两种方法。

第一种方法是比较粗略的确定方法，首先将零件进行分组，即按零件的外形尺寸和重量大小、结构形式和工艺过程、工序多少和劳动量大小等因素，将零件分成若干

组；然后根据确定批量大小的原则，为每组零件确定一个标准的生产间隔期和批量（从生产间隔期标准系列表中选择），即根据零件体积越大，价值越高，单件工时越长，工序数越多，其生产间隔期和批量越小的原则来确定，如对大型、贵重的零件选择日批或二日批，对一般小件选择月批等。这种确定方法显然比较粗糙，缺乏细致的技术经济分析和计算，但比较简便。

第二种方法是在零件分类的基础上，应用最小批量公式或经济批量公式，计算出代表件的批量，然后在生产间隔期标准系列表中查出其相应的标准生产间隔期和标准批量。

5.3.2 生产周期

定义：生产周期是指某种产品从原材料投入生产开始，到成品出产为止，整个生产过程所需要的日历时间。它包括毛坯制造、零件加工、产品装配等工艺阶段的生产周期。

生产周期是一个很重要的期量标准。因为生产周期是确定产品中各种零件、毛坯的投入出产时间，编制生产作业计划，以及计算有关的生产、劳动、成本、资金等各项技术经济指标。

通过生产周期的计算，可以分析影响生产周期的各种因素，从而采取有效措施，不断压缩生产周期。这样可以使企业在同样的时间内，生产出更多的产品，从而提高劳动生产率；可以减少生产过程中的在制品数量，从而节约流动资金，降低产品成本。可见压缩生产周期具有重要的经济意义。

在成批生产中，生产周期是按批量计算的，生产周期是采用分析计算法和图表法相结合的方法进行确定的。

毛坯制造、零件加工工艺阶段的生产周期，因其工序间的联系比较单纯，通常在分析生产周期时间结构的基础上，运用公式进行计算。产品及其部件的装配工艺阶段的关系较为复杂，不能用计算公式将其生产周期准确地计算出来，可以用图表法确定其生产周期。

1. 一批零件（毛坯）的生产周期

一批零件（毛坯）的生产周期包括各工序生产周期、工序间断时间、自然过程时间，以及制度规定的间断时间等。

1）工序生产周期

工序生产周期是指一批零件（毛坯）在某一工序上的制造时间，可按式（5-28）计算：

$$T_p = \frac{n \cdot t_p}{F_e \cdot S \cdot k} + \frac{t_k}{F_e} \tag{5-28}$$

式中：T_p 为工序生产周期，日；n 为零件（毛坯）批量，件；t_p 为工序单件时间，分钟；F_e 为每日有效工作时间，分钟；S 为同时完成该工序的工作地数；k 为工时定额完成系数；t_k 为准备时间，分钟。

一批零件（毛坯）在各道基本工序上的制造时间，除了受各个工序生产周期长度的影响之外,还取决于零件在各工序间的移动方式。当采用平行移动方式或平行顺序移动方式时,生产周期就会缩短。其计算公式如下:

$$T_B = \sum_{i=1}^{m} \left(\frac{n \cdot t_p}{F_e \cdot S \cdot k} + \frac{t_k}{F_e} \right) \cdot k_p \tag{5-29}$$

式中:T_B 为完成一批零件(毛坯)各道工序所需要的时间,日;m 为零件工序数;k_p 为平行系数。

平行系数是平行顺序移动方式的周期长度与顺序移动方式周期长度的比值。在顺序移动方式下,平行系数 $k_p=1$;在平行顺序移动方式下,需要考虑零件批量、工序数目、生产组织形式等因素,根据经验确定,k_p 一般取 0.6~0.75。

2)工序间断时间

工序间断时间是指在本车间转序和跨车间转序所需要的间断时间。本车间转序所需要的间断时间,是由于工序间进行质量检验、工序间运输、等待下道工序腾出工作地以及技术性和组织性原因而产生的间断时间。本车间转序的间断时间,一般是根据统计资料经过分析后估算出来的。跨车间的间断时间,只有跨车间零件才计算,通常是根据企业规定的跨车间标准周期定额资料进行计算的。工序间断时间可用式(5-30)表示:

$$T_{间} = mt_{间} + t_{跨} \tag{5-30}$$

式中:$T_{间}$ 为工序间断时间,日;m 为车间内部加工工序数;$t_{间}$ 为平均每道工序在本车间转序的间断时间,日;$t_{跨}$ 为跨车间转序的间断时间,日。

3)自然过程时间($t_{自}$)

自然过程时间亦称时效时间,通常有些加工,如热处理、焊接加工等加工后需要放置一定时间用于释放内应力。

4)制度规定的间断时间($t_{制}$)

因为生产周期是用日历日数表示的,所以要将星期日和法定的节假日包括进去。

根据上述四个组成部分的时间长度,可以列出一批零件(毛坯)的制造周期 $T_{零}$ 的计算公式:

$$T_{零} = \sum_{i=1}^{m} \left(\frac{n \cdot t_p}{F_e \cdot S \cdot k} + \frac{t_k}{F_e} \right) \cdot k_p + mt_{间} + t_{跨} + t_{自} + t_{制} \tag{5-31}$$

2. 零件组生产周期

在成批生产条件下,一般是以零件组为计划单位的,因此需要计算零件组的生产周期。

零件组的生产周期是指零件组中全部零件加工完毕所需要的日历时间。

零件组的生产周期取决于最长零件的生产周期以及每个工作地担负零件种数的多少和劳动量的大小。虽然零件组的各零件是同时在各工作地上加工,但可能由于等待设备加工而延长全组的生产周期。因此,确定零件组的生产周期,一般是以最长零件的生产周期为基准,再加上一个成套时间。成套时间需要根据统计资料分析确定。零件组生产周期的计算公式为

$$T_{组} = T_{最长} + T_{成套} \tag{5-32}$$

式中：$T_组$ 为零件组生产周期；$T_{最长}$ 为最长零件的生产周期；$T_{成套}$ 为成套时间。

3. 产品装配周期

产品装配周期包括部件装配和总装配周期。产品装配周期一般是在装配系统图的基础上，通过图表法进行制定的。

4. 产品生产周期

产品生产周期是零件及其毛坯的生产周期与产品装配周期之和。一般来讲，产品生产周期就等于各工艺阶段生产周期与各个工艺阶段之间的保险期之和。用公式表示如下：

$$T_{产品} = T_毛 + T_{毛加} + T_加 + T_{加装} + T_装 + T_包 \tag{5-33}$$

式中：$T_{产品}$ 为产品生产周期；$T_毛$ 为毛坯生产周期；$T_{毛加}$ 为毛坯保险期；$T_加$ 为加工生产周期；$T_{加装}$ 为加工保险期；$T_装$ 为装配生产周期；$T_包$ 为产品进行油化、试验、包装等项工作的时间。

但是，由于产品的各种零件及其毛坯的批量和生产间隔期往往不同，在各工艺阶段之间又存在平行交叉的作业，配套衔接关系较为复杂。因此，很难准确地计算出产品的生产周期。在工厂实际工作中通常是采用图表法通过绘制产品生产周期图表来确定产品生产周期（表 5-7）。

表 5-7　机械加工生产周期的概略标准图表

工艺工序数	一批零件加工的总劳动量/小时					
	16 以下	16~32	32~64	64~128	128~256	256~512
2	1	1.5	2	3		
3	1.5	1.5	2.5	4		
4	1.5	2	3	5	8	12
5	2	2.5	3.5	6	9.5	14
6	2.5	3	4	7	11	16
7		3.5	4.5	8	12.5	18
8		4		9	11	20
9			5.5	10	15.5	22
10			6	11	17	21
12			7	13	19	26
14				15	21	28
16				17	23	30
18					25	32
20					27	34

注：表中生产周期是以两班制的工作日为单位。

5.3.3　生产提前期

生产提前期分投入提前期和出产提前期。投入或出产提前期是指某批零件（部件、零件组）在生产过程的某个工艺阶段投入或出产的日期，比该批零件（部件、零件组）最后加工成成品的日期提前的时间。提前期的组成如图 5-6 所示。

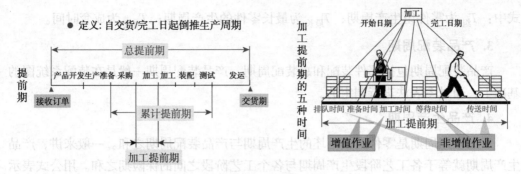

图 5-6　提前期的组成

有了生产提前期，就可以确定一批零件（部件、零件组）投入出产的标准日期，保证各个工艺阶段成套地、及时地投入和出产制造产品所需要的各种材料、毛坯、零件和部件，保证生产有秩序地进行。这是成批生产条件下，组织均衡生产的一个重要条件。

产品装配出产日期是计算提前期的起点，而生产周期和生产间隔期是计算提前期的基础。确定提前期是按反工艺顺序方向进行的，先确定装配阶段，再确定加工阶段和毛坯制造阶段。

1. 前后车间批量相等时提前期计算

前后车间批量相等时提前期计算流程如图 5-7 所示。

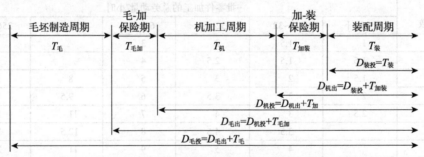

图 5-7　前后车间批量相等时提前期计算流程

在定期成批轮番生产条件下，计算各工艺阶段的投入与出产提前期的一般公式是

$$D_{FO} = D_{HI} + R_F - R_H + T_{FH} \tag{5-34}$$

$$D_I = D_o + T \tag{5-35}$$

式中：D_{FO} 为前一工艺阶段的出产提前期；D_{HI} 为后一工艺阶段的投入提前期；R_F 为前一工艺阶段的生产间隔期；R_H 为后一工艺阶段的生产间隔期；T_{FH} 为两工艺阶段之间的保险期；D_I 为某工艺阶段的投入提前期；D_o 为某工艺阶段的出产提前期；T 为某工艺阶段的生产周期。

由于提前期都是以最后工艺阶段的出产时间为基础进行计算的，故装配出产提前期可定为零，则装配投入提前期即等于装配生产周期，求出装配投入提前期后，即可利用式（5-34），按反工艺顺序计算其他工艺阶段的出产和投入提前期。

2. 前后车间批量不相等时提前期计算

前后车间批量不相等时提前期计算公式如下:

$$\text{车间出产提前期} = \text{后车间投入提前期} + \text{保险期} + (\text{该车间生产间隔期} - \text{后车间生产间隔期}) \quad (5\text{-}36)$$

3. 影响提前期各类时间因素

影响提前期各类时间因素如表 5-8 所示。

表 5-8 影响提前期各类时间因素

时间类型	影响因素
排队时间	批量　优先级　能力　拖欠量（计划）
准备时间	批量　工装设计
加工时间	批量　工装设计　设备性能与能力
等待时间	批量　搬运手段
传送时间	批量　搬运手段　车间布置

下面举例说明各工艺阶段投入与出产提前期的计算。

例 5-2: 设某产品装配批量为 12 台，装配生产间隔期为 4 天，装配生产周期为 8 天，平均日产量为 3 台。该产品中的两个零件组在毛坯制造和加工两工艺阶段的期量标准列入表中（表 5-9）。计算两零件组的投入与出产提前期。

表 5-9 已知零件组的参数

零件组名称	毛坯制造			加工			保险期	
	批量	生产间隔期	生产周期	批量	生产间隔期	生产周期	毛-加/天	加-装/天
	$n_{毛}$/台份	$R_{毛}$/天	$T_{毛}$/天	$N_{加}$/台份	$R_{加}$/天	$T_{加}$/天		
A	12	4	7	12	4	15	2	2
B	60	20	12	30	10	20	2	2

根据表 5-9 中的数据，利用式（5-35）便可以计算出两零件组的投入与出产提前期。计算结果如表 5-10 所示。

表 5-10 计算结果

工艺阶段	提前期种类	计算公式	A 零件组	B 零件组
装配阶段	出产提前期	D_O	0	0
	投入提前期	$D_I = D_O + T$	8	8
加工阶段	出产提前期	$D_{FO} = D_{HI} + R_F - R_H + T_{FH}$	10	16
	投入提前期	$D_I = D_O + T$	25	36
毛坯阶段	出产提前期	$D_{FO} = D_{HI} + R_F - R_H + T_{FH}$	27	48
	投入提前期	$D_I = D_O + T$	34	60

通过计算 A 和 B 两个零件组的提前期可以看出，各工艺阶段的投入与出产提前期，不仅受各工艺阶段生产周期的影响，而且与各工艺阶段出产间隔期的差别有关。零件组 A 在各工艺阶段的生产间隔期相等，均为 4 天，生产提前期不受生产间隔期的影响；零件组 B 在各工艺阶段的生产间隔期不相等，在这种情况下，计算各工艺阶段的生产提前期必须要考虑生产间隔期的影响。

5.3.4 在制品占用量

在制品占用量指在一定的技术组织条件下，为保证生产衔接，必须占用的在制品的最低储备量。

在成批生产条件下，在制品占用量分为车间在制品占用量和库存在制品占用量两部分。

1. 车间在制品占用量

车间在制品占用量，就是从投入车间开始到出产入库为止，在车间内部的在制品数量。它是由于零件（毛坯）成批投入而没有出产所形成，是整批地存在于车间内。

在成批轮番生产条件下，车间在制品占用量不是固定不变的，而是存在周期性的变动，且其变化与生产周期同生产间隔期的比值有关。一般可分下列三种情况，如图 5-8 所示。

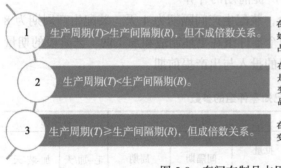

1　生产周期(T)>生产间隔期(R)，但不成倍数关系。　在这种情况下，在制品占用量经常保持在一批以上，但批数在变动。如零件组 A 在毛坯车间在制品占用量有时一批，有时两批，其平均占用量为 $Z=T/R=7/4=1.75$(批)

2　生产周期(T)<生产间隔期(R)。　在这种情况下，在制品占用量仅仅产生在投入与出产期之间，最多是一批，其他时间没有在制品。在制品占用量是在零批和一批之间变化，如零件组 B 在毛坯车间在制品占用量就是这种情况，其在制品平均占用量为 $Z=T/R=12/20=0.6$(批)

3　生产周期(T)≥生产间隔期(R)，但成倍数关系。　在这种情况下，在制品占用量经常保持一批或几批，其数量固定不变。如零件组 A 和零件组 B 在装配车间在制品占用量为 $Z=T/R=8/4=2$(批)

图 5-8　车间在制品占用量的三种情况

生产周期、生产间隔期与在制品占用量的关系如表 5-11 所示。

表 5-11　生产周期、生产间隔期与在制品占用量的关系

T 与 R 的关系	生产周期 T/天	生产间隔期 R/天	$\dfrac{T}{R}$	进度			在制品平均占用量	在制品期末占用量
				上旬	中旬	下旬		
$T=R$	10	10	1				一批	一批
$T>R$	20	10	2				二批	二批
$T>R$	25	10	2.5				二批半	三批
$T<R$	5	10	0.5				半批	一批

由于成批轮番生产条件下，在制品占用量是变动的，为了合理地组织生产，需要掌握期初（或期末）在制品占用量。期初在制品占用量可根据生产进度图表确定，或用式（5-37）计算：

$$Z_S = \frac{T - B_o + B_I}{R} \cdot n \qquad (5\text{-}37)$$

式中：Z_S 为期初车间在制品占用量；T 为一批零件的生产周期；B_o 为每月第一次出产标准日期到月初的工作日数；B_I 为每月第一次投入标准日期到月初的工作日数；R 为生产间隔期，日；n 为批量。

为了掌握车间生产资金的占用情况，还需要计算各种产品的车间平均在制品占用量。平均在制品占用量可按式（5-38）计算：

$$Z_p = \frac{T}{R} \cdot n \qquad (5\text{-}38)$$

而 $\dfrac{n}{R} = Q$，故 $Z_p = T \cdot Q$

2. 库存在制品占用量

库存在制品占用量是指已完成前面工艺阶段的加工，正等待进入后面工艺阶段加工（一般存放在中间仓库中）的在制品数量。它分为库存周转占用量和库存保险占用量两部分。

库存周转占用量是由于前后车间的批量、生产间隔期不同而形成的。由于前后车间的交库与领用方式不同，库存周转占用量是处于变动状态的。一般有下列三种情况。

1）供给车间成批入库，领用车间整批领用

在这种情况下，由于交库量与领用量相等，出产间隔期与投入间隔期也必然相等。库存周转占用量为一批（前车间已交库，后车间尚未领用）或零批（后车间已领用，前车间尚未交库），其示意图如图 5-9 所示。

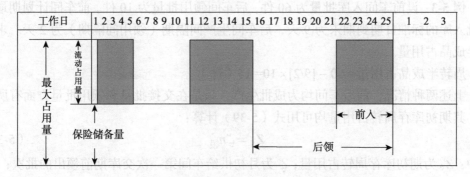

图 5-9　供给车间成批入库，领用车间整批领用示意图

其计算公式如下。

- 当交库数量＝领用数量；交库间隔日数＝领用间隔日数

期末周转半成品占用量 = $\begin{cases} 0 & \text{（当车间已领用，下批尚未交库时）} \\ 1 \text{ 批} & \text{（已交库一批，后车间尚未领用）} \end{cases}$

- 当交库数量 = 领用数量；交库间隔日数 ≠ 领用间隔日数

$$
\text{期末周转半成品占用量} = \begin{cases} 1\ \text{批} & \dfrac{\text{前车间计划期最后一批零件交库标准日期到期末天数} < \text{后车间计划期最后领用一批零件的标准日期到期末天数}}{} \\ 0 & \dfrac{\text{前车间计划期最后一批零件交库标准日期到期末天数} > \text{后车间计划期最后领用一批零件的标准日期到期末天数}}{} \end{cases}
$$

2）供给车间成批入库，领用车间分批领用

此种情况库存占用量的大小取决于交库批量和领用批量，其示意图如图 5-10 所示。

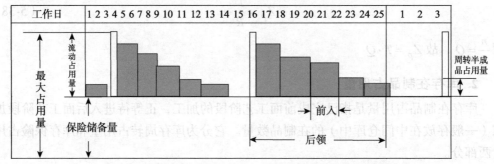

图 5-10 供给车间成批入库，领用车间分批领用示意图

其计算公式如下：

$$
\text{周转半成品占用量} = \text{前车间批量} - \left[\dfrac{\text{前车间计划期最后一批零件入库的标准日期到期末的天数}}{\text{后车间生产间隔期}}\right] \times \text{后车间领用批量}
$$

例 5-3： 设前车间入库批量为 60 件，后车间领用批量为 10 件。前车间计划期最后一批入库的标准日期到期末为 9 天，后车间生产间隔期（领用间隔期）为 2 天。求周转半成品占用量。

周转半成品占用量 = 60 − [9/2] × 10 = 15（件）

上述两种情况，前后车间均为成批生产，只是在交接批量和领用批量方面有所不同，其期初库存周转占用量均可用式（5-39）计算：

$$Z_S = \zeta n_{\text{领}} \tag{5-39}$$

式中：Z_S 为期初库存周转占用量；ζ 为月初供给车间第一次交库期前领出的批次；$n_{\text{领}}$ 为领用批量。

计算公式说明，当月初供给车间第一次交库期在第一次交接期取货前时，期初库存周转占用量为零；只有第一次交库在第一次取货之后时，期初库存周转占用量才存在。

例如，零件组 A 在加工车间交库期为每月的第 3、7、11、15、19 工作日，装配车间领用期为每月的第 2、6、10、14、18 工作日时，则此零件组期初库存周转占用量为

Z_S = 1 批 × 12 台分/批 = 12 台分

又如,零件组 B 在加工车间交库期为每月的第 8、18 工作日,装配车间领用期为每月的第 2、6、10、14、18 工作日,如此零件组期初库存周转占用量为

$$Z_S = 2 \text{ 批} \times 12 \text{ 台分/批} = 24 \text{ 台分}$$

3)供给车间成批入库,领用车间连续领用

该种情况适用于以下两种情形:一是供给车间成批生产,而领用车间是大量流水生产;二是厂内标准件生产和领用,即集中成批生产标准件,一次入库,需用单位随时领用。在这种情况下,期初库存周转占用量可按式(5-40)计算:

$$Z_S = \frac{B_F}{R_F} \cdot n_F \tag{5-40}$$

式中:Z_S 为期初库存周转占用量;B_F 为月初供给车间第一次交库日期;R_F 为供给车间生产间隔期;n_F 为供给车间生产批量。

供给车间成批入库,领用车间连续领用示意图如图 5-11 所示。

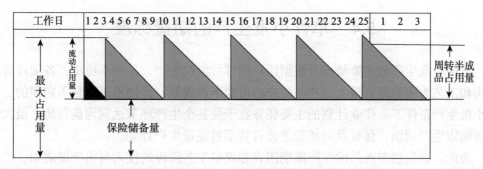

图 5-11 供给车间成批入库,领用车间连续领用示意图

例如,前车间期初第一次零件入库标准日期为 3 天,交库间隔日期为 5 天,批量为 50 件,则此零件组期初库存周转占用量为

$$Z_S = \frac{3}{5} \times 50 = 30 \text{(台分)}$$

例如,某零件组加工车间的交库期为每月的第 8、18 工作日,装配车间是每日领用,加工车间生产间隔期为 10 天,批量为 30 台分。则此零件组期初库存周转占用量为

$$Z_S = \frac{8}{10} \times 30 = 24 \text{(台分)}$$

除了计算期初库存周转占用量之外,还需要计算平均库存周转占用量。供给车间入库批量等于领用车间领用批量时,平均库存周转占用量一般等于工艺阶段间交接期与平均日产量之积,用公式表示如下:

$$Z_p = T_B \cdot Q \tag{5-41}$$

供给车间成批入库,需用车间分批或连续领出时:

$$Z_p = \frac{1}{2}(n_F - n_H) + \frac{1}{2} T_B \cdot Q = \frac{1}{2}(R_F - R_H + T_B) \cdot Q \tag{5-42}$$

式中:Z_p 为平均库存周转占用量;n_F 为供给车间入库批量;n_H 为需用车间领用批量;

T_B 为交接期；R_F 为供给车间生产间隔期；R_H 为需用车间生产间隔期；Q 为平均日产量。

当需用车间连续领用时，将 n_H 作为零进行计算。例如，零件组 A 在零件库的平均周转占用量为

$$Z_p = T_B \cdot Q = 2 \times 3 = 6 \text{（台分）}$$

零件组 B 在零件库的平均周转占用量为

$$Z_p = \frac{1}{2}(R_F - R_H + T_B) \cdot Q = \frac{1}{2} \times (10 - 4 + 2) \times 3 = 12 \text{（台分）}$$

库存保险占用量，是为了防止由于生产中可能出现的技术上、组织上的问题而使前后车间生产脱节而设置的。它一般是根据生产恢复时间，即保险期和后车间的平均日领用量而确定的。用公式表示如下：

$$Z_k = T_k \cdot Q_H \tag{5-43}$$

式中：Z_k 为库存保险占用量；T_k 为保险期；Q_H 为后车间平均日领用量。

5.4 单件小批生产的期量标准

单件小批生产的主要特点是根据用户的订货组织生产，品种不稳定，各项订货在结构和工艺方面的差别很大，产品生产后可能不再重复，即使重复也是不定期的。单件小批生产条件下，作业计划的主要任务在于使各个生产环节达到均衡负荷，最大限度地缩短生产周期，保证及时成套地按订货项目完成生产计划。

为此，必须制定产品的生产周期图表和规定工艺阶段的投入与出产提前期。产品生产周期图表和提前期是单件小批生产作业计划工作的基本期量标准。通过生产周期图表可以清楚地、准确地反映产品在生产中的移动情况，及时有效地组织生产。在单件小批生产条件下，企业生产的产品品种规格很多，不可能为每种产品编制生产周期图表，而是只对主要产品和每类产品中具有代表性的产品进行编制。其余产品可根据类似的典型产品的生产周期，比较其复杂程度而定。生产周期图表包括以下几项内容。

（1）部件装配和总装配各分工序的生产周期及投入出产期限。

（2）少数主要零件的毛坯制造和机械加工的生产周期及投入出产期限。

（3）整台分零件的毛坯制造和机械加工的生产成套期限（以主要零件的生产周期为代表）及投入出产期限。

编制产品的生产周期图表是从装配过程开始的，为了确定产品的装配周期，首先编制产品装配系统图，该图表明各种零部件装配成产品的各项作业的次序；其次，计算部件装配和总装配各道工序的装配时间，以及机械加工、毛坯制造的主要零件各道工序的加工时间；最后就可以绘出产品生产周期图表。即根据成品出产期限，从装配开始，计算每道工序的时间，按工艺过程反顺序编制出各工艺阶段互相衔接的生产周期图表。具体实例如图 5-12 所示。该图表适用于单件小批生产不太复杂的中型和大型产品，除产品装配阶段需按工序编制装配生产周期图表外，机械加工和毛坯制造阶段一般不需编制各个部件和零件的生产周期图表，只需选择其中重要的一种或几种零件进行编制即可。

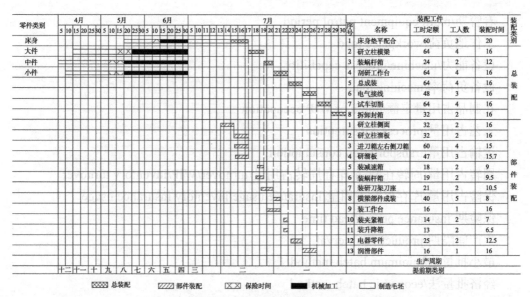

图 5-12 B201A 龙门刨床生产周期图表

图 5-12 的右侧是按工艺编制的产品装配周期，左侧列出该种产品主要零件（床身）以及大件、中件、小件的生产周期。编制生产周期图表时，要验算关键、稀有设备的负荷。

零件在各工艺阶段投入生产期限一般按 5 日或 10 日计算，为此，将生产周期按 5 日或 10 日划分成若干提前期类别。有了提前期类别，就可确定各车间供应零部件的期限和投入加工装配的期限。

产品生产周期图表中装配部分是根据装配系统图编制的，并尽可能使部件装配和总装配平行交叉，以缩短生产周期。

单件小批生产多属单项定制，如重型机械、发电机组、化肥成套设备等的生产周期图表是按每项订货编制的。由于零件繁多，工序衔接复杂，生产周期图表不能直观、清晰地表示订货组成内容的相互制约和依存关系以及各局部与全局的关系。目前企业按项目管理的模式把网络计划技术应用于单件订货任务的计划安排。

 学生自学要求

一、概括本章基本知识逻辑，200~300 字
二、熟悉本章基本概念、术语及其英文表达

  期量标准（作业计划标准）/standard of scheduled time and quantity
  流水线标准工作指示图表/flow line standard work instruction chart
  在制品定额/WIP quota
  批量/batch; lot size
  周期时间/cycle time
  生产间隔期/production interval
  生产提前期/production lead time

看管期/multi equipment patrol period
工作地负荷/workplace load
设备能力/machine/process capability
设备负荷率/machine load
在制品占用量定额/quota of WIP occupation
工艺占用量/process consumption
运输占用量/transportation consumption
周转占用量/周转在制品/库存周转占用量/turnover/WIP/inventory turnover
保险占用量/库存保险占用量/insurance usage/inventory insurance usage
保险期/insurance period/lead time
生产间隔期/production interval
最小批量法/minimum batch method
经济批量法/economic batch method
平行系数/parallel coefficient
调整时间损失系数/setup time loss factor
生产提前期/production lead time
投入提前期/input lead time
出产提前期/output lead time

三、预习并思考下列问题

1. 基本问题：是什么的问题

（1）什么是期量标准？

（2）流水线标准工作指示图表是什么？

（3）流水线的看管期是什么？

（4）什么是工作地负荷？

（5）什么是在制品占用量定额？

（6）什么是保险占用量？如何计算？

（7）什么是生产间隔期？如何计算生产间隔期？

（8）标准批量是什么？与制造批量相比，标准批量一定更符合实际吗？

（9）生产间隔期和批量的标准系列是什么？

（10）生产提前期是什么？如何进行分类？计算方法是什么？

（11）什么是库存周转占用量？它的三种情况分别是什么？怎么具体理解这三种情况？

2. 综合性问题：怎么做、在哪些场合适合做

（1）饭店需要做好期量标准吗，如果需要的话，前提工作需要完成什么呢？

（2）M工厂的工作以定期成批轮番生产为主，想让你帮忙制订生产计划，你将如何制订？

（3）生产费用按批量大小的关系如何分类？

（4）通过最小批量法和经济批量法计算出来的制造批量可以直接应用到生产管理中去吗？如果不行又该如何进行修正？

（5）如果让你为某一发动机加工厂确定它的产品装配批量，你将如何考虑？

（6）批量大小对技术经济指标的影响主要表现在两个方面：一是对提高生产效率和充分利用设备生产能力的影响，二是对流动资金占用量的影响。但是这两个方面对批量大小的要求是矛盾的，你将如何平衡？

（7）最小批量法的关键是确定合理的设备允许的调整时间损失系数，当你采用这种方法确定批量时，你将如何考虑该系数的选取？

（8）什么情况下需要用周转占用量？

（9）像比亚迪这种企业的口罩生产需要什么期量标准？

（10）如何确定合适的装配批量？

（11）如何计算在制品占用量有关的第一类费用？

3. 关键问题：为什么的问题

（1）为什么流水线的看管期过长或者过短都会影响流水线生产？

（2）为什么确定流水线上的工人数量时要考虑劳动组织形式？如何来考虑？

（3）为什么计算在制品占用量的时候，要进行细致的分类？分类过后有些指标是相似的，这些相似指标是否意义相同？我们如何来进行区分？

四、本章知识逻辑

 即测即练题

第 6 章

生产过程的途程规划

【学习目标】 了解生产过程途程规划的常用概念、术语，掌握规划流程及规划工具的使用。
【学习效益】 具备利用途程规划的数据进行产能需求规划的能力。

6.1 生产过程途程规划概述

生产过程途程规划是指产品由原料到成品所经过的一连串制造过程的安排。任何产品的制造必须经过某些过程。而生产过程途程安排的目的在于决定制造过程的操作方法、机器的负荷与人工的使用，并设法使产品生产过程时间最短，生产路线最短，成本最低，品质优良，机器负荷平均。因此工厂里的生产管理要做得优良，需对生产过程途程进行优化安排。

生产过程途程规划根据产品设计图与施工说明决定作业的顺序。但一般设计图均仅表明最后产品的尺寸、形态与使用材料等，并无具体表示按照何种顺序及方法加工。且有时同样零件或产品，因人员、设备与其他原因，可能有不同加工途径与方法，因此必须用途程规划具体指定最适当的作业程序。

途程规划旨在选择最经济有效的途径，使原料从开始加工至产品完成所经工作路线为最短，消耗量为最少，效率为最高，故其范围，除作业途径外，尚需包括人员与机器设备试用在内。这样，不但能使成本降低，而且使操作标准化，产品品质稳定。

生产过程途程若安排得十分理想，则制造日程的安排、作业指派与工作进度的跟催必定能够得心应手，因此制造途程的安排可作为制造日程安排、作业指派与工作进度跟催的依据。

生产过程途程安排包括全部工业工程师（IE engineer）所负的责任，然而生产过程途程安排应归责于工厂中的哪一部门，这应视工厂的情况而定。若产品的制造需要较多的设计工作，则生产过程途程安排的执行方法由设计部门办理，生产管理部门只决定何项工作应在何处执行。若产品的制造不需要很多设计工作，则全部生产过程途程安排应由生产管理部门执行。

良好的途程规划，所获得的功用主要有以下几方面。

（1）可使工作路线最短，完工迅速。
（2）可以节省原物料或半成品的搬运工作。

（3）可将原物料的消耗与报废率降至最小限度。

（4）加工程序顺流而下，有条不紊，可提高人员与设备使用的效率。

（5）可使作业进度与方法标准化。

（6）工作人员对机器的使用无须自行规划，一切均按途程规划进行。

（7）品质优良，成本降低，且可如期交货。

在计划生产或存货生产里，产品大部分是标准品，故生产过程按固定的生产线进行。产品的途程安排一经决定则视为标准，故生产过程途程的安排很少变更，除非产品种类变更或制造方法及生产设备改变。

在订单（货）生产里，产品依据订单生产，而每批订单所要求的产品规格并不一定相同，因此订单一到，产品设计人员根据不同产品规格的订单设计产品的形式。产品设计完成后，再做生产过程途程的安排，并拟定每批订单的途程单，设法使现有的机器设备能够被充分利用，使生产过程途程的安排既经济又合理。

6.2 途程规划设计步骤

途程规划设计的程序，实际上就是施工程序之意。当工厂接收订单后，应收集各种有关资料，拟定产品施工程序，亦即拟定制造途径。首先，应依据产品数量，决定所需原物料与零件的种类及数量，选择最经济的加工方法，决定工作途径。其次，决定所需工具、机器设备等，同时对于机器设备能力，应加以研讨分析。此后即可规定各段制造工作应实施的操作与步骤及其所需完成时间（包括机器设置时间、加工时间、物料搬运时间等），决定工人的选择，并对作业进行详细的分析，以使全厂工人及机器设备得以充分配合利用，并据此制定产品或零件途程表，连同必需的工作蓝图及其他资料，送交有关部门，作为制造途程的依据。

途程规划按详尽程度可分为以下两种。

（1）主要途程规划——拟定较大途程规划为目的，其主要作业如下。

①依据 BOM（物料清单）确定材料零件种类与数量。

②零件自制或外购的决策。

③确定大制程，完成制程或装配工艺程序设计。

（2）详细途程规划——制程或作业途径的详细设计，决定下列各项。

①作业方法：包括加工顺序、场所、批量月所需时间等。

②机器设备：机械、设备、夹具、工具及检查工具等。

③工作人员：职别、职名、人员及其他指定内容。

④材料：说明尺寸、规格及其他。

⑤成本：工时、成品率及间接材料、月人工等成本材料。

更详细的途程规划设计流程如图 6-1 所示，详细设计将在实务中予以说明。

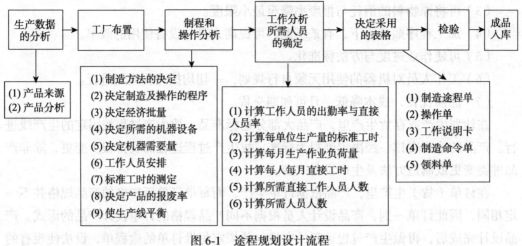

图 6-1　途程规划设计流程

6.3　途程规划设计方法

途程规划设计程序已如前述，在规划设计步骤中，所牵涉的实际技术问题主要有以下几方面。

1. 所需原物料、零件种类与数量

在制造途程决定前，对于所需原物料的选用极为重要。通常生产计划部门应依据工程部门所供给的各项资料，如工作蓝图、规格、品质等，制定零件单，该单内载明零件名称、图号、零件号码、需要数量及其用途等。除零件单外，尚需制定物料单，单内说明各项零件所需原物料种类、规格、数量等。此种零件单与物料单不仅载明所需各种原物料名称、数量和规格，同时亦可作为填送请购单和领料单的依据，采购部门亦可办理购料单。

在决定所需原物料数量时，应同时考虑现有存量及在生产计划内各期间期末存量。因各期间存量的多寡，直接影响生产量及机器能力与人员数量的安排，亦间接影响途程规划的有效安排。另外需要考虑的是制造过程中废品率的大小，各种原物料起始时间、所需量等。

2. 自制或外购

任何产品均由若干零件所组成，这些零件，哪些需要自制，哪些需要外购？一般而言，若该项零件为别厂出品的标准产品，则以外购为宜。但此为习惯上做法，自制和外购决策，应参照本厂员工、机器设备与原物料等资料予以分析，方能决定。常用分析方法有损益平衡图法和线性规划建模法。

3. 经济制造批量

经济制造批量虽可由公式求得，但批量的大小，尚需注意作业总时间的需要。有时因特殊原因，必须限制批量，如材料不良变异多时，常需采用较小批量方式。在途程规划设计中，因考虑人力、设备与方法等因素，常会变更经济制造批量，如冲床工作，其制造批量往往因模具的性能而定。

4. 生产程序

途程规划最主要的工作，是决定产品的生产程序，生产程序是否经济对产品成本、营业亏盈有很大影响。由工程部门提供的生产操作标准、工程估计及生产速率等资料，应予详细探讨，并配合工作与机器设备能力及其性质，制定产品或零件的途程表，作为生产排程和派工的主要依据。生产程序的选择，一般称为途径挑选问题，通常用线性规划的方法求解。

5. 产品废品率

任何制造工业，废品的发生事实上总难完全避免，只不过废品率大小不同而已，通常可依据过去经验与记录，事先将废品率确定，即可适当配发原物料、调配机器与工作力，以降低停工风险。

6.4 影响途程规划设计的因素

影响途程规划设计的因素，说明如下。

1. 企业生产方式

途程规划设计与企业生产方式密切相关。在连续型生产企业中，操作程序沿生产线向前推进，工厂布置属于产品布置方式，在建厂时一经决定，很少改变。因此，相当于将途程规划设计为技术标准，作为机械动作与温度压力的控制规定等。多品种小批量生产型企业，由于时间紧迫或员工不多，设备简单，仅靠口头命令或绘制简图，直接交由现场从事生产，此时大部分需依赖熟练现场负责人根据经验执行途程规划。通常，途程规划设计是对重复生产及大部分订单（货）型生产企业而言的，其设备配置方式以制程布置为主，由此可见，工厂布置与途程规划设计关系密切。

2. 机器设备的性能

选择机器设备，依据工厂一般惯例，常挑选具有同样性能但在操作时所需制造费用较少的一种。有时为了降低产品制造成本，常需使用快速机器，但在制造数量不多的情况下，设置装配费用相对提高，有时并不一定经济，因此必须借助详细的成本分析，方能确定使用何种设备最为合适。又在具有相同制造效率的若干机器中，应尽可能先使用能力较小者以节省开支，因能力较大者，工作适用范围较大，常可留作其他用途。

3. 现有设备的能力

在途程规划中，若干制造费用低廉的设备，往往因负荷达到饱和点，无法再承受其他工作，或因机件损坏无法继续工作，故需考虑设备能力，有时可通过外包的方式提升制造能力。因此，生产计划与途程规划关系密切。

4. 员工的安排

在途程规划设计时，高度精细工作，一般而言，当需指派富有经验的工作人员担任，较易工作则可分派给初经训练的工作人员。但是一般工作人员均喜欢担任长期稳定且难易适度的工作，不愿接受繁重或特别精细的工作，如能注意及此，适当安排可提高员工工作效率。

5. 工作标准化

通过合理的工作顺序、简化的作业流程以期降低成本。有效利用工位器具、专用附件及适当加工方式，增加加工方法的低成本机械化程度。

6. 制程合理化

考虑生产设备能力与制程的效率，并促进分工专业化，有效利用人力与物力，对生产线进行有效平衡。

6.5 途程规划设计实务

6.5.1 生产数据分析

1. 产品来源

除了在制造中的产品外，其他产品来源有二：一种是顾客或推销员所提供的样品；另一种为工厂内部经产品研发而得来的新产品。这两种来源的新产品是否值得去生产推销，应先做市场调查与产品的损益分析，这样才能确保有利可图。

2. 产品分析

1）材料表或零件表

根据销售预测可以拟订生产计划。生产计划拟订妥善之后，可以知道每一产品、每一机种的计划生产量。根据计划生产量，可以推算出各种原材料的使用量。根据所设计的各种产品的蓝图，编制材料表或零件表，从而计算应该使用多少原材料或零件，这对原材料或零件采购是十分重要的，同时也是制造途程的安排以及生产管制上不可缺少的。表6-1为工业界所通用原材料单，上面记载着制品所需各种原材料的数据。

表6-1 原材料单

产品名称_____ 编号_____					
材料名称	数量	单位	单价	价值	来源

有的产品相当复杂，所用材料多，因此产品的零件表在产品分析上也相当重要。产品是由各种原材料制成的零件组合而成的，因此原材料表与零件表为产品分析的基本工具。表6-2为某公司所属工厂制造油压机控制机构的零件表。

2）零件或产品零件分解图

零件表与材料表是产品分析的基本工具，有的产品相当复杂，在产品分析中时常绘制产品分解图，以表示各零件在产品当中的相互位置，这样可增加对产品零件的了解，这对生产计划与控制工作是非常有益的。

产品所使用的原材料及零件往往会左右产品的制造方法。随着科学技术的进步，产品所使用的原材料也日新月异。产品分析者对各种新旧原材料必须要有深切的认识，并且应努力不懈地去寻找新的原材料。这种新的原材料应具有如下特点：

(1)在原有品质水准下,价格较低的原材料。
(2)在原有价格水准下,品质较优良的原材料。
(3)价格较低廉而品质较优良的原材料。

现代工厂很少对产品的零件采取百分之百的自行生产制造,部分零件要从工厂外面买进,一部分的零件留给工厂内部自行产制。到底哪一种零件应该由工厂内部自行产制?哪一种零件应该从工厂外面购买进来?要判断零件应自制还是外购,需考虑下列四种因素。

表 6-2　零件表

××制造公司

零件表

名称:油压机控制机构

图号 D-442

型号:M-1

零件号码	零件名称	图号	零件数量	材料规格	备注
	底盘	C-285	1	铸铝	
	偏心杆	A-143	1	C.R.S.	
	手柄	A-143	1	C.R.S.	
	握柄	A-143	1	塑胶	外购
	活塞	A-163	1	C.R.S.	
	六角螺丝	—	4	—	$\frac{1}{4} \sim 20\frac{3}{4}$ 外购
	固定环	A-95	1	C.A.	
	顶盖	B-111	1	C.A.	
	销子	A-100	1	C.R.S.	
	压力垫	A-97	1	C.I.	
	球形钮	A-98	1	C.R.S.	
	华氏	—	2		
	六角螺丝	—	2		
	偏心杆总成	A-143			包括 2,3,4
	球形钮总成	D-442			包括 11,12,13
	最后装配	D-442			

(1)成本。若向外购买零件的价格加上零件自行产制所需要的人工费用还低于自行产制的零件成本,零件应向外采购,不宜自制。若向外购买零件的价格加上零件自行产制所需要的人工费用高于自行产制的零件成本,零件应自制,不宜外购。

(2)交货时间。向外购买零件到零件进库为止需要一段购备时间。若产品交货时间紧迫,外购零件不能及时派上用场而影响到产品如期交货,则尽管自制零件成本较高,零件还应自行产制,以设法赶上交货时间。若交货时间长远,则可依成本的高低考虑零件到底自制合算还是外购合算。

(3)零件的品质。若自制的零件品质水准低下,不合乎要求而影响到产品的品质,则应向工厂外部采购零件。若自制零件品质水准合乎要求，则可依交货时间或成本高低决定零件的自制或外购。

（4）机器负荷。工厂在生产能力等于机器负荷的情况下进行生产最为有利，但这种理想的境界似乎不容易达到。通常在生产能力大于机器负荷的情况下进行生产或是在生产能力小于机器负荷的情况下进行生产。

在机器负荷大于生产能力时，为了提高产量，势必要加班、采用多班制、增加员工、委外加工、依赖其他单位、增加设备以提高生产能力。在生产能力大于机器负荷时，势必要支持其他单位、推行工厂整理整顿、增加在职教育训练、加强机器保养、举办郊游、员工代调或裁员。

3）零件与产品的检验标准

零件与产品应该符合一定的品质水准，也就是零件与产品的品质应该合乎工厂内设定的规格。若规格过严则零件与产品的成本太高；若规格过松则产品的品质受到影响，因此要研究零件与产品适当的规格，以作为零件与产品的检验标准。

近代的大型工厂通常均拥有若干个卫星工厂。大型工厂与卫星工厂是息息相关的。卫星工厂经营的好坏直接或间接地影响大型工厂的经营。因此大型工厂对卫星工厂有辅导的义务。例如提高卫星工厂的技术水平或指导卫星工厂推行品质管理，使大型工厂从卫星工厂买进的零件能符合检验标准。

6.5.2 工厂布置（略）

6.5.3 制程与操作分析

1. 制造方法的选择

研究各种可能的制造方法，从而分析哪一种方法最为经济然后加以采用，这便是制造方法分析的重心。

若某工厂在制程分析时考虑三种不同的制造方法。现将每一种制造方法产生的固定成本与产品单位变动成本列在表6-3。

表6-3 制造方法与分成本关系　　　　　　　　　　　　　　　　　　　元

制造方法	固定成本	单位变动成本
第一种	100	60
第二种	4 000	30
第三种	20 000	20

根据表6-3的数据，我们可以算出工厂应采用哪种制造方法。先将表6-3中的数据绘在图6-2里。

由表6-3的数据可以绘出三种制造方法的总成本线，将这三种制造方法的三条总成本线方程写在表6-4中。

根据表6-4和图6-2，可以求得三种制造方法总成本线的交点。

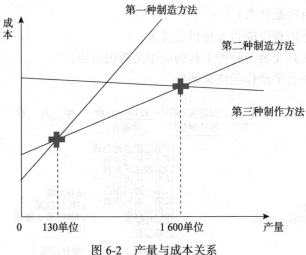

图 6-2 产量与成本关系

表 6-4 制造方法与总成本关系

制造方法	总成本
第一种	$100+60x$
第二种	$4\,000+30x$
第三种	$20\,000+20x$

注：x 为生产量

第一、第二种方法总成本线交点下的生产量为 130 单位：

$$100+60x=4\,000+30x$$
$$30x=3\,900$$
$$x=130$$

第二、第三种方法总成本线交点下的生产量为 1 600 单位：

$$4\,000+30x=20\,000+20x$$
$$10x=16\,000$$
$$x=1\,600$$

由图 6-2 可见，根据工厂的生产预测或生产计划，若产品产量在 130 单位以下，则应该采用第一种制造方法；若产品产量在 130 单位与 1 600 单位之间，则应该采用第二种制造方法；若产量大于 1 600 单位则应该采用第三种制造方法。

2. 决定制造及操作工作的程序

将产品的生产资料收集齐备以后，即可进一步着手计划制造及操作工作的程序。产品的制造、作业员的操作工作，均须按照一定的程序进行。采用何种机器设备、工作程序的设立、每一种操作工作的方法及所需时间，这些都是生产工厂内推行生产计划与管制所必须解决的问题。制造及操作工作的程序、工厂布置与方法研究彼此相互间有密切的关系。工业工程师应经常研究，设法改进工作的程序（图 6-3）。若新的制造及操作工作的程序较为有利，则应考虑机器的重新布置。

在制造及操作工作的程序上，为了使每一工作的生产时间及方法达到最有效的程序，还要实施操作工作分析，其重点如下。

（1）操作的目的是什么？
（2）各项操作的程序能否安排得更妥善？
（3）操作中工具安装与特种工具的应用是否很恰当？
（4）操作是否合乎动作经济原则？

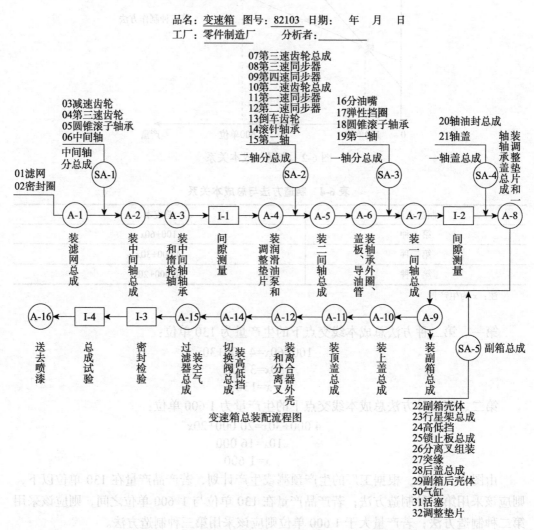

图 6-3　操作程序（现行方法）

3. 决定经济批量

制造批量的大小与筹置成本、存货储备成本的高低有关。制造批量小时，准备制造的次数多，因此筹置成本高；制造批量大时，准备制造的次数少，则筹置成本低。制造批量小时，存量较少，则存货储备成本低；制造批量大时，存量多，则存货储备成本高（图 6-4）。

所谓经济批量，是指制造批量在某一水准之下，使得筹置成本与存货储备成本的总和为最小。若制造批量大于经济批量，则所增加的存货储备成本大于所减少的筹置成本，总成本增加。若制造批量小于经济批量，则所增加的筹置成本大于所减少的存货储备成本，总成本亦增加。因此只有在制造批量等于经济批量时，总成本才最低。

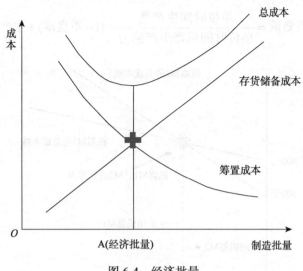

图 6-4 经济批量

4. 机器设备的选择

对于各种使用机器的特征、产品的品质、使用材料的性质、工具与刀具的性质都应加以考虑，然后决定所需的机器设备，使产品的成本最低。在生产量很大时，为了降低产品的制造成本，常使用新式的快速机器；在生产量不太大时，使用新式的快速机器要负担很高的固定成本，故反而不经济。

工厂里往往有数部机器适合于某种产品的制造。但使用不同的机器会产生不同水准的产品成本，因此在某种产品特定生产量下，应找出最经济的机器来执行产品的生产工作。此种由某一机器制造移转到由另一机器制造的经济制造量称为机器分界点。这种机器分界点在决定使用机器时很有用处。例如某工厂有两部机器（M1 和 M2）可以制造某种产品，现将有关的成本数据列在表 6-5 里。

从表 6-5 可以计算出 M1 和 M2 两部机器的总成本线，将这两条总成本线列在表 6-6。

表 6-5　机器选择及其分成本　元

机器	固定成本	单位产品的变动成本
M1	400	4
M2	300	5

表 6-6　机器选择与总成本

机器	总成本线
M1	$400+4x$
M2	$300+5x$

M1 和 M2 两部机器的分界点为 100 单位的生产量，计算如下：

$$400+4x=300+5x$$
$$x=100$$

因此，产量小于 100 单位时，应采用机器 M2；而产量在 100 单位以上时，应采用机器 M1。产量等于 100 单位为 M1 与 M2 两机器的分界点（图 6-5）。

5. 决定机器需要量

机器需要量受生产量、机器生产能力、不良率及生产效率的影响。其计算式为

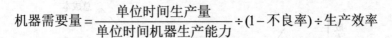

$$机器需要量 = \frac{单位时间生产量}{单位时间机器生产能力} \div (1-不良率) \div 生产效率$$

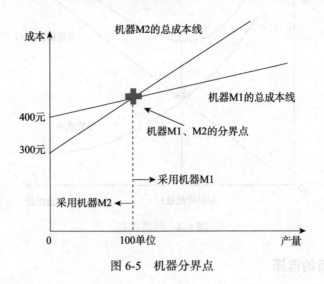

图 6-5　机器分界点

假设月产目标为 10 000 台,机器每小时的生产能力为 2 台,即每月生产能力为 416 台（按一天工作 8 小时,每月工作 26 天计算）,不良率为 3%,生产效率为 85%,则机器需用量为 30 台。计算如下：

$$机器需用量 = \frac{10\,000}{416} \div (1-3\%) \div 85\% = 29.2（台）$$

6. 工作人员的安排

在制造途程安排时,应该考虑到工作人员的技术及工作人员的安排问题。凡高精细的工作应由富有经验的工作人员担任,简易的装配工作可由刚经装配训练的工作人员担任。

在制程与操作分析中,决定工作人员的步骤如下。

（1）计算工作人员的出勤率与直接人员率。

$$出勤率 = \frac{出勤工作人员}{所有工作人员} \times 100\%$$

$$直接人员率 = \frac{直接人员}{直接人员+间接人员} \times 100\%$$

（2）减少每单位生产量的标准工时。

（3）计算每月生产作业负荷量。

$$每月生产作业负荷量 = 标准工时 \times 每月生产量$$

（4）计算每人每月直接工时。

$$每人每月直接工时 = 每天上班时数 \times 每月上班天数$$

在理想状态下,所需直接工作人员和所需人员如下。

（5）所需直接工作人员 $= \dfrac{每月生产作业负荷量}{每人每月直接工时} \times \dfrac{1}{直接人员率}$

$$= \frac{标准工时 \times 每月生产量}{每天上班时数 \times 每月上班天数} \times \frac{1}{直接人员率}$$

（6）所需人员 = 所需直接工作人员 $\times \dfrac{1}{出勤率}$

$$= \frac{标准工时 \times 每月生产量}{每天上班时数 \times 每月上班天数} \times \frac{1}{直接人员率} \times \frac{1}{出勤率}$$

考虑一些现实因素，则所需人员如下。

所需人员 = 所需直接工作人员 $\times \dfrac{1}{1-不良率} \times \dfrac{1}{作业效率} \times \dfrac{1}{经营效率} \times \dfrac{1}{出勤率}$

$$= \frac{标准工时 \times 每月生产量}{每天上班时数 \times 每月上班天数} \times \frac{1}{直接人员率} \times \frac{1}{1-不良率}$$

$$\times \frac{1}{作业效率} \times \frac{1}{经营效率} \times \frac{1}{出勤率}$$

例 6-1： 某工厂月产某产品 10 万打，每打标准工时 15 分钟。该厂每日工作 8 小时，每月工作 26 天，出勤率 95%，直接工人占 70%。试问该工厂需要多少人？

所需人员 $= \dfrac{标准工时 \times 每月生产量}{每天上班时数 \times 每月上班天数} \times \dfrac{1}{出勤率} \times \dfrac{1}{直接人员率}$

$= \dfrac{100\,000 \times 1 \div 4}{8 \times 26} \times \dfrac{100}{95} \times \dfrac{10}{7} = 181（人）$

上述计算方法是理想境界下的计算方法。通常这样的理想境界或许很难达成。简单地说，该工厂月产 10 万打产品所需人数 181 是理想状况，实际中还应该考虑下列三个因素。

（1）产品不良率 = $\dfrac{不良数}{产品数量}$。

（2）作业效率 = $\dfrac{标准工时}{实际工时}$。

（3）经营效率 = $\dfrac{支薪工时 - 停工工时}{支薪工时}$。

在不良率为 5%、作业效率为 90%、经营效率为 85% 的情况下，所需员工人数为

所需人员 $= \dfrac{标准工时 \times 每月生产量 \div (1-不良率)}{每天上班时数 \times 每月上班天数} \times \dfrac{1}{作业效率} \times \dfrac{1}{经营效率} \times \dfrac{1}{出勤率}$

$\times \dfrac{1}{直接人员率} = \dfrac{100\,000 \times 1 \div 4 \times 100 \div 95}{8 \times 26} \times \dfrac{100}{90} \times \dfrac{100}{85} \times \dfrac{100}{95} \times \dfrac{10}{7} = 249（人）$

7. 估计标准工时、测定标准工时、计算标准工时

1）标准工时

所谓标准工时，是指该操作者在胜任愉快的情况下工作所需的时间。所谓工作胜任愉快，是指下列各事项。

（1）在工厂规定的工作方法及工作环境下工作。

（2）工作者技术熟练，足以愉快地胜任工作。

（3）长期努力工作，增加产量 1/4 时并无损及身体健康。

（4）合乎上列三种情况下的工作速度为正常速度，其工作时间称为正常时间。

2）正常时间

正常时间是指工作者在正常的工作情况下制造产品所需的时间。

3）宽放时间

宽放时间可分下列几种。

（1）私事宽放时间，如喝茶、上厕所。

（2）疲劳宽放时间，如工作疲劳后的休息时间。

（3）延迟宽放时间，如机器故障或待料所引起的停工时间。

这些宽放时间约占正常时间的 10%，而标准工时是正常时间加上宽放时间，其公式如下：

$$标准工时 = 正常时间 + 宽放时间 = 正常时间 \times (1 + 宽放率)$$

标准工时的实施对工厂自有其好处。标准工时的用途如下。

（1）建立标准成本以控制直接人工。

（2）可以用于预估产品成本。

（3）可以用于考核工作者的工作绩效。

（4）可以作为绩效奖励的工时标准。应得工资及奖金数计算公式如下。

$$应得工资及奖金数 = (实际工时 \times 每小时工资率) + [奖金率 \times (标准工时 - 实际工时) \times 每小时工资率]$$

（5）可以作为生产计划与管制的参考。

8. 决定产品的报废率

制造出来的产品最理想的情况是无报废品或制品的报废率为零，但事实上在制造过程中报废品的发生是难以避免的。不过生产管理部门应根据过去的经验，事先确定产品的报废率，如此原料的发配、机器与人工的调配以及生产的平衡等较容易达成。

9. 使生产线平衡

生产线平衡的问题是要使总工作量平均分配到生产线上各单位，并使各单位的机器设备闲置现象尽量减少。在考虑生产线平衡时，首先应决定生产线上的总人数与生产线上各操作单位的作业人数，然后将总工作指派到各操作单位上去，以达生产线的平衡。研究生产线平衡的目的在于设法消除生产线上的瓶颈现象，以提高生产效率。

6.5.4 途程规划常用表单

制造途程所采用的表单因生产方式不同而不同，但重要的内容大致相同。在制造途程安排当中，较常见的表单有下列几种。

1. 制造途程单

制造途程单包括所有制造程序的主要数据。此项资料为工厂中最主要生产资料之一。制造途程单的功能如下。
(1) 为每一种产品生产数据的记录。
(2) 了解制造过程中所有的步骤以及每项步骤所耗用的时间。
(3) 作为产品成本估计的依据。
(4) 作为生产管制、工厂作业管制与改善的依据。
(5) 作为分配工作人员与领料标准的依据。
(6) 作为制造日程安排的参考。
(7) 作为工作评价与奖工制度的参考。

表 6-7 为工业界所通用的制造途程单，上面记载着与制造途程有关的各种数据。

表 6-7 制造途程单

简图			工号	产品	区分
			CP-16		外盖
			图号	名称	人数/机
			FA-188		2 人

序号	工序	作业内容	机械、工具	准备	主体	作业人员
01	画线		石笔、直尺	10 分	1 分	
02	切断		切断机	10 分	1 分	
03	切角	将角切下(45 度)	发角机靠模	10 分	5 分	
04	弯曲	曲率 R8	游标尺、弯曲机	5 分	4 分	
05	折弯	预备折弯	游标尺、折弯机	10 分	6 分	
06						
07						

缓急顺序		材质	原料尺寸	需用数量	工程分类	工事分类
开始	完成					
18	15	角钢	L3×3.5	2	机械	专用

2. 操作单——标准操作指导书

制造途程单不宜分发至各施工部门，而生产线上实际所用的操作单可自制，制造途程单中分别节录印发使用，使施工的现场单位有正确的参考资料。制作操作单时，如计划使用特殊工具，则所有特殊工具应统一编号。至于是否应使用某一特殊工具，不能只考虑工作简单，还应考虑是否具有经济性。标准作业指导书见表 6-8。

3. 工作说明卡

工作说明卡应用于较重要且连续性的工作。依据重点管理原则，不重要的工作没有设立工作说明卡的必要。间歇性的工作无法设立工作说明卡，因为工作具有间歇性，设立工作说明卡所增加的成本或许会大于所节省的成本。工作说明卡应有操作标准化的资料，以供操作人员参考。某工厂的工作说明卡见表 6-9。

4. 制造命令单

制造命令单载有有关制造通知的各种资料。操作人员接到制造命令后才能开始制造产品。在颁发制造命令单时应将所有制造用料、机器能力等弄得一清二楚，然后发

表 6-8　标准作业指导书

有限公司			作业指导书		文件编号		编制日期	页数	版本
							2020-08-27	1/14	A/0
适用产品型号				工序名称	焊接大功率		标准工时	标准产能/H	
				工序排号	1		作业类型	焊接	人员配置
				序号	材料编号		材料名称	材料规格	数量
				1					
				2					
				3					
				4					
				5					
					操作说明			技术要求	
			检查上工序	检查工位表面清洁					
				检查物料有无一致					
				检查工具有无完好，且一定要戴手指套操作					
			本工序作业						
			自检	检查有无假焊、虚焊			不良品截出		
				检查有无焊反或脱焊					
				检查焊接有无牢固					
	设备及工具			注意事项：一定要戴手指套操作，大功率与铝基板极性要一致，且焊接要牢固，避免导致开路或短路；焊好的大功率不允许成堆放置，需放入专用防静电 PVC 盒内。					
设备、工装名称	型号	设定条件							
恒温烙铁	936	320～380 度电							
手指套		防静电		核准		审核		承办单位	
								承办人：	

布制造命令，这样操作人员才能参考制造命令单上的资料，迅速操作，如果一切由制造单位自行解决会影响操作人员的工作进度，降低操作人员的效率。制造命令单上所载的制造批量在存货生产之下是依据经济批量而设立的，在订单生产之下是依据订单批量的大小而设立的。表 6-10 是企业界通用的制造命令单，上面记载着与制造命令有关的资料。

5. 领料单

领料单载有有关领料的数据以作为制造单位向物料仓库领料的依据。表 6-11 是工业界通用的领料单。

表 6-9 某工厂的工作说明卡

职称		职系		工资等级		工资水平		定员		所属部门		分析日		分析人	
工作描述							工作执行人员的资格条件								
							自行工作的条件						需求程序		
工作概要							智力条件		基础知识						
									作业知识						
									规划能力						
工作时间									注意力						
									判断能力						
									语言能力						
工作姿势									领导能力						
									控制能力						
工作程序及方法							身体条件		体力						
									运动能力						
									手眼配合能力						
									效应						
工作环境		分散		程序					身体疲劳程度						
		温度							精神疲劳程度						
		湿度							熟练期						
		粉尘					经验		同类工作						
		异味							相关工作						
		污秽													
		噪声													
		危险性													
使用设备							备注								

表 6-10 制造命令单

单号：　　　　　　　　　开工日期：＿＿＿年＿月＿日

生产部门		产品编号	
产品名称		产品数量	
产品规格		质量要求	
使用材料			

料号	品名	规格	部门	单机用量	标准用量	备件	备注

生产方法							
完工日期							
经办人	生产部负责人			生产班组长		生产人员	
签名							

表 6-11 领料单

×××××电器有限公司
领 料 单
2019 年 月 日

No：

材料名称	规格型号	数量	单位	备注
1				

领料人：　　　　　　　　　　　审核人：

一联 存根　　二联 记账　　三联 仓库

领料单通常有三联：第一联由领料单位自存，第二联由仓库管理单位保存，第三联会计科作为计算产品材料成本的依据。

6.5.5 检验

检验包括进料检验、制程检验与制成品检验。进料检验包括材料零件的尺寸检验、材料零件化学成分的检验以及材料零件物理性质的检验，用以确保使用的材料、零件的品质。进料品质水准对工厂生产与产品品质的影响很大，因此生产工厂对进料检验都非常重视。制程检验是指在制造过程中对在制品的抽样检验，其目的在于了解制造过程中在制品的品质是否处在管制状态，以及应采取何种对策使在制品的品质处在管制状态。制成品检验在于判定制成品的品质是否允收。制成品的品质经抽样检验判定为允收，方可入库或出厂；若制成品的品质经抽样检验判定为拒收，则应全面检验，将不良品进行返工。此外由于消费者的品质意识日益增强，制成品的寿命与可靠性的检验亦日益受到重视。进料检验，主要是指企业购进的原材料、外购配套件和外协件入厂时的检验，这是保证生产正常进行和确保产品质量的重要措施。为了确保外购物料的质量，入厂时的验收检验应配备专门的质检人员，按照规定的检验内容、检验方法及检验数量进行严格认真的检验。从原则上说，供应厂所供应的物料应该是"件件合格、台台合格、批批合格"。当不能使用全检，而只能使用抽样检验时，也必须预先规定科学可靠的抽检方案和验收制度。

检验的目的在于确保产品的品质，使产品的品质合乎顾客的要求。进料检验包括首件（批）样品检验和成批进货检验两种。

1. 首件（批）样品检验

首件（批）样品检验的目的，主要是对供应单位所提供的产品质量水平进行评价，并建立具体的衡量标准。所以首件（批）检验的样品，必须对今后的产品有代表性，以便作为以后进货的比较基准。通常在以下三种情况下应对供货单位进行首件（批）样品检验：①首次交货；②设计或产品结构有重大变化；③工艺方法有重大变化，如采用了新工艺或特殊工艺方法，也可能是停产很长时间后重新恢复生产。

2. 成批进货检验

成批进货检验，可按不同情况进行 A、B、C 分类，A 类是关键的，必检；B 类是重要的，可以全检或抽检；C 类是一般的，可以实行抽检或免检。这样，既能保证质量，又可减少检验工作量。成批进货检验既可在供货单位进行，也可在购货单位进行，但为保证检验的工作质量，防止漏检和错检，一般应制定"入库检验指导书"或"入库检验细则"，其形式和内容可根据具体情况设计或规定。进货物料经检验合格后，检验人员应做好检验记录并在入库单上签字或盖章，及时通知库房收货，做好保管工作。对于原材料、辅材料的入厂检验，往往要进行理化检验，如分析化学成分、机械性能试验等工作，验收时要着重检验材质、规格、批号等是否符合规定。

进料检验流程如图 6-6 所示。

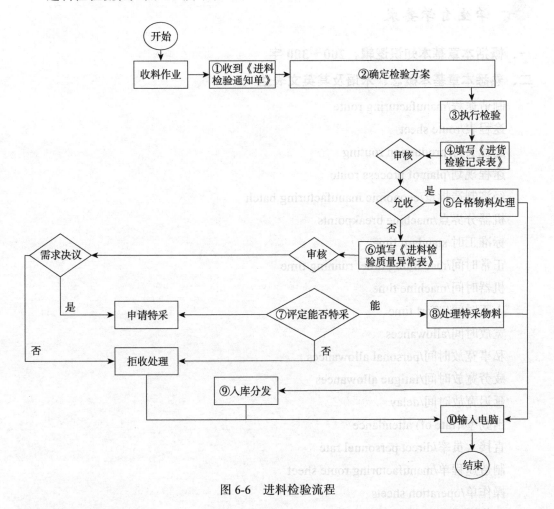

图 6-6　进料检验流程

6.5.6　产品入库

制成品经过抽样检验后认为品质合乎要求水准并决定加以允收后，才能入库以待运送交给顾客。入库是制造途程中的最后一站。通常由产品入库单位（制造部）填制产品入库单一式三联，一联自存，一联送会计单位，一联存于产品库房（参阅表 6-12）。

表 6-12　产品入库单

入　库　单

　年　　月　　日　　　　　单位或姓名　　　　　　　单号：4343500

名称	规格	单位	数量	单价	金额	备注
合计金额 （大写）	佰　拾　万　仟　佰　拾　元　角　分					小写：

一存根白　二交货人红　三记账黄

 学生自学要求

一、概括本章基本知识逻辑，200～300 字

二、熟悉本章基本概念、术语及其英文表达

　　制造途程/manufacturing route

　　途程表/route sheet

　　途程安排/production routing

　　途程规划/plan of process route

　　经济制造批量/economic manufacturing batch

　　机器分界点/machine breakpoints

　　标准工时 standard time

　　正常时间/machining time, running time

　　机器时间/machine time

　　人工时间/effort time

　　宽放时间/allowances

　　私事宽放时间/personal allowances

　　疲劳宽放时间/fatigue allowances

　　延迟宽放时间/delay

　　出勤率/(rate of) attendance

　　直接人员率/direct personnel rate

　　制造途程单/manufacturing route sheet

　　操作单/operation sheets

　　工作说明卡/job description card

　　进料检验/incoming inspection

　　制程检验/process inspection

　　制成品检验/finished product inspection

三、预习并思考下列问题

1. 基本问题：是什么的问题

（1）制造途程安排的含义是什么？

（2）途程规划的目的在于什么？

（3）良好的途程规划可以获得哪些功用？

（4）途程规划按详尽程度可分为哪几类？各类的主要作业是什么？

（5）途程规划设计步骤中所牵涉的实际技术问题有哪些？

（6）影响途程规划设计的因素有哪些？

（7）操作工作分析的重点是什么？

（8）机器分界点指的是什么？

（9）工作胜任愉快指的什么？

（10）制造途程单的功能是什么？

2. 综合性问题：怎么做、在哪些场合适合做

（1）制程选择、设备选择的方法和依据是什么？

（2）订单（货）生产与计划生产或存货生产的途程规划安排有何不同？

（3）工厂在机器设备选择上应如何权衡是否选择快速机器？

（4）在计划生产或存货生产中以及订单（货）生产里，根据这两种生产方式的特点，应如何进行途程安排？

（5）途程规划设计步骤中所牵涉的实际技术问题中对于所需原物料、零件数量应怎样确定？

（6）工厂对于产品的零件是外购还是自制应该怎样判断？

（7）如何对制造方法进行分析，从而得到最为经济的方法？

（8）在制程与操作分析中，如何决定工作人员？

（9）怎么计算经济批量，并使制造批量与其相等达到成本最小？

（10）当工厂不能使用全检，只能抽样检验时，怎样确定科学可靠的抽检方案和验收制度？

（11）给出你所熟知的途程规划的例子，如餐饮业、银行和学校等。

3. 关键问题：为什么的问题

（1）为什么说途程规划设计步骤中所牵涉的实际技术问题中最主要的工作是决定产品的生产程序？

（2）为什么说途程规划设计与企业生产方式密切相关？

四、本章知识逻辑

即测即练题

三、简习并思考下列问题

1. 基本问题：是什么的问题

(1) 期间生产计划的含义是什么？
(2) 滚动计划的项目由于什么？
(3) 我们的滚动计划可以优化哪些？
(4) 滚动规划与序规划方式之间的主要体现是什么？
(5) 在滚动计划主要操作中，各种规范和其末时间如何确定？
(6) 滚动计划中应该注意的问题有哪些？
(7) 操作工作分析的重点是什么？
(8) 订货分界点的含义是什么？
(9) 订货规范化周期的什么？
(10) 销售清单的内的内容是什么？

2. 综合性问题：考之不透，言辨堂能合适否准

(1) 预期制定、综合生产的方法和准是什么？
(2) 对什么（清）参为引操作产品中心和主产的计划是规划应生有何不同？
(3) 工厂在生产经营操作上，应如何和高是有限度化度中？
(4) 在计划内生产规范作出、产订以及工业（资）生产理，根据区别确率作计的防护各，需要周期要不要准备下？
(5) 请你规划进已实现在的交付实际在末时间如何列了用清洁规定，请在这提法下补偿规定？
(6) 工厂对于产品的经营制度物周制造出口理建确实产品种类到出？
(7) 如何规控起在生产生分析，从此的事到最为准要求的为效？
(8) 在制度了规范化分析中，应同意在工工作人员？
(9) 怎么计算经济生产批、对负面产生价格上其他社的产品不准不？
(10) 当工厂在操作用法不确，只是正要检察时，怎么根据在料产生制建的制度方案和规划成制度？
(11) 给出在影像制品模式问问提出了，测普充足，测订和方要安？

3. 关键问题：为什么的问题

(1) 为什么对模量变规划设计从交底中所中所决定的在末时间中建主要的工作意度把产品的生产所用？
(2) 为什么应该推新规范化的项目与各业期生产为各要求的相关？

四、本期知及经典

案例研究 1

某阀门有限公司的流水线设计问题

一、公司简介

某阀门有限公司是一个集科研、生产、销售、储运、进出口经营为一体的大型国家级集团公司,拥有 17 个生产企业,一个市级阀门研究所,一个市级阀门检测中心。

公司主要产品有低、中高压阀门。公司拳头产品是力新牌阀门,有 150 多个系列,4 000 多种规格,产品多次被评为市优、部优、国优产品,并被中国质量检验协会推荐为"国产精品""名牌产品"。全国设有 50 余个办事处,销售面覆盖全国,并销往东南亚、埃及、古巴等国家和地区。

二、公司的生存环境

1. 市场前景广阔

阀门在机械产品中占有相当大的比重。据国外工业发达国家统计,阀门的产值是压缩机、风机和泵三者的总和,约占整个机械工业产值的 5%。同时,作为重大技术装备的重要组成部分,尤其是在电力、石化、冶金、城市供排水系统中,阀门更是起着关键作用,而且用量非常大。据有关专家预测,随着电力工业、石油化工、化肥、环保和城建等行业的飞速发展,阀门行业必然有着广阔的发展空间。

由于用户需求的变化,阀门产品的市场走向也将发生相应的变化,在今后一段时间主要发展趋势如下。

(1)随着石油开发向内地油田和海上油田的转移,以及电力工业由 30 万千瓦以下的火电向 30 万千瓦以上的火电及水电和核电发展,阀门产品也应依据设备应用领域变化相应改变其性能及参数。

(2)城建系统一般采用大量低压阀门,并且向环保型和节能型发展,即由过去使用的低压铁制闸阀逐步向环保型的胶板阀、平衡阀、金属密封蝶阀及中线密封蝶阀过渡,输油、输气工程向管道化方向发展,这又需要大量的平板闸阀及球阀。

(3)能源发展的另一面就是节能,所以从节约能源方面看,要发展蒸汽疏水阀,并向亚临界和超临界的高参数发展。

(4)电站的建设向大型化发展,所以需用大口径及高压的安全阀和减压阀,同时也需用快速启闭阀门。

(5)针对成套工程的需要,阀门供应由单一品种向多品种和多规格发展。一个工程项目所需的阀门,由一家阀门生产厂家全部提供的趋势越来越大。

2. 行业状况堪忧

然而面对如此利好的市场，我国阀门行业发展状况却令人堪忧。从中国通用机械工业协会阀门分会了解到，我国每年阀门市场成交额高达 500 亿元左右，但其中却有 100 多亿元的市场被国外阀门企业占领。

业内人士分析，造成目前我国阀门市场被动的原因主要有两方面。

一是国产阀门产品和进口阀门产品比还有差距，质量有待提高。有关专家认为，我国企业目前生产的各种阀门普遍存在着外漏、内漏、外观质量不高、寿命短、操作不灵活以及阀门电动装置和气动装置不可靠等缺点，部分产品只相当于 20 世纪 80 年代初的国际水平。因此，发展阀门工业，亟待开发技术含量高的新产品。

二是某些用户国产化意识不强，甚至人为地设置门槛，使国内企业在与国外企业竞标时难以中标。

综上所述，我国阀门企业要想扭转现在的局面，必须猛修内功，开发新技术，凭借过硬的质量和优质的产品，在激烈的市场竞争中抢得先机，脱颖而出。

三、企业生产运作中的主要生产数据

作为公司主力产品的各种阀门，主要阀体、密封垫、阀盖、阀座、球、阀杆、填充垫、填料、填料压盖、手柄、垫片、螺母等原件，是经过一些工艺流程生产而来的，详细情况请见图 A1-1。

根据现场的测定与调查，我们得出了各工序的单件定额时间，分别为 22.0，11.2，8.7，9.3，18.0，11.5，9.0，10.5，11.0，10.0，又已知公司选用的生产节拍为 10。

根据以上资料填写下面的流水线组织设计表，并绘制出时间指示图表。

表 A1-1 时间指示表

工序	工序单件定额时间	节拍	计算需要工作地数	工作地采用数	负荷率	工作地编号	空间指示方式
10	22.0	10					
	11.2	10					
	8.7	10					
	9.3	10					
	18.0	10					
	11.5	10					
	9.0	10					
	10.5	10					
	11.0	10					
	10.0	10					

四、生产运作中的网络规划

公司的工艺流程图如图 A1-1 所示。

为了便于下面的分析，现在将图中几道主要工序编上号码：①清砂； ②去毛刺；

③攻螺纹；④攻管螺纹；⑤攻小头；⑥车内螺纹；⑦蘸漆。

根据现场调研与测算，填制了如下的作业清单表（表A1-2）。

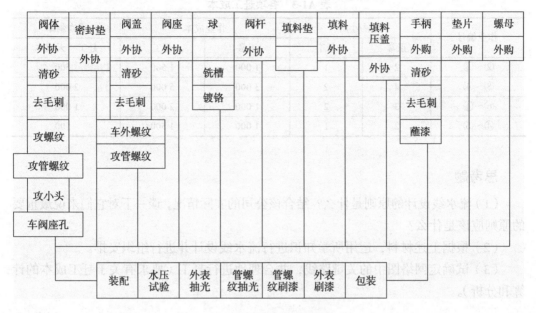

图 A1-1　公司的工艺流程图

表 A1-2　作业清单表

作业编号	作业名称	作业时间/小时
→ ①	清砂	2
①⇒②	去毛刺	1
②⇒③	攻螺纹	2
③⇒④	攻管螺纹	4
④⇒⑤	攻小头	2
②⇒⑥	车内螺纹	2
⑥⇒④	攻管螺纹	3
②⇒⑦	蘸漆	2

根据上面的作业清单又绘制出如下的网络计划图（图A1-2）。

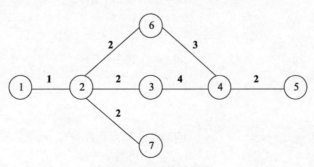

图 A1-2　网络计划图

该公司的正常成本为 30 000 元，间接成本为 1 500 元，各项赶工成本见表 A1-3。

表 A1-3　各项赶工成本

作业编号	耗时/小时		作业成本		成本斜率
	正常	赶工	正常	赶工	赶工一天成本
②~③	2	1	1 000	1 500	500
③~④	4	2	3 000	5 000	2 000
⑥~④	3	2	1 000	2 000	1 000
④~⑤	2	1	1 000	1 500	500

思考题

（1）流水线设计的原则是什么？结合该公司的实际情况，谈一下对它们来说最重要的原则应该是什么？

（2）根据上述材料，运用所学知识进行流水线设计并进行组织安排。

（3）试确定网络图中的关键路线，并合理地进行赶工（要求有关于赶工成本的计算和分析）。

第二篇　计　划　篇

- ✓ 第7章　需求预测与管理
- ✓ 第8章　产能计划
- ✓ 第9章　总生产计划
- ✓ 第10章　主生产计划
- ✓ 第11章　库存及物料需求计划

学习目标：通过本篇的学习，要求知道生产计划的基本概念、术语，各类计划的内涵与外延、优序关系，理解各类计划的程序性知识以及编制方法，最后要能应用上述知识进行不同类型企业生产计划的编制工作。

学习效益：通过本篇的学习，你将具有一定的从事生产计划工作的常识与能力。

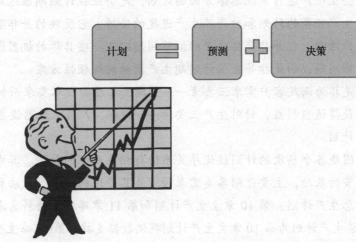

第二篇课程内容的安排与知识逻辑

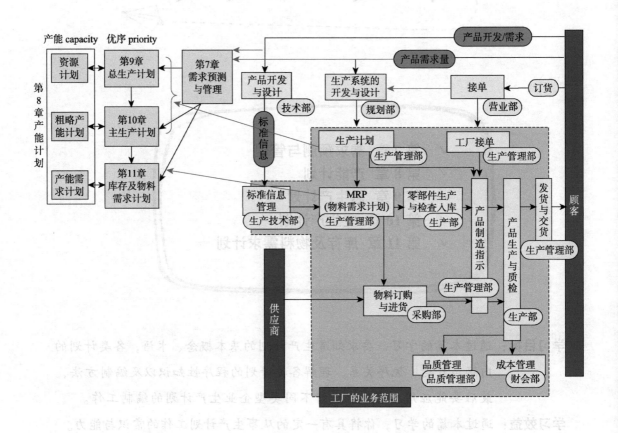

生产计划是关于企业生产运作系统总体方面的计划，是企业在计划期应达到的产品品种、质量、产量和产值等生产任务的计划和对产品生产进度的安排。它反映的并非某几个生产岗位或某一条生产线的生产活动，也并非产品生产的细节问题以及一些具体的机器设备、人力和其他生产资源的使用安排问题，而是指导企业计划期生产活动的纲领性方案。

生产计划一方面是指为满足客户需求三要素——交期、品质和成本要求而制订的计划；另一方面又是为使企业获得适当利益，针对生产三要素——材料、人员、机器设备的确切准备、分配及使用而制订的计划。

本书第二篇着重围绕各个层次的计划按优序关系进行相关知识的叙述。其中，第7章需求预测与管理是其他章节的基础，主要介绍各类需求预测及其管理的概念、方法和流程，为第8章产能计划、第9章总生产计划、第10章主生产计划和第11章库存及物料需求计划的制订提供数据支撑。第9章总生产计划为第10章主生产计划提供数据支撑，第10章主生产计划为第11章库存及物料需求计划提供数据支撑，各类产能计划与其相对应的生产计划互相提供数据支撑。

第 7 章

需求预测与管理

【学习目标】 了解需求预测的含义与功能、各种调查表的设计原则，掌握需求预测与管理的主要内容、常用定性与定量预测方法的实施步骤。

【学习效益】 具有使用简单定性与定量预测方法从事需求预测的相关能力。

7.1 需求预测与生产计划

企业在制订生产计划之前，应首先对市场进行预测，将预测结果作为制订生产计划的依据。预测是指在掌握现有信息的基础上，依据一定的方法与规律对未来的事情进行预测，以预先了解事情发展的结果。需求预测，不仅要预测未来市场行情的变化，更要预测当前的企业行为可能给企业带来的影响。

7.1.1 需求预测的含义与功能

需求预测是指利用系统的方法对未来所需的各种生产要素作出合理的估计，为生产计划的制订提供依据。它既有客观性又有主观性，有时是对收集与整理的资料进行量化的结果，有时是基于一种主观的判断。

根据预测的时间跨度，可以将需求预测划分为长期预测、中期预测和短期预测三种类型。长期预测的时间跨度通常为 3 年或 3 年以上，主要用于规划新产品、生产系统的配置等；中期预测的时间跨度通常从 1 个季度到 2 年，主要用于制订生产计划和销售计划；短期预测的时间跨度通常少于 3 个月，是制订主生产计划的依据。值得说明的是：预测肯定是不准确的，但是还必须预测。预测有三个定律：预测是不准的、宏观预测比微观预测准、短期预测比长期预测准。

1. 引进新技术的依据

在某些情况下，引进新技术需要投入大量的资金，但产品的单位变动成本很低；有时技术引进需要的资金不多，但是会引起产品单位成本的大幅度变动。面对这两种情形，企业该做何选择呢？

以某企业某型号产品技术的变革过程为例，甲、乙两种技术成本对比如表 7-1 所示。

假设机器的使用年限是 5 年，在这种情况下，企业是采用甲技术还是采用乙技术，完全取决于其对之后 5 年的市场预测。新技术的选择分析如图 7-1 所示。

表 7-1　甲、乙两种技术成本对比　　　　　　　　　　　　　　　　万元

技术类型	固定成本	单位可变成本
甲技术	1 000	30
乙技术	3 000	50

由图 7-1 可以看出，若该企业在今后 5 年的预期销售量超过 100 万件，则应用乙技术。

2. 制订产品发展计划的依据

根据企业的长期销售预测结果和以往的销售业绩，可以明确企业当前生产的产品处于哪一个生命周期阶段。产品的生命周期如图 7-2 所示。

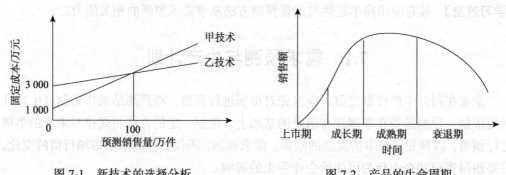

图 7-1　新技术的选择分析　　　　　图 7-2　产品的生命周期

对处于上市期的产品，企业应根据市场预测决定是否投产；对处于成长期的产品，企业要设法降低产品的生产成本，并扩大生产；对处于成熟期的产品，企业应缩减产品的生产规模，并开发新的产品，以避免亏损。此外，需求预测还可以作为企业扩大规模或编制财务计划的依据。

7.1.2　需求预测的实施步骤

需求预测的实施步骤如图 7-3 所示。

由图 7-3 可以看出，进行需求预测的步骤为确定预测方法、收集预测资料、编制预测方案、审核预测方案。

1. 确定预测方法

进行需求预测的方法很多，如因果模型预测法、时间序列预测法等。不过，需求预测方法，并不是由企业管理者随意决定的，它需要企业管理者从多方面综合考虑需求预测工作的要求。

（1）预测的准确性。预测的准确性是考虑预测方法的重要指标。不同的企业可以根据以往的预测经验，并结合当前预测方法的发展状况，确定最为合适的预测方法。

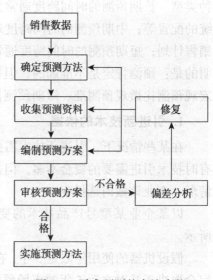

图 7-3　需求预测的实施步骤

（2）预测的经济性。预测的准确性固然重要，但也要兼顾预测的成本。例如，采用不同的预测方法，收集资料的侧重点会有所不同，因而资料收集的难易程度、收集资料所花费的成本也会不同。

（3）预测的可行性。需求预测有一定的时间限制。如果采用某种预测方法会花费大量的时间，并影响生产计划制订的进程，那么企业应该选用时效性更强的预测方法。

（4）预测方法的易于理解性。预测方法的原理要易于全员理解。如果预测方法不能够得到其他人员的理解，在提供资料和实施预测方案时，就容易造成混乱。

随着人们对生产管理研究的深入，更加复杂、准确的预测方法在企业中也日益得到普及，但是盲目地追求前沿技术，有时候也会给企业带来一些困惑。事实上，不选择最准确、优点最多的，而选择最合适的方法，才是企业在确定需求预测方法时要优先考虑的问题。

2. 收集预测资料

企业要收集的资料主要来源于两个渠道：企业内部和企业外部。如果企业平时对资料的保管比较妥善，那么内部资料的收集工作则十分简单。外部资料一般包括新技术动向、竞争对手的相关产品资料、国家政策导向、本产业的动向和国内市场变动状况等。下面将重点介绍外部资料的收集过程。

（1）资料种类的界定。外部资料可分为原始资料和次级资料两类。原始资料是资料收集者直接收集到的资料；次级资料是指经过加工、整理以后得到的资料。

（2）原始资料的收集。原始资料的获取主要来自调查。

首先，要设计调查表，调查表的设计程序如图7-4所示。

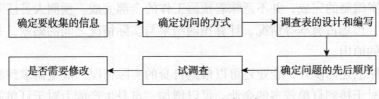

图 7-4 调查表的设计程序

为了引导被调查者真实地反映自己的想法，在设计调查表时要遵循一定的原则，如表7-2所示。

表 7-2 调查表的设计原则

原 则	具体说明
目的性	突出重点，避免可有可无的问题，并将主题分解为更为详细的细目，分别做成具体的询问方式，以供被调查者回答
可接受性	调查表说明要亲切、温和，提问部分要自然、有礼貌和有趣味性，必要时可采用一些物质鼓励，以使被调查者积极参与
顺序性	容易回答的问题放在前面；较难回答的问题放在中间；敏感性问题放在后面；关于个人情况的事实性问题放在末尾
简明性	调查时间要短暂，问题和整个问卷都不宜过长，调查表设计的形式要简明易懂
匹配性	被调查者的回答要便于检查、处理和分析

其次，确定调查对象。市场调查的对象一般为零售商、消费者及批发商。

最后，确定信息收集方法。调查可以是电话采访，也可以是面对面的访问，具体方式可以根据企业实际情况选择使用。

（3）次级资料的收集。关于次级资料，其主要来自企业年终或季度的汇报总结，以及关于国家的物价指数、消费者的消费趋势、杂志、新闻报道等。

3. 编制预测方案

预测方案中的预测项目主要包括企业的市场占有率、地区销售量、年度总销量、淡旺季等。图 7-5 为某企业利用数据挖掘软件绘制的销售量预测方案的部分内容。

图 7-5　某企业销售量预测方案（部分）

图中两条曲线分别表示某地区的销售量，实线为实际销售数据，虚线为销售量的预测值。

4. 审核预测方案

预测方案编制的完成，并不意味着预测工作的全部完成。预测人员还要实时追踪实际销售量、市场占有率等情况，计算预测结果与实际情况之间的偏差，并进一步分析偏差产生的原因。

当然，除上述四步外，企业还可以根据自身的实际情况，规定需求预测的实施步骤。例如，对于接到订单较多的企业，可以增加"自身生产能力对于订单需求的实现程度"这一预测环节等。

7.1.3　需求预测与生产计划的关系

需求预测直接影响着企业生产运作过程中的长期战略性决策与生产计划的制订。企业生产活动与需求预测之间关系的建立主要基于以下原则，如表 7-3 所示。

表 7-3　建立生产活动与需求预测之间关系的原则

原　则	具体说明
可预测性原则	企业的运营活动都是有一定运行规律的，因此是可以预测的。在进行需求预测时，该原则体现在对原始资料进行收集和分析而得出的结论中
类推性原则	社会、企业经济活动的运行，都要遵循一定的模式，存在着很多类似的演变规律。在进行需求预测时，该原则体现在企业的生产计划活动中
连续性原则	企业生产运作会随时间推移而呈现出连续变化的趋势

续表

原　则	具体说明
系统性原则	企业的生产活动由许多要素构成，这些要素之间相互联系，共同构成企业的生产主体，共同完成各要素之间不可能单独完成的生产任务
相关性原则	系统内部的各项活动之间存在着相互影响、相互促进、相互制约的关系，因而可以由某些关系推导出其他未知要素的变化规律

可以说，企业需求的实现是受很多因素影响的，这些影响因素有些来自企业内部，如企业对于扩大市场所作出的努力等；有些来自外部，如消费者的喜好、国家的政策导向等。影响需求的各要素及其相互关系如图 7-6 所示。

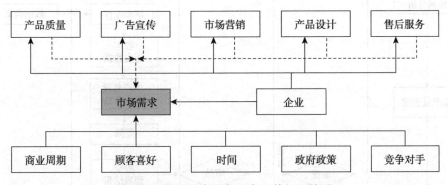

图 7-6　影响需求的各要素及其相互关系

各要素可能会对生产需求产生负面影响，而这些影响是可以预见的，这样预测工作才得以进行，生产计划的制订和日常生产等活动才得以展开。

虽然，实际需求量并不会与预测的完全一样，但是，预测活动可以为生产计划的制订提供参考，使企业的生产经营活动得以顺利进行。

（1）对于装配制造业，一部分产品需要根据订单组织生成，一部分产品则需要根据市场预测组织生产，以达到缩短交货期的目的。因此，生产计划包含两部分内容：优先生产客户现实需要的产品型号，然后生产预测的产品型号。

（2）制订生产计划，首先要确定生产产品的数量，而未来需要生产的产品数量可以从预测结果中体现出来。

（3）企业的生产经营活动应按部就班地进行。如果没有需求预测，在接到订单时才组织生产，在日常生产过程中随意插单，就会使企业的生产能力无法得到平衡，员工的工作状态也会时好时坏。

7.2　需求预测的内容

对生产总量需求预测的内容主要包括五个方面：对生产总量的预测、对物料需求的预测、对生产设备需求的预测、对产品研发需求的预测和对生产人员需求的预测。这几方面之间相互联系、相互影响，共同为企业生产任务的顺利完成提供支持。

7.2.1 对生产总量的预测

对生产总量进行需求预测时,应遵循三个步骤:明确预测人员的数量与职责,预测与分析生产总量,实施生产总量预测方案。生产总量预测的实施流程如图 7-7 所示。

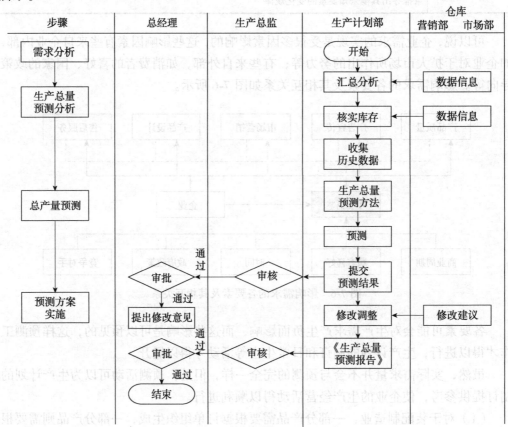

图 7-7 生产总量预测的实施流程

要确保上述流程的实现,预测人员的明确分工是关键。下面我们将从明确预测人员职责、生产总量的预测分析和提出生产总量预测方案等几个方面,阐述生产总量的预测过程。

1. 明确预测人员职责

预测人员主要包括生产总监、生产部总经理、生产计划主管、生产计划人员和相关部门的人员等。预测人员的工作职责如表 7-4 所示。

2. 生产总量的预测分析

生产计划部在出具生产总量预测方案之前,首先要对一些历史信息和已有订单信息进行分析,以确保预测的准确性。

3. 提出生产总量预测方案

由于生产计划部进行生产总量的预测时,考虑的因素未必全面,对于各项影响因

表 7-4 预测人员的工作职责

预测人员	工作职责
生产总监	对生产部作出的生产总量预测结果、生产总量预测报告以及产量计划进行审核，提出意见和建议，并报总经理审批
生产部总经理	负责指导生产计划管理人员开展生产总量的预测工作，对生产总量预测结果、生产总量预测报告进行审批，并提出修改意见
生产计划主管	负责生产总量的具体预测工作。工作内容主要包括资料的收集整理、选择合理的预测方法、对预测结果进行修正、编制产量计划等
生产计划人员	随时了解外部需求和内部产能，对未来需求作出预测，将预测结果上传下达
销售部	负责将已确定的订单信息进行汇总、整理，拟订销售计划，并把计划期已经确定的订单信息和销售计划交给生产计划部处理
仓储部	负责将汇总的库存信息交给生产计划部处理
市场部	负责将过去的销售信息、未来的销售预测等信息加以汇总，然后交给生产计划部处理

素赋予的权重也未必合理，因此就需要相关部门和人员提出一些调整的意见和建议，应由相关部门及人员如生产计划部、生产总监等商议得出具体修改方案。修改后的生产总量预测方案交生产总监审核后，再报总经理审批。

需要强调的是，生产总量的预测有两个作用：其一，是成品备库，满足客户短交期的产品。其二，是为了采购长交期的关键物料。液压控制阀、精密导轨等关键物料，往往采购周期过长，通常为 12~15 周，长的甚至 24 周以上，必须先预测成品需求，再分解为关键长采购周期物料的需求。另外需要强调的是，预测往往是滚动的，有月滚动、周滚动等时间窗方式，以提高预测的准确度。

如今，对企业生产总量进行预测的方法和软件较多，如借助 ERP 系统软件实现产量的预测。但是，软件的使用是以企业信息化程度为基础的，企业还需要结合自身实际情况选择合适的预测方法和软件。

7.2.2 对物料需求的预测

对物料需求的预测包括了解物料需求的相关术语、选用物料消耗定额的计算方法、制定原材料的消耗定额，制定燃料的消耗定额等内容。

1. 了解物料需求的相关术语

进行物料需求预测会涉及一些专业术语。物料需求预测常见的专业术语如表 7-5 所示。

表 7-5 物料需求预测常见的专业术语

专业术语	说　明
净原材料消耗	在产品生产过程中构成产品净重的原材料消耗
工艺性损耗	在生产过程中由于原料的形状和性能的改变而引起的一些不可避免的材料损耗，如切削废料、刨削废料等
工艺消耗定额	由净原材料消耗和工艺性损耗两部分组成

续表

专业术语	说　明
非工艺消耗定额	（1）净原材料消耗和工艺性损耗以外产生的消耗。 （2）由于生产技术水平低下、生产管理不善和其他人为因素导致的消耗
原材料供应系数	单位产品的非工艺消耗定额占工艺消耗定额的比例
原材料消耗定额	在一定的生产技术条件下，为生产单位产品合理消耗材料的标准数量

2. 选用物料消耗定额的计算方法

物料消耗定额的计算方法主要有经验估计法、统计分析法、实际测算法三种，如表 7-6 所示。

表 7-6　物料消耗定额的计算方法

计算方法	具体说明
经验估计法	根据技术人员以及生产工人的实际工作经验，结合有关的工艺技术文件，估计物料消耗定额
统计分析法	对实际消耗的历史统计资料进行分析研究，并结合计划期内的生产技术等条件，进行对比分析来计算物料消耗定额
实际测算法	现场称重和计算产品加工过程中的实际消耗数量。该方法得出的结果比较可靠，但是有时候也会受到现场工人操作水平的影响

3. 制定原材料的消耗定额

原材料的消耗定额指标主要包括净材料消耗、工艺消耗定额、原材料供应系数、原材料需求量等。原材料消耗定额指标的计算公式如表 7-7 所示。

表 7-7　原材料消耗定额指标的计算公式

原材料消耗定额指标	计算公式
净材料消耗	单位产品净材料消耗＝单位产品净重
工艺消耗定额	单位产品工艺消耗定额＝单位产品净重＋各种工艺性消耗的重量
原材料供应系数	原材料供应系数＝单位产品非工艺消耗定额/单位产品工艺消耗定额
原材料需求量	原材料需求量＝预测生产总量×原材料消耗定额－原材料计划回收可用数量

4. 制定燃料的消耗定额

制造业的物料需求不仅包括原材料需求，还包括燃料需求。燃料的具体内容因企业性质不同而不同，主要包括动力用燃料消耗定额和工艺用燃料消耗定额。动力用燃料消耗定额是指发电 1 千瓦时、生产 1 立方米的压缩空气等消耗的能量；动力用燃料消耗定额指加工 1 吨的产品时所需要消耗的能量。例如在产品生产过程中，需要消耗电、水、煤气等，它们都要按照一定的方式转化为能量消耗定额。

最后，由各种物料的消耗数量，汇总编制物料需求计划。

7.2.3　对生产设备需求的预测

生产设备的数量和种类主要与产量的预测对应，但是当新的技术和新的加工设备出现时，企业也要考虑是否购买新设备，以提高生产能力。企业进行生产设备需求预测的流程如图 7-8 所示。

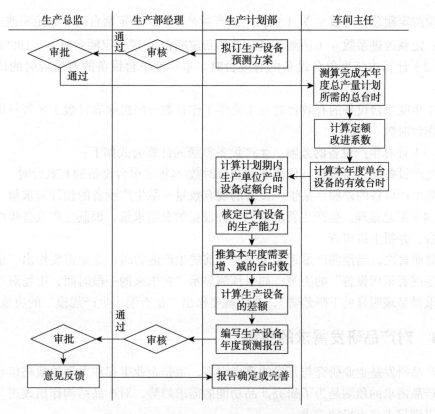

图 7-8 企业进行生产设备需求预测的流程

从图 7-8 可见,预测生产设备需求的两大重要环节为确定生产设备预测人员和生产设备的需求预测。其中,确定生产设备预测人员是预测工作顺利展开的基础。

1. 确定生产设备预测人员

生产设备预测人员主要包括生产总监、生产部经理、生产计划部的工作人员和车间主任。生产设备需求预测人员的工作内容如表 7-8 所示。

表 7-8 生产设备需求预测人员的工作内容

人员	工作内容
生产总监	对生产计划部提交的设备需求预测方案提出意见和建议
生产部经理	对生产计划部提交的设备需求预测方案提出意见和建议,并报生产总监审批
生产计划部	组织生产设备需求的预测,负责预测资料的收集、汇总以及编制设备需求预测方案
车间主任	为产品设备的需求预测提供资料,并对资料的准确性负责

2. 生产设备的需求预测

生产设备的需求预测需经过测算完成本年度总产量计划所需的总台时、计算本年度单台设备的有效台时、计算生产设备的差额和汇总整理四个步骤。

(1)测算完成本年度总产量计划所需的总台时。用台时数表示年度产量时,应将实物量按照单位产品定额台时,转换成预测定额的台时数。计算公式如下:

预测定额总台时数 = $\sum$（预测产品产量×单位产品定额台时）×定额改进系数

式中：定额改进系数 =（预测年度估计的新定额台时/现行定额台时）×100%

（2）计算本年度单台设备的有效台时。本年度单台设备的有效台时的计算公式如下：

本年度单台设备的有效台时 =（全年工作日数－停机保养日数）×每日班次×每班工作台时数

（3）计算生产设备的差额。生产设备差额的计算公式如下：

生产设备的总需求量＝预测定额总台时数/本年度单台设备的有效台时

某生产设备的差额＝某生产设备的现有数量－某生产设备的预计需求量

（4）汇总整理。生产主管应汇总各种设备的总需求量，编制生产设备年度需求预测报告，并报上级审查。

简而言之，当预测产量远大于企业当前的生产能力时，企业需要作出"是否购进新设备或者租用设备"的决策；如果预测显示"在未来的一段时间，市场对当前产品的需求量呈现明显的下降趋势"，企业就要作出"是否缩小生产规模"的决策。

7.2.4 对产品研发需求的预测

产品研发是企业研究与开发的重点内容，也是企业生存和发展的战略核心之一。进行产品需求的预测是为了研究产品功能的需求趋势，对产品结构作出改进与重新设计，以满足未来市场的需求。

由于研发新产品耗费的成本远高于沿袭原有技术进行生产，因此，企业在作出研发某一产品的决策时，要对研发的可行性和回报率进行认真分析。产品研发预测需要考虑的内容如表 7-9 所示。

表 7-9 产品研发预测需要考虑的内容

考虑项目	具体说明
充分考虑消费者的需求变化	随着人们物质生活水平的提高，产品的生命周期因消费者日趋多样化的需求而日益缩短，而开发一件新产品需要一定的时间，只有开发时间少于消费者需求变动的时间时，企业才可能获得经济效益
考虑产品性质和用途	在开发新产品前，应充分考察同类产品和相应替代产品的技术含量、性能和用途，以确保所开发产品的独创性，避免资源的浪费
考虑产品的投资回收期	如果市场上已有同系列的产品，企业就要充分考虑到新产品的研发及销售成本，以及是否需要购买新设备，如果需要，就应考虑设备的折旧期和产品的回收期等

7.2.5 对生产人员需求的预测

对于生产人员需求的预测是指根据企业的发展规划及其外部条件，选择适当的预测技术，对生产人员需求的数量、质量和结构进行预测。

1. 影响人员需求的因素

即便产品数量需求得到准确预测，但是企业对生产人员的需求仍然可能受到一些因素的影响。影响人员需求的因素如表 7-10 所示。

表 7-10 影响人员需求的因素

影响因素	具体说明
劳动力市场变化	如某企业的技术员工过去招聘初中毕业生,经过短期培训后上岗,如今该企业要求技术人员必须达到本科以上教育水平,并应经过正规技术培训后上岗
行业发展状况变化	一般情况下,如果企业有较好的发展前景,就会从更长远的角度来考虑对人才的需求。在考察员工技能水平的同时,还要兼顾员工的忠诚度
企业目标的变化	企业将发展目标由国内转向国外时,技术员工要时常为国外企业提供售后服务,因而对外语水平的要求就较高
企业最高领导层的要求	不同管理人员对下属能力的要求会有所不同。例如,在制造型企业中,高层领导往往要求下属具有娴熟的现场工作经验和技能,因而往往从基层管理人员中提拔中层管理人员

2. 生产人员需求预测的具体实施

生产人员需求预测分为当前生产人员需求预测、未来生产人员需求预测和未来生产人员流失率预测三部分。预测的具体步骤如图 7-9 所示。

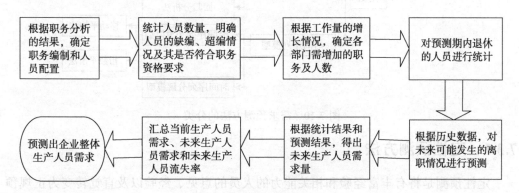

图 7-9 预测的具体步骤

一些企业要求员工"如果提出离职,就必须提前 30 天提出申请",这就方便了生产人员需求预测活动的开展,并避免了生产线因人员缺失导致的不便。

生产人员需求的预测方法如表 7-11 所示。

表 7-11 生产人员需求的预测方法

方法名称	方法说明
生产人员现状规划法	是一种最简单的预测方法,较易操作。假定企业保持原有的生产技术不变,则企业目前各种人员的配备比例和人员的总数将完全能适应预测规划期内的生产人员需求。规划人员只需要测算规划期内有哪些岗位上的人员将降职、晋升或退休,再调动人员去补位即可
经验预测法	是企业根据以往的经验对生产人员进行预测的方法,简便易行。在使用这种方法时,需保持完整的历史档案,以减少误差
分保性预测方法	是一种常用的预测方法,它采取先分后合的形式:企业组织要求下属各部门根据各自的生产任务、技术设备等情况,对将来的生产人员需求进行综合预测。在此基础上,规划人员对各部门的预测数进行综合平衡,从而预测整个组织将来某一时期内的人员需求总数
工作负荷分析法	是一种对生产人员需求数量进行短期预测的常用方法。其步骤是,由销售预测决定工作量,按工作量制定生产进程,然后确定所需人员的数量,再从工作量分析入手,明确企业实际工作量和需要补充的人员数量

稳定发展的企业会有一套适宜的生产人员需求预测方法，对生产人员需求进行科学预测，在保障人手充足的同时，能有效地避免人浮于事的现象发生，确保企业生产经营活动顺利地进行。

7.3 需求预测的方法

需求预测的方法大体上可以分为定性预测和定量预测两大类，如图 7-10 所示。

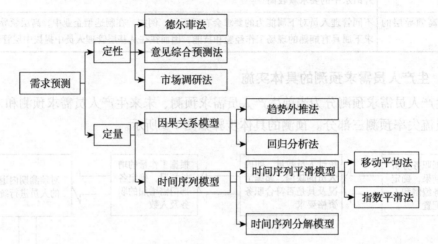

图 7-10 需求预测方法的分类

7.3.1 定性预测方法

定性预测是将有丰富经验和相关能力的人员的意见、经验以及直觉转变为正规预测结果的过程。这些有丰富经验的人员，一般包括计划人员、销售人员、公司的主管和内部、外部专家等。

在网络搜索时，较常出现的定性预测方法一般有德尔菲（Delphi）法、意见综合预测法（销售人员意见综合预测法、业务主管人员意见综合预测法、专家意见加权评估法）、市场调研法等。

1. 德尔菲法

德尔菲法，即专家意见法，是定性预测方法的一种，一般由企业组成一个专家团队（含企业内部专家及外部专家），按照规定的程序，专家对未来需求发表意见或者判断，然后再汇总进行预测。

德尔菲法的特点或优势之一是，每一位专家都可以依自己的判断提供预测，而不受"核心人物"和"集体思维"的影响，思想可以自由地纵横驰骋，从而产生一系列可行的方案，使预测结果更为合理。该法特别适合于中、长期预测。

德尔菲法的缺点是过于依靠一些专家的意见，预测结果倾向于不可靠，这也是德尔菲法不适合做短期预测的原因。

2. 意见综合预测法

意见综合预测法是指针对某一预测问题，先由相关人员分别作出预测，然后综合全体成员的预测信息得出最终结论。综合预测法能集思广益，克服个人预测的局限性，有利于提高预测结果的质量。

1）销售人员意见综合预测法

销售人员意见综合预测法是指企业直接将销售经验丰富的人员组织起来，由预测组织者向他们介绍预测目标、内容和未来的市场经济形势等，要求销售人员结合已掌握的信息，对预测期的市场产品销售前景提出自己的预测结果，然后交给预测组织者进行综合分析，以得出最终的预测结论。

2）业务主管人员意见综合预测法

业务主管人员意见综合预测法是指预测组织者邀请业务主管人员参与预测活动，由业务主管人员结合已掌握的信息，对预测期的市场产品销售前景提出自己的预测结果，交给预测组织者进行综合分析，以得出最终预测结论。业务主管人员主要包括企业的经理、采购、销售、仓储、财务、统计及市场研究人员等。由于他们掌握了较为详细的市场信息，因此其预测意见比较接近实际。

意见综合预测法的具体应用可参照以下案例。

例 7-1：某低值易耗品生产厂家为了做好下一年的生产供应预测，由预测组织者事先向各部门负责人提供了历年低值易耗品销售量、居民消费水平、企业的市场占有率及其资源约束等资料，然后要求他们分别对本企业的销售量作出预测。销售量的预测结果如表 7-12 所示。

表 7-12　销售量的预测结果

预测者	最低销售量/件	最高销售量/件	最可能销售量/件
总经理	5 500	6 500	6 000
副总经理	5 300	6 400	5 800
财务科	5 600	6 700	6 200
销售科	5 500	6 600	6 100
采购科	5 400	5 900	5 800
综合预测值	5 460	6 420	5 980

在 3 种销售量中，如采用简单平均法，将最可能的销售量权重定为 0.6，最低与最高销售量的权重分别定为 0.1 和 0.3。可求得综合预测值为

$$\bar{X} = \frac{5\,460 \times 0.1 + 6\,420 \times 0.6 + 5\,980 \times 0.3}{0.6 + 0.1 + 0.3} = 6\,192 （件）$$

3）专家意见加权评估法

专家意见加权评估法是以加权的方法汇总计算各专家意见和判断的一种预测方法。其基本思路是，给予不同的专家不同的权重，再按照权重对每一位专家给出的结果进行加权平均，得出最终的预测结果。该法的关键是给接受邀请的每一位专家评分，给出专家的加权权重，这是最重要的一步。

给专家评分可以从三个方面考量：一是专家的能力和经验程度，也就是专家的水平如何；二是专家以往预测的业绩，即其以前拍脑袋的结果如何；三是专家的参与程度，即专家花费了多少心思给出意见。三方面综合给出专家的最终得分和权重。

3. 市场调研法

市场调研法通常是聘请第三方专业市场调研公司进行预测，以此获得对顾客需求的详细资料。市场调研的内容如图 7-11 所示。

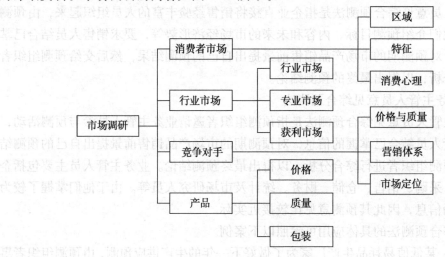

图 7-11　市场调研的内容

市场调研资料的真实程度，很大程度上决定着预测的准确性，因此，其收集过程十分重要。常用调研方法如表 7-13 所示。

表 7-13　常用调研方法

调研方法	具体说明
观察法	调查人员在调研现场直接或通过仪器来观察和记录被调查者的行为和表情，由此获取相关信息
询问法	调查人员通过各种方式（深度访谈及问卷调查等方式）向被调查者发问或征求意见来收集市场信息
实验法	通过小规模的营销活动调查某一产品的市场效果。调查的主要内容包括产品的质量、商标、品种、外观、价格及促销方式等。该方法常用于对新产品的试销和展销的调研

定性预测得到的结果有时未必是预测组织者想要看到的，但它在一定程度上反映了产品的市场情况，可以作为企业制订生产计划的重要依据。

7.3.2　因果关系模型预测法

因果关系模型预测法在需求预测中的应用范围最广，不但可以用于短期预测，也可以用于中、长期预测。

因果关系模型预测法是定量预测的主要方法之一，主要包括趋势外推法、回归分析法、数量经济模型、投入产出模型、灰色系统模型、系统动力学法等。这里重点介绍趋势外推法和回归分析法。

1. 趋势外推法

趋势外推法是利用事物过去发展的规律，来推导未来趋势的方法。这种方法简单适用，应用面广。趋势外推法的模型有很多种，在需求预测中最常用的是一些比较简单的函数模型,如多项式模型、指数曲线、生长曲线和包络曲线等。这里重点介绍多项式模型的最小二乘拟合法。

很多事物的发展过程,都可以用多项式表示。以销量的增长速度为例,可以简单地拟合为多项式增长曲线。

线性模型①:$Y_t = a_0 + a_1 t$

二次抛物线模型②:$Y_t = a_0 + a_1 t + a_2 t^2$

三次抛物线模型③:$Y_t = a_0 + a_1 t + a_2 t^2 + a_3 t^3$

n 次多项式模型(n 次抛物线模型):$Y_t = a_0 + a_1 t + a_2 t^2 + \cdots + a_n t^n$

将销售增长率 v 和时间 t 的关系简单拟合为以上多项式的表达式,即可绘制销售增长率图,如图 7-12 所示。

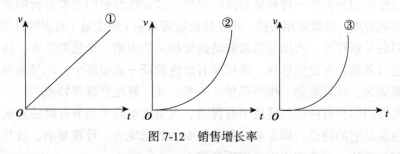

图 7-12 销售增长率

例 7-2:某厂 2012—2019 年自动车床产量如表 7-14 所示。运用最小二乘法拟合其发展趋势,可预测该厂 2020 年自动车床的产量。

表 7-14 某厂 2012—2019 年自动车床产量

年份	2012	2013	2014	2015	2016	2017	2018	2019
产量/台	400	700	900	1 005	1 323	1 798	2 200	2 490

依照表 7-14 绘制的自动车床 2012—2019 年产量散点图如图 7-13 所示。

首先,将数据拟合成二次抛物线:

$$Y_t = a_0 + a_1 t + a_2 t^2$$

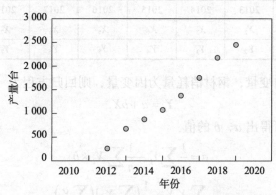

图 7-13 自动车床 2012—2019 年产量散点图

其次,将原始数据变为 t 与 Y_t 的对应关系,如表 7-15 所示。

表 7-15　t 与 Y_t 的对应关系

t	0	1	2	3	4	5	6	7
Y_t/台	400	700	900	1 005	1 323	1 798	2 200	2 490

运用 MATLAB 编写程序，拟合得出 t 与 Y_t 的对应关系为

$$Y_t = 21.821\,4t^2 + 143.345\,2t + 457.166\,7$$

用此模型预测 2020 年的产量，$t=8$，则 $Y_{2020} = 3\,000$（台），即预测 2020 年自动机床产量为 3 000 台。

2. 回归分析法

回归分析法主要包括一元线性回归分析、多元线性回归分析和非线性回归分析三种，多元线性回归分析是一种典型的回归模型，多元线性回归主要分析的是需求与外部因素的影响程度，也就是相关性，即经过衡量需求量（因变量）与多种外部因素（自变量）之间的关联程度，找出与需求波动高度相关的因素，来预测需求。用多元线性回归分析进行预测，在变量选择、建模及有效性验证三大步骤中，均呈现专业性强、需要的数据庞大、计算复杂、模型豪华、一步一式、算法严谨等特点。

多元线性回归分析法特别适用于有促销、大型活动或大型节日时的需求预测，其主要不足也就是它的特点，即专业性强、需要的数据庞大、计算复杂，故其应用性低于时间序列预测法，主要应用于高级别预测。

这里重点介绍一元线性回归分析。一元线性回归也称直线回归，这种方法可用来确定两个变量之间的直线关系，原理简单，易于操作，既可用于短期预测，又可用于长期预测。其公式为

$$Y_t = a + bX_t$$

式中：Y_t 为预测值；a、b 为回归系数；X_t 为自变量。

已知 2012—2020 年的钢材消耗量与国民收入的关系大致呈直线趋势，相关数据如表 7-16 所示。可用一元线性回归分析拟合其趋势，并预测 2021 年的钢材消耗量。

表 7-16　钢材消耗量与国民收入数据

年份	2012	2013	2014	2015	2016	2017	2018	2019	2020
国民收入	X_1	X_2	X_3	X_4	X_5	X_6	X_7	X_8	X_9
钢材消耗量	Y_1	Y_2	Y_3	Y_4	Y_5	Y_6	Y_7	Y_8	Y_9

设国民收入为自变量，钢材消耗量为因变量，则回归方程为

$$Y_t = a + bX_t$$

由计算公式，可得出 a、b 的值：

$$a = \frac{1}{n}\sum Y_t - \frac{1}{n}\sum X_t \times b$$

$$b = \frac{\sum X_t Y_t - \frac{1}{n}\left(\sum X_t\right)\left(\sum Y_t\right)}{\sum X_t^2 - \frac{1}{n}\left(\sum X_t\right)^2}$$

一元回归法在预测中比较常用，但它是一种理想化的形式。在实践过程中往往会受到多种因素的影响。在这种情况下，就必须采用多元回归法进行分析。多元回归的应用原理和一元回归方法相同，不过预测精度较高，计算工作量大，一般需借助计算机进行。

7.3.3 时间序列预测法

前文所讲述的因果模型法，在比较稳定的环境下效果较好，而当周围环境随时间发生变化时，其预测效果会远不及时间序列预测法。按时间序列排列的数据序列，被称为"时间序列"。它可以总结以往的经验，发掘已有规律，并推测出未来发展趋势。

1. 时间序列预测的影响因素

时间序列分析就是把过去的销售序列 Y 分解为长期趋势（trend，T）、季节变动（season，S）、循环变动（cycle，C）、不规则变动（irregularity，I）等部分。

1）长期趋势 T

影响销售长期趋势的原因主要是生产力的发展和技术的进步。利用过去有关的销售资料描绘出销售曲线，即可发现这种趋势。长期趋势如图 7-14 所示。

2）季节变动 S

销售情况会在每年度内随季节变动呈现规则型重复波动趋势。引起季节变动的主要原因是季节性的气候变化或风俗习惯。季节变动如图 7-15 所示。

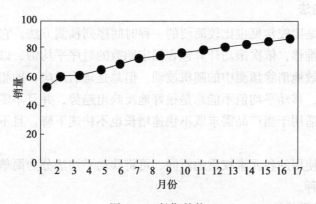

图 7-14　长期趋势

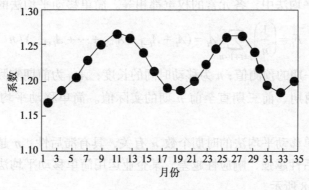

图 7-15　季节变动

3）循环变动 C

经济增长过程中景气和不景气的情况会交替发生。这种情况主要是由社会原因、经济原因等引起的。企业的销售活动往往会受到国家政治活动的影响，而宏观经济活动经常会呈现循环变动的特点。循环变动在企业中期预测中尤为重要。循环变动如图 7-16 所示。

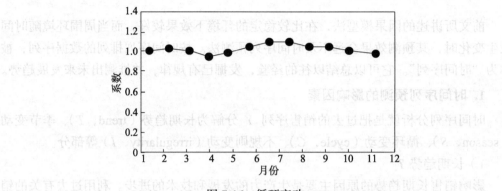

图 7-16　循环变动

4）不规则变动 I

不规则变动由不可控因素引起，是没有规则的波动，主要由灾害、流行风尚和其他干扰因素引起。这些因素一般无法预测，应当从过去的数据中剔除。

2. 移动平均法

移动平均法是比较常见也比较简便的一种时间序列预测方法，它的基本思想是，根据时间序列的推移，依次滚动计算包含固定期数的时序平均值，以预测未来需求。移动平均法能有效地消除预测中的随机波动，但总是延后反应，即相对较迟缓。移动平均法的缺点是，移动平均值不能总是很好地反映出趋势，并且不能反映季节性，所以，移动平均法适用于当产品需求既不快速增长也不快速下降，且不存在季节性因素时的即期预测。

根据预测时使用的各元素权重的不同，可将移动平均法分为简单移动平均法和加权移动平均法两种。

1）简单移动平均法

在简单移动平均法中，各元素的权重都相等。简单移动平均法的计算公式如下：

$$F_t = \left(\frac{1}{n}\right)\sum_{i=t+1-n}^{t} A_i = (A_t + A_{t-1} + A_{t-2} + \cdots + A_{t+1-n})/n$$

式中：F_t 为对下一期的预测值；n 为移动时间的长度；A_{t-1} 为前期实际值；A_{t-2}、A_{t-3}、A_{t+1-n} 分别为前两期、前三期直至前 n 期的实际值。简单移动平均法的计算方法如表 7-17 所示。

预测值与简单移动平均法的时期个数 n 有关，具有滞后性。n 越大，表明预测的稳定性越好，滞后性越强，响应性越差。某企业运用简单移动平均法进行销售预测，具体情况如表 7-18 所示。

表 7-17　简单移动平均法的计算方法

时间	实际销售	平均值	预测
1月	A_1		
2月	A_2		
3月	A_3	F_3	F_3
4月	A_4	F_4	F_4

表 7-18　简单移动平均法的计算

时间	实际销售	$n=2$	$n=3$
1月	89		
2月	97		
3月	100		
4月	88	95.3	
5月	90	95	93.5

简单移动平均法对数据的处理不分时间远近，赋予的权重均为 $1/n$。为了反映最近数据的重要性，可以采用加权移动平均法。

2）加权移动平均法

加权移动平均法的计算原理是，以往各期产品需求的数据信息的远近对预测未来期的需求量的作用是不同的。使用加权移动平均法进行预测能消减需求突然波动对预测结果的影响。除了以 n 为周期的周期性变化外，远离目标时期的变化量值的影响力相对较低，应给予较低的权重。加权移动平均法的计算公式如下：

$$F_t = \sum_{i=t+1-n}^{t} W_{i-t+n} A_i = (W_n A_t + W_{n-1} A_{t-1} + \cdots + W_1 A_{t+1-n})/n$$

式中：W_1 为第 $t-1$ 期实际销售额的权重；W_2 为第 $t-2$ 期实际销售额的权重；W_n 为第 $t-n$ 期实际销售额的权重；n 为预测的时期数。

$$W_1 + W_2 + \cdots + W_n = 1$$

经验法和试算法是选择权重的最简单方法。一般而言，最近期的数据最能预测未来的情况，因而权重应大些。如果数据是季节性的，那么权重设计也应该体现季节性的特点。加权移动平均法的计算过程见表 7-19。

表 7-19　加权移动平均法的计算过程

时间	实际销售	$n=2$
1月	89	
2月	97	
3月	100	
4月	88	$F_3 = 0.2 \times 89 + 0.3 \times 97 + 0.5 \times 100 = 96.9$
5月	90	$F_4 = 0.2 \times 97 + 0.3 \times 100 + 0.5 \times 88 = 93.4$

3. 一次指数平滑法

一次指数平滑法是需求预测中用得最多的一种时间序列预测方法。一次指数平滑法的算法逻辑是，本期的预测值是上期实际值与上期预测值的加权平均（上期预测值则为上上期实际值与上上期预测值的加权平均，以此类推）。也就是说，一次指数平滑法是对上期的预测误差进行调整，从而生成本期的预测结果。其中，平滑系数 α 为加权权数。

一次指数平滑法最大的特点有两个：一是仅需少量的数据，选择一个参数，即可进行预测，简便易行；二是一次指数平滑模型能自动识别数据变化而加以调整，也就是说调整预测值的能力强。

一次指数平滑法的缺点是只考虑水平值，未考虑趋势与季节性，所以一次指数平滑法只适用于短期预测，尤其是只针对下一期的预测，一次指数平滑法能收到很好的效果。一次指数平滑法的计算公式如下：

$$F_t = F_{t-1} + \alpha(A_{t-1} - F_{t-1})$$

式中：F_t，F_{t-1} 为第 t 期和第 $t-1$ 期预测值；A_{t-1} 为第 $t-1$ 期实际值；α 为平滑系数。

4. 自适应平滑法

自适应平滑法也是指数平滑法的一种，其采用的方法是以本期预测的百分误差对下一期的 α 值进行调整。当序列只有水平时，α 值保持很小（小的 α 值有利于消除噪声）；当序列水平发生变化时，α 值也跟着发生跳跃，自动进行调整；当序列水平变化消失以后，α 值立即调整恢复到较小的状态。

自适应平滑法的主要思路是通过自动选择 α 值，来快速适应时间序列的变化，来分辨和规避趋势与噪声对序列的影响，从而达到较好的预测序列水平变化的目的。

自适应平滑法的基础是一次指数平滑法，所以，它具有一次指数平滑法的特点，尽管它能根据序列变化而变化，但也不能很好地反映趋势和季节性，故自适应平滑法适合水平稳定或水平变化的预测，有较明显趋势和季节性变化的产品需要采取其他的预测方法。自适应平滑法中平滑系数的计算公式如下：

$$\alpha_{t+1} = \left| \frac{F_t - A_t}{A_t} \right|$$

式中：F_t 为第 t 期预测值；A_t 为第 t 期实际值；α_{t+1} 为平滑系数，α_{t+1} 大于等于 1，取值 0.999 9，α_{t+1} 小于等于 0，取值 0.000 1。

5. Holt-Winters 法

Holt-Winters 法适用于趋势线性且周期固定的非平稳序列，分为加法模型和乘法模型。加法模型也叫作加性季节（additive seasonality）模型，假定时间序列 $\{x_t\}$ 的趋势成分 u_t 与季节成分 s_t 是相加的关系，即理想情况下 $x_t = u_t + s_t$，其中 u_t 随时间线性递增（或递减），s_t 为周期 T 的季节成分。实际情况下，由于序列 $\{x_t\}$ 的非平稳性，其趋势成分 u_t 的线性递增速度和季节成分 s_t 都只是短期相对固定，而长期来看是可以缓慢变化的。此外，x_t 中还可能含有无规律的噪声成分。因此，我们需要采用指数平滑法，根据实际观测值 x_t 不断校准模型中的 u_t 和 s_t 成分。我们有

$$u_t = \alpha(x_t - s_{t-T}) + (1 - \alpha)(u_{t-1} + v_{t-1})$$
$$v_t = \beta(u_t - u_{t-1}) + (1 - \beta)v_{t-1}$$

$$s_t = \gamma (x_t - u_t) + (1 - \gamma) s_{t-T}$$

以上三式中有三个平滑系数 α、β、γ，都在 0 到 1 之间，是模型预测值与实际反推值之间的平衡权重。这里 v_t 表示趋势成分 u_t 的线性递增速度。系数 α、β、γ 越大，表示时间序列 $\{x_t\}$ 的非平稳性越强，模型的可预测时间越短，故需要更快地调整模型中的各成分。相反，如果能用较小的系数 α、β、γ 与历史数据吻合，则模型与数据符合较好，可预测时间较长。

当历史数据用完后，模型由训练环节进入预测环节时，令 $\alpha = \beta = \gamma = 0$，因为已经没有数据来修正模型，再用理想情况的公式 $x_t = u_t + s_t$ 计算出 x_t 的预测值。为确定合理系数 α、β、γ 和可预测时间，可以采用交叉验证法。将历史数据分为两段，前一段用来训练模型，用完后让模型进入预测环节，再将所得的预测值与后一段历史数据进行比较。

随着计算机技术的普及，各类软件在预测中的使用也越来越普遍，预测的精度也越来越高。但是，无论精度如何，误差总归是存在的。这就需要进行预测误差的分析。

7.3.4 预测误差的纠正与调整

预测是一种估计，影响预测准确度的因素有很多，而建立预测模型时难以将所有因素都定量地考虑进来，因此估计结果和实际情况之间必然存在着一定偏差，这个偏差就是预测误差。

常见的解决思路有两个：第一个是事前准备，做安全库存，以安全库存应对预测的不准确；第二个是事中与事后跟进，进行预测纠偏，即跟踪需求预测与实际需求的全过程，以即时地调整偏差来应对预测的不准确。

需求预测的纠偏，是指我们作出需求预测后，当实际需求与我们的预测有偏离时，我们即时地发现这种偏离，并即时地进行纠正与调整。

1. 预测纠偏的三步流程

1）发现偏差

发现偏差，也就是识别偏差，找到偏差。发现偏差是预测纠偏的根本，因为，发现不了偏差，自然也就谈不上纠正偏差。预测结果与实际发生情况是否吻合，一方面取决于事物本身的发展进程及影响因素，另一方面取决于人们认识客观事物和自觉控制事物发展方向的能力。通过预测误差的分析，可以计算误差大小，以对误差进行适当控制，提高预测的准确度。

前述的移动平均法没有考虑季节和趋势因素，只考虑了随机波动因素，预测和实际需求之间总存在一定差异，而差异大小对预测的精确度会产生非常大的影响。

如果设实际需求值为 D，预测值为 F，那么预测误差 e 为

$$e = D - F$$

预测误差通常符合平均值为 0 的正态分布，一般可分为随机误差和偏移误差两种。随机误差主要来自无法由预测模型解释的误差项，偏移误差则出现在连续产生错误时。

描述误差程度时，通常采用标准差、方差和平均绝对偏差等术语。通过这些数据

来进行分析，可以准确判定误差的程度。预测误差的术语解释如表 7-20 所示。

表 7-20 预测误差的术语解释

术 语	公 式	说 明
标准差	$\sigma = \sqrt{\dfrac{\sum_{i=1}^{n}(F_i - F)^2}{n-1}}$	标准差也称均方差，是各数据偏离平均数的距离的平均数，它是离均差平方和平均后的方根，用 σ 表示，标准差是方差的算术平方根。标准差越大，数据集越离散
方差	$S = \sum_{i=1}^{n}\dfrac{(D_i - F_i)^2}{n}$	误差的平方为一个非负数，可以使用每一个误差的平方和平均值即方差，来衡量预测误差
平均绝对偏差	$\text{MAD} = \dfrac{\sum_{i=1}^{n} e_i}{n} = \dfrac{\sum_{i=1}^{n}|D_i - F_i|}{n}$	由于方差不能得到预测误差 e 的估计值，利用平均绝对偏差（MAD）可以克服这一缺点。计算 MAD 的公式中，D_i 表示第 i 期实际需要；F_i 表示第 i 期需求预测值

由表 7-20 可知，用 MAD 可以很好地估计时间序列的随机部分，而标准差则是检测预测结果是否较优的有效指标。例如，用两种方法对一个 10 周期的时间序列进行分析，第一种方法每期偏差均为 10 单位，但时高时低；第二种方法前 9 期预测均非常准确，但是第 10 期的预测偏差为 100 单位。显而易见，这两种方法的 MAD 都是 100 单位，而第一种方法的标准差为 100 单位，第二种方法的标准差为 1 000 单位。

发现偏差的前提是跟踪实际需求，怎么跟踪呢？我们可以建立预测跟踪模型，进行报警设置，以监控每一个产品、每一个客户的实际需求，以快速地发现偏差。

2）纠正偏差

纠正偏差是我们需求预测纠偏的核心步骤，也是发现偏差之后的当务之急。在发现偏差后，纠正偏差也可以分三步。

首先，分析偏差原因，是市场有了变化还是内部执行出现了问题。

其次，根据原因采取相应的措施，如认定为个案或者可以承受而暂不采取措施，又如拔高或降低预测，等等。注意，如果预测进行了调整，必须即时知会各相关单位（当务之急）。例如物料计划，别预测都已经调高好久了，供应商还迟迟得不到订单，或者预测明明下调了，采购还在拼命下单。

最后，跟踪采取纠正措施后的结果，再回到第一步，进行纠偏循环。

3）记录与修正

应当记录预测偏差及纠偏的每一个过程和每一组数据，以便进行汇总分析，得出一定的规律，修正预测模型。

这是需求预测的持续改善。管理是一个持续改善的过程，需求预测也是一个持续改善的过程。

2. 借助"跟踪信号"评估预测的信度

为了确保预测的准确性，可以采用"跟踪信号"这个指标。跟踪信号是预测误差滚动与平均绝对偏差的比值，主要用来衡量预测的准确程度。跟踪信号的表达方式如下：

$$\text{TS}_i = \frac{E(e_i)}{\text{MAD}_i}$$

式中：$E(e_i)$ 为第 i 期的积累预计误差。

某企业连续 6 个月的预测需求量、实际需求量及偏差等计算结果，如表 7-21 所示。

表 7-21　某企业连续 6 个月的预测需求量、实际需求量及偏差等计算结果

时间	F_i/件	D_i/件	e_i/件	$E(e_i)$/件	MAD_i/件	TS_i
1 月	1 000	950	50	50	50	1
2 月	1 000	1 070	+70	+20	60	0.33
3 月	1 000	1 100	+100	+120	73.3	1.64
4 月	1 000	960	40	+80	65	1.2
5 月	1 000	1 090	+90	+170	70	2.4
6 月	1 000	1 050	+50	+220	66.7	3.3

跟踪信号可正可负，存在一个临界值范围。临界值范围可以由经验确定，比较重要的跟踪信号临界值可选得小一些，不太重要的跟踪信号临界值可选得相对大一些。若跟踪信号落在临界值范围内，则表明预测误差的可信度较好；反之，则表明预测误差的可信度较差。此时，需寻求原因，对预测数据进行重新评估。

7.4　需 求 管 理

7.4.1　需求管理概述

需求管理是计划部门一个主要工作，它涉及市场计划、生产计划和公司其他计划部门的工作范围，主要包括以下内容。

（1）如何得到一个准确、及时和全面的需求计划。

（2）对需求来源的正确性和及时性进行管理。

（3）需求优先级管理。

（4）供应能力管理。

很多生产管理、计划管理的资料一般把需求管理的关注点放在如何得到正确的需求计划，它甚至涵盖预测流程。

这里所提到的需求管理主要是指对生产计划各个输入部分的管理。只有有正确的需求来源，才有 MRP 计划的正确。主需求计划（MDS）来源于市场要货预测（要货计划）、销售订单、内部需求三大部分。销售订单是实实在在的市场需求，必须得到满足，销售订单的管理主要是订单流程管理的范畴。而市场要货存在不确定性，研发新产品的内部需求对正常生产计划冲击也很大，对于这两个方面的需求管理显得尤为重要。

市场需求计划是滚动计划的主要输入，市场需求管理基于对销售预测和要货预测的正确认识，是以更好地使用而不是以片面追求准确为前提的。

7.4.2　销售与运营计划协调会议

企业的经营计划确定了企业的长期经营目标，一般通过预算、资产负债以及现金

流等数据来表示，经营计划都是按金额来编制，这个计划必须通过销售与运营计划转化成各个部门的计划，尽管各个部门计划表达的方式不同，有些可能用金额，如财务计划，有些可能数量和金额都用到，如生产计划，但是各个部门计划必须相互协调一致，并且要与企业的经营计划一致。这样通过销售与运营计划就将各个部门的运作与企业的经营计划联系起来了，最终都是为了实现共同的企业经营目标。

1. 销售与运营计划协调会议的定义

销售与运营计划（sales and operation plan，S&OP）协调会议是企业最高领导与各大部门高层主管进行的例行会议（每月一次），通过对生产计划与销售计划的频繁讨论与沟通，以及对制造、研发、采购和财务等方面的有效资源进行综合平衡，从而不断更新各部门计划，以实现公司总体经营战略目标的过程。

（1）它是一个过程，包括若干个步骤，按顺序一步步地执行。

（2）销售与运营计划处理的对象是产品族，而不是具体某个规格型号，而我们知道主生产计划（MPP）的对象是最终项目。

（3）销售与运营计划是考虑需求与供应在总量上的平衡，不涉及每个具体的规格型号需求，而 MPP 考虑的则是每个规格型号的需求与供应的平衡问题。

（4）销售与运营计划是同时考虑数量和金额，而 MPP 只考虑数量，不考虑金额。

（5）销售与运营计划一般每月进行回顾更新，销售与运营计划时间跨度一般为 1~3 年。而主生产计划一般每周进行回顾更新，有时甚至是每天，时间跨度一般为 3~6 个月。

销售与运营计划是一个过程，在这个过程中，所有相关部门都参与其中，把本部门的计划与其他部门进行沟通，这样就避免了各个部门单方面决定，从而影响企业的整体效益。

2. 销售与运营计划协调会议的作用

（1）销售与运营计划将各个部门的运作与企业的经营计划联系起来。

（2）使所有的部门都朝同一个目标努力。

（3）提供了一个满足企业经营目标的可行的生产计划。

（4）避免了由于企业各个部门单方面的决定，影响企业整体效益。

S&OP 的价值是进行供需平衡，协调公司所有相关部门的资源，特别是确保了提前期较长的关键资源的可用，使得长期计划可行、可信、权威，使各部门的行动方向一致，在 S&OP 过程中培养了各部门的合作精神，都为企业的经营目标服务。

3. 实施销售与运营计划协调会议的流程

目前国际上的许多企业都有自己的 S&OP 协调会议和相应流程，图 7-17 从销售与运作、需求与供应反映了 S&OP 流程在企业运作中的作用。

S&OP 协调会议流程如图 7-18 所示。

第一步：准备销售预测报告；第二步：需求计划制订；第三步：供应计划制订；第四步：销售与运营计划预备会议；第五步：正式的销售与运营计划会议。

第 7 章 需求预测与管理

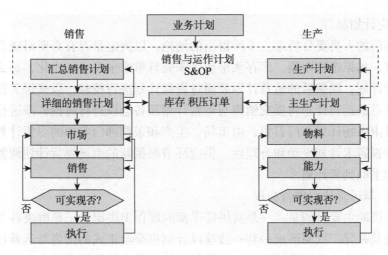

图 7-17　销售与运营计划协调的业务流程

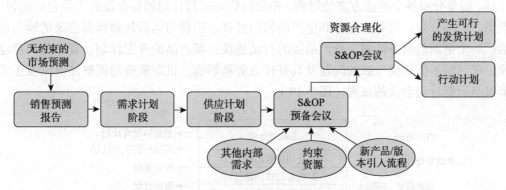

图 7-18　S&OP 协调会议流程

1）准备销售预测报告

这个报告由信息部门在每月月初完成，主要内容包括上月实际销售情况、库存、生产以及未完成订单等，并提供一些销售分析数据和对预测准确性的统计分析给销售和市场人员，以便对未来需求进行预测。信息部门要将这报告提交给所有相关人员。销售预测一般分为信息收集与分析、销售预测的制定和销售预测的评审三个步骤。销售预测评审就是在同一时间内综合专家预测和统计分析预测，对预测进行可信性与可行性分析，并对预测结果进行决策的过程。销售预测的输出为跨度 12 个月的分产品的销售计划。

2）需求计划制订

销售和市场人员要分析讨论上一步骤提出的报告，以便对原有预测进行调整或者作出新的预测，预测必须包括现有所有产品族，在预测时要注意产品的生产周期对需求的影响。在销售预测已完成的前提下，借助统计规律，并结合已收集的相关环节数据，即可制订市场需求计划。典型的市场需求计划的制订过程包括：通过对在谈项目的梳理，确定小合同剩余、大合同剩余、即将签单的重大项目、销售预测（不含即将签单的重大项目）四项数据的要货分布。将这四部分数据按月求和，得到未来 3~5 个月需求计划量。长期的市场需求计划量则根据销售和发货比例来确定。

3）供应计划制订

运营部门的人员要分析第二步所得出的结论，以决定是否有必要对现有的运营计划进行调整，如果销售预测、库存水平或者未完订单水平发生了变化，那么就应相应地调整运营计划，调整后的运营计划要通过资源计划进行校验，以确保关键资源的可用性。调整后的运营计划将提交销售与运营计划预备会议进行讨论，即进行供需计划评审。每月由市场计划部门召集，由市场、生产和采购部门参加的要货计划评审会，会议主要审视需求计划变动和合理性，供应环节根据新的市场要货计划调整生产策略和制订新的采购到货计划。

4）销售与运营计划预备会议

这个会议的主要目的是：一是就供需平衡问题作出决定。二是解决各个部门计划中存在问题及差异，以便形成一套一致建议计划提交给正式的销售与运营计划。三是明确各个部门不能达成一致的问题，以及相关的背景和数据提交给正式的销售与运营计划。四是分析各个可选方案的影响。参加销售与运营计划预备会议的人员包括销售、市场、产品开发、财务、运营和生产的部门经理。销售与运营计划预备会议的输出包括：一个更新的财务计划、分产品族的行动建议、新产品的开发计划、资源的调整建议、部门间不能达成一致的问题及其替代方案和影响、供需策略的调整建议以及正式销售与运营计划会议的议程（图 7-19）。

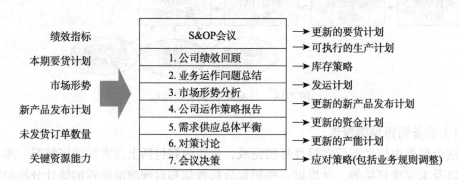

图 7-19　S&OP 会议议程及主要输入输出

首先是由需求协调者（市场计划人员）和需求管理者（生产计划人员、采购人员）参加的 S&OP 预备会议，会议程如表 7-22 所示。

表 7-22　S&OP 预备会议议程

会议议程	主要负责人
绩效审视	S&OP 经理
需求审视	需求经理，市场计划员
审视假设条件和风险分析	S&OP 经理
约束资源审视	制造经理、采购经理
对生产能力和采购量的建议	主生产计划员、采购经理
识别、定义业务方面的影响	财务人员、客户服务经理
制订 S&OP 方案	S&OP 经理
建议的准备	S&OP 经理
制定领导层的 S&OP 议程	S&OP 经理

该预备会议主要分为四个部分：上期计划执行情况分析，本期无约束市场需求介绍、本期供应能力介绍、可执行的发货计划评审。并对每一部分都建立了模板，其中包含了数据要求及基本格式。

评审过程主要使用的规则如下。

（1）在供大于求的情况下，可执行要货计划的确定原则

以无约束的市场预测作为可执行的发货计划，同时启用安全库存来调节，可执行要货计划和安全库存计划作为主计划排产的依据。

（2）在供不应求的情况下，可执行发货计划的确定原则

①将安全库存减小，或者减小为零，所有的库存拿来支援市场前线。

②对客户订单进行排序，确定必须满足的需求量。

③按照瓶颈资源的最大量进行计划排产，市场和采购两边都要承诺，再决定可执行的发货计划。

（3）平滑市场需求波动。由于市场需求是无约束的，所以可能存在剧烈的波动。此时需采用安全库存等方式平滑这些波动，使之既可以满足市场需求，又能防止制造环节出现浪费和物料采购预测的大幅波动。

5）正式的销售与运营计划会议

一般都需要邀请 CEO（首席执行官）参加，以便快速决策。该会议的目的：一是批准销售与运营计划预备会议的建议或制订新的替代方案；二是授权对生产或采购水平进行调整；三是将生产计划与运营计划进行对比，并且进行必要的调整；四是就销售与运营计划预备会议没有达成一致的问题进行决策；五是审查那些低于计划水平的关键指标。

销售与运营计划编制过程中要通过资源计划，考虑对关键资源的需求，以保证生产计划的可行性。经过以上五步，一个完整的 S&OP 会议后，则将有如下计划得到批准：销售计划、生产计划、库存计划、未交订单计划、财务计划、产品与工艺开发计划、用工计划以及会议记录、所有决定的汇总，行动计划及完成日期和责任人。

4. 销售与运营计划协调会议的价值

S&OP 协调会议的目标是进行供需平衡，协调公司所有相关部门的资源，特别是确保提前期较长的关键资源的可用，使各部门的行动方向一致。在 S&OP 协调会议过程中培养各部门的合作精神，为企业的经营目标服务。

S&OP 协调会议的结果看起来只是销售计划、生产计划、库存计划等，但值得注意的是：S&OP 协调会议是一个过程，在执行这一过程中才使得长期计划可行、可信、权威，才使得各部门协调一致，才使得经营计划与生产计划不至于被割裂，才能从宏观上提高主生产计划、物料需求计划的可执行性。

7.4.3 新产品研发的需求评审

1. 新产品研发的物料需求

研发新产品的物料需求主要来自试验、试验验证、新产品市场供货需求三个方面，处于研发状态的新产品的专用物料计划由各产品线项目管理部门负责。

专用物料和公用物料区分的原则如下。

（1）一个项目如果在所有组织中都是公用物料，这个项目就是公用物料。

（2）一个项目如果在某组织为新产品专用物料，在其他组织为公用物料，则该项目在该组织仍认为是公用物料。

（3）一个项目如果在某组织为新产品专用物料，在其他组织中也为其他新产品的专用物料，则这个项目在该组织中就认为是专用物料。

2. 新产品研发需求评审

由于研发专用物料责任主体是研发计划员，而研发公用物料是由生产计划下达的，因此，对于研发新产品的需求评审主要是针对公用物料的需求进行评审。需要分析公用物料的计划来源、影响计划下达的因素，然后采取相应措施，以提高计划下达的及时性和准确性。

不具有完整 BOM 阶段的研发物料需求的一般研发计划，应以内部需求形式提交给生产计划，经过评审后输入系统，并装入 MDS。生产计划就要从内部需求计划波动性、物料可供应能力、需求总量、对量产状态物料需求的冲击等方面进行严格评审。特别对于研发需求量与量产月需求量相当或研发需求量远超过量产月需求量的物料、月需求波动量很大的物料，生产计划一定要与研发计划进行认真沟通，对物料需求时间和需求量认真确认。同时，若出现物料需求变化，研发计划一定要及时通知生产计划，以便采取相关措施。

具备完整 BOM 阶段的研发物料需求，特别是新产品市场供货需求阶段的物料需求（也是滚动的市场需求）的一般研发计划都经过相关需求评审。然后，与量产产品计划方式一样，以预测形式输入系统，装入 MDS，进行分解，产生公用物料。需要从以下几个方面进行评审。

（1）装载 MDS 前，要仔细检查研发新产品的预测录入。要与研发计划就录入预测的项目、预测录入的方式等进行沟通确认，确保预测录入相对合理。

（2）对研发产品的计划属性、计划百分比进行例行检查。研发新产品常常出现部分项目计划属性没有维护或维护不正确，同时研发产品由于其特殊性，计划百分比往往不好把握，时常会有新建 BOM 还出现未维护计划百分比就用来运行计划的情况发生。因此，我们要对研发新产品项目的计划属性、计划百分比进行定期例行检查。

（3）计划下达过程中若发现物料需求异常情况，应及时检查与沟通。若某项目需求异常集中、需求量异常大，要与研发计划沟通能否分期分批下达到货。

（4）对于涉及版本切换、小版本升级、过渡版本的新产品要严格检查新旧版本比例，对于物料计划下达严格控制。

（5）涉及长单、储备、停产器件的公用物料，对于研发新产品的需求更要谨慎。下达计划时、器件发生变化时，与研发沟通就是更好的方法。

3. 研发新产品需求评审中存在的几个问题

（1）内部需求没有及时核销。前期所报内部需求，由于需求变化，没有及时通知生产计划采取措施，造成物料到货后没有及时加工或领用，造成计划与需求不符。这种情况极易产生呆死料。

（2）内部需求漏报或不报。由于量产产品和新产品都使用同一个生产库存组织资源，而研发计划与生产计划又负责不同范畴的产品计划；由于需求变动，研发产品加工中使用了为量产产品准备的公用物料，而没有及时通知或忘记通知生产计划。这种情况极易产生供货困难。

（3）研发阶段就存在的版本切换、小版本升级、过渡版本的新产品控制不严格也极易形成呆死料。

此外，在研发新产品的需求评审过程中，生产计划与研发计划的沟通是极其重要的。研发计划与生产计划决不是两个相互独立的计划体系，只有两者经常沟通交流，才能确保两者计划思想的互相渗透，确保生产计划对新产品的及早介入，确保新产品的顺利转产。

 学生自学要求

一、概括本章基本知识逻辑，200~300字
二、熟悉本章基本概念、术语及其英文表达

  生产预测/production forecast
  长期预测/long term forecast
  中期预测/medium-term forecast
  短期预测/short-term forecast
  生产要素/production factors
  物料消耗定额/material consumption quota
  净原材料消耗/net raw material consumption
  工艺性损耗/technological loss
  工艺消耗定额/process consumption quota
  非工艺消耗定额/non process consumption quota
  原材料供应系数/raw material supply factor
  原材料消耗定额/consumption quota of raw materials
  季节变动/season (S)
  循环变动/cycle (C)
  不规则变动/irregularity (I)
  跟踪信号/tracking signal
  需求管理/demand management
  销售与运营计划（sales and operation plan, S&OP）
  产销协调会议/production and marketing coordination meeting
  偏差/deviation
  淡季/low season
  旺季/busy season
  类推性原则/analogy principle

连续性原则/principle of continuity
系统性原则/systematic principle
相关性原则/principle of relevance
政策导向/policy orientation
总经理/general manager
总监/chief inspector
主管/executive director
原材料计划回收可用数量/raw material plan recycling available quantity
生产人员流失率/turnover rate of production personnel
分保性预测方法/prediction method of reinsurance
德尔菲法/Delphi method
意见综合预测法/opinion comprehensive prediction method
专家意见加权评估法/expert opinion weighted evaluation method
因果模型预测法的应用/application of causal model prediction method
趋势外推法/trend extrapolation
最小二乘拟合法/least square fitting
回归分析法/regression analysis
时间序列预测法/time series prediction method
自适应平滑法/adaptive smoothing method
一次指数平滑法/one time exponential smoothing method
供需评审/supply and demand review
长期趋势/long-term trend

三、预习并思考下列问题

1. 基本问题：是什么的问题

（1）预测三定律是什么？
（2）产品的生命周期分为哪几个时期？分别有什么特点？
（3）企业生产活动与需求预测之间的关系基于哪些原则？
（4）需求预测的内容主要包括哪几个方面？
（5）对生产总量的预测在实际生产过程中起到什么样的作用？
（6）定性预测的方法有哪些？其选择的主要依据是什么？
（7）因果模型预测法主要包括哪几种方法？分别有什么特点？
（8）时间序列预测法主要适用于什么情况？其与因果模型预测法的差别在哪？
（9）预测误差中，标准差、方差、平均绝对偏差之间有什么区别？分别适用于什么情况？
（10）企业计划系统由哪几个层面的战略系统组成？各个层面的战略系统又包含哪些计划？
（11）销售与运营计划（S&OP）协调会议的作用有哪些？其具体的实施步骤是什么？

（12）区分专用物料和公用物料的原则是什么？

2. 综合性问题：怎么做、在哪些场合适合做

（1）如何来进行需求预测？需求预测能应用的领域有哪些？是否能涉及全行业？

（2）需求预测的准备应该如何进行？我们怎么才能得到准确的数据？

（3）在得到一组数据时我们如何来进行分析？这种分析是否有必要进行？当出现较大偏差点的时候怎么处理？

（4）预测过程中如何应用合理的方法来进行预测？每种方法各自的适用范围是什么？是否能找到一个理想的方法模型来准确预测？

（5）对于预测结果，我们如何来判断该结果合理与否？出现偏差后又如何来校准？

（6）预测的结果是一种规律的表现，但是2020年新冠肺炎疫情的暴发属于特殊情况，不能被合理地预测出来，那我们如何应对这种突发情况是比较合理的？在安全库存也不能安全的情况下，又如何处理？

（7）小饭店的物料消耗定额的计算方法通常是什么，为什么会是这个方法？而麦当劳一类的大型快餐店的物料消耗定额的计算方法又是什么？

（8）小型服装加工厂与大型品牌服装制造厂哪个需要产品研发需求的创新？为什么？

（9）如何将销售与运营计划与各个部门的运作和企业的经营计划联系起来？

3. 关键问题：为什么的问题

（1）为什么需求预测中要将方法分为定性和定量两类？这两类的具体方法有何关联？我们如何将这两者合理利用使预测准确性达到最大化？

（2）为什么移动平均法中有那么多种方法？各个方法的具体意义有哪些？如何来使用以适用各个类型？

（3）预测纠偏为什么在需求预测中十分重要？多少偏差以内视为合理？有没有一种较为理想的纠正偏差的方法？

（4）通常汽车制造企业应该采用何种生产人员需求的预测方法？为什么？

四、本章知识逻辑

 即测即练题

第 8 章

产 能 计 划

【学习目标】 了解产能计划的相关概念和术语、影响生产能力的因素以及决定可用产能的项目;理解生产能力在不同类型生产单位中的核定方法,如锻造、铸造、机加及装配等;掌握常用产能平衡法,如产量平衡法、台时平衡法、代表产品法、假定产品法等;掌握产能计划的主要流程及资源计划、粗略产能计划以及产能需求计划三个程序之间关系,以及制订粗略产能计划的主要方法并进行计划安排;明确企业需要多少产能才能使订单和生产计划可行。

【学习效益】 能使用简单的生产能力核定法进行各类产能计划的制订,掌握使用 Excel 工具制作产能计划的方法。

8.1 产 能 概 述

生产能力,简称产能(capacity),是指在一特定的时期内可以完成的工作量。美国生产与库存控制协会辞典对产能的定义为:一个工人、机器、工作中心、工厂或组织的产出率能力。因此产能强调的是工作率,而非完成的工作量。

确定企业生产能力的基本要素是:人力、机器设备和生产面积、材料、资金。所以生产能力是由上述几个基本要素综合起来形成的能力。四要素构成了生产能力的总体,但生产能力取决于其中最薄弱的环节。因此,在产品方向确定的前提下,四要素之间和要素内部各部分之间要有一定的比例关系。在实际工作中,对生产能力通常又给予下述定义,即企业的固定资产在一定时期内,在一定的技术组织条件下,所能生产某种产品或完成某种作业的最大数量。这种定义仅考虑企业固定资产所具有的生产能力,是在企业的人力、材料、资金等都能得到充分满足的情况下,企业的机器设备、生产面积等的综合能力。

企业的生产能力,通常是以实物指标来计算的,在基层各生产环节中也经常用劳动量指标进行计算,如机器设备用台时,生产面积用平方米·小时等。企业的生产能力通常是按年计算,这样便于同企业的年度生产计划任务相比较,也便于同行业不同企业进行比较。也可按季、月、日、班、小时进行计算。

产能负荷与产出之间的关系如图 8-1 所示。

1. 需求产能

需求产能是由优先计划系统产生,包括把以产品为单位数或通用单位表示(工时)

的优先权换算为每个时刻的每个工作中心所需要的工作小时数。

通俗表示，就是利用工艺路线中工序的标准工时、工序所对应的资源组，用主生产计划的需求量/时界（主生产计划一般以月、周做时间刻度，精度到天）×标准工时，分割至资源组的需求作业时间。

需求产能又称负荷，是指某一时期系统为达成产出目标所需要的产能，分为计划性负荷与非计划性负荷。计划性负荷可通过产能计划来提出可见未来的需求产能，是规划筹措各种生产优序计划所需的制造资源，分为资源需求规划、粗略产能计划及产能需求规划，将详述于后。

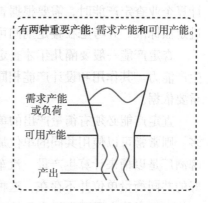

图 8-1　产能负荷与产出之间的关系

2. 设计产能

设计产能也称可用产能，是指工厂设计任务书中规定的生产能力。它是按工厂设计中规定的企业产品方案、技术装备以及其他设计数据进行计算加以确定的。设计产能表明企业在一定时期内所能达到的最大生产能力。这是因为设计能力以标准设计、先进定额等资料作为计算依据的工厂在建成投产后，需要经过一定时期熟悉掌握技术的过程，才能达到企业的设计能力。

设计产能可作为企业努力奋斗的目标，也可以作为企业挖掘潜力、提高生产能力利用水平的方向。因此，它可以作为企业确定生产规模、安排基本建设计划和重大技术改造的重要依据。

设计产能受下列因素影响。

（1）产品规格：如果产品规格改变，工作内容改变，作业时间就随着改变，因此会影响生产量。

（2）产品组合：每一项产品都有各自的工作内容，所花的生产时间也不同。所以产品组合改变，该产品的工作内容（或时间）就跟着改变。

（3）工厂和设备：是指生产产品所使用的方法。如果生产方法改变，如换装较快的机器，单位时间产出量就增大。同样地，工作中心增加机器数目，产能自然随之增加。

（4）工作效力：此与工作效率和步骤有关。如果工作速度和步调改变，也许在某一时期生产更多，产能也会随之改变。

了解可用产能的定义及其影响因素后，接下来需决定一个工厂或加工中心有多少可用产能。在介绍如何决定可用产能之前，先了解应该如何衡量产能，以及从哪几方面来衡量产能。

3. 查定产能

查定产能是在企业没有设计产能或虽有设计产能，但由于产品方案和技术组织条件发生了重大变化，原有设计产能不能反映实际情况，企业重新调查核定的产能。在计算企业查定产能时，需要根据查定期间、企业的产品方案和技术组织条件，采用先进额标准，并考虑在查定期间可以实现的技术组织措施的效果后加以确定。

查定产能一般要隔几年才查定一次，它表明企业在查定期间能实现的最大可能的生产能力。其作用和设计产能相同，是编制中长期规划、确定企业生产规模等方面的重要依据。

查定产能必须有衡量产出的单位。一个工作中心或工厂如果生产的产品种类不太多，则常常可以使用共同的单位加以衡量。例如，纸厂是以吨来衡量生产的纸数量，啤酒厂是以桶来计算生产量，汽车厂的计划单位是辆。然而，有些状况种类太多，良好的共同衡量单位并不存在，这种情况下，则以时间代替之。

查定产能也需要衡量产品的工作内容，通常指在某一方法下生产产品所需的时间。工业工程的时间与动作研究技术，正是用来决定工作内容的标准工时。此时间值通常指合格的操作员以正常速度完成一件工作的标准工时，用来衡量工作内容的参考标准和描述产能的单位。

4. 计划产能

计划产能是指企业在计划期内能够实现的生产能力。它是企业在计划期间具体的技术组织条件下，根据企业在计划期内可以实现的各种技术组织措施效果，并保证达到设备和生产面积的平均先进技术定额而确定的生产能力。

企业计划产能是编制生产计划的直接依据。它为计划任务的具体实现提供了可靠的保证，通过计划能力和生产任务的平衡以及措施的制订，就能看出计划的落实情况。

综上所述，设计产能、查定产能同计划产能是有很大区别的。首先，三者计算所依据的定额基础不同。设计产能和查定产能是根据先进技术定额进行计算和查定的，而计划产能是根据平均先进定额来核算的。其次，计算产能所依据的设备数量和时间总数的基础不同。设计产能和查定产能是以企业所有的生产设备数量和法定的制度工作时间总数扣出最少的设备停修时间，作为计算的基础；计划产能则以计划期间可以动用的设备数量和计划有效工作时间总数作为核算的基础。再次，三者的作用不同。设计产能和查定产能是说明企业所拥有的潜力，是经过一定时间所能达到的最大能力，是企业编制中长期计划的依据；计划产能只能表明目前企业生产能力水平，是编制短期计划的依据。最后，查定或核算的时间长短也不相同。查定产能一般是二三年查定一次，而计划产能在每次编制计划时都要进行一次核算，一年内可能需要核算几次。即使在同一年度内，进行生产能力查定和生产能力核算工作，其结果也不会相同，查定产能应大于计划产能。

5. 可用产能

可用产能是系统或资源在一定时期生产一定数量产出的能力。可用产能与产品规格、产品组合、资源日历和稳定性、优化状态有关。从定义和影响因素可以得出：可用产能是一个动态值，与业务状态、工厂具体管理水平息息相关。一般情况下，可用产能可以用标准产品、标准工序加工时间（不考虑切换或标准切换等）来衡量，是一个平均的概念。可用产能有两种表达方式：可用作业时间、单位产出率。

产能的大小，要受许多技术经济因素的影响。如机器设备的数量、性能、状况、组成和利用程度；有效生产面积的大小；生产所需各种物资的数量、品种和质量，各类人员和资金的保证程度等。此外，企业在同时期生产产品品种的多少和企业的专业化程度以及企业的生产组织与劳动组织水平等，对生产能力也有显著的影响。在决定可用产能时还需考虑以下因素。

（1）可用时间：是工作中心可以作业的时数，视机器数量、操作员数量和作业时间而定。例如某一个工作中心有3部机器，每天运转8小时，每周工作5天，则可用时间 = 3×8×5 = 120（小时/周）。

（2）使用率：是指虽然工作中心有最大的作业时数，但是机器故障、人员缺勤、缺料等事件会造成不可避免的延迟，所以实际运转时间往往低于可用时间。工作中心的实际运转时间和可用时间的百分比为工作中心的使用率，可用下列公式计算：

$$使用率 =（实际运转时间/可用时间）\times 100\%$$

例如：某一工作中心的可用时间为120小时，实际用于生产产品的时间为100小时，则使用率 =（100/120）×100% = 83.3%。

使用率一般可由历史资料或由工作抽样研究计算得到。

（3）工作中心效率：通常一个工作中心假如每周100小时用于生产，但是并无法生产出100小时的工作量，这便涉及效率问题。操作员的工作速率可能快于或慢于标准工作速率，所以效率会大于或小于100%。效率可用下列公式计算：

$$工作中心效率 =（标准工作产出时数/实际工作时数）\times 100\%$$

例如：某一工作中心使用100小时产出120标准小时的工作量，则此段时间该工作中心效率 =（120/100）×100% = 120%。

（4）机器设备和生产面积数量：在核定产能时，机器设备数量指一切能够用于生产的设备，包括正在安装或开动使用、正在或等待修理、改装的设备。只有准予报废和外调的设备，专门在连续流水线上备用的设备，试验室、检验站和机修、工具等辅助车间用于检修、研磨工具的设备等，才可以不计入生产能力之内。而在核算计划能力时，只能以计划时期可以动用的设备作为核算的对象，因此它要比查定能力的数量少。

生产面积包括工作地和运输路线以及堆放原材料、在制品等所占用的面积，这些资料可以从工厂技术资料中取得，或以车间为单位用实地测算办法来确定。

（5）设备工作时间总数和生产面积利用时间总数：设备工作时间总数是指按照企业现行工作制度计算的全部有效工作时间。在机械工业企业中，机器设备的有效工作时间，一般等于制度工作时间减去设备计划停修时间。其计算公式如下：

$$F_e = F_0 \cdot H - D = F_0 \cdot H \cdot (1-\theta) \tag{8-1}$$

式中：F_e为单位设备年有效工作时间，小时；F_0为设备年制度工作日数；H为每日制度工作小时数；θ为设备计划修理停工率；D为设备计划修理停工小时数。其中，年制度工作日数等于年日历日数减去法定的节假日数，为251天。每日制度工作小时数根据企业设备的工作班制而定，一班制为8小时，两班制为15.5小时，三班制为22.5小时。设备计划修理停工时间，根据设备修理计划确定。生产面积利用时间总数，因为它没有停工修理的时间损失，应当按制度工作时间进行计算。

（6）设备和生产面积的生产率定额：设备的生产率定额，是指单位机器设备的产量定额，或者是单位产品的台时定额。生产面积的生产率定额，是指单位面积的产量定额或单位产品占用生产面积的大小和时间的长短。影响设备及生产面积生产率的因素很多，有设备本身的技术条件，还有产品的品种、质量要求、原材料的质量、工艺方法、工人的技术水平等，因此应该在综合考虑这些因素的基础上加以确定。在查定企业生产能力时，应采用本企业的先进技术定额。在核算计划能力时，需要根据企业的现行定额并考虑压缩系数或定额完成系数，即现行台时定额×（1−压缩系数），或现行台时定额×（1＋超额完成系数）。

6. 负荷

一个工作中心（资源组）的负荷等于该工作中心（资源组）某个特定时间段所有计划工单和实际工单所需要时间的总和。

7. 负荷率

负荷率等于负荷除以可用产能。负荷率分为三种状态：小于1、等于1和大于1。正常情况下，非瓶颈资源的负荷率小于1；而瓶颈资源的负荷率大于1；极少有工作中心（资源组）的负荷率等于1的情况，因为工厂永远处于动态之中。产能和负荷的处理，是计划物料控制中心的核心工作之一，也是工厂最基础的计划管理工作之一，所以工艺路线和标准工时是工厂的基础主数据。

8.2 生产能力的核定

8.2.1 核定生产能力的程序

企业的生产能力，是企业内部各个生产环节、各种固定资产的能力经过综合平衡后所确定的综合能力，也就是指在各个生产环节、各种固定资产保持一定比例关系的条件下，企业所具有的综合生产能力。因此，企业核算生产能力必须从基层开始，按自下而上的程序进行核算，如图8-2所示。

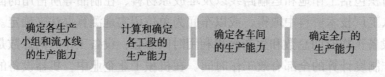

图8-2 企业核算生产能力的步骤

生产能力的综合平衡，首先是基本生产各个环节之间生产能力的平衡，其次是基本生产和辅助生产各环节之间生产能力的平衡。平衡基本生产各环节的生产能力时，要从起主导作用的主要生产车间或主要设备入手。主要车间或主要设备，通常就是制造产品所消耗劳动量较多的车间或设备。应根据产品劳动量在各生产车间之间的分配情况，来确定哪一个是主要车间。在机械工业企业中，一般均以机械加工车间或机械加工—装配车间作为主要车间。由于企业的产品结构和工艺特点不同，其主要车间也可能是其他车间,如农业机械制造厂的主要车间是准备车间;制造大型化工设备、锅炉设备的企业中,主要车间是金属结构车间等。

8.2.2 机械加工车间生产能力的计算与平衡

不同性质的企业,由于各生产环节的生产类型和生产组织形式不同,生产能力的计算方法也有所不同。

1. 大量流水生产

大量大批生产车间的生产能力取决于总装配线、机械加工流水线等的生产能力。流水线生产能力是根据流水线总的有效工作时间、节拍或节奏来计算的。其计算公式如下:

$$M_F = \frac{F_e}{r} \tag{8-2}$$

式中:M_F 为流水线生产能力,件;F_e 为流水线有效工作时间,分钟;r 为流水线节拍,分钟/件。

2. 成批生产和单件生产

在非流水生产的成批生产和单件生产条件下,各生产环节的生产能力通常是按设备组来计算的。组成一组设备的基本条件是它们的生产互换性,即设备组中的任何设备,在基本相同的时间间隔内,均可以完成固定由该设备组加工的工艺工序中的任何一个工序。设备组划分的粗细程度,也要根据企业规模大小、设备多少而定。如一般小型企业的机械加工车间就可按车、铣、刨、磨等大的工种类别计算;较大企业可分得更细些,如按大、中、小车床等类别。

(1)在设备组担负单一品种任务时生产能力的计算一般经过三个步骤。

步骤1:计算各设备组的生产能力。

$$M = \frac{S \cdot F_e}{t \cdot (1-\beta)} \tag{8-3}$$

式中:M 为某设备组生产能力,台或件;S 为设备组的设备数量;F_e 为单位设备有效工作时间,小时;t 为单位产品现行台时定额,小时/台;β 为计划压缩系数。

步骤2:平衡各设备组的生产能力。

一个车间或一个工段是由若干个设备组组成的。各设备组的生产能力分别计算出来以后,各设备组的生产能力不可能完全相同,但不能简单地将薄弱环节(设备组)的生产能力作为该车间或工段的生产能力,需要采取措施和办法,如改进操作方法、改进工装或增加工作班次等来提高薄弱环节的生产能力,最后确定出综合的生产能力。

步骤3:进行生产能力与生产任务的平衡,主要有下面两种方法。

方法一:产量平衡法

首先,计算出以产量表示的设备组的生产能力(第一步计算出的数字)。

其次,根据计划产量来计算出任务产量:

$$N_R = \frac{N}{1-f} \tag{8-4}$$

式中：N_R 为任务产量；N 为计划产量；f 为计划废品率。

方法二：台时平衡法

首先，计算出用台时表示的设备组的生产能力：

$$M^* = S \cdot F_e = S \cdot F_0 \cdot (1-\theta) \tag{8-5}$$

式中：M^* 为设备组的生产能力，台时。

其次，根据计划产量计算出任务台时数：

$$T_R = N_R \cdot t = \frac{N}{1-f} \cdot t \tag{8-6}$$

式中：T_R 为任务台时数；t 为单位产品计划台时定额。

最后，进行生产能力与生产任务之间的平衡，求出各个设备组的负荷。

（2）当设备组担负多种产品生产时，生产任务的计算视不同情况和需要，可采用下面几种方法。

方法一：台时平衡法

该方法是将设备组担负的各种产品的任务台时进行汇总，得出总的任务台时，然后同该设备组用台时表示的生产能力进行平衡。设备组总任务台时的计算公式为

$$T_S = \sum_{i=1}^{n} T_i = \sum_{i=1}^{n} \left(\frac{N_i}{1-f_i} \cdot t_i \right) \tag{8-7}$$

式中：T_S 为设备组总任务台时数；T_i 为第 i 种产品的任务台时数（$i=1,2,\cdots,n$）；N_i 为第 i 种产品的计划产量；f_i 为第 i 种产品的计划废品率；t_i 为第 i 种产品的台时定额。

例 8-1：某设备组有设备 3 台，实行两班制工作，该设备组生产 A、B、C、D 四种产品，计划年产量分别为 50 台、100 台、120 台、20 台，单位产品台时定额分别为 20 台时、30 台时、40 台时、80 台时，计划废品率均为 5%，设备计划停修率为 10%，试计算其生产能力，并同生产任务进行平衡。

设备组用台时表示的生产能力为

$$M = S \cdot F_0 \cdot (1-\theta) = 3 \times 251 \times 15.5 \times (1-10\%) = 10\,504.35 \text{（台时）}$$

设备组总任务台时为

$$T_S = \sum_{i=1}^{n} \left(\frac{N_i}{1-f_i} \cdot t_i \right) = \frac{1}{1-5\%} \times (50 \times 20 + 100 \times 30 + 120 \times 40 + 20 \times 80) = 10\,947.37 \text{（台时）}$$

平衡结果假设设备组生产任务大于生产能力，多 443 台时。因此，要求采取必要的技术组织措施，提高设备组的生产能力，以保证生产任务的完成。

方法二：代表产品法

在核定企业生产能力时，如果需用产量表示其生产能力，而设备组又担负着多品种产品的生产任务，不可能按每种产品计算其生产能力。在这种情况下可采用代表产品法或假定产品法计算生产能力。代表产品法就是从多种产品中选择一种产品作为代表产品，以代表产品的台时定额来计算设备组的生产能力，并将生产任务转换为代表产品表示的任务量，二者再进行平衡。选择代表产品时，需要按照产品的结构、工艺类似程度、体积大小等方面，分成若干产品组，再从组中挑选产量较大或在结构与工

艺上具有典型意义的产品，作为代表产品。该方法步骤如下。

步骤 1：计算以代表产品表示的设备组的生产能力。

$$M_d = \frac{S \cdot F_e}{t_d \cdot (1-\beta)} = \frac{S \cdot F_0 \cdot (1-\theta)}{t_d \cdot (1-\beta)} \tag{8-8}$$

式中：M_d 为代表产品表示的设备组的生产能力；t_d 为代表产品的现行台时定额。

步骤 2：将各种产品的计划产量换算为代表产品的产量。

各具体产品产量换算为代表产品产量是通过换算系数进行的。换算系数等于被换算产品的台时定额与代表产品台时定额的比值。

$$k_i = \frac{t_i}{t_d} \tag{8-9}$$

式中：t_i 为第 i 种产品的台时定额；t_d 为代表产品的台时定额。

求出换算系数再乘以该产品的产量，即换算成用代表产品表示的产量：

$$N_{id} = N_i \cdot k_i \tag{8-10}$$

步骤 3：计算以代表产品表示的总产量，并与生产能力进行平衡。

$$N_{sd} = \sum_{i=1}^{n} N_{id} = \sum_{i=1}^{n} N_i \cdot k_i \tag{8-11}$$

式中：N_{sd} 为以代表产品表示的总产量；n 为产品品种数。

例 8-2：某车床组共有车床 5 台，每台车床全年有效工作时间为 4 500 小时，加工 A、B、C 三种产品，单位产品车工台时定额分别为 100 台时、50 台时和 150 台时，其计划产品产量分别为 120 台、80 台和 30 台。要求用代表产品法进行生产能力和生产任务的平衡。

选择产品 A 为代表产品，则以产品 A 表示的车床组的生产能力为

$$M_d = M_A = \frac{5 \times 4\,500}{100} = 225（台）$$

各产品的换算系数为

$$k_A = \frac{100}{100} = 1 \;;\; k_B = \frac{50}{100} = 0.5 \;;\; k_c = \frac{150}{100} = 1.5$$

换算为代表产品表示的总产量：

$$N_{sd} = \sum_{i}^{3} N_i \cdot k_i = 120 \times 1 + 80 \times 0.5 + 30 \times 1.5 = 205（台）$$

由上述计算可以看出，此车床组生产能力大于生产任务（生产能力多 20 台）。

方法三：假定产品法

在各种产品结构、工艺特点悬殊，以及各种产品在各类设备上加工劳动量相差较大的情况下，可以按假定产品法计算生产能力。另外，当产品品种较多，分成若干产品组，存在两个以上代表产品时，也需要按假定产品法，进一步计算生产能力。按假定产品法计算生产能力的方法步骤如下。

步骤 1：求出假定产品的台时定额。

假定产品的台时定额等于各具体产品的台时定额与诸产品产量占总产量的百分比

的乘积之和。其计算公式为

$$t_h = \frac{\sum_{i=1}^{n} N_i \cdot t_i}{\sum_{i=1}^{n} N_i} = \sum_{i=1}^{n} t_i \cdot \alpha_i \tag{8-12}$$

式中：t_h 为假定产品台时定额；t_i 为第 i 种产品台时定额（$i=1,2,\cdots,n$）；n 为产品品种数；N_i 为第 i 种产品的产量；α_i 为第 i 种产品产量占总产量的百分比。

步骤 2：计算用假定产品表示的设备组的生产能力。

$$M_d = \frac{S \cdot F_e}{t_d} \tag{8-13}$$

式中：M_d 为用假定产品表示的设备组的生产能力。

步骤 3：换算为各具体产品表示的生产能力。

$$M_d = M_d \cdot \alpha_i \tag{8-14}$$

步骤 4：以具体产品表示的生产能力同各产品的计划产量（任务量）进行平衡。

仍以前题为例，说明假定产品法的计算过程。

首先计算 α_i，求出 t_h。

由前面的计算公式可知：

$$\alpha_i = \frac{N_i}{\sum_{i=1}^{n} N_i} \tag{8-15}$$

故

$$\alpha_A = \frac{120}{120+80+30} = 0.52, \alpha_B = \frac{80}{120+80+30} = 0.35, \alpha_C = \frac{30}{120+80+30} = 0.13$$

$$t_h = \sum_{i=1}^{n} t_i \cdot \alpha_i = 100 \times 0.52 + 50 \times 0.35 + 150 \times 0.13 = 89 \text{（台时）}$$

其次，计算 M_h。

$$M_h = \frac{S \cdot F_e}{t_h} = \frac{5 \times 4\,500}{89} = 253 \text{（台）}$$

下一步计算 M_i。

$$M_A = M_h \cdot \alpha_A = 253 \times 0.52 = 132 \text{（台）}$$
$$M_B = M_h \cdot \alpha_B = 253 \times 0.35 = 89 \text{（台）}$$
$$M_C = M_h \cdot \alpha_C = 253 \times 0.13 = 33 \text{（台）}$$

最后，对比 M_i 和 N_i，并进行平衡。

$$M_A - N_A = 132 - 120 = 12 \text{（台）}$$
$$M_B - N_B = 89 - 80 = 9 \text{（台）}$$
$$M_C - N_C = 33 - 30 = 3 \text{（台）}$$

由此可以看出，各产品的生产能力均大于生产任务，其结果分别为 12 台、9 台和 3 台。

3. 按生产面积计算生产能力

在生产小组、工段的生产能力取决于生产面积的情况下，生产能力的计算公式如下：

$$M = \frac{B \cdot F_0}{b \cdot t} \tag{8-16}$$

式中：M 为某小组（或工段）的生产能力；B 为该小组（或工段）现有生产面积，平方米；b 为制造单位产品占用的生产面积，平方米；t 为制造单位产品占用的时间，小时；F_0 为制度工作时间，小时。

上面计算的结果是以产量表示的生产能力，同小组（或工段）的任务产量进行平衡，即可得出生产面积能力的负荷。在多品种情况下，同样需要采用代表产品法或假定产品法来核定其生产能力。除此之外，我们还可以用现有生产面积的平方米、小时数与完成生产任务所需的生产面积的平方米、小时数进行平衡，计算出生产面积的负荷系数。

4. 按人员计算生产能力

对于手工作业的工人必须考虑人员生产能力问题，即核算各工种工人能完成的工时，并同生产任务需要的工时进行平衡。

各工种生产能力可按下面公式计算：

$$F_s = p \cdot F_p \cdot \alpha$$

$$F_p = F_0 \cdot c \cdot \varepsilon \cdot \mu$$

$$F_s = p \cdot F_0 \cdot c \cdot \varepsilon \cdot \mu \cdot \alpha$$

式中：F_s 为某工种全年有效工时数；p 为某工种人数；F_p 为每一工人年有效工时数；α 为超额完成系数；c 为轮班工时；ε 为计划出勤率；μ 为计划工时利用率。

生产任务所需工时可根据计划产量和各工种工时定额分别进行计算：

$$T = \frac{N \cdot t}{1 - f} \tag{8-17}$$

式中：T 为某工种任务工时；t 为某工种定额工时。

8.2.3 铸造车间生产能力的计算与平衡

对于铸造车间，其生产能力主要取决于熔炼设备、造型设备和造型面积的生产能力。计算方法如下。

熔炼设备的生产能力，可按式（8-18）计算：

$$M_T = q \cdot F_e \cdot (1 - \alpha_T) \tag{8-18}$$

式中：M_T 为化铁炉生产能力，吨/年，它是以合格件表示能力；q 为化铁炉每小时产量，吨/小时；α_T 为铁水损失系数。

铁水损失系数是由于自然损耗、浇冒口、残头等消耗和铸件废品所产生的。铁水损失系数可根据厂史某一年（或季、月）的实际统计资料，再经分析加以确定。计算公式为

$$\alpha_T = 1 - \frac{\text{某时期合格铸铁件产量（吨）}}{\text{某时期铁水产量（吨）}} \tag{8-19}$$

炼钢炉的生产能力，可按式（8-20）计算：

$$M_G = \frac{V \cdot F_e}{T} \cdot (1 - \alpha_G) \tag{8-20}$$

式中：M_G 为炼钢炉的生产能力，吨/年；V 为炼钢炉熔量，吨；F_e 为炼钢炉全年有效工作时间，小时；T 为炼钢炉熔炼周期；α_G 为钢水损失系数，其确定方法与铁水损失系数相同。

造型面积生产能力的计算公式如下：

$$M_M = A \cdot q \tag{8-21}$$

式中：M_M 为造型面积的生产能力，吨/年；A 为造型面积，平方米；q 为每平方米造型面积铸件年产量定额，吨/年·平方米。

造型面积可用实地测量的方法来确定，它包括造型、造芯、合箱、浇铸、开箱等作业区的面积；每平方米造型面积铸件年产量定额可根据统计资料分析确定。在确定铸造车间生产能力时，除根据上述熔炼设备和造型面积生产能力进行平衡外，还必须考虑配砂、烘干、清砂、退火、木模等环节的能力配合情况。

熔炼或造型任务可按式（8-22）计算确定：

$$N_v = N \cdot \mu_v \cdot (1 - \beta) \tag{8-22}$$

式中：N_v 为熔炼或造型任务，吨/年；N 为产品计划年产量，台/年；μ_v 为单位产品铸件材料消耗定额，吨/台；β 为定额压缩系数。

8.2.4 锻造车间生产能力的计算与平衡

锻造车间的生产能力主要取决于锻压设备生产锻件的能力。锻压设备的生产能力可按式（8-23）计算：

$$M_d = S \cdot q \cdot F_e \tag{8-23}$$

式中：M_d 为锻压设备组生产能力，吨/年；S 为锻压设备台数，台；q 为单位锻压设备每小时产量定额，吨/台时；F_e 为单位设备年有效工作时间，小时。

在确定锻造车间生产能力时，除了根据锻压设备计算其生产能力之外，还需要考虑加热炉、吊车等环节的能力配合情况。锻压件任务可按式（8-24）计算确定：

$$N_d = N \cdot \mu_d \cdot (1 - \beta) \tag{8-24}$$

式中：N_d 为锻压件任务，吨/年；N 为产品计划年产量，台/年；μ_d 为单位产品锻件材料消耗定额，吨/台。

8.2.5 装配车间生产能力的计算与平衡

装配车间的生产能力，一般按装配生产面积计算，同时还要根据装配工人的有效总工时和单位产品装配工时定额计算其生产能力。如果是采用流水线进行装配，则用节拍计算其生产能力。同时也需考虑装配专用设备如试验台、涂装设备等能力的配合情况。

按装配面积计算的生产能力,按式(8-25)计算:

$$M_M = \frac{A \cdot F_0}{\alpha \cdot t} \tag{8-25}$$

式中:M_M 为装配车间按装配面积计算的生产能力,台;A 为装配面积数量,平方米;F_0 为装配面积利用时间,小时;α 为单位产品占用的装配面积,平方米;t 为单位产品占用的时间,小时。

按装配工人计算生产能力,其公式如下:

$$M_R = \frac{F_e}{t} \tag{8-26}$$

式中:M_R 为装配车间按工人计算的生产能力,台;F_e 为装配工人有效总工时;t 为单位产品装配工时定额。

装配流水线生产能力,可按式(8-27)计算:

$$M_L = \frac{F_e}{r} \tag{8-27}$$

式中:M_L 为装配流水线生产能力,台;F_e 为计划期有效工作时间,分钟;r 为装配流水线节拍,分钟。

装配任务即是产品计划年产量。应当指出的是,当铸造、锻造和装配车间生产多品种时,也需要按机械加工车间生产多种产品的计算方法进行计算。

辅助车间生产能力的计算和确定,一般按照它所服务的对象的一定比例进行验算。例如,机修车间可按它的设备数量占其所服务的全部设备数量的实际比例与规定的标准比例进行验算;工具车间可按它所用的机床占其所服务的基本生产车间用的机床的实际比例与规定的标准比例进行验算;等等。

值得说明的是:负荷(产能)计算,一般采用平均负荷(产能)的计算,细节的负荷(产能)计算十分复杂。平均负荷(产能)的计算,涉及两个瓶颈:①由于各个产品在资源上(设备上)的产出率不同,为简化计算,可以采用标准产品来衡量负荷(产能)。综合生产计划往往用产品族标识,选用产品族中的标准产品即可。②在 ERP 系统中的作业中心往往是资源组的概念,一个资源组也可以称为作业中心、工作站等。一个资源组,往往由多个不同设备构成,典型的工艺布局场景有机械加工、电子产品装配线等。每一个资源(设备)处理产品的产出效率不尽相同,所以,必须要以标准产品的产出率来平均。

8.3 产 能 计 划

产能计划是决定满足优序计划的所需产能的程序,以及获取足够可用产能的方法,它和各层级的生产优序计划程序是并行存在的。如图 8-3 所示,总体计划、主生产计划和物料需求计划都在决定生产优序,生产什么,何时生产和生产多少。但是上述优序生产计划倘若没有足够可用的产能来完成,则该计划是难以执行的且需要加以修正。

所以，产能计划是为了筹措各种生产优序计划所需的制造资源。而产能控制主要是监控生产量，比较产能计划和实际产出的差异，并采取必要的更正措施的程序。因此产能计划和产能控制构成产能管理，主要负责达成生产计划的需求产能，同时监督与管控产能以如期完成生产计划。

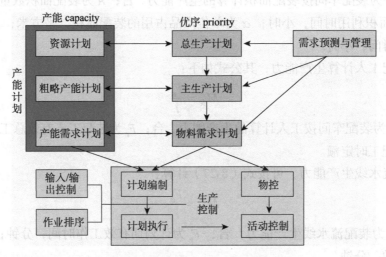

图 8-3　产能计划与生产计划和控制

优序计划通常以生产的产量或某一产出单位来表示。产能有时也可使用共同单位，如钢条之吨或布匹之码等。在没有共同单位时，产能须以可用工时来表示。此时，优序计划必须转换成完成生产所需的工时数，再和可用工时比较。

一般产能计划程序如下。

（1）决定每一个工作中心在每一期的可用产能。

（2）决定每一个工作中心在每一期的负荷。其分为以下两步骤：①将优序计划所需的产量转化成每一个工作中心在每一期完成生产所需的工时；②加总每一物料在每一个工作中心的需求工时，以决定每一个工作中心的总负荷。

（3）解决可用产能与负荷间之差异，或是调整可用产能以配合需求产能，否则必须改变优序计划以配合可用产能。

产能计划的功能包括资源计划、粗略产能计划（rough-cut capacity planning，RCCP）及产能需求计划三个层级，在生产运行管理的两个核心环节均需要核算。第一，生产计划阶段如图 8-3 所示，在编制总生产计划、主生产计划、物料需求计划时，均需要核算。

（1）资源计划针对的是长期产能资源需求规划，直接连接到总体生产计划。一般是将总生产计划每月、每季或每年产品优序转换成所需的产能（以共同衡量单位表示），如总人工时数。其必须花较长时间进行人力、资本设备、产品设计或厂房设施等方面的调整。假如所拟订的资源计划无法完成总生产计划，则必须变更生产计划，此两种计划共同设定生产水准和生产限制，如果都实际可行的话，就可执行主生产时程。

（2）粗略产能计划较资源计划来得详细，主生产计划是其主要的信息来源。粗略产能计划的目的是校核主生产计划的可行性，提出可能的瓶颈警示，确保工作中心或设备的使用率，并进一步建议供应商应准备的产能需求。

（3）产能需求计划直接连接到物料需求计划，因为它针对零组件或物料，所以规划详细度比粗略产能计划还详细。它以各工作中心或设备为对象，计算每一个工作中心各期负荷和人工需求量。

（4）车间调度阶段在将工序任务分配至机台时，需要计算资源（设备、模具或人力）的负荷。一般情况下，将优先等级高的工序任务分配给负荷较低的资源（设备、模具或人力），以尽快完成工序任务。

（5）交期承诺和回复阶段生产和物料控制（PMC）在与销售部门协同时，需要对客户的预期订单、实际订单的交期作出回复，此时也需要实时计算负荷，以确定计划完成时间。注意：订单的计划完成时间是一个动态值，与订单的承诺交货日（静态值）不同；订单计划完成时间，需要根据插单和急单调整、产能异常、供应商来料的变化而变化。

值得注意的是优序计划具有前后关系，上一个计划的数据为下一个计划的输入，而产能计划则无此关系，只需连接到相对照的优序计划上。例如资源计划和总生产计划有关，但却不是粗略产能计划的输入。

8.3.1 资源计划

总生产计划必须借由企业的各种资源才得以达成，这些资源包括了人力、物料、机器设备、设施及资金等。在供需平衡的目标下，企业所需求的总生产计划必须在有限的资源供给能力范围内；而资源计划的目的即在确实掌握总生产计划所需配合的资源，亦可借此评估总生产计划的可行性与适当性，进而作为修正计划的依据。

为了说明资源计划的应用，针对各产品群组所安排的生产计划的具体做法，假设一产品族 A，它包括三个品项，决定产品族 A 的平均组装工时为每个品项根据过去历史记录所占之百分比，乘上每个品项的标准组装工时，加总所有品项后即为该产品族的平均组装工时，如表 8-1 所示。

接着根据产品的 BOM 表与前置时间的资料，可决定其余产品族 A、B 和 C 在每个资源中心的标准工时需求，如图 8-4 所示。

获得每个产品族 A、B 和 C 在每个资源中心的标准工时需求后，再经由总生产计划可知道各个产品族的计划产量，见表 8-2。将计划生产量乘上标准工时即为每个产品族在每个资源中心的资源需求，如表 8-3 所示，最后，表 8-4 为资源中心所需产能与可用产能比较，可以发现组装中心的产能不足，此时就必须决定调整生产计划或增加组装中心的产能资源等决策。

表 8-1 产品族 A 单位平均组装工时

品项	比率	单位标准组装工时	平均组装工时
1	0.50	0.342	0.171
2	0.30	0.294	0.088
3	0.20	0.210	0.042
总和	1.00		0.301

表 8-2 产品族 A、B 和 C 的总体生产计划

产品族	计划生产量
A	720
B	240
C	160

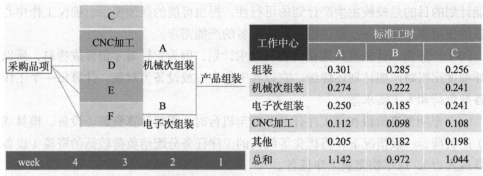

(a) 产品BOM表与前置时间　　　　(b) 产品族A、B和C的单位平均标准工时

图 8-4　产品 BOM 表与前置时间

表 8-3　产品族 A、B 和 C 的资源需求

产品族	组装	电子次组装	机械次组装	CNC 加工	其他
A	216.72	197.28	180.00	80.64	147.60
B	68.40	53.28	44.40	23.52	43.68
C	40.96	38.56	38.56	17.28	31.68
总和	326.08	289.12	262.96	121.44	222.96

表 8-4　资源中心所需产能与可用产能比较

工作中心	组装	电子次组装	机械次组装	CNC 加工
所需产能	326.08	289.12	262.96	121.44
可用产能	300	320	280	200
不足额	−26.08			

8.3.2　粗略产能计划

粗略产能计划（RCCP）为产能计划的一种，主要评估主生产计划是否可行而尝试平衡产能供给与需求的过程。主生产计划为 RCCP 主要输入资料，经过 RCCP 的计划后，以产生一个可行的产能计划；若其产能负荷超过预期，则其为不可行方案，将会要求修改或提出新的主生产计划方案，直到其 RCCP 可行为止。主生产计划的可行性需要通过粗略产能计划进行校验和平衡。粗略产能计划是对"关键工作中心"的能力进行运算而产生的一种能力需求计划，它的计划对象只是针对设置为"关键工作中心"的工作能力，计算量较小，是比较简单、粗略、快速的能力核定方法。粗略产能计划通过工艺路线，将主生产计划与执行这些生产任务的关键工作中心（瓶颈资源）联系起来，完成将主生产计划的物料需求数量转换成对关键工作中心的能力需求的工作。粗略产能计划相关术语如图 8-5 所示。

（1）关键工作中心。关键工作中心又称为瓶颈工作中心，是决定产品或零部件产量的工作中心。它是运行 MRP 运算中进行粗略产能计划的计算对象。关键工作中心一般具有以下特点。

①经常加班，满负荷工作。

②操作技术要求高，短期内无法自由增加工人。

③使用专用设备，而且设备昂贵。

④受多种限制，如短期内不能随便增加负荷和产量（通常受场地、成本等约束）。

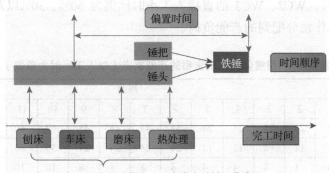

图 8-5　粗略产能计划相关术语示意图

（2）偏置天数。主生产计划的计划对象主要是产品物料清单结构中 0 层的独立需求型物料，它的工艺路线中可能并不含关键工作中心，对某个产品来讲，关键工作中心往往是由它下属低层某个零部件决定的，该零部件使用关键工作中心的日期与最终成品完成日期之间的时间，称为偏置天数或提前期偏置。

以下有三种常用来做粗略产能计划的方法：第一种方法称为产能计划整体因子法（capacity planning using overall factors，CPOF）。第二种方法称为产能料单法（capacity bills），其需要更多的产品信息，如产品标准工时与途程，此种方法建立在会计基础上，是最简单且常被使用的方法。第三种方法称为资源轮廓法（resource profile），此法除产能料单法所需的产品标准工时与途程外，还需进一步考虑各途程制造前置时间。

1. 产能计划整体因子法

产能计划整体因子法是一种使用手工计算来求算粗略产能计划的方法。主要的输入资料为主生产计划。此法主要以产品的标准工时或历史资料为基础。以人工小时或机器小时为单位来估算主生产计划产量所需要的产能，再将估计产能依历史负荷资料配置到现场不同的工作站。通常与以周或天为单位的主生产计划来配合使用。

表 8-5 为产能计划整体因子法的例子，其中主生产计划规划 A、B 两种成品于各个时期所需要的生产数量。CPOF 第一步骤为计算主生产计划下的产能需求。表 8-5 下半部为 A、B 两种成品的标准工时，在人工生产力 100%发挥的情形下，第一周所需要的估计产能为 40 小时（$1 \times 20 + 2 \times 10$）。

表 8-5　主生产计划

主生产计划	周期													
成品	1	2	3	4	5	6	7	8	9	10	11	12	13	总和
A	20	20	20	20	20	30	30	30	30	40	40	40	40	380
B	10	10	10	10	10	25	25	25	25	30	30	30	30	270
成品	每单位产品标准作业的直接人工小时													
A	1 小时													
B	2 小时													

CPOF 第二步骤为依据每个工作站工作负荷比例将前述估计产能分配到各个工作站。各工作站的负荷比例可以上一年度所投入直接人工小时比来分配。在表 8-6 中，投入工作站 WC1、WC2、WC3 的直接人工小时比例为 60%、30%以及 10%。表 8-6 表示每周各个工作站分配到的产能负荷。

表 8-6 利用整体因子法求得的产能需求（以人工小时为单位）

工作站	历史记录	周期													
		1	2	3	4	5	6	7	8	9	10	11	12	13	总小时
WC1	60%	24	24	24	24	24	48	48	48	48	60	60	60	60	552
WC2	30%	12	12	12	12	12	24	24	24	24	30	80	80	80	276
WC3	10%	4	4	4	4	4	8	8	8	8	10	10	10	10	92
总需求产能		40*	40	40	40	40	80	80	80	80	100	100	100	100	920

注：40*=（1×20）+（2×10），利用表 8-5，表 8-7 求得

产能计划整体因子法应用较为广泛，因为其所需要的资料量很少，并且其计算方式相当直接。因此，只有在产品组合单纯及其在各工作站作业明确的情形下，使用产能计划整体因子法去估计产能会有比较精确的结果。因为这种方法的资料获取方便，且可以用人工计算的方式来规划产能，所以被很多公司采用。

2. 产能料单法

产能料单是一个与物料清单相似的文件，在有些技术文献中也称为资源清单。物料清单列出了生产某一产品所需物料的清单，而能力清单则描述了生产该产品所需的关键工作中心及其单位能力需求。

产能料单法也是一种制订粗略产能计划的方法，其提供每个成品与其所需的工作站产能间更详细的关联。所以比 CPOF 需要更多的资料，包括：物料清单、途程资料，以及每项作业的标准人工或机器小时。

图 8-6 为 A 产品及 B 产品的 BOM。表 8-7 上半部列出 A 产品及 B 产品与其组件 C、D、E、F 的加工时间及设置（setup）时间的标准资料，例如产品 A 需要在工作站 WC1 以批量 40 单位进行 OP1 操作；组件 C 需要先在工作站 WC2 以批量 40 单位进行 OP31 操作后再到工作站 WC3 以批量 40 单位进行 OP32 操作。产能料单法基本上是根据这些资料算出最终产品（A 及 B）在各个工作站（WC1、WC2、WC3）的产能需求。而其所需要的相关资料，如生产途程资料可以从制造部门获得，其他相关资料可以从会计或成本部门取得。表 8-7 下半部的资料是计算 A 及 B 两种成品对于各个工作站所需要的产能，即产能料单。

一旦产能料单准备完成，紧接着利用主生产计划来计算在各个工作站的产能需求，如表 8-8 所示。由产能料单法所计算出每个期间各个工作站所需要的产能与表 8-6 使用 CPOF 的方法计算结果不相同，其差异值反映出产品组合与需求物料的影响力，同时也说明 CPOF 所使用的历史资料值只是平均工作站负荷百分比。而产能料单法却可以计算出详细产品组合的产能负荷。要注意的是表 8-6 与表 8-8 的对主生产计划所需的总工时需求（920）是相同的，各时期的工作负荷却不一样。

表 8-7 途程及标准工时资料表

成品	批量	操作	工作站	标准设置时间	每单位标准设置时间	每单位标准工作时间	单位总加工时间
A	40	OP1	WC1	1.0	0.025*	0.025	0.05^α
B	20	OP2	WC1	1.0	0.050	1.4	1.45
组件							
C	40	OP31	WC2	1.0	0.025	0.575	0.60
		OP32	WC3	1.0	0.025	0.225	0.25
D	60	OP4	WC2	2.0	0.033	0.067	0.10
E	100	OP5	WC2	2.0	0.020	0.080	0.10
F	100	OP6	WC2	2.0	0.020	0.0425	0.0625

加入产品结构后产能估算

成品 工作站	A 单位总时间	B 单位总时间
WC1	0.05^α	1.45
WC2	0.70^β	0.55^γ
WC3	0.25	0.00
单位总时间	1	2

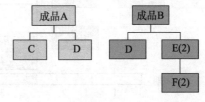

图 8-6 A 产品及 B 产品的 BOM

* 0.025 = 准备时间÷批量 = 1.0/40

α 0.05 = 每单位设置时间+每单位加工时间 = 0.025 + 0.025

β 0.70 = 0.6 + 0.1，图 8-6 中一个 C 加一个 D

γ 0.55 = 0.1+2×（0.10）+ 4×（0.0625），一个 D 加两个 E 加四个 F

表 8-8 利用产能料单法求得的产能需求

工作站	周期													总小时	负荷百分比/%
	1	2	3	4	5	6	7	8	9	10	11	12	13		
WC1	15.5*	15.5	15.5	15.5	15.5	37.75	37.75	37.75	37.75	45.5	45.5	45.5	45.5	410.5	44.62
WC2	19.5	19.5	19.5	19.5	19.5	34.75	34.75	34.75	34.75	44.5	44.5	44.5	44.5	414.5	45.05
WC3	5	5	5	5	5	7.5	7.5	7.5	7.5	10	10	10	10	95	10.33
	40	40	40	40	40	80	80	80	80	100	100	100	100	920	100

* 15.5 = （20×0.05）+（10×1.45）

3. 资源轮廓法

CPOF 和产能料单法都没有考虑到各个工作站预期负荷的时间问题。而资源轮廓法则近一步特别考虑了生产的前置时间。因此资源轮廓法在粗略产能计划中算是比较详细的一种方法。

为了使用资源轮廓法，除了要利用图 8-6 与表 8-7 的资料外，尚需要每件产品或零组件的生产前置时间（lead time）。在这个简化的例子中，假设装配每件最终产品需要一单位的前置时间，同时每一零组件的每一项作业也假设需要一单位的前置时间。例如零件 D、E、F 都只需要一个作业，所以生产这些零件的前置时间分别是一单位，而零件 C 由于需要分别于工作站 WC2 及 WC3 进行加工作业，各分别需要一单位的前置时间。

使用资源轮廓法时，必须针对每一最终产品与其零组件准备如图 8-7 的先后操作时间关系图。图中产品 A 之最终装配完成时间在第五期，则零件 C 及 D 必须要在第四期完成生产，以及第五期的装配。又由于零件 C 需要两期的前置时间，因此必须要在第三期就开始于工作站 WC2 加工。

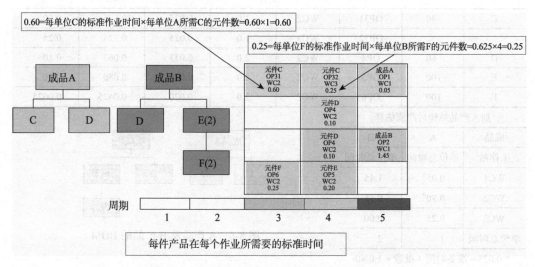

图 8-7 每件产品每个作业所需要的标准时间

为方便起见，将每件产品每个作业所需要的标准时间标于图 8-7，表 8-9 则为产品 A 及产品 B 依各前置时期每个工作站所需的工时，下半部则显示由主生产计划在第五期总共所需要的产能。主生产计划上其他每一期的需求数量若有变化，则相对的各期产能需求也会跟着变动，例如在第四期工作站 WC2 必须要有 5 小时的产能以支援第五期的需求。而主生产计划的第六期则需要另外的 24.25 小时由工作站 WC2 于第四期提供。所以图 8-7 在第四期总共需要工作站 WC2 提供 29.25 小时的产能。以此方法可以算出每期各个工作站所需提供的产能。

表 8-9 欲在周期 5 中组装一单位所需的所有时间

	周期		
产品 A	3	4	5
工作站 WC1	0	0	0.05
工作站 WC2	0.6	0.1	0
工作站 WC3	0	0.25	0
产品 B			
工作站 WC1	0	0	1.45
工作站 WC2	0.25	0.30	0
由主生产计划中 20 单位 A 及 10 单位 B 所展开的需求			
周期 5	周期		
	3	4	5
20 单位 A			
工作站 WC1	0	0	1

续表

周期 5	周期		
	3	4	5
工作站 WC2	12	2	0
工作站 WC3	0	5	0
10 单位 B			
工作站 WC1	0	0	14.5
工作站 WC2	2.5	3	0
工作站 WC3	0	0	0
总计所需			
工作站 WC1	0	0	15.5
工作站 WC2	14.5	5	0
工作站 WC3	0	5	0

比较产能计划整体因子法以及资源轮廓法所产生的产能计划（见表 8-6 以及表 8-10），可以看出时间轴对产能需求的影响。虽然主生产计划产生的总产能需求仍然相同，可是每期对于各个工作站的产能需求却不同。例如工作站 WC3 在使用 CPOF 对第六周的产能需求为 8 小时，而使用资源轮廓法却只需要 7.5 小时，这反映了时间关系对资源需求的影响。

表 8-10 资源轮廓法的产能计划

工作站	周期													总工时	负荷百分比/%
	0	1	2	3	4	5	6	7	8	9	10	11	12	13		
WC1	0	15.5	15.5	15.5	15.5	15.5	37.75	37.75	37.75	37.75	45.5	45.5	45.5	45.5	410.5	44.62
WC2	34	19.5	19.5	19.5	29.25	34.75	34.75	34.75	42	44.5	44.5	44.5	13	0	414.5	45.05
WC3	5	5	5	5	5	7.5	7.5	7.5	7.5	10	10	10	10	0	95	10.33
总和	39	40	40	40	49.75	57.75	80	80	87.25	92.25	100	100	68.5	45.5	920	100

前述方法为主管人员进行主生产计划提供了决策参考。但若产能不能满足需求，则产能的供给或是需求就需要加以修正。如果是产能供给问题，则有加班或减班、雇员或裁员、增加或减少机器等选择。产能计划可以通过替代加工途程、自制或外包、外购、原物料改变、与顾客协商变更交期或是修改主生产计划等管理手段以满足要求。

8.3.3 产能需求计划

产能需求计划（capacity requirements planning，CRP）具有建立、衡量及调整产能界限或产能水准的功能。产能需求计划是详细决定需要多少人工和机器以完成生产工作的过程。在 MRP 系统中，已发放至现场的指令单与计划开立的生产指令单会被输入至 CRP 中，通过生产途程与标准工时转换成依工作中心在某段期间内的总工作小时。

产能需求计划的运作与 MRP 有直接关系，其过程承接自 MRP，如图 8-8 所示，主要是将 MRP 展开出来的物料需求转换成设备及人力资源需求。这种资源需求常常是以一系列的负荷报表（load reports）形式表示，而这种负荷报表可以比较各工作站及各部门已知产能及预期的未来产能需求。然后，由决策人员通过该负荷报表，了解产能供需，并采取应有的措施。若是产能足够，则可确定部分的临时性 MPP，否则就需要改变产能或采取其他措施来配合。

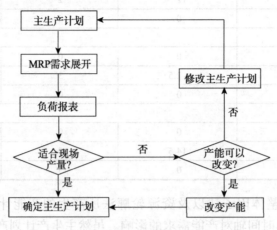

图 8-8　产能需求计划流程

1. CRP 输入与输出

图 8-9 显示了产能需求计划的输入资料与输出资料的关系。其输入资料包括已发放工厂指令单、计划发放中的指令单、途程、各项作业的标准时间、前置时间和各工作中心产能。这些信息可由下列资料得到。

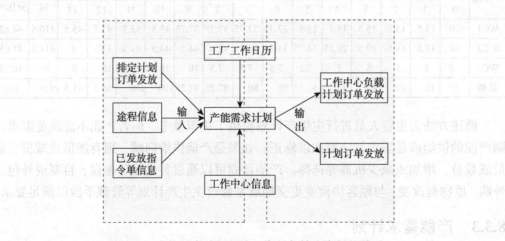

图 8-9　产能需求计划的输入资料与输出资料的关系

1）已发放指令单信息

已发放指令单是 MRP 中预期收货的一部分，是有关料件制造量、开工和完工日期的合发工令，显示料件的制造数量、交货期和必须进行的各项作业。简言之，已发放指令单信息是已排定工令的记录，通常以人工维护或电子档案的形式存在。

2）计划订单发放

计划订单发放是指根据产品的毛需求透过 MRP 逻辑计算，成为计划发放中的指令单，这项资料将输入 CRP 以计算出各工作中心未来各期的总产能需求量。

3）途程信息

途程是料件从一工作中心至另一工作中心加工作业先后顺序的记录，其可被记录在途程单上或以电子档案形式存在，主要包含下列信息。

（1）必须执行的操作。

（2）操作顺序。

（3）所使用工作中心。

（4）替代用工作中心。

（5）各操作所需的夹治具。

（6）标准时间：准备时间和单位运转时间。

4）工作中心信息

工作中心是由一部或数部机器和操作员组成的生产设施，机器能够执行相同的功能并具有相同产能。工作中心档案包含产能、料件搬运、等待和上机等待时间等信息。

5）工厂工作日历

例 8-3：延续 8.3 节计算粗略产能计划的范例。A 产品及 B 产品的 BOM 如图 8-6 所示。A 产品及其组件 C、D 的已发放指令单的主要记录列于表 8-11，标准工时与途程列于表 8-7，各工作中心主要信息列于表 8-12，而 A 产品的主生产计划列于表 8-5。

表 8-11 10 月 1 日 A 产品的已发放指令单信息

零件编号	生产批量策略	期初库存	已核发指令单	到期日	前置时间
A	LFL	10	40	10/5	1 周
D	LFL	0	20	10/5	1 周
C	LFL	0	20	10/12	2 周

表 8-12 A 产品的工作中心主要信息

工作中心	可用时间/小时	使用率/%	效率/%
WC1	20	100	100
WC2	20	100	100
WC3	20	100	100

根据 A 产品的粗略产能计算结果（请参考表 8-6、表 8-8 或表 8-10），如果规划者认为此主生产计划合理可行，便可以根据每周预计要生产的数量展开物料需求计划；为了方便说明，只摘录前七周的物料需求计划，如表 8-13 所示（规划始点 9/30）。

除此之外，现场还有一些已发放正进行加工作业的指令单，其资料见表 8-11。

由于本例属于批量生产形态，产能需求的计划需要分别计算准备时间及操作时间。首先，我们计算表 8-11 中料件 A、料件 D 与料件 C 在每一周期发放计划性订单所需要的产能，其结果如表 8-14 所示（为了方便说明，我们只取前四周的产能需求计划）。以料件 D 为例，若要在第二周生产 10 个料件，则需要产能 $0.067 \times 10 + 2$（每单位标准工时×生产个数＋准备时间/每批量）＝2.67 小时。

表 8-13 A 产品的物料需求计划

料件 A								
固定期间订购；订购量：LFL；前置时间：1								
周								
	0	1	2	3	4	5	6	7
毛需求		20	20	20	20	20	30	30
预期收货		40						
预计库存量	10	30	10	0	0	0	0	0
净需求				10	20	20	30	30
计划订单收货				10	20	20	30	30
计划订单发放			10	20	20	30	30	

料件 D								
固定期间订购；订购量：LFL；前置时间：1								
周								
	0	1	2	3	4	5	6	7
毛需求			10	20	20	30	30	30
预期收货		20						
预计库存量	0	20	10	0				
净需求				10	20	30	30	30
计划订单收货				10	20	30	30	30
计划订单发放			10	20	30	30	30	

料件 C								
固定期间订购；订购量：LFL；前置时间：2								
周								
	0	1	2	3	4	5	6	7
毛需求			10	20	20	30	30	30
预期收货			20					
预计库存量	0	0	10	0				
净需求				10	20	30	30	30
计划订单收货				10	20	30	30	30
计划订单发放		10	20	30	30	30	40	

表 8-14 计划核发的产能需求　　　　　　　　　　　　时间单位：小时

工作站	1	2	3	4
WC1	0	0.025×10+1	0.025×20+1	0.025×20+1
WC2		0.067×10+2	0.067×20+2	0.067×30+2
	0.575×10+1	0.575×20+1	0.575×30+1	0.575×30+1
WC3	0	0.225×10+1	0.225×20+1	0.225×30+1

随即必须考虑已核发至现场的指令单所需产能。根据表 8-11 所示，已经有三个工单核发至现场：每一指令单在现场工作位置的信息可由现场管制系统报告获得，此类信息在封闭式 MRP 系统中假设为可获知的。产品 A 尚有一项作业需完成，而其他两工单尚有两项作业（也就是最后两项作业）需完成。利用此信息及途程信息中的信息建立了表 8-14。其中：

一批作业时间 = 整备时间 + 数量 ×（操作时间/件）

然后，将作业时间置于适当的每周时格内。然后依各工作中心汇总产能需求，如

表 8-15 所示。接下来将计划性工单核发所需产能（表 8-15）与已经核发至现场工单所需产能（表 8-16）相加，产生表 8-17 的产能需求计划。

表 8-15 已核发工单所需产能　　　　　　　　　　　时间单位：小时

零件	工作中心	周	准备时间	操作时间计算	操作时间	总时间
A	WC1	1	1	0.025×40	1.00	2.00
D	WC2	1	2	0.067×20	1.34	3.34
C	WC2	1	1	0.575×20	11.50	12.50
C	WC3	2	1	0.225×20	4.50	5.50

表 8-16 已核发工单的产能需求摘要　　　　　　　　时间单位：小时

工作站	周	
	1	2
WC1	2	0
WC2	15.84	0
WC3	0	5.5

表 8-17 10 月 1 日 A 产品的产能需求计划　　　　　时间单位：小时

工作站	周						
	1	2	3	4	5	6	7
WC1	2	1.25	1.5	1.5	1.75	1.75	1.75
WC2	22.59	15.17	21.59	22.26	22.26	22.26	22.26
WC3	0	8.75	5.5	7.75	7.75	7.75	7.75

根据产能需求计划的结果，可以汇总出每个工作中心的复核报告，表 8-18 为 A 产品的工作中心的负荷报告（以前四周为例）；另外，也可以绘制出 A 产品的产能负荷图（图 8-10），此图很清楚地指出产能需求超过满载的周期，以供规划者发放计划性订单时的决策参考。

表 8-18 A 产品的工作中心的负荷报告　　　　　　　时间单位：小时

周	工作站	第一周	第二周	第三周	第四周
已核发负荷	WC1	2	0	0	0
	WC2	15.84	0	0	0
	WC3	0	5.5	0	0
计划负荷	WC1	0	1.25	1.5	1.5
	WC2	6.75	15.17	21.59	22.26
	WC3	0	3.25	5.5	7.75
总负荷	WC1	2	1.25	1.5	1.5
	WC2	22.59	15.17	21.59	22.26
	WC3	0	8.75	5.5	7.75
可用产能	WC1	20	20	20	20
	WC2	20	20	20	20
	WC3	20	20	20	20
过剩/不足产能	WC1	(18)	(18.75)	(18.5)	(18.5)
	WC2	2.59	(4.83)	1.59	2.26
	WC3	(20)	(11.25)	(14.5)	(12.25)

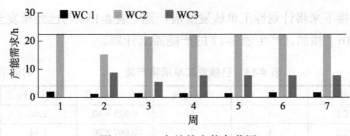

图 8-10　A 产品的产能负荷图

讨论：如果总负荷超过可用产能，试问将如何调整产能计划？

2. CRP 与 RCCP 的差异

产能需求计划与粗略产能计划均是产能计划，除前述在角色与地位上有不同外，在处理程序上还有下列四点不同之处。

（1）产能需求计划充分利用物料需求计划系统所产出来的以时间为基准的物料规划信息，这包含了预期收货量、计划订单量与批量大小。

（2）在产能需求计划过程当中，使用的物料需求计划系统由毛需求至净需求展开的净需求总额已考虑到零件和装配件的现有存货量。

（3）现场管制系统提供了工厂内在制品的当前状态，所以只有尚待完成的产能会被归入产能的计算中。换句话说，产能需求计划较多考虑目前所有在制品的状况。

（4）产能需求计划过程中会考虑到相关服务性零件的需求量，以及无法列入主生产计划的其他零件的需求量，以及一些其他附加的产能，如被 MRP 的计划者列为耗用料的误差。

因此，产能需求计划工作不仅需要粗略产能计划所需的资源轮廓信息（如 BOM、途程、标准时间、前置时间等），还需要加上物料需求计划的计划订单和各个工作中心预计完成的当前在制品状况。

 学生自学要求

一、概括本章基本知识逻辑，200～300 字

二、熟悉本章基本概念、术语及其英文表达

　　产能计划/capacity planning
　　产能管理/capacity management
　　优序计划/pecking order plan
　　资源计划/resource planning
　　粗略产能计划/rough-cut capacity planning
　　产能需求计划/capacity requirements planning
　　需求产能/capacity required
　　可用产能/capacity available
　　评定产能/rated capacity
　　计算产能/calculated capacity

实证产能/demonstrated capacity
查定产能/衡量产能/measured capacity
过剩/不足产能 over/under capacity
计划产能/planned capacity
可用时间/available time
使用率/utilization factor
效率/efficiency
生产率定额/productivity quota
偏置天数/days offset
提前期偏置/lead time offset
产能计划整体因子法/capacity planning using overall factors, CPOF
产能料单法/capacity bills
资源轮廓法/resource profile
已核发负荷/released load
计划负荷/planned load
总负荷/total load
产品规格/product specifications
产品组合/product mix
工作效力/work effort
时间与动作研究/time and motion study
停机时间/downtime
人、机器、材料、方法、环境/man、machine、material、method、environment, 4M1E
资源清单/bill of resources，BOR
已发放指令单档/open order or scheduled receipts file
计划订单发放/planned order releases
途程档/routing file
工作中心档/work center file
工厂工作日历/shop calendar
满载/overlord
过剩/不足产能 over/under capacity
"成堆"现象/lumpiness phenomenon
服务性零件/service parts

三、预习并思考下列问题

1. 基本问题：是什么的问题

（1）产能是如何定义的？

（2）可用产能是什么？它受哪些因素的影响？

（3）企业核算生产能力的步骤是怎样的？

（4）产能计划是什么？它包括哪几个层级？

（5）制订资源计划（RP）的目的主要是什么？
（6）资源轮廓法所考虑的前置时间是如何定义的？
（7）APICS词典是如何定义产能需求计划的？
（8）产能需求计划的流程是怎样的？
（9）产能需求计划和粗略产能计划的差异在哪里？

2. 综合性问题：怎么做、在哪些场合适合做

（1）如何区别设计产能、查定产能和计划产能这三者之间的联系？
（2）对于机械加工车间来说，采用不同的生产方式其生产能力的计算方法有何不同？
（3）生产能力在不同类型生产单位中应该采用什么样的核定方法？
（4）资源计划、粗略产能计划以及产能需求计划这三个程序之间的关系是怎样的？
（5）制订粗略产能计划的方法有产能计划整体因子法、产能料单法以及资源轮廓法。请说一说这三种方法各适用于何种情况。
（6）如果工作站的总负荷超过了可用产能，我们将如何调整产能计划？
（7）现在有一个刚刚创办的玩具厂，试问一下这个玩具厂要如何制订产能计划来指导生产。

3. 关键问题：为什么的问题

（1）企业为什么要制订产能计划？
（2）为什么需求产能一般来说要比可用产能大一些？
（3）为什么可用产能是一个动态值？
（4）为什么产能计划要分为资源计划、粗略产能计划和产能需求计划这三部分？这三部分又为什么分别与总生产计划、主生产计划和物料需求计划相对应？

四、本章知识逻辑

 即测即练题

第 9 章

总生产计划

【学习目标】①了解总生产计划在生产计划与控制（PPC）活动中的角色，掌握总生产计划及其相关概念和常用术语，以及主要规划策略（平准化、追随策略，外包策略和加班策略等）；指出进行总体生产计划时所需要的信息及面临多目标决策时应如何取舍；了解总生产计划和销售与运营计划之间的关系。②掌握总体生产计划的常用规划技术及其算法流程，如线性规划模型、运输模型、试算表法及列表法等。

【学习效益】能够使用简单数学工具或 Excel 表进行总体生产计划的编制工作。

9.1 总生产计划概述

总生产计划（aggregate planning，又称生产计划或总体生产计划）是在一定的计划区域内，以生产计划期内成本最小化为目标，用已知每个时段的需求预测数量，确定不同时段的产品生产数量、生产中的库存量和需求的员工总数。总生产计划一般是指 3 个月到 1 年内的中期生产计划。想象在一个制造产能、运输能力、储存空间、信息的传递都没有任何限制且不需要成本的世界里：材料、生产、仓储与运送的前置时间及成本均为零，产品可以立刻被制造出来，且可立即送交到客户手中。在上述的世界中，事先的规划活动是可以忽略的，因为客户在任何时间需要产品时，需求都可以立即被满足。然而在我们的真实世界中，工厂的产能需要成本、库存需要成本、生产或材料需要前置时间。因此，公司必须对产能进行规划，如何去配置可用的产能？是否需增聘或解雇人员以适应产能计划？是否需要投资新设施来满足未来扩张的市场需求？另外，淡季时如何刺激市场需求以平衡生产供给？如何在需求发生前决定供给计划以满足需求？上述问题均需要所谓的总生产计划来协助。

总生产计划是一个过程，在某一个特定的时间中，公司决定产能、生产数量、外包需求、存货数量等策略。总生产计划的目标是以最大利润或最小成本的方式满足需求。总生产计划如其名称一般，规划的对象是产品群或产品族而不是个别产品，一般建立产品族可以依据制造工艺的相似性来归类。做规划时需选择适当的单位以作为产品族的衡量标准，如以金额单位或某一整合性生产单位。例如在制造电视机的公司，其在做总生产计划时，不必将电视机细分为 55 寸、65 寸或 70 寸等，应将其当作同一产品族来进行规划。由于规划详细程度的特性，就总生产计划而言，在 3 个月至 1 年这样的时间长度内，决定单一产品的生产水平似乎太快，但对于决定是否建造一座新的生产设施而言又太慢。因此，总生产计划可以协助回答的问题是：公司应该如何最佳化地利用现有设施而达成利润的最大化。总生产计划的主要目标是在给定的时间区间内确认下列的作业决策。

（1）生产速率（production rate）：每单位时间（如每周或每个月）完成的单位数。

（2）人力（workforce）：配合生产所需要的人员数。

（3）加班（overtime）：计划的加班生产量。

（4）机器产能小时（machine capacity level）：生产所需要的机器产能数。

（5）外包（subcontracting）：在规划期间内所需要的外包产能。

（6）待补（预收）订单（backlog）：在本期未能满足的需求延至未来某个区间补足的数量。

（7）每期库存量（inventory on hand）：规划期间某一时期末的存货量。

（8）物料（materials）：规划期间因配合生产而每期所需要的物料数量。

总生产计划的单位：①用能够综合企业生产的各种产品的共同的计算单位来制订总生产计划（如桶、吨等计量单位或金额单位）；②总体单位用于总生产计划中描述所需量、生产水平、雇佣水准等项目，使用总体单位使需求预测更容易，计划制订更简单。

总生产计划的目标是在利润最大化的前提下满足需求。总生产计划问题可以定义如下：在给定规划时间内的每一期间之未来需求信息，决定每一期间的生产量、存货量以及产能需求（自制或外包），以使得在规划时间长度内公司的利润达到最大。

进行总生产计划时必须先制定规划时间长度，总生产计划通常为3个月至1年。此外，也必须指出在规划时间长度内每个期间的时间区间长度的单位，如周、月或季。一般而言，总生产计划以月或季为单位进行规划，然后必须获得进行总生产计划时所需的关键信息，并提出总生产计划的决策变量是什么。

总生产计划的规划品质对于公司的获利水平有显著的影响，一个不佳的总生产计划，在可利用的存货和产能有限的条件下，不能与预测需求相互配合，可能会导致销售损失从而使利润降低；不良的总生产计划也可能导致大量的剩余库存和闲置产能或资源，从而增加成本。因此，总生产计划在帮助供给面总体利润最大化时是一个非常重要的工具。

总生产计划是在利润最大化或成本最小化的目标下，考虑相关的限制条件来规划供给与需求平衡的问题。对于需求非常稳定的产品，其需求量每月很少有变化的情况下，进行总生产计划是非常容易的。在此情形下，公司预先安排足够的产能来满足未来每期的预测需求，然后在接近需求点时才生产制造出来，因此只会有少量的库存。然而有些产品在各期间会有显著的需求差异，如季节性的因素。在各期间需求形态的改变会引起供应链上的一些问题。例如在需求旺季时高度缺货而在需求淡季时过多存货。面对这种可预测性的变异性需求，总生产计划可以从下列两方面来处理。

从供给面：利用产能、存货、外包等方式。

从需求面：利用短期的价格折扣和促销来改变需求形态。

例如工程机械的需求是季节性的，销售量大都集中在春季，因而工程机械公司需要规划供给和需求之间的平衡。其可能的方法有：①建立足够的制造产能以符合任一期间包含旺季时的需求，这种方法的优点是可使工程机械公司有非常低的库存成本，因此，任何期间都不需要堆积存货；然而缺点是在大多数需求很低的月份里，昂贵的设备产能又被闲置。②在淡季建立存货，使得全年能有稳定的生产。这种生产方式的好处是可使工程机械公司有较便宜的工厂，然而较高的存货持有成本使此方案的总体成本增加。③从需求面着手，工程机械公司可以在春季前的淡季进行价格促销，这样的促销会使一部分的春季需求转移到之前的淡季，因此整年的需求可以较平均，且可降低季节性的起伏。工程机械公司必须利用总生产计划来评估不同的方案，决定哪种方案才是使公司利润最大或是成本最小的方案。以下分别从供给面和需求面来介绍其管理方式。

1. 管理供给

（1）生产率的改变：在不改变现有资源的条件下，加班是增加生产率的常用方法。一般而言，这通常需要付出额外工资。相反地，在产品市场不景气时可以缩短工作时间，但缩短工时会减少工资因而影响员工的工作士气。另外当遇到需求剧增时，可以利用外包的方式来增加生产率；而需求不景气时，则可变成其他厂的外包商继续生产，以维持稳定的劳动力数量。

（2）劳动力的改变：改变劳动力通常采用新聘或解雇员工的方法实现，不论哪一种都有其缺点。增加雇用员工会使人事费用及教育训练费用增加；而解雇员工则需支付遣散费并容易造成员工士气下降。在市场景气时可以多雇用员工来增加劳动力；但若遇到市场不景气，这些多雇用的员工将会闲置。另外，有时公司会利用季节性的临时工，如采茶业常利用这种方式来应付春茶的收割及处理。

（3）专用与柔性的设施设计：这种方式是公司同时建立专用与柔性的生产设施。专用的生产设施以非常有效率的方式，在特定时间内相当稳定地制造出一定量的产品。柔性的生产设施可以制造出许多不同种类的产品，且生产量可以较专用的做大幅度的调整，不过其单位成本可能较高。例如随车起重机的制造商也会同时生产铲雪机，家电制造商除生产空调外也生产烘干机，都是生产季节性需求互补商品的例子。

（4）调节存货：存货是在市场不景气时所生产出来以供应景气时的产品需求，但是这种策略会使库存持有成本增加，并需要足够存放这些存货的仓库空间。而对于易腐败的商品则不适合这项策略。另外在产品需求大时，有时可以缺货后补的方式或放弃接单来处理，但是对于竞争激烈且利润较低的商品则不适合用这个方法。

2. 管理需求

需求面的管理可以需求转移来处理，方案如下。

差别定价：差别定价为常用的方法，目的是将需求从尖峰转移至离峰时段，也可以提高价格以抑制过多的需求。例如，演唱会不同的座席区域有不同的票价，差时供电以避开用电高峰，航空公司在淡季时提供较低的票价，都是鼓励需求从尖峰转至低峰时段的例子。

促销手段：在市场需求不景气时，利用价格折扣、发放优惠券或增加广告次数等促销方式亦可以刺激需求。例如，超市买第二件商品最低五折、买一送一的优惠等。

预收订单：这是利用预收订单的方式转移需求至另一期间，也就是在旺季时因供给不足而先接下订单需求，留至淡季时再进行生产补货，但此种方法关键在于客户是否愿意等待交货。

总体生产计划的四大战略如下。

（1）随着需求变化新聘/解雇员工，变动雇佣水平。

（2）雇佣维持一定水平，利用加班和空闲时间的生产率变化来适应需求变化。

（3）维持一定的雇佣水平和生产率，用库存及推后交货适应需求变化。

（4）维持一定的雇佣水平和生产率，定制OEM（定点生产）量的调整适应需求变化。

总体生产计划的常用决策变量是雇佣水平、作业时间、库存/推后交货、定制OEM四种，采用简单战略只需用一个变量适应需求变动，采用综合战略进行决策需要利用两个以上的变量以适应需求变动。下面基于总生产计划的战略探讨总生产计划的制订与修正问题。

9.2 总生产计划的制订与修正

生产计划所采取的策略，主要是依计划期不同而定，一般而言，长期生产计划在计划程序上除内在因素外，尚需考虑外在环境因素，诸如市场预测、资源状况、资本结构、法律法规与生产形态等。在长期生产计划的限制下，所做的中期生产计划，因工厂设备与生产能力计划已由长期投资计划确定，所以当需求量变化时，就不能使用改变生产能力的策略，只能采取一些其他的方法，这些方法主要包括：①通过加班、减少工作小时，以改变生产量，即一般所说的生产平稳问题；②通过增加雇用员工、解雇员工，改变人工数量，即劳动力平稳问题；③通过调整存货即改变存量及将工作外包等；或采取这些策略的混合策略。适当地拟定这些策略或者混合策略，所得最经济有效的生产计划即为总体生产计划。短期生产计划乃是依据总体生产计划拟定制造途程、排程与工作分派等项工作。

9.2.1 生产计划所需资料

总生产计划所需资料、决策变量及决策目标如图9-1所示。

1. 生产成本

生产成本通常分为固定成本与变动成本。固定成本与生产数量无关，最常见的是为生产开始前的准备工作，发生设置成本。生产完成后的清理工作，产生拆卸成本。变动成本为实际产生的成本，如人工、材料、电力、一般用品等，由生产量决定。通常假定在某生产量范围内，其单位变动成本为常数，只有成批生产时，其平均单位变动成本将视批量大小而变，这是由于工人常因学习而获得经验，受学习曲线的影响，生产继续时单位边际成本降低。一般学者认为除工人外，其他如设计与工程人员也因学习而获效益，扩大范围，可用制造进步函数表示。相反地，若为赶工生产，必须增加班次或加班生产，外包或利用低效率机器和人力等，都会使单位变动成本增加。

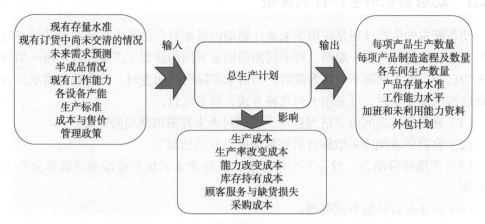

图 9-1　总生产计划所需资料、决策变量及决策目标

2. 生产率改变成本

由某一期间至下一期间，如生产率变更超过正常生产能力，显而易见，必须通过加班或外包以提升产能，其单位成本将增加。通常生产率改变成本，包括改变机器设备成本及工人调动成本，将增加计划与控制工作并提高重新安置物料等成本，当生产率不变时，前述各类成本均可避免发生，若生产率变更而必须改变劳动力数量，则会产生雇用或解雇工人的损失、雇用与训练成本、调动与再训练成本等。

3. 生产能力改变成本

在长期生产计划中，扩厂或增设分厂，旧厂拆弃与处置，设备的增减，均与公司总生产能力相关，生产能力改变成本，此项策略就是战略性计划，一般需考虑经济因素，较少使用。因而在中期生产计划中，均假定生产总能力为固定。

4. 存量成本

生产计划中可能需要在淡季中建立存量，以应未来旺季的需求，亦可能成批生产，需要大量存储位置。或因作业顺序改变，造成较多半成品存量。在生产计划中，管理者应该考虑存量所带来的成本与效益，二者间取其最佳组合。

不能及时满足顾客需求会造成利润方面损失或者产生赶工加班成本与商誉上的损失。不能按时交货亦会造成顾客不再订货的情况，这类损失，由于：①生产与需求无法取得配合，出现生产不足与交货延期现象；②过多闲时导致实际生产率低于原计划生产率。所以销售部门接受订货时要与生产管理部门进行协调，讨论如何提高生产效率。

9.2.2　静态需求的生产计划模型

静态需求是假设产品需求量或预测量不随时间变化而为常数。若需求量具有随机性，则假定在某一固定期内，其中每一期间的概率分配均属相同。在静态需求模型中，诸如多项产品问题、混合问题、材料切割问题等，均可由线性规划模型进行描述。

9.2.3 动态需求的生产计划模型

动态需求的生产计划是应用于未来计划期内市场对产品需求率呈现变动状态时，我们将计划期限分为若干期间，对不同期间拟定不同的计划生产量，假定每一期间需求率为已知，但各期间不一定为常数，当需求率随时间而变时，称为动态需求。管理者面临需求量变动时，可采用下列几种方式，以资应付。

（1）在低需求期间建立适当存量，以应付未来高需求期间的需要。
（2）在高需求期间采取缺货后补策略或忍受销售损失。
（3）在维持劳动力、设备不变情形下，在旺季采取加班或淡季采取部分停工方式处理。
（4）旺季时以外包方式处理。
（5）以聘用或解雇方式，改变人工数，以改变劳动生产力。
（6）以改变工厂内生产设备方式改变产能，而对于中期生产计划，因计划期通常在1年以内，生产设备多假定固定，故本法常无法采用。

上述各种方式与下述有关成本需一并考虑，才能拟订最佳计划。
（1）产品零件外购时的采购成本。
（2）生产成本，包括正常情形下生产或生产率变动时的支出成本。
（3）存量持有成本。
（4）因无法按时供货，采用缺货后补的策略或忍受销售损失。
（5）增加或减少劳动力数量而产生的相关成本，包括雇用、训练与资遣等以及其他因增减员工引起的损失。
（6）与偏离正常生产量相关的成本，如加班需额外加班费或劳动力未能充分使用而产生的机会损失等。
（7）生产率改变成本，如机器的生产设置或拆卸成本，因在改变过程中使生产损失的机会损失，由于品质问题造成的损失以及由于排程改变造成效率不佳而产生的损失等。

现将动态需求模型分别说明如下。

1. 线性成本模型——仅考虑生产与存量持有成本

在生产期间，制成某项产品，设有数种方法或来源，生产成本内假设无固定成本部分，其单位变动成本常可视为常数。产品由某期间储存至下一期间的持有成本为已知，且设当生产改变时，无须增加额外成本，在不允许缺货情形下，获得最低成本的生产计划数学模型可表述如下：

设 y_{ijk} = 在第 j 期间利用 i 方法生产，供应 k 期间使用的数量。

r_{ijk} = 在第 j 期间利用 i 方法生产而存储至 k 期间使用的单位变动成本。

即 $r_{ijk} = c_{ij} + k_j + k_{j+1} + \cdots + k_{k-1}$ （$k \geq j$）

式中：c_{ij} 为第 j 期间利用 i 方法生产的单位变动成本；k_j 为由 j 期间存储至 $j+1$ 期间所需的单位持有成本。在不允许缺货情形下，y_{ijk} 有值时 k 必大于 j。若 k 小于 j，即

必有 y_{ijk} 等于零，此刻令与之相对的 r_{ijk} 值为无穷大。若第一期假设其期初存量为零，我们可得

$$\text{Min.} f(Y) = \sum_{i=1}^{m}\sum_{j=1}^{T}\sum_{k=j}^{T} r_{ijk} y_{ijk} \quad (9\text{-}1a)$$

subject to:（产能约束）

$$\sum_{k=j}^{T} y_{ijk} \leqslant P_{ij} \ (i=1,2,\cdots,m; j=1,2,\cdots,T) \quad (9\text{-}1b)$$

（需求约束）

$$\sum_{i=1}^{m}\sum_{j=1}^{k} y_{ijk} = D_k \ (k=1,2,\cdots,T) \quad (9\text{-}1c)$$

$$r_{ijk} \geqslant 0 \quad (9\text{-}1d)$$

式中：p_{ij} 为在第 j 期间利用 i 方法生产的最高产能；D_k 为第 k 期间的需求量，显然上述线性规划模型实属运输问题。设若第一期间具有期初存量 I_0，令 y_{0k} 为该存量在第 k 期间使用的数量，与之相对的单位持有成本为 r_{0k}，假设生产成本为零，则

$$r_{0k} = h_1 + h_2 + \cdots + h_{k-1}$$

式中：h_t 为由 t 期间存储至 $t+1$ 期间所需的单位持有成本。

式（9-1）各式应修正如下：

$$\text{Min.} f(Y) = \sum_{i=1}^{m}\sum_{j=1}^{T}\sum_{k=j}^{T} r_{ijk} y_{ijk} + \sum_{k=1}^{T} r_{0k} y_{0k} \quad (9\text{-}2a)$$

subject to：

$$\sum_{k=j}^{T} y_{ijk} \leqslant P_{ij} \ (i=1,2,\cdots,m; j=1,2,\cdots,T) \quad (9\text{-}2b)$$

（期初库存消耗约束）

$$\sum_{k=1}^{T} y_{0k} \leqslant I_0 \quad (9\text{-}2c)$$

$$y_{0k} + \sum_{i=1}^{m}\sum_{j=1}^{k} y_{ijk} = D_k \ (k=1,2,\cdots,T) \quad (9\text{-}2d)$$

$$y_{0k} \geqslant 0, y_{ijk} \geqslant 0 \quad (9\text{-}2e)$$

上述模型仍属于运输问题，故其可按表 9-1 进行求解，亦即最低成本生产计划可由运输问题进行求解。

$$*S = I_0 + \sum_{i=1}^{m}\sum_{k=1}^{T} P_{ik} - \sum_{k=1}^{T} D_k$$

在计算产能时，也可用人工小时为单位，但此时产品需求量亦需变成人工小时。未考虑工人的缺勤率，诸如事病假等因素，以及机器的实际工作效率，诸如扣除机器保养维护与故障等时间，应将实际能力作为可用能力。此外，各种假期如春节等停工，也应在该期间内扣除可用能力。

表 9-1 生产计划的运输问题列表

起始站		目的地					
		需求期间 1	需求期间 2	...	需求期间 T	未用能力	可用产能
期初存量		0	r_{02}	...	r_{0T}	r_0	I_0
生产期间 1	1	r_{111}	r_{112}		r_{11T}	0	P_{11}
	2	r_{211}	r_{212}	...	r_{21T}	0	P_{21}
	...	...	...		...	...	...
	m	r_{m11}	r_{m12}		r_{m1T}	0	P_{m1}
生产期间 2	1		r_{122}		r_{12T}	0	P_{12}
	2		r_{222}	...	r_{22T}	0	P_{22}
	...		...		...	...	...
	m		r_{m22}		r_{m2T}	0	P_{m2}
...							
生产期间 T	1				r_{1TT}	0	P_{1T}
	2				r_{2TT}	0	P_{2T}
	...				...	...	...
	m				r_{mTT}	0	P_{mT}
需求量		D_1	D_2	...	D_T	S^*	

若需在最后期间保留若干期末存量，仅需将期末原需求量加和后变成期末需求量求解即可。其他各种情形，诸如每期末至少需有多少存量，每期间正常时间生产最低数量等，都可以事先稍作修改后，再列出运输问题进行求解。

此外，若产品不止一项，仅需将每一期间项下分别列出 A、B、C 等产品即可。

2. 线性成本模型——同时考虑生产、存量与缺货成本

在上述模型中，若缺货可以后补，即属本节模型。这种情形，也很普遍。例如顾客同意交货延期，或在合约内约定，若误期交货，应按时间长短罚款等皆属本节模型，此时单位缺货成本也可以计算获得。

3. 线性成本模型——生产平稳问题

生产平稳问题系指改变生产能力，即考虑每个期间生产率的改变将增加生产成本。模型中考虑这种情形的很多，现举例说明。设仅有一种方法生产单项产品，并考虑缺货情形。现令

$X_t = t$ 期间生产量（$t = 1, 2, \cdots, T$）

$I_t = t$ 期间期末存量

$I_t^+ = t$ 期间现有期末存量

$I_t^- = t$ 期间缺货数量

$\Delta_t^+ =$ 由 $t-1$ 期间至 t 期间生产率的增加量

$\Delta_t^- =$ 由 $t-1$ 期间至 t 期间生产率的减少量

$c_t = t$ 期间单位变动生产成本

$h_t =$ 由 t 期间至 $t+1$ 期间的单位持有成本

π_t = 由 t 期间至 $t+1$ 期间的单位缺货成本

λ_t = 由 $t-1$ 期间至 t 期间生产率增加一单位改变的成本

ω_t = 由 $t-1$ 期间至 t 期间生产率减少一单位改变的成本

P_t = t 期间最高生产能力

D_t = t 期间需求量

目标为计划各期间生产量 $X_1, X_2, \cdots, X_T$，以使生产与持有以及生产率改变成本的总和最低，可得线性规划模型如下：

$$\text{Min.} \sum_{t=1}^{T} (\underbrace{c_t X_t}_{\text{生产成本}} + \underbrace{h_t I_t^+ + \pi_t I_t^-}_{\text{存货/缺货成本}} + \underbrace{\lambda_t \Delta_t^+ + \omega_t \Delta_t^-}_{\text{生产率改变成本}}) \quad (9\text{-}3a)$$

subject to:

存量平衡约束 $I_t = I_{t-1} + X_t - D_t \ (t=1,2,\cdots,T)$ （9-3b）

$$I_t = I_t^+ - I_t^- \quad (9\text{-}3c)$$

生产量平衡约束 $X_t = X_{t-1} + \Delta_t^+ - \Delta_t^-$ （9-3d）

产能约束 $X_t \leq P_t$ （9-3e）

$$X_t \geq 0 \quad (9\text{-}3f)$$

$$I_t^+ \geq 0 \quad (9\text{-}3g)$$

$$I_t^- \geq 0 \quad (9\text{-}3h)$$

$$\Delta_t^+ \geq 0 \quad (9\text{-}3i)$$

$$\Delta_t^- \geq 0 \quad (9\text{-}3j)$$

式中：I_t 可正可负，又 I_0 与 X_0 必须已知，始能在式（9-3b）与式（9-3d）于 $t=1$ 时列出其式，由于 I_t^+ 与 I_t^- 在式（9-3c）中为线性从属，由线性规划理论，可知 I_t^+ 与 I_t^- 不能在线性规划表列答案中同时出现，即 $I_t^+ \cdot I_t^- = 0$，同理 $\Delta_t^+ \cdot \Delta_t^- = 0$。另外式（9-3b）与式（9-3d）也可改写为

$$I_t = I_0 + \sum_{k=1}^{t}(X_t - D_k) \quad (9\text{-}3k)$$

$$X_t = X_0 + \sum_{k=1}^{t}(\Delta_k^+ - \Delta_k^-) \quad (9\text{-}3l)$$

经过此转变后可将 X_t 与 I_t 消去，整个模型将变成仅含有 Δ_t^+，Δ_t^-，I_t^+，I_t^- 等变量，此时式（9-3f）亦必须同时转变才行。有时 Δ_t^+ 与 Δ_t^- 亦常分别用 $(X_t - X_{t-1})^+$ 及 $(X_t - X_{t-1})^-$ 表示，即有

$$\Delta_t^+ = (X_t - X_{t-1})^+ = \begin{cases} X_t - X_{t-1}, & \text{若} X_t > X_{t-1} \\ 0, & \text{若} X_t \leq X_{t-1} \end{cases}$$

$$\Delta_t^- = (X_t - X_{t-1})^- = \begin{cases} 0, & \text{若} X_t \geq X_{t-1} \\ X_{t-1} - X_t, & \text{若} X_t < X_{t-1} \end{cases}$$

4. 线性成本模型——劳动力平稳问题

劳动力平稳问题,系指改变人工数,即每期间人工数改变将增加成本。若设生产率改变不增加额外成本,仅考虑加班与缺货成本时,其模型仍为线性规划,现令

W_t = 在 t 期间劳动力,按正常时间人工小时数计算

ω_t^+ = 由 $t-1$ 期间至 t 期间增加的劳动力(仍以人工小时计算)

ω_t^- = 由 $t-1$ 期间至 t 期间减少的劳动力(仍以人工小时计算)

O_t = 在 t 期间加班时间(仍以人工小时计算)

U_t = 在 t 期间未用时间(仍以人工小时计算)

X_t = 在 t 期间的生产量(以产品单位计算)

m = 单位产品所需的人工小时数

c_t = 在 t 期间产品单位变动成本(不含人工成本)

l_t = 在 t 期间正常时间内,每人工小时的成本

l_t' = 在 t 期间加班时间内,每人工小时的成本

e_t = 在 t 期间劳动力增加一人工小时的成本

e_t' = 在 t 期间劳动力减少一人工小时的成本

又 I_t,I_t',h_t,π_t 与 D_t 与前文代表意义相同。目标为计划各期间劳动力、生产量与存货量,使人工成本、生产与存量相关成本以及劳动力改变成本总和最低,可得

$$\text{Min.} \sum_{t=1}^{T}(c_tX_t + l_tW_t + l_t'O_t + h_tI_t^+ + \pi_tI_t^- + e_t\omega_t^+ + e_t'\omega_t^-) \tag{9-4a}$$

（生产成本）（正常时间人工成本）（加班时间人工成本）（存货/缺货成本）（工作时间增加/减少成本）

subject to:

$$\text{存量平衡约束 } I_t = I_{t-1} + X_t - D_t \tag{9-4b}$$

$$I_t = I_t^+ - I_t^- \tag{9-4c}$$

$$\text{劳动力平衡约束 } W_t = W_{t-1} + \omega_t^+ - \omega_t^- \tag{9-4d}$$

$$O_t + W_t - U_t = mX_t \tag{9-4e}$$

$$X_t \geq 0 \tag{9-4f}$$

$$I_t^+ \geq 0 \tag{9-4g}$$

$$I_t^- \geq 0 \tag{9-4h}$$

$$W_t \geq 0 \tag{9-4i}$$

$$\omega_t^+ \geq 0 \tag{9-4j}$$

$$\omega_t^- \geq 0 \tag{9-4k}$$

$$O_t \geq 0 \tag{9-4l}$$

$$U_t \geq 0 \tag{9-4m}$$

在此线性规划问题中,$I_t^+ \cdot I_t^- = 0$,$\omega_t^+ \cdot \omega_t^- = 0$,$O_t \cdot U_t = 0$,亦即在式(9-4e)中 O_t 与 U_t 不能同时有值。另外式(9-4b)和式(9-4d)中的 I_0 与 W_0 必须已知,也可由以下两式表示:

$$I_t = I_0 + \sum_{k=1}^{t}(X_k - D_k)$$

$$W_t = W_0 + \sum_{k=1}^{t}(\omega_k^+ - \omega_k^-)$$

$$C_{1t} = a_1 W_t + a_2 (W_t - W_{t-1})^2 \tag{9-5}$$

通常加班时间 O_t 仅为 W_t 的一部分而已。因此，需增加另一限制条件 $O_t - U_t \leqslant \theta W_t$，$0 < \theta < 1$，即部分而已。实际上，若同时考虑生产平稳问题与劳动力平稳问题，仅需将本模型与式（9-3）模型合并修正即可。

5. 劳动力改变模型——线性决策规划

本模型由 Holt、Modigliani、Muth 等人所拟定，常简称 HMM 模型，有时将 Simon 也计算在内，故也称 HMMS 模型。该模型所考虑的生产总成本为生产、存量与劳动力改变等成本之总和，但假定其可由线性与二次函数表示，因此，该模型具有近似性质。但结果较为简单，且为线性关系，应用极为方便。所以也常称为线性决策规划模型。

令 D_t 等于 t 期间需求量，常经换算以人工小时为单位；W_t 等于 t 期间劳动力，以员工数量为单位；I_t 等于 t 期末净总存量，也需经换算以人工小时为单位；I_t^* 等于 t 期末的理想净总存量；X_t 等于 t 期间的生产量，也以人工小时为单位。$C_{1t}, C_{2t}, \cdots$ 为各类成本。$a_1, a_2, \cdots$ 为换算系数。

首先，将劳动力成本写为

$$C_{1t} = a_1 W_t + a_2 (W_t - W_{t-1})^2$$

式中：第一项 $a_1 W_t$ 表示劳动力成本为线性关系，而劳动力改变成本用二次函数表示。

其次，生产成本可由两部分表示：①生产量函数，即 $K_1 X^2 + K_2 X + K_3$，所有 K 值均为常数；②与生产量相关的最佳劳动力，为 $W_0 = K_4 X + K_5$，但实际劳动力 W_t 与理想最佳劳动力具有偏差，会产生额外成本，可写为 $K_6 (W_t - W_0)^2$，即 $K_6 (W_t - K_4 X - K_5)^2$。故生产力成本 C_{2t} 可表示为为

$$C_{2t} = K_1 X^2 + K_2 X + K_3 + K_6 (W_t - K_4 X - K_5)^2 = a_3 X_t - a_4 W_t + a_5 (X_t - a_6 W_t)^2 \tag{9-6}$$

又存量成本 C_{3t} 也可表示为与理想期末净总存量差异的二次函数，即

$$C_{3t} = a_7 (I_t - I_t^*)^2 = a_7 (I_t - a_6 D_t)^2 \tag{9-7}$$

得整个计划期总成本为

$$C = \sum_{t=1}^{T}[a_1 W_t + a_2(W_t - W_{t-1})^2] + \sum_{t=1}^{T}[a_3 X_t - a_4 W_t + a_5 (X_t - a_6 W_t)^2] + \sum_{t=1}^{T}[a_7 (I_t - a_6 D_t)^2] \tag{9-8}$$

式中：W_{t-1} 为 $t-1$ 时的劳动力。因存量与生产量的关系为

$$I_t = I_{t-1} + X_t - D_t \tag{9-9}$$

将式（9-8）与式（9-9）合并，用拉式函数 L 表示得

$$L = C + \lambda (I_t - I_{t-1} - X_t + D_t) \tag{9-10}$$

式中：λ 为拉式函数，可求解得到，但整个计划期期末劳动力需按预先规划订定。最

后结果为

$$W_1^* = \sum_{t=1}^{T} \alpha_t D_t + \rho_1 W_0 + \rho_2 I_0 + \rho_3 \quad (9\text{-}11)$$

$$X_1^* = \sum_{t=1}^{T} \beta_t D_t + \rho_4 W_0 + \rho_5 I_0 + \rho_6 \quad (9\text{-}12)$$

式中：W_0 与 I_0 为目前的劳动力与存量。又 α、β 与诸 ρ 值均为常数，可由原模型系数诸 a 值决定。又根据式（9-11）与式（9-12），不难推得

$$W_2^* = \sum_{t=1}^{T} \alpha_t D_{(t+1)} + \rho_1 W_1^* + \rho_2 I_1 + \rho_3$$

$$X_2^* = \sum_{t=1}^{T} \beta_t D_{(t+1)} + \rho_4 W_1^* + \rho_5 I_1 + \rho_6$$

必须预测 $T+1$ 期的需求量，因此逐期可获得所有期间的劳动力与生产量。若在每期期末时，重新预测以后 T 期间的需求量，此为移动计划期计划法则，仅需式（9-11）和式（9-12）即可。

在式（9-11）和式（9-12）中，由于是线性关系，应用极为方便，且也可查知其各常数实由前述 a 值而得，而 a 值的正确决定与分析，常较困难，也是为本模型的缺点，因此有时常用敏感度分析进行核验。

9.3　总生产计划的其他模型

总生产计划，除前述数学模型外，还有参数化生产计划（parametric production planning，PPP）、搜索决策规划（search decision rule，SDR）与管理系数模型（management coefficients model，MCM）等。

由于数学模型的假设与实际情形有出入，如果设法尽量描述真实情景，数学模型会变得非常复杂，因此简易法则应运而生。例如先建立仅含生产与存量的成本模型，获得最佳生产计划后，再根据该项计划产生的劳动力改变或生产率改变视其影响增加成本若干，依经验调整再核算成本，也是非常简易可行的办法。

首先讨论管理系数模型，可假定总体生产计划第一期劳动力受需求量预测值 D、当前劳动力 W_0、存量 I_0 多寡与生产量 X_0 大小的影响，故假设

$$\hat{W}_1 = \rho_0 + \rho_1 W_0 + \rho_2 I_0 + \rho_3 X_0 + \sum_{t=1}^{T} \lambda_t D_t \quad (9\text{-}13)$$

式中：ρ 与 λ 均为系数，$\hat{W}_1$ 为第一期间预测所需劳动力数量。同样也可假设

$$\hat{X}_1 = \beta_0 + \beta_1 W_0 + \beta_2 I_0 + \beta_3 X_0 + \beta_4 I_0 + \sum_{t=1}^{T} \alpha_t D_t \quad (9\text{-}14)$$

式中：β 与 α 均为系数，$\hat{X}_1$ 为第一期间计划生产量。

式（9-13）和式（9-14）中的系数，可用统计学中最小二乘法进行估计。获得第

一期 W_1 与 X_1 后，再逐期求得其他期间的劳动力与生产量。

参数化生产计划也需先求得模型参数数值，但方法稍有不同。假设第一期间劳动力数量为

$$W_1 = W_0 + \alpha(W_1^* - W_0), \quad 0 \leq \alpha \leq 1$$

式中：W_1^* 为假设劳动力改变不需增加成本时的劳动力，也可写为

$$W_1 = \alpha W_1^* + (1-\alpha)W_0 \tag{9-15}$$

式中：W_1 为当前 W_0 与理想值 W_1^* 的加权平均值，而 W_1^* 可由式（9-16）计算：

$$W_1^* = \sum_{t=1}^{T} b_t g(D_t^*) + b_1 g(I_1^* - I_0) \tag{9-16}$$

式中：D_t^* 为 t 期间的期望需求量；$g(\cdot)$ 为将单位产品转换成所需人工小时的函数；b_t 为参数加权值，逐次降低，$0 \leq b_t \leq 1$，且 $\sum b_t = 1$；I_1^* 为第一期末的目标存量，可由存量控制系统依实际情形确定；I_0 为当前存量。

得 W_1^* 后即可求得 W_1，再逐期求得其他期间劳动力。为减少参数加权值 b_t 的个数，各 b_t 值可按下式求得：

$$b_t = \frac{\beta^t}{\sum_{t=1}^{T} \beta^t}, \quad 0 \leq \beta \leq 1$$

同理可求得第一期生产量为

$$X_1 = g^{-1}(W_1) + \gamma[X_1^* - g^{-1}(W_1)], \quad 0 \leq \gamma \leq 1 \tag{9-17}$$

式中：$g^{-1}(\cdot)$ 为将人工小时转换成单位产品数的函数；X_1^* 为第一期间理想生产率，由式（9-18）决定，即

$$X_1^* = \sum_{t=1}^{T} d_t D_t^* + d_1(I_1^* - I_0) \tag{9-18}$$

d 为系数，其值可按下式求得：

$$d_t = \frac{\delta^t}{\sum_{t=1}^{T} \delta^t}, \quad 0 \leq \delta \leq 1$$

由上述可知，参数化生产计划必须确定四个参数值，α、β、γ 与 δ，这些参数值可利用电子计算机模拟仿真的方法，通过计算各种生产成本，如劳动力、劳动力改变与存量等成本并与过去资料比较后得到，因此比管理系数模型更客观。

9.4 总生产计划的修正

制订生产计划，其需求量常由预测得到，预测需求量与实际需求量经常不同，当然，实际上两者的差异具有统计特性。此外，实际生产量也可能与原计划值不同，如生产线中断情形，也可能一时缺少零件，有时更可能工作效率提高，而使生产量较计

划量多。由于上述理由，可知生产计划制订后，应适时修正，才能确保与实际情形相符，进而降低生产总成本。

实际生产量与实际需求量存在差异，导致原计划存量与实际存量存在差异，这一信息最快也需在各期末才能获知。此时由于次一期间已经依原生产计划进行准备，诸如排程等均已经拟妥，无法在一夜之间重新安排。所以生产计划的修正，将无法在次一期间实施，所需计划修正与准备时间成为前置时间。例如若前置时间为两个期间，则第一期末发现需修正时，第二期与第三期间仍按原生产计划进行生产。修正的是第四期间开始时的生产量，如此实施，才能奏效。常用的修正方法有加权法与平准法，首先讨论加权法，令

X_t^* = 原定 t 期间生产量

X_t = 实际 t 期间生产量

I_t^* = 原定 t 期间期末存量

I_t = 实际 t 期间期末存量

τ = 前置时间

在 t 期末，所需确定的修正期间生产量应为 $X_{t+\tau+1}$，令前置时间内各期间修正量为 Δt，则有

$$\Delta t = X_t - X_t^*$$

式中：t 值分别为 $t+1$ 期，$t+2$ 期，…，$t+\tau$ 期，又在 t 期间原定期末存量与实际期末存量分别为

$$I_t^* = I_{t-1}^* + X_t^* - D_t^*$$
$$I_t = I_{t-1} + X_t - D_t$$

式中：D_t^* 与 D_t 分别为预测需求量和实际需求量。修正的方法如式（9-19）所示：

$$X_{t+\tau+1} = X_{t+\tau+1}^* + \alpha\left[I_t^* - I_t - \sum_{j=1}^{\tau}(X_{t+j} - X_{t+j}^*)\right] = X_{t+\tau+1}^* + \alpha\left[I_t^* - I_t - \sum_{j=1}^{\tau}\Delta_{t+j}\right] \quad (9\text{-}19)$$

式中：α 为加权值，$0 \leq \alpha \leq 1$，其意为修正部分是由 t 期末原定存量和实际存量的差异及前置各期间生产量与实际预定生产量差异的总和乘以加权值得到。但 α 值如何选择，需根据经验和实际生产情况确定。

例 9-1：表 9-2 为 6 个期间的资料，左边为原生产计划部分，右边为实际逐期修正后资料，其中 $\alpha = 0.4$，前置时间 $\tau = 2$。

在第一期末时，因 $D_t = 110$，故 $I_t = X_t - D_t = 140 - 110 = 30$，依式（9-19）得

$$X_4 = X_4^* + \alpha\left[I_1^* - I_1 - \sum_{j=1}^{2}(X_{1+j} - X_{1+j}^*)\right]$$
$$= 180 + 0.4 \times [40 - 30 - (180 - 180) - (180 - 180)]$$
$$= 184$$

故在第 4 期修正后生产量应为 184，修正量为 +4 于第 2 期末，因 $I_2 = 60$，得

$$X_5 = 180 + 0.4 \times [40 - 60 - (180 - 180) - (184 - 180)] = 170.4 \approx 170$$

表 9-2 生产计划的加权法修正

期间 (t)	计划			实际			
	预测需求量 D_t^*	计划生产量 X_t^*	计划存量 I_t^*	需求量 D_t	生产量 X_t	修正量 Δ_t	存量 I_t
1	100	140	40	110	140	—	30
2	180	180	40	150	180	—	60
3	220	180	0	190	180		50
4	150	180	30		184	+4	
5	100	180	110		170	−10	
6	200	216	126		198	−18	

同样有

$$X_6 = 216 + 0.4 \times [0 - 50 - (184 - 180) - (170 - 180)] = 198.4 \approx 198$$

在加权法中，若式（9-19）修正部分数值并不大，每期修正稍嫌麻烦，因此亦可规定 $\alpha \left[I_t^* - I_t - \sum_{j=1}^{\tau} \Delta_{t+j} \right]$ 数值达到或超过某预定值时，再行修正。

平准法与加权法类似，也是首先记录每期间实际存量与计划存量的差异，然后修正各期间生产量。修正时，可以将修正量与加权法同置于一个期间内，但也可以将修正量平均分摊在以后各期间中，所以该方法也比较简单。

9.5 多项产品模型

前述生产计划均是以单项产品为准制订的，但其应用范围也可扩充至多项产品，若每项产品的生产工艺与所需设备相互均无关联，此时各项产品可按前述模型分别拟定即可。另外若各项产品所需人力、物力等均予合并，且以同一单位标准，如按工时或机具作业时间等进行规划，也可利用单项产品模型，先予拟订生产计划。但此时尚需再进一步，以合并模型所得结果作为限制标准，分别求得各项产品的生产计划。当然，这种办法不如在起始时就考虑多项产品模型好。尤其在实际情形下，多项产品生产过程所需设备相互前后利用时，必须应用多项产品模型，结果才是正确的。

9.6 多站生产计划模型

前述各种模型，都将生产过程设定在单一系统中完成，也就是说，模型以单站为主。但是在实际生产制造过程中，均是按多站组织生产的，由前工作站至次工作站，前部门至次部门，或由前工厂至次工厂陆续加工产品直至完成。由于设备安排利用时，其所需输入半成品可能由先前多项设备供应，若能分别按多站列出生产计划模型，使其协调更为密切，则能减少总生产成本。此时的模型比单站模型更为复杂。此外，各站间通常均有缓冲存量，其量越大，两站间关联越小，因此也可以在此分开，建构数个多站生产计划模型。

多站生产计划模型，由于各站间流程是连续的，显而易见，前站的输出为次站的输入。故可用物料平衡方程式建立模型。在构建多站模型之前，首先必须决定如何划分多站，何处需合并，何处需分设，应视实际情形与简化模型难易程度而定。图 9-2 所示三者均为两站。图 9-2（a）为简单串联式，即首先生产半成品存储于一处作为首站，紧接着为次站，各站可为工作站、部门或工厂。图 9-2（b）及图 9-2（c）均含有并联式。在图 9-2（b）中首站其存量存储于一处，而图 9-2（c）中则分为两处，其实际情形可以是：①两存储库房位置不在一地；②由于前站生产半成品为两种不同零件，因此需设两处存储。

一般而言，多站模型因含有多站物料平衡方程式限制条件，故其缺点是较单站模型复杂，其优点为当设定变量时，无须像单站模型那样考虑所有设备及途程的组合情形，故较为简单。另外在生产过程中，若仅部分设备、劳动力或生产资料发生改变，在多站模型中，仅需修改其中部分即可，而单站模型则牵一发动全身，处理较为复杂。

在图 9-2（a）中，若仅考虑生产与存量持有成本，令

X_{it} = 在 t 期间 i 站正常时间生产量（$i = 1,2$；$t = 1,2,\cdots,T$）

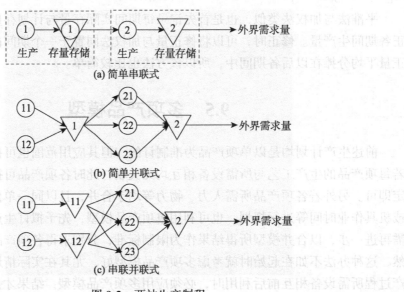

图 9-2 两站生产制程

Y_{it} = 在 t 期间 i 站加班生产量

I_{it} = 在 t 期末 i 站的存量

P_{it} = 在 t 期间 i 站正常时间生产量

P'_{it} = 在 t 期间 i 站加班生产量

c_{it} = 在 t 期间 i 站正常时间内单位生产变动成本

c'_{it} = 在 t 期间 i 站加班时间内单位生产变动成本

h_{it} = 在 i 站由 t 期间存储至 $t+1$ 期间单位存量持有成本

Z = 整个计划期生产成本与存量持有成本的总和

D_t = 在 t 期间需求量

可由下述模型求得 X_{it} 及 Y_{it} 最佳值，即

$$\text{Min} Z = \sum_{t=1}^{T} \sum_{i=1}^{2} (c_{it} X_{it} + c'_{it} Y_{it} + h_{it} I_{it}) \quad (9\text{-}20\text{a})$$

subject to：

$$I_{1t} = I_{1,t-1} - X_{1t} - Y_{1t} + X_{2t} + Y_{2t} \quad (9\text{-}20\text{b})$$

$$I_{2t} = I_{2,t-1} + X_{2t} + Y_{2t} - D_t \quad (9\text{-}20\text{c})$$

$$X_{it} \leq P_{it} \quad (9\text{-}20\text{d})$$

$$Y_{it} \leq P'_{it} \quad (9\text{-}20\text{e})$$

$$X_{it} \geq 0, Y_{it} \geq 0, I_{it} \geq 0 \quad (9\text{-}20\text{f})$$

式（9-20b）为两站间物料平衡限制条件，由于 $I_{it} \geq 0$，两站间不允许出现缺货情形。在式（9-20b）中也表示首站生产一单位半成品，为次站生产一单位成品所需的输入。若需 k 单位半成品能加工一单位成品，式（9-20b）可修正如下：

$$I_{1t} = I_{1,t-1} + X_{1t} + Y_{1t} - k(X_{2t} + Y_{2t}) \quad (9\text{-}21)$$

在式（9-20b）与式（9-20c）中，若将生产时间同时考虑，则在首站生产时间起始点必早于次站，即首站生产完成时间为次站生产开始时间。令 τ_i 为 i 站生产所需时间，并假设为期间的倍数，则 X_{it} 与 Y_{it} 需在 $t + \tau_i$ 期间时，才能供给次站应用。故需修正为

$$I_{1t} = I_{1,t-1} + X_{1,t-\tau_1} + Y_{1,t-\tau_1} - X_{2t} - Y_{2t} \quad (9\text{-}22)$$

$$I_{2t} = I_{2,t-1} + X_{2,t-\tau_2} + Y_{2,t-\tau_2} - D_t \quad (9\text{-}23)$$

即在首站时，$X_{1,t-\tau_1}$，$Y_{1,t-\tau_1}$，$t=1,2,\cdots,\tau_1$ 与次站 $X_{2,t-\tau_2}$，$Y_{2,t-\tau_2}$，$t=1,2,\cdots,\tau_2$，均为目前计划期前所应处理的数量，可由过去资料获知。

上述给出的简单两站单一产品生产计划模型可以扩充推广至如下情形。

（1）数站串联时。

（2）多项产品与多项半成品时。

（3）多站并包含部分并联时，如某站半成品需用于多项成品上。

（4）各站内有多项资源限制时。

（5）各站内有多种生产方式时，如正常时间、加班、外包等。

（6）有缺货情形时。若站间存量有缺货，必将影响次站的制造过程，最后导致末站的缺货或延期交货，故通常缺货情形，以末站的损失进行计算。

（7）亦可扩充将成品交运与分配情形包括在多站模型内。

（8）决定多项产品质量、生产数量问题。

（9）在生产平稳问题中所额外增加的成本亦可扩充列入。

（10）目标函数亦可扩充为非线性成本的情况。

9.7 固定与移动计划期政策

固定计划期政策是指在 T 期间计划期起始时，选择统一模型求出各期间的生产计划。在整个 T 期间内不再另选其他模型求解。如发现生产计划必须修改，则可用加权

法或平准法予以修正，一直到全部计划期 T 期间终止，再拟定另一计划期，故需考虑的是如何决定 T 期间。一般而言，此 T 期间数通常为一年或以年度为计算标准，以配合中程预测与生产计划。且因期间数目变化与计划期总成本有关，因此有时也需考虑选择。

移动计划期政策是指在每一期间开始时，需重新分析。每次均以 T 期间为准，采用如前所述的线性决策规则，当然也可应用线性规划模型代替现行决策规则实施此项决策。此时应在起始即求出 T 期间的生产计划，经过一个时期，依据所获资料修正后，再以线性规划模型决定另一 T 期间的计划，因此，该方法比较烦琐。

9.8 总生产计划的数学规划实务

总生产计划的目标是在满足需求的前提下，将利润最大化，但是必须面对许多限制，如物料供给、产能限制或人工数量等。因此，需要有效的数学规划工具来处理此类问题，如试算表法、线性规划技术、运输模型法和图示法等。

1. 试算表法

试算表法采用微软的 Excel 去做"What-If"分析，经过不断尝试与修正来改进总生产计划，故又称试误法（trial-and-error）。

一开始，可用平准化生产策略进行分析，然后经由尝试与修正进行改进。累计的需求量和生产量的统计表可以帮助改善总生产计划。

例 9-2：A 牌啤酒公司的每个月正常产能为 2 200 桶，年初存货尚有 1 000 桶，其年度需求及各项成品如表 9-3 所示。在未来的 12 个月内 A 牌啤酒公司要如何进行其总体生产计划以面对市场变动的需求呢？假设 A 牌啤酒公司不允许有欠货后补的情形。如果每个月均按其正常产能生产，则可以得到表 9-3 的结果。期末存货的量以下列公式来计算：

期末存货 = 期初存货 + 生产 − 需求，如 2 月的存货为：1 700 + 2 200 − 1 000 = 2 900。

这个总生产计划所采用的策略就是平准化生产策略。在平准化生产策略之下，A 牌啤酒公司在 3 月会有 3 200 桶的存货，而在需求旺季中的 8 月则会有 500 桶的缺货。缺货和高存货并不是一个好的结果，而最困难的问题是必须要有足够大的库存空间来储存 3 200 桶啤酒。

以表 9-3 为例，因为不允许有先订后补货的情形发生，存货数量不能为负，因此，从 9 月到 12 月的累积产量必须因 8 月的缺货而调整。故在 8 月底（9 月初）需重新设定存货数量为零，并且将缺货列为销售损失。如果允许欠货后补，详见表 9-4 的计划，则存货数量可以为负，就不需要去做任何的调整。

表 9-5 为追随需求策略的总生产计划结果。从表中可以看到当存货维持不变，缺货也消除了，但产能改变的次数增加了。我们可以得知以此策略所产生的总成本为 13 396 950 元，而其主要的成本改变是由产能改变导致的。

除了平准化生产策略和追随需求策略之外，还有很多替代方案可以选用。但由于许多成本同时在变，我们无法评估各种方案对整体成本的影响。但由于有试算表的辅助，便可来调整每月的生产量。另外，我们可以将各项成本的高低作为调整的依据。如果存货持有成本比缺货成本来得高，则我们可以在期末存货高的那一期进行生产量的调整。因此，实务上通常利用这种电脑试算表辅助的方式，会很快找到理想的可行方案。

表9-3　A牌啤酒公司平准化总生产计划的试算表（不允许缺货）

A牌啤酒生产计划					
生产成本/(元/桶)			490.00		
库存持有成本/(元/桶)			9.80		
销售损失成本/(元/桶)			630.00		
加班费/(元/桶)			45.50		
非全时成本/(元/桶)			21.00		
费率变动成本/(元/桶)			35.00		
正常生产率			2 200		
月份	需求/桶	累计需求/桶	生产/桶	累计产品可用性/桶	期末存货/桶	销售损失/桶
					1 000	
1	1 500	1 500	2 200	3 200	1 700	0
2	1 000	2 500	2 200	5 400	2 900	0
3	1 900	4 400	2 200	7 600	3 200	0
4	2 600	7 000	2 200	9 800	2 800	0
5	2 800	9 800	2 200	12 000	2 200	0
6	3 100	12 900	2 200	14 200	1 300	0
7	3 200	16 100	2 200	16 400	300	0
8	3 000	19 100	2 200	18 600	0	500
9	2 000	21 100	2 200	20 800	200	0
10	1 000	22 100	2 200	23 000	1 400	0
11	1 800	23 900	2 200	25 200	1 800	0
12	2 200	26 100	2 200	27 400	1 800	0

月份	生产成本/元	库存成本/元	销售损失成本/元	加班费/元	非全时成本/元	费率变动成本/元
1	1 078 000	16 660	0.00	—	—	—
2	1 078 000	28 420	0.00	—	—	—
3	1 078 000	31 360	0.00	—	—	—
4	1 078 000	27 440	0.00	—	—	—
5	1 078 000	21 560	0.00	—	—	—
6	1 078 000	12 740	0.00	—	—	—
7	1 078 000	2 940	0.00	—	—	—
8	1 078 000	0.00	315 000	—	—	—
9	1 078 000	1 960	0.00	—	—	—
10	1 078 000	13 720	0.00	—	—	—
11	1 078 000	17 640	0.00	—	—	—
12	1 078 000	17 640	0.00	—	—	—
	12 936 000	192 080	315 000			
总成本/元			13 159 580			

表 9-4 A 牌啤酒公司平准化总生产计划的试算表（允许缺货，各类成本同上）

月份	需求/桶	累计需求/桶	生产/桶	累计产品可用性/桶	期末存货/桶	销售损失/桶
					1 000	
1	1 500	1 500	2 200	3 200	1 700	0
2	1 000	2 500	2 200	5 400	2 900	0
3	1 900	4 400	2 200	7 600	3 200	0
4	2 600	7 000	2 200	9 800	2 800	0
5	2 800	9 800	2 200	12 000	2 200	0
6	3 100	12 900	2 200	14 200	1 300	0
7	3 200	16 100	2 200	16 400	300	0
8	3 000	19 100	2 200	18 600	−500	0
9	2 000	21 100	2 200	20 800	−300	0
10	1 000	22 100	2 200	23 000	900	0
11	1 800	23 900	2 200	25 200	1 300	0
12	2 200	26 100	2 200	27 400	1 300	0

月份	生产成本/元	库存成本/元	销售损失成本/元	加班费/元	非全时成本/元	费率变动成本/元
1	1 078 000	16 660	—	—	—	—
2	1 078 000	28 420	—	—	—	—
3	1 078 000	31 360	—	—	—	—
4	1 078 000	27 440	—	—	—	—
5	1 078 000	21 560	—	—	—	—
6	1 078 000	12 740	—	—	—	—
7	1 078 000	2 940	—	—	—	—
8	1 078 000	0	—	—	—	—
9	1 078 000	0	—	—	—	—
10	1 078 000	8 820	—	—	—	—
11	1 078 000	12 740	—	—	—	—
12	1 078 000	12 740	—	—	—	—
	12 936 000	175 420				
总成本/元			13 111 420			

表 9-5 追随需求策略的总生产计划结果（各类成本同上）

月份	需求/桶	累计需求/桶	生产/桶	累计产品可用性/桶	期末存货/桶	销售损失/桶
					1 000	
1	1 500	1 500	1 500	2 500	1 000	0
2	1 000	2 500	1 000	3 500	1 000	0
3	1 900	4 400	1 900	5 400	1 000	0
4	2 600	7 000	2 600	8 000	1 000	0
5	2 800	9 800	2 800	10 800	1 000	0
6	3 100	12 900	3 100	13 900	1 000	0
7	3 200	16 100	3 200	17 100	1 000	0
8	3 000	19 100	3 000	20 100	1 000	0
9	2 000	21 100	2 000	22 100	1 000	0
10	1 000	22 100	1 000	23 100	1 000	0
11	1 800	23 900	1 800	24 900	1 000	0
12	2 200	26 100	2 200	27 100	1 000	0

续表

月份	生产成本/元	库存成本/元	销售损失成本/元	加班费/元	非全时成本/元	费率变动成本/元
1	735 000	9 800	—	0	14 700	24 500
2	490 000	9 800	—	0	25 200	17 500
3	931 000	9 800	—	0	6 300	31 500
4	1 274 000	9 800	—	18 200	0	24 500
5	1 372 000	9 800	—	27 300	0	7 000
6	1 519 000	9 800	—	40 950	0	10 500
7	1 568 000	9 800	—	45 500	0	3 500
8	1 470 000	9 800	—	36 400	0	7 000
9	980 000	9 800	—	0	4 200	35 000
10	490 000	9 800	—	0	25 200	35 000
11	882 000	9 800	—	0	8 400	28 000
12	1 078 000	9 800	—	0	0	14 000
	12 789 000	117 600	—	168 350	84 000	238 000
总成本/元			13 396 950			

表 9-6 列举了一个以减少产能改变次数和消除缺货为主的总生产计划。这个总生产计划的总成本为 13 164 334 元,但在 8 月和 9 月的存货数量为零,这是一个可以改进的地方,如在 7 月和 8 月增加生产,这样就可以避免因临时需求增加而造成缺货的情况。

表 9-6　替代的总生产计划评估试算表(各类成本同上)

月份	需求/桶	累计需求/桶	生产/桶	累计产品可用性/桶	期末存货/桶	销售损失/桶
					1 000	
1	1 500	1 500	1 500	2 500	1 000	0
2	1 000	2 500	1 500	4 000	1 500	0
3	1 900	4 400	1 500	5 500	1 100	0
4	2 600	7 000	2 600	8 100	1 100	0
5	2 800	9 800	2 600	10 700	900	0
6	3 100	12 900	2 600	13 300	400	0
7	3 200	16 100	2 900	16 200	100	0
8	3 000	19 100	2 900	19 100	0	0
9	2 000	21 100	2 000	21 100	0	0
10	1 000	22 100	2 000	23 100	1 000	0
11	1 800	23 900	2 000	25 100	1 200	0
12	2 200	26 100	2 000	27 100	1 000	0

月份	生产成本/元	库存成本/元	销售损失成本/元	加班费/元	非全时成本/元	费率变动成本/元
1	735 000	9 800	—	0	14 700	24 500
2	735 000	14 700	—	0	14 700	0.00
3	735 000	10 780	—	0	14 700	0.00
4	1 274 000	10 780	—	18 200	0	38 500
5	1 274 000	8 820	—	18 200	0	0.00

续表

月份	生产成本/元	库存成本/元	销售损失成本/元	加班费/元	非全时成本/元	费率变动成本/元
6	1 274 000	3 920	—	18 200	0	0.00
7	1 421 000	980	—	31 850	0	10 500
8	1 421 000	0.00	—	31 850	0	0.00
9	980 000	0.00		0	4 200	31 500
10	980 000	9 800		0	4 200	0.00
11	980 000	11 760		0	4 200	0.00
12	980 000	9 800		0	4 200	0.00
	12 789 000	91 140		118 300	60 900	105 000
总成本			13 164 334			

2. 线性规划技术

例 9-3：B 公司是一家农具制造厂商，市场对于农具的需求是有季节性的，因为通常春耕开始于春天。因此，B 公司在做总生产计划时必须考虑季节性的需求形态，而由管理者决定利用哪些方式来处理，如在需求旺季或淡季时增减员工、部分外包，在需求淡季时生产库存，并可有先预售订单再补货的方式。

B 公司预测未来 6 个月市场对农具的需求如表 9-7 所示。

表 9-7 未来 6 个月农具的需求预测

月份	需求预测/个	月份	需求预测/个
1	1 600	4	3 800
2	3 000	5	2 200
3	3 200	6	2 200

B 公司以每个产品 280 元卖给零售商，假设在 1 月初农具的存货为 1 000 个。且最初公司的员工人数为 80 人，公司目前每个月假设为 20 个工作日，每位员工每天的基本工作时间为 8 小时，其余为加班时间，而基于劳动法规定，每个月每位员工的加班时间不得超过 10 小时。总生产计划主要决定公司的人力规模、员工的工作时数（加班情况）、外包量等，另外规划时需考虑的相关成本如表 9-8 所示。

目前 B 公司对于外包数量、存货或缺货数量并没有限制，缺货可以由接下来的月份进行生产补货。每月的存货在月底计算。公司的主管是在 B 公司于 6 月底至少有 500 单位的库存下，决定最佳的总生产计划（也就是说在 6 月底没有缺货且至少有 500 单位的库存）。最佳的总生产计划是指在 6 个月的规划期间内，能满

表 9-8 B 公司的相关成本

项目	成本
物料成本	70 元/单位
存货持有成本	14 元/单位/月
缺货成本	35 元/单位/月
雇佣成本	2 100 元/人
解雇成本	3 500 元/人
单位产品工时需求数	4 小时/单位
正常工时成本	28 元/小时
加班成本	42 元/小时
外包成本	210 元/单位

足所有的需求，即按高水平的客户服务，求取总成本最小的方案。

1）决策变量

建构总生产计划模型的第一步是确认有哪些决策变量需要确定，而这些决策变量就是需由总生产计划决定的值，对于 B 公司的决策变量有

W_t = 在 t 月的人力规模　　　　　　$t=1,\cdots,6$

H_t = 在 t 月初时的雇佣员工数　　　$t=1,\cdots,6$

L_t = 在 t 月初时的解聘员工数　　　$t=1,\cdots,6$

P_t = 在 t 月的生产单位数　　　　　$t=1,\cdots,6$

I_t = 在 t 月底的存货量　　　　　　$t=1,\cdots,6$

S_t = 在 t 月的缺货量　　　　　　　$t=1,\cdots,6$

C_t = 在 t 月的外包数量　　　　　　$t=1,\cdots,6$

O_t = 在 t 月的加班时间　　　　　　$t=1,\cdots,6$

总生产计划模型建构的下一步是确认出目标函数。

2）目标函数

目标函数是将规划期间所涉及的总成本最小化，此问题牵涉的成本有：

（1）正常时间工时成本。员工的正常时间工时薪资是每月 4 480 元（28 元/小时 × 8 小时/天 × 20 天/月）。因为 W_t 是在期间 t 员工人数，所以在规划期间内的正常时间工时成本表示如下：

$$\text{正常时间工时成本} = \sum_{t=1}^{6} 4\,480 W_t$$

（2）加班成本。加班成本每小时是 42 元，并且 Q_t 代表期间 t 的加班时数，所以在规划期间内的加班成本可以表示如下：

$$\text{加班成本} = \sum_{t=1}^{6} 42 Q_t$$

（3）聘用和解雇成本。聘用一位员工的成本是 2 100 元，而解雇一位员工的成本是 3 500 元。H_t 和 L_t 分别代表在期间 t 的聘用和解雇人数，因此在规划期间内的聘用和解雇成本如下：

$$\text{聘用和解雇成本} = \sum_{t=1}^{6} 2\,100 H_t + \sum_{t=1}^{6} 3\,500 L_t$$

（4）存货持有成本和缺货成本。每单位存货每月的持有成本是 14 元，而缺货成本是每单位每月 35 元。I_t 和 S_t 分别代表在期间 t 的存货和缺货单位数，因此在规划期间内的存货持有成本和缺货成本如下：

$$\text{存货持有成本和缺货成本} = \sum_{t=1}^{6} 14 I_t + \sum_{t=1}^{6} 35 S_t$$

（5）物料成本和外包成本。每单位的物料成本是 70 元，而每单位的外包成本是 210 元。P_t 代表在期间 t 制造的产品数量，而 C_t 代表在期间 t 的外包数量，因此在规划

期间内的物料成本和外包成本可表示如下：

$$\text{物料成本和外包成本} = \sum_{t=1}^{6} 70P_t + \sum_{t=1}^{6} 210C_t$$

总生产计划在规划期间内的总成本是上述所有成本的加总，表示如下：

$$\sum_{t=1}^{6} 4\,480W_t + \sum_{t=1}^{6} 2\,100H_t + \sum_{t=1}^{6} 3\,500L_t + \sum_{t=1}^{6} 42O_t +$$
$$\sum_{t=1}^{6} 14I_t + \sum_{t=1}^{6} 35S_t + \sum_{t=1}^{6} 70P_t + \sum_{t=1}^{6} 210C_t \tag{9-24}$$

B 公司的总体优化目标是让上述的总成本最小化。而在目标函数里的决策变量并不是任意值，它受到许多限制，建构总生产计划的下一步是清楚地定义对决策变量的相关限制条件。

3）限制条件

B 公司总生产计划决定的决策变量不能违反的限制条件如下：

（1）人力规模、聘用和解雇员工的限制。在期间 t 的人力规模 W_t 与期间 $t-1$ 的人力规模 W_{t-1}、期间 t 的聘用人数 H_t 和期间 t 的解雇人数 L_t 之间的关系可表示如下：

$$W_t = W_{t-1} + H_t - L_t \quad \text{for} \quad t=1,\cdots,6 \tag{9-25}$$

（2）产能限制。在每一期间，制造数量不可以超过可用产能，这类限制条件限制了公司内部可用产能所能生产的总生产量（可用产能基于可用的人员工作时数，包含正常工作时间和加班时间来决定）。这项限制条件不包含外包生产，只限制了工厂内部的生产。每位员工每个月正常工作时间的产出为 40 单位（因为每单位产品需要时间为 4 小时，160 小时/月÷4 小时）以及每 4 小时加班时间产生一单位产品的情况下，产能限制的表示如下：

$$P_t \leqslant 40W_t + O_t/4 \quad \text{for} \quad t=1,\cdots,6 \tag{9-26}$$

（3）存货平衡式。这项限制是与每期间期末的库存量平衡有关。期间 t 的净需求是预测需求 D_t 和前期的缺货量 S_{t-1} 加总而得。这个需求总量经由目前生产量（厂内生产量 P_t 和外包数量 C_t）、前期存货量 I_{t-1} 或是本期缺货量 S_t 来满足。上述的关系式可以表示如下（这里范例的存货起始值 $I_0=1000$；而规划期间结束时的存货量必须至少为500 单位，即 $I_0 \geqslant 500$；另外，一开始并没有缺货量即 $S_0=0$）：

$$I_{t-1} + P_t + C_t = D_t + S_{t-1} + I_t - S_t \quad \text{for} \quad t=1,\cdots,6 \tag{9-27}$$

（4）加班限制。这项限制是指必须满足每个月员工的加班时间不得超过 10 小时。可使用的加班小时数的限制如下：

$$O_t \leqslant 10W_t \quad \text{for} \quad t=1,\cdots,6 \tag{9-28}$$

（5）其他限制。每一个变量都必须大于或等于零，且在第 6 期末必须没有缺货存在（满足未来 6 个月的预测需求），亦即 $S_6=0$。

另外，总生产计划对于存货数量的考虑也相当重要，期间 t 的平均存货是期初存货与期末存货的平均值，即 $(I_0+I_6)/2$。而在整个规划期间（T）的平均存货可以表示如下：

$$平均存货 = \left[(I_0 + I_T) \div 2 + \sum_{t=1}^{T-1} I_t\right] \div T$$

总之，本案例以式（9-24）的成本最小化为目标函数，受到式（9-25）～式（9-28）的限制，B 公司主管得到 B 公司的总生产计划，如表 9-9 所示。这个总生产计划的总成本为 2 955 925 元，收入为 4 480 000 元（280 元×16 000 单位）。公司在 1 月初解雇了 15 名员工，之后公司保持相同的人工和生产能力。在这个规划期间没有外包情况。公司只有在 4 月发生缺货，其他期间都有维持存货。另外在规划期间内的平均季节性存货为

$$平均季节性存货 = \left[(I_0 + I_6) \div 2 + \sum_{t=1}^{5} I_t\right] \div T = 5\,367 \div 6 = 895$$

表 9-9　B 公司的总生产计划

期间 t	聘用人数 H_t	解雇人数 L_t	人力规模 W_t	加班时数 O_t	存货量 I_t	缺货量 S_t	外包量 C_t	生产量 P_t
0	0	0	80	0	1 000	0	0	0
1	0	15	65	0	1 983	0	0	2 583
2	0	0	65	0	1 567	0	0	2 583
3	0	0	65	0	950	0	0	2 583
4	0	0	65	0	0	267	0	2 583
5	0	0	65	0	117	0	0	2 583
6	0	0	65	0	500	0	0	2 583

3. 运输模型法

利用运筹学中的运输问题模型来简化总生产计划问题。这个模型考虑不同资源在未来周期该如何投入，并透过各个资源的制造成本及存货持有成本，以找出总成本最小的总体生产计划。先针对所牵涉的变量说明如下：

P_{ijk} = 资源 i 在周期 j 被用来生产以满足周期 k 的需求量

C_{ijk} = 资源 i 在周期 j 被用来生产并存放至周期 k 的边际生产成本

B_{ij} = 资源 i 在周期 j 的可用产能

D_k = 周期 k 的产品预测需求

m = 制造资源个数

c_R = 正常班生产每单位的成本

c_O = 加班时段生产每单位的成本

c_I = 存货持有一个周期的每单位成本

T = 计划期间的周期数

Z = 所有周期制造及存货持有的总成本

这个问题仅考虑生产成本因素，可以下列模型来表示：

$$\text{Minimize } Z = \sum_{i=1}^{m}\sum_{j=1}^{T}\sum_{k=1}^{T} C_{ijk} P_{ijk} \quad (9\text{-}29)$$

subject to:

$$\sum_{k=j}^{T} P_{ijk} \leq B_{ij}, \quad i=1,2,\cdots,m; \quad j=1,2,\cdots,T \quad (9\text{-}30)$$

$$\sum_{i=1}^{m}\sum_{j=1}^{k} P_{ijk} = D_k, \quad k=1,2,\cdots,T \quad (9\text{-}31)$$

$$P_{ijk} \geq 0$$

这个问题的决策变量为 P_{ijk}，限制式（9-30）指出资源 i 在周期 j 的生产量不能超过当期该资源的最大产能。限制式（9-31）表示所有的需求都必须及时供应，亦即，每笔订单不能在交期后以缺货后补的方式来补足之前的缺货，换言之不能有缺货的情况发生。而 C_{ijk} 由正常班及加班的制造成本及存货成本等组成，这将由例 9-4 来说明。

例 9-4：有一家化学工厂生产两种不同的化学产品，这两种产品使用同一个设备制造，故在同一时间只能生产一种产品。当产能不能够满足需求时，这家工厂会以加班的方式来增加产能。未来 4 个月的需求预测如表 9-10 所示。

期初的存货数量分别是产品 A 有 36 单位，产品 B 有 220 单位。而生产每一单位产品 A 需要 1 个机器小时，产品 B 需要 0.4 个机器小时。其他相关的成本资料如下：

正常时间每小时作业成本，$C_R = 70$ 元/机器小时

加班时段每小时作业成本，$C_O = 105$ 元/机器小时

存货持有成本，$C_I = 28$ 元/机器小时/月

表 9-10 未来 4 个月的需求预测

月份	需求数	
	产品 A	产品 B
1	100	200
2	90	190
3	110	210
4	100	200

假设该化学工厂产能为正常时间每月 160 机器小时的产能和加班时间每月 40 机器小时的产能。试求使总制造成本和存货持有成本为最小化的总生产计划。

在这个问题中，由于期初有存货，所以我们可以使用这些存货供应前几期的要求。故我们要先计算净需求，就是预测需求减去期初存货，这个计算结果列在表 9-11。表中的毛需求就是预测需求。由于有两种产品，所以必须将它们整合在一起。在整合过程中使用的单位就是生产每单位产品所需要的机器小时数。整合需求列在表中的最后一栏。

表 9-11 毛需求、净需求及整合需求

月份	毛需求		净需求		整合需求
	产品 A	产品 B	产品 A	产品 B	1.0A+0.4B
1	100	200	64	0	64
2	90	190	90	170	158
3	110	210	110	210	194
4	100	200	100	200	180

本例的生产资源分别为正常与加班时间的作业成本及存货持有成本，其成本矩阵如表 9-12 所示。

表 9-12 成本矩阵

生产周期	需求周期 1	2	3	4	期末库存 5	产能/机器小时
1：正常时间	C_R	C_R+C_I	C_R+2C_I	C_R+3C_I	C_R+4C_I	160
加班时间	C_O	C_O+C_I	C_O+2C_I	C_O+3C_I	C_O+4C_I	40
2：正常时间		C_R	C_R+C_I	C_R+2C_I	C_R+3C_I	160
加班时间		C_O	C_O+C_I	C_O+2C_I	C_O+3C_I	40
3：正常时间			C_R	C_R+C_I	C_R+2C_I	160
加班时间			C_O	C_O+C_I	C_O+2C_I	40
4：正常时间				C_R	C_R+C_I	160
加班时间				C_O	C_O+C_I	40
实际需求/机器小时	64	158	194	180	80	

这个问题的运输模型及线性计划表如下：

$$\text{Min } Z = C_R P_{111} + (C_R + C_I) P_{112} + (C_R + 2C_I) P_{113} + (C_R + 3C_I) P_{114} + C_O P_{211} + (C_O + C_I) P_{212} + (C_O + 2C_I) P_{213} + (C_O + 3C_I) P_{214} + \cdots$$

subject to:

$$P_{111} + P_{112} + P_{113} + P_{114} \leq 160$$
$$P_{211} + P_{212} + P_{213} + P_{214} \leq 40$$
$$P_{122} + P_{123} + P_{124} \leq 160$$
$$\cdots$$
$$P_{111} + P_{211} \geq 64$$
$$P_{112} + P_{212} + P_{122} + P_{222} \geq 158$$
$$\cdots$$

生产管理者根据需求决定在生产计划期末预留 80 个机器小时产能，将前述的运输模型以列表观察法求解可以得到表 9-13 的结果，列表观察法求解过程示意图如图 9-3 所示。

表 9-13 供给与需求平衡计划　　　　　　　　　　　　　　　　　　　机器小时

周期	需求	供给
1	64	64←从周期 1 的正常时间
2	158	158←从周期 2 的正常时间
3	194	160←从周期 3 的正常时间 32←从周期 3 的加班时间 2←从周期 2 的正常时间
4	180	160←从周期 4 的正常时间 12←从周期 4 的加班时间 8←从周期 3 的加班时间
最后库存	80	52←从周期 1 的正常时间 28←从周期 4 的加班时间

净需求及整合需求			
月份	净需求		整合需求
	产品A	产品B	1A+0.4B
1	64	0	64
2	90	170	158
3	110	210	194
4	100	200	180

成本矩阵(CNY)							
生产周期		需求周期				期末库存	产能（机器小时）
		1	2	3	4	5	
1	正常时间	CNY 70.75	CNY 99.05	CNY 127.35	CNY 155.65	CNY 183.95	160
	加班时间	CNY 106.12	CNY 134.42	CNY 162.72	CNY 191.02	CNY 219.32	40
2	正常时间		CNY 70.75	CNY 99.05	CNY 127.35	CNY 155.65	160
	加班时间		CNY 106.12	CNY 134.42	CNY 162.72	CNY 191.02	40
3	正常时间			CNY 70.75	CNY 99.05	CNY 127.35	160
	加班时间			CNY 106.12	CNY 134.42	CNY 162.72	40
4	正常时间				CNY 70.75	CNY 99.05	160
	加班时间				CNY 106.12	CNY 134.42	40
实际需求(机器小时)		64	158	194	180	80	

观察假设

总成本 CNY 61297.40

供给与需求平衡计划							
生产周期		需求周期				期末库存	产能（机器小时）
		1	2	3	4	5	
1	正常时间	116	0	0	0	52	116
	加班时间	0	0	0	0	0	0
2	正常时间		158	2	0	0	160
	加班时间		0	0	0	0	0
3	正常时间			160	0	0	160
	加班时间			32	8	0	40
4	正常时间				160	0	160
	加班时间				12	28	40
实际需求(机器小时)		64	158	194	180	80	

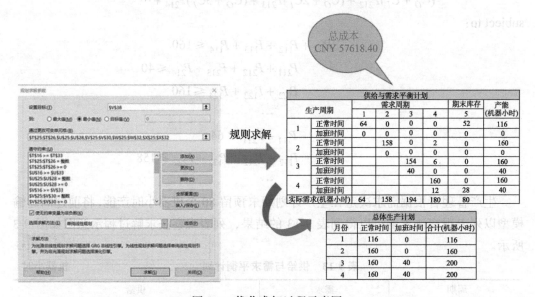

图 9-3 列表观察法求解过程示意图

依据上述模型进行优化求解，其过程如图 9-4 所示，由前面方法所决定的总体生产计划可以帮助工业工程师安排每一个周期所需要的劳动力数量，以决定是否要加班来满足需求。对于这 4 个月的计划期间的总体生产计划整理，如表 9-14 所示。

总成本 CNY 57618.40

规则求解

供给与需求平衡计划							
生产周期		需求周期				期末库存	产能（机器小时）
		1	2	3	4	5	
1	正常时间	64	0	0	0	52	116
	加班时间	0	0	0	0	0	0
2	正常时间		158	0	2	0	160
	加班时间		0	0	0	0	0
3	正常时间			154	6	0	160
	加班时间			40	0	0	40
4	正常时间				160	0	160
	加班时间				12	28	40
实际需求(机器小时)		64	158	194	180	80	

总体生产计划			
月份	正常时间	加班时间	合计(机器小时)
1	116	0	116
2	160	0	160
3	160	40	200
4	160	40	200

图 9-4 优化求解过程示意图

表 9-14 总体生产计划 机器小时

周期	正常	加班	合计
1	116	0	116
2	160	0	160
3	160	40	200
4	160	40	200

总体生产计划在以运输模型构建之后，除了应用线性规划的方法来求解，还有另一种方法也可以求解这类型的运输模型，那就是列表法（略），显然，经优化的总生产计划的成本更低。

4. 图示法

利用图表开发各种方案后，计算/比较各方

案的总费用,选择最佳方案的方法(具有简单容易理解的优点),也称试错法方案评价。

例 9-5：某公司为适应今后 6 个月的需求,要制订总生产计划,每天工作 8 小时,公司政策禁止加班,1 月初的雇佣人员 35 人,此公司以后 6 个月内的需求预测及正常工作日如表 9-15 所示,但不留安全库存。

表 9-15　未来 6 个月的需求预测

月	需求预测量	生产所需量	累计生产所需量	工作日数	累计工作日数
1	6 600	6 100	6 100	22	22
2	5 900	5 900	12 000	19	41
3	5 500	5 500	17 500	22	63
4	4 800	4 800	22 300	20	83
5	5 400	5 400	27 700	22	105
6	5 800	6 300	34 000	20	125
合计	34 000	34 000		125	

为制订其他的计划所需的有关费用资料如下:
制造费用(劳务费除外) = 5 000 元/单位
迟供货费用 = 100 元/(单位/月)
招聘费用 = 30 000 元/人
正常工资 = 1 000 元/小时
库存维持费用 = 50 元/(单位/月)
OEM 费用 = 1 500 元/单位(定制支付费用 6 500 − 5 000)
解雇费用 = 50 000 元/人
单位所需作业时间 = 1 小时/单位
该公司开发出如下 3 种方案进行评价。
方案 1：变更雇佣水平,每月按需求量生产。
方案 2：生产率维持每天所需量的平均水平,雇佣水平也按照此水平需求变化,以库存和迟供货的方法吸收生产波动量。
方案 3：生产率维持满足 4 月最低生产所需量水平,雇佣水平也按照此水平,且追加所需量给定制 OEM 厂家。方案 1~3 的总体计划费用如表 9-16~表 9-18 所示。

表 9-16　方案 1 的总体计划费用　　　　　金额单位:千元

项目	1 月	2 月	3 月	4 月	5 月	6 月	合计
(1) 生产量(所需生产量)	6 100	5 900	5 500	4 800	5 400	6 300	34 000
(2) 所需作业时间[((1)×1 小时)]	6 100	5 900	5 500	4 800	5 400	6 300	
(3) 员工每人每月作业时间(月工作日×8 小时)	176	152	176	160	176	160	
(4) 必要的雇佣水平[(2)/(3)]	35	39	32	30	31	40	
(5) 招聘人员	0	4	0	0	1	9	
(6) 解雇人员	0	0	7	2	0	0	

续表

项目	1月	2月	3月	4月	5月	6月	合计
（7）招聘费用[（5）×30.000]	0	120	0	0	30	270	420
（8）解雇费用[（6）×50.00]	0	0	350	100	0	0	450
（9）正常工资[（2）×1.000]	6 100	5 900	5 500	4 800	5 400	6 300	34 000
（10）总费用[（7）+（8）+（9）]	6 100	6 020	5 850	4 900	5 430	6 570	34 870

表 9-17　方案 2 的总体计划费用　　　　　　　　　　　　　金额单位：千元

项目	1月	2月	3月	4月	5月	6月	合计
（1）累计生产所需	6 100	12 000	17 500	22 300	27 700	34 000	
（2）雇佣水平	34	34	34	34	34	34	
（3）员工每人每月作业时间（月工作日×8小时）	176	152	176	160	176	160	
（4）月间作业时间[（2）×（3）]	5 984	5 168	5 984	5 440	5 984	5 440	
（5）月间生产量[（4）/1小时]	5 984	5 168	5 984	5 440	5 984	5 440	34 000
（6）累计生产量	5 984	11 152	17 136	22 576	28 560	34 000	
（7）库存量[（6）-（1）]	0	0	0	276	860	0	
（8）迟供货量[负库存（1）-（6）]	116	848	364	0	0	0	
（9）库存维持费[（7）×0.05]	0	0	0	13.8	43	0	56.8
（10）迟供货费[（8）×0.10]	11.6	84.8	36.4	0	0	0	132.8
（11）正常工资[（4）×1]	5 984	5 168	5 984	5 440	5 984	5 440	34 000
（12）解雇费用	50	0	0	0	0	0	50
（13）总费用[（9）+（10）+（11）+（12）]	6 045.6	5 252.8	6 020.4	5 453.8	6 027	5 440	34 239.6

注：雇佣水平=（总数量×每件作业时间）/（作业日×日工作时间），现雇佣人员从 35 人减为 34 人，所以 1 月初应解雇 1 名。

表 9-18　方案 3 的总体计划费用　　　　　　　　　　　　　金额单位：千元

项目	1月	2月	3月	4月	5月	6月	合计
（1）月生产量（所需生产量）	6 100	5 900	5 500	4 800	5 400	6 300	
（2）雇佣水平	30	30	30	30	30	30	
（3）员工每人每月作业时间（月工作日×8小时）	176	152	176	160	176	160	
（4）月间作业时间[（2）×（3）]	5 280	4 560	5 280	4 800	5 280	4 800	
（5）月间生产量[（4）/1小时]	5 280	4 560	5 280	4 800	5 280	4 800	30 000
（6）定制 OEM[（1）-（5）]	820	1 340	220	0	120	1 500	4 000
（7）定制 OEM 费用[（6）×1.500]	1 230	2 010	330	0	180	2 250	6 000
（8）正常工资[（4）×1.000]	5 280	4 560	5 280	4 800	5 280	4 800	30 000
（9）解雇费用	250	0	0	0	0	0	250
（10）总费用[（7）+（8）+（9）]	6 760	6 570	5 610	4 800	5 460	7 050	36 250

三种方案比较如表 9-19 所示，生产所需量与各方案的累计如图 9-5 所示。

由表 9-19 可知：方案 2 的成本最低，方案 1 生产波动较大，方案 3 的生产稳定性与方案 2 相似，但由于将部分订单外委给 OEM 厂家而增加了成本。

表 9-19 三种方案比较 金额单位：千元

费用项目	方案1	方案2	方案3
正常工资	34 000	34 000	30 000
定制 OEM 费用			6 000
招聘费用	420		
解雇费用	450	50	250
库存维持费用		56.8	
迟供货费用		132.8	
合计	34 870	34 239.6	36 250

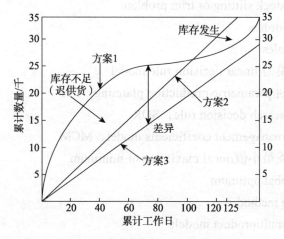

图 9-5 生产所需量与各方案的累计

学生自学要求

一、概括本章基本知识逻辑，200～300 字

二、熟悉本章基本概念、术语及其英文表达

总生产计划/aggregate planning

生产速率/production rate

人力/workforce

加班/overtime

机器产能小时/machine capacity level

外包/subcontracting

待补（预收）订单/backlog

每期库存量/inventory on hand

计划期/planning horizon

生产能力计划/capacity planning

生产量/production level

生产平稳问题/production smoothing problem

工作能力数量/work force level

劳动力平稳问题/work force smoothing problem
总体生产计划/aggregate production planning
拆卸成本/takedown cost
学习曲线/learning curve
制造进步函数/manufacturing progress function
静态需求/static demand
多项产品问题/product-mix problem
混合问题/blending problem
材料切割问题/stock slitting or trim problem
缺货后补/back-orders
销售损失/lost sales
线性决策规划模型/linear decision rule model
参数化生产计划/parametric production planning，PPP
搜索决策规划/search decision rule，SDR
管理系数模型/management coefficients model，MCM
区域性最大值或最小值/local maximum or minimum
全局最佳值/global optimum
平准法/leveling method
多项产品模型/multiproduct models
多站生产计划模型/multistage production planning models
物料平衡方程式/material balance equations
试算表法/spreadsheet
时间区间长度/duration
可预测性的变异性/predictable variability
需求转移/demand shifting
过多闲时/idle time
线性规划/linear programming
运输问题/transportation problem
线性相关/linear dependence
移动计划期/moving horizon
目标存量/target inventory
生产成本/production cost
库存持有成本/inventory holding cost
销售损失成本/lost sales cost
加班费/overtime cost
非全时成本/undertime cost
费率变动成本/rate change cost
正常生产率/normal production rate

累计需求/cumulative demand
累计产品可用性/cumulative product availability
末存货期/ending inventory
销售损失/lost sales
库存成本/inventory cost
总成本/total cost
物料成本/material cost
存货持有成本/inventory holding cost
缺货成本/shortage cost
雇佣成本/hiring costs
解雇成本/dismissal cost
单位产品工时需求数/man hour demand per unit product
正常工时成本/straight time cost
外包成本/outsourcing costs

三、预习并思考下列问题

1. 基本问题：是什么的问题

（1）什么是总生产计划？
（2）总生产计划的主要目标是什么？
（3）什么是短期生产计划？
（4）什么是生产成本、生产率改变成本、生产能力改变成本和存量成本？
（5）什么是静态需求的生产计划模型，有何特点？
（6）什么是动态需求？
（7）什么是生产平稳问题？
（8）什么是移动计划期政策？
（9）总生产计划的数学规划工具包括什么？
（10）线性规划技术的限制条件包括什么？

2. 综合性问题：怎么做、在哪些场合适合做

（1）总生产计划的规划品质如何影响公司的获利水平？
（2）总生产计划如何从供给面进行处理？
（3）销售量与季节有关的厂商如何规划供给和需求之间的平衡？
（4）如何通过管理供给面的方式增加生产率？
（5）在长期生产计划的限制下所做的中期生产计划，当需求量变化时应该如何应对？
（6）在动态需求的生产计划模型中，管理者如何面对需求量变动？
（7）如何拟订动态需求生产计划模型的最佳计划？
（8）仅含生产与存量持有成本的情形下，如何设计最低成本的生产计划数学模型？
（9）在线性决策规划的劳动力改变模型中，如何表示生产成本？

（10）如何使用加权法对生产计划进行修正？
（11）如何拟订多项产品模型的生产计划？
（12）如何使用运输模型法找出总成本最小的总体生产计划？

3. 关键问题：为什么的问题

（1）为什么要制订总生产计划？
（2）为什么在进行总生产计划前，必须先制定规划时间长度？
（3）为什么要依计划期不同采取不同的生产计划策略？
（4）为什么参数化生产计划的结果可能并非真正的最佳值？
（5）为什么应该适时修正生产计划？

四、本章知识逻辑

 即测即练题

第 10 章

主生产计划

【学习目标】 熟悉主生产计划的基本概念、术语,了解主生产计划与主生产排程的差别和联系,掌握不同生产方式下的主生产计划的实施技巧。
【学习效益】 具备进行主生产计划的能力。

10.1 主生产计划的意义

主生产计划(master production planning,MPP)是在考虑了工厂产能约束、调拨优先级、淡旺季提前囤货以及其他能力约束下,将需求分配到生产线、各生产期间的规划过程,其输出包括各工厂调拨规划、提前囤货、生产规划、产线规划、库存库容规划、缺货预警等。主生产计划也可以叫生产大纲,通常是以月份为单位(可以做季度汇总),长度一般为 12~18 个月。它指出一个工厂在何时生产,生产什么产品,以及生产多少。它不是销售需求计划,而是一个和生产优序与产能有密切关系的供给计划。MPP 通常依据现有库存、短期已接订单、订单预测,并考虑现有零组件的库存,以及衡量现有的各种物料与产能限制,配合公司的生产策略以达成企业管理目标。它牵涉整个制造作业的每一个计划,有关人力、机器设备等资源计划,以及物料需求计划(MRP)等均由它衍生。主生产计划与各个计划模块之间的关系如图 10-1 所示。

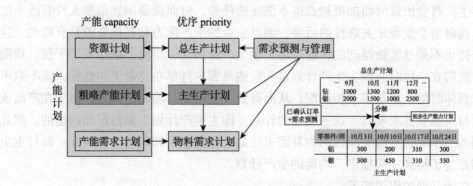

图 10-1 主生产计划与各个计划模块之间的关系

由图 10-1 可以看出主生产计划与各个计划模块之间的关系。总体生产计划以及需求管理中之预测模块产生的订单预测和短期接单资料是 MPP 的主要输入资料项目。由于总生产计划以及订单预测所产生的数值会随时更新,因此,MPP 必须配合这些变动来调整,MPP 是生产计划与执行系统里的关键环节。

（1）它是总生产计划与实际生产活动管理间的主要环节。

（2）它是决定所需投入产能的基础。

（3）它是物料需求规划的重要依据。最终产品是由元件与次组件等所组成，这些材料必须在数量上、时间上充分支援 MPP，物料需求规划就是根据 MPP 来计算物料需求的。所以说 MPP 驱动 MRP。

（4）它使得后续生产活动作业的优序可行。

另外，MPP 是生产制造的作业计划书，它反映市场需求面与产能物料的供给面，形成生产作业可以依循的优序计划。因此，MPP 是生产与销售间的重要环节。

（1）MPP 指示生产项目、数量和时程，使订单承诺可以准时实现。

（2）它是销售与生产部门决定生产项目的基础。但这并不意味它是僵硬不变的。相反地，它提供了销售与生产一个沟通的渠道，建立市场需求与产能物料间的平衡基点。

主生产计划是介于生产与营销之间的择衡模块，通常可透过所谓的订单承诺机制来协调。MPP 提供业务部门做接单的参考决策。一般对于某产品的需求增加时，会导致另一种产品的生产必须减少。若没有任何一种产品有可以减少的空间，则业务部门的需求或是生产条件就必须做必要调整。因此主生产计划可以说是协调业务部门与生产制造部门以达成企业营运目标的主要桥梁。

为什么要先有主生产计划，再根据主生产计划制订物料需求计划？直接根据销售预测和客户订单来制订物料需求计划不行吗？

早期的物料需求计划系统就是直接将客户的需求数据（包括预测或订单）根据物料清单（bill of material，BOM）进行需求展开计算，得到在数量和时间上与预测和客户订单需求相互匹配的生产和采购计划。

如果直接根据预测和客户订单来运行 MRP，那么得到的计划将在数量和时间上与预测和客户订单需求完全匹配。但是，预测和客户订单是不稳定、不均衡的，直接用来安排生产将会出现时而加班加点也不能完成任务，时而设备闲置很多人没有活干的现象，这将给企业带来灾难性的后果，而且企业的生产能力和其他资源是有限的，这样的安排也不是总能做得到的。通过加上主生产计划这一层次，通过人工干预，均衡安排，使得在一段时间内主生产计划量和预测及客户订单在总量上相匹配，而不追求在每个具体时刻上均与需求相匹配，从而得到一份稳定、均衡的计划。由于在产品或最终项目（独立需求项目）这一级上的计划（即主生产计划）是稳定和均衡的，据此所得到的关于非独立需求项目的物料需求计划也将是稳定和匀称的。因此，制订主生产计划是为了得到一份稳定、均衡的生产计划。

主生产计划的作用如下。

（1）把较高层次的生产计划与日常的日程计划衔接在一起。

（2）驱动若干种明细计划，如物料需求、能力需求（人力与设备）等。其结果是连接一家制造厂及其供应商的一套充分一体化的计划。

（3）驱动财务计划。

（4）为订货生产产品作出客户交货承诺。主生产计划是关于"将要生产什么"的一种描述，它起着承上启下、从宏观计划向微观计划过渡的作用。

主生产计划是生产部门的工具，因为它指出了将要生产什么。同时，主生产计划也是市场销售部门的工具，因为它指出了将要为用户生产什么。所以，主生产计划又是联系市场销售和生产制造的桥梁，使生产活动符合不断变化的市场需求，又向销售部门提供生产和库存的信息，起着沟通内外的作用。主生产计划表所呈现出的信息如图10-2所示。

主生产计划（MPP）报表

物料号：100000　　　　　　　　　　　计划日期：2000-01-31
物料名称：方桌（X）　安全库存量：5　时段：根据需要人为设定
提前期：1周　　　　　批　　量：10
现有库存量：8　　　　批量增量：10　　计划时界：8

取自物料主文件的信息
取自销售管理子系统的信息
系统运算后生成的中间信息

时段（周）	当期	1	2	3	4	5	6	7	8	9	10	11
预测量		5	5	5	5	5	5	5	5	5	5	5
合同量		12	8		2	7	6		13	5		2
毛需求		12	8	5	5	7	6	5	13	5	5	5
计划接收量		10										
预计库存量	8	6	8	8	13	6	10	5	12	7	12	7
净需求				7	2		5		13		3	
计划产出量				10	10		10		20		10	
计划投入量			10		10		10	20		10		

图10-2　主生产计划表所呈现出的信息

10.2　主生产计划与产品定位策略

主生产计划所进行的 MPP 与企业的产品定位策略有密切关系。产品定位策略主要决定因子是制造的前置时间及客户对交货时间的接受程度，本节要说明的是这些不同的产品定位策略与 MPP 的关系。

10.2.1　存货式生产

存货式生产（make-to-stock，MTS，又可称为计划性生产）策略，一般适合于价格稳定、品质合理且可立即交货的标准品。在此环境下大部分的最终成品利用需求预测来生产组装完成后，储存于仓库中，再由顾客订单来消耗库存品，在此，主计划规划活动的目的是维持预期完成品的数量。

此生产模式的特征是利用许多零件组合少数成品，因此，最终产品的物料清单将在此类型中被使用，产品可在大量生产（连续或重复型生产）的环境中被制造。通常其生产的成品以消费性产品为多，而其主生产计划所使用的单位为成品的个数，如电视机、冰箱、录放影机等。图10-3的类型即属于存货式生产。此图（类似梯形）的总方向代表制造流程（由下往上，从原物料/元件至最终产品），而横幅宽度代表差异化程度，在 MTS 环境下，是由多种原物料或零组件生产成少种多个的最终成品。此外，在此类型中，主生产计划与最终组装排程（final assembly schedule，FAS）规划活动是一致的。

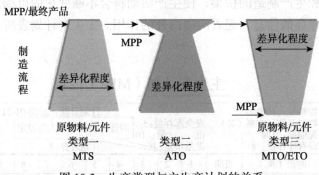

图 10-3　生产类型与主生产计划的关系

10.2.2　接单组装

接单组装（assemble-to-order，ATO）不同于存货式生产策略的地方在于接单组装策略为半成品库存。接单组装采取接单后再进行最后组装，以降低最终成品存货的库存压力，这种生产模式是将零组件模组标准化后先生产半成品，当接到顾客订单后再进行最后成品的组装活动。由于接单组装生产的成品大都由基本的标准零组件或半成品所组合而成，顾客通常所需要的等待时间为最后组装时间。

图 10-3 类型二是此类生产模式的特征，是以少数几种半成品组合成多数最终产品。例如个人电脑、电子监视器等。此种方式的好处是最终产品只需要适当数量的标准次组件或零件进行最后组装即可完成，可大量降低成品库存。但是必须针对这些次组件与零件进行需求预测和主生产计划，如个人电脑的主生产计划会以主机板、电源供应器、机壳、硬盘等次组装件为主。因此，主生产计划不使用最终成品为单位，而是使用各个半成品为单位。

10.2.3　接单生产

接单生产（make-to-order，MTO）通常不会把完成品当作存货，而是依据顾客的订单需求数量再进行生产与组装活动。这样的生产模式通常无法精确地预测客户的需求数量。客户下订单时，会预期有一定的时间来等待产品的生产与组装。例如 IC 半导体元件，其特征是以少数几种原料制造封装成许多种 IC 产品，因此，选择这类少数零件来进行需求预测和主生产计划。图 10-3 的类型三即是这种情形，图形的横幅宽度是由窄变宽。

10.2.4　接单后工程设计

接单后工程设计（engineered-to-order，ETO）是依据顾客的特殊规格而特别定制，也就是最终的产品包含标准零件及专为客户需要所设计的部分，一般为接获订单需求与数量后再进行产品设计、生产与组装活动。其交货时间一般比前三种策略均来得长。有时当产品的设计活动在进行的时候,生产的活动也会同时进行,以缩短顾客的等待时间。例如木制家具、某些特别定制的半导体元件等。其主生产计划与接单生产类似,并非以最终产品为主生产计划,而是以其原物料为主生产计划。

10.3 主生产计划的技巧

企业在确定其销售的产品定位策略后,主生产计划是根据总体生产计划与需求管理进行主计划的结果,其中需求管理必须提供的信息包括已接之确定性客户订单与需求预测。依据这些信息,本节将介绍主计划规划活动的基本技巧:主生产计划的策略、时间流动后对主生产计划的动态影响等基本原理。

10.3.1 主生产计划的策略

在介绍主生产计划的策略前,先简介几个重要名词与概念。表10-1是一个简单的例子,说明在时间轴记录法中,可以找出生产数量与需求预测、预计库存间的关系。期初存货有20单位,在未来12周内每周有10单位的预测销售量,其预测总销售量有120单位。其中MPP一行表示为满足需求预测而预排之生产完成时间点与数量,而主生产计划所排定的总生产数量也是120单位,因此,主生产计划排定每周有10单位的生产量。预计库存表示在每周期末时会有的存货数量。表10-1中,其每周期末的存货为20单位,由期初存货20单位加上本期主生产计划所排定的数量10单位减掉本期的销售预测值10单位而得。当预计库存为负值时,则表示当期会有欠单的情形发生。

表 10-1 主生产计划案例

期初存货=20	周											
	1	2	3	4	5	6	7	8	9	10	11	12
需求预测	10	10	10	10	10	10	10	10	10	10	10	10
预计库存	20	20	20	20	20	20	20	20	20	20	20	20
MPP	10	10	10	10	10	10	10	10	10	10	10	10

维持预计库存为正数有其必要性。因为销售需求预测含有某些程度的误差,而MPP的生产计划有可能因为现场某些因素如机台故障或供料不足而无法达成,这时候预计库存就成为这些误差的宽放值,或称容差,表中的MPP一行表示该时点要生产出来的数量。至于细部的零件物料需求点与数量,其生产时间与数量则由MRP系统根据主生产计划来展开得知。换句话说,主生产计划驱动后续的MRP规划活动。

决定MPP的生产量基本上有下面几种策略。很明显地,许多生产策略是介于这些策略之间,而最主要目标为寻找最佳的计划生产量以使得成本与利润平衡。

1. 平准策略(leveling strategy)

平准化生产策略是指任何时期均维持相同的产出的策略。表10-2进一步将销售需求预测加以变化，前六周预测的销售值为 5 单位，而后六周的销售预测值为 15 单位，总销售预测值不变，维持在 120 单位，但是需求具有季节性。表 10-2 维持每周 10 单位的固定生产量，称为平准化生产策略，如此生产将不会涉及增加员工、解聘员工或产能调整的问题。

表 10-2　利用平准化生产法达到季节性的变动销售需求

期初存货=20	周											
	1	2	3	4	5	6	7	8	9	10	11	12
需求预测	5	5	5	5	5	5	15	15	15	15	15	15
预计库存	25	30	35	40	45	50	45	40	35	30	25	20
MPP	10	10	10	10	10	10	10	10	10	10	10	10

2. 追随策略（chase strategy）

追随需求策略强调以产能来配合需求。表 10-3 为追随需求策略的例子，销售需求预测同样为前六周 5 单位，而后六周的预测值为 15 单位，总销售预测值为 120 单位。生产策略则随需求预测为前六周生产 5 单位，其余为 15 单位，如此可以维持预期存货量为 20 个单位。因此，采取追随需求策略必须做生产变动来追逐变动的市场预测需求。

表 10-3　利用追随法以追随销售需求

期初存货=20	周											
	1	2	3	4	5	6	7	8	9	10	11	12
需求预测	5	5	5	5	5	5	15	15	15	15	15	15
预计库存	20	20	20	20	20	20	20	20	20	20	20	20
MPP	5	5	5	5	5	5	15	15	15	15	15	15

3. 批量生产策略（batch production strategy）

表 10-4 的销售需求预测与表 10-2 相同，但是其采用批量生产的方式来排定主生产计划。假设每批的生产单位有 30 个，当预期存货降至 5 单位以下时，则会排定下一个加工的生产批量。在两批量生产之间的存货成为循环存货，而期间出现的最低存货量则称为安全存货。此安全存货数量的决定牵涉到管理层在持有存货以及可能发生欠单间的取舍问题。

表 10-4　利用批量生产法的 MPP

期初存货 = 20	周											
	1	2	3	4	5	6	7	8	9	10	11	12
需求预测	5	5	5	5	5	5	15	15	15	15	15	15
预计库存	15	10	5	30	25	20	5	20	5	20	5	20
MPP				30				30		30		30

安全库存 = 5

上述三种策略并没有考虑到成本的概念，因此，进一步考量成本的因素，成本包含预计库存所衍生的存货持有成本，以及 MPP 生产所需要的调整成本。假设存货持有成本为每周每单位 5 元，MPP 生产的每次调整成本为 100 元，每周平均需求仍为 10 单位。以下简介两种方法：经济生产量策略与周期生产策略。

4. 经济生产量策略（economic MPP）

此法类似于批量生产策略，基本观念为使得存货持有成本和调整成本两者的总成本为最低时的生产数量，也就是存货管理中的经济订购量（EOQ）。这里假设期初存货与安全库存皆为零，则 MPP 计划结果如表 10-5 所示，其中经济生产量的计算为

$$\text{经济批量 MPP} = \sqrt{2DS/C} = \sqrt{2 \times 10 \times 100 / 5} = 20$$

式中：D 为市场需求；S 为每次调整成本；C 为每周、每单位存货持有成本。

表 10-5　利用经济批量策略的 MPP

期初存货 = 0	周											
	1	2	3	4	5	6	7	8	9	10	11	12
需求预测	5	5	5	5	5	5	15	15	15	15	15	15
预计库存	15	10	5	0	15	10	15	0	5	10	15	0
MPP	20	0	0	0	20	0	20	0	20	20	20	0

安全库存 = 0

MPP 调整成本 = 100 × 6 = 600 元

存货持有成本 = 每周平均存货 × 持有周数 × 每周存货持有成本 = (100/12) × 9 × 5 = 375 元

总成本 = 975 元

5. 周期生产策略

周期生产策略（periodic MPP）是计算两次 MPP 间的经济生产区间也就是将经济生产量除以平均需求量，因此计算经济生产区间为 20/10=2，则经济生产周期为 2 周，如表 10-6 所示。

表 10-6　利用期间生产策略的 MPP

期初存货=0	周											
	1	2	3	4	5	6	7	8	9	10	11	12
需求预测	5	5	5	5	5	5	15	15	15	15	15	15
预计库存	5	0	5	0	5	0	15	0	15	0	15	0
MPP	10	0	10	0	10	0	30	0	30	0	30	0

安全库存=0

MPP 调整成本 = 100 × 6 = 600 元

存货持有成本 = 每周平均存货 × 持有周数 × 每周存货持有成本
= (60/12) × 6 × 5 = 150 元

总成本 = 750 元

10.3.2 MPP 的变更

MPP 在规划总时程内往前滚动后并非稳定不变，事实上时间不断地前进，就必须依实际的需求以及生产的情形来做主生产计划的更新动作。导致 MPP 变更的主要因素如图 10-4 所示。

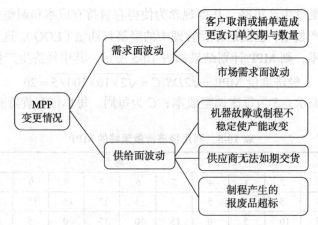

图 10-4 导致 MPP 变更的主要因素

我们以下面两个案例来做说明。首先是当时间滚动后，需求发生变动的情况。

例 10-1：表 10-7 表示时间滚动到第二周（主生产计划的时程改为由第二周至第十三周）。第一周并没有生产的动作，且实际的销售数量为 10 单位，不是原先预期的 5 单位，所以第二周的期初存货数量变为 10 单位，而不是预期的 15 单位。

表 10-7 时间滚动一周

期初存货 = 20 安全库存 = 5	周											
	1	2	3	4	5	6	7	8	9	10	11	12
需求预测	5	5	5	5	5	5	5	15	15	15	15	15
预计库存	15	10	5	30	25	20	5	20	5	20	5	20
MPP				30				30		30		30
期初存货 = 10	周											
	2	3	4	5	6	7	8	9	10	11	12	13
需求预测	10	10	10	10	10	15	15	15	15	15	15	15
预计库存	0	−10	10	0	−10	−25	−10	−25	−10	−25	−10	−25
MPP			30				30		30		30	

像这样实际销售数量大于预期销售值时，就有必要与销售部门认真地讨论是否仍然接受过去的销售预测。倘若销售部门因第一周实际的销售量增加，而决定将预测销售在第六周之前都增为 10 单位，其余仍维持 15 单位的话，则在不变更原先的 MPP 前提下，预计库存将出现欠单（即负数）的现象，如表 10-7 之第三周即是。因此，必须要重新排 MPP。表 10-8 为依照前述订定 5 个安全存货量为依据而修订的 MPP。但问

题是该工厂是否有足够的产能应对12周5批的生产量？或是将原先第四周的生产提前两周？换句话说，当新的 MPP 出现时必须考虑物料能否及时供应、与产能是否能配合支援等问题。总之，更改 MPP 的风险与成本是必须考虑的，这可以通过 MRP 与 CRP 来衡量。

表 10-8　时间滚动一周后修订的 MPP（因为需求波动）

期初存货 = 10	周											
	2	3	4	5	6	7	8	9	10	11	12	13
需求预测	10	10	10	10	10	15	15	15	15	15	15	15
预计库存	30	20	10	30	20	5	20	5	20	5	20	5
MPP	30			30			30		30		30	

安全库存 = 5

而若因为现场生产的不稳定，当时间滚动一周后，发现机器故障或生产不稳定，或报废品超乎平常，使产能改变，且并非立即可解决的问题，则每批生产量（MPP）变为25个。以下面案例说明。

例 10-2：如时间滚动到第二周时，生产部门发现生产线出现异常，导致不良产品增多，并将此信息回报给生管部门，生管部门于是将 MPP 生产量由原先每批30个减少为25个，并重新修订 MPP，如表10-9 所示。与上一个案例相同，该工厂是否有足够的产能改为未来12周5批的生产量？物料能否足够及产能是否需要支援都是生管部门所必须考虑的问题。

表 10-9　时间滚动一周后修订的 MPP（因为 MPP 生产批量变动）

期初存货 = 20 安全库存 = 5	周											
	1	2	3	4	5	6	7	8	9	10	11	12
需求预测	5	5	5	5	5	5	15	15	15	15	15	15
预计库存	15	10	5	30	25	20	5	20	5	20	5	20
MPP				30				30		30		30

期初存货 = 15	周											
	2	3	4	5	6	7	8	9	10	11	12	13
需求预测	5	5	5	5	5	15	15	15	15	15	15	15
预计库存	10	5	25	20	15	10	20	5	15	25	10	20
MPP			25				25		25	25		25

安全库存 = 5

总之，MPP 的更改是有风险的，并且 MPP 的经常异动将导致：
（1）现场调度、跟催频率，增加额外调整，累积过多在制品存货等因素使成本增加。
（2）交货量的改变将干扰或更动其他客户订单的交期，服务水准降低或受影响。
（3）使 MPP 规划的可信度大打折扣。
因此，必须要有规划时程与时栅的观念，10.4 节将说明其意义与应用。

10.4 与主生产计划相关的时间术语

10.4.1 提前期

提前期是指某一工作的时间周期，即从工作开始到工作结束的时间。提前期是生成 MPP、MRP、车间作业计划和采购计划的重要基础数据。在 ERP 中提前期是在物料主文件中进行维护的（直接维护或根据工艺路线生成）。

1. 提前期分类（1）

（1）按照是否可变分为固定提前期和变动提前期两种。

（2）固定提前期是不论批量大小，都以一定时间为提前期，它适用于采购零部件和原材料的提前期。

（3）变动提前期是提前时间的长短随着每批加工量大小而变动的，它适用于自制件的提前期。

2. 提前期分类（2）

（1）生产准备提前期，是从生产计划开始到生产准备完成（可以投入生产）所需的时间。

（2）采购提前期，是采购订单下达到物料完工入库的全部时间。

（3）生产加工提前期是生产加工投入开始（生产准备完成）至生产完工入库的全部时间。

（4）装配提前期是装配投入开始至装配完工的全部时间。

（5）累计提前期是采购、生产加工、装配提前期的总和。

（6）总提前期是指产品的整个生产周期，是生产准备提前期、采购提前期以及生产加工、装配、试车、检测、发运等提前期的总和。

加工提前期包含以下几部分（图 10-5）。

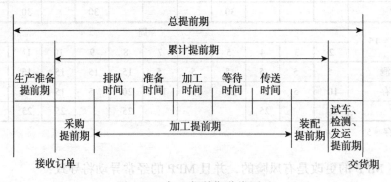

图 10-5　加工提前期分类图示

（1）排队时间：指一批零件在工作中心前等待的时间。

（2）准备时间：包括熟悉图纸及技术条件、工装的准备和调整等时间。

（3）加工时间：在工作中心加工或装配的时间，与工作中心的效率、人员技术水平相关。

（4）等待时间：加工完成后等待运往下道工序或存储位置的时间。有些软件系统将等待时间合并到传送时间中去。

（5）传送时间：工序之间或工序至库位之间的运输时间，若为外协工序则包含的内容更多。

10.4.2 计划展望期和计划时段

计划展望期指编制计划所覆盖的时间范围。ERP 中的不同计划层次的计划展望期是不尽相同的。一般来说，计划的层次越高，计划展望期越长；计划的层次越低，计划展望期越短。

例如，经营计划的计划展望期一般为 2~7 年；生产计划大纲一般为 1~3 年；主生产计划为 1~6 个月；MRP 为 2 周至 3 个月。

计划时段是组织和显示计划的时间单位。将计划展望期分成若干个时间段，以便安排和组织生产。计划时段可以用年、季、月、周或天来表示。经营计划的计划周期一般为 1 年；总生产计划的计划周期一般为几个月；主生产计划的计划周期一般为几周，而 MRP 的计划周期一般为几天。

信息化管理能够迅速响应市场的变化，但也要保持生产计划的相对稳定性（尤其是近期），以利于生产正常运行（尤其是车间基层），避免造成混乱。为此，ERP 系统在处理主生产计划的过程中，把产品的计划期划分成 3 个时区，计划若有变动，先要看看是落在哪个时区内，要分析变动带来的影响和代价，建立规范化的计划变动审批程序，以保持计划的相对稳定。

1. 时区

在主生产计划中，根据计划编制的政策和过程的不同，将计划展望期由近至远依次划分为 3 个时间区间。

（1）时间区间 1（需求时区，也称冻结区），是产品的总装提前期的时间跨度，即指从产品投入产线加工开始到产品装配完工的时间跨度。

（2）时间区间 2（计划时区，也称宽松区），在产品的累计提前期的时间跨度内，超过时区 1 以外的时间跨度为时间 2。

（3）时间区间 3（预测时区，也称可变区），超过时区 2 以外的时间跨度为时区 3。

2. 时界

（1）时间区间之间的分隔点，称为时界。

（2）需求时区和计划时区之间的分隔点称为需求时界。

（3）计划时区和预测时区之间的分隔点称为计划时界。

需求与计划时界示意图如图 10-6 所示。

时界的概念如下。

（1）1、2 时区的分界线，即需求时界，它会警告计划维护人员，先于该时段的计划产品已经进入最后的总装阶段，整个计划此时已不宜再做变动。

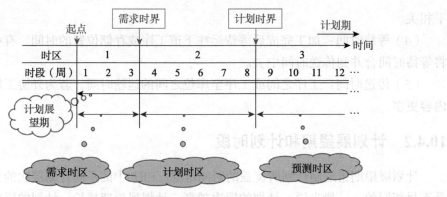

图 10-6　需求与计划时界示意图

（2）2、3 时区的分界线，即计划时界，它会提示计划维护人员，处在该时界和需求时界之间的计划产品已经确认，系统也已经失去了对其进行自动更改的权力，此时的更改过程须由计划人员自行操作完成。

（3）在计划时界以后的计划还未经确认，计划管理系统可对其进行修改，此时维护人员应格外注意，若要对主生产计划进行修改，应尽量将修改时间控制在该时间段范围内。

某产品单次生产计划的计划展望期如图 10-7 所示。

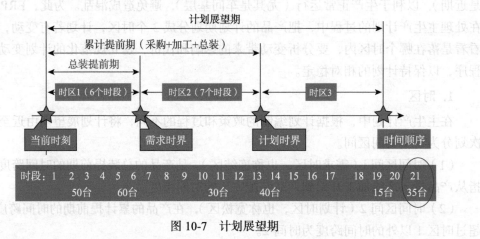

图 10-7　计划展望期

时区、时界对计划的影响如下。

（1）时区 1，也称冻结区。落在此时区的 MPP，其相关的产能与物料均应已锁定并排定于客户之制令单上，通常任何改变会衍生额外的风险与成本，从而降低制造效率或降低客户的整体服务水准。因此，此区域内尽可能不调整 MPP，若有必要的变更，则须经高阶管理核准。

（2）时区 2，也称宽松区：落在此时区的 MPP，其产能与物料虽已承诺用于某些客户之制令单上。但由于此区的 MPP 仍需一段时间后才发生，因此，在此区域内 MPP 的调整，必须协调业务、采购与生产部门，权衡各配合条件后再做 MPP 变更。

（3）时区 3，也称可变区，计划以预测为主，或取预测与合同的最大值。落在此时区的 MPP，由于时间较远，不仅客户订单仍不确定，而且产能与物料均可能有变数，在限制范围内变更是允许的，一般均通过滚动来调整 MPP。

例 10-3：假设冻结区为 2 周，宽松区为 5 周。我们以表 10-10 与表 10-11 来做说明，若时间滚动 1 周后，销售部门告知第二周将有一小型的促销活动，因此需求预测更改为 20 单位；第五周将有周年庆活动，需求预测修正为 35 单位。生管部门必须决定能否配合销售部门的活动，则时间滚动到第五周时，将出现预计库存负数的情况，如表 10-11 所示。

表 10-10 时栅的案例

期初存货 = 10	周											
	1	2	3	4	5	6	7	8	9	10	11	12
需求预测	10	10	10	10	10	15	15	15	15	15	15	15
预计库存	30	20	10	30	20	5	20	5	20	5	20	5
MPP	30			30			30		30		30	

安全库存 = 5

表 10-11 时栅的案例（经过一周的时间变动，MPP 无更改）

期初存货 = 30	周											
	2	3	4	5	6	7	8	9	10	11	12	13
需求预测	20	10	10	35	15	15	15	15	15	15	15	15
预计库存	10	0	20	−15	−30	−45	−30	−45	−30	−45	−30	−45
MPP			30				30		30		30	

倘若没有冻结区的概念，于是生产规划人员将可能在第三周增排 MPP 生产量（安全库存为 5 单位），但由于目前的时间已在第二周初，第三周相关的产能与物料均已排定（其他产品需求），是否立即能调整产能与获取物料将是一个大问题，突然地变更生产计划对现场人员而言也并非适当，因此 MPP 滚动时必须要有冻结区的概念，以免造成制造风险，也就是说在第三周突增 MPP 生产量并不适宜。而至于如表 10-11 所示，第五周至第十三周的预计库存出现负值，因距离目前还有一段时间，属于宽松区或可变区范围，可以重新更改 MPP，以使得预计库存量高于安全库存量。

总之，MPP 因往前滚动后的变更，若是经常发生，必须详加管理，并充分考虑所衍生的变更可能会影响各项风险与成本后，做最适当的管理决策。

10.4.3 可用承诺量

可用承诺量（available-to-promise，ATP）的计算信息主要提供给销售业务人员，以决定未来某时期的顾客新订单是否可以承诺。更详细地说，ATP 的信息主要应用在订单履行阶段，业务人员面对新订单时，主要回复产品的可交货时间、交货的数量与出货地点等询问。亦即 ATP 计算活动主要搜寻未承诺但尚可用的存货量的确认。因此可用承诺量为订单履行的要件。

例 10-4：如表 10-12 所示，期初存货有 10 单位，业务单位根据过去的销售预估对未来 5 周的需求预测为：前两周为 5 单位的需求预测，其余为 10 单位的需求预测。另外，多出来的客户订单行表示业务单位已收到客户的确定性订单且交期分别是：第一周交 4 单位，第二周交 3 单位，第三周交 6 单位，第四周交 6 单位。主生产计划采用批量生产的方式，每批为 20 单位，当预期存货量降至 0 单位以下时，则会排定下一个加工的生产批量，因此，排出主生产计划，如表 10-12 所示。其中有关预测库存是指期末的期望库存量，其计算式为

本期预计库存＝前期预计库存量＋当期 MPP 生产量－(当期预测需求与确定订单的最大值)

表 10-12　可用承诺量的案例

周	1	2	3	4	5
需求预测	5	5	10	10	10
客户订单	4	3	6	6	
预计库存（期初＝10）	25	20	10	20	10
MPP	20			20	

安全库存＝5

表 10-13 建立在表 10-12 的批次生产策略之 MPP 基础上。由于已知第一周确定出货订单是 4 单位，第二周是 3 单位，第三周是 6 单位。第一周的期初存货为 10 单位，而到下一次批量生产前的累计已接单数量为 13（＝4＋3＋6）单位，所以第一周至第三周可用承诺量为 17，期初库存加第一周 MPP（20）减已接单量（13）。其意义为在扣除已接订单但尚未交货的需求后，在下一次 MPP 排定生产（即第四周）前，业务人员尚可允许接受 17 单位的顾客新订单。同样的，第四周的 ATP（14）为第四周 MPP（20）减第四、第五周的已接单量（6）。

表 10-13　可用承诺量计算方式

周	1	2	3	4	5
需求预测	5	5	10	10	10
客户订单	4	3	6	6	
预计库存（期初＝10）	25	20	10	20	10
MPP	20			20	
ATP	17			14	

安全库存＝5

因此，表 10-13 的 ATP 定义为：在第一周至第三周之间尚可接单量为 17，在第四周及第五周之间尚可接单量为 14，销售人员可借此信息快速回应客户的订单需求时间与量。有些顾客下订单并不一定会要求马上交货，而会先下单后再依交期分批送货，其交期为通过协商而定出所谓的承诺出货期。若是公司允许先接单后发货，可承诺订单的工作即为决定何时可以交货。这些活动将以下面案例来做说明。

例 10-5：表 10-14 是建立在表 10-4 的批量生产策略的 MPP 计划基础上。其中业务单位已在客户订单行表示已确定接单应出货的订单量，第一周确定出货订单是 5 单

位，第二周是 3 单位，而第三周是 2 单位。第一周的期初存货为 20 单位，因此到下一次批量生产前的累计接单数量为 10（=5+3+2）单位，所以第一周至第三周可用承诺数量为 10（=20-10）单位。其意为在扣除已接单但尚未交货的需求后，在下一次 MPP 排定生产（即第四周）前，尚可允许 10 单位的接单出货量。

表 10-14　可用承诺订单量案例

期初存货 = 20	周											
	1	2	3	4	5	6	7	8	9	10	11	12
需求预测	5	5	5	5	5	5	15	15	15	15	15	15
客户订单	5	3	2									
预计库存	15	10	5	30	25	20	5	20	5	20	5	20
MPP				30				30		30		30
ATP	10			30				30		30		30

安全库存 = 5

$$ATP = 20 - (5 + 3 + 2) = 10$$

当时间轴推进至第二周初的情形如表 10-15 所示。其销售需求预测以及 MPP 调整，如同表 10-8 的情形。同时因第一周结束时已接受顾客确定性订单为：第二周 5 单位、第三周 5 单位以及第四周 2 单位。原因为在第一周不仅消耗表 10-14 第一周订单量 5 单位，又接了 12 单位订单量（包含 5 单位第一周交，2 单位第二周交，3 单位第三周交，2 单位第四周交）。因此第二周的期初存货变为 10 单位。

表 10-15　经过一周的时间变动

期初存货 = 10	周											
	2	3	4	5	6	7	8	9	10	11	12	13
需求预测	10	10	10	10	10	15	15	15	15	15	15	15
客户订单	5	5	2									
预计库存	30	20	10	30	20	5	20	5	20	5	20	5
MPP	30			30			30		30		30	
ATP	28			30			30		30		30	

安全库存 = 5

若依表 10-15 调整第二周 MPP 为 30 单位，即可用承诺数量为 28 单位。计算方式为第二周的须交货为 5 单位，而期初存货加上第二周预计生产的数量为 40（=10+30）单位，但其可承诺订单数量（ATP）却不是 35（=40-5）单位，而是 28 单位。原因为计算可承诺订单数量时应该考虑到下一次预计要生产数量以前的所有客户确定性订单量，所以考虑第二周、第三周、第四周的订单后，可承诺订单数量为 28（=40-5-5-2）单位。也就是说，可承诺于客户且确定交得了货的订单数量可以出现在这三周的任一周内。

可承诺订单数量的逻辑虽有点复杂但并不难懂。基本上，ATP 的计算出现在每一 MPP 生产量。在计算第一个 ATP 时，ATP 等于期初存货加本期 MPP 再减去下一次排定 MPP 前的总订单数量。而以后的 ATP 则为本期 MPP 减去下一次排定 MPP 前所有确定性客户订单。在排定的 ATP 都是正值的时候，上述两个规则都适用，但当 ATP 出现负值时计算规则将会做出修改的动作。如本例当中，第五、第八、第十及第十二周的 ATP 值都为 30 单位，也就是说第四周后就没有接受任何订单。如果在本案例当中的第十周有 35 单位的客户订单量，则第十周的 ATP 修正为零，且第八周的 ATP 将修正为 25 单位。

$$ATP = (30 + 30) - 35 = 25$$

总之，可用承诺量主要可作为业务人员依据目前已排定的主生产计划来决定公司在各 MPP 之间仍有多少产品数量可再承诺接单，以及何时可交货的信息。因此正确的 ATP 值可以帮助公司降低存货量，也让 MPP 规划能够更接近实际的出货数量。这一方法是使用提早生产的方式来解决需求变动的问题，而不是提高安全存货量，使得存货成本居高不下。

由表 10-15 我们还可以看到：第二周中有 10 单位的需求预测，其中 5 单位被实际的客户订单消耗；而第三周中的 10 单位需求预测被实际的客户订单消耗 5 单位；第四周中的 10 单位销售需求预测被实际订单消耗 2 单位。基本上，实际的接单量在需求预测范围内，即在消耗原本的需求预测值，这又称为预测冲销。

10.4.4　可用承诺量的分配

可用承诺量主要是作为销售人员依据目前已排定之主生产计划来决定公司在各 MPP 之间仍有多少产品数量可再承诺接单。因为 ATP 是未被客户订单预订的数量，所以当有新的订单进来，就面临如何将有限的 ATP 数量分配给新订单所需数量的问题。此即构成所谓可用承诺量之分配问题。

例 10-6： 假设依据表 10-15 在第二周初时，若同时接到表 10-16 中四张订单（订单编号表示订单到达顺序），是否可接受表 10-16 中四张新的顾客订单？又滚动过了第二周，ATP 之调整结果如何？

表 10-16　四张订单

订单编号	数量	交期/周
1	5	2
2	15	3
3	35	6
4	10	5

通过 ATP 信息可以发现，除了第四张订单无法接受外，其余订单都可以接受。因为第二周、第四周 ATP 为 28，足以应付第一张订单量 5 与第二张订单量 15，那第二周 ATP 就剩 8（= 28 − 5 − 15）；第三张订单量 35 可以用第五周 ATP 30 与第二周 ATP 28 来满足，那第二周 ATP 就剩下 3 单位；所以在第四张订单中，只能满足 3 单位的需求。假设顾客不接受部分出货，但经过业务与客户协调后由于第八周 ATP 为 30，足以应付订单量 10 之需求，顾客愿意接受改为第八周出货。

表 10-17 第三周的时间轴记录，应注意客户订单已将前述四张订单接受键入。很明显地，第三周的实际接单量与预测需求差异稍大。第二周期初存货为 10 单位，而 MPP 值为 30 单位，扣除第二周 5 个确定订单量，再扣除 5 个上述新的接单数量，则第三周的期初存货为 30（= 10 + 30 − 5 − 5）单位。表中另外可以发现其预计库存值计算时会考虑需求预测与客户订单的最大值，如第四周：前期预计库存值为 10 单位，预测值为 10 单位为最大，所以预计库存为 0。计算预计库存使用需求预测与客户订单的最大值，其作用在于不变向与预测消耗量一致。假若实际的订单量大于预测的话，则表示应该注意消耗过量的情形发生，决定是否应该调整 MPP；若实际的订单比预测小的话，则最后会出现在库存。

表 10-17　第三周时间轴记录（加入已承诺订单）

期初存货 = 30	周											
	3	4	5	6	7	8	9	10	11	12	13	14
需求预测	10	10	10	10	15	15	15	15	15	15	15	15
客户订单	20	2		35		10						
预计库存	10	0	20	−15	−30	−15	−30	−15	−30	−15	−30	−45
MPP			30			30		30		30		
ATP	3		0			20		30		30		

ATP 的计算是考虑实际的订单与排定的生产量。第三周期初的 30 单位能满足第三周、第四周的需求，所以没有增排 MPP 的计划。至第五周虽然 MPP 有 30 单位，可是其 ATP 为零。而第三周的 3 单位 ATP 是由于 30 单位的期初存货减第三周 20 单位的客户订单，再减第四周订单数量 2 单位，再扣除第五周 ATP 不足的 5 单位。其不足的 5 单位乃是因为第五周 MPP 计划生产量 30 单位不足以提供第六周 35 单位的客户订单需求。换句话说，第三周的 3 单位 ATP 只可提供第三周至第七周的可承诺订单数量。

最后，第六周至第十四周的预计库存出现负值，表示此时有潜在性出货问题，但只是潜在可能性而已。但若 ATP 出现负值，就表示缺货问题会发生，此时就需决定调整 MPP。

例 10-7：表 10-18 为某工厂特定成品的主生产计划，其中业务部门预测未来需求呈现波动性，且已确定接单信息为第一周 30 单位、第二周 20 单位、第三周 5 单位和第四周 8 单位，并且假设生产策略为一批 50 单位。

表 10-18　某工厂特定成品的主生产计划

期初存货 = 5	周									
	1	2	3	4	5	6	7	8	9	10
需求预测	20	10	40	10	0	0	40	20	30	10
客户订单	30	20	5	8						
预计库存	25	5	−35							
MPP	50									
ATP										

（1）若依照批量生产策略，则主生产计划为何？
（2）试计算可承诺量。
（3）假设有三张插单到来，其顺序如表 10-19 所示。试问客户订单中哪些是可承接的？修正后的 MPP 应是怎样的？

表 10-19　三张插单到来顺序及订单数量与交期

订单编号	数量	交期/周
1	15	6
2	4	2
3	32	3

表 10-20 显示出预期的 MPP，包括可承诺量。分别在第一、第三、第七、第八周已排定生产 MPP 数量（50 单位），依所计算之 ATP，将接受前面两张客户订单而拒绝第三张订单，因为第三周至第六周 ATP 为 37，足以应付第六周之订单量 15；第一周至第二周 ATP 为 5，足以应付第二周之订单量 4。修正后之 MPP 如表 10-21 所示，显示出两张可接受订单。

表 10-20　预期的 MPP[包括可承诺量（ATP）]

期初存货=5	周									
	1	2	3	4	5	6	7	8	9	10
需求预测	20	10	40	10	0	0	40	20	30	10
客户订单	30	20	5	8	0	0	0	0	0	0
预计库存	25	15	15	5	5	5	15	45	15	5
MPP	50		50				50	50		
ATP	5		37				50	50		

表 10-21　修正后之 MPP

期初存货=5	周									
	1	2	3	4	5	6	7	8	9	10
需求预测	20	10	40	10	0	0	40	20	30	10
客户订单	30	24	5	8	0	15	0	0	0	0
预计库存	25	1	11	1	1	−14	−4	26	−4	−14
MPP	50		50				50	50		
ATP	1		22				50	50		

另外，若为保留住第三张订单，我们可以询问第三张订单之客户是否愿意接受在第三周出货 23 个（包括第一周 ATP 存货量 1 个及第三周 ATP 存货量 22 个），另外 9 个单位则在第七周出货。此已充分显示 ATP 在主生产计划表上的功能。

主计划表接下来的部分显示了负的预测库存，因此必须再与业务单位确认需求预测。如果第三、第四、第七、第八、第九、第十周的预测是有根据且正确无误的话，可以修正将第七周 MPP 提前至第六周（假若第六周备料来得及和产能资源能配合的话）。但无论如何，可承诺量仍为 123（=1+22+50+50）单位，表示在未来十周内有 123 单位是尚可承诺接单的数量。

10.4.5 交期承诺与回复

1. 交期承诺的分类

供应商承诺客户交期，一般有两种情况。两种情况均有优缺点。

1）固定交期

固定承诺交期不需要考虑客户需求的波动、工厂产能波动和供应商的异常，以一个固定交货周期（下单至出运）承诺。在 OEM 的外贸型的企业中，25 天、30 天、35 天、45 天、60 天等几个周期，是最常见的承诺交期。优点：简单。缺点：为了达成准交，缓冲足够长，从而竞争能力弱。

2）动态交期

动态承诺交期是需要考虑供应商到料、工厂内部产能的交期评审方式，属于精度比较高的一种方式。动态承诺交期，一般考虑关键物料的到料和内部的产能负荷，其交货日工时为

订单实际交货日 = 关键物料到货日 + 关键负荷状态下完工日 + 出运缓冲

实行动态的交期评审，相对于固定交期评审，可行度相对会好，但是优缺点同样明显：优点：交期相对准确，依据评审日的状态评审交期。缺点：如果没有 IT 的支持，还是基于经验而非数据。而且耗用的人力资源非常多（一般为会议评审）。

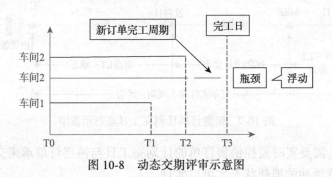

图 10-8 动态交期评审示意图

3）交期承诺注意点

无论是固定承诺还是动态承诺，要注意的是，承诺的是某个时刻的状态：客户需求、供应商和产能状态。

我们不能预设未来会如何：未来的需求是否会有大变化，未来的设备产能是否有大的异常，未来是否有不可抗拒的异常等等。

所以，我们的承诺一定是包含异常缓冲或者需要加上异常的缓冲时间。自然，如何设置缓冲大小，是一件困难的事情：缓冲太大，交期的竞争力弱；缓冲太小，不能弥补异常的变动。其实，设置缓冲的大小，不需要精确，正确就足够了，经验对缓冲大小设置起到决定性的因素。

2. 交期回复

如何履行客户的交期承诺是工厂的关键控制指标，尤其在订单生产的场景下，较高的准交率（DDP＝95%以上）是销售员获取订单强有力的武器。

客户对供应商承诺的交期是有焦虑的，尤其是准交率相对比较低，但是又不能更换供应商的场景，客户的采购人员一定想知道订单的实际进度和状态。供应商自身的销售人员，也非常想知道订单的实际完成时间。确认交期回复，需要理解两个不同的日期。

1）承诺交货日

订单的承诺交货日，是指供应商承诺客户可以出运的日期，一般是完工入库并做好验货后的日期，是随时可以出运的日期。从供应商运至客户的运输周期，需另外计算。由于是供应商承诺客户的交货日，这个日期是固定的，可以作为生产计划的"锚"定日使用。既然承诺，必然遵守。

2）订单计划完工日

众所周知，目前我们处于高度不确定的时代，其特征是"产品时尚化""订单碎片化""供应链复杂化"。因为客户插单、供应商异常、产能波动，销售订单的实际完工时间是一个动态值而非静态值（图10-9）。

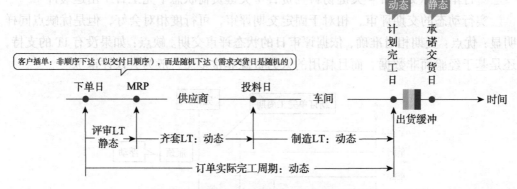

图10-9 销售订单计划完工日动态示意图

交期回复，需要实时监控销售订单的计划完工日与销售订单承诺交货日之间的偏差，也就是出货缓冲的消耗状态才可以实现。

出运缓冲的消耗比例，可以用以下公式表达：出运缓冲消耗状态＝100%×(出运缓冲－(交货期－计划完工日))/出运缓冲。

10.5 主生产计划的逻辑模型

主生产计划的逻辑模型如图10-10所示。

10.5.1 确定 MPP 物料

在不同的生产方式下，MPP 物料可以是最终销售的产成品，也可以是组件或模块

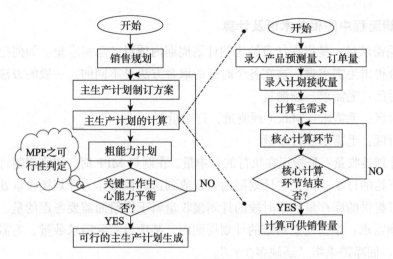

图 10-10　主生产计划的逻辑模型

化的物料,甚至可以是产品结构中最低层次上的某些零件和原材料。

(1) MTS(按库存生产)环境下,指产品、备品备件等独立需求项目。

(2) MTO(按订单生产)环境下,若交货期比产品生产提前期长,则 MPP 就是这些最终产品;否则就需预测产品的需求,则产品的零部件或一些重要原材料就成为 MPP 物料。

(3) ATO(按订单装配)的环境下,若产品是一个系列,结构基本相同,都是由若干组件和一些通用件组成,每项基本组件又可有多种可选件,从而可形成一系列多种规格的变形产品。在这种情况下,MPP 物料是指基本组件和通用件。

10.5.2　MPP 初步计划的编制流程

1. 编制 MPP 初步计划的逻辑流程

MPP 初步计划的编制流程如图 10-11 所示。

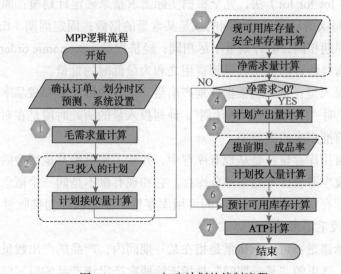

图 10-11　MPP 初步计划的编制流程

2. 逻辑流程中的相关术语及计算

（1）毛需求量：是指在任意给定的计划周期内项目的总需求量。如何把预测量和订单量组合得出毛需求量，这在各个时区的取舍方法是不同的。一般的方法为

预测时区：毛需求 = 预测量

计划时区：毛需求 = Max（预测量，订单量）

需求时区：毛需求 = 订单量

（2）计划接收量：是指正在执行的订单量。在制订 MPP 时，往往把制订计划日期之前已经下达的订单、而在本计划期内完成或到达的数量作为计划接收量处理。当前时段期初可提供的库存量和本时段的计划接收量属于供给面需要考虑的量。

（3）净需求：是指任意给定的计划周期内，某项目实际需求数量。毛需求指"需要多少？"，而净需求指"还缺多少？"。

净需求量 = 本时段毛需求量 + 安全库存量 −

(前一时段末的可用库存量 + 本时段计划接收量)

若计算值 ≤ 0，则无净需求

若计算值 > 0，净需求 = 计算值

这种从毛需求到净需求的计算方法称为净需求计算法。如果产生了净需求，则启动了 MPP 的批量排产。

（4）计划产出量：是指为了满足净需求，系统根据设定的批量政策计算得出的供应数量。

① 计划产出量 = $N \times$ 批量

② 满足：计划产出量 ≥ 净需求 > $(N-1) \times$ 批量

③ 说明"什么时间下达计划"。计划投入量的所处时段是在对应的计划产出量的基础上往前推相应的提前期。

目前 MPP 的常用批量规则有：

直接批量（lot for lot）法，完全根据实际需求量来确定计划量；固定批量（fixed quantity）法，每次的计划量是相同的或是某常量的倍数；固定周期（fixed time）法，计划下达间隔周期相同，但计划量不尽相同；经济批量（economic order quantity）法，计划量为某种物料的订购费用和保管费用之和为最低时的批量。

（5）计划投入量：是系统根据计划产出量、规定的提前期和成品率计算得出的计划投入数量。说明"什么时间下达计划"。计划投入量的所处时段是在对应的计划产出量的基础上往前推相应的提前期。

（6）预计可用库存量：是从现有库存中，扣除了预留给其他用途的已分配量，可以用于下一时段净需求计算的那部分库存。它和现有量不是同一个概念。

预计可用库存量 = (前一时段末的可用库存量 + 本时段计划接收量 + 本时段计划产出量) − 本时段毛需求量

（7）可用承诺量：可用承诺量是指在某一期间内，产品的产出数量可能会大于订单数量的差值。这里的"某一期间"是指连续两次产出该产品的时间间隔。

可用承诺量 = 某期间的计划产出量(包括计划接收量) – 该期间的订单总和

阶段 1：时段 1 的 ATP = 当前库存量 + MPP 在时段 1 的计划接收量 – 时段 1 的订单量以及在下一个计划产出量出现之前的实际需求量。

阶段 2：随后出现的"MPP 计划产出"时段的 ATP = 计划接收量 – 本时段发生的订单量和随后几个时段的订单量的合计，直到出现新的计划接收量的时段为止。

阶段 3：如果本期的 ATP 出现负值（时段 1 除外），把上一个 ATP 不为 0 的时段中的 ATP 值减去本期的负值的绝对值，同时把本期的 ATP 置为 0。

（8）累计 ATP 数量：从最早的时区开始，把各个时区的 ATP 数量累加到所考虑的时区即是这个时区的累计可签约量。它指出在不改变主生产计划的前提下积累到目前所考虑的时区为止，此最终项目还可向客户作出多大数量的供货承诺。

10.5.3　MPP 初步计划编制案例

- 已知条件：
- 提前期：1 个时段
- 时区，其中：
  - 需求时界：3
  - 计划时界：7
- 安全库存：5
- 批量规则：固定批量
- 批量：10

（1）计算毛需求。

根据订单或预测数据可得

时区 1：毛需求 = 订单量；

时区 2：毛需求 = Max（订单量，预测量）；

时区 3：毛需求 = 预测量。

时段	当期	1	2	3	4	5	6	7	8	9	10
预测量		15	30	10	30	18	30	32	25	30	20
订单量		20	25	20	25	20	16	35	20	28	25
毛需求		20	25	20	30	20	30	35	25	30	20

（2）读入计划接收量和当期库存。

时段	当期	1	2	3	4	5	6	7	8	9	10
预测量		15	30	10	30	18	30	32	25	30	20
订单量		20	25	20	25	20	16	35	20	28	25
毛需求		20	25	20	30	20	30	35	25	30	20
计划接收量		10									
预计可用库存量	16										

(3) 计算第 1 时段净需求量。

时段	当期	1	2	3	4	5	6	7	8	9	10
预测量		15	30	10	30	18	30	32	25	30	20
订单量		20	25	20	25	20	16	35	20	28	25
毛需求		20	25	20	30	20	30	35	25	30	25
计划接收量		10									
预计可用库存量	16										
净需求		20+5−(16+10)=−1									

安全库存量为5

净需求量=本时段毛需求量+安全库存量−（前一时段末的可用库存量+本时段计划接收量）

计算值≤0，则无净需求

(4) 计算第 1 时段预计可用库存。

时段	当期	1	2	3	4	5	6	7	8	9	10
预测量		15	30	10	30	18	30	32	25	30	20
订单量		20	25	20	25	20	16	35	20	28	25
毛需求		20	25	20	30	20	30	35	25	30	25
计划接收量		10									
预计可用库存量	16	(16+10+0)−20=6									
净需求											

预计可用库存量=（前一时段末的可用库存量+本时段计划接收量+本时段计划产出量）−本时段毛需求量

(5) 计算第 2 时段的净需求量。

时段	当期	1	2	3	4	5	6	7	8	9	10
预测量		15	30	10	30	18	30	32	25	30	20
订单量		20	25	20	25	20	16	35	20	28	25
毛需求		20	25	20	30	20	30	35	25	30	25
计划接收量		10									
预计可用库存量	16	6									
净需求			25+5−(6+0)=24								
计划产出											
计划投入											

净需求量=本时段毛需求量+安全库存量−（前一时段末的可用库存量+本时段计划接收量）

(6) 计算第 2 时段的计划产出量。

时段	当期	1	2	3	4	5	6	7	8	9	10
预测量		15	30	10	30	18	30	32	25	30	20
订单量		20	25	20	25	20	16	35	20	28	25
毛需求		20	25	20	30	20	30	35	25	30	25
计划接收量		10									
预计可用库存量	16	6									
净需求			24								
计划产出			3×10=30								
计划投入											

计划产出量必须大于净需求量，因制造批量为10，故取30

（7）计算第 2 时段的计划投入量。

时段	当期	1	2	3	4	5	6	7	8	9	10
预测量		15	30	10	30	18	30	32	25	30	20
订单量		20	25	20	25	20	16	35	20	28	25
毛需求		20	25	20	30	20	30	35	25	30	20
计划接收量		10									
预计可用库存量	16	6									
净需求			24								
计划产出			30								
计划投入		30									

以交货或完工日期为基准，根据提前期（当前物料的提前期为1个时段）来倒推加工开始日期

（8）计算第 2 时段预计可用库存量。

时段	当期	1	2	3	4	5	6	7	8	9	10
预测量		15	30	10	30	18	30	32	25	30	20
订单量		20	25	20	25	20	16	35	20	28	25
毛需求		20	25	20	30	20	30	35	25	30	20
计划接收量		10									
预计可用库存量	16	6	(6+0+30)−25=11								
净需求			24								
计划产出			30								
计划投入		30									

预计可用库存量=（前一时段末的可用库存量+本时段计划接收量+本时段计划产出量）−本时段毛需求量

（9）依次计算其他时段。

时段	当期	1	2	3	4	5	6	7	8	9	10
预测量		15	30	10	30	18	30	32	25	30	20
订单量		20	25	20	25	20	16	35	20	28	25
毛需求		20	25	20	30	20	30	35	25	30	20
计划接收量		10									
预计可用库存量	16	6	11	(11+0+20)−20=11	11	11	11	6	11	11	11
净需求			24	20+5−(11+0)=14	24	14	24	29	24	24	14
计划产出			30	20	30	30	30	30	30	30	20
计划投入		30	20	30	20	30	30	30	30	20	

第一步（净需求）、第二步、第三步（计划产出）、第四步（预计可用库存量）

（10）依次计算各时段的 ATP。

时段	当期	1	2	3	4	5	6	7	8	9	10
预测量		15	30	10	30	18	30	32	25	30	20
订单量		20	25	20	25	20	16	35	20	28	25
毛需求		20	25	20	30	20	30	35	25	30	20
计划接收量		10									
预计可用库存量	16	6	11	11	11	11	11	6	11	11	11
净需求			24	14	24	14	24	29	24	24	14
计划产出			30	20	30	20	30	30	30	30	20
计划投入		30	20	30	20	30	30	30	30	20	
ATP		6	5		5		14	−5	10	2	−5

（11）依次计算各时段的累计 ATP。

时段	当期	1	2	3	4	5	6	7	8	9	10
预测量		15	30	10	30	18	30	32	25	30	20
订单量		20	25	20	25	20	16	35	20	28	25
毛需求		20	25	20	30	20	30	35	25	30	20
计划接收量		10									
预计可用库存量	16	6	11	11	11	11	11	6	11	11	11
净需求			24	14	24	14	24	29	24	24	14
计划产出			30	20	30	20	30	30	30	30	20
计划投入		30	20	30	20	30	30	30	30	20	
ATP		6	5		5		14	−5	10	2	−5
累计ATP		6	11	11	16	16	30	25	35	37	32

10.6 主生产计划与最终组装排程

最终组装排程（FAS）主要描述在某一时间周期里，最终产品确切完成的计划，主要包括组装订单的投入、零组件的选取、次组装、检验或其他的完工作业，以及准备最终产品出货等。

主生产计划主要呈现一个事前规划的生产计划，而最终组装排程是一个实际建立的计划。MPP 展开生产计划到最终成品或最终成品的群组，FAS 则是展开到明确的最终产品的定义。MPP 通常在规划上混合了实际顾客订单的预测或估计，但是实际的订单并不能完全消耗所做的预测；FAS 可以根据 MPP 在最后尽可能地做一些适度的调整，在 FAS 中任何剩下来的成品将成为公司的完成品存货。

FAS 和 MPP 的区别在 ATO 的生产环境中最为明显。MPP 主要是规划到一些零组件的半成品的主生产计划，而 FAS 则是描述明确的最终成品的性能及功能。不过纵使在生产性能是 MTS 的公司，MPP 也只是一些成品粗略的群组的生产计划，像是一张桌子的性能与功能在最终完工时会有所不同，或是同样名为钻床但是最后在转速和齿轮上可能不同，这些生产上的弹性将保留到 FAS，也就是在最后组装阶段可以做一些弹性的调整。

以电脑组装为例来做一说明,假设电脑组装公司是采用 ATO 的生产策略,公司生产规划人员会将上层规划好的中长期总生产计划展开成每周的主生产计划,如每周需要生产 CPU-A 品牌 100 单位、CPU-B 品牌 200 单位等,粗略地估计 CPU 零组件每周共需要多少件;同样地,其他电脑零组件如显示器、内存、硬盘等也由 MPP 规划好要生产多少亦即 MPP 规划的对象不是最终成品——电脑,而是与其相关的零组件或可供消费者选择的模组件,将这些半成品件备妥后等待实际的订单。顾客可能会有不同的喜好需求,因此短期的 FAS 即是在规划如何根据顾客的订单需求,从电脑展开成客制化的各电脑模组件,如某张订单可能需要 CPU-B 品牌、硬盘 40G、记忆体 256 MB 等组成要件,一般而言组装作业时间(也就是 FAS 的规划涵盖时程)相当短,可能一两天而已。利用上述规划方式,除了可以达成客制化的目标外,而且利用 MPP 规划备妥相关零组件,再通过 FAS,可以快速满足客户需求。

例 10-8: 假设某电脑制造商产品的 Planning BOM 如图 10-12 所示。该 Planning BOM 是指一组电脑是由共用件及一些选配件构成,选配件包含主机板(有四种型号 622,623,……根据过去生产计划的历史记录,此四种型号所占的百分比分别为 50%、30%、15%、5%)、HD(有十种规格)、CPU(有四种规格)等,因此最终成品共有 160(4×10×4)种选择。

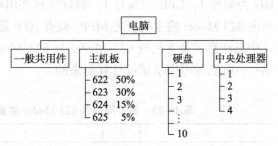

图 10-12 某电脑制造商产品的 Planning BOM

假设该公司计划未来五周的生产量为 100 单位,其 MPP 的相关表格如表 10-22 所示。由于主机板 622 Model 与 623 Model 根据历史记录分别为主产品——电脑的 50% 和 30% 比例,因此这两种主机板型号的客户订单(第一周至第二周)为 100(主产品——电脑的客户订单)×0.5 = 50 单位及 100(主产品——电脑的客户订单)×0.3 = 30 单位;第三周至第五周的生产预测为 100(主产品——电脑的 ATP)×0.5 = 50 单位及 100(主产品——电脑的 ATP)×0.3 = 30 单位。

表 10-22 Two-Level MPP 表格

周	1	2	3	4	5
电脑					
需求预测	100	100	100	100	100
客户订单	100	100			
预计库存					
MPP	100	100	100	100	100
可用承诺量			100	100	100
	现货=0,SS=0				
主机板(622 Model)					
生产预测			50	50	50
客户订单	50	50			

续表

周	1	2	3	4	5
预计库存（10）	10	10	10	10	10
MPP	50	50	50	50	50
可用承诺量	10	0	50	50	50
			现货=10，SS=10		
主机板（623 Model）					
生产预测			30	30	30
客户订单	30	30			
预计库存（15）	15	15	15	15	15
MPP	30	30	30	30	30
可用承诺量	15	0	30	30	30
			现货=15，SS=15		

若某客户于第三周下新订单，要求电脑数量为 20 台，主机板型号为 623 Model，HD 为编号 1，CPU 为编号 1，假设今日共用件、HD 和 CPU 的 ATP 皆足够，所以只考虑 623 Model 的主机板之 MPP，检查 ATP 是否足够满足。计算结果如表 10-23 所示，其中需注意的是主机板 622 Model 与 623 Model 第三周至第五周的生产预测是从主产品——电脑的可用承诺量计算得来的。

表 10-23　第三周加入 623 Model 数量 20 后的 Two-Level MPP 表格

周	1	2	3	4	5
电脑					
需求预测	100	100	100	100	100
客户订单	100	100	20		
预计库存					
MPP	100	100	100	100	100
可用承诺量			80	100	100
			现货=0，SS=0		
主机板（622 Model）					
生产预测			40	50	50
客户订单	50	50			
预计库存（10）	10	10	20	20	20
MPP	50	50	50	50	50
可用承诺量	10	0	50	50	50
			现货=10，SS=10		
主机板（623 Model）					
生产预测			44	30	30
客户订单	30	30	20		
预计库存（15）	15	15	1	1	1
MPP	30	30	30	30	30
可用承诺量	15	0	0	30	30
			现货=15，SS=15 $40=80 \times 0.5, 44=80 \times 0.3+20$		

根据 Planning BOM 的概念可以表达主生产计划和最终组装排程之间的关系，如图 10-12 中假设预测未来每周的需求皆为 100 单位，因此主生产计划规划共用件 100 组、主机板 622 Model 50 件、主机板 623 Model 30 件等选配件的需求，等收到实际订单后，最终组装排程再依据订单的需求（需要哪一种主机板型号、哪种规格的 HD 等）组装成完整的电脑。

10.7 需求管理与主生产计划

主生产计划是生产计划的核心环节，是工厂产出的依据。主生产计划往往是以时界内的需求为方式呈现。尤其是存货式生产环境，往往是以月、周为单位呈现，如××月××周的成品需求量为多少。主生产计划是生产控制的输入，是日常生产运作的依据。主生产计划是否合理取决于是否粗产能平衡，即关键的瓶颈资源是否能满足主生产计划的产能需求。其实，在手工计算的环境下，很难做好或者做到粗产能计划的平衡。接单生产时，主生产计划就是未完工的出运清单，非常简单。MTS 和 MTO 的混合场景中，主生产计划也是一个相对困难的计划作业过程，生产实际中，做好主生产计划的并不多。从"需求管理"到"主生产计划"是一个复杂过程，需要做到两个平衡。

平衡 1，关键产能资源与需求的平衡。需求计划一般是以产品族为单位预测和备库，需要对关键产能资源（CCR）进行产能的评估。否则，需求计划的可执行度较差也无法实现产能和需求的正确匹配。

平衡 2，关键物料供应与需求的平衡。在消费电子类产品的需求管理中，往往还会受到长采购周期关键物料的制约：如 LCD 面板、关键 IC、关键 FPC 等物料的限制，需要在与供应商协同的基础上，才能做到需求管理的科学性。

关键产能资源、关键物料与需求之间的平衡，往往需要进行多次，这个就是 S&OP 过程。

需求管理的输出是主生产计划，但是从"需求管理"到"主生产计划"不是一个简单过程，而是一个 PSI 过程。PSI 的解释是：P 是生产、S 是出运、I 是库存，其相关关系如图 10-13 所示。

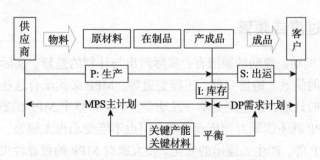

图 10-13　主生产计划与需求计划的平衡关系

需求计划和主生产计划的平衡，不仅需要考虑产能制约、关键物料制约，还需要以成品库存作为缓冲，以平衡因为产能、物料制约的限制，从而实现客户需求。

从响应客户的角度看（客户承诺），制造类型就是存货式生产和接单生产两种方式。而接单生产的需求是确定的，并且客户以订单方式向供应商做了承诺。难度比较大的是存货式生产模式。

MTS 确定需求有三种方式。

第一，最大量/最小量的安全库存模式，是管理非常成熟的技术。

第二，约束理论的补库方式，也称为 DBM（动态缓冲管理）。应用于成品库存的需求随机波动（单个消费者的消费具有随机性），利用聚合效应可以大幅度降低波动，并利用质量管理理论的控制图原理进行控制。

第三，预测的补库方式。预测是最常见的确定需求的方式，但是预测并不准确。

需求管理是生产运作的起点。需求管理不仅涉及 MTS，MTO 的需求管理同样重要。在众多的中小制造企业中，PMC 往往对销售输出的销售订单管控不严，订单变更尤其繁多，而图纸等技术指标性的变更造成了严重的"牛鞭效应"。

主生产计划确定后，需要进行产能计划和相关需求的确认。而 CRP 由于与相关需求相关，本质上是对主生产计划的展望，相关需求与产能计划同步展开。

10.8 主生产计划的问题

MPP 可能会发生下列几个问题，而影响它的成效。

10.8.1 夸大不实的计划

负责生产计划的人常为了迫使生产部门如期达成生产目标，往往会自我膨胀需求数量，而不是根据实际的情况。但如此一来，属于关键性瓶颈的工作中心不但不能如期完成计划生产量，反而会使逾期的制造单越增越多。制令的优先次序被打乱了，就要花更多的时间在跟催的工作上。而原本不是瓶颈的工作中心，因为计划量多了，就多买原料、多生产，半成品就在生产线堆积起来，造成该生产的没有准时完成、不需要的又生产了一大堆的现象。因此，MPP 必须是实际而且可行的，过量的 MPP 无益而有害。

10.8.2 变更过度或频繁

MPP 也会有变动。变动的原因有：实际产出与计划的差异、实际出货与计划的差异、制造和采购的绩效、销售变更、工程变更等。MPP 必须配合这些变更而改变，才能做出符合实际的计划，这些变更牵一发动全身，使得整个 MPP 的数量、时间、优先顺序都变了。MPP 既不能面对变更而不变，但也不能变动得太频繁，直接影响到子系统如 MRP 或 CRP 等，产生一连串的变化，使大家对 MPP 的可靠性失去信心，也打击生产部门的士气。虽然现在可以利用电脑来处理 MPP 的变更，作出快速的运算和反应，但仍应尽可能使 MPP 维持相当的稳定性，不轻易变动生产率，才能使生产有效地进行。

1. 产能负荷不均

供给面的产能负荷不均易造成 MPP 生产不平准或不稳定，如前述易造成变动太频繁。

2. 资料不准确

输入 MPP 的资料若不准确，也会使得 MPP 不准，造成所谓垃圾进、垃圾出。销售需求预测不准、成品库存资料错误、客户订单及出货的资料错误，是错误最主要的原因。如何追踪并记录各种输入资料的准确性，是管理者应该关切的事，以确保输入的资料正确、及时和有效，使 MPP 无错误地计算运算。

3. 过度依赖电脑软件作业

现在虽然有许多种 MRP 或 ERP 套装软件可以做 MPP，但人的参与及判断仍属绝对必要，如由人来判断输入资料的准确性、调整 MPP 的负荷是否平均、降低 MPP 的变动、ATP 的运用与判断等，这也都是生产计划人员责无旁贷的义务，不能完全依赖电脑。

10.8.3 由主生产计划与主生产排程的英文表达所带来的困惑

主生产计划与主生产排程的英文表达都为 master production schedule，并简写为 MPS，实际本章说的是主生产计划（许多教材直接简写为 MPS，非常容易与主生产排程产生混淆），主生产计划首先需要确定的是计划策略：是平准策略还是追逐策略。平准策略即不管需求如何变化，每个计划期间生产总量保持不变，品种混合可以调节；追逐策略是指产能随需求变化而变化。这两种策略各有利弊：平准策略有利于生产成本的控制，可以在较长时间期间实现产销平衡，但是短期内有断货和积压情况；追逐策略根据市场变化弹性地安排生产，有利于抓住市场机遇，但是用工的大起大落不利于生产成本控制，也不利于质量管理；更何况有时候也会反应滞后或者反应过度造成产能与实际需求的差异。所以现实情况是大多数公司采取的是一种混合策略。主生产计划的基础是产能。所以在制订生产计划时需要检查一下资源计划（RP），又称 BOR（bill of resources）。比如核心工艺设备（连续工艺）、关键岗位和用工数量（离散制造）等。有涉及委外生产的，还需要排定委外生产计划，确保供应商有产能匹配。尽可能地避免大起大落。生产计划确定好了，即进入生产计划的执行阶段，这时的生产计划就是排程，而排程首先需要制定的是规则，排程分为大排和小排。大排即为 MPS，一般以产品的中类或者品号（在品号数量比较小的时候）为单位安排。这时的 MPS 可以是主生产计划的拆解，也可以是原来作为主生产计划制作基础的文件更新。其呈现出来的如果是周排程即为大排，日排程即为小排，又称调度，主要关注的是生产的先后次序。为了区分主生产计划与主生产排程，本书中将主生产计划翻译为 master production planning，并简写为 MPP。

MPS 大排需要操心的事情很多，以主生产计划为纲领，兼顾订单需求的变化（如急单）进行管理，时刻关注产能的变化，制订半成品生产计划，又称动态排程；有的公司会有额外的一套周预测流程，用于准订单管理。可见作为生产排程的 MPS 和用于高层沟通的主生产/供应计划的管理颗粒度不同，彼此独立而又相互依赖和影响。

而 MPS 是排程的集大成，所以加了个 master，表示大纲的意思。大排是把按季度或月份做的主生产计划落实到周和日。而小排程就是把每日每条生产线和工位要做什么、做多少以及先后顺序列出来了。MPS 一旦定下来，就具备权威性，要进入 MES，形成报表，实现管理透明化。在车间的安灯系统里可以展示排程产量与实际产量的实时比较。如果订单不足或者超量很多，需要减少或追加当月的 MPS，必须有一个上报批准的流程。而总生产计划有一定的滞后性，对当月可以不做调整，但在下次 S&OP 会议中要做讨论。

 学生自学要求

一、概括本章基本知识逻辑，200～300 字

二、熟悉本章基本概念、术语及其英文表达

  主生产计划/master production planning，MPP
  主生产排程/master production scheduling，MPS
  制造的前置时间/manufacturing lead time
  存货式生产/make-to-stock，MPS
  接单组装/assemble-to-order，ATO
  最终组装排程/final assembly schedule，FAS
  接单生产/make-to-order，MTO
  接单后工程设计/engineered-to-order，ETO
  规划时程/planning horizon
  时栅/time fence
  预计可用库存/projected available balance
  欠单/backorder
  容差/tolerance
  平准策略/leveling strategy
  追随策略/chase strategy
  批量生产策略/batch production strategy
  经济生产量策略/economic MPS
  存货持有成本/carrying cost
  调整成本/setup cost
  期间生产策略/periodic MPS
  经济生产区间/economic time between，ETB
  滚动/rolling
  预测时区/forecast time zone
  计划时区/planned time zone
  需求时区/demand time zone

冻结区/frozen zone
宽松区/slushy zone
可变区/liquid zone
直接批量/lot for lot
固定批量/fixed quantity
固定周期/fixed time
经济批量/economic order quantity
计划投入量/planned input
预计可用库存量/estimated available stock
可用承诺量/available-to-promise，ATP
订单履行/order fulfillment
承诺出货期/promise date
消耗预测/consuming the forecast
可用承诺量之分配/allocated ATP
完成品存货/finished-goods inventory
共用件/common parts
选配件/option parts

三、预习并思考下列问题

1. 基本问题：是什么的问题

（1）主生产计划的输出有哪些？
（2）主生产计划的编制具体步骤是什么？需要考虑哪些因素？
（3）主生产计划所要考虑的因素有哪些？
（4）主生产计划的策略有哪些？尝试列举并分析。
（5）生产提前期的分类标准有哪些？根据这些分类标准是如何分类的？
（6）主生产计划中时区与时界是什么？二者有什么联系？
（7）制订MPP的初步计划的基本步骤是什么？
（8）毛需求量与计划接收量和订单量的联系与区别是什么？
（9）在两段MPP法中，两段分别是哪两段？这两段MPP分别有什么联系与差别？
（10）从"需求管理"到"主生产计划"需要做到两个平衡，是哪两个平衡？
（11）主生产计划的制订可能存在哪些问题？
（12）预计库存的内涵是什么？预计库存如果产生负值会有什么后果？
（13）主生产计划与总生产计划的区别在哪儿？二者之间有哪些联系？
（14）尝试列举不同产品定位策略与主生产计划之间的关系。
（15）新的MPP的产生需要考虑什么因素？更改MPP会有哪些风险和成本？

2. 综合性问题：怎么做、在哪些场合适合做

（1）主生产计划的平准策略要求任何时期均维持相同的产出，而追随策略则要求产能配合需求。但一定时间内的需求是不稳定的，是波动的。那么，平准策略与追随策略之间是否是冲突的呢？如果不是，二者是如何协调的？

（2）计算毛需求量的过程中，需要计算多个时区的毛需求量，不同时区的毛需求量在数值和计算过程中有什么区别？

3. 关键问题：为什么的问题

（1）为什么要编制主生产计划？

（2）主生产计划的编制在生产计划与控制中起到什么样的作用，为什么？

（3）在实际生产过程中，我们可以直接根据预测和客户订单来运行 MRP 吗？为什么？

（4）为什么说主生产计划是生产计划与执行系统里面的关键环节？

四、本章知识逻辑

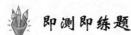

第 11 章

库存及物料需求计划

【学习目标】 熟悉库存管理和物料需求计划的基本概念和术语；掌握库存计划、物料需求计划的运作流程，掌握使用 Excel 编辑物料需求计划的方法和技巧。
【学习效益】 能够熟练为 MRP/ERP 软件的运行提供基本数据，并具备基本的库存计划和物料需求计划的设计规划能力。

11.1 库存管理

11.1.1 库存管理概述

1. 库存的定义

库存是指响应客户需求、缓冲供需波动、降低成本，以最终提高客户满意度为目的建立的存储体系。

2. 建立库存的目的

（1）库存是解决时空矛盾所必需的。既然存在时间和空间的差异，就必须有库存。

（2）所谓零库存是指"库存沉淀为零"，即：备件在采购、配送、销售等一个或多个经营环节中，不以仓库存储的形式存在，而均是处于周转的状态。完全的零库存是不存在的，也不现实。

（3）配件库存的作用是维持服务与销售的稳定，应付市场的变化和用户的需求。

当销售发货量变化时，生产计划也必须改变，库存水平也将随之变化。当销售量增大时，库存水平也必须增大以维持客户服务水平不变，于是要求加大生产量以满足市场发货的增大与所希望的库存增长额。但库存的增加不应正比于销售的增长。实际上，如果恰当地管理库存，可以用适当的库存来满足短期的销售增长。

3. 库存管理

这里所说的库存管理是指通过制定合理的库存政策和运用有效的库存控制手段，使库存维持合理的库存水平和库存结构。

高库存的作用：掩盖管理中的低效、浪费。以下问题均可用库存掩盖与补偿。

（1）产品质量：质量低，员工缺乏训练。

（2）供应商：质量差、服务可靠性差。

（3）生产组织：低效、过时、不适当的流程设计、糟糕的组织结构、低水平的生产控制。

（4）计划：预测不准、计划员职业化程度低。

高库存的副作用在于：以其回避真正的改进机会，随之丧失久远成功的可能。

那么多大的库存水平才算合理？库存量应该由哪些因素来决定？企业保持库存量一定是为了能及时响应客户需求，维持客户服务水平，避免缺货和失去客户的风险。因此原则上讲库存量应该由企业希望维持的客户服务水平、客户合同要货周期和订单履行周期决定，而不能仅来源于生产能力和降低制造成本。

库存结构主要依赖不同形态物料（原材料、半成品和成品整机）的供应周期和供应柔性，可按产品工艺、产品清单类型在制造过程中设立停产存储点。各存储点库存水平一般由采购和制造部门来确定。

一般通过以下的方法可以改进库存管理，降低库存量。

（1）提高物料的复用率，减少元器件种类。

（2）改进产品设计，采用"模块化"生产、延迟制造技术，这一方面可以提高制造柔性，另一方面可以减少部件库存和过程库存。

（3）通过 OEM、"外包"等制造策略与部件供应商、EMS 商共担库存风险。

（4）采购方式的改进也可以降低因预测不准带来的库存，如供应商管理库存（VMI）、JIT 采购、一揽子订单等。

（5）可以通过有效的库存控制方法来控制库存量：监控库存状态的频率（how often）、物料到达时机（when）、物料到达数量（how much）。

随着信息技术的发展，制造企业与供应商可以共享需求和库存信息，企业内部的信息传递也能更及时，现代企业这种以"信息"代"库存"的发展趋势，将大幅减少实物库存，大大降低企业的存货风险。另外，先进管理系统的使用也为企业提供更为先进的库存管理的工具。

在供应链范围进行库存管理不仅可以降低库存水平，从而减少资金占用和库存维持成本，而且可以提高客户的满意度。随着组成供应链的企业间关系从过去建立在买卖交易基础上的对立型关系向基于共同利益的协作伙伴型关系的转变，供应链各个企业间交流、分享信息，协调进行库存管理成为可能，而先进的库存管理方法和技术的出现使这种可能变为现实。

11.1.2　库存的分类

1. 按功能分类

按功能，库存可分五种基本类型：波动（需求与供应）库存、预期库存、批量库存、运输库存、屏障（或投机性）库存。

1）定义

（1）波动（需求与供应）库存：由于销售和生产的数量与时间不能被准确地预测而产生的库存。这些需求与供应中的波动可用安全库存来弥补；安全库存也就是波动库存的常用名。在生产计划中可以提供名为稳定存货的波动库存以满足需求中的随机变化而不需改变生产水平。

（2）预期库存：为迎接销售高峰季节、市场营销推销计划或工厂关闭期而预先建立起来的库存。

（3）批量库存：要按照产品的发货速度去制造或采购物品往往是不可能或不实际的。因此，要以大于实际发货所需的数量去采购或生产，由此造成的库存就是批量库存。

（4）运输库存：由于物料必须从一处移动到另一处而存在的库存。

（5）屏障（或投机性）库存：通过在价低时大量购进价格易于波动的物品而实现可观的节约，这种库存就叫屏障库存。这类交易中的重要因素包括价格趋势、废弃风险与物料处理的前景等。显然，由此而实现的节约是对该项追加投资的收益。

2）按功能区分的库存收益

按功能区分的库存收益，如表 11-1 所示。

表 11-1 各种功能库存的收益表

库存类型	功能	收益
批量库存	协调制造作业各工序的生产批量和供应商的批量	采购上的折扣；减少生产调整等
波动库存	为意料之外的需求保险 为供应中断保险	增加销售；减少满足预测外需求的额外费用，减少停工与加班、替代物料与货物运入
预期库存	均衡生产量	减少生产能力调整的费用，减少所需设备的富裕能力
运输库存	填满分配渠道	增加销售，减少运输、搬运与包装费用
屏障库存	为涨价提供屏障	降低物料成本

2. 按加工过程中的状态分类

按加工过程中的状态，库存可分四种基本类型：原料、部件、在制品、成品。

（1）原料：用来制造成品中组件的物料。

（2）部件：准备投入产品总装的零件或子装配件。

（3）在制品：工厂中正被加工或等待于作业之间的物料与组件。

（4）成品：备货生产工厂里库存中所持有的已完工物品或订货生产工厂里准备按某一订单发货给客户的完工货物。

在财务报告中，库存总值是用这种分类法分别加以表示的。

11.1.3 库存成本

1. 库存成本的分类

决定持有多大库存时必须确定每一具体决定对成本的影响。在库存决策中涉及的成本有以下几类。

（1）订货成本：订货成本有两种，一种是由于发出采购订单去向供应商购买物料而发生的成本，另一种是由于向工厂发出订单而发生的成本。

（2）库存持有成本：包括公司由于所持有的库存量而发生的一切成本。

（3）缺货成本：倘若客户订货时出现缺料而不能发货，就可能失去销售机会或可能发生称为缺货成本的额外损失。

（4）能力关联成本：与能力有关的成本包括加班、转包合同、雇用、培训、解雇与停工时间费用。当需要增加或减少能力，或能力暂时地过多或过少时就会发生这种费用。

2. 使用各项成本做库存决策时的基本原则

（1）应当是实际的付现成本，而不是标准会计成本。

（2）应该是真正受到具体决策影响的那些费用。

11.1.4 ABC 分类管理

ABC 分类是一种思想朴素、简单有效的工作方法，由帕雷多（Pareto）提出，应用于库存管理中，就是库存 ABC 分类：先将物料按品种和金额大小分类，再按重要程度不同分别控制，抓住重点和主要矛盾，照顾一般。

1）帕雷多原理

18 世纪帕雷多发现社会上大多数财富在少数人手中。此类现象普遍存在于现实世界，常称 2-8 原则。例如，20%的库存项目占用 80%的库存资金，20%的因素造成 80%的产品质量问题，20%的供应商供应 80%（采购金额）的物料。由此，重点控制少数库存项目、少数质量因素、少数供应商，可得到较大收益。

2）ABC 分类

ABC 分类又称帕雷多分析，是一种广泛使用的分类方法。在库存控制中，对物料进行 ABC 分类，以针对不同类物料采取不同的控制策略。

库存控制 ABC 分类基于以下发现：设有一库存项目，其与库存控制有关的总可变成本（TUC）是其年度采购金额的函数，即

$$TVC = f(demand*unit\ price) = f(D\$)$$

控制年采购金额大的采购项目可使总库存成本大幅下降。大量分析显示，约 20%的项目占约 80%的年采购金额。

3）ABC 分类的管理方法

（1）A 类库存。企业必须对这类库存定时进行盘点，详细记录及经常检查分析物资使用、存量增减、品质维持等信息，加强进货、发货、运送管理，在满足企业内部需要和客户需要的前提下维持尽可能低的经常库存量和安全库存量，加强与供应链上下游企业的合作以降低库存水平。

（2）B 类库存。进行正常的例行管理和控制。

（3）C 类库存。进行简单的管理和控制。如大量采购、大量库存、减少这类库存的管理人员和设施、库存检查时间间隔较长等（表 11-2）。

表 11-2 ABC 分类管理表

项目/级别	A 类库存	B 类库存	C 类库存
控制程度	严格控制	一般控制	简单控制
库存量计算	依库存模型详细计算	一般计算	简单计算或不计算

续表

项目/级别	A 类库存	B 类库存	C 类库存
基础记录	详细记录	一般记录	简单记录
存货检查频度	密集	一般	很低
安全库存量	低	较大	大量

11.2 常用物料和库存计划方法

本节讲述的计划方法主要针对使用中的物料被不断地补充或定期成批地补充的情形,主要介绍订货点法与 MRP 方法。

11.2.1 物料计划方法

计划工作中要明确的两个问题是订多少货与什么时候订货。经济批量概念讲述了每次补充订货时应订多少货;另一个问题是在什么时间订货。如果订单不及时,物料将不会及时到货而导致欠料,降低客户服务水平。相反,如果订单发出过早,库存将过高。

由于重订货方法的选择最终将影响所提供的客户服务水平。不良的客户服务通常比订货或库存成本更能引起管理人员的注意,由此导致管理层作出,以高库存为代价来改善客户服务的决定。

在企业的运作过程中,为了恰当地控制这些库存,可以用一些高效率的重订货方法。它们有许多形式,但通常同下列五种方法之一有关。

1. 两箱法

物品的存货分为主要存货和后备存货,两个存货被设定同样的预定数量,当主要存货被用完,后备存货开始消耗时,就下达一个新的补货订单。

2. 目视评审法

定期地用目视法核对存货水平,经评审,在需把存货水平恢复到某一预先确定的现有库存与已订购量之和的最大值时,就发出补货订单。

3. 订货点法(固定订货量——可变订货周期制)

当库存物品在库存下降到预先确定的叫作订货点的水平时,发出补货订单(通常订货量为预先计算好的 EOQ)。

4. 定期评审法(固定周期——可变订货量制)

库存记录被定期地评审,也许每周一次或每月一次,并定期地订货,使现有库存加上已订货量的库存总量恢复到预先确定的最高水平。

5. 物料需求计划

在 MRP 中,物料按能满足所需的数量与交货日程来订货。所有这些方法在概念上都是紧密联系的,如两箱法,虽然它并无库存记录,却和订货点法非常相似,因为第二只箱子里存放的就是订货点数量。同样地,众所周知的最大法与最小法只是订货点法的一种。该最小值实际上就是订货点，而最大值就是订货点加上订货量。事实上，这一方法以及刚才列出的第 1 种到第 4 种有关的方法都对成品库存与原材料库存有极好的应用，即在某物品的需求倾向于连续的而且不依赖于任何其他库存物品的场合。在需求倾向于间歇的而且需求量的变化取决于另一更高层装配件的需求水平的场合，使用 MRP 补充这种组件与子装配件的库存通常更为有效。

下面简单介绍订货点法、定期评审法、MRP 方法。

11.2.2 订货点法

1. 经济批量

1）基本概念

在库存管理中必须作出的基本决定就是平衡发出重新补充库存的订单成本与库存投资的成本。正确的订货数量要使与发出订单的次数有关的成本与同所发订单的订货量有关的成本达到最佳平衡，当这两种成本恰当地平衡时，总成本最小，这时的订货量就叫作经济批量或经济订货量。

EOQ 概念适用于下列情况。

（1）物品成批地，通过采购或制造得到补充，而非连续地被获得。

（2）销售或使用的速率是均匀的，而且低于该物品的正常获得速率，因而可产生显著数量的库存。

EOQ 概念不适用于为库存而生产的一切物品。在下列情况下 EOQ 概念是没有价值的。

（1）客户规定了数量。

（2）生产运行批量受设备能力限制。

（3）产品只能短期储存的。

（4）工具寿命限制了运行时间。

（5）原料的批量限定了订货量。

2）计算公式

当物料的消耗呈均匀状态，补货订单能即时收货（一次性完成补货）时，计算 EOQ 可用公式

$$EOQ = \sqrt{2AS/I} \tag{11-1}$$

式中：A 为年度使用量，用金额（元）表示；S 为生产调整或订货成本，元；I 为库存持有成本，用每元平均库存的小数表示。

EOQ 公式包括两个成本因素：生产调整或订货成本 S 与库存持有成本 I。

对一个物品系列，通常库存持有成本、生产调整或订货成本假设对所有物品都相同。如果上述成立，公式可写成

$$EOQ = \sqrt{2AS/I} = \sqrt{2S/I} \cdot \sqrt{A} = K \cdot \sqrt{A} \tag{11-2}$$

式中：$K = \sqrt{2S/I}$ 。 (11-3)

公式指出一个非常有用的关系：最经济的批量是年使用量金额的平方根的函数。

在给定总订货次数下，订货的 K 值可从式（11-2）导出的另一关系式求得，即

$$K = \frac{\sum \sqrt{A}}{\sum N} \tag{11-4}$$

在式（11-4）中，所有物品的年使用量平方根之和 $\left(\sum \sqrt{A}\right)$ 除以目前这些物品每年订货的总次数 $\left(\sum N\right)$ 就得到 K 值。

已知 K 值，则使用式（11-2）可以立即算出每一物品的 EOQ。计算此值无须知道订货成本与库存持有成本的具体值。

这种方法也可用来计算给定平均批量库存条件下的 K 值，计算方法是使用公式

$$K = \frac{\sum Q}{\sum \sqrt{A}}$$

式中：$\sum Q$ 为目前各物品订货量之和。

再次使用式（11-2），可算出每种物品的新的批量而无须知道订货成本与库存持有成本的具体值。

3）成本与订货之间的关系

EOQ 公式中假设实际的付现库存费用与持有的库存量之间存在正比关系，并且实际的总订货费用与发生订单数之间也存在着正比关系。而实际上，成本与订货量之间的关系并非正比，而是阶跃式的。

库存决策中用来确定成本的两条法则特别适用于经济批量公式中使用的成本。

（1）成本应该是真正取决于所选订货量的那些付现成本。

（2）成本应该是真正要受订货量大小影响的那些成本。

通过对平方根法进行适当变形，可以解决非即时收货（补货订单不是一次性完成的）与主次调整现象（生产一系列组件时，生产第一种组件时要进行一次大规模的生产调整，以后的组件生产时只需要进行简单的生产调整）中的经济批量确定的问题。

核查计算所得的 EOQ 是否合理的最好方法是：请熟悉实际情况的人去做详细评审。

2. 订货点法基本原理

1）原理

订货点法需考虑对提前期中需求的估计和安全库存，其中安全库存用来应付需求和提前期的波动。假设使用率是固定的，库存将沿着斜线下降，达到订货点时发出一补货订单，订货量为 EOQ。在提前期中，库存继续下降，到提前期末，收到了补充订货；于是库存增加了 EOQ，库存的升降循环又重新开始。另一假设是：补货是按时完成的。

实际情况中，无论提前期还是需求都不能准确地预测。简单地根据提前期中的平均需求来确定的订货点将不能为防止缺货提供足够存货。于是，一个主要问题就是在订货点法中需要配备多大的储备存货，即安全库存。

前两个周期都未触及安全库存。然而，在第三个周期，使用率变大了，如图 11-1 中更陡的斜线所示。如果需求增加较快，在收进新的供应量之前，库存降至安全库存线以下。倘若需求增长得更快或提前期变得更长，则库存可能降低到零——这就会导致缺料。

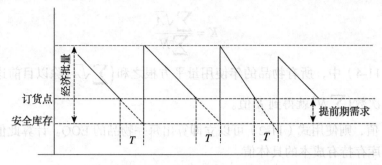

图 11-1 订货点法示意图

使用这一方法需要注意下列事项。

（1）订货量（一般是 EOQ）通常是固定的，而且仅当预计有显著的需求变化时才被重新计算。

（2）实际上，在很多的情况下订货点是固定的而且难以被核对。

（3）两次补货订货之间的间隔期不是固定的，它随使用率而变化：需求越高，订货间隔期越短，因此得名为固定订货量——可变周期，每次库存出库时对是否需要补货进行判断。

（4）平均总库存的计划量等于订货量的一半加上安全库存。

2）确定订货点

订货点由提前期中的需求与安全库存量这两个因素决定。

要确定恰当的安全库存比较困难，安全库存量是下列要素的函数。

（1）准确地预测需求的能力。

（2）提前期的长度。

（3）准确预测或控制提前期的能力。

（4）订货量的大小。

（5）所希望的服务水平。

订货点的计算有两种基本模型，是根据需求预测的误差分布特点演变而来，即正态分布模型和泊松分布模型。

3）订货点方法的基本假设

（1）使用是连续的，而且在发生缺货之前立即补货。

（2）以相当均匀的速率使用。

（3）提前交货是允许的，但延迟交货是不允许的。

（4）安全库存将对缺货提供足够的保护。

（5）能力与物料足以用来处理已发放的订单。

4）其他订货点法

（1）分时段订货点法。分时段订货点法先确定安全库存，分期间对库存进行审视，以库存预计下降到安全库存线的时间为订货日，然后扣去提前期得到订货开始日期（订货点）。

由于是按期间对照预测来记录实际需求的，且预计的可用存货数字可以被重新计算,因此该方法能指出对已发放订单的需求比原计划提早或推迟,也可在必要时挪动已计划订单。供方更快地响应这类信号会允许以较低的安全库存来维持客户的交货。

分时段订货点克服了前述的传统订货点法的五个困难。

①可以给定已发放订单的新需求日期(提前还是推迟)。

②只要预测被相信是可靠的,就可以把未来的订货推测到同样远的未来。

③已知的未来需求可以插入(或替代)任一期间的预测。

④季节性或周期性的预测可直接被使用。

⑤未来活动、已发放订单的状态以及已计划订单全部都能分时段显示。

这些好处的代价是数据处理量要大很多,而且当需求围绕预测平均数变动时可能带来补货订单(包含对未来的补货订单的预测)"摇摆不定"。该方法作出反应去保护已计划的安全库存;它不使用安全库存去缓冲实际需求中的变化。

(2)定期评审法。定期评审法又称为固定周期法。订货时,把存货提高到使现有总量或已订货总量达到一个预定的目标水平。

这一方法应当同传统的订货点法做对比。在传统订货点法中,每做一次出货都要评审一次库存记录,当现有量与已订货量的余额达到某一预定的订货点时就发出一个补货订单。在订货点法中,订货量是固定的,通常就是 EOQ。

定期评审法的适用情况如下。

①需多次小量从库存提货。

②订货成本比较小。

③希望一次订货许多物品。

目标水平是下列需求之和。

①提前期中的预测需求。

②评审周期中的预期需求。

③安全库存。

关于定期评审应注意下列问题。

①总的提前时间实际上等于交货提前期加上评审周期。

②延长评审周期就等于延长提前期并将要求持有较大量的安全库存。

③订货量等于刚刚过去的评审周期中的实际需求。

④平均库存水平等于评审周期中需求的 1/2 加上安全库存。

5)存量订购型与订单订购型的比较

存量订购型与订单订购型的比较如表 11-3 所示。

表 11-3 存量订购型与订单订购型的比较

项目	存量订购型	订单订购型
适用类别	(1)占用金额较少(C 类及大部分 B 类) (2)购料不易,购备时间长 (3)重复性之物料 (4)共用性(或可替代性) (5)属于存货生产型产品之物料	(1)占用金额大(A 类及少部分 B 类) (2)规格多变化(特殊规格) (3)多种少量之物料 (4)不常使用之物料 (5)采购方便之物料

续表

项目	存量订购型	订单订购型
优点	（1）不会断料 （2）产品交期短 （3）管理简单 （4）品质控制易 （5）易赢取顾客	（1）风险较小 （2）不呆料、囤料
订购时机	以库存量的需要（订购点）为订购依据	以订单或生产计划展开需求
订购量	最高经济存量－安全存量	订单用量×(1＋备用率)
简要图示	最高存量／订购点／安全存量／表示订购量	订购量／订单用量／表示备用量

选择物料管理模式应有的认识：要适合自己的产销形态；要考虑料品价值与管理难易度；不妨"一厂多制"，不同的物料，选用不同的管理方法。

11.2.3 库存计划方法

库存计划方法就是通过设置上下限存货量来控制库存的一种库存管理方法，即当库存低于下限（最小值）时，下达采购计划，补充到库存上限（最大值）。库存计划方法的计划逻辑和原理与重新订货点方法一样，只是表现的形式和采用的工具有区别。对于库存计划方法主要控制点是什么时间下计划、订单批量是多少，难点是高低库存的确定，需要计划人员既掌握历史需求，又要对未来的需求有了解。

1. 最小—最大方法的计划逻辑

最小—最大方法的计划逻辑是对于某种物料确定一个库存最小值和一个库存最大值，当其库存消耗到低于库存最小值时，就建议去采购。购买量采用下面公式计算：

购买量＝库存最大值－现有库存－未来某段时间的合同未到货＋未来某段时间内的销售订单需求。

物料采购到货后，库存增加，直到下次库存消耗到库存最小值时，再去采购。

最小—最大方法的关键是确定最小值和最大值。最小值是库存计划控制的下限值，如果库存最小值确定得过小，将有可能库存消耗到零时，所购买物料还未到货，出现欠料现象。为了保证在下一次物料到达之前不至出现欠料，同时为了应付需求波动，最小值就需要考虑一个安全库存量。因此，最小值就采用下面方法计算：

最小值＝安全库存量＋采购提前期×日平均消耗量

安全库存量一般考虑半个月的消耗量。

最大值是为了防止库存积压，在满足最小采购批量的前提下而设定的控制库存上限。库存最大值过大，将可能出现一次购回的物料量过多，导致物料积压、周转率降低。严重时还有可能造成呆死料。因此，对于最大值的确定一定要慎重。

2. 最小—最大方法的计划过程

最小—最大方法的计划过程：以历史用量为依据，参考要货计划，预计以后几个月的需求量，调整最小值、最大值；运行最小—最大值规划报表，根据库存、商务需求、合同未到货、库存计划项目最小值判断是否需请购；对于需请购的项目，根据库存情况、最小采购批量、库存控制最大值和提前期确定其请求的数量及到货日期；审批通过后，下达采购计划。

3. 最小—最大方法的应用范围

对于物料需求是连续的、库存消耗是稳定且价值较低的物料（如螺钉、螺母等）采用最小—最大方法制订计划能很好地满足需求。同时，对于某些没有做进 BOM 的物料，或清单不是很准确，或很难确定计划百分比的物料，采用最小—最大方法也是一种比较适用的计划方法。

11.3 物料需求计划——MRP

到 20 世纪 60 年代早期，许多公司都开始使用数字式计算机来进行日常的会计活动。考虑到制订计划和进行库存控制的复杂性与单调性，尽力把计算机也延伸到这些功能活动中就是很自然的事情了。这个领域的早期试验者之一，IBM 公司的，约瑟芬·奥利基等人，他们开发了物料需求计划（material requirements planning，MRP）。尽管早期发展很慢，但是在 1972 年美国生产与库存控制协会发起了"MRP 运动"来推动，MRP 的使用，MRP 开始获得巨大的发展。从那时候开始，在美国 MRP 就变成基本的生产控制范式。

> 美国生产与库存控制协会（American Production and Inventory Control Society，APICS）对物料需求计划的定义：
> 物料需求计划是依据主生产计划、物料清单、库存记录和已订未交订单等资料，经由计算而得到各种相关需求（dependent demand）物料的需求状况，同时提出各种新订单补充的建议，以及修正各种已开出订单的一种实用技术。

11.3.1 MRP 的主要思想

在 MRP 之前，大多数生产控制系统都是基于一些统计性的再订货点变量。从本质上讲，这意味着任何零件、成品或部件的生产都是由它们低于某个特定水平的库存状态触发的。奥利基和其他一些 MRP 的开创者认识到，相对于部件而言，这种方法更加适合成品。理由是，对于成品的需求是来源于系统外部的，因此它受不确定性因素的影响。然而，由于部件是

> MRP 的基本思想：①打破产品品种台套之间的界限，把企业生产过程中所涉及的所有产品、零部件、原材料、中间件等，在逻辑上视为相同的物料；②把所有物料分成独立需求（independent demand）和相关需求两种类型；③围绕物料转化组织制造资源，实现按需要准时生产；④根据产品的需求时间和需求数量进行展开，按时间段确定不同时期各种物料的需求。

用于生产成品的，对于部件的需求是成品需求的函数，因而，对于任何给定的最终装配计划，部件的需求都是已知的。像统计再订货点法中所做的那样，把这两种需求同等处理，会忽略部件需求对成品需求的依赖性，并因此会导致生产调度中的低效率。

奥利基教授建议在制造业中区分两种类型的需求：独立需求和相关需求。

独立需求，是指与公司的库存中其他料品的需求无关的成品或组件的需求。这种独立需求的特征是客户对成品、中介体或服务件的订货。

相关需求，是指直接由生产母件或其他伴随料品的日程计划所确定的料品的任何需求。相关需求的典型是原料、采购的或自制的零件以及自制的子装配件、附件与附属品。

实际上，我们不难发现，工厂里大多数的料品都是相依性的，即对料品的需求量是可以通过对产品的需求量而计算出来的。当产品的市场需求发生改变时，凡是不用的料品，其库存是"零"才是真正"安全"的，而所需料品的数量，应该依产品的需求量和产品的物料清单逐层来推算，否则库存过多的现象极难避免。

相关需求的区分产生了生产管理实务上物料清单的做法，以处理各料品在数量上的"连动"关系；而按照客户订单或预测需求量（即独立需求），以物料清单逐层展开来推算各料品净需求量的做法，即形成了 MRP 最基本的技巧。运用这些术语，MRP 的主要视角可以阐述如下。

相关需求不同于独立需求。对用于满足相关需求的生产应该制定排程，以便能明确地识别出其与用于满足独立需求生产的联系。

相关需求按照物料的属性可分为自制件、委外件和采购件。

自制件，是在本工厂生产的件，可以细分为原材料的加工件、部件和组件、最终成品。加工件、部件和组件的装配、最终成品的总成和包装均需要耗用产能，从而展开能力计划（CRP）。

委外件，有两种情况需要考虑，一种是工序委外件，如热处理、电镀电泳、喷漆等特殊的工序过程，需要专业的工厂委外处理。另一种是出于成本、场地等考虑的本身具有一定的加工能力，但是能力不能覆盖客户需求的工序。对于必须委外的工序，还是比较好管理的，直接将委外供应商作为无限产能处理，以委外承诺交期作为约束即可。而对需要依据客户需求情况、自身有一定加工能力的委外加工，则需要进行动态委外管理。

采购件，直接向供应商采购的物料，是采购件。采购件有原材料、零件或部件，甚至有的成品件也可以采购。

注意：①原材料所有产品中，按照工艺路线进行加工后在产品中使用的物料（项目）称为原材料。②外购件采购以后不需加工可直接用于产品装配的物料（项目）称为外购件，（当同一项目）既可加工又可不加工就直接用于产品时定义为外购件。③自制件（零部件），一种或多种材料件加工或再加工后用于产品的项目称为自制件，一种或多种自制件加工后用于产品的物料（项目），也称为自制件，包含产品部组件和零件毛坯等。④外协件，物品的原材料由企业购买，并委托加工商加工的制造件。⑤自制件（产成品），已加工完成，不用再加工的制造件，也称为库存商品。

MRP 把统计再订货点法中所缺失的独立与相关需求之间的联系加入于物料需求计划中。

物料需求计划是基于非独立需求的。非独立需求的意思是每一个物料的需求都是由更高层的物料项的需求展开的。如：轮胎、轮轴和发动机都是由汽车需求决定的非独立需求物料项目。

物料需求计划中的物料指的是构成产品的所有物品，包括部件、零件、外购件、标准件以及制造零件所用的毛坯与原材料等。这类物料的需求性质属于相关性需求，其特点如下。

（1）需求量与需求时间苛刻且相对稳定。
（2）需求量符合批量准则且可按时段均匀划分。
（3）可以按时按量地保证供应。

MRP 是根据企业主生产计划制订的用以描述企业所需全部制造件和采购件的时间进度计划。MRP 的理想境界是根据需用时间使物料供应做到"不多、不少，不早、不晚"，在正确的时间、正确的地点得到正确的物料资源。对 MRP 系统来讲，少和晚是不允许的，因为不能满足客户的要求；但是，可以多些，就是安全库存；可以早些，就是安全提前期；二者也可以结合起来应用。当物料短缺而影响整个生产计划时，应该很快提供物料，当主生产计划延迟以及推迟物料需求时，物料也应该被延迟。

MRP 的基本作用为利用有关输入信息，实现各计划时间段（即计划周期）的采购计划（即采购订单）和制造计划（即生产订单）。MRP 的输入与输出如图 11-2 所示。

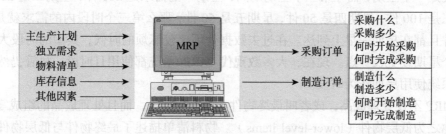

图 11-2　MRP 的输入与输出

MRP 主要解决以下五个问题。

（1）要生产（含采购或制造）什么？生产（含采购或制造）多少？（这些数据从MPP 获得）

（2）要用到什么？（这些数据根据 BOM 表展开获得）

（3）已经有了什么？（这些数据根据物料库存信息、即从将到货信息或产出信息获得）

（4）还缺什么？（这些数据根据 MRP 计算结果获得）

（5）何时安排（包括何时开始采购制造、何时完成采购制造）？（这些数据根据 MRP 计算结果获得）

MRP 的特点：①从主生产计划发展到零件需求计划；②具有时段性；③由时段性确定了优先级；④计划的滚动和重排；⑤依靠计算机系统。

11.3.2　MRP 概览

MRP 的基本功能正如它的名字所揭示的一样通过对物料的需求进行规划，MRP 可以对来自工厂内外的订单进行协调。外部的订单被称为采购订单（purchase orders），而来自内部的订单则被称为加工任务（job）。MRP 的主要焦点就在于对加工任务和采购订单进行调度，以满足由外部需求产生的物料需求。

MRP 处理生产控制的两个基本维度是数量和时间。这个系统必须确定从用于出售的成品到用于制造成品的部件，到作为物料购买进来的投入品，这些所有类型物件的合适的生产数量也必须确定满足订单期限的生产时间（即加工任务开始时间）。

> ● 低层码的概念
> · 物料的低层码是分配给物料清单上的每个物品一个从0至N的数字码
> · 在产品结构的物料清单中，最上层的低层码为0，下一层则为1，依次类推
> · 一个物品只能有一个MRP低层码。当一个物品在多个产品中出现，或在同一个产品结构的不同层次出现时，则取处在最下层的层次码为该物品的低层码。
> · 实质：取项目所处最下层的层次码，即取对应同一项目数字最小的层次码
> · 作用：指出物料的最早使用时间，简化MRP运算

尽管有一些系统使用的是连续性时间，而在许多 MRP 系统中，时间被分成许多时段（buckets），一段就是一个用于把时间和需求分隔成不连续块的间隔。在这个时间间隔（时段）过程中所积累的需求都被看成该时段开始时到达。因此，如果一个时段的长度是一个星期，而在第三个星期期间，星期一的需求是 200 件，星期二是 250 件，星期三是 100 件，星期四是 50 件，星期五是 50 件，那么第三个时段内的需求就是 650 件，并且都在星期一早上到达。在过去数据处理比较麻烦的时候，典型的时段大小都是一个星期或更长一点。现在，大多数现代 MRP 系统都使用日时段，尽管仍然还有很多系统使用星期作为时段。

MRP 不仅处理成品，或者叫最终物件（end items），而且处理成品的组成零件，我们称之为低层物件（lower-level items）。物料清单描述了最终物件与低层物件之间的关系，如图 11-3 所示。对最终物件的需求引发出对于对低层物件的相关需求。就像我们在上面提到的一样，所有对于最终物件的需求都是独立需求，而大多数对于低层

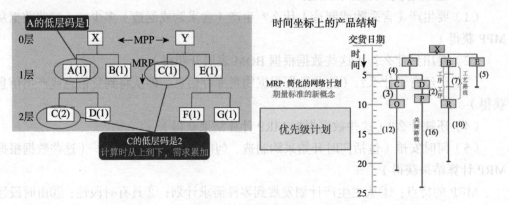

图 11-3　两份物料清单

物件的需求都是相关需求。然而，对于以备件、研究用零件和质量测试等形式存在的低层物件的需求也可以是独立需求。

为了方便 MRP 的处理过程，物料清单中的每个物件都被赋予一个低层码（low-level code，LLC）。这个代码显示了某个特定零件在物料清单中的最低层数。低层码的性质是，物料清单中的零件的层级越低，它的低层码数值就越高。最终产品（就是那些不是任何其他物件组成部分的物件）的低层码是零。一个只被最终产品使用的组件的低层码是 1。一个只为组件使用的零件的低层码是 2，以此类推。例如，在图 11-3 中，零件 X 和 Y 都是低层码为零的最终产品。对于这些零件的需求都是独立需求。初看上去，似乎零件 C 的低层码应该是 1，因为它直接为 Y 使用。然而，因为它同时也是零件 A（它的低层码是 1）的一个组成部分，它的低层码被指定为 2。

大多数商业 MRP 软件包都包括一个 BOM 处理器（BOM processor），它主要用于维护物料清单，并且自动指定低层码。物料清单处理器的其他功能包括产生"导入"（goes into）列表（在零件被用到的地方）和物料清单打印。物料清单主要有以下几种。

（1）缩排式物料清单（indented bill of material）。
（2）汇总的物料清单（summarized bill of material）。
（3）反查用物料单（where-used list）。
（4）成本物料单（costed bill of material）。
（5）计划物料单（planning bill of material）。

除了物料清单的信息外，MRP 还需要与来自主生产计划的独立需求有关的信息。主生产计划包含毛需求，称为现有库存量的当前库存状态，以及称为计划接收量的正在执行中的订单（购买而来的和正在制造中的）的状态。

11.3.3 基本的 MRP 步骤

基本的 MRP 步骤如图 11-4 所示。

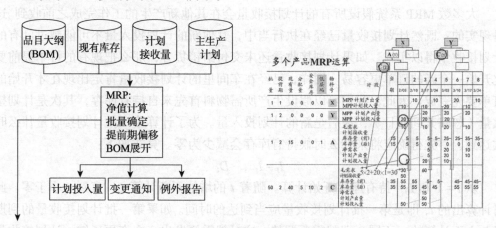

图 11-4 基本的 MRP 步骤

基本的 MRP 步骤：简单地说，对物料清单的每一级，从最终产品开始，MRP 为每个零件主要是做下述工作。

(1) 净值计算：通过从毛需求中减去持有库存和所有的计划接收量算得净需求。0层的物件的毛需求来自主生产计划，而对于那些低一层级的物件的毛需求则来自之前MRP运算的结果。

(2) 批量确定：把净需求分成合适的批量而形成加工任务。

(3) 时间分段：用提前期来预估加工任务的到期时间，以决定开始时间。

(4) BOM 展开：通过使用开始时间，批量和物料清单形成下一层级所需要部件的毛需求。

(5) 迭代：重做这些步骤，一直到所有的层级都处理完。

当物料清单中的每个零件被处理完后，对下面的层级的需求也就形成了。在开始下一层级之前，MRP 会把这一层的所有零件都处理完。这样做会在一个低层零件被处理前形成它的毛需求。MRP 系统的基本输出是计划投入量、变更通知和例外报告。图 11-2 示意了所有的过程。

尽管 MRP 的基本概念很简单，但是细节却非常烦琐。本节我们将详细讲解 MRP 的各个细节，从而对大多数商业 MRP 系统的基本工作原理有一个系统认识。鉴于此，我们将运用下面一些符号，其定义为：

D_t = 时段 t（如一周）内的毛需求

S_t = 当前计划在时段 t 内完成的数量（即计划接收量）

I_t = 时段 t 结束时的预计库存，而持有库存设为 I_0

N_t = 时段 t 的净需求

有了这些符号，接下来介绍 MRP 的四个基本步骤：净值计算、形成批次、时间分段和 BOM 展开。

1. 净值计算

净需求计算（需求满足分析）实现了两个重要功能：①调整计划接收量，即把预计会延迟的提前，把预计会提前的延迟；②计算净需求。

大多数 MRP 系统假设所有的计划接收量会在其他新产生的工作完成之前收到。这是现实的：既然计划接收量已经在执行当中，其他新的计划投入量不可能越过已有的计划接收量得以实施。如果计划接收量还未交付给销货方，那么把现有的订单提前要比开始一个新的订单更容易。同样，已经在车间里的计划接收量肯定比现在才开始的订单要先完成。因此，我们可以假设生产所需物料首先来自持有库存，其次是计划接收量（忽略其到期日），最后是新的计划投入量。为了计算第一批计划接收量什么时候达到，首先得确定将来什么时候持有库存会减少为零。算式如下：

$$I_t = I_{t-1} - D_t$$

从 $t = 1$ 和 $I_0 =$ 持有库存开始计算。随着 t 的增加不断计算 I_t，直到 I_t 小于零。此时计算出的 t，即是第一批计划接收量应当到达的时间。如果第一批计划接收量的到期日与上面计算的 t 不同，那就需要调整。这时就需要发出一个变更通知：计划接收量需要延迟或提前。一旦计划接收量改变，计划的持有库存就应当反映出这一变化。即

$$I_t(\text{变动后}) = I_t(\text{变动前}) + S_t$$

S_t 是计划接收量移动到 t 时段内的数量。如果 I_t 仍然小于 0，下一批计划接收量也应当移动到 t 时段，继续重复这一过程直到 I_t 非负或者没有其他计划接收量。

一旦计划的持有库存在 t 时段非负，我们继续前面的程序，t 继续增加来计算 $I_t = I_{t-1} - D_t$，直到 I_t 又小于 0。我们继续重复这一过程直到计划接收量结束或者达到时间轴的末端。如果发生后一种情况而计划接收量还有剩余，就需要发出变更通知删除多余的生产订单或者推迟到以后，因为现在没有对该计划接收量的需求。更多的情况是在需求完结之前持有库存和计划接收量用完。短缺的库存和计划接收量就是净需求。

一旦计划接收量改变，净需求就很容易确定。我们假设 t^* 为计划接收量妥善调整后计划持有库存第一个出现负值的时间段（注意如果我们不先调整计划接收量，出现这种情况的时间段可能就不止一个。即若干个净需求之间夹了一个计划接收量），那么净需求在 t^* 时刻之前为零，在 t^* 时段等于首次出现负数的计划持有库存，而在 t^* 以后等于毛需求。我们用如下算式表示：

$$CT_{\text{best}} = \begin{cases} 0, & 若 t < t^* \\ -I_t, & 若 t = t^* \\ D_t, & 若 t > t^* \end{cases}$$

然后得到的净需求将用于确定批量。

在进入批量大小确定阶段之前，我们思考一个例子来形象地说明上述需求满足分析程序。表 11-4 中包含了主生产计划关于零件 A 的毛需求、3 批计划接收量和当前持有库存的数量。

表 11-4 输入数据示例

零件 A		1	2	3	4	5	6	7	8
毛需求		15	20	50	10	30	30	30	30
计划接收量		10	10		100				
调整后的计划接收量									
计划持有库存	20								
净需求									
计划产出量									
计划投入量									

我们从计算计划持有库存开始。假设初始库存为 20 件，减去阶段 1 的毛需求 15 件，剩余 5 件持有库存。注意这里因为我们总是先使用持有库存，再使用计划接收量，因此我们不考虑阶段 1 的计划接收量 10 件。往后移动到阶段 2，我们可以看到毛需求 20 大于持有库存 5，因此我们发出变更通知，将阶段 1 的 10 件计划接收量推迟到阶段 2。但是，就算如此我们还是只能提供 15 件产品，比需求的 20 件短缺 5 件。所以我们将阶段 2 的第二批计划接收量 10 件加上去，总量就达到 25 件。注意这里计划接收量已经在阶段 2 使用，因此不需要发出变更通知。在将前两批计划接收量调整至阶段 2 并减去毛需求后，剩余的持有库存为 5 件。由于这一数量远远少于第三阶段的需求 50 件，我们需要发出提前通知将第三批计划接收量的到期日从阶段 4 提前到阶段 3，此

时剩余持有库存为 55。在有些系统中，加工批量可以被分割，从而只提前生产需要的数量。但本例中我们将整个批量的生产都提前。提前后的计划接收量满足阶段 4 的需求 10 后剩余 45，满足阶段 5 的需求 30 后剩余 15，而阶段 6 的需求超过了计划持有库存，并且此时没有计划接收量可供调整。因此，第一次没有满足的需求发生于阶段 6 并等于 15 件。表 11-5 总结了通过需求满足分析的计算过程所得到的计划持有库存。

表 11-5 调整后的计划接收量、计划持有库存和净需求

零件 A		1	2	3	4	5	6	7	8
毛需求		15	20	50	10	30	30	30	30
计划接收量		10	10		100				
调整后的计划接收量			20	100					
预计持有库存	20	5	5	55	45	15	−15		
净需求							15	30	30
计划产出量									
计划投入量									

现在净需求计算起来就容易了。如表 11-5 所示，因为计划持有库存大于 0，阶段 1 的净需求为 0，而阶段 6 净需求则为 15，即此时计划持有库存的负数。而阶段 7 和阶段 8 的净需求等于毛需求，都是 30。

2. 形成批次

当我们计算出了净需求，就需要安排生产来满足需求。因为 MRP 假设需求是确定的，且随时间而变化，为了清楚地说明基本的 MRP 计算过程，在这里集中讲述两个非常简单的批量规则。

最简单的批量规则也就是我们熟知的批对批法，在该法则下，某段时间内应当生产的产品数量等于该时段的净需求。另一种简单的批量规则称为固定订货期法，又称为周期订货法。该法则试图通过合并 P 个时间段的净需求来减少准备次数。当 $P=1$ 时，周期订货法与批对批法相等。

再回到我们前面的例子，假设零件 A 和零件 B 的批量规则是固定订货期法且 $P=2$，而其他部件则采用批对批法。那么，计划在阶段 6 和阶段 8 分别接收零件 A 45 件（包括阶段 6、7 的净需求）和 30 件（不能将超出计划范围的合并进去）。根据批量规则计算后的结果如表 11-6 所示。

表 11-6 计划产出量和计划投入量

零件 A		1	2	3	4	5	6	7	8
毛需求		15	20	50	10	30	30	30	30
计划接收量		10	10		100				
调整后的计划接收量			20	100					
预计持有库存	20	5	5	55	45	15	−15		
净需求							15	30	30
计划产出量							45		30
计划投入量					45		30		

3. 时间分段

几乎所有的 MRP 系统都假设制造一个零件的时间是固定的,尽管有一些系统允许将计划提前期作为工件大小的一个函数。但是,不管具体情况如何,MRP 将提前期看成零件或工件的一个属性,而不是车间工作的状态。我们在后面会看到这会引发很多问题。如果我们回到前面的例子并假设零件 A 的计划提前期是两个时段,我们就可以计算出计划投入量,如表 11-6 所示。

4. BOM 展开

表 11-6 显示了生产零件 A 的最终结果,而零件 A 又是由两个零件 100 和 1 个零件 200 组成,因此零件 A 的计划投入量连带又会产生相应的对零件 100 和零件 200 的毛需求。具体地说,在阶段 4、6 分别需要 90 件(每个零件 A 需要两个)和 60 件零件 100,同样,还分别需要 45 件和 30 件的零件 200。这些需求应当加到已经计算好的零件需求计划当中(例如在 MRP 中已经处理了其他某些需要它们作为组成部分的零件)。为了对此更为形象地加以说明,我们继续使用上面的例子。

下一步是处理其他低层码的零部件,选取零件 B 的生产为例。假设零件 B 的主生产计划如表 11-7 所示。

表 11-7 零件 B 的主生产计划

阶段	1	2	3	4	5	6	7	8
需求	10	15	10	20	20	15	15	15

除此以外,还假设了零件 B、100、300 和 500 的库存和零件数据(为了简便起见,在此忽略了对零件 200、400 和 600 的 MRP 处理),如表 11-8 所示。

表 11-8 对零件 100、300 和 500 的 MRP 处理

零件号	持有库存	计划接收量		批量规则	提前期
		到期日	数量		
B	40	0		FOP2	2 周
100	40	0		LFL	2 周
300	50	2	100	LFL	1 周
500	40	0		LFL	4 周

因为没有对零件 B 的计划接收量,该部分的 MRP 计算很简单,表 11-9 显示了计算结果。

表 11-9 零件 B 的 MRP 处理

零件 B		1	2	3	4	5	6	7	8
毛需求		10	15	10	20	20	15	15	15
计划接收量									
调整后的计划接收量									
预计持有库存	40	30	15	5	−15				

续表

零件 B	1	2	3	4	5	6	7	8
净需求				15	20	15	15	15
计划产出量				35		30		15
计划投入量		35		30		15		

现在已经完成了对低层码为零的零件（即零件 A 和零件 B）的处理，余下的只有零件 500 的低层码为 1，因此我们接下来处理零件 500。

对零件 500 的需求仅来自零件 B（即零件 A 不需要零件 500），每个零件 B 需要一个零件 500，因此零件 B 的计划投入量也就是零件 500 的毛需求。同样，这里也没有计划接收量，MRP 的处理过程如表 11-10 所示。

表 11-10　零件 500 的 MRP 计算

零件 500	1	2	3	4	5	6	7	8
毛需求		35		30		15		
计划接收量								
调整后的计划接收量								
预计持有库存	40	40	5	5	−25			
净需求				25		15		
计划产出量				25		15		
计划投入量	25*	15						

* 表示延迟投入生产

因为零件 500 的提前期为 4 周，在第四周之前没有足够的时间来完成第一批的 25 件，因此在第一周（越早越好）安排计划投入量并在例外报告中注明该批生产可能来不及按时完成。接下来我们来看低层码为 2 的零件 100，零件 100 需要满足两方面的需求：每个零件 A 需要 2 个零件 100，每个零件 500 需要 1 个零件 100，没有计划接收量。其 MRP 处理如表 11-11 所示。

表 11-11　零件 100 的 MRP 计算

零件 100	1	2	3	4	5	6	7	8
来自 A 的需求				90		60		
来自零件 500 的需求	25	15						
毛需求	25	15		90		60		
计划接收量								
调整后的计划接收量								
预计持有库存	40	15	0	0	−90			
净需求				90		60		
计划产出量				90		60		
计划投入量		90		60				

低层码为 3 的只有零件 300，对它的需求来自零件 B 和零件 100，而且在第二周还有 100 件的计划接收量，由于恰好是在第一个没有满足需求的计划期到达，因此不需要进行调整。其 MRP 处理如表 11-12 所示。

表 11-12　零件 300 的 MRP 计算

零件 300	1	2	3	4	5	6	7	8
来自 B 的需求		35		30		15		
来自零件 100 的需求		90		60				
毛需求		125		90		15		
计划接收量		100						
调整后的计划接收量		100						
预计持有库存	50	50	25	25	−65			
净需求				65		15		
计划产出量				65		15		
计划投入量			65		15			

现在我们已经对所有相关的零件进行了 MRP 处理（零件 200 和零件 400 的处理过程与上述过程完全相同）。表 11-13 总结了 MRP 系统经过上述计算后的输出结果。在每一份变更通知中，系统报告了受影响的零件号及其数量、改变前的到期日、改变后的到期日以及是延迟还是提前。而新的计划投入量则报告了下达时间、（新的）到期日、下达的数量以及是否可能迟到。

表 11-13　MRP 输出总结

处理	零件号	改变前到达日或下达日	新到期日	数量	通知
变更通知	A	1	2	10	延迟
变更通知	A	4	3	100	加快
计划投入量	A	4	6	45	OK
计划投入量	A	6	8	30	OK
计划投入量	B	2	4	35	OK
计划投入量	B	4	6	30	OK
计划投入量	B	6	8	15	OK
计划投入量	100	2	4	90	OK
计划投入量	100	4	6	60	OK
计划投入量	300	3	4	65	OK
计划投入量	300	5	6	15	OK
计划投入量	500	1	4	25	迟到
计划投入量	500	2	6	15	OK

例 11-1

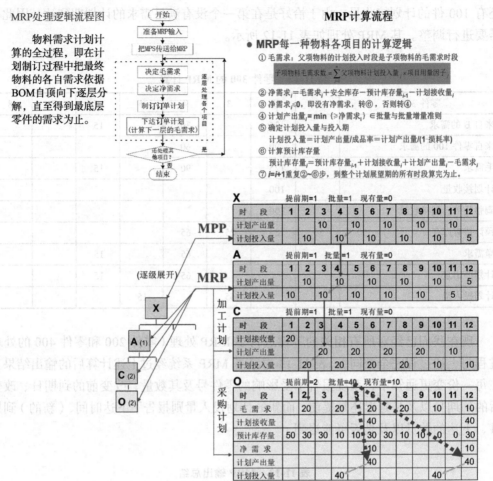

图 11-5　MRP 处理示例

11.3.4　MRP 的输入和输出

MRP 的基本输入包括对最终物件的需求预测、相关的物料清单、现在的库存状况，以及明确生产政策所需要的数据。这些数据来源于四个途径：①主生产计划；②品目大纲文件；③持有库存；④计划接收量。

1. 主生产计划

主生产计划是 MRP 系统的需求来源。它给出了有独立需求的所有零件的数量和到期时间方面的数据。这其中包括对所有最终产品的需求以及对较低层零件的外部需求（如对备件的需求）。

主生产计划中至少包含：需求数量，每一个采购订单的到期时间。MRP 使用这些信息而取得启动 MRP 程序所需要的毛需求。MPP 使用零件代号与包含其他处理信息的品目大纲进行联系。

2. 品目大纲文件

品目大纲通过零件代号组织起来，并且至少包括零件的描述、物料清单信息、批量信息以及计划提前期。

一个零件的物料清单文件只列示出与制造这个零件直接相关的部件及其相应数量。BOM 处理器使用这些信息可以显示任何物件的完整 BOM，尽管 BOM 处理中不需要如此详细的信息。

通过使用低层码，MRP 可以保证在处理一个零件之前把它的需求收集完整。为了证明这样做的必要性，我们可以试想如果不这样做会发生什么。在我们的例子里，MRP 可能会在处理完零件 A 和零件 B 之后，在处理零件 500 之前就先处理零件 100。如果是这样，对零件 100 的需要就会缺少由零件 500 所产生的那部分需求。如果我们回头增加一个零件 100 的生产计划，那么结果可能就会有太多的零件 100 的小单生产加工任务，而这若干个小单生产加工任务很可能有相同的到期日。因而就很可能无法通过共享某些关键设备的一次准备来获得规模经济了。使用低层码可以防止这种事情的发生。

实施 MRP 生产需要其他两方面的信息：批量规则（LSR）和计划提前期。批量规则确定加工批量，而合适的加工批量可以平衡降低库存（需要小批量）和增加能力（需要大批量来避免频繁的生产准备）之间的矛盾。

计划提前期是用来决定加工的开始时间。在 MRP 中，这一程序是很简单的：开始时间等于到期日减去计划提前期。因此，如果提前期总是等于计划提前期，MRP 的实施将使工件在需要时恰好准备好（即 JIT）。可是，实际提前期是不断变化的而且无法提前知道。因此，在 MRP 系统中决定使用什么样的提前期将是一个非常难的问题。

3. 持有库存

持有库存数据的储存是按照零件编码编排的，包含的信息有零件存储位置和持有数量。持有库存包括原材料库存、半成品库存（即从原材料开始已经被处理过并储存在库的库存），以及装配库存。持有库存也可能包含关于预备为以后生产预留数量的分配信息。

4. 计划接收量

该文件包括下达的采购订单和加工任务。计划接收量（SR）是已经下达的计划投入量。对采购的部件来说，要做的就是生成采购订单并将其送达供应商。对生产的零部件来说需要收集所有必需的工艺路线和生产信息，给所需生产的工件配备必需的库存，并将工令送达工厂开始生产。一旦采购订单或者工令送达，计划投入量就从数据库中删除，计划接收量也就随之产生。因此计划接收量就是之前的 MRP 运行之后产生的、正在生产或者还未从供应商那里收到的零件和订单。还未到达库存地点的零件被认为是在制品（WIP）的一部分。当零件生产完成（即已经完成工艺路线而转为库存），计划接收量就从数据库中删除，并且持有库存在此前的基础上加上已经完成的部分。向供应商下达采购单后的处理程序和上述基本相同。

每一张计划接收量单据至少包括如下信息：识别码（采购订单号码或者工令）、到期日、下达日、单位、质量要求和现有数量，当然也可能包含其他信息如价格或成本、工艺路线数据、供应商数据、原材料要求、特殊搬运事项、预期最终数量以及预期完成日期等。持有库存信息和计划接收量单据对决定净需求是非常重要的，这一程序通常称为需求满足分析，这涉及确定持有库存、采购订单和生产工令可以满足多少需求。

如果需求一直不变，并且工件都按时完成，所有现存的计划接收量就会与最终的需求完全对应。遗憾的是，需求是变化的，工件也不总是会按时完成，因此计划接收量有时需要调整，此类调整在变更通知中说明，我们将在下面进行讲解。

5. MRP 输出

MRP 系统的输出包括计划投入量、变更通知和例外报告。计划投入量最终转化成工厂生产的工件。

计划投入量（POR）至少包括三方面的信息：①料号（可能只有一个）；②需要的数量；③加工任务的交期。工件和计划投入量不必而且通常也不会与顾客订单一致。实际上，在需要很多普通零件的情况下，计划投入量通常会包括许多不同的生产线。尽管如此，如果所有的生产都按时完成，那么顾客订单也会在相应时间完成。这在 MRP 生产中是自动完成的，我们将在以后详细讲述。

变更通知表示对现有工作的改动，如到期日或优先序的变化。将到期日前移称为"提前"，而移后则称为"延期"。

在大型管理信息系统中，"例外报告"被用来通知使用者期望与现状之间存在差异。这类报告可以用来表明工件数量差异、库存差异以及紧急加工等。

11.3.5 MRP 系统中的特殊问题

到目前为止，我们主要集中于 MRP 处理过程的机理。现在我们来考虑影响 MRP 运行效果的一些技术性问题，特别是当系统运行出现意外时如何改善绩效。

1. 更新频率

影响 MRP 系统有效性的一个关键因素是更新频率。如果更新太过频繁，车间就会出现例外报告泛滥以及经常改变计划投入量的情况。而另一方面，如果更新频率太低，我们就常常会按照过时的计划进行生产。因此，在设计 MRP 系统时应当平衡及时性和稳定性这两方面的需要。

> 在过去，当计算机系统的存储空间很小、运算速度也很慢的时候，计算机处理的成本也会制约更新频率。然而，随着最近几年计算机性能急剧提升，处理能力对于决定更新频率已经不那么重要了。

2. 固定计划订单

频繁改变生产计划可能会使生产系统变得非常不稳定，这使得管理者难以有效安排工人换班和生产准备。因此，最大限度地降低变化对生产计划的影响是非常必要的。固定计划订单是指对计划投入量实施冻结，即令该计划量按期执行而忽略系统的变化的方法。在 MRP 处理中总是把固定计划订单当作计划接收量来看待（即在需求满足分析中必须包括固定计划订单量）。通过将一定时间内的计划投入量转换成固定计划订单，生产计划就可以变得更加稳定。这在短期对于管理控制尤其重要。

3. MRP 中的故障检修

一个叫墨菲的哲人曾经说过："如果事情可以变糟的话，它往往就真的会变糟。"在 MRP 系统中，有很多事情可能变糟。生产任务可能延迟，零件可能报废，需求可能变化等。因此，多年以来 MRP 系统已经获得了许多来帮助计划者应对变化情况的特性。这样的例子包括挂钩和从下而上再计划。

4. 挂钩

挂钩使得计划制订者可以看到现有计划投入量所对应的需求来源。办法就是在每个零件的毛需求与其所有的需求来源之间建立关联。以表 11-12 中显示的第三周对零件 300 的 65 件计划投入量为例，挂钩技术会将这一需求连接到第四周对 60 件零件 100 和 30 件零件 B 的需求，反过来这些需求又会连接到它的需求来源，即零件 B 对应主生产计划，零件 100 对应第六周生产零件 A 的需求（表 11-11）。

挂钩技术可以应用在从下而上再计划。以下面的例子来解释。假设发现第二周到期的 100 件零件 300 的计划接收量无法到达了（有人在文件柜后面发现了早就应当发给供应商的采购订单），当然恰当的做法是马上下订单并打电话给供应商看是否可以加快交付订单。如果回答是不可能，就可以运用从下而上再计划技术来考察延迟交货的影响。

从表 11-12 可以看出对毛需求的影响是第二周的 125 件，如果计划接收量不会到达，那么就只有现有的 50 件产品来满足需求，剩余 75 件没有满足。在这 125 件中，35 件是生产零件 B 所需（低层码为 0），90 件是零件 100 所需（低层码为 2）。如果优先供应最低层次的零件（理由是最低层次的产品有可能造成最大的扰动），那么可以看到只能供应第二期所需的 90 件零件 100 中的 50 件。通过挂钩技术可以进一步发现这些需求来源于零件 A 的 90 件需求，而现在只能向客户提供 50 件零件 A。这个时候可以联系客户，看是否可以先交付 50 件零件 A，稍后再交付剩余的 40 件。

除此以外，也可以将现有的 50 件库存先供应零件 B 的生产（这里的理由是先供应能够产生利润的产品）。这样做的话，可以满足生产零件 B 所需的 35 件需求，此外还剩余 15 件可以供应生产 90 件零件 100 的需要。同样将这些需求连接到其源需求，可以看到第 4 期所需的 90 件零件 A 还有 75 件不能供应。如果主生产计划中对零件 B 的需求是实际客户的需求而零件 A 只是预测需求的话，那么可以考虑先满足零件 B。当然还有一种选择就是将这 50 件分别供应给零件 B 和零件 100。怎样选择取决于客户及其接受延迟供货的意愿。

除了利用挂钩，还可以消除 100 件零件 300 的计划接收量并更新 MRP。这将产生第一周的计划投入量以及一个例外通知，告知该项生产预计会迟于计划完成。尽管如此，对 MRP 的更新不能决定哪些客户订单将因此而被延迟。从下而上再计划和挂钩技术能帮助计划制订者做到这一点。利用固定计划订单可以使计划制订者绕过标准的 MRP 过程以制订一个补救计划。

11.3.6 MRP 中的批量规则

为了展示基本的 MRP 处理过程，已经介绍了两种简单的批量规则：固定订货期法和批对批法。在这一小节里，将围绕批量规则问题展开讨论，并介绍其他更为复杂的批量规则。

批量规则问题解决的是小批量和大批量之间的平衡问题，小批量倾向于增加准备成本（材料、跟踪和人力成本等）并减少生产量，而大批量倾向于增加库存。

解决批量问题可以使用 Wagner-Whitin（W-W）方法，该方法假设了固定的生产能力以及准备和库存会增加成本。在这些假设下，可以运用 W-W 算法取得批量问题的最优解。当然，该方法存在的问题在于是否可以知道准备成本和库存持有成本的大小以及生产能力是否会受到约束。在许多情况下，准备"成本"被用作生产能力的限制。这里的关键在于设计一个批量规则，以使更高的准备成本产生更大的批量（如 EOQ）。因为更大的批量需要更少的准备次数，这就节约了生产能力。相反，当生产能力不紧张的时候，更小的准备成本可以减少批量规模（进而减少库存），代价是更多次数的生产准备。因此，通过调整准备成本，计划制订者可以用库存来换取生产能力。遗憾的是，当生产能力受限时，所谓的 W-W 性质即只有当库存降至 0 时才开始生产不是最佳的。不仅如此，许多提到的批量规则都有 W-W 性质，并且在评估其绩效时通常将其和 W-W 算法进行比较。因此，尽管许多假设在现实情况下可能无效，但是大多数批量规则的设计者还是接受了 W-W 这个范例。有趣的是，还没有哪个商业 MRP 软件包使用了 W-W 算法，理由常常是它太过复杂或太慢。但是随着快速计算机的出现，速度不再是问题，有效的 W-W 算法在现代个人计算机上可以运行得很快。一个更可能的原因可以见之于有人观察得出的结论："人们宁愿要接受一个他们解决不了的问题，也不愿要接受一个他们并不了解的答案。"不管理由是什么，现在又有人提出了许多替代的批量规则，并且可以在大多数商业 MRP 系统中以多种形式来运行。这里讨论一些使用更为普遍的方法。

1. 批对批法

如前述，LFL 是最为简单的批量规则——在时段 t 只生产该时段需要的产品。因为该规则在任何时段末都不会产生库存（在 MRP 假设下），因此该方法可以最大限度地降低库存（假设在每一个时段都可以生产所需的产品）。然而，在 W-W 范例中，因为在每一期都有对应需求的生产准备，因此该方法也就带来了最大的准备成本。尽管有这一缺陷，LFL 在许多方面还是很有吸引力的。首先它简单；其次它与 JIT 只在需要的时候生产需要的产品的思想相符；最后，因为其程序不会把有些时段需求累积到一起而在许多时段不生产产品，所以它更倾向于得到平滑的生产排程。在准备时间（成本）达到最小的情况下，这一方法也许是最好的。

2. 固定批量法和经济订货批量

第二种非常简单的方法是不管订单什么时候下达都按照一个预先确定的批量生产。这一方法。运用固定批量法通常有两个简单的原因。

首先，当有固定容量的装载工具来运输工件时，生产与这些装载工具容量相应数量的工件就很有意义。在有些情况下，工厂会使用不同大小的装载工具。例如挡板用的装载工具的搬运数量通常就比火花塞小。为了避免剩余，协调装载工具容量与工件数量就很有必要，一种方法就是批量大小选择 2 的幂级数（1、2、4、8、16 等）。

其次，确定加工数量会影响准备次数。因为基本的权衡在于准备成本和库存持有成本，选择一个合适的固定订货批量的问题就与 11.2 节中讨论的经济批量问题非常相似。主要的差别在于经济批量模型的前提假设是有恒定的需求速率，而在 MRP 系统中，需求有可能是不恒定的。尽管如此，我们仍然可以通过用估计的平均需求代替该模型中的恒定需求来使用 EOQ 模型。那么，如果用 A 来代表准备成本，h 代表年平均库存成本，可以运用 11.2 节中的 EOQ 公式

$$Q = \sqrt{\frac{2A\overline{D}}{h}}$$

来计算固定订货批量 Q。就像之前讨论的，可能想将该数量取为最接近的 2 的幂级数。可以通过调整 A/h 的比率来产生需要的准备频率。将 A/h 调高可以减少准备频率，而减少 A/h 则可以增加准备频率。经过数次实验之后，就可以找到一个与生产线的生产能力相容的 A/h 值。当然，因为该值取决于实际的订单，所以它可能会频繁地变化。

与批对批法不同，固定批量法（不管使不使用 EOQ 来得到订货数量）不会拥有仅当库存降为零时才生产的 W-W 性质。这意味着可能导致相应的库存成本并且不能避免生产准备，很显然这是很没有效率的（在 W-W 假设下）。

尽管如此，也可以稍微改变一下规则，即只考虑与一个或多个时段的需求相等的加工数量，然后选择与想要的固定加工数量最相近的那个。这样做就重现了 W-W 性质。思考下面这个例子：假设固定订货批量为 50 件，而净需求为：

| 净需求/件 | 15 | 15 | 60 | 65 | 55 | 15 | 20 | 10 |

然后，为了保持 W-W 性质，计划产出量应为：

| 计划产出量/件 | 30 | | 60 | 65 | 55 | | 45 | |

在第 1 期，30 比 15 更接近于 50，所以我们订购两期的需求量而不是一期的。在第 3 期，60 比 125 更接近 50，所以我们订购一期的需求而不是两期的，等等。

3. 固定订货期法（FOP）

如果你准备在时段 t 生产，那么就生产 $t, t+1, \cdots, t+P-1$ 这些时段所有的需求量，此处 P 是该方法的一个参数。如果 $P = 1$，该方法就是 LFL，因为只生产当前期的需求。由于所有的生产量都是给定一组时段的确切需求，该方法就具有了 W-W 性质。

该方法尽管很简单，却有一些微妙之处。该方法没有说每隔 P 期就会生产，如果有些时段没有需求，就跳过。来看 $P = 3$ 时下面的例子：

时段	1	2	3	4	5	6	7	8	9
净需求		15	45			25	15	20	15
计划产出量/件		60				60			15

既然第 1 期没有需求就跳过它，第一次需求发生在第 2 期，因此合并第 2、3、4 期（注意第 4 期没有需求）的需求得到第 2 期的计划投入量 60 件。再次跳过第 5 期，合并第 6、7、8 期的需求得到第 6 期的计划投入量 60 件。最后第 9 期为 15 件，然后由于已经到了时间轴的末端就不用再往下考虑了。

确定"最优" P 值的一种方法是运用 EOQ 公式和平均需求量，这与固定批量规则的用法类似。在之前的例子中，9 期的总需求为 135 件，可得其平均需求为 15 件。假设准备成本和每个时段的运输成本分别为 150 元和 2 元，可以计算 EOQ 公式得出：

$$Q = \sqrt{\frac{2A\overline{D}}{h}} = \sqrt{\frac{2 \times 150 \times 15}{2}} = 47.4$$

然后就可以计算得出：

$$p = \frac{Q}{\overline{D}} = \frac{47.4}{15} = 3.16 \approx 3 期$$

当然，运用这种方法计算的 P 值的有效性受到 EOQ 限制条件的局限。

4. 部件-时期平衡法（PPB）

PPB 是一种将 W-W 范例的假设与 EOQ 机制结合在一起的方法。EOQ 对于批量问题的解有一个性质，就是它令平均库存持有成本等于准备成本。

PPB 思想即是平衡（即使之相等）库存成本和准备成本。为了描述这个思想，需要将部件-时期的概念定义为一批生产的零件数量乘以其作为库存持有的期数。例如说，不管是存储时间为 10 期的 1 个零件，还是存储时间为 2 期的 5 个零件，或者存储时间为 1 期的 10 个零件，都表明其零件-期数为 10，也就具有相同的库存成本。零件-期数平衡力求使库存成本与准备成本尽可能接近。可以借助前述例子的数据来说明这个问题。

若只考虑能够保留 W-W 性质的那些数量，选择的范围就相对要小得多。由于第 1 期没有需求，因此第 1 期不生产，第 2 期可选择的产量为 15 件（只生产第 2 期所需）、60 件（生产第 2、3 期的需求）和 85 件（生产第 2、3、6 期的需求）等。表 11-14 显示了零件-期数和相应的成本。

表 11-14 第 2 期零件-期数和相应的成本

第 2 期生产数量/件	准备成本/元	零件-期数	库存成本/元
15	150	0	0
60	150	45×1=45	90
85	150	45+25×4=145	290

因为 90 元是现有选择中与 150 元最接近的数值，所以选择在第 2 期生产 60 件。第 3、4、5 期没有需求不生产。第 6 期的选择为 25、40、60 和 75 件，同样将计算过程用表 11-15 显示出来。

表 11-15 第 6 期计算过程

第 6 期生产数量/件	准备成本/元	零件-期数	库存成本/元
25	150	0	0
40	150	15×1=15	30
60	150	15+20×2=55	110
75	150	55+15×3=100	200

第 6 期生产 60 件时的库存成本与 150 最为接近，因此生产数量为 60 件，这个数量覆盖了第 6、7、8 期的需求，剩下的只有第 9 期的 15 件需求。注意由此得出的结果恰好与 FOP 策略得出的生产计划相同。

5. 其他方法

研究人员还提出了其他的批量规则方法，大多数都是根据 W-W 准则试图提供一个接近最佳的解决方案。但 W-W 准则是否恰当仍然是一个有争议的话题。

最后要注意的是，尽管 W-W 算法在有些情况下是最佳的，在实际应用中其他规则可能会表现得更佳。例如，如果没有对其进行修改以赋予 W-W 性质，固定批量规则在具有生产能力限制的多级系统中确实要比那些拥有 W-W 性质的批量规则表现得更好。有时强加的 W-W 性质在现实生产中可能并不实用，原因在于其他大多数批量规则力求避免的物料剩余反而有利于最终产品的准时交付，因而变成了一种优势。这一点的确是非常有意义的，因为这些剩余物料成为安全库存的一种形式。

11.3.7 安全库存与安全提前期

运营管理研究人员对 MRP 系统中安全库存和安全提前期的作用已经进行了长期的争论。奥利基认为它们在 MRP 系统中没有立足之地，只有对于最终产品可能还有意义。他相信 MRP 系统的运行已经完全能够应付低层物料了。许多研究人员都对奥利基的观点不予赞同，因为 MRP 处理的是确定性情况，而逻辑上来说实际生产中还必须处理不确定和随机的情况。

不确定性的来源多种多样。首先，除纯粹接单生产的系统外，在所有的系统中，不管是需求量还是需求的时间都不是事先可以确切预知的。其次，由于机器故障、质量问题以及人员变动等问题的存在，生产时间几乎总是受制于一些变量。最后，生产数量具有不确定性，因为产出损失或者是质量问题，产出零件的数量总要比预先投入的物料少。

安全库存和安全提前期可以用来应对这些问题。Vollmann 等表示：安全库存应当用来应对生产和需求量的不确定性，而安全提前期则应当用来应对生产和需求时间的不确定性。

在 MRP 系统中建立安全库存是非常方便的。假设希望为零件 B（参见表 11-7）保有 10 件安全库存，那么跟以前一样计算最初的净需求时就应当减去这额外的 10 件安全库存。从表 11-16 可以看出，预计持有库存减去安全库存首次出现负数是在第 3 期（与之前的第 4 期对应）。因此，最初的计划投入量是 5 件，以达到保有的安全库存水平，然后再加上 20 件以满足实际需求。

表 11-16 零件 B 的安全库存的 MRP 计算

零件 B		1	2	3	4	5	6	7	8
毛需求		10	15	10	20	20	15	15	15
计划接收量									
调整后的 SR									
预计持有库存	40	30	15	5					
预计持有库存−SS	30	20	5	−5					
净需求					5	20	20	15	15	15
计划产出量					25		35			
计划投入量		25		35		30			

在 MRP 计算中引入安全提前期则稍微有点不同。如果名义提前期是 2 周并且需要 1 周的安全提前期，那么可以用两步来进行偏移：第一步是根据计划产出量的时间（即到期日）偏移得到安全提前期，第二步是运用通常的 MRP 方法来获得计划投入量的时间。我们用表 11-17 中的数据来展示如何运用 1 周的安全提前期。

表 11-17 零件 B 的安全提前期 MRP 计算

零件 B		1	2	3	4	5	6	7	8
毛需求		10	15	10	20	20	15	15	15
计划接收量									
调整后的 SR									
预计持有库存	40	30	15	5	−15				
净需求					15	20	15	15	15
计划产出量					35		30		15
调整后的计划产出量				35		30		15	
计划投入量		35		30		15			

除通常的 MRP 计算之外，还增加了一个步骤即"调整后的计划产出量"，这一步根据 1 周的安全提前期将接收日期相应偏移 1 周。注意这与简单地延长计划提前期对计划投入量的影响是一样的。尽管如此，在拥有安全提前期的系统中，生产的到期日比没有安全提前期的系统要早。安全提前期对单个零件的影响是非常简单的，将零件提前一周准备好意味着除非运送时间耽误一周以上的时间，否则生产就不会耽搁。但是如果考虑多种零件和生产线的话，情况要更为复杂。

例如，假设一个工厂生产一种零件需要 10 种组件同时放在组装线旁，再假设可以运用均值为 3 周、标准差为 1 周的正态分布合理接近实际的制造提前期。为了保证良好的服务水平，需要组装线在 95% 的情况下都能准时开始生产，如果 s 为各组件的服务水平（按时交货的概率），那么 10 个组件全部按时到货的概率为（假设相互独立交货）：

$$\text{Prod}\{准时启动组装\} = s^{10}$$

因为我们需要该概率等于 0.95,可以解得

$$s = (0.95)^{1/10} = 0.9949$$

由于制造提前期呈正态分布,这就表示大约均值之上 2.6 个标准差,即 5.6 周,大约是计划提前期均值的两倍。

当然,该分析假设这 10 个组件是彼此独立地运送到组装线的,但如果所有的组件都是在同一个车间生产出来的话这显然就不成立。然而此处的问题至少说明:如果想要保证一条组装线的服务水平,那么组件的服务水平应当更高。

总之,尽管安全库存和安全提前期在 MRP 系统中可能有用,但必须认识到所有的程序都是依存于 MRP 系统这样一个事实。安全库存需要在顾客需求之外增加一定数量的生产,而安全提前期则要求到期日比实际需要的早。这两者都会使可供销售量计算结果(用来向顾客允诺交货,将在后面讨论)的准确性降低。过量的安全库存和过长的安全提前期都会导致顾客认为生产计划不可行而转寻他处,尽管生产计划实际上是可行的。此外,总会存在这样一种风险:一旦安全库存或者安全提前期被使用者发现,就会产生一套非正式的"真实"数量和到期日。这种行为可能颠覆正式的生产系统并降低其绩效。

11.3.8 应对产出损失

上面的讨论和例子阐述了如何应对需求和时间的不确定性。然而,如果要应对生产过程中的随机零件报废即产出损失却需要另外的计算方法。假设净需求是 N_t 件,平均产出率是 y,再假设对于这里讨论的例子,N_t 是一个很大的数,不必担心数量取整的问题。因此,如果按照 $N_t(1/y)$ 件产品的量投入物料进行生产,平均来讲就会得到 N_t 件产品,也就是净需求的量。但是如果 $N_t(1/y)$ 是一个很大的数,那么很有可能不能恰好得到 N_t 件产品。有大致相同的概率得到比净需求多或少的产品。得到多余的产品意味着必须保持多余的

> 损耗系数:说明在生产或采购过程中的损耗情况
> 1. 组装废品系数:用于估计在组装过程中损耗的系数,主要对部件的毛需求量进行调整
> 2. 零件废品系数:用于估计在生产或采购过程中损耗的系数,主要对订单数量进行调整
> 3. 材料利用率:有效产出与总投入的比率

库存直到将来有新的净需求。如果产品是高度定制化的,这就会是一个难题。另外,如果产品比预计要少,那就需要再次开始生产以弥补差额,这就可能造成订单不能按时送达客户。

在这一点上安全库存可以提高客户服务水平和反应速度。跟以前一样将计划的生产数量扩大至 $N_t(1/y)$ 并保持安全库存来应对实际产量少于平均产出的情况。另一个策略是不保持安全库存但是将生产量扩大 $1/y$,这样最后得到的产品可能多于净需求,剩余的产品将会变成库存。这两种方法在本质上是一样的,因为产生的结果都是以额外库存为代价来换取更好的服务。

最后,必须指出,任何产出策略的有效性都取决于产出本身变动性的大小。例如,

如果一项生产任务需要生产 100 件产品并且每一件产品独立完成的概率为 0.9，那么得到的产品数量的均值和标准差分别为 90 和 3。如果准备的生产原料为 120 件产品的量（即 100/0.9 + 3×3），就有超过 0.99 的概率（超过均值 3 个标准差）得到至少 100 件产品。然而，如果产出情况是共同完成的形式，即要么全部完成，要么一件都不完成（正如成批加工），那么就需要下达两次 100 件产品的生产任务，从而使得准时完成 100 件产品的概率为 0.99。在第一种情况（独立），平均库存增加量为 8 件（120×0.9 − 100），而在第二种情况（批量），平均库存增加量为 80 件（200×0.9 − 100）。我们看到的结果就是平均产出率不足以决定一项有效的产出策略，加工过程的机制和变动性所造成的产出损失也必须一并考虑进去。

11.3.9 MRP 的问题

早期的 MRP 具有三个最严重的问题：①MRP 排程的能力不可行；②提前期过长；③系统"紧张"。这些问题与其他问题导致新的 MRP 程序和新一代的 MRP 系统的产生，这个新系统也称为制造资源计划或者 MRP Ⅱ，随后又演变成企业资源计划（ERP），会在 11.4 节中对其进行讨论。

1. 产能不可行

MRP 的基本工作模式针对的是具有固定提前期的生产线。由于这个提前期不依赖于车间有多少工作量，这就存在一个隐含的假设：不管工作量多大，生产线总是拥有足够的生产能力。换句话说就是 MRP 假设所有的生产线都有无限的产能。这样当生产水平处于或接近产能时就会产生问题。

解决这个问题的一种方法是确保满足系统需求的主生产计划在产能上可行。一种叫作粗能力计划（RCCP）的程序可以提供这种检查。正如其名称所显示的，RCCP 是一种近似估算。对于产生的 MRP 还有一种更为精确的能力评估方法，即能力需求计划（CRP）。RCCP 和 CRP 都是 MRP Ⅱ 中常见的模块。

2. 过长的计划提前期

正如在之前的安全提前期的讨论中所看到的，在 MRP 系统中有很多方面的压力促使延长计划提前期，过长的提前期肯定会导致过高的库存。但是，只要延迟交货的成本高于过量库存带来的成本（这是很显然的事情，因为库存不会对你大喊大叫，但不满意的客户会），生产管理者就会倾向于更长的提前期。

另外，由于 MRP 使用固定的提前期，而实际生产时间总是变化，这还会进一步激化过长提前期所造成的问题。为了弥补这一缺点，管理者在计划提前期上通常会选择悲观的预测。例如，假设生产的平均提前期是 3 周，标准差为 1 周，为了保持好的客户服务水平，计划提前期被设为 5 周。由于实际提前期是随机的，有些就会低于 3 周的均值，而另外一些会高些。如果这是一个标准正态分布的话，最有可能的提前期就会是 3 周，这样最有可能的库存持有时间就是 2 周，其结果是造成大量的库存。

计划提前期越长，零件在进行下一步生产之前就要等待越长的时间，系统就会产生越多的库存。因为将计划提前期设为等于平均的制造时间就只能使零件得到 50% 的服务水平(因而由其构成的零件的服务水平就会更低),管理者事实上总是会选择比平均制造时间长得多的提前期。这会降低响应速度同时又带来高库存水平。

3. 系统紧张

当主生产计划的一个微小变动造成计划投入量大幅度变动时,MRP 系统就会出现紧张。这会导致奇怪的结果。例如,正如下面的例子表明的,需求的降低可能导致正常情况下可行的 MRP 计划变得不可行。

以下的例子摘自 Vollmann 等的论文。考虑两种零件,零件 A 的提前期为 2 周,运用固定订货期法确定批量,设定订单间隔为 5 周。每一件零件 A 需要一个组件 B,而组件 B 的提前期为 4 周,并运用固定订货期法确定批量,设定订单间隔为 5 周,表 11-18 和表 11-19 给出了两种零件的 MRP 计算结果。

表 11-18 需求变化前零件 A 的 MRP 计算

零件 A	1	2	3	4	5	6	7	8
毛需求		2	24	3	5	1	3	4	50
计划接收量								
调整后的 SR								
预计持有库存	28	26	2	–1				
净需求				1	5	1	3	4	50
计划产出量				14					50
计划投入量		14				50		

表 11-19 需求变动前组件 B 的 MRP 计算

组件 B	1	2	3	4	5	6	7	8
毛需求		14				50		
计划接收量		14						
调整后的 SR		14						
预计持有库存	2	2	2	2	2	2	–48		
净需求							48		
计划产出量							48		
计划投入量		48						

现在将第 2 期的需求从 24 降到 23(表 11-20),看起来很显然的情况应该是:能够满足第 2 期 24 件零件的生产计划当然也应当满足同期 23 件零件的生产计划。然而确定批量过程中对需求的加总却产生了一套完全不同的计划投入量。在组件 B 的生产计划中(表 11-21),计划投入量变得不可行了。

表 11-20 需求变动后零件 A 的 MRP 计算

零件 A	1	2	3	4	5	6	7	8
毛需求		2	23	3	5	1	3	4	50
计划接收量								
调整后的 SR								

零件 A		1	2	3	4	5	6	7	8
预计持有库存	28	26	3	0	−5				
净需求						5	1	3	4	50
计划产出量					63					50
计划投入量			63						

表 11-21　需求变化后组件 B 的 MRP 计算

组件 B		1	2	3	4	5	6	7	8
毛需求			63						
计划接收量		14							
调整后的 SR			14						
预计持有库存	2	2	−47						
净需求			47				48		
计划产出量			47				48		
计划投入量			47*						

* 不可行计划投入量

　　减少系统紧张的方法有多种，其中一种是合理运用批量规则。很显然，如果使用批对批法，计划投入量的变化就不会大于主生产计划的变化。但是，批对批法可能造成过多的准备时间，所以需要寻找其他的解决办法。

　　Vollmann 等推荐在不同的物料清单水平上使用不同的批量规则，如在中等水平上使用固定批量法或批对批法，在低水平上使用固定订货期法，而在最终零件生产上使用固定批量法。因为订货批量在高水平上保持不变，生产批量的变化就会减少系统紧张。当然，在确定固定批量的数量时务必格外注意。

　　除了运用合适的批量规则可以减少系统紧张，其他一些措施也可以减小系统紧张的影响。

　　其中一种方法是直接减少输入本身的变化。要做到这一点可以通过冻结主生产计划的早期计划部分，这样就减少了 MPP 中可能出现的变化，继而减少了计划投入量的变化。既然早期计划投入量最容易受到生产计划变动的影响，因此在主生产计划最早的几期内设定一个禁止变更的冻结期就可以极大地减少系统紧张带来的问题。

　　一些企业通常将主生产计划的最初 X 周设定为冻结期，然而在大多数系统里，"冻结"这个词可能太过于严格了，因为变化可以限制却不能完全禁止。[也许"阻滞期"（slushy zone）这个词更为确切。] "时间栅栏"这一概念将这种行为正式化了。最早的时间栅栏，比如说是 4 周，那就意味着绝对的冻结，即绝不能有任何变动。随后的时间栅栏，可能是 5~7 周，这期间的变动受到限制但相对不那么严格了，在模型中如果存在选择的话变动是可以接受的，但是可能会对客户进行财务上的惩罚。再接下来的时间栅栏，可能是 8~12 周，变动就更加没那么严格了。在这种情况下，如果所有组件都是现存的，那么零件数量上的变动则是可以接受的。在最后的时间栅栏里，即 13 周以上，就不存在限制了。

另一种减少系统紧张所带来损失的方法是使用固定计划订单。与冻结期和时间栅栏不同，固定计划订单下达固定的计划投入量。通过将早期的计划投入量转化为固定计划订单，可以消除生产计划早期的系统紧张，正是在这段时期系统紧张的破坏性最大。考虑一下，如果我们在需求发生变动之前将表 11-18 中的第一批计划投入量转化成固定计划订单将发生什么情况？这有可能导致 MRP 处理过程将其当成计划接收量来对待。经过这种转化后就没有系统紧张了，如表 11-22 和表 11-23 所示。

表 11-22 固定计划订单下零件 A 的 MRP 计算

零件 A	1	2	3	4	5	6	7	8
毛需求	2	23	3	5	1	3	4	50
计划接收量								
调整后的 SR			14					
预计持有库存	28	26	3	14	9	8	5	1	−49
净需求								49
计划产出量		[14]						49
计划投入量	[14]					49		

表 11-23 固定计划订单下组件 B 的 MRP 计算

零件 B	1	2	3	4	5	6	7	8
毛需求	14					49		
计划接收量	14							
调整后的 SR								
预计持有库存	2	2	2	2	2	2	−47	
净需求						47		
计划产出量						47		
计划投入量		47						

当然，使用固定计划订单和时间栅栏意味着生产计划的冻结部分对需求变动的响应变弱，并且固定计划订单代表着计划制订者必须进行繁冗的手工输入。

11.3.10 物料需求计划与主生产计划的关系

物料需求计划主要承接主生产计划的信息，以下面范例进行说明。

例 11-2： 某公司针对其销售产品进行规划，在进行主生产计划时，规划时区设定为天。其中预测资料为销售部门根据过去经验所收集汇总而得，客户订单则表示已接受的订单量，图 11-6 为公司产品结构，1 单位产品 A 是由 2 单位零件 B 与 4 单位零件 C 做组成，物料的相关信息如表 11-24 所示。

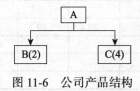

图 11-6 公司产品结构

表 11-24　物料的相关信息

项目	现有库存量	生产/进货批量法	生产/进货提前期	预期收货量
最终产品（A）	100		1 天	
零件（B）	300	批量 = 30	1 天	11/2　50 单位
零件（C）	820	批量 = 100	2 天	11/1　80 单位

假设现在时间为 10/31，目前有此产品（A）存货 100 个。若有排定生产则每天生产批量为 110 个。生产排程的规则为常有存货时，不做任何生产，但当预计存货降为零以下即排定生产，不考虑安全库存。表 11-25 为进行主生产计划的结果。

表 11-25　公司的主生产计划

天	11/1	11/2	11/3	11/4	11/5	11/6	11/7
预测	80	90	110	40	20	80	30
客户订单	60	60	70	30			
预计存货（期初=100）	20	40	40	0	90	10	90
MPP		110	110		110		110

根据表 11-25 主生产计划的结果及产品的 BOM 资料进行物料需求计划，如表 11-26 所示，其中表 11-26 所示最终产品（A）的毛需求即为表 11-25 的 MPP，而在计算最终产品（A）的物料需求计划时已不能再考虑期初存货（100 单位），已在表 11-25 中计算过，所以最终产品（A）的净需求即直接等于毛需求，之后再根据 MRP 的运算逻辑完成最终产品（A）、零件（B）及零件（C）的物料需求计划。

表 11-26　公司产品的物料需求计划

零件（A）	前期	11/1	11/2	11/3	11/4	11/5	11/6	11/7
毛需求			110	110		110		110
预期收货								
预计库存	100					110		
净需求			110	110		110		110
计划订单收货			110	110		110		110
计划订单发货		110	110		110		110	
零件（B）	前期	11/1	11/2	11/3	11/4	11/5	11/6	11/7
毛需求		220	220		220		220	
预期收货			50					
预计库存	300	80	0	0	20	20	10	10
净需求			90		220		200	
计划订单收货			90		240		210	
计划订单发货		90		240		210		
零件（C）	前期	11/1	11/2	11/3	11/4	11/5	11/6	11/7
毛需求		440	440		440		440	
预期收货		80						
预计库存	820	460	20	20	80	80	40	40
净需求					420		360	
计划订单收货					500		400	
计划订单发货			500		400			

11.4 MRP、MRPⅡ再到ERP模式的产生发展

20世纪40年代：为解决库存控制问题，人们提出了订货点法，当时计算机系统还没有出现。

20世纪60年代的时段式MRP：随着计算机系统的发展，短时间内对大量数据的复杂运算成为可能，人们为解决订货点法的缺陷，提出了MRP理论，作为一种库存订货计划——MRP，即物料需求计划阶段，或称基本MRP阶段。MRP是制造业计划与控制技术的早期阶段，是为解决原材料库存和零组件投产计划问题而发展起来的。MRP明确指出生产必须以市场需求为导向，把由市场决定而不是能由企业决定的外部需求（即形成商品的产品）称为"独立需求"，把为产品出厂所需用的一切物料称为"相关需求"；阐述了物料存在的相关性。它建立以时间为坐标的产品结构模型，并将要销售的产成品、生产物料和采购物料分成三层。产成品、采购件和加工件都集成在一个模型中，能够实现生产计划和采购计划同步生成和调整。MRP所依据的管理理念主要是：①供应必须与需求平衡，即供需平衡原则；②优先级计划原则（生产与供应计划必须根据需用时间和数量来确定优先顺序）。这两条简单明了的理念适合任何制造业企业。

20世纪70年代的闭环MRP：随着人们认识的加深及计算机系统的进一步普及，MRP的理论范畴也得到了发展，为解决采购、库存、生产、销售的管理，发展了生产能力需求计划、车间作业计划以及采购作业计划理论，进入生产计划与控制系统——闭环MRP（closed-loop MRP）阶段。在这两个阶段，出现了丰田生产方式（看板管理）、TQC（全面质量管理）、JIT（准时制生产）以及数控机床等支撑技术。

20世纪80年代的MRPⅡ：随着计算机网络技术的发展，企业内部信息得到充分共享，MRP的各子系统也得到了统一，形成了一个集采购、库存、生产、销售、财务、工程技术等于一体的子系统，发展了MRPⅡ理论，作为一种企业经营生产管理信息系统——MRPⅡ阶段。这一阶段的代表技术是CIMS（计算机集成制造系统）。20世纪80年代MRPⅡ主要面向企业内部资源全面计划管理的思想，MRPⅡ通过具有成本属性的产品结构（成本物料单），赋予物料以货币价值，实现了资金与物料静态信息的集成。MRPⅡ系统的成本计算是在正确产品结构的基础上进行的；通过定义物料流动的事务处理（如物料位置、数量、价值和状态的变化），对每一项事务处理赋予代码，定义会计科目上的借、贷方关系，实现了资金流同物流的动态信息集成的问题，做到财务与业务同步，随时将经营生产状况通过资金运行状况反映出来，提供给企业的决策层，以便不误时机地纠正和处理。MRPⅡ在MRP基础上主要增加了管理会计的应用。

进入20世纪90年代，随着市场竞争的进一步加剧，企业竞争空间与范围的进一步扩大，逐步发展成为90年代怎样有效利用和管理整体资源的管理思想，ERP（enterprise resources planning，企业资源计划）随之产生。ERP是由美国加特纳公司（Gartner Group Inc.）在20世纪90年代初期首先提出的，当时的解释是根据计算机技术的发展和供应链管理，推论各类制造业在信息时代管理信息系统的发展趋势和变革。随着人们认识的不断深入，ERP已经被赋予了更深的内涵。它强调供应链的管理。

除了传统 MRP Ⅱ 系统的制造、财务、销售等功能外，还增加了分销管理、人力资源管理、运输管理、仓库管理、质量管理、设备管理、决策支持等功能；支持集团化、跨地区、跨国界运行，其主要宗旨就是将企业各方面的资源充分调配和平衡，使企业在激烈的市场竞争中全方位地发挥足够的能力，从而取得更好的经济效益。现阶段：融合其他现代管理思想和技术，面向全球市场，建设"国际优秀制造业"（World Class Manufacturing Excellence）。这一阶段倡导的观念是精益生产、约束理论（TOC）、先进制造技术、敏捷制造以及现在热门的 Internet/Intranet 技术。

ERP 的成功至少部分是由于它与之前的三个潜在趋势不谋而合。

一是供应链管理（supply chain management，SCM）获得了承认。在许多方面，供应链管理将传统的库存控制方法拓宽到一个更为广泛的层面，包括分销、仓库管理和多区位生产。更重要的是，对供应链管理的定义引出了对物流问题的重视，"物流管理理事会"这类贸易组织的扩大即反映了物流领域的重要性，该理事会的成员数从 1990 年的 6 256 家增加到 1997 年 14 000 家。

二是激发了市场对 ERP 接受的趋势，即业务流程重组（business process reengineering，BPR）运动。20 世纪 90 年代之前，很少有企业愿意大幅度改变其管理结构来支持一个新的软件包，但是 BPR 的兴起指导管理者考虑改变其管理结构。今天，许多管理者认为实施 ERP 的好处在于帮助他们对业务进行重组。

三是分布式处理和微型计算机处理能力的爆炸性增长。1960 年在一台 100 万美元的计算机上需要一个星期运行时间的 MRP，现在在一台笔记本电脑上只需要几秒钟。以前需要在一个中心储存器上储存的公司数据，现在可以储存在生产用的个人电脑或工作站上。所有的个人电脑数据通过跨公司网络相连并可以被所有职能部门共享。ERP 销售商的最新成果就是根据这一思想设计的。

11.5 供应链管理简介

11.5.1 什么是供应链

1. 定义和范围

（1）供应链，是由供应商、制造商、仓库、配送中心和渠道商等构成的物流网络。同一企业可能构成这个网络的不同组成节点，但更多的情况下是由不同的企业构成这个网络中的不同节点。在供应链各成员单位间流动的原材料、在制品库存和产成品等就构成了如图 11-7 所示的供应链上的货物流。

（2）供应链管理（supply chain management，SCM）是一种集成的管理思想和方法，它执行供应链中从供应商到最终用户的物流的计划和控制等职能。从单一的企业角度来看，供应链管理是指企业通过改善上、下游供应链关系，整合和优化供应链中的信息流、物流、资金流，以获得企业的竞争优势。它整合并优化了供应商、制造商、零售商的业务效率，使商品以正确的数量、正确的品质，在正确的地点以正确的时间、最佳的成本进行生产和销售。

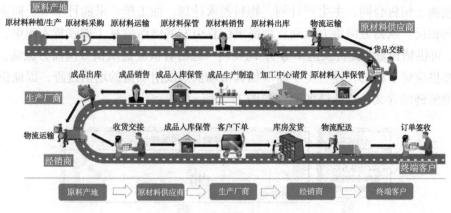

图 11-7　供应链上的货物流

《物流术语》(修订版)国家标准(GB/T 18354—2001)对供应链管理的定义:对供应链涉及的全部活动进行计划、组织、协调与控制等。

全球供应链论坛(global supply chain forum,GSCF)将供应链管理定义成:为消费者带来有价值的产品、服务以及信息的,从源头供应商到最终消费者的集成业务流程。

2. 目的和作用

一个公司采用供应链管理的最终目的有三个。

(1)提升客户的最大满意度(提高交货的可靠性和灵活性)。

(2)降低公司的成本(降低库存,减少生产及分销的费用)。

(3)企业整体"流程品质"最优化(错误成本去除,异常事件消弭)。

3. 基本内容

SCM 是使企业更好地采购制造产品和提供服务所需原材料、生产产品和服务并将其递送给客户的艺术和科学的结合。供应链管理包括五大基本内容。

计划:这是 SCM 的策略性部分。需要有一个策略来管理所有的资源,以满足客户对产品的需求。好的计划是建立一系列的方法监控供应链,使它能够有效、低成本地为顾客提供高质量和高价值的产品或服务。

采购:选择能为产品和服务提供货品与服务的供应商,和供应商建立一套定价、配送和付款流程并创造方法监控和改善管理,并把对供应商提供的货品和服务的管理流程结合起来,包括提货、核实货单、转送货物到制造部门并批准对供应商的付款等。

制造:安排生产、测试、打包和准备送货所需的活动是供应链中测量内容最多的部分,包括质量水平、产品产量和工人的生产效率等的测量。

配送:很多"圈内人"称之为"物流",调整用户的订单收据、建立仓库网络、派递送人员提货并送货到顾客手中、建立货品计价系统、接收付款。

退货:这是供应链中的问题处理部分。建立网络接收客户退回的次品和多余产品,并在客户应用产品出问题时提供支持。

在供应链上除了物料的流动外还有信息的流动。信息有两种类型,其中需求信息

（如预测、销售合同、主生产计划、物料需求计划、加工单、采购订单等）同物料流动方向相反，从需方向供方流动；由需求信息引发的供给信息（如收货入库单、完工报告、可供销售量、提货发运单等），同物料一起沿着供应链从供方向需方流动。各种物料在供应链上移动，是一个不断增加其市场价值或附加值的增值过程，因此供应链也有增值链的含义。供应链的原理如图 11-8 所示。

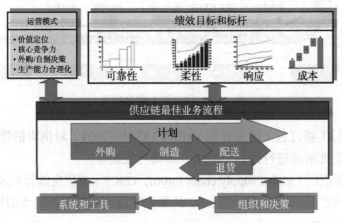

图 11-8　供应链的原理

11.5.2　供应链管理的基本理念

供应链管理的三个基本理念是：流程导向，伙伴关系与信息共享，以客户为中心。

1. 流程导向

产品和服务的价值是由相互连接的一组过程而不是孤立的功能来产生的。从目前的运作来看，由于部门间存在很厚的"部门墙"，致使相互间的沟通、协调不够，每个部门只关注部门内部业务，对相关环节和最终的运作效果关注不够，造成诸如信息共享度低、流程不畅、执行状态不透明、运作周期长等问题。单个环节的优秀并不代表整个流程的优秀，流程运作的最终结果需要各环节的共同努力和积极协调与配合，供应链管理将这个概念在工厂内推广并从工厂拓展到供应链里处于下一层次的公司，然后，再向下扩展到供应链的最底层。最终打破所有职能部门间的"部门墙"，实现流程的真正集成。供应链管理流程如图 11-9 所示。

2. 伙伴关系与信息共享

伙伴关系的五个要素为：资源、承诺、理解、忍耐、沟通。伙伴关系可以理解为新型的顾客—供应商关系，是一种利益共享、风险共担的紧密的战略合作伙伴关系。这种关系形成的原因通常是为了降低库存水平及供应链总成本、增强信息共享、改善相互间的交流、产生更大的竞争优势，以实现供应链节点企业的财务状况、质量、产量、交货期、用户满意度及业绩的改善和提高。战略合作关系强调合作和信任，即实现双方的资源优势互补和对协议、承诺的兑现，为建立和维持伙伴关系，还需要加强伙伴间的理解与沟通，对于伙伴暂时出现的问题，需要进行忍耐，并给予积极帮助。

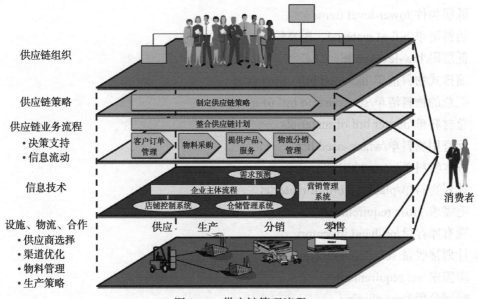

图 11-9　供应链管理流程

供应链管理的优势在于合作伙伴间通过共享数据、信息等资源，使供应链上的企业能够及时制定和调整策略，以便在市场上占据主动。制造商、供应商、分销商愿意相互开放，并且希望在供应链中有及早介入的机会。通过共享上下游合作伙伴的知识和经验，可提高供应链上的企业的管理水平，使集成供应链运作更有效。

3. 以客户为中心

现代企业的经营策略和目标是要以客户为中心，从而获得利润。目前客户的需要正向多样化、个性化发展，交货期越来越短，只有通过供应链的改进，才能更及时地获取全面、准确的客户信息，以快速的响应、更高的柔性和更低的成本来最大限度地满足客户的需求。

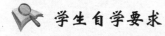 学生自学要求

一、概括本章基本知识逻辑，200～300字

二、熟悉本章基本概念、术语及其英文表达

　　库存投资最低/minimum inventory investment
　　库存量/inventory level
　　物料需求计划/material requirements planning，MRP
　　制造资源计划/manufacturing resources planning，MRP Ⅱ
　　企业资源计划/enterprise resources planning，ERP
　　相关需求/dependent demand
　　独立需求/independent demand
　　采购订单/purchase orders
　　最终物件/end items

低层物件/lower-level items
物料清单/bill of material，BOM
低层码/low-level code，LLC
缩排式物料清单/indented bill of material
汇总的物料清单/summarized bill of material
总材料单/master bill of materials
反查用物料单/where-used list
成本物料单/costed bill of material
计划物料单/planning bill of material
毛需求/gross requirements
现有库存量/on-hand inventory
计划接收量/scheduled receipts，SR
净需求/net requirements
时间分段/time phasing
BOM展开/BOM explosion
计划投入量/planned order releases
变更通知/change notice
例外报告/exception notice
批对批/lot for lot
固定订货期/fixed order period，FOR
周期订货量/period order quantity
批量规则/lot-sizing rule，LSR
计划提前期/planning lead time
计划投入量/planned order release
需求满足分析/coverage analysis
更新频率/updating frequency
固定计划订单/firm planned orders
从下而上再计划/bottom-up replanning
MRP中的故障检修/troubleshooting in MRP
部件-时期平衡法/part-period balancing，PPB
产出损失/yield loss
质量问题/fallout
安全库存/safety stock
安全提前期/safety lead time
可供销售量/available-to-promise
应对产出损失/accommodating yield losses
损耗系数/loss coefficient
组装废品系数/assembly scrap factor

零件废品系数/part reject factor
材料利用率/material utilization
产能不可行/capacity infeasibility
过长的计划提前期/long planned times
系统紧张/system nervousness
阻滞期/slushy zone
规划时格/time bucket
供应链/supply chain
增值链/value-added chain
事务处理/transaction
闭环 MRP 阶段/closed-loop MRP
及时生产/just in time，JIT
全面质量管理/total quality management，TQC
优化生产技术/optimize production technology，OPT
分销资源计划/distribution resource plan，DRP
制造执行系统/manufacturing execution system，MES
敏捷制造系统/agile manufacturing system，AMS
供应链管理/supply chain management，SCM
业务流程重组/business process reengineering，BPR
数据仓库/data warehouse
车间作业控制/shop flow control，SFC
先进计划系统/advanced planning system，APS
最佳惯例/best practice

三、预习并思考下列问题

1. 基本问题：是什么的问题
（1）什么是库存管理？
（2）什么是物料需求？
（3）什么是库存计划？
（4）什么是制造资源计划？
（5）ABC 分类法是怎样定义的？
（6）库存计划的方法具体有哪些？
（7）什么是供应链？
（8）物料计划的方法有哪些？
（9）物料需求计划与主生产计划有何关系？

2. 综合性问题：怎么做、在哪些场合适合做
（1）根据生活中的快餐行业，如麦当劳等，如何来区分物料需求计划与其他两者之间的关系？这三者之间是否有顺序性？
（2）理论上来说，如何来进行物料需求计划的制订？

（3）如何选取合适的物料清单来适应物料需求计划的不同情形？

（4）物料计划中物料需求计划、及时计划、约束理论、制造资源计划，如何来合理使用？四者之间的关联性在哪儿？

（5）如何区分物料需求计划和总生产计划、主生产计划？

3. 关键问题：为什么的问题

（1）为什么在物料计划的方法中主要以订货点法和物料需求计划为主要学习内容？这两部分相比于其他的方法有什么突出的特点？每种方法的适用范围有哪些？生活中我们常见的方法有哪些具体事例？

（2）为什么物料需求计划需要主生产计划的毛需求？这两者之间必需的关联是什么？

（3）物料需求计划和库存计划之间如何来联系与区分？为什么将这两者放在一起？库存计划对物料需求计划有何实际影响？

四、本章知识逻辑

 即测即练题

案例研究 2

某玩具公司生产计划安排

一、公司简介

某玩具公司以生产各种儿童玩具为主营业务，兼营季节性、节日性玩具。公司产品品位高、质量好、选料精、设计新颖、形象可爱，一直深受广大消费者的喜爱，产品畅销全国各地。

多年来，公司不但精心设计制造出各种各样的有特色的儿童玩具，而且与香港的合金、塑胶、毛绒三大制品厂合作，精益求精，生产出系列化的玩具，产品不断更新，部分产品造型还获得了国家专利权。

该玩具公司在不断发展新产品的同时，还取得了华特·迪士尼"pooh"维尼熊系列产品的制造及中国市场的销售权。2000年，其更上一层楼取得日本梦乐株式会社"奇童梦乐"卡通人物系列合金交通工具、塑胶人物玩具、毛绒公仔系列生产、制造及中国市场（包括香港、澳门）销售权，并代理多种国外的名牌玩具。

二、生产计划编制现状

公司管理者在处理综合计划时，通常采取改变价格、促销及积压订单待发货等方式平抑波动的需求，采取加班、雇用兼职员工、外包及积压存货等方式改变生产能力，从而使需求与生产能力相匹配。

（一）平抑需求波动

1. 歧义性定价

产品需求波动较大的企业通常拥有采取歧义性定价的空间。在产品需求从高峰期滑向非高峰期时，歧义性定价极为常见。该公司的一些节日性玩具也具有此类特征，如圣诞节所需的圣诞树装饰品、圣诞老人服饰等。虽然特定期间内的生产能力不足以满足需求会带来利润损失，形成机会成本，但对这些季节性需求产品施以歧义性定价，在定价有效的范围内，需求会很快发生变化，并且和生产能力水平取得一致。

2. 促销

广告和其他形式的促销，有时会对需求的改变产生非常有效的影响，因此就会使需求和生产能力更为一致。该公司属小型玩具企业，无力耗巨资做大范围的媒体广告，因此在促销策略上一般采取展览、直销或与其他产品捆绑销售、附赠等方式。与定价政策不同，这种方法对适时需求的控制能力较弱，同时还要冒促销可能恶化原本打算改善的市场条件的风险。

3. 延迟交货

当公司的生产能力不足以满足需求时，可以通过待发货订单，把需求转移到其他时期。因此，订单在某一时期取得，并许诺将在以后的某个时期交货。这种方法能否成功依赖于顾客对等待运送产品的愿意程度，其成本难以核算。

（二）生产能力的调整

1. 聘用临时工

当公司生产节日性产品，或某时期产品需求、顾客订单大，而生产能力不足时，公司曾考虑聘用临时工，来增加需求较大时期的生产能力。但此种方法成本较大，因为聘用和解聘都需付出成本。聘用成本包括征募、筛选和培训，如此方能把新工人"带上道"，同时新工人的熟练程度和工作质量相较原有工人来说，会有所降低。如果新近被解聘的工人重新上岗，成本可以得到一定程度的节约。解聘成本包括违约金、重整其余员工的费用、公司中遭遇解聘的那部分工人的潜在恶劣情绪，以及留下员工的士气损失。

鉴于此种方法成本的提高，同时公司逐渐将员工视为资产而非可变成本，因此今后不再考虑使用这种方法。

2. 加班

加班是该公司编制生产计划时经常使用的方法。相比聘用、解聘方法，利用加班改变生产能力显得没有那么苛刻。它可以运用于公司全体员工，也可以根据需要有选择地运用于部分员工。此外，此种方式贯彻执行较快，可以保证公司维持一个稳定的员工数量，从而降低员工流动对其士气的影响。

因此，该公司在对付节日性产品的高峰期需求时，通常采用加班方法，收效较好。因为这样一来公司既不必聘用和培训新员工，也不必在淡季到来时解聘他们。加班不但为公司维持熟练工人，还为员工增加了收入。

3. 存货

公司在运用加班方式的同时，还依靠产成品存货调整生产能力与需求的缺口。存货能够使工厂在某一时期生产，而在另一时期售出。虽然此种方式会产生存储成本，占用一部分资金，但此法对于平抑需求较为稳定，且由于公司的产品不易变质，因而不存在变质损坏成本。但需注意的是，可能会冒产品过时的风险。

4. 外包

将一部分不能完成的生产任务外包，能使公司获得临时性的生产能力，也是该公司选择的方法之一。此种方法对于公司来说，控制难度较大。一方面，对产出量的控制性较小，可能引发高昂的成本；另一方面，又可能造成质量问题。因此，公司在解决自制还是外购问题时，要考虑可使用的生产能力、相关专门技术、质量、成本、需求数量和稳定性等诸多因素。

三、具体综合计划的编制

某一时期，对于该公司的非节日性产品，公司生产经理做了一份综合预测，如表

A2-1 所示。

表 A2-1 综合预测

月份	1	2	3	4	5	6	7	总计
预测	50	44	55	60	50	40	51	350

该公司生产部门有 10 名全职员工，每月能以每单位 80 美元的成本生产 40 单位的产出。每期的存货持有成本为每单位 10 美元，每期延迟交货成本为每单位 20 美元，期初存货为 0。

生产计划编制者希望在正常时间内保持稳定的产出率，主要依赖存货平抑需求的波动，并且辅以加班和转包方式，但不允许积压订单待交货的情况存在。为此，计划者决定以加班、存货和转包的方式平抑需求的波动。在正常情况下保持每月 40 单位的产出，下降后的正常情况下的产出是每月 38 单位，加班工作的最大产出则是每月以每单位 120 美元的成本生产 8 单位的产出。转包情况下，则在每月以每单位 140 美元的成本得到 12 单位的产出。其具体计划的编制如表 A2-2、表 A2-3 所示。

表 A2-2 正常生产的生产计划一

月份	1	2	3	4	5	6	7	总计
预测	50	44	55	60	50	40	51	350
产出								
正常时间	38	38	38	38	38	38	38	266
加班时间	8		8	8				24
转包合同	12		12	12	12		12	60
产出预测	8	(−6)	3	(−2)	0	(−2)	(−1)	0
存货								
期初	0	8	2	5	3	3	1	
期末	8	2	5	3	3	1	0	
平均	4	5	3.5	4	3	2	0.5	22
延迟交货	0	0	0	0	0	0	0	0
成本/美元								
产出								
正常时间	3 040	3 040	3 040	3 040	3 040	3 040	3 040	21 280
加班时间	960		960	960				2 880
转包合同	1 680		1 680	1 680	1 680		1 680	8 400
聘用/解聘								
存货/美元	40	50	35	40	30	20	5	220
延迟交货/美元	0	0	0	0	0	0	0	0
总计/美元	5 720	3 090	5 715	5 720	4 750	3 060	4 725	**32 780**

表 A2-3 正常生产的生产计划二

月份	1	2	3	4	5	6	7	总计
预测	50	44	55	60	50	40	51	350
产出								

续表

月份	1	2	3	4	5	6	7	总计
正常时间	38	38	38	38	38	38	38	266
加班时间	8	8	8	8	8		8	48
转包合同	12		12	12				36
产出预测	8	2	3	(−2)	(−4)	(−2)	(−5)	0
存货								
期初	0	8	10	13	11	7	5	
期末	8	10	13	11	7	5	0	
平均	4	9	11.5	12	9	6	2.5	54
延迟交货	0	0	0	0	0	0	0	0
成本/美元								
产出								
正常时间	3 040	3 040	3 040	3 040	3 040	3 040	3 040	21 280
加班时间	960	960	960	960	960		960	5 760
转包合同	1 680		1 680	1 680				5 040
聘用/解聘								
存货/美元	40	90	115	120	90	60	25	540
延迟交货/美元	0	0	0	0	0	0	0	0
总计/美元	5 720	4 090	5 795	5 800	4 090	3 100	4 025	**32 620**

上例只是许多可能选项中的两个，也许还存在其他成本更低的选项。你永远也不可能完全肯定自己找到了成本最低的那种方法，除非每一种可能选项都被试过。因而在计划具体编制过程中，应运用试误法，尽可能多做尝试，选择最优方案。

思考题

1. 思考企业在编制综合计划时应考虑的因素。
2. 若采用水平战略，即针对需求变化综合运用延迟交货、转包和存货等方式，如何编制综合生产计划？

第三篇　控 制 篇

- ✓ 第 12 章　生产计划的编制
- ✓ 第 13 章　生产计划的执行
- ✓ 第 14 章　物料分析与控制
- ✓ 第 15 章　工作催查与生产进度控制

学习目标：通过本篇的学习要知道计划和排程的关系与区别，现场物料数据分析与控制、生产现场活动管理、供应商跟催、生产进度控制，生产计划变更管理等计划控制的基本概念、术语和常识，理解生产系统建模、排程方法与技巧，最后要能灵活应用上述知识解决生产计划管控中的问题。

学习效益：通过本篇的学习，你将具有一定的从事生产管理工作的常识与能力。

第三篇 课程内容的安排与知识逻辑

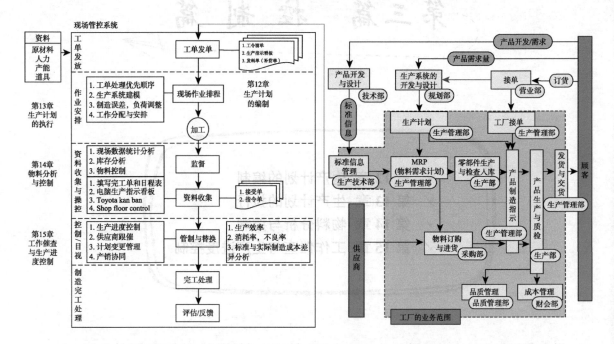

相对于生产计划系统的计划功能，生产计划的执行与管控在现场执行面扮演重要角色。生产计划系统根据需求来规划产品的生产种类、数量与生产时程，这些计划目标必须借由现场执行来达成，而生产计划的执行与管控的主要任务即是编制各个层面的生产计划（第 12 章），并在现场落实执行计划内容（第 13 章）。

生产计划的执行与管控必须管理伴随工单所产生的两种流动：信息流和物流。当现场原物料随工单依既定的生产途程运作，信息伴随产生，这些信息可以提供给生产活动管控系统内的管理及生产活动管控系统外的计划人员了解订单的进度。而信息流在制造系统内的计划层与执行层形成一个封闭的循环回路。由于生产现场的信息（生产统计信息、物料信息以及绩效信息等）对现场作业面的行为控制起着至关重要的作用，而生产数据的统计往往消耗大量时间，效率及品质状况的回馈时效无法迅速掌握，如何缩短填写完工单即日报表的时间？另外，即使生产出足量的产品应付顾客需求，但过多的库存势必造成成本的增加。因此，除生产计划及物料供应需事先规划良好外，让现场作业能够确实依照计划进行，适时生产适当数量且符合品质要求的产品，以避免现场资源不足或造成库存过多，或紧急赶工导致制造不良品的概率增加等，是生产活动管控的重要目的之一。为此，本书第 14 章将详细介绍生产现场基本数据的统计分析、物料分析与控制领域的知识。

在现在的制造环境中，现场管控活动面临许多的困难，也因此更凸显出在整个生产活动中现场管控活动所具有的重要决定意义。假如某一工厂无法准时生产完成客户的要求，不仅延误交货时间，更影响商誉，因此，现场主管应设法完成生产计划单位所排定的计划，若无法在正常工作时间达成，不仅应考虑如何调派资源以完成计划，充分掌握各生产进度，并且应找出进度落后的原因，拟定解决对策。诸如产品形态的改变频繁，导致重排程的困难。在一个制造现场中，如何迅速决定重排的优先顺序？订单批量过少，换线频繁，未达经济规模量，效率不佳，应如何缩短换线时间？若制程的设计不佳，导致线与线之间转移过多，造成时间上的浪费，途程与 BOM 该如何设计决定？供料与制造部门配合不够，送料时间过早造成空间的浪费，而太晚则易造成停工待料，中断生产线，仓库部门的送料该如何提高？为此，本书第 15 章将详细介绍供应商跟催、工作催查和工作进度控制等领域的知识内容。

第 12 章

生产计划的编制

【学习目标】 通过本章学习，应了解总生产计划、主生产计划、生产作业计划、车间作业计划以及工作班作业计划的编制方法和必要的数据准备，初步掌握制定车间生产任务的常用方法，如在制品定额法、提前期法、订货点法以及生产周期法。

【学习效益】 具有进行总生产计划、主生产计划、生产作业计划、车间作业计划以及工作班作业计划编制的基本能力和常识。

企业生产计划是指企业对未来生产活动的安排。它对企业的生产任务作出统筹安排，规定企业在计划期内（一般是年度）产品生产的品种、质量、数量和进度等指标。因此，生产计划是管理者对生产管理的根本依据。而生产计划的编制又是其中一项重要工作环节，它对企业目标任务的实现产生重要作用。

12.1 主数据的准备

生产计划和控制首先是基于数据的管理和控制，必然需要对生产计划和控制的数据进行准备和清理。需要准备和清洗的生产计划业务主数据分为静态数据和动态数据，下面分别介绍。

12.1.1 静态数据

需要准备和清理好以下静态数据。

（1）物料编号。需要科学定义好物料编号，确保"一物一码"，严格避免"一码多物""一物多码"的现象。科学的物料编码，需要按照物料的本质分类，实现大类、种类、小类的区分，规格以流水码区分为好，一般是9~11位的全数字码最佳。

（2）BOM。需要维护和校正好 BOM，因为 BOM 错误，不仅会买错（错误、多买、少买），而且为投料的齐套性造成极大的困扰。BOM 的编制、变更、录入和审核需要有严格的流程，尤其是 BOM 变更和迁移比较频繁（BOM 寿命比较短）的业务场景，BOM 的准确性维护是一个严峻的挑战。

（3）标准工时。产线、机台和人员作业产出，均取决于产品的小时产出率，所以标准工时是控制投料的关键参数。

标准工时可以由工业工程师现场观察（秒表）计时获得，也可以通过累计产出计时获得。标准工时需要与自制件的物料编号绑定，即每一个自制件的物料编号，需要编制一个标准的工艺路线，并设定工序的标准工时、默认设备（设备组），以动态计算设备、生产线的负荷。

（4）ERP 需要设置的其他参数。需要维护好安全库存量、最低量、最高量、经济订货批量、最小批量增量、委外/采购前置周期等参数。安全库存值的设置与前置周期、前置周期内的最大消耗量有关，不仅需要科学计算后设置，还需要依据业务过程的变化而调整。

12.1.2　动态数据

生产计划和控制的动态数据准备，是重中之重的工作，而且是最为关键的日常工作之一，必须（最好）在 ERP 等相关信息系统中维护。

1. ERP 标准单据维护

需要及时维护好 ERP 系统中的"销售订单""生产任务单""委外订单""采购订单"。

1）MRP

需要根据"销售订单"的录入，及时对单-单进行 MRP 运算，确保生产任务、委外和采购任务的及时下达。

2）关闭

需要定时（至少每周）对销售订单、生产任务单、委外订单、采购订单及相关的出入库单据进行清理，手工关闭不能自动关闭的单据，做到"日清月结"，保障数据的干净、清洁。

2. 即时库存

必须确保即时库存的准确，做到账实相符，其准确率需要达到 A 类（体积大/价值大）100%、B 类（易清点/价值中）100%、C 类（混合包装/低值）98%以上，确保 MRP 和领发料的准确。

3. 完工日报表

需要及时采集车间、生产线和机台作业进度，填写完工日报表。

每个作业单元（计件工人、计件小组、计件班组）最低限度按照每天进行工序任务的报工，建立起日期、作业单元（计件工人、计件小组、计件班组）、工序任务完成量、生产任务单以及销售订单的关联关系。

完工日报表，不仅是计件工资结算的依据，更是进行生产任务和订单进度控制的基础和最基本的控制环节。

完工日报表，还可以随生产任务、工序记录各类异常，如设备、模具、工装、设计、作业、来料等质量异常，是收集问题的起点，也是持续改善的起点。

12.2　总生产计划的编制

总生产计划是在一定的计划区域内，以生产计划期内成本最小化为目标，用已知每个时段的需求预测数量，确定不同时段的产品生产数量、生产中的库存量和需求的员工总数。总生产计划建立在企业生产战略和总体生产能力计划基础之上，决定了企业的主生产计划和以后的具体作业计划的制订。影响总生产计划制订的因素如下。

（1）内部因素：企业的库存量、现有的劳动力、当前的生产能力等。

（2）外部因素：市场需求、现有能够提供的原材料、竞争者的情况等。

12.2.1 年度生产计划编制

在编制年度计划之前必须具备两种数据：数年经营实际数据与预测数据。编制年度计划所需要的经营实际数据可由各年度会计报表中求得。这些会计报表当中，表示企业某区间内经营成绩的报表称为损益表，表示企业某一时点财务状况的报表称为资产负债表。从损益表和资产负债表我们可以进一步对企业的经营进行分析，以了解企业经营的优劣。

从事经营分析可以了解企业的经营状况，进而以年度计划设法改善企业的经营体制。当企业预测数据与经营实际数据已经获得之后，就可以开始拟订年度计划。首先应确定经营目标。确定经营目标的方法有三种：经验法、附加价值法、投资报酬率。经营目标一经确定之后，各部门应依据经营目标拟订各部门计划，再经过适当的调整、讨论与审查，然后决定整体的经营计划。依据整体的经营计划，再拟定详细的预算。

滚动计划法：按照"近细远粗"的原则制订一定时期内的计划，然后按照计划的执行情况和环境变化，调整和修订未来的计划，并逐步向后移动，把短期计划和中期计划结合起来的一种计划方法。

1. 编制滚动计划示例

滚动计划示例如图 12-1 所示。

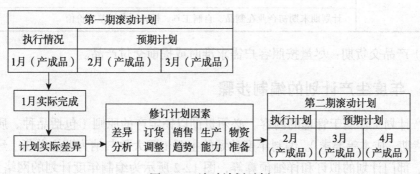

图 12-1 滚动计划示例

2. 滚动计划法的优缺点

1）优点

（1）将计划期内各阶段预先安排衔接起来，而且定期进行调整与补充。

（2）解决了计划的相对稳定性和实际情况多变性这一矛盾，使计划更好地发挥指导生产实际的作用。

（3）使企业生产活动能够灵活地适应市场需求，将供、产、销紧密结合起来，实现企业的预期目标。

2）缺点

如果滚动间隔期偏短，则计划调整频繁，降低了计划的严肃性而且监控成本比较高。

12.2.2 年度生产计划编制指标

年度生产计划编制指标包括产品品种、产量、质量、产值、交货期等内容。

（1）产品品种：是指企业在计划期内应该生产的品种、规格的名称和数目。

（2）产品产量：是指企业在计划期内应当生产可供销售的工业产品的实物数量和工业性劳务数量。

（3）产品质量：是指产品的内在质量（如机械性能、工作精度、使用寿命、使用经济性等）及外观质量（如产品的外形、颜色、装潢包装等）。

（4）产品产值：分为商品产值、总产值和净产值三种，三者的关系如表 12-1 所示，用公式表达如下：

商品产值 = 自备原材料生产的产品价值 + 外销半成品价值 +
订货者来料生产产品的加工价值 + 对外承做的工业性劳务价值

表 12-1 商品产值、总产值和净产值的关系

总产值	商品产值	净产值	企业产品新创造的价值
			订货者来料加工产品的加工价值
			企业对外完成的工业性劳务价值
		所有转移入企业产品的物化劳动价值	
	订货者来料加工产品的原材料价值		
	计划期末期初企业在制品、自制工具、模具结存量差额价值		

（5）产品交货期：尽量按照客户需求准时或提前交付产品。

12.2.3 年度生产计划的编制步骤

生产计划工作属于管理的内容，必须贯彻以销定产的原则（包括品种、质量、数量、交货期、成本等要求）。编制年度计划的主要步骤大致归纳为调查分析、经营目标的拟订、部门计划的拟订和详细预算等，图 12-2 所示为编制年度计划的网络。

1. 调查分析、收集资料

（1）企业长期战略、发展规划。

（2）国内外市场调查、市场预测资料。

（3）计划期产品的预计销售量、上期末的库存量。

（4）上期生产计划完成情况。

（5）计划生产能力与产品工时、台时定额。

（6）新产品试制、物资供应、设备检修的保证程度等资料。

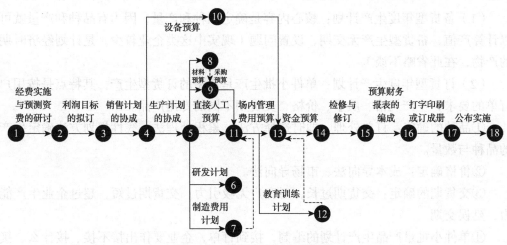

图 12-2　编制年度计划的网络

2. 年度生产计划的拟订

（1）产品品种、质量、产量和利润等指标的合理安排。

（2）各产品品种的合理搭配。

（3）将生产指标分解为各个部门或车间的指标等工作。

方案应该有多个，通过定性和定量分析、评价、比较从中择优。

3. 年度生产计划方案的优化

由于年度生产计划事关重大，生产计划方案确定之后，必须用多种方法对产品品种指标、产品产量指标等进行优化。例如可采用产品生命周期法、盈亏平衡分析法等分析后对不足进行改善、优化。

4. 综合平衡，形成正式方案

（1）测算企业设备、生产面积对生产任务的保证程度，保证生产任务与生产能力的平衡。

（2）测算劳动力的工种、数量、劳动生产率水平与生产任务是否适用，保证生产任务与劳动力的平衡。

（3）测算原材料、动力、燃料、工具、外协件等的供应数量、质量、品种规格、供应期限对供应与制造两者的平衡。

（4）测算产品设计、工艺方案、工艺装备、设备维修、技术措施与生产任务的匹配，保证生产任务与生产技术准备的平衡。

（5）测算流动资金对生产任务保证程度和合理性，保证生产任务与资金的平衡。

5. 实施计划，评价结果

检查目标是否达到，如未达到，要找出原因，决定采取什么措施，以及是否需要修改计划等。

12.2.4　生产企业年度生产计划的制订

生产企业年度生产计划的制订包括备货型、订货型年度生产计划两种。

（1）备货型年度生产计划：核心内容是确定品种和产量，因为有品种和产量就可以计算产值，备货型生产无交期、设置问题（现实中这类企业较少，是计划经济时期的产物，在此省略不谈）。

（2）订货型年度生产计划：单件小批生产是典型的订货型生产，其特点是按用户订单的要求，生产规格、质量、价格、交货期不同的专用产品。

①品种的确定：订单处理、即时选择方法、累积处理法、线性规划方法确定生产的品种与数量。

②价格确定：成本导向法、市场导向法。

③交货期的确定：交货期过长，对客户无吸引力；交货期过短，超过企业生产能力，延误交期。

④单件小批量产品生产计划的编制，接到订单，企业要作出接不接、接什么、接多少和何时交货的决策，在做决策时，需考虑产品品种、已接受任务工作量、生产能力、材料供应、价格、交货期等因素，是个复杂的决策过程。

⑤单件小批量产品生产计划的编制决策过程如图 12-3 所示。

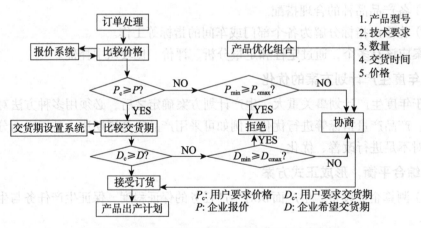

图 12-3　单件小批量产品生产计划的编制决策过程

⑥成批生产计划：是一批产品根据需求不定期地进行重复生产。成批生产作业计划方法的基本目标是平衡生产能力，实现均衡生产，通过全盘协调生产与库存的关系，确定生产间隔期和生产批量，满足用户定货量和交货期的需求。

⑦大量生产计划：大量生产计划所用的方法在很大程度上取决于产品的生产技术。大量生产一般都要用设备、专业工具以及流水生产线。作业计划安排主要确定为达到要求的产业速度，各生产操作环节具备的生产能力及可完成的任务量。

12.3　主生产计划的编制

12.3.1　确认客户需求

确认需求是编制主生产计划的第一步。

一般而言，工厂是按订单式（MTO）和备库式（MTS）两种生产模式的混合模式组织生产。订单式（MTO）模式时，客户订单就是客户需求，具有非常明确的需求的品种、需求的时间、需求的数量（隐含了技术和质量指标）。备库式（MTS）模式时，俗称补库模式，其客户需求的表现模式，是内部的补库订单，或称为预测订单。

很多企业还会把这个需求做得更加复杂些，分为"销售订单""备货订单""补库订单""备料订单"等方式，本质还是"订单""备库"两种。

备库式（MTS）采用预测方式确认需求时，最好采用滚动预测方式：按照一个"固定的预测周期（如 3 个月）""固定的预测间隔（如间隔 2 周）"实现滚动预测，并锁死预测和预测校正的方法，以确保预测的相对科学性。

需求管理是十分重大事项，是确定生产、出运、库存（PSI）的第一步，是非常核心的关键环节。

12.3.2　产销平衡

确定需求时，需要对物料供应、内部产能进行平衡。其标准步骤如下：①识别关键物料的供应量；②根据关键物料的供应编制投料品种、时间和数量，实现物料平衡；③根据关键产能设备的约束，前后调整生产任务的投放，以满足产出的要求；④如果工厂是多车间的场景，则在车间之间的半成品仓作为缓冲，以平衡车间之间的关键产能设备制约间的冲突，用提前生产储备库存的方式释放关键设备产能。产、供、销售的平衡，是一项复杂的引擎计算过程，所以只能以简化的方式进行。比如，产能只采用平均产能、物料仅核算关键物料等，以降低计算难度。编制主生产计划应遵循以下原则。

（1）最少项目原则：用最少的项目数进行主生产计划的安排。如果 MPP 中的项目数过多，就会使预测和管理都变得困难。因此，要根据不同的制造环境，选取产品结构不同的级，进行主生产计划的编制。使得在产品结构这一级的制造和装配过程中，产品（或部件）选型的数目最少，以改进管理评审与控制。

（2）独立具体原则：只列出实际的、具体的可构造项目，而不是一些项目组或计划清单项目。这些产品可分解成可识别的零件或组件。

（3）关键项目原则：列出对生产能力、财务指标或关键材料有重大影响的项目。对生产能力有重大影响的项目，是指那些对生产和装配过程起重大影响的项目。如一些大批量项目、造成生产能力的瓶颈环节的项目或通过关键工作中心的项目。对财务指标而言，指的是与公司的利润效益最为相关的关键项目。如制造费用高，含有贵重部件、昂贵原材料、高费用的生产工艺或有特殊要求的部件项目，也包括那些作为公司主要利润来源的、相对不贵的项目。而对于关键材料而言，是指那些提前期很长或供应厂商有限的项目。

（4）全面代表原则：计划的项目应尽可能全面代表企业的生产产品。MPP 应覆盖被该 MPP 驱动的 MRP 程序中尽可能多的组件，反映关于制造设施，特别是瓶颈资源或关键工作中心尽可能多的信息。

（5）适当裕量原则：留有适当余地，并考虑预防性维修设备的时间。可把预防性维修作为一个项目安排在 MPP 中，也可以按预防性维修的时间，减少工作中心的能力。

（6）适当稳定原则：在有效的期限内应保持适当稳定。主生产计划制订后在有效的期限内应保持适当稳定，那种只按照主观愿望随意改动的做法，将会引起系统原有合理的、正常的优先级计划的破坏，削弱系统的计划能力。

12.3.3　编制主生产计划

在产、供、销平衡后，可以编制主生产计划。主生产计划是一个预期计划，关键的假设如下：

（1）不考虑客户需求变动、不考虑产能波动（预设的以外）、不考虑供应商波动，是正常情形下的正常产出。

（2）详细的预排程或粗的预排程。

编制主生产计划的周期限制，需要根据业务状态来确定。例如，白酒的生产周期很长，大约需要 5 年的时间（60 个月），所以主生产计划的周期至少为 1 年，并逐步分解。尤其是制曲、制酒和初勾兑，是完全的"推"过程，主生产计划的时间可以稍长，而成品酒的勾兑、包装过程，大约是 10 天，可以月来设计，甚至 10 天的循环计划即可，实现动态补库。汽车零部件行业则恰恰相反，主机厂一般仅提供单周锁定+双周滚动的需求计划，因而汽车零部件企业不能编制较长期的主生产计划，而是编制两周的滚动主生产计划即可，即时响应汽车零部件企业在主机厂边上的库存需求即可。大量的代工制造企业，由于承诺交期较长，一般是 30～45 天，甚至 60 天以上的周期，则可以编制月（4 周）内的主计划（出运计划），以此形成月出运计划、周大滚动、三天小滚动、每天的计划，逐步实现不确定-半确定-稳定-锁定的作业计划。

日完工计划，还需要转换为开工计划。制造周期较长的，作业计划的锁定期要稍微变长，采用 T+2、T+3 模式。T+2 生产计划是指滚动生产计划，T 代表当月，+2 为后续 2 月的预测，如 5 月底做 T+2 生产计划指 6 月生产计划及 7、8 月生产预测编制的完工计划，可以用"月计划""周计划""日计划"方式呈现。

需要说明的是：计划通常是以"策略"为导向的。由前述可知，生产过程按照生产工艺类型可以分为"离散""半离散"和"连续"三个类型。对应的计划类型分为三个策略："追逐型""混合型"（追逐+均衡）和"均衡"型策略。一般可以作如下理解。

（1）"离散"对应"追逐"，主要考虑的是"产出"等于"需求"，同时会设置"时间""库存"和"产能"做缓冲。在"追逐型"计划的模式下，一般产能是非常重要的缓冲。JIT 是典型的追逐策略，是最典型的产能缓冲状态，因为 JIT 追逐的是零库存，即"对的时间"生产"对的数量"。没有产能做缓冲，两个"对应"也就不存在。

（2）"连续"对应"均衡"，主要考虑的是"产出"等于"产能"，需要将库存作为缓冲。需求会波动，而生产是连续的，按照标准产能作为标准，自然需要足够的原材料和成品库存作为缓冲。

（3）"半离散"对应"混合"，主要考虑的是"产出"等于"产能"和"需求"，不把产能设置为"缓冲"，而是将"库存"和"时间"设置为缓冲。

不同的生产类型方式，采用不同的计划策略，其核心是"产能"成本的高低和库存风险的大小。"离散"的环境一般都是共用性小的产品,库存风险高而产能成本相对较低,所以追求"产出"等于"需求"。而连续型生产的产品都是标准化的,如石油、钢铁等,产品的消耗相对恒定,但是"产能"的成本极高,所以需要采用"产出"等于"产能"的方式来平衡成本。"半离散"追求"产出"与"产能"的平衡,但是生产的是客户需求的产品,既保持了成本的降低,也防止了产品的过剩。当然,半离散的产品,是半标准化的,在较长时间内是通用的。

12.4 生产作业计划的编制

12.4.1 一般程序

生产作业计划编制工作是生产计划工作的内容之一,它主要根据企业的生产计划和生产的实际情况,为企业各个生产环节具体地规定较短时间内的生产任务。

企业生产计划的编制是由各级分别负责进行的,一般采用三级(厂、车间、工段)或二级(厂、车间)分工的体制。为了编好生产作业计划,使其起到指导生产、促进生产的作用,必须正确地规定生产作业计划的编制程序。企业一般采取"两上两下、上下结合"的编制程序,其过程大体如下(图12-4)。

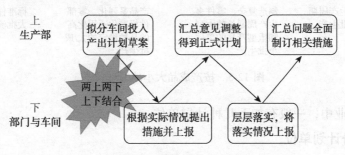

图 12-4 编制程序示意图

(1)生产部根据企业生产计划和编制生产作业计划所需资料,经全面分析,以生产任务为中心进行各方面的衔接平衡,拟出分车间的投入产出计划草案,发交有关部门和车间。各有关部门和车间据此检查各自的计划安排与生产作业计划的适应程度,经过讨论,提出措施,将意见报生产部。

(2)生产部汇总来自各个方面的意见和措施,进行分析研究,逐项落实。重大问题由厂组织讨论,作出决定,然后调整计划草案,经厂长批准正式下达。车间接到正式生产作业计划后,逐级编制、逐级下达、层层落实。各有关部门接到正式生产作业计划后,就要以生产作业计划为中心,调整和编制本单位的工作计划,以保证生产作业计划的实现。车间和有关部门将最后落实情况及存在的问题报生产部汇总,再由主管生产的副厂长开专门会议进行全面落实和制订相应的措施。

(3)生产作业计划的编制与下达。在一般情况下,年度计划应力争提前2~3个月,季度计划最迟提前半个月,月度计划最迟在计划期前5天下达,月度以内的短期计划必须保证在计划期前下达,以便各执行单位有充足的时间进行准备和落实各项工作。

12.4.2 生产作业计划单位的确定

计划单位是编制、下达、检查计划和核算计划完成情况时所采用的计算单位。它反映了企业生产作业计划编制工作中的各级分工和相互关系。正确地选择计划单位是加强生产管理、编好生产作业计划所必须解决的一个问题。规定车间生产作业的计划单位从大到小按如图 12-5 所示流程制订。

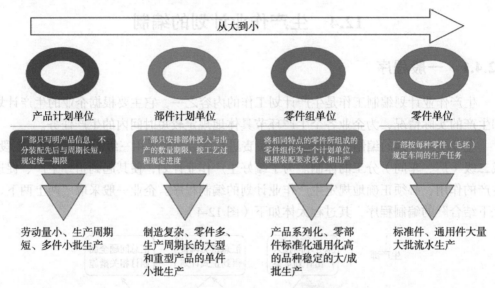

图 12-5　按产成品大小的编制顺序

在机械行业中，一般有如下几种计划单位。

1. 成台份计划单位

成台份单位也称成套产品计划单位，它是将单位成品中划归某一生产单位生产的全套零件或毛坯作为一个单位，来规定车间的生产任务。厂部下达计划任务是按台份下达，只写明产品名称、型号、安排投入和出产的台份和时间，各车间根据本车间负责生产的各种产品的零件明细表，按照规定的台份安排生产、组织配套。按这种计划单位规定生产任务，其特点是不分装配需用先后，不分零件生产周期长短，都规定一个统一的投入和产出期限。产品在各个车间的投入和出产期限应根据产品在各个车间的生产周期来确定。

采用成台份单位的优点是：厂部计划工作简便，下达计划任务迅速，可及早做好生产准备，车间在安排生产任务时有较大的灵活性和主动性，有利于更好地调动车间的积极性，充分挖掘生产潜力，合理利用生产能力和提高生产效率。但缺点是各种零件或毛坯生产周期或装配的时间相差悬殊时，部分零件、毛坯会产生停放等待，从而延长产品的生产周期，积压资金；同时厂部不易控制各车间零件（毛坯）生产的具体速度，不利于加工厂部的集中统一领导。这种计划单位一般适用于产品加工劳动量较小、生产周期较短的多品种单件小批生产的企业。

2. 成套部件计划单位

成套部件单位是用一个工艺部件的全套零件作为计划单位。采用成套部件单位下达任务时,厂部只安排各生产单位负责生产的各个成套部件的投入与出产的数量期限,至于各个零件和毛坯生产的具体安排,则由有关单位具体负责。成套部件单位是按照装配工艺过程来规定进度。

其优点是在一定程度上克服了成台分的缺点,减少了零件的等待时间和资金的积压,同时能保证零件生产的成套性和部件在各车间生产的日期协调衔接。但缺点是按部件投产,限制了同类型零件组成成批生产的可能性和零件批量的扩大,不利于对生产面积和设备的充分利用。此外,由于部件生产周期是按生产周期最长的零件确定的,因此部件中生产周期较短的零件积压。这种单位适用于制造结构复杂、零件众多、生产周期长的大型和重型产品的单件小批生产的企业。

3. 零件组计划单位

零件组计划单位就是以产品中具有相同特点的零件所组成的零件组为一个计划单位。零件组基本上是按照装配需要时间的先后顺序、零件生产周期长短、零件结构和工艺相似性原则组成的。每个零件组不仅批量、生产间隔期相同,而且装配对它们的需要时间和生产周期也大体一致,这样就可以根据装配的要求同时投入和出产,准时地满足装配成套的需要,缩短了产品生产周期,减少了在制品占用量。但零件分组工作量较大,配套也复杂,应合理组织,适当掌握。

这种计划单位适用于产品系列化、零部件标准化和通用化程度较高的、品种比较稳定的大批和成批生产。

4. 零件计划单位

零件计划单位就是以产品中的每种具体零件作为计划单位。厂部按每种零件(毛坯)规定车间的生产任务。采用这种生产计划单位的优点是零件在车间之间衔接比较紧凑,从而缩短生产周期,减少零件等待积压,节约生产占用资金;当零件实际生产情况与计划不一致时,比较容易调整;厂部对生产计划情况比较清楚。但缺点是计划工作量大,容易发生错漏,对车间限制过死,影响车间的积极性和主动性。

这种计划适用于大量大批流水生产,以及在成批生产企业、单件小批生产企业中可以组织大量生产的标准件、通用件。

正确选择计划单位,对企业的计划工作有重要作用,企业应根据生产规模、生产类型、专业化程度等因素来综合考虑,加以选用,在一个工厂中往往是几种计划单位结合使用的。

12.5 制定车间生产任务的方法

制定车间生产任务主要是指厂部为车间安排产品的生产数量和确定投入与出产的期限。安排的方法主要取决于各车间的生产组织形式和生产类型。如果各个车间是以产品为对象建立的,每个车间分别独立完成一定产品的全部(或大部)生产过程,各个车间之间平行地完成相同或不相同产品的生产任务。在这种情况下，厂部只要把计划期企业的生产任务，按照车间的分工、生产能力的负荷和各种生产条件的准备情况，分配给各个车间就可以了，方法简单，计划工作量小。如果各个车间之间是相互联系的，是依次加工半成品的关系，就需要解决车间之间的品种、数量、期限方面的衔接平衡问题。

在不同的生产类型条件下，采用的方法也不同。一般有四种方法。

12.5.1 在制品定额法——生产稳定

在制品定额法，就是根据企业的产品生产任务，运用预先制定的在制品占用量定额，按照反工艺顺序的连锁计算方法确定各车间的生产任务的方法。该方法适用于生产稳定的大量大批生产。

在大量大批生产中，各个生产环节生产的制品品种比较单一、产量比较大、工艺技术稳定，生产任务很少变化，因而各个生产环节之间的分工和联系也比较稳定。这些特点集中表现为各个生产环节所占用的在制品经常保持一个稳定的数量，把这个稳定的在制品数量制定成为标准，就称为在制品定额（图12-6）。利用在制品定额与实际在制品结存量进行比较，就可以发现各生产环节之间是否发生脱节或过多地占用在制品的情况。按照经常保持在制品数量在定额水平这个要求，来计算各生产环节的投入和出产任务，就可以保证车间有节奏地生产和车间之间的衔接平衡。在制品定额法的计算公式就是根据这个原理建立的。

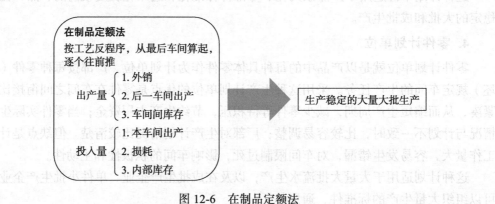

图 12-6　在制品定额法

各个车间在计划期的投入和出产量任务，可按产品工艺过程的反程序，从最后车间算起，依次运用下列公式计算：

$$N_O = N_{HI} + N_S + (Z_K - Z'_K)$$
$$N_I = N_O + N_F + (Z_L - Z'_L)$$

式中：N_O 为车间的计划出产量；N_{HI} 为后车间的计划出产量；N_S 为车间半成品计划外销量；Z_K 为车间之间库存在制品定额；Z'_K 为车间之间期初预计在制品库存量；N_I 为车间计划投入量；N_F 为车间计划允许的废品和损耗数量；Z_L 为车间内部在制品定额；Z'_L 为车间内部期初预计在制品数量。

采用上述公式计算时,最后车间的出产量和各车间的半成品计划外销量,根据计划期销售量确定;车间计划允许废品数量是按计划废品率计算的。由于在计划期前编制计划,因此在编制计划时,尚不知计划期的在制品实际数。

确定期初在制品占用量一般有两个办法。

一是预计法,即在编制计划时,根据当时账面结存的数字加上预计到期末将要完成的数量,得出计划期初的在制品实际数,到计划期开始时,再根据实际统计数字加以修正。这个办法的优点是计划期各月任务比较明确,计划期前一个月计划完成不好时,在编下季计划时可及早发现,及时采取措施进行适当调整。缺点是预计不容易准确,到计划期初还要根据在制品的实际数修改生产任务,比较麻烦。

二是跨期法,即采用编制跨期计划的方法。在编制计划时不用预计数,而是把计划期前一个月的在制品清点数或统计数作为计划期的实际数,同时把计划期前一个月的生产任务与计划期第一个月的任务合并在一起进行,到计划期初,这个合并在一起的包括两个月的生产任务中,减去计划期前一个月的实际完成数,就是计划期第一个月的任务。这种方法的优点是当计划期前一个月的计划与实际发生偏差,能自动转入计划期第一个月的任务内,计划期初不必再修正计划。

用在制品定额法编制车间作业计划,如表 12-2 所示。

表 12-2 用在制品定额法编制车间作业计划示意表

		产品名称	××汽车	
		商品产量	1 000 台	
		零件名称	轴	齿轮
		每辆件数	1	4
装配车间	1	初产量	1 000	4 000	…
	2	废品及损耗	—	—
	3	在制品定额	100	500
	4	期初预计在制品结存量	60	350
	5	投入量[1+2+(3-4)]	1 040	4 150
零件库	6	半成品外销量	—	200
	7	库存半成品定额	80	600
	8	期初预计结存量	100	710
加工车间	9	出产量(5+6+7-8)	1 020	4 240
	10	废品及损耗	10	140
	11	在制品定额	180	450
	12	期初预计在制品结存量	60	340
	13	投入量(9+10+11-12)	1 150	4 490
毛坯库	14	半成品外销量	50	610
	15	库存半成品定额	200	1 000
	16	期初预计结存量	300	1 000
毛坯车间	17	初产量(13+14+15-16)	1 100	5 100
	18	废品及损耗	80	—
	19	在制品定额	40	250
	20	期初预计在制品结存量	30	150
	21	投入量(17+18+19-20)	1 190	5 200

12.5.2 提前期法

提前期法又称累计编号法，它是在定期重复成批生产的条件下，为车间规定生产任务的一种方法（图12-7）。成批生产的特点所决定的各车间的衔接关系，不仅表现在各种产品的数量上，更突出地表现在时间上的相互衔接。也就是说，在规定各车间的产品出产进度时，各车间的生产任务都要相应地比最后车间出产成品的时间提前一个时期。在定期重复的成批生产中，产品的生产间隔期、批量和生产周期、提前期都是比较固定的，因此，一定的提前期，也可以用一定的产品数量表示出来。

> **提前期法**
> 各车间的生产任务都要相应地比最后车间（装配车间）出产成品的时间提前一个周期
> （1）各车间累计号数
> i车间出产/投入累计号数＝最后车间出产/投入累计号数＋出产/投入提前量
> （2）各车间投入出产量
> i车间投入/出产量＝i车间期末累计数－期初累计数
> （3）最后车间某时点累计号数
> 最后车间某时点累计号数＝±距零点工作日数×车间日产量

定期重复成批生产

图12-7 提前期法

提前期法：运用这个原理，根据各车间的投入与出产提前期，来确定各车间在计划期内应达到的投入与出产累计数，然后减去各车间在计划期初已经达到的投入与出产累计数，求出各车间计划期的投入数量与出产数量。

累计编号法概念：在多品种成批轮番生产条件下，可从产品的完工日期推算出各工艺阶段需要投入和出产日期，以期衔接达到量的衔接。累计编号法是将各种产品分别编号，每一成品及其对应的全部零部件都编为同一号码，并随着生产的进行，依次将号数累计，不同累计号的产品可以表明各车间出产或投入该产品的任务数量。

各车间在计划期应完成的出产量和投入量是各车间期末与期初的出产累计号之差和投入累计号之差。

累计编号法适用场合是需求稳定而均匀、周期性轮番生产的产品。

$$\frac{\text{本车间}}{\text{出产累计号}} = \frac{\text{装配车间}}{\text{出产累计号}} + \text{装配车间平均日产量} \times \frac{\text{本车间}}{\text{出产提前期}}$$

$$\frac{\text{本车间}}{\text{投入累计号}} = \frac{\text{装配车间}}{\text{出产累计号}} + \text{装配车间平均日产量} \times \frac{\text{本车间}}{\text{投入提前期}}$$

其计算公式如下：

$$N_i = N_a + T_i \cdot Q_a \tag{12-1}$$

式中：N_i为i车间计划期内投入（或出产）的累计号数；N_a为装配车间计划期内出产的累计号数；T_i为i车间投入（或出产）提前期；Q_a为装配车间的平均日产量。

计算出各车间的投入与出产累计数后，即可利用下列公式计算其投入和出产数量。

$$N_{iP} = N_{iE} - N_{iS} \tag{12-2}$$

式中：N_{iP} 为 i 车间计划期投入（或出产）的产品数量；N_{iE} 为 i 车间计划期末投入（或出产）的累计数；N_{iS} 为 i 车间计划期初投入（或出产）的累计数。

运用上列公式进行计算时，关键在于正确确定同期装配车间累计数（应该认为装配车间出产累计数为零时点是装配车间开始生产的时点，在装配车间没有出产之前的任何时点都取负值）。确定步骤如下：

（1）确定装配车间出产第一批（或第一件）的时点，可根据计划的要求，或根据毛坯车间投入第一批的时点来确定。

（2）计算装配车间出产零个的时点，即装配车间出产累计数是零的时点（简称零点）。由装配车间出产第一批（或第一个）的时点向前推算一个生产间隔期（如果是流水生产，向前推算一个节拍）而定。

（3）求出装配车间某时点的累计出产量，公式为

$$N_{at} = \pm R_t \cdot Q_a \tag{12-3}$$

式中：N_{at} 为某时点装配车间的累计数量；R_t 为该时点距离零点的工作日数（零点以前取负值，零点以后取正值）；Q_a 为装配车间的平均日产量。

（4）将计算结果代入计算计划期某车间投入（或出产）累计数的公式（12-1）。

成批生产是按批量组织生产的，并且是整批地投入和生产，因此，用上述公式计算的投入（或出产）累计数还应向下修正为批量的整倍数。这是因为当生产间隔期和提前期不呈整倍数关系时，计算出的累计数实际上没有达到批量数，并没有生产。

例 12-1：已知某拖拉机变速箱一轴的工艺过程和期量标准如表 12-3 所示。如果 5 月 1 日起开始出产第一号产品，计算 3 月和 6 月各车间的投入与出产累计数。

表 12-3 一轴工艺过程和期量标准数据

工艺阶段	生产周期/工作日	批量/件	生产间隔期/工作日	节拍/分	投入提前期/工作日	出产提前期/工作日	平均日产量/件	交接期/工作日
锻压	6	800	20		45	39		
机加	12	400	10		27	17		2
装配	5			10			40	2

6月（出产则为6月末的累计数，距离5月初为2个月；一个月工作时间为20天）

装配（最后）车间出产累计数：$N_{O装} = 2 \times 20 \times 40 = 1600$
装配投入累计数：$N_{I装} = 1600 + 5 \times 40 = 1800$
机加出产累计数：$N_{O加} = 1600 + 17 \times 40 = 2280$，修正为2000
机加投入累计数：$N_{I加} = 1600 + 27 \times 40 = 2680$，修正为2400
锻压出产累计数：$N_{O毛} = 1600 + 39 \times 40 = 3160$，修正为2400
锻压投入累计数：$N_{I毛} = 1600 + 45 \times 40 = 3400$，修正为3200

（向下修正为批量整数倍，整批生产，累计数不为倍数相当于没有生产）

3月（时间点为3月末；负数表示车间没有生产/投入）

装配（最后）车间出产累计数：$N_{O装} = -20 \times 40 = -800$
装配投入累计数：$N_{I装} = -800 + 5 \times 40 = -600$
机加出产累计数：$N_{O加} = -800 + 17 \times 40 = -120$
机加投入累计数：$N_{I加} = -800 + 27 \times 40 = 280$，修正为0
锻压出产累计数：$N_{O毛} = -800 + 39 \times 40 = 760$，修正为0
锻压投入累计数：$N_{I毛} = -800 + 45 \times 40 = 1000$，修正为800

累计号按产品编制的方法从计划年度该产品出产的第一台（或从开始生产这种产品的第一台）开始，依成品出产的先后顺序，每出一台增加一号，即为每一件产品编上一个累计编号。如表 12-4 所示。

表 12-4 累计编号法

项目		总装		部件 K 分装		零件 K（2 件/台）			
						第 2 工序（加工）		第 1 工序（毛坯）	
批量		20 台		20 件		80 件（40 台）		80 件（40 台）	
生产间隔期/周		1		1		2		2	
生产周期/周		1		1		2		2	
保险期		0		1		1		1	
出产提前期/周		0		2		5		8	
投入提前期/周		1		3		7		10	
	周	出产	投入	出产	投入	出产	投入	出产	投入
作业计划	1	20	40	60	80	240	320		
	2	40	60	80	100			400	480
	3	60	80	100	120	320	400		
	4	80	100	120	140			480	560
	5	100	120	140	160	400	480		
	6	120	140	160	180			560	640
	7	140	160	180	200	480	560		
	8	160	180	200	220			640	720
	9	180	200	220	240	560	640		
	10	200	220	240	260			720	800
	11	220	240	260	280	640	720		
	12	240	260	280	300			800	880

在同一时间上，产品在某一环节上的累计号数，与成品出产累计号数相比，相差的号数称为提前量。

提前量与提前期的关系为

$$提前量 = 提前期 \times 平均日产量$$

12.5.3 生产周期法

在单件小批生产条件下，产品品种多、变化频繁、每种产品产量少。多数产品是一次性生产，很少重复，或者是不定期地重复生产。这类企业组织生产的一个突出问题，就是要处理好产品品种多变与保持车间均衡负荷之间的矛盾，即合理搭配各项订货产品的生产，保证各项产品在各个单位能相互衔接地按期出产，并在这个前提下，使生产能力充分利用，使各个生产技术准备部门和生产单位负荷均衡。为了适应单件小批生产这一特点的要求，在编制生产作业计划、规定车间任务时，一般是采用生产周期法。如图 12-8 所示。

应用生产周期法确定生产任务时，首先要根据订货合同规定的各种产品的出产日期及生产周期图表，编制包括各项订货产品的投入产出综合日历进度表（表 12-5）。

图 12-8 生产周期法

表 12-5 三季度产品出产综合日历进度表

原序号	订货单号	产品名称	项目	计划任务			6月			7月			8月			9月		
				7月	8月	9月	上旬	中旬	下旬	上旬	中旬	下旬	上旬	中旬	下旬	上旬	中旬	下旬
1	302 303	甲	出产 投入	2	2	2 3												
2	306	乙	出产 投入		4													
3	307	丙	出产 投入	2	2													
4	308	丁	出产 投入			4 4												
…	…		出产 投入		…													

图例：铸造车间——— 加工车间——— 装配车间———

编制日历进度表的目的，就是协调各种产品的生产进度和平衡各车间的生产能力。因此，在汇编过程中，应对各订货产品需要的生产能力和各车间的负荷进行核算平衡；要做好产品的搭配，先安排交货急的主要产品、生产周期长和结构复杂的产品，并尽可能将同类产品组织集中生产。在汇编的过程中，必然会出现各种矛盾，如满足了车间负荷的要求，就不能兼顾按期交货；或者相反。这就要求多方配合，挖掘潜力，采取有效措施，解决各种矛盾，最后确定各订货产品的投入和出产日期。只有这样，才能保证订货产品按期交货，又能使各个车间达到充分和均衡的负荷。通过编制综合日历进度表，将各种产品各工艺阶段的投入、出产日期确定后，即可根据这个日期运用产品生产周期图表，确定零部件的投入出产日期。在编制车间月度作业计划时，只要将属于该车间当月应投入和出产的任务摘录汇总，并将上月未完的在制品转入计划月，即可得出车间的月度生产任务。例如从综合日历进度表中可以查出各车间9月的任务，各车间任务分配表如表12-6所示。

表 12-6 9 月各车间任务分配表

订货单号	产品名称	装配车间				机加车间				铸造车间			
		出产		投入		出产		投入		出产		投入	
		日期	数量	日期	数量	日期	数量	日期	数量	日期	数量	日期	数量
302	甲	10/9	2	1/9	2					30/9	3	20/9	3
303													
…				…									
307	丙	20/9	2	15/9	2	15/9	2	1/9	2				
308	丁	30/9	4	20/9	4	20/9	4	5/9	4	5/9	4	1/9	4
…													

对于在综合日历进度表中未列入的一些生产周期短的、零星的产品，以及当月临时订货，则根据企业月度生产大纲和车间现有情况，临时分配，一同列入计划中。

12.5.4 订货点法

订货点法是安排各种自制标准件和通用件生产任务的一种科学方法。在任何生产类型的企业和产品中，都有大量的标准件和通用件。这些零件品种多，各时期需要量又很不稳定。为了简化计划工作和提高生产效率，企业通常采用固定的批量集中成批生产，而不是根据计划期各种产品的具体需要量进行生产。生产完工后交仓库储备，需用单位可根据生产计划到仓库领取。当领用到一定数量，即库存储备降低到规定的数量时，由仓库提出订货并组织生产。从提出订货到制成入库这段时间内，仓库尚有足够的数量可供领用。这种按仓库储备量定额来规定生产任务及投产时间的方法称为订货点法。如图 12-9 所示。

图 12-9 订货点法

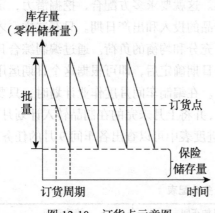

图 12-10 订货点示意图

应用订货点法确定车间生产任务时，必须事先规定各种标准件或通用件的批量、保险储备量和订货点等定额标准。

订货点就是应该提出订货时的零件储备量定额，其计算公式如下：

$$Z_D = T \cdot Q + Z_B \qquad (12\text{-}4)$$

式中：Z_D 为订货点；T 为订货周期，即从提出订货到零件入库的时间；Q 为平均日需用量；Z_B 为该零件的保险储备量。

按订货点组织生产的原理如图 12-10 所示。图 12-10 中，纵坐标为零件数量，横坐标为日期。其中批量的大小应根据需要量的多少和制定批量标准的原理加以确定。保险储备量大小取决于从提出紧急订货到零件入库所必需的时间。当库存储备量降低到订货点时提出订货，需用单位继续向仓库领取。当仓库储备量降到保险储备量时，订货的零件恰好完工入库。对需用铸件或锻件毛坯的标准件、通用件，应在毛坯库始终保持一个批量的毛坯储备量，以便需要时，能及时投入生产。

12.6　车间内部作业计划的编制

车间内部生产作业计划编制工作的任务，就是将厂部下达的生产任务进一步具体化,为各工段或小组以及每个工作地和个人具体规定其生产任务。

车间内部作业计划的内容包括:工段和工作地月度作业计划;工段旬、周短期计划;工作班计划等。

12.6.1 大量生产工段(小组)生产作业计划

在大量生产的工段或小组中,每一工作地和每一个工人所执行的工序是固定的。因此,编制生产作业计划的方法比较简单,只需要确定每个工作地和每个工人的生产任务。如图12-11所示。

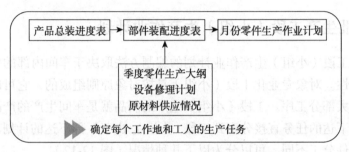

图 12-11 大量生产工段生产作业计划编制流程

其具体编制程序是:根据产品总装进度表,编出部件(或总成)装配进度表,然后根据月份部件(或总成)装配进度表和季度零件生产大纲、月份修改计划以及设备修理计划、原材料供应情况等,编制月份零件生产作业计划。月份零件生产作业计划是分流水线(或生产线)编制的,有两种不同的形式:一种是只给流水线规定每天生产零件的任务,它适用于较稳定的不变流水线,其作业形式如表12-7所示。另一种是按流水线设备分别规定每台设备每天的生产任务,它适用于产品品种不固定的流水线,以便于具体掌握每台设备的生产情况,其计划形式如表12-8所示。

对于稳定的大量生产流水线,一般不需要编制旬、周或工作班的生产作业计划。但对于生产能力、设备状况等生产条件不够稳定的流水线,则需进一步编制周或工作班的生产作业计划,以便调整生产实际情况与月份零件生产作业计划的偏差。

表 12-7 不变流水线——月生产作业计划

序号	零件号	月计划产量	其中:备件	项目		工作日									
						1	2	3	4	5	6	7	8	9	10	…
1				计划	当日											
					累计											
				实际	当日											
					累计											
2				计划	当日											
					累计											
				实际	当日											
					累计											

表 12-8 可变流水线——月生产作业计划

序号	机床	项目	工作日													全月任务量
			1	2	3	4	5	6	7	8	9	10	11	12	13	…	
1	多刀车床	当日任务															
		当日累计															
2	高速立铣	当日任务															
		当日累计															
3																	

12.6.2 成批生产工段（小组）生产作业计划

成批生产工段（小组）生产作业计划的编制方法取决于车间内部的生产组织形式和生产的稳定性。对象专业化工段（小组）是按对象原则组成的，它可以完成零件或部件的全部或大部分工序。工段（小组）生产的制品就是车间生产的产品。因此，车间可以把厂部下达的任务直接分配到工段（小组）。由于厂部下达的计划单位以及工段（小组）的零件分工不同，可以分为以下几种情况（图 12-12）。

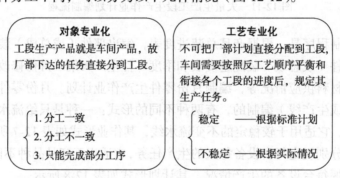

图 12-12 对象专业化与工艺专业化差别

（1）厂部下达的计划单位和工段（小组）的零件分工一致时，车间根据各工段（小组）能力平衡情况，除对个别零件在工段（小组）间调配外，将厂部任务直接分发给有关工段（小组）即可。

（2）厂部下达的计划单位与各工段（小组）的零件分工不同时，如厂部按台份下达计划，每个工段（小组）只能制造台份中的一部分零件，车间就要为各工段（小组）编制厂部计划单位中各工段（小组）分工零件明细表，以便明确各工段（小组）应生产的零件品种和数量。

（3）当工段（小组）只能完成某些零件的主要工序，个别工序需要跨工段（小组）加工时，车间要编制协作加工计划。在计划中规定要协作加工的零件名称、工序、数量、供应时间和完成时间。

工艺专业化工段（小组）加工的零件种类很多，但只完成全部工艺过程的某种或某几种工序。因此，不能把厂部计划任务直接分配到工段（小组），车间需要按照反工艺顺序进行平衡和衔接各个工段（小组）的进度后，规定其生产任务。其方法可以用在制品定额法或提前期法以及其他方法。这要根据工段（小组）的生产任务量和生产的稳定性而定。

在成批生产的工段（小组）中，每一个工作地和每一个工人要轮番生产多种零件和执行多种工序，为了使各道工序能够相互衔接地进行，使机器设备有充分的负荷，就必须合理地安排加工各种零件和执行各道工序的顺序。在稳定的成批生产工段中，是通过编制标准计划并根据标准计划编制每月的生产作业计划进度表来解决这个问题的。

在不稳定的成批生产条件下，各个工作地不经常固定生产某些零件，生产间隔期和生产周期也不断变化。在这种情况下，不可能编制工段（小组）的标准计划，只能按当月的任务和各工种、各设备负荷平衡情况，具体安排生产进度。

在这种工段（小组）内，由于工作地的任务不固定，因此，还必须编制工作地（工人）月计划。

12.6.3　单件小批生产工段（小组）生产作业计划

单件小批生产工段（小组）生产的品种多，且经常发生变化，因而规定工段和工作地的生产进度计划比较复杂，不可能像成批生产那样编制零件分工进度计划。根据单件小批生产的特点，对于单个产品或一次投入一次产出的产品，先将其中主要零件、主要工种编制出进度计划表，用以指导生产过程各工序之间的衔接平衡。其余零件可根据产品生产周期图表中规定的工艺阶段的提前期类别或按厂计划规定的具体日期，采用临时派工的方法来规定其生产任务。

在日常分配生产任务时，投料之前要填写加工路线单或工作票，做好生产准备工作后，再按工序先后顺序分配给适当的工作地进行加工。

在生产条件不稳定的多品种成批生产和单件小批生产中，为了调整月度作业计划与实际的差距，保证月度作业计划的完成，还需要编制旬（周）计划。旬（周）计划的作用，是根据月度生产作业计划并考虑到上旬（上周）计划的实际完成情况和计划旬（周）内生产发展的具体条件来编制的。在编制这种作业计划时，首先应将上期配套的缺件、本期配套的工序时间长的主要零件和跨车间协作零件安排进去，并要核对与平衡每个工人、每个工作地的负荷。如果负荷不足，可将下期的某些零件适当提前投入。如果能力不足，应积极采取措施，挖掘生产潜力，保证能力与任务的平衡。

12.6.4　工作班计划的编制

编制工作班计划就是把月、旬（或周）的计划任务按工作班分配给各个工作地。

工作班计划的编制工作是企业计划编制工作的最终环节，是实现企业月、旬（或周）作业计划的重要保证；是组织工段有节奏地均衡生产的有效方法；是充分利用生产能力、提高设备负荷的有效措施。

工作班计划一般是由工段计划员或生产组长进行编制的。在编制工作班计划时，必须有可靠的依据。首先，要依据月度和旬（或周）作业计划的进度要求以及各级生产调度会议的决定；其次，对上期未完成的任务要优先安排；再次，要详细检查生产作业准备工作情况，凡材料、工装、技术文件等不具备投产条件的，一律不能列入工作班计划；又次，要检查上一班计划的完成情况和上下工序的衔接以及在制品的流转情况；最后，还要掌握设备开动、工人出勤、定额完成情况等资料。

工作班计划一般每天（一个昼夜）编一次，一次编两个或三个工作班的计划。对于工序周期长的零件，可以几天编一次，以免每天重复编制同样内容的工作班计划。

工作班计划基本上有两种形式：一是工作班计划只能用来规定工作地的生产任务；二是把工作班计划既作为规定工作地生产任务的计划文件，同时又作为该工作地生产任务完成情况的记录和核算文件。后一种形式的工作班计划现已被多数企业所采用。其计划形式如表 12-9 所示。

表 12-9 工作计划表

姓名（小组）	命令序号	产品		计划件数		工时定额		当班实际				检查结果							附加定额			结算				
		型号	图号	全批	当班任务	准备结束	单件定额	实作工时	定额工时	停工原因	停工工时	交检	合格	退修	工废	料废	回用	检查员印	原因	工时		全批定额工时	累计工时	废品工时		其他
																				每件	全批			工废	料废	

附件： 统计员： 定额员： 工段长： 计划员：

12.7 生产任务的统筹安排

在编制生产计划时，要对生产任务进行统筹安排。需要进行的工作主要有产量优选、产品出产进度安排、产品的品种搭配、安排车间任务。

12.7.1 产量优选

生产产量的确定，首先应该从市场需求来考虑，应尽量满足用户提出的要求；但同时也要从企业自身的利益考虑，如何才能增加利润，如何才能利用企业的生产能力。

产量与利润之间存在一个盈与亏的分界点（即盈亏平衡点），当产品产量小于这个界限时，企业就要亏损；只有产品产量大于这个界限，企业才有盈利。因此企业必须在符合市场需求的前提下，尽量扩大销路、增加生产，使产品产量的生产计划数超过界限产量（盈亏平衡点的量），使企业获利。界限产量可用以下公式计算：

界限产量＝固定总费用额÷（产品单价－单位产品变动费用）

当然，也不是产量越大越好，若产量超过企业的生产能力，就会无法保障合同的履行，同样也会给企业带来负面作用。因此，编制计划进行产量优选时还要考虑到人力、设备、材料、技术、资金、时间等制约因素，综合加以分析和考虑。

12.7.2　产品出产进度安排

编制生产计划时，除了要确定全年总的产量任务，还要将任务具体安排到各个季度和月份，这就是安排产品的出产进度。合理安排产品的出产进度，可以使企业的销售计划进一步落实，为完成用户订货合同提供数量和交货期限上的保证。而且，也有助于有效地运用企业的各种生产要素，提高劳动生产率、降低成本、节约流动资金，从而提高企业生产的经济效益。

将全年任务分季、分月安排时，产量增长幅度的确定取决于多种复杂的因素，主要是：企业的生产能力和工人生产效率在各季、各月的变化；重大技术措施完成的时间期限；原材料、燃料、动力不同时期的供应情况；各个时期自然条件的变化对生产的影响作用等。所以，编制计划产量分季、分月安排时，要分析计划期各项条件的变化，掌握主要影响因素，全面综合考虑确定。

产品出产进度安排的具体操作方法是：在市场需要量比较稳定时，产量安排可采用平均分配法；在市场需要量不断增加时，可用平均递增法；在新产品投入生产时，可用抛物线递增法。（抛物线递增法就是新产品从投入到逐步增加生产，一直到产量与市场需求平衡，然后逐步递减到产品亟待更新换代，其发展过程呈抛物线状。）

12.7.3　产品的品种搭配

企业如果执行多品种的生产任务，在编制计划时就需要考虑将哪些品种搭配在同一时期内生产。做好品种搭配的注意事项如下。

（1）安排经常生产和产量较大的产品。对于这类产品，应在签订订货合同的前提下，采用"均衡安排，细水长流"的策略，尽可能使全年各个季度、月度都能生产一些这类产品，以保持企业生产上的稳定性。

（2）对于其他品种，应实行"集中生产、品种轮番"的策略，即加大对某一品种产品或同类型（同系列）产品的生产批量，在较短的时间完成全年任务，然后轮换另一品种。采用这种生产安排方式能减少各季、各月同期生产的品种数目，从而简化生产管理工作，提高经济效益。

（3）新老产品交替生产。不要采用"齐上齐下"的方式，以避免产量的过大波动。在交替过程中，新产品产量应逐渐增加，老产品产量要逐渐减少。这样将有利于生产作业人员逐步提高对生产新产品的熟练程度。

（4）对于尖端产品与一般产品、复杂产品与简单产品、大型产品与小型产品等，均应合理搭配生产，使各个工种、设备及生产场地在生产时得到均衡负荷，避免松紧不一的现象发生。

（5）在安排品种生产的先后及各品种轮番时，还应当考虑各品种的生产技术准备工作的完成期限，还有各种产品的关键材料和与之配套的外协件供应期限等方面的因素。

12.7.4　安排车间任务

在编制生产计划时，要将整个企业的生产任务分解落实到各个生产车间，规定车间的生产任务。安排车间任务的作用在于：更具体地进行平衡工作，使企业的生产任务得到落实和保证；使各车间明确计划期内产品生产方面的经济责任，更好地调动车间的积极性并提前做好各项准备工作。安排车间生产任务时应注意以下事项。

（1）要保证整个生产计划得以实现。要从全局考虑，使各车间相互之间在品种、数量和进度上较好地衔接，以保证企业整体计划按期完成。

（2）要从缩短生产周期和减少流动资金占用方面采取措施，以提高生产的经济效益。

（3）要充分利用车间的生产能力。布置到各车间的生产任务应当与该车间的机器性能和设备条件相适应，使机器设备得到充分利用，避免有的车间过忙、有的车间过闲。

（4）安排车间任务的方法，一般是首先安排基本生产车间的生产任务，然后再安排辅助生产车间的生产任务。

12.7.5　生产任务与生产要素之间的综合平衡

产品的生产需要将各生产要素有效地结合起来，而生产任务必须在各生产要素所能提供的条件范围之内，才能使生产任务的期望变成可能。企业编制生产任务时，应做好以下五个方面的平衡工作。

1. 生产任务与生产能力之间的平衡

工业企业的生产能力，是指一定时期内（通常为 1 年）企业以全部生产性固定资产，在一定的组织技术条件下所能生产一定种类和一定质量的产品的最大数量。这里说的生产性固定资产，是指参与企业产品生产过程或直接服务于产品生产的各种厂房、建筑物、机器设备等固定资产。工业企业的生产能力，是企业各个生产环节的各种生产性固定资产，在保持生产要求的一定比例关系的条件下所具有的综合生产能力。因此，在编制生产计划时要测算企业的设备、生产面积对生产任务的保证程度。只有当生产能力大于等于生产任务时，任务的完成才有保障。

2. 生产任务与劳动力之间的平衡

安排生产任务要考虑到劳动力的保证程度，因此要对企业的劳动生产率水平进行计算，如果劳动生产率水平低于生产任务量，说明劳动力不足无法完成生产任务；如果劳动生产率水平大于生产任务量，则表示劳动力有余而出现人力的闲置浪费。因此，编制生产计划时既要使总体任务完成，又要使所有劳动力的工作满负荷。此平衡过程还应包括测算各个工种劳动力对生产任务的适合度。

3. 生产任务与物资供应之间的平衡

在编制生产计划时，要对物资供应条件进行摸底，验算主要原材料、动力、工具、外协配套件等对生产任务的保证程度及生产任务与材料消耗水平的适应程度。只有当物资的可供量大于或等于物资需要量时，生产任务的完成才能得到保障。

4. 生产任务与生产技术准备的平衡

生产技术工艺准备工作与生产任务有着紧密的联系，编制生产计划时要充分考虑到生产技术工艺的准备情况。除此之外,计划编制人员还应通过新产品试制计划、设备修理计划、技术改造计划,掌握计划实施的进度期限与生产任务的完成在时间上的衔接程度以及在技术水平上的适应程度等。

5. 生产任务与资金占用的平衡

这里说的资金占用,主要是指流动资金的占用。工业企业的流动资金是指垫支于劳动对象(包括原材料、辅助材料、燃料等),准备用于支付工资和其他生产费用等方面的资金。编制生产计划必须了解资金的循环与周转情况,测算流动资金对生产任务的保证程度和合理性。

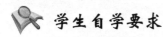 学生自学要求

一、概括本章基本知识逻辑,200~300 字
二、熟悉本章基本概念、术语及其英文表达

主数据/master data
静态数据/static data
动态数据/dynamic data
销售订单/sales order
生产任务单/work assignment
委外订单/subcontracting order
采购订单/purchase order
备货订单/stock order
补库订单/replenishment order
备料订单/material preparation order
产销平衡/production and marketing balance
滚动计划法/rolling plan method
净产值、商品产值和总产值/net, commodity and gross output
成台份单位/sub unit
成套产品计划单位/complete product planning unit
成套部件单位/package unit
零件组单位/part group unit
在制品定额法/work in process quota method
预计法/prediction method
跨期计划法/cross period planning method
提前期法/lead time method
累计编号法/cumulative numbering method
生产周期法/production cycle method
综合日历进度表/comprehensive calendar schedule
订货点法/order point method

在制品占用量/WIP usage
即时库存/immediate inventory
完工日报表/daily report of completion

三、预习并思考下列问题

1. 基本问题：是什么的问题

（1）什么是企业生产计划？它的作用是什么？

（2）控制主数据中的静态数据有什么？

（3）什么是完工日报表？

（4）滚动计划法有什么优点和缺点？

（5）商品产值由哪些部分组成？

（6）编制年度计划的主要步骤有什么？

（7）成套部件计划单位的优缺点是什么？

（8）确定期初在制品占用量中的预计法有什么缺点？

（9）工作班计划有什么形式？

（10）产品出产进度安排的具体操作方法是什么？

（11）编制生产作业计划的过程中，企业一般采取"两上两下、上下结合"的编制程序。其中的"两上两下"分别指代的是哪个过程？请一一列举。

（12）现有一家跨国公司需要编制年度总生产计划，如果你是负责的人员，你需要考虑什么因素以及需要哪些数据和资料？

（13）规定车间生产任务的方法主要取决于各车间的生产组织形式和生产类型。那么在不同的生产类型条件下，应该采用什么方法？

2. 综合性问题：怎么做、在哪些场合适合做

（1）使用在制品定额法时，期初在制品占用量需要人为设定，那么我们是如何确定这个值的？有几种方法可以使用？实际生产过程中，哪种方法比较常见？

（2）在成批生产中，工程师一般使用提前期法规定车间的生产任务。那么提前期法中提前期的定义是什么？其是如何确定的？如果是单件小批生产该采用什么方法呢？

（3）现有一家企业新建了一条流水线，其主要负责生产多品种的汽车零部件，由于其刚刚完工，设备状态尚未调整至最佳状态。请问，如果你是该公司的工程师，你会如何针对这条生产线制订生产作业计划？

（4）不同类型的生产计划各具有什么样的特点？针对采用不同生产方式的企业应如何编制相应的生产计划？

（5）生产作业的计划单位之间的区别与联系是怎样的？在编制生产计划时应该如何正确地选择计划单位？

（6）针对不同生产类型的工段（小组）所具有的特点，应该如何编制相应的生产作业计划？

（7）假设你现在想开一家餐馆，那么这个餐馆的生产计划指的是什么？你应该如何编制餐馆的生产计划？

（8）一般工厂如何规定生产作业计划的编制程序？

3. 关键问题：为什么的问题

（1）为什么说生产计划和控制的动态数据准备是重中之重的工作？

（2）为什么编制生产计划的第一步是确认需求？

（3）在使用生产周期法时，为什么要编制日历进度表？

（4）为什么说订货点法更适用于标准件、通用件的生产？

（5）为什么在不稳定的成批生产条件下必须编制工作地（工人）月计划？

（6）在编制生产计划时，为什么要安排产品的出产进度？

四、本章知识逻辑

 即测即练题

第 13 章

生产计划的执行

【学习目标】 了解生产计划的执行过程,熟悉排程、排序以及生产派工的基本概念和术语,掌握生产系统建模以及使用建模进行排产的方法。

【学习效益】 通过本章学习将为你成为一名合格的计划调度员提供知识基础,你将具备基本的生产计划排产建模的能力。

13.1 生产计划的执行过程

制订生产计划,只是实现企业经营目的的基础活动。使生产计划得到有效实施,才能切实使企业为客户提供满意的产品,才是企业创造价值获得利益的最终手段。为确保生产计划的准确实施,管理人员必须严格监督和控制生产计划的执行过程,并做好生产作业的分配工作,使生产计划能够切实落地。

13.1.1 连续生产过程的执行过程

连续生产过程实际就是批量生产过程。在批量生产的作业过程中,必须合理安排生产进度,做好资源规划管理,以维持生产过程的持续进行。

1. 批量生产的资源管理

企业现存的生产资源是有限的。如果资源不能得到及时补充,就可能导致生产过程的中断。这不仅会损害企业的信誉,还会给后续生产计划的制订工作带来很多不便。为确保生产资源的及时供应,仓储人员和采购人员应做好以下几方面工作。

(1)按时盘点计划中所需的材料数量和种类,特别是关键产品(经常生产、产量大、客户需求量大的产品)的外协件和自制件要确保准时提供。

(2)确保在一家供应商出现断货时,企业可以利用其他渠道保证资源的充足。

(3)在生产资源不足时,要按照经济性原则对资源进行分配,如将资源分配给利润最高的产品。

(4)就近采购,缩短采购的提前期,降低存储费用。

(5)通过经济批量订货进行采购,以降低采购成本。

2. 批量生产的作业过程控制

生产作业过程的控制,主要从四方面入手,即数量控制、质量控制、成本控制和作业方法控制。下面我们针对具体方法对控制内容等加以介绍。

1）数量控制

进行数量控制的方法主要包括生产总量控制、阶段总量控制及零部件配套生产控制等。数量控制方法的分类如表 13-1 所示。

表 13-1　数量控制方法的分类

方法名称	说　明
生产总量控制	生产计划部制订生产计划以后，下发给生产车间，各生产车间再将任务分配给每一条生产线。如果任务不能按期完成，就要认真查明原因；对于非客观原因，要追究负责人责任
阶段总量控制	对于长期生产的产品，实行阶段限量生产
零部件配套生产控制	做好各个工序的平衡设计，合理安排生产，完善生产跟踪制度，加快信息的反馈和处理速度

2）质量控制

批量生产质量控制的主要内容如表 13-2 所示。

表 13-2　批量生产质量控制的主要内容

控制内容	说　明
工艺管理控制	合理配置生产器具，不断改进工艺过程，不断优化作业环境
技术控制	根据技术标准，对半成品和产品进行检验
作业管理控制	完善生产车间的管理制度，加强现场监督和指导，以确保问题能够及时发现和解决
质量跟踪控制	对合格品的交换、转运，以及不合格品的返修、报废等，都要做好记录，并妥善保管历史记录

3）成本控制

生产成本主要包括制造成本和期间费用。制造成本是指直接材料、直接人工和其他直接制造费用；期间费用是指与生产没有直接关系的管理费用等。成本控制的具体内容如表 13-3 所示。

表 13-3　成本控制的具体内容

控制内容	说　明
人力资源消耗	加强出勤率管理，及时发现和解决不恰当的人事安排，严禁旷工、窝工现象的发生
物资消耗	严格物料的领取、废料处理、退料制度，加强计量检测
管理费用开支	建立并严格执行费用开支审批制度，严格控制管理人员差旅报销制度，杜绝管理人员公款吃喝现象的发生

4）作业方法控制

实施作业方法控制的前提是科学编写相关的作业说明书等文件，并跟踪监督生产线的实施情况。作业管理人员要严格依照作业说明书的要求对员工的作业过程进行控制，对于不明确的操作不当之处，要在沟通协调后解决；对于明显的不当操作，要当面指出，必要时，要示范操作批量生产过程的控制工作。管理人员应根据企业实际情况，制定生产过程控制的细则，并严格执行。

3. 批量生产日程安排

批量生产日程安排是指在批量生产条件下，某一产品投产前进行的生产时间安排，它规定了产品的开工时间、完工时间及其他的时间要求。影响批量生产日程安排的因素如表13-4所示。

表13-4 影响批量生产日程安排的因素

影响因素	说明
订单	生产多品种、少批量、交期紧的订单时，生产日程安排比较紧凑，日程安排的稳定性较小；生产品种少、批量大、交期时间宽松的订单时，日程安排也比较简单
生产线平衡	若生产线平衡，则生产日程的安排可以保持稳定；若生产线不稳定，则容易出现瓶颈环节，影响生产线的顺畅性
人员数量	人员流动量较大，会导致生产日程安排的稳定性随之波动；人员出勤率高，生产速度相对较大；人员出勤率低，生产进度就会落后于预期，生产日程安排的稳定性也会受到影响
技术与质量	维持产品技术与质量要求的稳定性，可以使生产流程遵循学习曲线，长此以往，可以使生产速度维持在较高水平
物料库存	若物料控制适当，可避免断料现象的发生；若物料控制不当，则生产日程安排的稳定性就会受到威胁
设备故障	若设备维护良好，则生产日程安排可以相对稳定；若因设备故障引起停工，则会延误生产进度

有效的批量生产日常安排，可以合理安排生产进度，确保交货期；确保外协件等能够满足生产的需要，避免供应中断引起的生产暂停；平衡生产线，降低成本。

为实现上述目的，在实施批量生产日程安排时，可以强化以下三方面管理。

1）确定各种制程时间

制程时间除了包括加工时间、等待时间、搬运时间和检验时间外，还包括制造过程的辅助时间，如加工开始前机器的准备时间（如调整进给量、卡具的安装时间）等。

2）编制基准日程表

在已知各种零件的制造时间前提下，从交货日期倒推出零件的开工时间，以保证按时交货。这是编制基准日程表的根本目的。

某产品的生产过程分为四步，整个生产过程需要5天，作业要求交货期为19日。基准日程如表13-5所示。

表13-5 基准日程

类型	时间				
	14日	15日	17日	18日	19日
所需时间	1天	2天	1天	1天	
制造过程	步骤1	步骤2	步骤3	步骤4	
次序	4	3	2	1	0
基准日程	5天前	3天前	2天前	1天前	基准日（0）

3）安排批量生产日程

批量生产日程按详尽程度可以分为大日程计划、中日程计划和小日程计划三类。

（1）大日程计划：大日程计划包括四个方面的基本内容：设备或采购物料的日程安排；设备与生产工具准备的日程计划；各种零件制造的日程计划；产品装配与包装的日程安排。

以表 13-5 所示日程安排为例，大日程计划如图 13-1 所示。

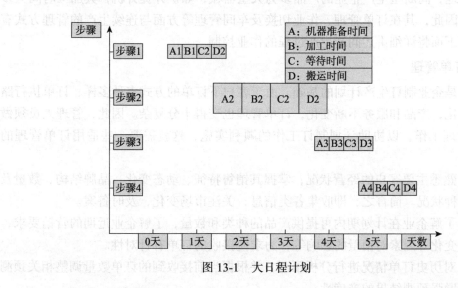

图 13-1　大日程计划

（2）中日程计划：中日程计划即生产预定表，是根据大日程计划而编制的开工表及生产计划表。中日程计划如表 13-6 所示。

表 13-6　中日程计划

制造过程名称	开工时间	完工时间
步骤 1	14 日	15 日
步骤 2	15 日	17 日
步骤 3	17 日	18 日
步骤 4	18 日	19（交货期）

（3）小日程计划：小日程计划是作业人员的作业预定表，如表 13-7 所示。

表 13-7　小日程计划

日期	作业员工工号	产品名称	批量	规格	型号	日产量		备注
						规定产量	实际产量	

进行批量生产日程安排的实质是将生产计划进行层层分解，直至分配到特定的作业人员，形成小日程计划。这样，企业才会将宏伟的目标转化为个人的目标，使目标

的实现过程更为具体化。

13.1.2 间断生产方式的执行过程

间断生产是相对连续生产而言的。在连续生产过程中，上道工序生产的中间品立即向下转移，而在间断生产过程中，一台机器可能要通过换模才能完成多个工艺要求。

一般地，间断型生产企业的产品多为大型器械，如矿井提升机，其加工时间大多为半年。因此，其在订单管理、作业切换及车间管理等方面与连续生产的管理方式有所出入。下面将详细讲述间断生产过程的作业控制。

1. 订单管理

订单是企业制订生产计划的基础。由于客户下订单的方式多种多样、订单执行路径千变万化，产品和服务不断变化，订单管理也变得十分复杂。因此，管理人员须做好订单管理工作，以协助计划制订工作的顺利实施，这就需要一些适用订单管理的方法。

（1）熟悉主要客户的经营状况，掌握其销售特征、动态变化、品牌结构、数量及库存等各种状况。简言之，即收集各类信息，关注市场变化，及时备案。

（2）了解企业在计划期内可提供产品的种类和数量，了解企业近期的营销要求，把握季节变化等因素对销量的影响等，力求使接收的订单有针对性。

（3）对历史订单情况进行分析预测，并根据当前接收到的订单数量调整相关预测参数，以增强预测结果的准确性。

（4）如果订单需求满足不了生产能力，企业就应采取积极的市场策略，多走访潜在客户，加强宣传工作，促进企业的良性运营。

2. 作业切换管理

对连续生产过程而言，除非更换产品、修订或更换加工图纸，否则一般不需要进行作业切换，而在间断生产过程中，由于一台机器要完成多项加工任务，因此，在一道工序加工完成后，往往需要改变设备参数，为下道工序的进行做好准备。

在制造业中，作业切换主要是指换模，即将上一道工序或作业使用的工装夹具替换成新的工序或作业使用的工装夹具。换模时间的长短取决于工装夹具安装所需的时间。

一般而言，一种作业系统要切换到另一种作业系统有三种方式：直接切换、逐步切换和并行切换。直接切换是采用"一刀切"的方法完成作业的切换；逐步切换是介于直接切换和并行切换之间的一种切换；并行切换，是在旧系统停止使用之前就开始新系统的使用新旧系统并行使用一段时间的一种切换方式。三种作业切换方式的过程如图13-2所示。换模方式也分为三种，企业可根据不同的要求与时间、资金限制来选择合适的换模方式。

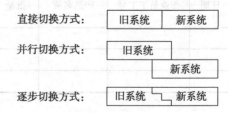

图13-2 三种作业切换方式的过程

3. 车间管理

与连续生产过程相比，间断生产过程对车间的管理与控制更为复杂。车间管理的任务和目的如表 13-8 所示。

表 13-8　车间管理的任务和目的

车间任务	说明
合理组织生产	为车间各工段安排工作任务，组织均衡生产，使人、财、物能够得到有效运转
完善车间管理制度	结合车间自身的特点，制定各项管理制度以及各项组织和人员的工作职责和工作标准，强化车间管理水平
优化劳动组织	努力为员工创造良好的生产环境，制定合理的定额，实行按劳取酬的激励方法，不断提高员工的技术和文化水平，使员工能够心情舒畅地工作，不断提高劳动生产率
加强工艺纪律	严格技术管理，健全消耗管理制度，在确保完成生产任务的同时，力求降低生产成本，提高产品质量
技术革新	使车间所生产的产品和采用的工艺方法、机器设备在技术上是先进的，在经济上是合理的，保证车间提高生产效率，以促进生产力的发展
固定资产的维护	科学使用设备，监督设备使用状况，定期组织设备的小修和中修，不断加强设备和工具管理，防止设备和人身事故的发生，实现高产、稳产、优质、低耗和安全生产

以上任务的顺利完成，离不开相关部门的监督和指导。只有企业上下所有人员齐心协力，才能使企业圆满地完成间断生产过程中的各项任务，并取得经济效益。

4. 订单生产日程安排

订单生产是指在接收客户的订单后再组织生产，属于间断生产过程。进行订单生产的目的是确保提高生产效率。订单生产过程中各部门的职责如表 13-9 所示。

表 13-9　订单生产过程中各部门的职责

部门	工作任务
生产部	编制月、周计划和制造通知单，并向车间分派工作
设计部	根据客户订单进行产品设计，确定生产材料和零件表
仓储部	根据生产计划、物料需求及库存状况，制订采购计划
车间	实施生产、控制产能，并将生产进度实时反馈给生产部

明确各部门权责以后，订单生产的日程安排就可以顺利实施了。一般而言，可以将实施过程划分为五个步骤。

1）根据订单编制生产计划

销售部业务人员将接收的客户订单分类，将订货内容登记在订货登记簿中，经销售经理审核后，交付生产部和物料控制人员。

生产部与销售部明确订单数量，并根据客户的重要程度和交货期的紧要程度，制订符合订单要求的生产计划，继而制订月、周计划。

2）制订生产作业计划

计划人员应编制各产品的投入生产综合计划表，将任务分派给各车间。在任务与能力平衡后，按照产品的生产顺序确定各零部件在各个工艺阶段的投入和生产日期，并得出每个车间的生产任务。

3）制订采购计划

仓储部需要分析物料需求计划和存储状态，制订相应的采购计划。采购部则应根据采购计划和采购单制定采购进度表。

4）生产能力评估

计划人员应对生产能力进行评估，特别是对生产负荷进行分析，并适时调整，使生产能力与生产负荷相符合。

5）编制生产计划表

计划人员应根据接收订单的状况，依照产能要求，预先编排一个月的生产计划表，作为生产安排的初步依据。月生产计划如表13-10所示。

表 13-10　月生产计划

零件名称	月用量	项目		工作日					
			1	2	3	4	…	30	31
1		生产	计划							
			实际							
		投入	计划							
			实际							
2		生产	计划							
			实际							
		投入	计划							
			实际							

再根据月生产计划，排出周生产计划，作为生产执行的标准，如表13-11所示。

表 13-11　周生产计划

订单代码	客户代码	产品名称	订单数量	生产部	库存	交货期						
						周一	周二	周三	周四	周五	周六	周日

计划人员需将经过生产部门核准后的周生产计划与制造通知单（一式五联）中的一联交给各生产车间，以作为领料的凭证，剩下的四联分别交给物料控制人员、财务部、仓储部和本部门归档。制造通知单如表13-12所示。

表 13-12　制造通知单

日期：　年　月　日

生产部			
订单号码		生产日期	
产品名称		生产编号	
产品规格		生产数量	

续表

使用材料							
材料编号	品名	规格	单位	单机用量	标准用量	备用件数	备注
A							
B							
C							
制造方法							
完成日期				生产部主管		（签章）	
移交单位				计划员		（签章）	

生产车间应按照生产计划严格实施生产，不得随意变动计划，并将生产情况适时反馈给生产部，以达到在规定时间完成订单任务的目的，维护企业的信誉。

生产作业调度的实施是确保生产计划顺利执行的有效方法。这里主要从生产排程和生产派工管理等方面展开论述。

13.2 生产排程

13.2.1 生产排程的意义与内容

1. 定义

排程是一种资源分配的决策活动。现场作业排程为广义排程中的一种，若在制造业中，特指制造机台在现场与工件间的安排，以下简称排序。

在一般工厂内，常见排程问题的处理步骤主要可分为两部分：一为决定各工作站负荷，二为决定工作的处理顺序。首先负荷安排是将各项工作分配到各工作站，同时兼顾各工作站间目前的产能负荷情况以及生产线平衡问题，但并未排定各工作站内所有工作的处理优先顺序，此又称为派工，一般通过所谓的派工法则来决定生产线上的执行顺序。因此，排程也可以定义为一种短期计划，此计划关系着制造现场的制令单或草拟作业工作的作业顺序和时间配置，此定义说明排程是一系列的排序步骤。因此，所有工作的作业先后顺序、先天的技术限制、各个作业的估计时间和各个作业所需要的资源产能等，都是构建细部排程时所需要考虑的因素。

2. 假设

大多数经典排程问题涉及一台、两台或可能是三台机器。其他共同的简化假设有以下几个。

（1）在问题之始，所有的加工任务都可得（即没有在作业开始之后到达的加工任务）。

（2）加工时间是确定的。

（3）加工时间与排程无关（即无换模时间）。

（4）机器永不出故障。

（5）加工任务一旦开始作业，就必须完成。

（6）加工任务不可取消。

这些假设在某些情况下可以将排程问题简化为可管理的问题。其主要原因在于，它使我们将注意力限制在简化的排程上，称为排序。一般来说，排程给出各个加工任务在各个资源处的预期开始时间，而排序仅给出加工任务的作业顺序。在某些情况下，如作业开始时加工任务可得的单机问题，简单的排序就够了；对于较复杂的问题，可能就需要在不同资源处分别排序；而某些问题，则需要完整的排程来引入必要的系统指南。所要寻找的排程的形式越复杂，其难度就越大，一般排程是以"规则"为导向的，排程不仅是一个历史悠久的管理问题，更是一个复杂的 NP 难问题。

3. 分类

依据对产能考虑的差别，排程系统可分为无限负载和有限负载两种类型。

（1）无限负载：指工作分派到工作中心（工作中心可能是由单一的一部机器或是多部机器组成，也可能是指一个执行工作的区域）时，只考虑作业的需求时间，而不考虑工作中心是否有足够产能来完成所有的作业，也未考虑作业的加工顺序。

（2）有限负载：实际考虑了每一笔订单所需的调整及运行时间等排程细节，基本上，此时系统将精确地决定工作时间内工作中心在每个时间段所进行的工作，当有零件短缺时，订单将进入排队等候，直到上一个作业完成送达可用零件。

而排程也可依产生的时间分为正向排程和反向排程。

（1）正向排程：指系统接到订单之后，向前排定每项作业的完成时间，可以提供各订单的最早完成时间。

（2）反向排程：是由未来的某特定日期（可能的交期）反向回推各作业的起始时间，可提供各订单最晚必须开始的时间。

在排程时，必须决定实际要安排的资源，通常流程可以分为机器导向（machine-limited process）与劳力导向（labor-limited process）。

机器导向：设备是最重要的资源，此时应就机器的时间进行排程。

劳力导向：人力是最主要的资源，因此必须就人员的时间来排程。

进行作业排程与控制时，必须执行下列功能。

（1）分派工单、设备和人员至对应的工作中心或其他特定位置。

（2）决定工作的先后顺序。

（3）执行排程工作（派工）。

（4）工作现场的控制包含以下两种情况。

① 检视现场状态并控管作业中订单的进度。

② 跟催已延误与紧急的订单。

13.2.2 生产排程的编订

生产排程可采用集权、分权或半集权方式编订，兹分述如下。

采用集权排程方式，则排程组依据途程表，排定每个作业在各类机器上的开始与完成时间。故为集中控制，计划使用。而领班们由于不需兼作排程表工作，即可全力于工作的监督。

采用分权方式时，则这一工作由各部门的领班担任，领班所接到的资料为工程图、途程表及附有交件日期的制造命令。至于每个作业何时开始与完成，全由领班负责决定。由于各个领班分别决定各项作业开始时间，彼此往往缺乏协调。故分权方式，仅在规模甚小、领班们能力较强的情形下采用。

集权方式的优点为有效控制与协调，分权方式的优点则为简易，为截长补短，在很多工厂内，采用半集权方式。

上述各种方式，均有优劣。每一工厂各有其独特性质，故必须个别分析研究后，设计一套最适用的方式，始能真正有效。

生产排程的目的是为车间生成一个详细的短期生产计划。排产计划指明了计划范围内的每一个订单在所需资源上的加工开始时间和结束时间，即指出在给定资源上订单的加工工序。排产计划可以通过直观的甘特图形式给出。

排产计划的计划间隔可以从一天到几周，取决于具体的工业生产部门。合理的计划长度取决于几个因素：一方面，它至少应当涵盖与一个订单在生产单元中最大的流动时间（flow time）相对应的时间间隔；另一方面，计划间隔受到已知顾客订单或可靠需求预测的可用性限制。很显然，只有当排产计划适度稳定时，在一个资源上进行订单排程才是有用的。也就是说，它们不应受不期望事件经常变化的影响（如订单数量的改变或中断）。

对某些生产类型（如 job shop），生产计划排程需要对（潜在）瓶颈资源上的任务订单进行排序和计划；而对另一些生产类型（如成组技术），生产计划排程要能自动地、按时段检查资源组的生产能力，看其是否能够在下一个时间段内完成一组订单的成组加工。然后，可以手工排序这组订单在下一个时间段内的加工次序。

排产计划任务能够而且也应当分散来做，这样可以利用每个地点人们的专业知识和车间当前状况的知识（如人员的可用性）。

生产排程受到上层主生产计划的约束，主生产计划设立了在分散的决策单位中执行生产计划排程的框架。从主生产计划中可获得的相应指导包括：使用超时或加班的数量；在不同时间点上来自供应链上游设施物料项的可用性；涉及来自供货商输入物料的采购协议。此外，由于主生产计划在供应链上有更宽的视点和更长的计划区间，从中我们还可以得到：

（1）计划结束时需要建立的各物料项的季节性库存量。

（2）交付给供应链下游设施的订单截止日期（下游设施可以是紧接着的下一级生产单位、分销商或最终顾客）。

13.2.3 现场作业排程

现场作业排程是指分派生产工单到工厂内各个不同的工作中心，是将工序任务与资源（设备、模具、劳动力）绑定的活动。这是紧随着工单检阅与发放之后的管理行为。在真实的工厂场景中，排程或调度是客观存在的。例如，一个流水线，10多个人，班组长还是需要将10多个人分配至工位中，这就是调度工作。调度有短期和长期之分。短期的是需要作业的调度，而长期的是预计的排程。一般短期的称为调度，长期的称为排程。

现场作业排程功能的目标为：借着分配与协调，来妥善有效地利用制造现场有限的资源（如机器、人员、工具、物料等），以满足生产目标的要求。其中的目标可以定为满足订单（经工单检阅与发放功能开立至现场后即成为工单）交期、产出量最大、瓶颈资源使用率最高或生产前置时间最短等。

传统的现场作业排程的方法大致可分为两类：一是以工作中心（机台）为主的排程，考虑工单等候区内哪一个制程优先作业；二是以工单为主的排程，亦即每次排程是以一个工单所有的制程为单位，在排完某工单所有相关的制程后再考虑下一工单。

一般情况下，在离散布局的条件下，一个工作中心往往与一个资源组匹配。一个资源组往往有多个资源，而且每个资源的生产效率可能相同，也可能不相同。把某一个工序任务分派至哪一台设备，其呈现的负荷是不同的，尤其涉及切换的工序任务中，负荷呈现的长度更加不相同。现场作业排程一般需要三个步骤。

第一步，排序。现场作业排程的首要问题是对资源组前的工序任务进行排序，根据客户需求的紧急程度、产出的绩效要求进行排序。排序是需要基于工厂运作的绩效目标来的，而一般工厂的运作目标就是交付好、产出高和成本低。这三个指标在简单制造、一般制造中不突出，在复杂制造中尤其突出。需要强调的是，JIT 强调的是产出，且不要库存。所以，JIT 必须以产能做缓冲。因为，不以产能做缓冲，违反了 WIP = TH·CT（里特定律）。

第二步，负荷处理。现场作业排程首先是需要处理独立资源上的负荷。负荷有两个状态，即已经下达和未下达的。未下达的负荷经过第三步分派至独立资源上。这样，资源上的负荷虽然未锁定但是可以预先分配。负荷处理是一个复杂过程，有两个步骤必须处理：其一是资源需要定义工序能力，而该工序能力与具体的工序绑定。其二是不同的产品与资源的对应关系，因为不同的产品在不同的资源上生产时，节拍是不同的。

第三步，分派。有了排序和负荷处理，第三步则是分派工序任务。其实，排序、负荷处理和分派是三步循环的步骤，是一个迭代过程。

人工分派任务时，排序、负荷处理和分派均以经验为主，只能做最短期的、即时任务的分配，不可能做长期的优化。整体而言，详细现场作业排程的功能是为了达成下述三个目标。

（1）确定已开立至现场的生产订单能否如期完成。

（2）维持与增进生产现场的绩效。

（3）平均并维持每一工作中心的工作负荷。

排程在处理独立资源负荷时需要的基础数据有：①物料及物料相关的静态数据，如最大量/最小量，重叠数量、转移批量等；②工序及工艺路线需要对所有的工序进行规范和处理，并依据产品的特征编制工艺路线；③资源及工作日历需要对资源进行规范、标识，并对每一个资源单独设置工作日历、工作时间和班次。如果有辅助资源，除设置工作日历、时间和班次外，还需要建立起与主资源的相关关系，以确保主资源、辅助资源的关联；④建立工序与资源的关联关系，由于排程是对独立资源的排程，所以需要将工序与每一个独立资源建立关联关系,排程时可以将工序任务分配至单一的独立资源(根据顺序规则、工艺路线选择规则、资源选择规则);⑤建立产品与资源的关联关系,不同的产品在不同的独立资源上的产出率不同,所以需要建立产品与资源的关联关系,并定义好每个产品与资源的产出率。这样,在计算前、后工序的计划开始时间、计划完工时间时,计算才是正确和准确的。由于在真实的业务场景中,还存在着切换、材料后处理、资源后处理等,只有对独立需求的作业计划预排时才可以真正确认独立资源的负荷。至此,负荷的基础条件才具备,才可以依据工厂建模和算法来计算前、后工序的计划开始时间、计划完工时间。

1. 排产计划生成

由车间模型生成排产计划的一般程序可简单地描述为下面七个步骤(图13-3)。

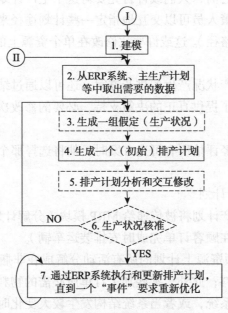

图13-3 排产计划的一般步骤

1)建模

车间模型必须详细地捕捉生产流程的特征和相应的物流,以便以最小的成本生成可行的计划。由于一个系统的产出率只受潜在瓶颈资源的限制,因此,我们只需对车间现有全部资源的一部分,也即那些可能成为瓶颈的资源建立一个清晰的模型。关于建模方法的细节本书将在后面进一步阐述。

2)提取需要的数据

生产计划排程使用的数据来自ERP系统、主生产计划和需求计划。生产计划排程仅利用这些模块中可用数据的一个子集,因此,在建立一个给定生产单元的模型时,必须指明它实际需要哪些数据。

3)生成一组假定(生产状况)

除了从ERP系统、主生产计划和需求计划这些数据源中接收的数据之外,车间或生产单位的决策者或许对车间当前或未来的状况会有更进一步的了解或期望,这些信息在其他地方（如软件模块中）是不能得到的。再者，对车间的可用能力或许也可以有多种选择（如柔性的倒班安排等）。因此，决策人员必须有能力修改数据和建立某种生产状况（见图 13-3 中的第三步，点画线框表示这一步必须由决策人员执行，并且是可选的）。

4）生成一个（初始）排产计划

在有了模型和数据之后，就可以针对给定的生产状况，利用线性规划、启发式算法或基因算法等各种复杂的优化方法来生成排产计划。这项工作可以一步完成，也可以通过两级计划层次（先综合的生产计划，后详细的排产计划）完成。

5）排产计划分析和交互修改

如果通过两级计划层次完成，也即先生成综合资源的上层生产计划。那么，在生成一个详细的排产计划之前，人们或许首先要对这个生产计划进行分析。特别地，如果生产计划不可行，决策人员可以交互地指定一些计划途径来平衡生产能力（如增加班时或指定不同的加工路径）。这或许要比修改在单个资源上的加工工序（下层排产计划）更加容易。

此外，针对一种生产状况产生的排产方案，还可以通过结合决策者的经验和知识交互地改进。当然，为了提供真正的决策支持，必要的修改次数应当受到限制。

6）生产状况核准

当决策人员确定已经评估所有可选方案时，他将选择那个体现最佳生产状况的排产计划去执行。

7）执行和更新排产计划

决策人员选定的排产计划将被传递给 MRP 模块（分解计划）、ERP 系统（执行计划）和运输计划模块（在顾客订单完成时安排装运车辆）。

MRP 模块把在瓶颈资源上计划的所有活动分解成在非瓶颈资源上生产的那些物料或由供货商交付的物料；此外，某些加工订单所必需的物料也将被预订。

面对一个新的生产系统，或者当系统结构发生较大变化时，排产需要从循环①的建模开始。但是通常改变车间生产模型的情况并不常见，如果结构保持不变和只是数量上受到影响（例如一个机床组中的机床数或某些已知产品的新变种），那么，通过下载 ERP 系统中的数据，从循环⑪重新开始模型循环即可。这个循环将持续执行到某个事件信号发生时才进行更新，如新订单的到来、机器故障或冻结的计划部分已执行完毕，此时需要执行新的循环。

2. 生产流程建模

下面将对车间生产流程模型（production process model，PPM）的建模方法做更详细的阐述。

车间模型必须结合所有必要的生产流程细节来决定顾客订单的完成时间，模型需要的输入来自有关的物料和潜在的瓶颈资源。排产计划中每一步的时间间隔通常很小（如几个小时），有时甚至可以是连续的。

1）模型

我们可以把建模的范围限制在（潜在）瓶颈上执行的运作，因为只有这些资源限制了车间的产出。由于生产排程并不打算控制车间（这个任务留给了 ERP 系统），一些车间的细节（如监视订单当前状况的控制点）可以被忽略。

在模型的两个连续活动之间，在非瓶颈资源上执行的所有流程步骤都只被表达为固定的提前期差度。这种处理方法与众所周知的"高级计划给出的提前期只是作为计划的结果而不是一个事先给定的常数"这一叙述并没有矛盾。在这里，提前期的差度仅包括前述非瓶颈资源上的加工和运输时间，因为等待时间不会存在。

模型可以通过关联的数据来定义，这些数据可分为结构数据和状况相关资料。

结构数据包括：生产地点，工件，物料单，工艺路径和相关的操作指令，（生产）资源，供货商清单，准备时间矩阵，时间表（工厂日历）。

对车间分布在不同地方的一个大型供应链，把所有数据归集到一个专门地点。这样，一个零件就可以通过它的生产地点来识别，尽管它在顾客眼中是一样的。

物料清单通常是基于单层描述（存放在一个物料文件中），亦即每一个零件号码只连接到它下一层物料的那些零件号。一个给定零件的完整物料清单很容易在计算机上通过连接这些单层表达来构造。

每个工件的资源消耗可以从工艺路径和操作说明中得到。每个订单的工件数以及每个工件的资源消耗是计算单个订单顺序和排程所必需的。因此，可以用生产流程模型来清晰地表达物料加工路径和生产操作。

图 13-4 给出了一个 PPM 的例子，它描述了一个特定尺寸和商标的瓶装果酱的两级生产流程。第一个 PPM 表达液体果酱的生产，包括清洗搅拌池、搅拌配料和等待装瓶。一旦果酱准备好了，它将在 24 小时内被装瓶。果酱可同时用于不同尺寸的瓶子，每一种尺寸都将对应一个 PPM。

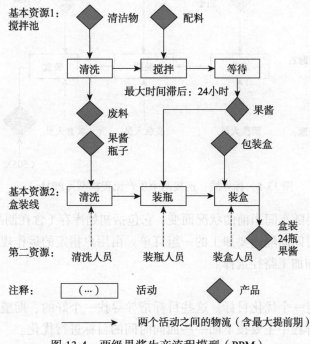

图 13-4 两级果酱生产流程模型（PPM）

一个 PPM 至少由一个操作组成，而每个操作包含一个或几个活动。一个操作总是与一个基本资源相关（如搅拌池）。二级资源，如人员，也可归属一个活动。活动或许要求一些输入物料并能产生一些物料作为输出。当然，我们必须指明什么时候需要输入物料和什么时候输出物料可用。在一个操作中，活动的技术顺序（也称优先关系）可以用箭头线表示。这就允许非常准确地建立包括平行执行活动在内的两个生产活动之间的时间约束模型。

一个顾客订单的计时、资源和物料需求可以通过有向标界线连接相关的 PPMs 导出（见图 13-5 中的粗体线和虚线）。有向标界线把一个 PPM 的输出物料（节点）与后一级 PPM 的输入物料（节点）连在一起。结果，从最后一级生产流程开始展开一个订单（见图 13-5 中的订单 C505X）和相应的 PPMs，就可以在各时间窗中生成关于资源和物料消耗的信息。这些时间窗可直接用于生成可行排产计划。工厂日历指明了休息日和其他资源工时的中断，另外还包括车间（或资源）是否以一班、两班或三班运作的信息。

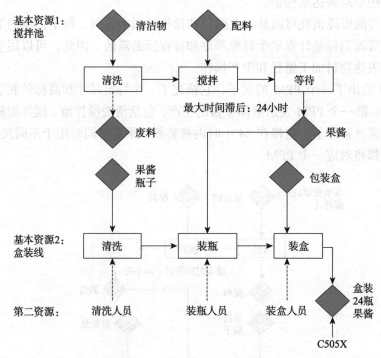

图 13-5 标界线：连接两个生产流程模型（PPMs）

状况相关资料随车间当前的状况而变，它包括初始库存（含在制品库存）、资源的准备状态和给定时间间隔内要加工的一组订单。由用户指定的运作规则数据包括批量规则、优先规则和加工路径选择。

2）目标选择

最后还要指定一个优化目标。这些目标指导寻找一个好的、期望能接近最优的计划方案。在生产排程中主要按下面一些面向时间的目标进行优化。

makespan，完成所有订单任务所需要的时间。使 makespan 最小是多机床任务排序问题中常见的优化目标。

lateness，订单任务完成时间和它的到期时间之差。使所有订单的 lateness 总和最小，或使单个订单中最大的 lateness 最小，是常见的排程目标。

flowtime，一个订单任务在生产系统中花费的时间。使所有订单的 flowtime 总和最小也是一个优化目标。

setuptime，每个订单任务的生产准备时间。使所有订单的 setuptime 总和最小也可以作为一个优化目标。

另外，还有三个与成本相关的目标，分别是：使可变生产成本总和最小，使生产准备成本总和最小，使惩罚成本总和最小。

尽管在排产这个计划层对成本的影响很有限，但可以看到，对于不同加工路径的选择（如是安排标准订单还是紧急订单），也还是要以货币的术语来评估。

如果需要对"软约束"建模（如为备货生产订单履行计划的交货时间），可以把惩罚成本包含在目标函数中。惩罚成本也称缺货成本，它是当需求出现时没有足够的现货来满足需求所导致的成本。

如果决策人员想要同时追求上面几个优化目标，使每个目标都达到最优，这样"理想"的解答通常是不存在的。那么，只好寻求一个妥协方案。一种方法是建立上面单个目标的加权和，这个组合目标函数可以像单目标函数一样对待，因此，可以应用同样的方法求解。

3）解的表达

表达一个模型的解亦即详细的排产计划，有几种选择。它可以简单地表达为一个任务清单，上面列出了每个任务在分配给它的资源上的起始和完成时间。

决策人员通常更喜欢以甘特图的形式表达排产计划，用甘特图可以在一定的时间间隔上平行地显示所有资源。人们既可以专注于一个指定顾客订单和它在相应生产阶段的排程，也可以把注意力集中在单个资源及其在时间上的排程。

如果决策人员允许交互地改变排产计划，如把一个运作交互地移到另一个资源，那么以平行方式显示所有资源的甘特图是最好的表达方式。

3. 排产计划的更新

生产排程假定所有数据是确定已知的，亦即决策状况是确定的。尽管这是一个理想的假设，但对一些时间段还是可以进行调整。为了处理不确定性（如非计划的生产率变化或未预料的资源停工），软件工具允许监控人假定发生在车间的变化，并生成一个更新的期望订单完成时间。这些变化是否大到需要重新优化排程将基于决策者的判断。在一个计划实际交付车间实施之前，可以通过提供大量的可选状况的生成和测试能力来帮助决策者判断。这种方法也称为仿真。

在这里要提到的另一个特征是两步计划方法，也称为增量式计划。假定有一个新的订单到来，如果它落在生产计划排程的计划范围内，这个新顾客订单的活动可以插入它所需资源上已排序好的订单中。在现行排产计划中寻找时间空隙，以便新订单的排程只需做微小的调整。如果能维持排产计划的可行性，那么就能导出新订单的一个计划交货期，并送回给顾客。

由于上面这一基本排程可以通过不同的订单顺序来改进,所以重新优化经常会被考虑,以便通过新的排序来减少成本。

例如,假定有 4 个订单需要在某个机床上排程,表 13-13 给出了订单交货时间,优化的目标是使顺序相关的生产准备时间总和最小。如果实际开始时间在 100(时间单位),所有订单的加工时间相同(1 个时间单位),顺序相关的准备时间是 0、1/3、2/3 或 1 个时间单位(表 13-14 给出了准备时间矩阵)。那么,最优的排程显然是 ABCD(图 13-6)。

表 13-13 数据:到期时间

订单	A	B	C	D
到期时间	102	104	107	108

表 13-14 数据:生产准备时间矩阵

To	A	B	C	D	E
A	1	0	1	1	1
B	1	1	0	1	2/3
C	1	1	1	0	1/3
D	1	1	1/3	1	1
E	1	1	2/3	1	1

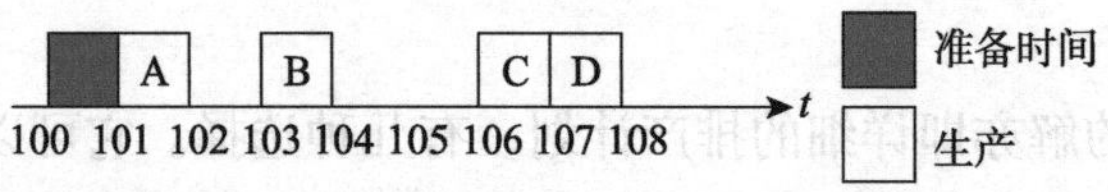

图 13-6 在一台机床上具有到期时间和相关准备时间顺序的 4 个订单的甘特图

在开始加工订单 A 之后,我们被要求检查是否能够接收一个交货时间为 107 的新订单 E。假定不允许因为一个新(紧急)订单而中断一个已经开始执行的订单,那么可以检查在完成订单 A、B、C 或 D 之后,把工作 E 直接插入现行排程(图 13-7)。由于在订单 A 和 E 这个子顺序之间存在一个正的准备时间,插在 A 之后会违反订单 B 的交货期,因此是不可行的。依理可以找到三个可行排程,其中可选方案 c 具有最小的准备时间总和。因此,交货期为 107 的新订单 E 可以被接受(假定订单 E 值一个时间单位的附加生产准备时间)。

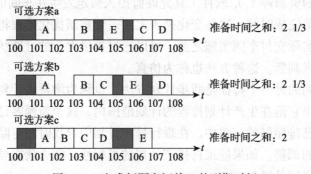

图 13-7 生成新顾客订单 E 的到期时间

当重新执行排程优化时，我们可以得到一个新的包括订单 E 的可行排产方案，它减少了 1/3 的生产准备时间（图 13-8）。

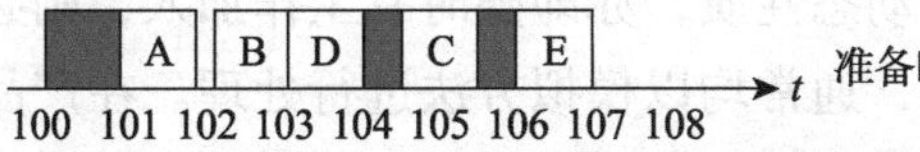

```
  ┌─┬─┬─┬─┬─┐
  │A│B│D│C│E│           准备时间之和：1 2/3
  └─┴─┴─┴─┴─┘ ─────► t
100 101 102 103 104 105 106 107 108
```

图 13-8　重新优化后的排程

生成一个新的订单排程是费时的，并且通常会导致一些紧张。这些紧张是因为与先前的实际计划相比改变了订单开始的时间和生产的数量。紧张可能导致车间的额外工作，如某些输入物料或许要更早交付，而这又要与供货商一起检查。为了减少紧张，通常可以把在一个资源上接下来的几个订单固定，亦即它们的加工顺序是固定的，而不作为重新优化的一部分。开始时间落在一个给定时间段（称为冻结范围）的所有订单都将被固定。

假定已经生成了主生产计划，就可以为不同的车间和生产单元导出详细的排产计划。生产排程是在一个计划层中完成还是分两个计划层次来做，很大程度上取决于车间的生产类型。在一个资源上的订单排序通常有许多可选方案，要找到一个最优的排产计划，对一个资源上的 n 个订单，理论上要评估 $n!$ 种不同的排序。尽管强有力的求解算法已经开发出来以减少寻找好的方案所要评估的解的数量，但优化的计算量仍会随着排程订单的数量而急剧增加。好在生成一个排产计划通常不必从零开始，因为先前计划的一部分已经是固定的（如落在冻结区中的订单）。同样，把生产计划排程分为两个计划层次来做也减少了在低计划层上生成可行订单顺序的数量。此外，增量式计划或由决策者指定的部分排程的重新优化也限制了计算量。

13.3　机器指派问题

如何将工作分派到各部机器上，使效率最高或成本最低，属小排程计划中机器指派问题，机器指派问题通常可由指标法或指示法，以及指派问题、运输问题与线性规划法求解。

指标法或指示法：为简易办法，但仅能获得近似最佳指派结果而已。本法将工作指派编号不同机器加工，但每一工作不可分割，即必须在一部机器上完成。指标法是将各工作在各部机器所需时间最短者以零为指标，其余者以此为基准，将所需增加的百分数列出。首先将工作指派到指标为零的机器上，按可用时数，依指标次序指派，直到所有工作指派完毕为止，指示法实际与指标法相同，将指标法的指标零改为 1.00，而将其他的增加百分数亦加 100%。

但在编订机器负荷图前，尚需决定分派至同一机器许多工作的先后次序加工问题，属于排序问题。

13.3.1　排序问题

排序问题是将不同的诸多工作，如何按次序置于多机器上作业，而获得最大工作效率，通常在零工工厂（job shop）中，由需多工作机器组成机器中心，较为适用。若能获知工作数量与性质，或工作同时进入机器中心，此属静态问题，则预先的协调分配当可解决。若进入的工作属动态性质，亦即随时有工作加入，则必须经常重新安排工作次序，其复杂性急剧增加，通常均以模拟方法进行处理。在产品种类不多、工作性质变化较少时，虽工作的加入属动态性质，有时亦可用静态的排序作业进行排程。

在排序作业中，首先担任工作的机器数量必须确定，在不同工作中，若所有工作均以同一次序，经过所有机器，其情形较简单。相反地若不属同一次序，则不易安排，其次每项工作在每部机器上的处理时间需要已知，可用标准工时表示。

排序问题的目标通常为使完成所有工作的总时间最短，当然亦可用其他目标评估排序作业。假如若令 d_i 表示第 i 项工作预定完成时间，c_i 表示其实际完工时间，则 $L_i = c_i - d_i$ 为第 i 项工作的延期，而 $L_i = \max(0, L_i)$。优化目标可取平均设想工作的延期为最小。另外，亦可用平均每项工作在工厂内停留的时间亦即平均流程时间，或在厂内的平均工作数量，或流程时间分配的变异数等作为目标。

解决作业排序问题最原始的方法是 Johnson 提出的最小化这种问题生产期的直觉算法，这种方法的基本思路是将加工任务分为 A、B 两组，在第一台机器处的加工时间小于或等于第二台处的加工任务进入组 A，余下的进入组 B；组 A 中的加工任务先行，顺序是加工时间由短到长；然后是组 B 中的加工任务，顺序是加工时间由长到短；结果就是最小化双机生产期的序列。

用 P_{ij} 表示第 j 件产品在第 i 台机器上的加工时间，Johnson 算法的实施步骤如下：

（1）将工件分为两类，第一类包含满足条件 $P_{1j}<P_{2j}$ 的工件，第二类包含满足条件 $P_{1j}>P_{2j}$ 的工件，如果 $P_{1j}=P_{2j}$，就可以分到任何一类中。

（2）先按照 P_{1j} 的升序加工第一类中的工件，然后按 P_{2j} 的降序加工第二类中的工件。

（3）将加工顺序组合在一起，这样生产的调度方案便是一个最优方案。

Johnson 算法背后的原理是，由于第一个加工任务在第一台机器完成之前第二台机器空闲，我们希望短的加工任务在首位。类似地，由于第二台机器加工最后一个加工任务时第一台机器空闲，我们希望短的加工任务在末位。因此，这个算法暗示小的加工任务有利于缩短周期时间和提高利用率。

该算法的最大局限性在于只适用于两台机器的作业排序问题，但它的提出为后续复杂排序问题的解决奠定了基础。

13.3.2 多项工作与一部机器的排序

最简单的静态排序作业为 n 件工作由一部机器完成，令 $p_1, p_2, \cdots, p_n$ 为 $1, 2, \cdots, n$ 件工作在机器上的处理时间并包括设置时间在内，且假设为已知。然因完成所有工作总时间均属相同，评估排序的目标选择必须另定，若欲平均流程时间最短，则下列规则可达目的，即

$$p_{(1)} \leqslant p_{(2)} \leqslant \cdots \leqslant p_{(n)}$$

式中：$p_{(1)}$ 表排序在第一次序工作制处理时间，换言之，将 n 件工作依所需处理时间由

小到大依次上机工作即可。此种程序称为最短处理时间规则，简称 SPT。

13.3.3 多项工作与二部机器的排序

最小化双机生产期问题。当生产过程由双机组成，完成所有加工任务的总时间，亦即生产期，不再是确定的了。原因在于，某些排序可能会使第二台机器等待第一台完成一个加工任务时发生空闲时间（idle time）。解决这一问题的最原始方法是 Johnson（1954）提出的最小化生产期的直觉算法。

设有 n 项工作，均按同一次序必须经过机器 1 及机器 2。排序作业的目的是使所有工作完成总时间最小，令 p_{ij} 为 i 工作在机器 j 上的处理时间，若所有工作均先经机器 1 再至机器 2，且在机器 1 与机器 2 的工作次序相同，按 Johnson 规则，其步骤为将所有 p_{ij}，$i=1,2,\cdots,n$，$j=1,2$ 中，取其最小值，若 $j=1$，将该件工作置于最先，若 $j=2$，该件工作置于最后，该工作删除后所剩的 p_{ij} 中，重复按前述方法再挑选，直至所有工作选毕为止，若挑选时，最小值相同，可任取一项工作。

若 n 件工作在二部机器处理时，工作次序不同，即某些工作是经过机器 1 及机器 2，有些工作先经过机器 2 再进入机器 1，而其他剩余的工作仅需一部机器处理即可完成，将 n 件工作分类为四部分，令 {A} 为仅需在机器 1 上处理的工作，{B} 为仅需在机器 2 上处理的工作，{AB} 为先经过机器 1 再经机器 2 的工作，以及 {BA} 为先经机器 2 再经机器 1 的工作。可基于 Johnson 规则稍予修改，解决本项问题，先以 Johnson 规则，依机器 1 及机器 2 顺序将 {AB} 排序，再依机器 2 及机器 1，将 {BA} 排序。至 {A} 及 {B} 类工作，可依任意次序，按下列规则排序即可。

机器 1：先列 {AB}，次为 {A}，再列 {BA}。
机器 2：先列 {BA}，次为 {B}，再列 {AB}。

13.3.4 多项工作与三部以上机器的排序

最小化加工车间生产期问题。最小化 n 个加工任务以一般路线通过 m 台机器的时间（满足先前讨论的所有假设）是运筹学文献中有名的难题。其困难之处在于，需要考虑的可能排程数目是巨大的。即使对于中度规模的 10 加工任务 10 机器问题，可能的排程数目就接近于 4×10^{65} 种（比地球上的原子还多）。正是由于这一点，10×10 问题直到 1988 年才由一台巨型机经过 5 个小时的计算得出最优解。这种问题的一种标准解法称为分支定界。

设 n 项工作均按相同次序经过机器 1、机器 2 与机器 3，在适合下列条件情形下，仍可将 Johnson 规则应用于这类问题的求解，其条件为

$$\min\{p_{i1}\}\geqslant\max\{p_{i2}\}$$
$$\text{或 } \min\{p_{i3}\}\geqslant\max\{p_{i2}\}$$

式中：p_{i1}，p_{i2} 及 p_{i3} 仍表示任何 i 项工作在机器 1、机器 2 及机器 3 上处理时间，亦即 n 项工作在机器 2 上之最大处理时间比在机器 1 或机器 3 上之最小处理时间尚少或相等时，两者有一即可。此时可先令

$$p'_{i1}=p_{i1}+p_{i2}$$

$$p'_{i2} = p_{i2} + p_{i3}$$

将 p'_{i1} 与 p'_{i2} 视作在两部机器上第 i 项工作的处理时间，再以 Johnson 规则进行排序。

Ignall 与 Schrage 二人于 1965 年提出使用分支界限法处理三部机器或 m 部机器的通解问题。在 n 件工作中，任取一件工作为排序中最先处理者，然后由 n 条途径支路向前选择，例如有 4 件工作与 3 部机器，如图 13-9 所示，每一结点代表干支之目标，出发时由结点 0 开始，若首先选择第一项工作置于最先，即由 0→① 干支进行，在结点①时，按理想情形列出其最小完成时间 F，因有 3 部机器，可列出对结点①的 F_1，F_2，F_3，在其中挑出其最大值为结点①的下限，同理，若首先将第二项工作置于最先，在结点②处亦可由 $\max\{F_1, F_2, F_3\}$ 计算结点②的下限，经比较结点①②③④之下限值，以最小值之结点再往前进，如若为结果②，再可分列干支至⑨⑩，获得此等结点下限值后，择其最小者，再与前①③④相比较，再分裂干支前进，直至所有工作均已排序，获得下限值最小者，即属最佳排序。

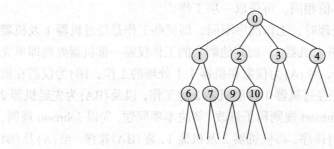

图 13-9　分支界限法

可按如下方法求得各结点的下限值。设某一结点 p，至此结点时，已排妥 n 项工作中之 r 项次序，以 J_r 表示。因前 r 项工作已固定次序，对机器 1 而言，其 F_1 的最小值为

$$F_1 = F_1(J_r) + \sum p_{i1} + \min(p_{i2} + p_{i3}) \tag{13-1}$$

式中：$F_1(J_r)$ 为所有已安排之 r 项工作，在机器 1 所处理之时间，同理得

$$F_2 = F_2(J_r) + \sum p_{i2} + \min(p_{i3}) \tag{13-2}$$

$$F_3 = F_3(J_r) + \sum p_{i3} \tag{13-3}$$

得结点 p 的下限值 LB(P) 或以 LB(J_r) 表示，应为

$$\mathrm{LB}(P) = \mathrm{LB}(J_r) = \max\{F_1, F_2, F_3\} \tag{13-4}$$

若为 4 部机器，则 LB(P) 应为 $\max\{F_1, F_2, F_3, F_4\}$，且式（13-1）中 F_1 最末一项应为 $\min(p_{i2} + p_{i3} + p_{i4})$，以此类推，但其原理相同。

例 13-1：设有 6 项任务在两台机器 M1、M2 上的加工时间如表 13-15 所示。

表 13-15　6 项任务在两台机器 M1、M2 上的加工时间

加工时间	工件1	工件2	工件3	工件4	工件5	工件6
M1	10	5	11	3	7	9
M2	4	7	9	8	10	15

按照分组规划，将工件分为两类，P 组为第一类，Q 组为第二类。

P 组：工件 2、4、5、6

Q 组：工件 1、3

按照 P_{1j} 的升序加工第一类中的工件，排列的加工顺序为：

4→2→5→6

按 P_{2j} 的降序加工第二类中的工件，排列的加工顺序为：

3→1

组合起来的加工顺序为：

4→2→5→6→3→1

加工总工时为 56。

由此，可以绘制作业排序的甘特图，如图 13-10 所示。

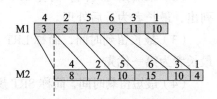

图 13-10　作业排序的甘特图

Palmer（帕尔默）在 1965 年提出 Palmer 算法：该算法可以解决多机器多零部件的排序问题。该算法的基本操作步骤如下。

（1）将 m 台机器分组，产生 $m-1$ 个两台机器问题的集合。

（2）利用 Johnson 算法获得 $m-1$ 个加工顺序（每个"两台机器"问题获得一个加工顺序）。

（3）作业 i 的斜度指标 $s(i)$ 定义为

$$s(i) = \sum[j=1:m](2j-m-1)t(i,j), i=1,2,\cdots,n \quad (13\text{-}5)$$

其中：m 表示机器数目；$t(i,j)$ 为第 i 个作业在第 j 台机器上的加工时间。

（4）按 $s(i)$ 非增的顺序排列作业，可以构造作业的加工序列：

$$s[i(1)] \geqslant s[i(2)] \geqslant \cdots \geqslant s[i(n)]$$

如果 5 项作业在 8 台机器上进行，那么可得出加工时间，如表 13-16 所示。

表 13-16　5 项作业在 8 台机器上的加工时间　　　　　　　　　　　　　　分钟

加工时间	M1	M2	M3	M4	M5	M6	M7	M8
工件 1	13	13	25	2	14	10	14	18
工件 2	4	7	3	17	7	9	25	3
工件 3	6	15	2	1	21	2	6	9
工件 4	2	1	11	4	2	9	18	3
工件 5	4	9	12	2	6	22	6	26

由于该算法过程比较复杂，人们一般直接将算法编写程序，以快速解决排序问题。Palmer 求解结果为：

加工顺序为 5→2→4→1→3，总工时为 148 分钟。

13.3.5　动态性工作的排序规则

动态性工作，即随时有工作加入，通常需考虑工作优先分派次序问题，求解时应首先确定工作的优先程度，或遵循某项规则确定排序。如此可随时决定何项工作应先处理。

作业研究中排队理论可求解动态零工工厂排序问题，但该理论中处理优先次序的模型仅适应于处理实际情形较简单的工作排序问题，对工作复杂、次序设备较多的工厂，仍难实际应用。因此通常解决办法为：①按各类优先分派规则进行排序；②使用模拟方法进行排序。

优先分派规则甚多，择其主要者分述如下。

（1）随机选择规则，即随意选择一项工作进行处理。

（2）最短处理时间，简称 SPT 规则，即处理时间最短的工作给予第一优先，依次列出，最长者为最后处理。

（3）最长留剩时间，简称 LRT 规则，以工作在完成前尚待处理时间的总和为准，最长者为第一优先。

（4）最短留剩时间，简称 SRT 规则，此与 LRT 规则恰巧相反，最短者为第一优先。

（5）最多留剩作业数，简称 MRO 规则，以工作在完成前尚待处理的作业数最多者为第一优先。

（6）最少留剩作业数，简称 FRO 规则，此与 MRO 规则相反。

（7）最长作业，简称 LO 规则，在对某部机器而言，等待处理的工作中，需最长时间处理者为第一优先。

（8）先到先服务，简称 FCFS 规则，此即先到达的工作为第一优先。

（9）交货期，简称 DDATE 规则。以最接近亦即离交货期最短的工作为第一优先。

（10）松弛时间，称为 SLACK 规则，以工作交货期减去尚待处理时间后最小者为第一优先。

（11）价值规则，以工作的价值高者为第一优先。

（12）SPT 修正规则，与 SPT 规则相同，只修正一点，即某项工作等待时间达规定时限后，不论该工作处理时间的长短如何，赋予第一优先。

（13）后继作业列队，简称 WINO 规则，以工作若在本机器完成后，其后继作业处理的机器目前工作列队情形少者为优先。

（14）松弛时间/留剩作业数，简称 S/ROP 规则，以小者为优先。

因规则多，很难判别应用何种规则较为有效。一般而言，SPT 规则为日常普遍应用者，且简单易行，如能在实际工作中，事先获知更多信息，对 SPT 规则进行适当修正，DDATE 或 WINO 规则也常掺入混合应用。

由于实际情形较为复杂，通常均以电子计算机模拟方法处理，即设想工作进入工厂与平常实际情形相似，模拟工作到达，按照一定规则，经过各机器处理，亦可设定各工作的计划完成时间或加入工作其他有关特性，利用此种模拟程式，可测知各类规则对工厂工作效率的影响。研究表明，在许多情形下，SPT 规则为最重要，表 13-17 为某项工作在 9 部机器工厂内以模拟方法获得的流程时间均值与变异数，对三种规则进行比较，结果表明 SPT 规则较 FCFS 与随机选择规则为优。在一般想象中，应用 SPT 规则，对处理时间较长者的工作，将会发生长久等待的现象，然而按模拟结果表 13-17

显示,并非如此。进一步由其他模拟结果分析,获知在机器设备使用率超过90%时,SPT规则仍然较妥,但使用率在85%以下时,使用S/ROP规则较优,当然可视实际情形掺入混合使用。

表 13-17　不同规则所得均值与变异数之比较

规则	均值	变异数
SPT	34.02	2 318
FCFS	74.43	5 739
Random	74.70	10 822

13.3.6　有限产能排程方法

从理论和实际来讲,排程都是困难的。让我们考察3个加工任务的单机排序问题。对3个加工任务排序有多少种方法呢?首位可以是3个中的任何一个,第二位就有两个候选,末位就只剩下一个。因此,序列数目或称排列,就是 $3 \times 2 \times 1 = 6$,写作 $3!$,叫作"3的阶乘"。如果要在某个目标函数下寻求这个问题的最优排序,我们将不得不考虑(明确地或模糊地)六种选项。由于阶乘函数呈指数增长,我们必须遍历的选项也呈指数增长,因此寻找最优解所需的时间也随问题规模呈指数增长。

这点很重要,原因就是任何指数函数将最终占优于任何多项式函数。例如,$10\,000n^{10}$ 是个很大的多项式值,而 $e^n/10\,000$ 看起来很小。事实上,对于较小的 n 值,多项式函数大于指数函数,但在 $n=60$ 的临界值处指数函数开始占优,而在 $n=80$ 时指数函数比多项式大5 000万倍。

在数学上依据计算复杂度将上述计算问题分为两类。

(1)P类问题,指可通过计算时间随问题规模呈多项式增长的算法求解的问题。

(2)NP难问题,指没有已知的多项式算法的问题,故求解时间随问题规模呈指数增长(即比多项式函数快得多)。没人最终证明NP难问题的求解是否有灵巧的多项式算法,因为许多有名的数学家都尝试并且失败了。当前,占优势的证据显示不能为这些问题找到高效率的(多项式)算法。

概略地讲,P类问题很容易,NP难问题很困难。此外,有些NP难问题比其他的更难些。对于其中一些,高效率算法可以经验地产生良好的近似解。其他的NP难问题,包括许多排程问题,甚至用高效率的近似算法也难以求解。由于很多排程所要解决的问题是大规模和NP难的,所有这些方法都是用启发式方法,并且不产生最优排程。还有这些排程应用程序一般都已经添加到ERP框架中的MRP模块。通过这样,他们试图接收MRP的计划投入量,并安排它们通过车间,从而满足交期、减少换模次数、提高利用率、降低WIP等。不幸的是,如果MRP生成的计划投入量代表着一个不可行的计划,则再多的排程也不能使它可行。

有限产能排程系统一般有两类:基于仿真的排程(simulation-based scheduling)和基于优化的排程(optimization-based scheduling)。许多基于优化的方法也使用仿真。

1. 基于仿真的排程

避免 NP 难的一种方法就是直接忽视它，可以通过开发一个详细的、确定性的（即加工时间没有不可预测的变动、没有计划的断供等）整体系统仿真模型来实现。该模型然后与 ERP 的 WIP 追踪系统联系，从而允许下载活动任务的当前状态信息。需求信息从 ERP 的主生产计划模块或其他来源获取。提前运行模型，记录下各工站处到达和离开的加工任务，从而生成进度表。可以在各工站处应用各种分派准则来生成不同的排程计划。再依据经过挑选的绩效指标，寻找"最好的"排程。

仿真方法的好处之一是它比大多数基于优化的方法容易解释。仿真模型以直观的方式模拟实际系统的行为，计划者和执行者能理解它的逻辑。好处之二是它可以通过简单地更改分派准则快速生成一系列不同的排程，然后向使用者报告机器利用率和拖延的加工任务数目等统计数据。使用者从中选取最适合他需求的方案。例如，定制化的加工车间可能对准时配送感兴趣，而使用极其昂贵的设备来生产日用品的生产系统则对保持高的利用率更感兴趣。

可是，它也有坏处。首先，仿真需要长时期收集、维护巨量数据。其次，模型没有考虑变动性，可能导致预测行为与实际之间的巨大差异。但事实上所有的有限产能排程都忽略变动性，所以这个问题不限于仿真方法。结果就是，为了防止误差累积并在最后使排程完全失效，很重要的事情就是频繁更新排程。再次，由于对给定的分派准则何时运行良好并无共识，寻找有效排程是个试错的过程。同时，由于分派准则固有的近视性，也可能没有一个分派准则能生成优良的排程。最后，仿真方法和优化方法，通常用作 MRP 的附件。在一个基于仿真的排程器中，MRP 投料时间被用于定义作为模型输入的作业。可是，若 MRP 投料计划本质上不可行，仅有分派也不能使它变得可行。其他，如产能或需求也必须作出改变。基于仿真的排程方法不适合指出使计划可行的途径。出于这个原因，我们需要一种完全不同的程序。

2. 基于优化的排程

不同于经典优化问题，基于优化的排程技术对绩效不明的情形使用探索式方法。基于优化的排程技术与基于仿真的排程技术之间的区别在于，前者使用某种算法来积极地搜索优良的计划。

有许多途径可将复杂的排程问题简化以适用可控的探索式方法。途径之一是使用仿真模型，类似于前面讨论过的基于仿真的方法，并驱使系统寻找能最大化某个目标函数的参数（如分派准则）。但是，由于仅仅搜索所有策略（如分派准则所代表的）的一个子集，它并不是一种真正的优化方法。

真正使用优化的一种途径是通过聚焦瓶颈而将产线或车间的排程问题简化为单机排程问题。这个"最优生产技术"（OPT）软件包由 Eliyahu Goldratt 在 20 世纪 80 年代开发，并被他人普及开来。它包含四个基本步骤。

（1）确定车间的瓶颈。
（2）使用有时间缓冲的固定提前期，将交期需求从线尾传递到瓶颈。
（3）最有效地对瓶颈排程。
（4）使用固定提前期，将物料需求从瓶颈反向传递到线首来制订投料计划。

一种完全不同的基于优化的探索式方法是定向搜索（beam search），它由前述的分支界定技术派生而来。然而，它并不是逐支检查，而是关注依据某种"机智的"准则挑选出的相对几个分支。结果就是，它比分支界定快得多，但不能保证得到最优解。

局部搜索技术（local search techniques）也是一整类基于优化的探索式方法。它始于一个给定的排程，然后在其"邻域"搜索一个更好的。它证明了总选择邻近最优解的"贪婪"方法效果不佳，因为许多排程从整体来看并不好，但在微小的局部却是最好的。简单的贪婪方法通常终止于这类解中的一个，然后退出计算。

人们已经提出几种方法来避免这个问题。其中之一称为禁忌搜索（tabu search），它将最当前的排程设置为考虑的"禁忌"，从而防止搜索停滞于局部优但整体劣的解。结果是，搜索从局部良好的解跳出，有时却得到一个更差的解。防止局部最佳解的另一种方法是基因算法（genetic algorithms）的使用，它考虑若干"亲代"排程的特性来生成新的排程，然后仅允许优良的"子代"存活并"再生"新的排程。还有一种是模拟退火（simulated annealing），它以类似于金属逐渐冷却来最小化应力的方式拣出备选的排程。在模拟退火过程的早期，多种随机变化都可能发生，有的优化了排程，有的劣化了排程。可是，随着时间的流逝，排程变得稳定起来（即被"冷却"），该方法也越来越贪婪。当然，在找不到更优解的时候，所有的局部搜索方法也都"记得"曾在任意点处找到的最优解。

基于优化的探索式方法可以以不同方式应用到众多的排程问题中。工厂中最常见的问题形式是：①最小化拖延（tardiness）的某种量度；②最大化资源利用率；③上述两者的某种组合。我们已经看到，拖延问题（tardiness problem）即使对于单机也是极其复杂的。利用率（如生产期）问题简单一些，但当机器多于两台时也变得难以处理。所以，开发有效的探索式方法并不简单。

基于优化排程的一个问题是许多现实的排程根本不是优化问题，而是求满意解的问题。大多数排程专家不会认为有着几个延迟的加工任务的排程是最优的。这是因为一些约束条件，如交期和产能，不是"紧张"（hard）约束而更多的是"祈愿单"。尽管制定者不倾向于增加产能，但若有需求要求时仍要这样做。一个可执行的排程，优于一个优化简明的目标函数却不可执行的排程。与基于仿真的排程相比，基于优化的排程尽管有其缺点，仍获得了更广泛的应用。一些企业已经成功地将这类软件（有些是内部开发的）与MRPⅡ系统相连来辅助计划者。

13.3.7　生产计划与生产排程的异同

1. 生产计划

生产计划是企业对生产任务作出的统筹安排，具体拟定生产产品的品种、数量、质量和进度的计划，是企业经营计划的重要组成部分，是企业进行生产管理的重要依据。其既是实现企业经营目标的重要手段，也是组织和指导企业生产活动有计划进行的依据。企业在编制生产计划时，还要考虑到生产组织及其形式。但同时，生产计划的合理安排，也有利于改进生产组织。

生产计划是指一方面为满足客户要求的三要素"交期、品质、成本"而计划；另一方面又使企业获得适当利益，而对生产的三要素"材料、人员、机器设备"的确切准备、分配及使用的计划。

2. 生产排程

生产排程是在考虑能力和设备的前提下，在物料数量一定的情况下，安排各生产任务的生产顺序，优化生产顺序，优化选择生产设备，减少等待时间，平衡各机器和工人的生产负荷。从而优化产能，提高生产效率，缩短生产交期。简而言之，就是将生产任务分配至生产资源的过程。

更为重要的是生产排程的依据和原则：①生产订单供不应求时，排程的要求和原则为以调查限制产品产能的瓶颈工序为依据，以边际利润高为导向排产。②生产订单供过于求时，排程的要求和原则为以成本优先原则，以市场及客户满意度为导向排产。

3. 两者特点分析

1）生产计划

第一，面向交付，生产计划是面向需求的，是以交付为最终目标。其职能是为了满足客户需求而展开的，具体的职能可以定义为需求管理、粗产能平衡、细产能平衡、物料平衡、相关需求确定、交期承诺和回复等。

第二，长周期的，为了满足未来的客户需求，尤其是备库式生产，需要做较长周期的需求管理，其时间跨度可以是年、季、月、周、日。

第三，强调完工，因为面向需求，所以强调完工。因为客户关注的是何时开工、何时可以交付。所以，生产计划强调的是完工。

2）生产排程

第一，面向产出，车间排程是任务分配过程，所以是面向作业的，是面向工序任务、面向资源的任务匹配过程。车间作业自然会涉及独立资源工序任务的顺序、负荷、分派工作，还需要考虑替代路线等，是一个十分离散的 NP 问题。

第二，是短期的，因为生产过程具有动态特征（异常众多），长期的仅仅可以预排而非锁定，自然只能考虑短期的。一般而言，锁定 3 天的排程就比较困难，较多的是根据生产特征锁定 1~3 天的排程。

第三，强调开工，既然面向产出，自然是需要考虑开工，在开工的时候需要产能和物料的齐套，开工时就需要考虑产出效率（切换优化等）。

生产排程为预先工作安排，使实际生产工作能顺利进行，为达到理想结果，应注意下述各点。

（1）政策问题：公司政策影响排程的所需资源，包括人力、物力与财力，例如：

①营业淡季时，继续生产保持存量，抑或解雇部分工作人员的原则。

②营业旺季时，增加生产的原则，为外包、加班或扩厂等。

③品质发生问题时的处理原则。

④缺料时如何处理的原则。

⑤决定何种方式的排程、集权、分权抑或半集权方式原则。

（2）紧急订单问题：任何一个生产工厂都免不了紧急订单的困扰。如若过多，促使普通订单亦渐变为紧急订单。有时顾客要求变更规格、样式或材料，亦会引起赶工之结果。更有些顾客常常夸词将普通订单故意说成紧急者。解决此项问题办法很多，一般是在安排时再予 5%左右的宽放，其标准依各行业过去资料与实际酌定，使吸收紧急订单的一部分再以加班或外包处理之，有时亦可专门指派部分人员担任此类额外工作。

（3）学习效应问题：生产速度常因工作人员熟练程度可递增至某一程度，因此，对手工动作多且制程长的工作进行排程时，应参照工人的技术与其学习效应进行，否则，排程将失去实用性。

（4）个别机器负荷图问题：在集权方式时，个别机器负荷图是需要的。若为半集权方式，亦可应用中排程计划生产预定表，即将同类机器合并为一组，所费较小，且可发挥最大生产效果。对极小规模的订货生产或间歇生产工厂，如不需要个别机器负荷图，即能有效完成生产的进行，则该图无价值。在连续生产企业，此图根本毫无需要，但在中等规模或大规模的订货生产工厂，此图常不可缺。个别机器负荷图如属需要，通常采用甘特图。但在不需极精确控制时，亦可稍予简化而节省费用。至于图上时间应以日、周或月为基准，可视生产周期时间而定。如某件工作，在某机器上至少需时两周，以日为基准的排程显然浪费。因负荷图上所用时间基准越短，则日常排列越精密，费用亦越多。

（5）标准加工时间与宽放时间问题：前已述之，制造时间为此两者之和，问题在宽放时间的预估，因差异甚大，日程的排定可能全属浪费，如某机器排定 4 小时，而实际操作时间为 6 小时，则所有前期工作均需改正，故排程全部混乱，增加额外费用。

（6）特殊情形的补救问题：排程编订后，植基于某一项假设之上，即认为各项生产工作均能按要求进行，若领班执行此等步骤时发生偏差，或遇到机器故障，如工人病假、器材夹具短缺或原物料临时缺货等特殊情形发生时，之后的生产日程需要全部修正重排，这是极耗费用的事，所以排程时应考虑各种可能变化的情境，以及发生后如何处理的问题，策划好补救行动的方针。

生产排程为生产控制的一环，编订适当，可将散放在各厂内的各项设备结合为整体可行的功能系统。良好的排程当能导致各部门工作圆满结合，生产成品不仅有适宜的数量，具有良好的品质，还能在承诺的日期交货。

13.4　工　作　分　派

生产制造途程已经安排妥当，生产排程亦已拟定，但实际制造工作并未开始，所有完成的工作均系纸面计划作业，至工作分配始对生产部门发出实际工作命令，交由现场领工和管理人员督导工作。所谓生产作业分配，亦称日常生产派工，即根据生产作业计划及实际生产情况，为各个工作地具体地分派生产任务，它是生产进度（作业）控制的第一个环节。其作用在于授权各有关加工部门，依据所颁布的途程和排程计划，开始生产制造，使整个工厂工作得以平稳推进。作业分配的功能按作业准备、作业开始分别具有以下功能。

1. 作业准备

作业上所需的材料、零配件、工具、设计/工艺图纸/数据等，要在作业前准备好，使作业者可方便取得。

（1）在第一个制程预定开始作业前，自库房领出所需原物料，或于预定的时间地点，监督将其送往此一制程。

（2）事先准备必要的工具、夹具、治具以及量检具等。

（3）按照制造顺序将加工品或半成品逐步搬运到指定工位。

2. 作业开始

（1）依据各种排程表、机器负荷图、管理板或其他管理用具等资料，考虑工作重要性、日程及优先次序，将作业分配给机械作业组或作业人员。

（2）从提高作业效率的角度进行分配，将工作量同作业者（机械）的能力相配合或将相同的作业集中安排，使作业效率提高。

（3）对指定的作业与检查工作实施密切的协调。

（4）各个制程开始与结束，以及整个工作完成后的时间记录及有关事宜。

（5）记录作业人员与机器设备停工时间与理由。

（6）记录加工损坏品及不良物料并安排代用品。

（7）记录不能按照排程计划的理由，撰写延迟作业报告。

（8）收集现场工作负荷与剩余产能资料。

作业分配若只考虑交货日期，则制程作业更换频度大、效率低。若只考虑效率，则在制品、物品、材料会增多，生产进度会出现两极现象，不是超前，就是落后。最好是两者加以综合考虑。尤其是订单型生产，接受订单，依计划发出制造命令，而后按一定的规则实施作业分配。

13.4.1　工作分派的集中程度

与生产排程相同，工作分派的任务可分为集权、半集权和分权三种方式。

在集权方式下，依据排程中机器负荷图等资料，按原拟计划分派工作，各工厂领班无须做任何决定，仅需按照各项表单工作，即可完成任务。管理水平高的公司，可采用此种方式，但生产管理部门必须对全公司设备能力与作业负荷有准确的把握，并随时与原计划对照，并做必要的修正，否则由于各级管理人员与领班过于依赖生产管理部门，而变为被动，发生问题后无人处理。集权方式管理，有时亦可节省复杂的表单。另外，工作分派部门或派工室宜设于接近排程部门，才能充分共享信息。

在半集权方式下，排程部门所用的机器负荷图，为各制造部门整个负荷量，各部门内如何安排个别机器工作，仍由各部门自行完成。在此情况下，工作分派亦必须采取同一步调，而为半集权方式，亦即工作分派部门或派工室，仅将工作分派至各有关加工工厂，而由各工厂再派工至每部机器上。

种类繁多的多品种少量订货生产，常采用分权方式，因集权方式不易完全把握制程进度与机器剩余产能等，其原因如下。

（1）作业顺序因种类而不同。

（2）加工工时因制程而不同。

（3）常有额外临时工作干扰。

（4）能力有限而常被要求担负超过能力的工作。

（5）工作分派次数频繁。

分权方式是将大部分工作交由领班或现场管理人员执行，并负责所有准备工作，包括原物料、工夹具的准备，机器设备时间，工作计划，机器负荷等工作。通常生产管制部门将制造命令或工作命令（shop order）交给领班并告知交货期限即可，故赋予领班较多的自由与权力，照其认为妥善的方法安排工作。

排程与工作分派方式应该一致，公司各部门与各工厂规模大小，常是决定排程与工作分派方式的因素。每家公司应以自己的特殊需要，拟定最佳方式，在排程时予以说明。一般而言，应在质量、成本和交货期限三大原则与目标下进行评估更为适当。

在连续生产工业中，实施工作分派时，与排程工作相同，极为简单，当生产计划部门拟定某一时期内生产数量后，工作分派部门仅需将此资料传递给制造生产部门，故不必专设途程、排程与工作分派部门亦可。由此获知最初途程计划的安排非常重要。

在间歇工业或订货生产零星制造工厂中，工作分派业务可以按前述执行，但须注意，工作分派者应将排程计划中的所有困难提供理由及意见，以求消除或作为排程部门修正时参考。若有机器即将无工作分配，亦应通知排程部门，使之对此闲置设备拟订使用计划。故工作分派部门与排程部门应经常保持密切的协调。在许多情形下，工作分派部门常与排程部门合并，有时在排程部门工作人员中遴选一人兼办工作分派。

13.4.2 生产派工管理

生产派工就是用派工单，对每周、每日每个轮班甚至每小时中各个工作岗位的生产予以具体安排，检查各项生产的准备情况，确保生产现场能按生产作业计划进行生产。

1. 生产派工原则

（1）交货期原则：根据不同客户提出的交货期要求，妥善安排各种产品的作业顺序。交货期急的，优先安排生产，这是编制日程计划的基本原则，也是提高企业信誉的重要措施。

（2）客户原则：在众多的客户中，有轻、重之分，重要的客户应做重点安排。

（3）瓶颈原则：对机器负荷大的工序要予以注意，不可出现停产现象。

（4）工序原则：工序越多，工序所需时间就越长，在时间上要充分注意。

2. 生产派工方法

由于车间、工段的生产类型不同，因而生产作业分配有不同的方式。主要的分配方式有以下几种。

1）标准派工法

大量生产的现场，每个岗位和工人固定完成一道或少数几道工序，在这种条件下，派工可采用标准计划或标准工作指示图表来进行。标准计划把各工作岗位的加工工序、加工顺序、日产量、工人工作安排等都制成标准，固定下来，工人每天按照标准计划工作，不必经常分配任务。当每月的产量有变动时，只需要调整标准计划中的日产量即可。

2）定期派工法

这种方法适用于成批量生产。根据月生产作业计划，每隔旬、周或三日，定期为每个工作地分派工作任务。派工时要考虑保证生产进度，充分利用设备能力，同时要编制零件加工进度计划和设备负荷计划。派工时还要区别轻重缓急，保证关键零件的加工进度和关键设备负荷饱满，分配给每个工作地和工人的任务能符合设备的特点和工人生产技术水平。

3）临时派工法

这种方法适用于单件小批量生产。在单件小批量生产条件下，生产任务杂且数量不定，各工作地担负的工序和加工的零件品种多、数量小，所以一般都采用临时派工法。控制生产进度也主要靠临时派工来调整生产现场中人力和设备的使用。这种方法是根据生产任务和生产准备工作的实际状况，根据生产现场的实际负荷状况，随时把需要完成的生产任务下达到各个工作地。分配任务时一般都采用任务分配箱作为派工的工具。该箱为每个工作地设三个空格，分别存放已指定、已准备、已完工的生产任务单。当工作地被指定完成一项新任务，正在进行准备工作时，任务单放在"已指定"一格。当工作地完成作业准备工作，开始加工时，将任务单从"已指定"一格取出，放入"已准备"一格。当工作地完成作业后，将任务单从"已准备"一格取出，放入"已完工"一格。利用任务分配箱可以帮助调度员和班组长随时掌握各工作地任务分配情况、准备情况及工作进度。

4）轮换派工法

生产现场中有一些劳动条件比较恶劣的工作岗位，还有一些岗位使工人身体的某些部位高度紧张，容易造成疲劳。当工人的疲劳和不适接近或达到生理承受极限时，工人情绪则会不稳定，从而影响生产效率和产品质量。所以对这些岗位的工人，可以实行轮换派工法，在每个轮班内，一半时间在该岗位工作，一半时间换到其他岗位工作，以减少和消除工人过度疲劳和不适感，保持情绪稳定。

3. 生产工单的确认与发放

一般而言，工单确认与发放的执行步骤可分为下列数点。

（1）确定加工原物料的充足。

（2）决定订单所需要的产能。

（3）决定订单所需要的机台及相关配件（如刀具）。

（4）取得制造现场的最新生产状况信息，以便辅助确定订单的正确开工时间。

（5）与物料需求规划资料做确认。

（6）对某些特别订单的物料清单结构做适当的确认及更改。

（7）对某些特别订单的加工途程做适当的加工及更改。

（8）对于上述因修改信息所产生的影响加以评估。

（9）评估制造现场生产负荷，并考虑加入新订单对制造现场所产生的影响。

（10）对于不同目的的生产订单要有不同的衡量基准。

图13-11为工单发放与现场作业示意图，下方的水龙头就好比现场有限的瓶颈产

能,而上方的水龙头就是将未开立的订单开立到现场的速度,就算上方的水龙头开得再大,也只是增加工单在瓶颈产能前的等候,导致在制品与制造时间的增加,但是完成订单的输出并不因为现场有较多开立的订单而增加。

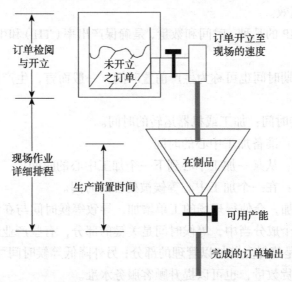

图 13-11 工单发放与现场作业示意图

图 13-11 以里特定律(Little's Law)来说明在制品水平、生产周期时间和产出率之间的关系,里特定律公式如下:

$$TH = WIP/CT$$

式中:TH 表示产出率;WIP 表示在制品;CT 表示生产周期时间。当 WIP 量由零开始增加到某一适当的量时(现场瓶颈产能所能负荷的上限),TH 会随着 WIP 量的增加而增加,此时的 CT 保持固定[图 13-12(a)];而当 WIP 量超过现场瓶颈产能所能负荷的上限时,增加 WIP 量只会增加 WIP 的等候时间,进而增加 WIP 的 CT,此时 TH 并不会因为 WIP 增加而增加,而是保持固定[图 13-12(b)]。

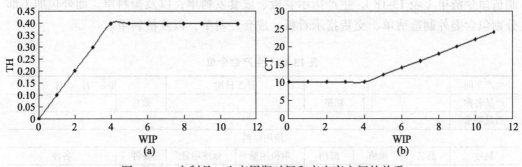

图 13-12 在制品、生产周期时间和产出率之间的关系

里特定律的 WIP=TH·CT,可以做如下解读。

第一,WIP 是影响产出率(TH)和生产周期时间(CT)的核心手段。WIP 就是投料。

第二,产出率(TH)和生产周期时间(CT)是互相冲突的两个指标,只能平衡,不能同时达到最优。

第三，要想产出率（TH）和生产周期时间（CT）之间都有较高的绩效水平，必然需要牺牲库存（WIP）。必要时，用相对较高的库存量来缓冲产出率（TH）和生产周期时间（CT）的绩效。

第四，投放 WIP 的品种、时间和数量，是确保产出率（TH）和生产周期时间（CT）绩效的保障。

上述的生产周期时间也可称为生产前置时间，一般而言，生产前置时间是由下列四个部分组成。

（1）操作/运转时间：加工或机器运转的时间。

（2）设定时间：准备加工中心的时间。

（3）移动时间：从某一加工中心到下一个加工中心的时间。

（4）等候时间：在一个加工中心等候被处理的时间。

若前置时间增加，会使得现场的工单增加，导致等候时间与在制品数量的上升。而在前置时间的四个成分当中，等候时间是关键的部分，有些产业还占了总生产前置时间的一半以上，是值得妥善加以管理的部分；另外降低等候时间可以缩短前置时间，进而减少在制品存货数量，也可以提升顾客服务水准。

由于设定时间与操作/运转时间是真正机台的操作时间，一般占不到前置时间的一半，其他部分则必须通过良好的现场管理以大幅地缩减。而生产活动控制系统即负有管理与减少前置时间的责任，确认并消除会导致前置时间增加的潜在原因，设法减低前置时间的平均水准与变异程度。生产活动控制通过监控工单进入生产线作业的速度控制现场，使得负荷与产能相互平衡，当负荷与产能不平衡时，则予以管控修正，避免现场的工单过多，减少等候时间，进而达到减低前置时间的平均水准与变异程度的效果。

当工单检阅活动完成与发放计划确定后，生管部门会依据生产计划所拟定的时间发放工单，包括内部生产或外包加工。在内部生产的部分，所需发放的工单内容包括制造命令清单（表 13-18）、生产指示看板、成套发料单，以及捡料单。而外包加工部分则包含委外制造清单、交货指示看板、成套发料单，以及捡料单。

表 13-18　生产命令单

生产车间				开工日期			年　月　日	
产品名称			规格			数量		
质量要求								
使用材料								
料号	品名	规格	部门	单机用量	标准用量	备件	备注	
生产方法								
完工日期								
经办人签字		生产部经理		车间主任		生产班组长		

具体生产工单发放的步骤如下。

（1）生产调度员根据生产日程安排和投料提前期，分批签发加工路线单，并检查物料情况，填写领料单，分别送交物料仓库和车间主任。

（2）生产调度专员开出物料运输单，确保物料从仓库顺利地运到现场。

（3）生产调度主管向各车间下发派工单。

（4）车间主任确定各工序之间相对的优先顺序，安排生产。

4. 工作分派应注意的问题

工作分派部门或个人对途程计划与生产排程发现各种错误，如由于计算上的错误，安排超过某机器负荷工作等，如果能在投产前发现，通知排程部门修改最为简易可行，所以工作分派者应和途程及排程部门密切协调与联系。

工作分派者亦应注意各生产部门或工场领班，是否遵循各项规定执行工作。在集权方式下，排程是按照整个工厂制程拟定的，有时难免对某一部门或工厂有不利现象。例如某冲床工作通知单规定铁板厚度按照 6、8、6、8 厘米顺序工作，而就冲床工作而言，最佳依 6、6、8、8 次序，但是为了下一制程或交期原因，排程人员不得不订定前者次序。

工作分派者签发所有必需的工作通知单、检验通知单并签发物料搬运单，交有关人员，使其获得所需物料。通常情形下，真正生产制造部门，有时因缺勤、机器故障等原因，总有问题发生，工作分派者是纸上计划与实际生产问题间的桥梁，因而必须将两者协调一致。

对于各种工厂所用表单，亦应研究如何方便、适用，减少表单数量以降低成本。有时，向专业公司购置现成表格，可能较为节省。例如使用电子计算机，管理物料账卡及生产管制的应用，实现无纸化办公，对控制成本更为有效，但这仅适用于公司规模较大且具有量大、品种少的制造工作时，才最为经济有效。

作业分配注重把详细的进度计划落实到具体的工作地和工人，并合理确定作业顺序。这是一个工作量非常大的工作，尤其是对成批单件生产类型的生产系统更是如此。在整个生产控制过程中，调整偏差的基本手段之一就是要调整作业分配和作业顺序。因此，利用手工调整协调是很难应付的，这就需要用到计算机仿真作业分配系统。

13.5 生产作业控制

生产作业控制过程是产能与物料的平衡过程，其平衡分为两个层面：自制件之间的平衡和自制件与采购件之间的平衡。

由于需求、产能、供应的波动，需要在波动的状态下，保持交付好、产出高和库存低。

生产作业控制阶段，是短周期的，一般最长以天为单位，1~3 天足够了，然后按滚动方式控制。

根据主生产计划需求，为做好生产作业控制一般需要采用三个管理动作。

1. "倒排顺投"车间工单

ERP 的管理颗粒度，一般是车间工单。车间工单由 MRP 系统根据主生产计划产生。如何控制车间生产任务的投放是关键，而投放生产任务的关键是对生产任务的排序。

1）倒排

倒排的含义是，所有的车间生产任务都按销售订单交期的紧迫程度排序，而且是全工厂所有车间的生产任务都与销售订单的优先序一样，实现全局优先顺序的一致。

2）顺投

根据车间的生产任务的优先顺序投料，齐套了才允许开工，而且不能让车间的在制品太多。车间在制品的多少保持稳定即可，如机加工车间，一般保持 3~4 天的在制品量就足够了，既不要太多，也不要太少。顺序生产即可。

倒排、顺投，是保持车间稳定生产的前提条件，需要严格执行。

2. "谁急谁用"的产能、物料投放策略

工厂的资源，可以细分为资金、物料、产能和管理者的关注度。

"谁急谁用"的含义是：哪个车间的生产任务紧急，就把"资金""物料""产能""关注度"投放至该生产任务。

一般情况下，物料还有"谁买谁用"的，就是依据销售订单来采购物料，做到销售订单和采购订单的一一对应，这其实需要非常细致的管理作业保障。企业各项资源的"谁急谁用"确保了聚焦，确保了流动性。

3. "近细远粗"的控制模式

由于变动性的存在，远期的不可能控制得非常细，但是需要关注。"近细"，也是有所分工。一般对物料的管控要细，对产能或作业的控制稍微可以粗一些，即所谓的"物细事粗"。物细，指物料控制必须要细，因为物料错误，那什么都浪费了。尤其是有限的产能浪费，对计划的控制损失很大。物细，体现在两个方面：第一是生产准备阶段，要做到人、机、料、法、环的齐套，在齐套条件下开工。第二是作业过程的控制，要做到标准化作业，确保质量的合格。事粗，一般性的流程作业可以简化和优化，最好与信息系统的作业流程一致，尽量做标准化的前置设置，尤其不要在流程中增加过多的审批动作，加快工作任务的流动。

4. 现场资料收集

为了通过监督现场实际作业，以了解工厂内各个不同工单的状态、在制过程与加工设备状态，从而收集各工单和设备的生产进度与绩效，通过工厂资料收集系统将工厂的生产信息人工或自动化收集入现场资料库，进而提供有用的信息给工厂管理阶层，或回馈予现场监控模块，即为资料收集监督的主要目的。

展示给工厂管理阶层的信息，通常为某种形式的报表汇总。这些报表主要包括以下内容。

（1）工单工作状态报表，为记载生产状态的报表，列印在此报表的典型的信息包括每一工单进行至哪一个工作中心,每一工单距交期剩余的时间,或每一工单内客户工作是否可及时交货、已延迟、优先次序等信息。表 13-19 为某工厂在制品未完工状况表的范例。

表 13-19 某工厂在制品未完工状况表的范例

项目	工单编号	成品编号	品料	发料日期	发料套数	预计完工日期	落后日数	最近完工日期	报废套数	未完工套数	欠料套数	落后原因
在制品未完工状况表								依部门成品排序 起始预定完工日: 结束预定完工日:960703				
制造部门:A0002 制一工段(直接)												
1	960035	G1 成品一	1	0701	200	960702	1		0	100		仓库 未入账
2	960033	G2 成品二	1	0630	100	960701	2		0	50	50	欠 p11 料 50 件
3	960034	G3 成品三	1	0628	150	960629	4		0	50		预计明 日完成
统计延误笔数:3 平均延误日数:2												

(2)绩效报表,可显示出某一时间内的工厂绩效,它所提供的信息包括有多少工单在此期间内完成、有多少工单应于此期间内完成却未完成、机器设备的使用率、人力资源利用等。表 13-20 为某工厂生产力日报表的范例。

表 13-20 某工厂生产力日报表的范例

项次	制造部门	部门名称	人数	编制投入工时	有效产出工时	本日生产力/%	部门月累计投入工时	部门月累计产出工时	部门月累计生产力/%	目标生产力/%	日期
生产力日报表							结算日期:960613-960613 (工时/小时)				
1	L100	制造一组	4	32	28	87.5	300	260	86.67	85	0613
2	L200	制造二组	6	48	40	83.33	480	400	83.33	80	0613
3	L300	制造三组	10	80	70	87.5	800	600	75	80	0613
4	L400	制造四组	6	48	44	91.67	470	445	94.68	93	0613
平均生产力:			26	208	182	87.5	2 050	1 705	83.17		

(3)例外报表,指出与预定生产排程的偏差及类似的例外信息。

这些报表将有助于生产管理者在有关资源分配、加班时数的命令下达以及其他委外产能等方面的决策制定,而且亦能事先洞察工厂内可能影响主生产计划达成的问题所在,进而修正或调整原先的生产计划。

收集工厂内的资料可利用多种不同的技术,如要求工作人员在每一事先规划的检测点填写某些表格,然后以人工方式汇总整理;亦有完全采用自动化方法,不需借助人力。工厂资料收集系统是现代化工厂常用的技术。

现代的工厂(现场)资料收集系统是由分布于工厂各处的自动化装置,加上传递、处理及分析这些资料的电脑所组成的体系。工厂资料收集系统所收集的工厂作业资料，其类型包括某一工作中心完成的件数、单一工单所花费直接劳工时数、报废工件数、重做的工件数，以及设备的使用状况或故障等。有的资料收集系统更包括提供工作人员在上下班时出、退勤时间的记录。

工厂资料收集系统的目的有：供应资料给现场控制系统中的现场监控模组以及提供目前的信息给工厂领班、工厂管理阶层以及生产控制人员。为达此目的，工厂资料收集系统必须输入资料至工厂内的电脑系统。在连线系统上，资料是直接输入工厂的电脑系统与资料库，且可为现场监控模组立即使用。连线资料收集系统的优点为，表示工厂状态的资料能随时保有目前的状态。当现场监控有所变动时，这些变动便会立即输入工厂的状态档案内。如此，负责的人员便能及时采取处理的行动，且能根据任何决策快速地更新信息内容。

5. 控制与回馈

控制与回馈的基本目的是实际监督现场资源依既定计划行事。当现场的生产进度告一段落或资源使用状况与既定计划有偏差至一定程度时，现场管控系统或人员必须立即协调现场资源，使其配合既定生产计划行事（此即为[控制]功能的发挥）；若现场出现了现场管控系统或人员无法及时解决的问题，则应立即[回馈]给相关的计划系统或单位。通常，生产现场的问题可分为两类：一是关于制造命令单，二是有关现场资源。制造命令单方面往往由于订单无法依计划完成而延误交期（如客人订单的改变、交货日期的变动等），现场资源方面最常发生的是有关物料与产能不足的问题（如原料延误交期、机器故障、工具损毁等），因此[控制]与[回馈]即是针对此两类问题，找出适当的解决方法。通常控制与回馈功能包含四个主要目的。

（1）定义现场所产生的各种问题，若为可解决的问题，则提出解决或改善方案。

（2）调整并[改善]现场所产生的问题。

（3）根除问题发生的根源。

（4）将信息回馈给其他阶层。

6. 工单的完工处理

工单完工处理功能的目的是当工单完成或因某种原因无法继续进行（如原料不足）而不再需要现场资源时，对现场控制系统本身及相关系统所应做的一些处置。对现场控制系统而言，完工处理是告知系统此工单已结束，不再需要做任何的排程与控制等工作，系统可以将所有的资源重新分配给其他工单使用。下列数种情形都会造成工单的结束。

（1）工单按计划完成。

（2）由于客户取消订单或其他原因，因而立刻终止该工单的生产。

（3）该工单因废料必须结束。

（4）该工单因残料必须结束。

其中所谓废料是指某一工单的产出已经无法利用重工的方式修正为预计的规格水平，且此工单的产出已经无法成为系统有用的部分，通常将其出售给需要的购买者。

学生自学要求

一、概括本章基本知识逻辑，200～300字
二、熟悉本章基本概念、术语及其英文表达

  数量控制/quantity control
  质量控制/quality control
  成本控制/cost control
  作业方法控制/operation method control
  制造日程/manufacturing schedule
  基准日程/benchmark schedule
  大日程计划/big schedule
  中日程计划/medium schedule
  小日程计划/small schedule
  订单管理/order management
  作业切换管理/job change-over management
  换模时间/mold changing time
  生产作业调度/production (job) scheduling
  生产派工/production dispatching
  集权、分权或半集权/centralization, decentralization or semi centralization
  甘特图/Gantt chart
  排产计划/production schedule
  提前期差度/lead time offset
  结构数据/structural data
  生产流程模型/production process model, PPM
  制造列表/manufacture order, MO
  活动/activities
  makespan/完成时间
  lateness/迟到
  flowtime/流动时间
  setup time/设置时间
  机器指派问题/machine assignment problem
  排序问题/scheduling problem
  Johnson（约翰逊）算法
  Palmer算法
  最短处理时间规则/the shortest processing time rule, SPT
  最长留剩时间规则/the longest remaining time rule, LRT
  最短留剩时间/the shortest remaining time rule, SRT
  最多留剩作业数/maximum remaining operands, MRO

最少留剩作业数/the fewest remaining operands，FRO
最长作业/the longest operation rule，LO
先到先服务规则/first come first serve rule，FCFS
交货期规则/delivery date rule，DDATE
松弛时间/slack rule，SLACK
价值规则/value rule
SPT 修正规则/SPT amendment rule
后继作业列队/line up for subsequent work
松弛时间/留剩作业数规则/slack/remaining operands rule
机器负荷卡/machine loader card

三、预习并思考下列问题

1. 基本问题：是什么的问题

（1）批量生产质量控制的主要内容是什么？
（2）成本控制的具体内容是什么？
（3）影响批量生产日程安排的因素有哪些？
（4）基准日程表可分为哪几种？
（5）订单管理的基本内容是什么？
（6）作业系统要切换到另一种作业系统有哪几种方式？
（7）车间管理的任务和目的是什么？
（8）订单生产过程中各部门的职责是什么？
（9）订单生产的日程安排分为哪几个步骤？
（10）生产排程的定义是什么？
（11）排程处理独立资源负荷时需要的基础数据有哪些？
（12）生产流程建模中模型的分类有哪些？
（13）生产排程中面向时间的目标有哪些？
（14）排产计划调整的规则是什么？
（15）什么是排序问题？
（16）动态性工作的排序通常的解决办法是什么？
（17）排程的困难主要原因是什么？
（18）计算复杂度问题分为哪两类问题？
（19）最优生产技术（OPT）的要点有哪些？
（20）有哪些基于优化排程的算法？它们各有什么优缺点？
（21）种类繁多的多品种少量订货生产，常采用分权式，因集权方式不易完全把握制程进度与机械余力负荷，其原因是什么？
（22）生产排程和生产排序的运作机制有哪些不同？
（23）多项工作与单机、双机和三部机器以上的排序都可用什么方法解决？它们各有什么异同？
（24）餐厅运营机制中的生产排序是什么？

（25）现实中作出详细生产排程计划需要哪些条件？

2. 综合性问题：怎么做、在哪些场合适合做

（1）怎么控制生产投入前、生产中的进度控制？

（2）当排程属于 NP 问题时，如何选择基于仿真排程和基于优化排程？选择不同的算法对排程结果会有什么样的影响？

（3）生产排程有集权、分权、半集权三种编订方式，若以某种方式编订好后，是否可以由另一种方式调整？

（4）如果生产中出现断料，生产计划该如何继续执行？

（5）为什么说许多现实的排程是求满意解而不是最优解？如何避免局部最优解？

（6）怎样确保作出的生产排程计划可以优化？

（7）生产排程系统若以无限负载方式运行，实际排程时是否会产生订单积压、生产混乱等现象，应如何补救？

（8）在排程计划的更新中，若产生了新订单，是否可以分解成多个订单分期插入生产计划排程中？

3. 关键问题：为什么的问题

（1）为什么备货型年度生产计划的核心内容是确定品种和产量？

（2）为什么确定需求计算时产能采用平均产能，物料仅核算关键物料？

（3）规定车间生产任务的方法中在制品定额法适用于什么样的生产类型？为什么？

（4）为什么要编制日历进度表？

四、本章知识逻辑

 即测即练题

第 14 章

物料分析与控制

【学习目标】掌握生产计划的执行与管控过程中，生产数据的统计分析、物料分析与控制常用技术术语和方法。熟悉 MRP、JIT 和 TOC 在生产过程物料控制中的基本理念。

【学习效益】具备基本的生产数据统计分析、物料分析与控制的能力。

14.1 生产数据的统计分析

统计业务是通过统计业务支撑的指标体系，来反映公司的营运状况、目标完成情况；通过提供基础数据的统计服务，为生产计划业务分析与控制提供决策数据支持。

生产计划部门中的统计业务主要包括基础数据维护、生产存货统计与分析、绩效指标统计、生产备货日报统计、统计字典等。

14.1.1 基础数据统计

基础数据统计是生产计划部门日常工作的基础，是计划人员满足业务部门多种数据需求的重要保证；同时有效地支持了计划和调度等相关部门的业务工作，提高了生产、计划人员处理数据的工作效率。

生产计划部门需要统计的基础数据有每日库存、项目属性、采购未到货、交易登记、毛需求、货龄、WIP 在制、项目周转率、采购需求（PR）、供给需求、BOM、问题任务令（过期任务令、取消异常任务令、完成未核销任务令、异常任务令、暂挂任务令）、销售订单等。

14.1.2 生产存货统计与分析

1. 存货统计指标

（1）平均存货：指统计期内，存货的算术平均值。目前采用每日存货的算术平均值计算一个月的平均存货，采用每月平均存货的算术平均值计算一年的平均存货。

平均存货 = 原材料库存量 + 半成品在制量 + 半成品库存量 + 成品在制量 + 成品库存量（金额）

（2）销货成本：指统计期内，销货成本之和。

（3）存货周转率：是企业一定时期营业成本（销售成本）与平均存货余额的比率。存货周转率（即存货周转率次数）有两种不同计价基础的计算方式。

一是以成本为基础的存货周转率,即一定时期内企业销货成本与存货平均余额间的比率,它反映企业流动资产的流动性,主要用于流动性分析。其计算公式为

成本基础的存货周转次数＝营业成本/存货平均余额＝销货成本

二是以收入为基础的存货周转率,即一定时期内企业营业收入与存货平均余额间的比率,主要用于获利能力分析。其计算公式为

收入基础的存货周转次数＝营业收入/存货平均余额

其中:存货平均余额＝(期初存货＋期末存货)/2

期末存货＝流动资产－速动资产＝流动负债×(流动比率－速动比率)

收入基础的存货周转次数－成本基础的存货周转次数＝毛利/存货平均余额

也可以通过存货周转天数计算,存货周转率＝计算期天数(365)/存货周转天数

存货周转率反映了统计期内,物料从原材料到组装成成品发货给客户的平均周转次数。一般折算为一年的周转次数。设统计期为 N 个月,则存货周转率的统计公式为

$$存货周转率 = \frac{(N个月的)销货成本}{(N个月的)平均存货余额} \times \frac{12}{N} \quad (次/年)$$

2. 存货统计方法

根据产品决策、物流状况等方面的需要,一般从以下几个方面来统计。

(1)按存货所处状态统计,统计各种状态的存货水平、存货比例以及存货的周转率或周转天数。

(2)按存货所属产品统计,统计各产品的存货水平和存货周转率或周转天数。

例14-1:下面以2011年6月某产品为例,介绍目前生产存货按产品、存货状态统计的方法,以及统计中需注意的问题。

1. 存货状态的划分

在 MRP Ⅱ 中,某产品按子库划分存货状态。原材料库存包括子库 12AP01、12AP07等;半成品库存包括 12BP02、12BP06 等;成品库存包括 12CP05、12CP19 等;其他库存包括待处理品(12DP09、12EP08 等)、故障品 12GZ17、跟踪品 12SP18;半成品在制,根据 MRP Ⅱ 在制品价值报告中半成品加工任务令的价值确定;成品在制由 MRP Ⅱ 在制品价值报告中整机装配任务令的价值确定。由于任务令欠料入库、任务令大量领用物料、任务令需求与 BOM 不一致、同一编码多个工艺路线、维修任务令领料与入库时编码不同等因素,从财务角度统计的在制品价值与实际存在着差异。

2. 存货所属产品

(1)计算原材料、半成品在制、半成品公用物料分摊比例。取各产品4月、5月、6月对6月的要货预测,按50%、40%、10%加权平均,按 BOM 分解到半成品,将专用物料按计划员确定产品,公用物料计算所占的百分比作为半成品和半成品在制公用物料的分摊比例,继续分解为原材料,同样将专用物料按计划员确定产品,公用物料计算所占的百分比,作为原材料公用物料的分摊比例。

(2)存货分产品。先用计划员确定专用物料所属产品,再按上述分摊比例分摊原材料、半成品在制、半成品公用物料,然后按已确定产品的比例分摊剩下的物料。

3. 存货分析方法

存货分析的内容包括存货健康状况分析、影响存货水平的主要因素分析等方面。

（1）存货健康状况分析，主要是低周转物料分析和死料分析。

（2）影响存货水平的主要因素分析，如市场预测偏差的影响、公司产品策略的影响、逆向物料（待处理品和故障品）的影响、跟踪品的影响、发货等通知的影响以及要货计划偏差的影响等。如表14-1所示。

表 14-1 某公司 6 月要货计划偏差量统计

项目	要货计划偏差率/%	发货成本	偏差量
甲产品	25	$X1$	$Y1$
GSM 业务	242	$X2$	$Y2$
数据业务	125	$X3$	$Y3$
智能网业务	53	$X4$	$Y4$
新业务	87	$X5$	$Y5$
企业网络	69	$X6$	$Y6$
乙产品	10	$X7$	$Y7$
合计	—	—	Y

设 6 月要货的偏差量为 Y 万元，假设按要货计划发货且发货是均衡的，每月按 30 天计算，平均每月比实际多发货 X 万元，则平均存货会下降 $X/30$ 万元，而发货成本相应会增加 Y 万元。如果能完全按要货计划执行，本期生产存货周转率将上升 1.34 次/年。

产品策略的影响：设产品 A1 有 B1 万元的专用物料，A2 有 B2 万元的遗留库存，6 月没有发货。另外 A3 有 B3 万元的遗留物料。

发货等通知影响：6 月发货等通知、客户自提等合同。已完成备货超过 4 天仍未发货的合同，仅 ATO 部分造成的库存积压为 X 万元，其中海外合同有 $X1$ 万元（海外合同因需要报关等不可控因素，一般是发货等通知），国内合同有 $X2$ 万元。

4. 存货报告

存货统计和分析报告主要有生产存货报告和库存监控日报等。

1）生产存货报告

生产存货报告反映公司存货资产现状，对每个月的生产存货的水平、存货结构、存货周转率、发展趋势进行总结，并对影响本月存货各方面情况的因素进行分析。生产存货报告所反映的内容是对生产计划部门各月存货情况的总结、对计划部门控制存货的绩效的反映。

2）库存监控日报

库存监控日报主要发布每日的公司存货和生产存货的存货水平、存货结构，对趋势进行监控，为各级计划部门宏观上把握存货水平、控制存货提供参谋作用。

公司存货包括暂存库存、生产库存、在途库存、办事处库存、备件库存、储备库存等。

生产库存包括原材料库存、半成品在制、半成品库存、产成品在制、成品库存、待处理库存以及其他（包括跟踪品、故障品等）。

14.1.3　绩效指标统计

世界级制造（world class manufacturing）指标体系是制造系统监控、测评绩效改进状况的工具，是实施绩效改进管理的基础。建立世界级制造绩效指标体系，用反映世界级制造原则要求的绩效指标体系来测评与指导管理改进，是实现生产管理方式与国际接轨的必由之路。

关键绩效指标是围绕组织的核心目标而设置的体现组织主要绩效的关键绩效指标，是世界级制造指标体系的主体。"公司的战略目标和顾客满意度"是建立绩效改进考核指标体系的两个基本出发点，在对战略目标层层分解的基础上确定各部门的目标，在对顾客满意度节节开展的基础上，确定流程各环节和岗位的目标。

目前关于订单执行方面的绩效指标主要包括合同及时齐套发货率、客户要货完成率、客户合同投诉率、生产存货周转率、合同平均延误周期、合同平均运作周期、万元发货制造费用等。

14.1.4　生产备货日报统计

生产备货日报是针对订单备货的各环节，依据世界级制造指标体系，对生产过程中的各种情况进行动态监督、检查，及时反映订单的执行情况、目标的达成情况，为业务调节生产提供参考。

生产备货日报的指标体系中包括合同及时齐套发货率、客户要货完成率、合同平均运作周期、合同平均延误周期、承诺发货准确率、目前延误和欠料发货的合同数，还包括合同物料及时齐套率以及当日接单、生产、发货情况，当月累计接单、生产、发货情况，产品累计要货、生产、发货情况等各种生产量的情况。生产备货日报的指标大体分为两类。

1. 反映订单执行情况的指标

此类指标反映合同在公司生产过程中的执行情况，主要包括合同及时齐套发货率、承诺发货准确率、合同平均运作周期、合同平均延误周期等。

（1）在计算这些指标时将合同分为两类：一类为发货等通知的合同和内部要货合同，另一类为非发货等通知的合同。这两类合同由于备货方式不同，在计算这些指标时采取不同的方法：对于发货等通知合同和内部要货合同，由于客户要求的发货时间往往不明确，最终的发货时间对于生产备货部门而言，往往是不可控的，因此对于这些合同，在计算这些指标时将计划完成日期作为标准，考察生产包装完成的情况；而对于非发货等通知的合同，由于客户要求的发货时间明确，则需按照客户要求发货时间，考察合同实际发货时的情况。

（2）合同及时齐套发货率：统计期内按客户要求发货日期及时、齐套发货的客户合同计划（customer contract plan，CCP）合同数占统计期内客户要求发货的CCP合同总数的比例。反映公司按客户要求发货的及时性、齐套性，是客户满意度、公司管理水平的重要体现。对于发货等通知和内部要货合同在计算合同及时齐套发货率时，如果合同中的所有订单在计划要求完成时间之前及时齐套包装完成，则认为该合同已及时齐套发货；而对于非发货等通知的合同只有当所有的订单在客户要求发货时间之前及时齐套发货，才认为合同已及时齐套发货。

（3）合同平均运作周期：统计期内从客户合同计划满足下单条件到客户合同计划发货的总时间与客户合同计划发货数之比。该指标反映了客户合同计划履行的效率和柔性、公司的响应速度，促进交货期的缩短。客户合同计划满足下单条件的日期是指客户合同计划的预付款和工勘都已满足时的日期。

（4）合同平均延误周期：统计期内客户合同计划合同实际齐套发货日期与客户要求发货日期相比的平均延迟天数。合同及时齐套发货率和合同平均延误周期是互补的指标，合同及时齐套发货率反映公司满足客户要求的水平，合同平均延误周期从周期的角度反映没有达到客户要求的程度。合同平均延误周期是一个累计指标，其统计期从统计年份的1月1日到统计截止日，其分子的含义是统计期内所有延误合同的延误总天数，分母的含义是统计期内客户要求发货的所有客户合同计划合同数。

（5）承诺发货准确率：承诺发货时间指合同传回生产部门后，生产部门按照客户要求结合生产产能的实际情况进行合同匹配，承诺发货时间。承诺发货准确率指合同按承诺发货时间准确发货的合同数占承诺发货合同总数的比例。在承诺发货时间前三天和后一天的期间内发货都算准确发货的合同。该指标主要反映生产部门对外承诺的实现水平，同时引导市场部门合理签单。

2. 从产量的角度反映生产执行情况的指标

（1）客户要货完成率：统计期内各产品（或订单）实际发货占要求发货的比重。反映各产品的完成量满足客户要货的程度。

（2）各产品要货、接单、生产、发货的情况：主要反映各产品在生产各环节按照CCP的要求实际备货情况，监控各环节按计划的进度完成生产任务。

14.1.5 统计字典

统计字典主要是对统计业务日常工作所需的主要文档、相关业务知识等进行详细记录，以便查询，并作为宣传、培训素材。常用素材主要包括备货日报主要统计指标介绍、存货统计、基础数据说明、指标汇总等统计常识。

14.2 库存分析

本节从库存结构分析、不良库存产生的原因分析来介绍库存分析的方法，并以某通信产品为例说明如何进行库存分析。库存结构是库存分析的重要对象。本节将对它们进行简单介绍。对一个存储系统来说，库存结构影响物料周转速度，所以它也是衡量库存质量的一种标准。这里仅对公司正向物流进行库存结构的分析。根据库存周转率的相关概念和公司实际的生产特点，可以得到原材料、半成品和成品的合理库存比例关系。进而利用这个比例关系，得出实际库存中不良库存的部分。

14.2.1 库存结构分析

利用周转率和周转天数的概念，结合公司各产品的生产、计划、产品结构等实际情况，可以从理论上得出一个在一定的库存周转率的目标下的合理库存结构分布为

$$I_{原}:I_{半}:I_{成} = \{1-V[B+C+A(D+E)]/365\} : [VA(D+E)/365] : [V(B+C)/365] \quad (14\text{-}1)$$

式中：A、B、C、D、E 分别表示发货成本中非原材料所占比例（和产品结构有关）、整机调测周期、货物部理货周期、半成品补货提前期、半成品加工周期，它们与产品密切相关；V 与 I 分别表示库存周转率和库存。式（14-1）的推导过程如下：

用 O 和 N 分别表示出库和周转天数

$$V = \frac{O}{I} \times \frac{365}{\text{统计期天数}} = \frac{I_{成}}{I} \times \frac{365}{N_{成}} \quad (14\text{-}2)$$

$$\frac{I_{成}}{O_{成}} \cdot C = N_{成} \quad (14\text{-}3)$$

$$\frac{I_{半}}{O_{半}} C = N_{半} \quad (14\text{-}4)$$

$$N_{半} = D + E \quad (14\text{-}5)$$

$$N_{成} = B + C \quad (14\text{-}6)$$

由式（14-3）和式（14-4）得到

$$\frac{I_{半}}{I_{成}} = \frac{N_{半} O_{半}}{N_{成} O_{成}} = \frac{N_{半}}{N_{成}} A \quad (14\text{-}7)$$

由式（14-2）、式（14-5）～式（14-7）可得

$$\frac{I_{成}}{I} = V(B+C)/365$$

$$\frac{I_{半}}{I} = VA(D+E)/365$$

$$\frac{I_{原}}{I} = 1 - V(B+C) + A(D+E)/365$$

例 14-2：假定某公司乙产品周转率达到 6 次/年，计算乙产品原材料、半成品和成品的库存比例。

（1）$A=0.9$（1–POC 物料占发货物料的比例）。
（2）$B=10$ 天（制造部调测周期）。
（3）$C=2$ 天（货物部理货周期）。
（4）$D=20$ 天（用平均货龄近似）。
（5）$E=5$ 天（用单板加工周期近似）。

则根据式（14-1）得到：原材料、半成品、成品的库存比例为 43∶37∶20。

对比 2011 年 5 月乙产品的相关数据：
（1）存货周转率为 6.46 次/年。
（2）原材料、半成品和成品的库存比例为：42∶38∶20。

得乙产品 2010 年 6 月至 2011 年 5 月存货周转率和库存结构关系图如图 14-1 所示。

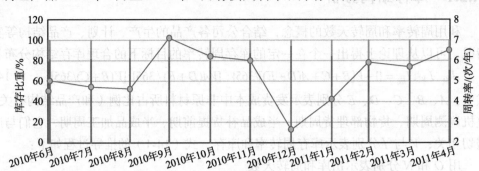

	2010年6月	2010年7月	2010年8月	2010年9月	2010年10月	2010年11月	2010年12月	2011年1月	2011年2月	2011年3月	2011年4月	2011年5月
成品	2	1.8	1.8	1.7	1.6	2	1.2	0.5	1.5	2	2.4	3.3
半成品	3	3	3.1	3.2	3.2	3	3	3	3	3	3.5	3.5
原材料	5	5.2	5.1	5.1	5.2	5.25	5.5	6	5.4	5	4.9	4.7
周转率	4.5	5	4.7	4.6	7.1	6.2	6	2.6	4.1	5.9	5.7	6.5

图 14-1 存货周转率和库存结构关系图

以上分析表明：

（1）在一定的时间段内，公司的生产运作水平近似固定在一个水平（如半成品加工周期），这样库存周转率与库存结构两者只要知道了其一，就能推知另一个值。

（2）通过控制库存结构，减少不同环节的库存浪费，就能提高库存周转率，在较低的库存水平下达到同样的客户服务水平。

14.2.2 不良库存原因分析

库存分析的重点就是关注库存中不合理部分，包括其所占整个库存的比例以及产生的原因分析，通过实际库存和理想库存的结构对比，可以将不良的库存从整个库存中提取出来。

1. 市场预测偏差

市场预测偏差会造成额外库存资金。从以下两个模型分别来推算要货计划偏差对库存的影响。

模型 1：为了满足发货，需要做一定的原材料库存、半成品库存，还必须有一定的半成品在制和成品在制。通常半成品加工周期是 6～10 天，整机加工的周期是 7～9 天，整机发货 1～2 天，因此必须有大约 10 天的半成品库存（防止半成品加工出现断档等）、10 天的半成品在制、10 天的成品在制、最多 2 天的整机库存，即差不多需要一个月 M 大小的库存，其中包括 $M/3$（半成品在制）、$M/3$（半成品库存）和 $M/3$（成品在制和库存），假如我们再做一个月的原材料库存 M（储备计划和正常生产需要的库存），则总库存是 $2M$，即一个月里用 $2M$ 的平均库存量保证了发货 M，周转率是：$(M/2M) \times 12 = 6$ 次/年。

在这个假设里，原材料、半成品和成品库存的比例关系为 50∶33∶17。一般来说，半成品和成品的库存是按实际需求生产，控制的余地不是很大，控制的重点主要是原材料库存。通过优化，半成品和成品的在制库存可以从 20 天减少到 15 天，半成品安全缓冲量的库存也可以从 10 天减少为 7 天，则总的半成品在制、半成品库存、成品在制和库存可从 30 天减少到 22 天，原材料的库存也可以从 30 天减少到 20 天，则通过改进、优化后库存周转率可以达到 8.7 次/年。

模型 2：如果原材料库存为 $2M$ 每月，半成品和成品仍保持 M 每月，月发货料本为 M，则周转率为 $M/(2M+M)\times12=4$ 次/年。其他类推。

要货计划准确度为：$1-|$要货计划－实际发货$|/$要货计划。

假设要货计划比实际发货量大，准确度为 80%，则因为发货量小，周转率将比上面的计算小，在模型 1 里，周转率变为 $M\times80\%/(2M)\times12$ 等于 4.8 次/年。在模型 2 里，则变为 3.2 次/年。

如果要货计划比实际发货量大，准确性为 50%，则模型 1 周转率为 3 次/年，模型 2 为 2 次/年。可见要货计划准确性对库存周转率的影响很大。

上面是简化的模型分析，实际上由于计划是滚动制定的，库存有一部分被滚动冲减掉，再加上适当的到货控制，因此要货计划准确度对周转率影响没有上面计算的大，可以乘一个系数。

2. 版本切换

进行版本切换，基于切换的安全性考虑，各配件都有不同程度的重叠，对库存的影响较大。如安全气囊有内饰不同的演化等。

3. 结构性偏差

为了应付个别车辆的维修冲击，对一些用量少的配件需做一定量的库存，一般来说这些配件的周转速度要远远低于其他备件，造成库存增大。这也是导致 6 个月不动产增加的主要原因。

4. 订货管理

由于有些产品当时出现某种问题，应前台要求换货。而当我们订回来后，客户又不换了，可能该故障现象消除或者这本身就是一个错误的信息，如造成的库存积压等。

5. 库存控制缺乏合作性与协调性

企业内部各独立的单元，其使命和目标是不同的，往往是以满足自己最大获利为使命和目标的。例如，营销往往是根据自己的能力制定的，一味地追求产值效益，有时为了获取紧俏商品，甚至夸大订货量，导致供应链的需求放大。企业这种"画地为牢、各自为政"的意识普遍存在，由于不信任、竞争和敌对的态度导致的组织障碍，更是影响到库存控制的成效。

6. 储备计划

除了上述问题的影响之外，还有配件编码错误，造成订回来的配件不适用；配件选择错误，造成订回来的配件不适用。重新订货，造成库存增加，而且是不可用的库存，这就不可避免会产生不良物料。

7. 试产批量

部分试制产品实际的市场需求量比预计的要小,造成该部分产品的库存积压。

8. 备件返回

由于客服备件计划偏差,备件计划量经常大于实际的需求量。

此外还包括由于技术问题、提前期不合理和计划百分比不合理导致的不良库存。

例 14-3:某公司甲产品 2010 年某期存货分析

1. 库存结构

某公司乙产品库存结构如表 14-2 所示。

表 14-2 某公司乙产品库存结构

类别	总金额/万元	生产状态/万元	中试状态/万元	占总量比例/%
原材料库存	6 003	5 073.9	937.6	38
半成品库存	5 223	3 883.8	1 343.4	33
半成品在制	2 204	1 902.5	301.2	14
成品库存及在制	2 291			15
总计	15 721			100

2. 产品库存合理值探讨

我们从年目标库存周转率和理想周转天数两方面来讨论。

方法一:根据公式库存周转率 = 当月销货成本 × 12/当月平均库存,来测算九月份的合理库存:

预计 9 月销货成本(= 各产品预计 9 月发货量 × 单位该产品成本)为 6 930(万元)
库存周转率按年初计所确定的指标为 5 次/年,因此

9 月的库存合理值 = 当月销货成本 × 12/库存周转率 = 6 930 × 12/5 = 16 632 万元

方法二:根据各环节周转天数折算周转率。从逻辑上说,当甲产品和乙产品要货计划准确率相等的情况下,其原材料库存周转天数、半成品库存周转天数应该与乙产品的相同。另外由于甲产品六月份起做了大幅度下调,7 月、8 月的原材料库存、半成品库存周转天数不够理想。因此,用乙产品 4、5、6 月原材料库存、半成品库存周转天数平均值替代甲产品来计算甲产品理想周转率。

理想库存周转率 = 365/(原材料库存平均天数 18.5 + 半成品在制平均天数 9.2 +
    半成品库存量平均天数 13.6 + 成品在制量平均天数 3.5 +
    成品库存量平均天数 11) = 365/55.8 = 6.5 次/年

9 月份库存理想值 = 当月销货成本 × 12/6.5 = 6 930 × 12/6.5 = 12 794 万元

3. 目前库存与理想值相比存在的问题

(1)差异:目前库存总额与理想库存值存在 3 000 万元的差异,不合理物料生产/中试分布如表 14-3 所示。

表 14-3　不合理物料生产/中试分布　　　　　　　　　　　　　　万元

物料	生产状态	中试状态	总计
原材料	1 743	334	2 077
半成品	323	743	1 066
总计	2 066	1 077	3 143

（2）差异原因分析：主要针对金额占用大的 S、A 类物料，将其当前的库存与未来一个月的毛需求进行对比，如库存大于未来一个月毛需求即视为不合理，大于部分为不合理库存值。

（3）不合理库存的来源

造成目前 3 143 万元不合理库存的主要有下面几个因素，各因素影响库存金额的详细数据如下：

①要货计划偏大：影响库存金额 842.4 万元。

②版本切换：影响库存金额 486.9 万元。

2009 年，甲产品 90%的单板都要进行版本切换，基于切换的安全性考虑，各单板都有不同程度的重叠，对库存的影响较大。

③结构性偏差：影响库存金额 460.8 万元。

甲产品的单板种类较多，其中 SL1、SL4、T16 尤为明显，目前 SL1、SL4 并行发货的新旧单板分别多达七八种，由此造成的额外库存较大。另外每月需求量较少的单板如 SE2、PL3、PL4、BA2、TPS、SLE 等，为了应付个别订单的冲击，对这些单板需做一定量的库存，一般来说这些单板的周转速度要远远低于其他单板，这也是造成库存增大的一个原因。

④试产批量：影响库存金额 379.1 万元。

2008 年底，SS33T16 试产评审定为 150 套料，但由于市场需求量较小，造成 379.1 万元的库存积压。

⑤备件返回：影响库存金额 315 万元。

⑥储备计划：影响库存金额 276.7 万元。

⑦技术问题：影响库存金额 147.7 万元。

⑧提前期不合理：影响库存金额 126 万元。

8 月中旬进行的甲产品库存分析中，发现 2.5G 整机调测提前期偏长约 3 天，由于提前期的不准确造成库存资金约 126 万元。

⑨计划百分比：影响库存金额 109 万元。

这里主要是指发货附件中的项目如电缆、光连接器需求不确定，物料计划失真，影响库存 109 万元。

14.2.3　死料、低周转物料的分析与处理

由于市场预测与实际需求的差异、市场退货、版本切换、超存储、来料质量问题

等因素的影响，不可避免会产生不良物料。计划人员有责任将不良物料控制在一个合理水平，减少不必要的经营风险。死料与低周转物料的控制是计划人员的一项重要工作，熟练其分析方法、处理流程是对计划人员的基本要求。

1. 定义

（1）死料。死料就是没有用途、要报废的物料。死料的定义为：库存项目在当前计划期内需求为零，并且在公司范围内没有最终用途的物料。

（2）低周转物料。低周转物料就是周转频次低于正常物料的那部分库存。通常定义为：库存大于6个月的物料或周转率小于1次/年的物料。

公司的计划模式是用可执行的发货计划来驱动整个供应链计划的，这样预测与实际需求就会存在差异，再加上版本切换、ECO（engineering change order）、逆向物流、计划百分比等因素，产生死料、低周转物料是不可避免的。但如何及时处理死料，及时利用与消耗低周转物料，通过分析发现管理中存在的问题，不断地改进工作是每个计划人员的责任。

2. 分析与控制

计划人员每天都要花较多的时间来进行计划分析，死料、低周转物料产生的原因分析是计划分析的重要内容。出入库数据、MRP毛需求数据是分析的基础数据，通过查询库存的来源（采购入库时间/由谁下达计划、转库、库存调整）、推算库存形成时间、再查询物料的历史用途、曾经的替代关系、相关的版本切换信息、追溯库存产生时间的计划量及变化、计划百分比维护记录等进行计划"考古"，对死料与低周转物料的产生原因进行分析。同时将其中的典型问题写成案例，把失败的教训写下来，使其他计划人员及后来者少走弯路、少犯同类的错误。常见的死料与低周转物料产生的原因可归结如下。

（1）计划方面原因，如市场预测波动、计划百分比维护以及计划失误。

（2）技术方面原因，如版本切换、ECO以及产品停止销售。

（3）采购与认证原因，如最小批量过大、风险采购。

（4）BOM原因，如清单错误、编码合并。

3. 对采购订单（purchase order，PO）的监控

发现了死料与低周转物料，仅对现有的生产库存进行处理是不够的。还需要审视其他环节的库存情况（备件、维护库存；逆向物流库存——待处理品相关库存、故障品库存等），尽可能将损失降到最低。同时需要对采购订单进行监控，通过例外信息等工具，对相关采购订单进行处理。

由于多库存组织的计划分开运作，死料与低周转物料的采购订单处理难度变大。在进行版本切换/ECO计划控制时，严格控制死料与低周转物料的产生，确保切换目标的实现；当物料已经成为死料、低周转物料以后，通过转库或实施内部订单等方式，使其他组织在已经考虑这些物料以后，再进行处理采购订单（推迟或取消）、下达采购需求；同时在一定的条件下，将本组织的采购订单转到其他组织消耗。这样，通过对采购订单进行处理使公司的损失最小化。

4. 处理方法

每个月对低周转物料进行处理一次,每个季度对死料进行处理一次。先由物控人员把所有符合定义的物料清单及库存等情况提取出来,再由计划人员对用量等进行确认,得到死料、低周转物料的清单,然后通过转库、内部订单等方式进行消耗。

(1)转库,单项转库金额小于限额的物料,在不使转入组织成为低周转的数量范围内,一次性转库消耗。

(2)实施内部订单,对于单项转库金额大于限额时,转入与转出双方计划员共同拟订一个转库计划(每次转库量为转入组织半个月用量),通过内部订单的形式记录下双方的协议。严格遵守这个协议,每周转库一次,转库不再通过双方审批。

例 14-4:甲产品 2010 年第 5 期低周转物料、死料分析

1. 低周转物料、死料金额统计

低周转物料、死料总计 160 项,总金额 321.53 万元;其中死料 15 项,金额 9.99 万元,占总金额的 3.1%。其具体分布如表 14-4 所示。

表 14-4 低周转物料、死料分布

形成原因分类		项数	金额/元	百分比/%
计划	要货计划偏大	3	23.85	7.4
	库存计划偏大		0.72	0.2
	计划百分比偏大	1	0.24	0.1
	组织拆分	6	28.26	8.8
	转库量过大	4	1.4	0.4
	合计	14	54.47	16.9
技术	版本切换	115	182.65	56.8
	ECO 更改	16	70.26	21.9
	产品停止销售	2	0.52	0.2
	合计	133	253.43	78.9
认证与采购	最小采购批量过大	8	8.39	2.6
	风险采购	1	2.07	0.6
	合计	9	10.46	3.3
BOM	编码拆分	1	无价格	
	合计	1		
其他(器件本身问题、实验退库)	商务需求变化	1	1.89	0.6
		2	1.28	0.4
总计		160	321.53	100

2. 典型事例分析

典型事例分析如表 14-5 所示。

表 14-5　典型事例分析

要货计划偏大	31TPS，1 月单列计划总计 330 件，3 月单列计划总计 155 件，导致相关物料 110139 等的呆料
商务需求变化	5001S，合同统筹提需求时提了 2 件，该合同却只用了 1 件
版本切换	155A/H 向 622H 切换后遗留呆料 64 万元
ECO 更改	14220/14040，母板电口后出线方式配套物料，与 11PL4、12SLE、31SE2 配套使用，三单板升级后不用；产品组未及时提供切换信息；储备计划和长单等因素导致了 38 万元的呆料
最小采购批量过大	410169，最小批量 3 000，2007 年下计划 3 000，消耗到现在还剩余 1 500

3. 呆死料的分析处理

呆死料的分析处理如表 14-6 所示。

表 14-6　呆死料的分析处理

分析处理	项次	金额/元
转待处理品中心呆料库	15	9.99
转 TC	4	13.23
转 GSM	3	16.8
转 CC	3	1.71
转 ETS	2	1.27
转 DDC	2	2.48
替代	2	3.48
合计	31	48.96

14.3　物　料　控　制

物料控制（简称物控）是对计划及计划执行过程的监控，其中心思想是对偏离计划目标的行为进行反馈与调整，包括对计划的反馈与调整，对物流各环节的反馈与调整，其目标是使物流能符合计划的目标。物控与计划密不可分。

14.3.1　存货出库控制

1. 损耗率的计算与应用

1）损耗率计算

损耗率：平均的制造损耗率。如某物料在最终检验时一般有 20% 的损耗，则该物料的损耗率为 0.2。

2）损耗率的应用

通过损耗比率来扩大物料的净需求，如损耗率为 0.2，则实际需求是在原净需求上乘以 1.25［1/（1－损耗率）］。

损耗率与故障品比率有联系，但不是同一个概念。故障品可以通过维修再利用，而损耗掉的物料不能再利用。

2. 零星领料控制

1）零星领料运作过程

申请人填写公司物料领料单→部门主管审核→大部门计划审核（非生产部门领料必须）→物控批准→库房物料员发料→录入员做账。

2）物控审批规范

物控负责核准零星领料单的规范性和正确性，在允许领用的单据上填写分类号并签字。

（1）若可领数量小于请领数量，在可领一栏填写具体的可领数量。

（2）若可领数量大于请领数量，在可领一栏填写具体的可领数量，同时在该项物料编码前面签字确认。

（3）核准后不可以领用的物料，在领料单实发数量栏标注"/"。

3. 不良物料清理

1）不良物料范围

死料、低周转物料、故障品、超储存期物料、低版本板件。

2）不良物料处理

（1）提取不良物料清单。

（2）组织生产部门、非生产部门进行需求确认。

（3）无需求物料经评审、会签后转待处理品中心报废处理。

（4）有需求的物料：死料、低周转物料、低版本板件留原组织或者转其他组织、其他部门继续使用，超储存期物料送检合格后继续消耗，故障品留待维修合格后继续使用。

4. 共管物料控制

1）共管物料

考虑到效率与物料本身的特点（如盘料），各库房与生产部门和外协厂共同管理的物料。

2）共管物料领用及管理

领料管理：生产部门和外协厂凭任务令领料单到库房领料，库房物料员在发共管物料时，应根据其结余情况决定发料还是扣账，只有生产部门和外协厂的结存物料耗完后，才发下一批物料。共管物料由库房物料员在发料清单上填写检验单号。

信息管理：共管物料通过建立手工台账的方式进行管理。

存放在生产部门的物料，只用于批量生产，如遇特殊原因其他部门需到生产部门领料，领料单上必须有相应库房物料员的签字，生产部门方可发料，发料后必须在当天将领料单交库房物料员，库房物料员扣台账。

生产部门按零星加工任务令及按调度单生产所用物料为共管物料，必须在用料当天将领料单交相应库房物料员，库房物料员扣台账。

3）共管物料的盘点

循坏盘点时对共管物料只盘台账不盘实物，共管物料的实物盘点由库房每月一次将共管物料的结存数量确认表交相关生产部门的物料员和外协物料员，由生产部门物料员和外协物料员负责将本部门所结存共管物料的实物盘点并将实盘数量填写在共管物料的结存数量确认表上，库房物料员应对生产部门的盘点数量进行抽检。

5. 客户的采购物料管理

1）直发客户的定义

直发客户即异地收货，是指经采购部门下单，供应商直接将货物按照公司的要求送往指定地点，实物不经中央收发入库的业务行为。

2）直发客户大致流程

采购部门下单→通知供应商送货→供应商发货→指定地收货→收货人出具异地收货验收报告→合同统筹办接收报告→中央收发根据报告办理入库→财务入账→出纳付款。

3）直发客户物料的核销

（1）国内直发用户的配套物料，发给办事处接收，特殊情况由合同统筹部门与有关部门协商解决；海外直发用户的物料由国际营销部门安排工程人员到用户处接收。

（2）收货人员在接收物料时，清点收货件数与包装质量，核对装箱单与箱号，按清点情况如实填写接收报告，并在接收报告上依据供应商的装箱单注明该批物料的描述（或型号）与数量。

（3）最终到货品种、数量以设备安装调测时开箱确认的数量为准，此款与物料的质量、安装、售后服务等条款由采购员在采购合同中予以明确。

（4）直发国内物料的接收报告，办事处应在一周之内传真至合同统筹部门；海外直发物料的接收报告，国际营销部门应保证在两周之内传真至合同统筹部门。

（5）供应商送货之前，合同统筹部门应使用邮件附上接收报告表格提前通知物料接收人员。接收报告应注明：接收人员应填写的栏目、接收报告完成时间。

14.3.2 进料质量控制

1. 物料复审会议

1）MRB 的定义

MRB：Material Review Board，物料复审会议。

2）召集物料复审会议的前提条件是发生下述物料质量问题

在来料检验中，进料质量控制（incoming quality control，IQC）检验员判为不合格，而且进料质量控制工程师和相关技术支持部门确认为退货、生产计划为急需的物料，通过进料质量控制主管、质量工程师和计划、技术部门沟通仍然无法解决，需要相关部门进一步协调。

在生产过程中，因物料质量问题严重影响了生产计划进度或发货，通过物料质量问题会议仍然无法解决，必须在质量和生产进度或发货之间作出选择，则由进料质量控制或相关部门质量工程师提出 MRB 申请，把 MRB 申请通知提交给计划部门。

3）物料复审会议的运作

计划员通知 MRB 成员开会→MRB 成员复审形成集体决策（若无法达成一致，由计划将意见报上级主管处理）→意见记录在 MRB 处理单上，与会代表签字，质量部门同意编号保存。

4）注意事项

计划员是物料复审会议的召集人，在处理过程中提供准确的计划需求信息，对于判为急需的物料，应说明急需数量、急需日期等；对于生产中的故障物料必要时给出库存的良品数量和待处理故障品数量，以及近段时间的计划需求。

2. 退货与补货

1）采购退换货

供应商换货：指物料经进料质量控制检验合格入库后，由于供应商的原因发生的将物料退给供应商，由供应商重新补货或由公司直接扣供应商货款的行为。

退换货授权（return material authorization，RMA）协议：

RMA 协议适用于工段及市场使用中不良物料退换货产生的所有的供应商换货，包括进口物料和国内采购物料。

采购员起草 RMA 协议→采购员与供应商协商 RMA 协议→采购经理审批 RMA 协议→采购员/供应商签订 RMA 协议→采购员填写领料单→生产复核部领料单登记→ 合同管理处审核 RMA 协议及相关单据→采购核算处进行财务处理→供应商/生产复核部提货/领料出库→供应商补货→生产复核部复核接收/打单送检/入库→采购结算处核销。

2）生产退换货

生产部门待处理物料：指生产加工过程中产生的不合格品、生产现场剩余物料以及来料不良物料等。

剩余物料：待处理物料之一，指生产车间由于物料的备损、原包装多料、生产维修改制、ECO 更改等原因形成的超出在制任务令、订单需求的物料。

故障品：存在故障，不能满足生产或市场发货要求的物料。

废品：无法维修再利用或经评审（考虑成本及需求因素）做报废处理的物料。

抛料：指 SMT 贴片机在生产过程中由于机器检测通不过等原因丢在回收盒或垃圾箱内的物料。

3. 退库处理

（1）剩余物料每月由生产部门集中清理一次，其他物料随时处理。

（2）对可再利用物料生产部门要加以利用。再利用物料时，可采取如下走账方式进行处理：生产部门填正向待处理品处理单与公司批量补料单（补料单上任务令号/订单号为待转入加工/装配的任务令与订单），在单据上要注明条形码，对没有条形码或一批物料存在多个条形码则可按物流条码编码规则进行编条码；库房录入员在条码系统中用走账方式进行信息核销。

（3）退货次序：先由工艺等部门进行初步判断，能明确下结论的先分流一部分；不能明确下结论的再检验，依检验结论分流。

（4）故障物料退库时，实物上一般要求附有质量问题处理单或故障返修卡等相关质量信息凭证（用有详细退库原因说明的正向待处理品处理单代替也可）。

（5）生产部门为待处理中心维修换下的物料开逆向待处理品处理单并注明退库原因，由工艺部门作出品质初步判断后直接退回待处理品库。

（6）对外协厂需退库的零星物料由工艺部门做初步判断，批量性问题由材料质量工程师（MQE）进行判断。

（7）来料不良，如果不良品有编码、但只是作为加工组件的一部分领出，不能以正常方式换料。退库部门要开正向待处理品处理单与公司物料领料单，交物控/财务填写分料号（H10/H11），将不良品退故障品库后，待处理单退库部门联作为领料单的附件到良品库领取好料。对于是由PCB来料不良造成产品不合格，如果判为报废，要入故障品库，PCB板上所用的器件由车间开零星领料单补料（必要时，也可拆下来再利用，如贵重物料）。

（8）经深度维修不合格的单板直接由维修部门报废（特别说明：已做报废标识的单板入报废品库不能核销任务令）。

（9）来料不良造成的废品板，故障品库物料员要单独放置，不得再发给维修任务令。

（10）生产部门损坏的元器件直接报废。

（11）对物料进行隔离的工作联络单要求有处理措施与隔离时限（批量来料不良要求退换货物料不受此限），否则库房不予执行。对原因不明的批量隔离物料，由物料员作出特别的隔离标识。

14.3.3 投料控制

订单确认和发放的核心在于投料控制，按照里特定律，可以设计出以下的投料控制步骤。

1. 控制投料品种

无论是订单生产（MTO），还是库存生产（MTS），或是混合生产（MTO+MTS），客户需求是最基础的。库存生产的场景，可以用最大量/最小量及其他库存理论来确定补货量，并依据库存现存量的多少确定补货的优先顺序。订单生产场景，销售订单的交货日是一个关键的时间节点，是销售订单锚点（同步点），而订单需求日与当前日的差可以作为销售订单的优先顺序来控制。

对所需要的生产任务，进行基于库存消耗量、基于销售订单需求日的优先顺序，其实是决定投料的品种：即工厂仅投产优先顺序高的品种。这个投料原则，决定工厂的资源占用原则，即产能、物料和管理者的关注度，投放给优先等级高的客户需求，实现"急用先用"。

2. 控制投料时间

何时允许在制品（WIP）的投入，是一个非常难的问题。精益生产和TOC约束理论提供了不同的方法。

精益生产的方法是拉动，最常见的方式是看板拉动。看板拉动有前置条件，第一个条件是均衡化。丰田的均衡化是一个十分庞大的计划运作体系。丰田的生产计划过程就是一个控制过程，控制需求的平准性：总量平衡和品种平衡。

3. 控制投料数量

由 $WIP=TH \cdot CT$ 可知，过多的在制品（WIP）只会劣化产出率（TH）、加工周期（CT）两个绩效指标，更何况工厂、车间和产线内过多的在制品，不仅造成现场的混乱，更允许了员工的不良多工、集批等不好习惯，造成质量不良、延长加工周期等问题，破坏优先顺序。如图 14-2 所示。

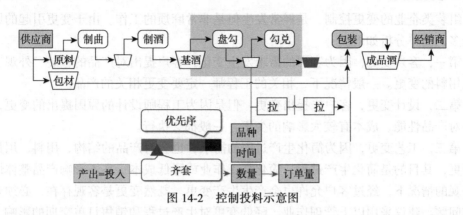

图 14-2　控制投料示意图

所以，需要控制工厂、车间的在制品量。日常的工厂中，一般是以车间为单位进行在制品控制，即需要对车间的在制品投放进行控制。

投放的数量，一般由两个条件决定。

1）车间现有的在制品量

根据 WIP＝TH·CT 可知，车间的在制品肯定是越少越好。但是过少的在制品量，在缩短加工周期的同时，也会影响产出率。

车间的在制品量，最佳情形是，保持一定的产出率，保持一定的加工周期。由于车间加工过程的复杂性，尤其是在工艺布局的环境下，计算最佳的在制品量是一个复杂运算过程。通常依据经验按如下方式来实现，即在制品量首先可以多投一些，从多个在制品逐步降低，降低到每个操作有任务做，但是现场在制品少而精，忙而不乱时即可。

用数据来表达时，可以用在制品数量、标准工时或计件工价。一般地，装配线的在制品量，最多是一天。

2）前一日的产出量

保持车间的在制品稳定需要考虑的另外一个因素是上一日的产出。原则上，在做好第一条的基础上，第二天的投入量等于上一日的产出量即可，保持车间在制品的均衡。当然，在上一日产出的基础上，上下浮动均衡，不需要做十分精准的控制，总量平衡即可。

14.3.4　物料齐套性控制

物料控制是组装类企业（物料驱动型企业）的控制关键，物料控制的关键是总装前的齐套性，而齐套性的控制关键是自制、委外和采购件的同步性，而控制齐套性的关键是自制工厂、委外供应商、采购供应商的优先顺序，形成了一个完整的逻辑链条。如图 14-3 所示。

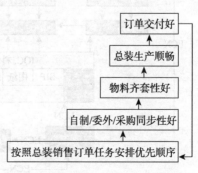

图 14-3　物料齐套性好的业务逻辑

为了增加齐套性，需要做好以下任务。

1. 变更控制

组装类企业的变更控制，是经常发生但是非常麻烦的工作。由于变更引起的原因比较多，简单分析如下。

第一，客户变更，因为客户的需求发生变化，客户提出对产品的包装、外观、结构或用料的变更。一般情况下，相关的工程师一定要变更相关的产品。

第二，设计变更，客户未提出变更，但是因为工程师设计的原因提出的变更，尤其是对产品性能、成本有较大影响的变更，一般都会执行。

第三，工艺变更，因为简化生产过程的需求，也会对产品的结构、用料、用量提出变更，其目的是简化生产过程，简化员工作业或降低成本。在不影响产品整体性能和外观的情况下，经过客户允许也会产生生产变更。既然变更是客观存在，必须要面对该问题。建议采用以下管理作业，降低变更对生产过程和销售订单交期的影响。

1）必须要做好新产品的量试，从源头上减少未来的变更

对新产品的量试和量产有严格的控制程序，必须经过以下步骤：①量试前评审，确定是否可以量试，做到相关技术资料的齐套；②生产技术部"试做"（2～3件），确认产品时间可行；③生产部组织老员工"小试"（10～15件），确认熟练工人是否可以生产；④"新产品发布会"（量试前，相当于量试评审），再一次进行标准评审，生技部可以深度参与；⑤量试，标准生产任务单的投料批次生产。只有经过严格的量试流程，大量生产才可以顺利生产。

2）统一部门负责变更控制

变更控制是复杂过程，必须要一个统筹部门协同。变更涉及客户端成品、在途成品、在库成品、在制半成品、在库原料、在途原料、在制原料各个环节，没有统一的一个部门协同，基本无法有效控制。只有在生产物控部门（PMC）统一协同下，厘清变更所面临的困难，并适时发起变更，才可以做到有序实施变更。变更控制与物料状态示意图如图 14-4 所示。

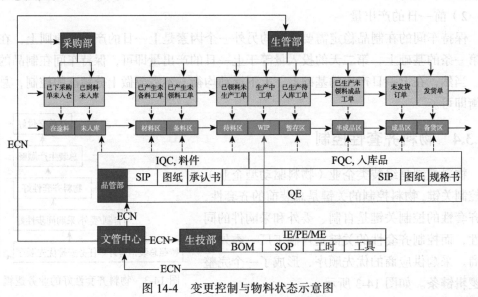

图 14-4 变更控制与物料状态示意图

3）生产物控部门在掌握合适的时间实施变更

变更是对原有产品的，正常情况下是改善，是改进，原有产品是可以正常使用的。所以，变更要充分利用该要求展开。正常情况下，变更时，物料状态越简单越好：①老成品静止，不对已经完工的成品进行变更（或少变更）；②供应商静止，供应商必须做好切换，停止旧的生产（或交货，或报废），在未接到开工通知前生产新的；③清理工厂内的在制工单状态，清理生产线的物料和成品，等待技术部、生产技术和PMC的联合处理意见；④清理未领料的库存物料并进行隔离和封存，等待处理意见；⑤确定变更方案后，由PMC统一发出变更执行要求，正式实施变更。

4）生产物控部门做好变更的统计并定时回顾，减少并改善变更控制方法

变更是一个日程工作项，但也是一个可以控制和改善的项目。变更的改善有两个方面：①减少变更次数，尤其是重大变更次数，需要从设计端、试产端两个方面来控制，而真正的源头是产品的设计和开发端，要从规范产品开发流程做好。减少变更次数，还可以从严格量试流程控制。严格的量试流程，可以减少大货生产过程中的变更。②改善变更控制流程，变更的控制还可以编制切实可行的变更控制流程，尽量减少变更对生产、供应商带来的影响。

2. 外购物料欠料控制

1）供应商管理

外购物料的欠料控制，管理好供应商是第一步，也是最关键环节之一。需要建立起供应商的准入、考核和淘汰机制，留下优质的供应商。供应商的准入，必须实现供应商的"正配"：供应商生产的产品类型、质量水平、供应能力与工厂本身的产品特征、成品质量水平和采购量多少匹配，实现正确的配置。随着工厂自身产品寿命的迁移，对采购件的需求也随着产品需求的变化而变化（技术要求、质量水平等），不一定所有的供应商的管理水平可以随着工厂的水平提高而提高，需要将此类供应商淘汰，以免拖累工厂本身的绩效。

2）采购模式控制

外购物料的采购，可以分为两种方式：单次采购（PTO）、库存采购（PTS）。单次采购（PTO）又可以分为预测采购（PTF）、订单采购（PTO）。①预测采购：对于长采购周期物料，远远大于客户需求周期的物料（如IC，一般采购周期是36个月以上），必须采用预测采购的方式：即对未来客户需求的产品进行预测，并根据预测的产品需求进行MRP运算，实现对关键物料的采购。成品需求预测是需求确认控制的关键环节，参考第7章需求预测与管理。需要注意的是，需求预测是需要滚动的，一般以2周、3周的滚动预测最常见，1周太短，4周太长，最常见的预测周期是2周。②订单采购：订单采购是最常用的采购，如同家里的"青菜""新鲜鱼肉"的采购，一般是要用到了才采购。订单采购一般是需要用的时候才购买，需要多少买多少。属于采购周期较短的专用物料。订单采购一般采用MRP方式实现。③库存采购：库存采购是面向常用料的，如同家里的大米、酱油、食用油、食盐等标准产品的采购。标准产品的采购，一般会采用经济订单批量、再订货点方式实现。在标准的MRP方案中，可以设置最小起订量、经济批量、最小批量增量等基本参数，运算MRP的时候自动产生需求。

3）相关需求量的控制

外购件的需求或欠料，一般通过 MRP 实现。MRP 时，有以下情形可以考虑。

其一，订单物料的"单-单+订单"和"固定周期+全数据"。

（1）单-单运算。MRP 可以是以每一个销售订单作为输入端进行运算，称为"单-单"模式。即新增销售订单后，以每一个销售订单为输入端进行单次的 MRP 运算。

单-单运算比较大的好处是，可以实现"单–单"跟踪，查订单的物流齐套时，比较方便。

（2）固定周期。另外一种方式是固定时间+全单据运算。定时设置时间，进行系统内所有单据的运算，计算欠料并新增采购订单，全单据进行运算。

其二，订单物料的净需求和毛需求。

（1）净需求。如果基础数据完整准确，可以采用净需求计算方式计算欠料。

$$净需求数量 = （毛需求） \times （1+损耗率） - 现有库存 + 安全库存 - 预计入库量 + 已分配量$$

（2）毛需求。如果基础数据不好，可以运算毛需求。但是，需要对毛需求进行校正，避免买多的物料。

其三，批次物料的可能性采购。

对于实现库存式采购的批次采购物料，可以采用动态库存管理方式，实现低库存和高可得性。实现可得性采购，需要实现以下步骤：首先，区分订单物料和批次物料，最好是研发部门对所有的物料进行区分，尽量将物料标准化，并实现批次采购；其次，批次物料的标识，可以在 ERP 中对批次采购物料进行标识，可以在物料名称前添加【批】，让 MRP 专员很容易识别是订单物料还是批次物料。MRP 投放控制物料需求时，对于【批】次物料，MRP 不要投放采购申请，仅仅需要投放【单】次采购申请即可。

其四，建立动态库存管理系统。如图 14-5 所示。

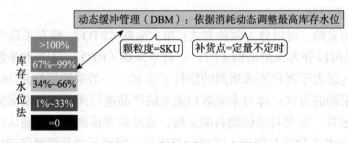

图 14-5　库存水位法示意图

4）采购订单控制

进行了"供应商的优化""物料需求量的控制"，需要对采购过程（采购订单）进行有效控制。对采购订单有效控制，需要做好两个步骤：

其一，"日清月结"的单据有效性控制。

需要对采购订单的尾数进行管理，尤其是对采购订单的尾数进行控制，将供应商送料困难、工厂不需要的那些尾数进行手工关闭采购订单，以保证单据的有效性。

其二,"采购订单"优先序跟踪。

【单】次物料,需要对采购订单进行优先顺序排程的跟踪。而对于【批】次物料,可以根据库存缓冲量的高低进行排序,库存低的优先等级高,库存高的优先等级低。采购员根据采购订单的优先顺序进行跟踪,确保优先等级高的物料先入库,将采购员的精力聚焦于优先等级高的采购物料,聚焦于外购物料的异常处理。

3. 自制物料欠料控制

为了满足包装和装配的物料需求,需要对前置车间物料的同步性进行控制,以实现齐套性(满足产品的工单齐套、订单齐套的需求)。自制物料的欠料控制,需要做好以下环节。

1)建立产能柔性

众所周知,工厂的管理要素为人、机、料、法、环、测(数据)六个环节。其中,人、机构成了产能,生产能力是由设备、模具、工装、场地和作业人员构成。对于加工类企业,即产能驱动型企业,产能要素是设备、模具为主,人工为辅。对于组装类企业,即物料驱动型企业,产能要素是人员为主、设备为辅。

(1)保持产能柔性。由于产品时尚化、订单碎片化、供应链复杂化,订单对产能的需求柔性要求变高,迫使产能需要以多种柔性方式存在。一般产能柔性,可以从几个方面体现:第一,快速换模(SMED),流水线的快速切线、设备的快速换型、压铸/注塑/冲压等的快速换模都是增加产能柔性的典型。快速换模(换型)可以通过标准化、线内转线外、专职换线/换模人员且熟练化等方式实现,在精益生产的方法论中有非常好的描述。需要说明的是,实现快速换模是一项长期的改善工作,丰田从几个小时缩短至几分钟,经历了几十年的时间。第二,全员培训,作业员是产能最重要的构成要素之一,多能工的培养,是保证作业人员操作柔性的关键要素之一。第三,产线及布局改变,保持产能的柔性,另外一个途径是改变大产量的模式为单元线模式,将大批量的串联改成小规模的并联。如变人数较多的流水线为人数较少的单元线,用多条单元线替代少量的大批量流水作业。单机台并可以实现多工序的,是柔性最好的。如四轴、五轴机加设备,比单功能、多机台串线的柔性要好。第四,观念改变,改变所有人都必须忙忙碌碌才是真的观点,树立只要保持瓶颈资源忙碌即可,而非瓶颈的空余是产能保护的观点。根据 TOC(约束理论)的观点,瓶颈产出是系统产出,非瓶颈的产出迁就瓶颈产出即可,即实现 TOC(约束理论)的该生产时就生产,不该生产时就休息。

(2)保持产能的稳定。保持产能的稳定性,需要做好以下两个方面的基础工作。

其一,保持作业人员和一线管理人员的稳定。

保持一致稳定的作业人员和一线管理人员,是确保产能稳定的保证。稳定作业及一线管理人员,需要从待遇、事业和情感三个方面下功夫。

待遇:需要保持作业人员和一线管理人员合理的待遇,相比行业的平均水平处于中等偏少的水平。中小企业的运作管理是核心竞争力,而保持作业人员和一线员工的待遇,是核心竞争力之一。

事业:作业和一线管理人员的事业心,可以在日常工作中进行评估并分类管理。

对于有志于成为老板的员工和一线管理人员，可以采用包线等承包方式，进行激励。对于喜欢从事管理岗位的员工和一线管理人员，可以采用调岗、转岗、轮岗等方式，提高其水平和未来的竞争能力。对于稳定性员工，可以采用工龄补贴及特殊奖励等方式，保证其待遇。分类管理员工的事业心，是稳定员工的一种必然保障。

情感：努力建立起平等、互惠、人文的企业文化，以保障员工的归属感，增加凝聚力。

其二，保持设备/模具/工装的稳定。

设备/模具/工装的良好率，是确保资源（设备/模具/工装）产能稳定性的基础，而良好率的有效保障，必须做好计划性维护。全面保全管理（TPM）是精益生产的重要方法（计划性维护）。对于一般制造，TPM倡导的计划性维护，足以保持产能的稳定性。而对于复杂制造，则需要更加先进的"预测性维护"，甚至需要采用设备的互联互通，并同步实现"预测性维护"，确保产能的稳定性。

2）自制件欠料控制

要控制自制件的欠料，需要做好以下步骤。

首先，需要对自制件进行优先顺序排序，工厂运作的同步性控制，确定同步点，有两种方式：第一，同步点在内部，即瓶颈点作为物料的同步点；第二，同步点在外部，将销售订单的交货日和库存水位点作为同步点。因为正常情况下，工厂内部的瓶颈点是浮动的而非固定的。瓶颈点会随着客户需求的变化在时间上和设备上进行浮动。一般的工厂车间与车间之间，往往用较大量的半成品库存作为缓冲，全厂的同步点是不好确定的。而同步点作为锚点，经常浮动的点显然不适合作为同步点。相反，将销售订单的交货日、库存的最高水平作为同步点，作为企业生产运作的锚点，才是可行的，还可以适应订单式（MTO）、备库式（MTS）或混合模式。

其次，投料状态控制，投料需要在齐套的状态下进行，而齐套则可以分为大齐套（人、机、料、法、环）、小齐套（物料）。大齐套，也称为开工条件齐套，在项目管理中往往会使用大齐套的概念，如一个运动会、一个演唱会、一个大型会议等。小齐套，也称为物料齐套，可以细分为工序物料齐套、工单物料齐套、订单物料齐套。正常的工厂中，工单齐套是最好的方式。

14.3.5 缺料解决方法

1. 物料一次性替代

（1）一次性物料替代的定义：因生产欠料、小批量试用等引起的一次性的物料替代。

（2）适用范围：公司所买的采购件。

（3）一次性物料替代流程。

物料替代申请[各订单计划处、生产采购、中试工艺处、材料质量工程师（MQE）]→中试部物料品质试验中心进行技术认证审批→技术文件管理部归档（批准的替代）→进料质量控制（IQC）工程师根据一次性物料替代单检验采购物料→装配事业部质量保证处根据物料替代单检验内部加工件→各订单计划处根据批准的物料替代单进行物料替代审批→各库房根据一次性物料替代单核实替代并发料、补料→装配事业部工艺工程处对物料替代在生产中的执行过程进行跟踪控制。

(4) 注意事项：经过技术认证不能建立的替代，申请人不能重复申请。

(5) 实现方式：一次性物料替代单电子流。

2. 半成品发货替代

(1) 流程：申请人提出半成品替代发货申请、部门主管审核→工艺工程师完成对自制件替代件的选型和技术认证→成套工程师判断是否符合工勘要求、是否需要市场确认→办事处/订单管理工程师确认是否同意替代（不需要市场确认则可省去此环节）→成套工程师检查需要替换的配套件、更改订单→生产备料发货

(2) 实现方式。

输入：替代发货电子流。

输出：订单更改单。

3. 缺料分层分级处理通道

(1)（预）缺料分层分级通报规定。

根据（预）缺料对生产、发货及研发的影响程度，将（预）缺料按表14-7中三个层次划分，以保证重大问题得到优先解决。

表 14-7 缺料层次划分

层次	紧急程度	范围（按影响程度）	主送	抄送	备注
第一层	一般	1. 生产物料 ◆ 加工物料：影响加工进度3天以内 ◆ 分货附件：未来5天以内影响合同发货，影响发货进度1天以内；未来5天以后影响合同发货，影响发货进度3天以内 2. 研发物料 ◆ 影响加工进度，延误产品（合同）及时供货5天以内			录入（预）缺料处理系统中
第二层	严重	1. 生产物料 ◆ 加工物料：影响加工进度4~8天 ◆ 分货附件：目前已缺；未来5天内影响合同发货，影响发货进度2~8天；未来5天以后影响合同发货，影响发货进度4~8天 2. 研发物料 ◆ 延误开发/开工进度10天以内 ◆ 延误产品（合同）及时供货6~10天	采购调度部门	采购员/采购业务处主管、计划员/生产计划处主管	
第三层	重大	1. 生产物料 ◆ 加工物料：影响加工进度8天以上 ◆ 分货附件：影响发货进度8天以上 2. 研发物料 ◆ 延误开发/开工进度10天以上 ◆ 延误产品（合同）及时供货10天以上	采购调度部门	以上人员、计委领导、采购部门高层领导	特别重大时报公司高层领导

对于一般（预）缺料，各报缺部门于每天上午12点前直接录入（预）缺料处理系

统之中；对于严重、重大的（预）缺料，由生产计划部门统一接口人汇总各部门所报的（预）缺料，并按表 14-8 的格式于每日下午 3 点之前报采购调度部门统一接口人，并抄送以上指定人员。

表 14-8 缺料统计表

产品或组织	项目	型号或描述	缺料现状及未来需求情况	采购员/原因	紧急程度	采购回复
…	…	…	…	…	…	…

虽然由某一产品或组织报出，但在报缺数量上应包含所有组织的报缺，以避免同一项目在一个组织的报缺刚刚解决，另一个组织又报缺，造成大量的重复劳动。对于"缺料现状及未来需求情况"，需说明在制缺料数量、未来两周需求、在其后 1 个月的需求，且三者在数量上不互相包含。

（2）（预）缺料的处理与回复。

对于一般缺料，由采购员直接于当天下午 5 点之前在（预）缺料处理系统中回复，各采购调度处跟踪、监控，检查（预）缺料回复情况。非一般缺料的采购部门的处理及求助方法如表 14-9 所示。

表 14-9 非一般缺料的采购部门的处理及求助方法

层次	缺料性质	主送	抄送
第二层	严重	采购业务处主管	计划员/生产计划处主管、采购员、采购业务部门主管
第三层	重大	采购业务部门主管/生产采购中心主管	计划员/生产计划处主管、采购员/采购业务处主管、采购部门高层领导、计委领导

采购部门收到生产计划部门指定人员所报的（预）缺料信息后，按上面的要求发给指定人员，并跟踪处理情况，于第二天上午 11 点之前反馈处理结果。

14.4 Just In Time 生产方式

Just-In-Time 的简称是 JIT，称为"精益生产"（也称"精益管理"）。JIT 生产方式最早由日本丰田汽车公司以看板管理的名称开发出来，并应用于生产制造系统，其后 JIT 生产方式的"及时"理念被广泛地接受并被大力推广。近年来，在供应链管理中，特别是由制造企业和零售企业组成的生产销售战略联盟中，极其重视及时和零库存的 JIT 哲学。

14.4.1 JIT 生产方式的基本概念

1. 定义和范围

JIT 生产方式，又称作无库存生产方式（stockless production）、零库存（zero inventories）、一个流（one-piece flow）或者超级市场生产方式（supermarket production），是日本丰田汽车公司在 20 世纪 60 年代实行的一种生产方式。近年来，JIT 不仅作为一种生产方式，也作为一种通用管理模式在物流、电子商务等领域得到推行。

1953 年，日本丰田公司的副总裁大野耐一综合了单件生产和批量生产的特点与优点，创造了一种在多品种小批量混合生产条件下高质量、低消耗的生产方式即准时生产。准时生产指的是，将必要的零件以必要的数量在必要的时间送到生产线，并且只将所需要的零件以所需要的数量在正好需要的时间送到生产。

2. 目的和作用

准时生产方式的基本思想可概括为"在需要的时候，按需要的量生产所需的产品"，也就是通过生产的计划和控制及库存的管理，追求一种无库存或库存达到最小的生产系统。为此而开发了包括看板在内的一系列具体方法，并逐渐形成了一套独具特色的生产经营体系。

准时制生产方式以准时生产为出发点，首先暴露出生产过量和其他方面的浪费，然后对设备、人员等进行淘汰、调整，达到降低成本、简化计划和提高控制的目的。在生产现场控制技术方面，准时制的基本原则是在正确的时间，生产正确数量的零件或产品，即时生产。它将传统生产过程中前道工序向后道工序送货，改为后道工序根据看板向前道工序取货，看板系统是准时制生产现场控制技术的核心，但准时制不仅仅是看板管理。准时生产制是一种理想的生产方式，这其中有两个原因：一是它设置了一个最高标准，一种极限，就是"零"库存。实际生产可以无限地接近这个极限，但却永远不可能达到零库存。二是它提供了一个不断改进的途径，即降低库存、暴露问题、解决问题、降低库存，这是一个无限循环的过程。

因此，JIT 打破了经济批量生产的桎梏，只要将改善做到极致，批量就可以极小化，及时迅速因应市场改变的投产方式，顾客需求才是产销经营的引动力，必须使产销周程时间为最短，以配合客户需求的变动。

现场的生产管理模式，是在现场制程自己发出制令、管理进度，现场自己发掘异状、自行解决，这就是 JIT 生产模式的精华所在。

3. 精益原则

（1）明确价值（由客户定义）。

（2）识别价值流（value stream），消除所有不增加价值的活动。

（3）流程，产品一定顺价值流流动。

（4）拉动（pull），客户拉动他们所需产品，好过推动他们未必需求的产品。

（5）完美，通过持续改善向完美奋斗。

14.4.2 JIT 生产方式的构成

及时化和目标管理是 JIT 生产方式的两个支柱，具体可以分为平准化生产、看板方式、消除浪费的具体措施和目标管理方法。JIT 管理方式如图 14-6 所示。

所谓 JIT 就是依据拉动的原理，生产系统的下一道作业在其需求的时间，向上一道作业提取所需求的材料，换句话说，就是上一道作业按照下一道作业所需求的材料、数量和时间及时供应，以保证生产系统连续顺畅地运行。

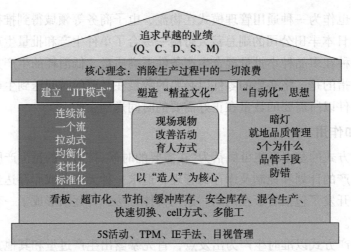

图 14-6　JIT 管理方式

所谓目标管理就是生产现场的生产工作人员在生产设备、生产过程、材料加工质量等方面出现异常情况时，能依据规定自行判断查明原因并采取适当的改进措施，以保证产品的质量和提高生产效率。

1. JIT 基本元素

JIT 基本元素为：①弹性资源；②单元（cell）布局；③拉动式生产系统；④看板生产控制；⑤小批量生产；⑥快速设置；⑦统一（混型）生产；⑧现场控制质量；⑨全面生产维护；⑩供货商网络。

2. JIT 与看板管理

在实现 JIT 生产中最重要的管理工具是看板，看板是用来控制生产现场的生产排程工具。具体而言，看板是一张卡片，卡片的形式随不同的企业而有差别。看板上的信息通常包括零件号码、产品名称、制造编号、容器形式、容器容量、看板编号、移送地点和零件外观等。

（1）JIT 生产方式中，看板的功能如下：

①生产以及运送的工作指令。
②防止过量生产和过量运送。
③进行"目视管理"的工具。
④改善的工具。

（2）看板管理五大原则。

①后工序只有在必要的时候，才向前工序领取必要数量的零部件。
②前工序应该只生产足够的数量，以补充被后工序领取的零件。
③不良品不送往后工序。
④看板的使用数目应该尽量减小。
⑤应该使用看板以适应小幅度需求变动。

3. 看板的分类

在实际 JIT 系统中，根据需要和用途的不同，使用的看板可以分为以下几类。

在制品看板（production card）：①工序内看板；②信号看板；③记载后续工序必须生产和订购的零件、组件的种类和数量。

领取看板（withdrawal card）：①工序间看板；②对外订货看板；③记载后续工序应该向前工序领取的零件、组件种类和数量。

看板管理可以说是 JIT 生产方式中最独特的部分，因此也有人将 JIT 生产方式称为"看板生产方式"。但是严格地讲，这种概念也不正确。日本筑波大学的门田安弘教授曾指出："丰田生产方式是一个完整的生产技术综合体，而看板管理仅仅是实现准时化生产的工具之一。把看板管理等同于丰田生产方式是一种非常错误的认识。"

14.4.3 理解 JIT 生产模式的前提——深入理解制造业七大浪费

1. 制造业七大浪费

（1）制造过多与过早——不必要的产品呆存。

（2）多余的库存品——原料、成品、在制品。

（3）制程品质不良——重制、重修、检验。

（4）制造方法不当——工序、作业标准。

（5）停闲等待——人机不平衡、故障待工。

（6）搬运。

（7）工作方法不当。

2. 库存的原因

深入思考库存的原因，可以发现，库存由外界因素和内部因素共同决定。

1）外界因素

（1）订单交期远短于产销周程期，不得不要成品库存。

（2）供应厂商无法如期（每日）交入合格原材料，只好用材料库存来缓冲。

2）内部因素

（1）由于制程不良阻碍，只好用半成品存量来供应次工序生产需求。

（2）由于制程准备作业/机械故障整修停顿，只好用半成品库存来维持现场操动率。

（3）由于生产线不平衡，当然产生在制品积存。

3. JIT 抑减库存战略的意义

（1）使得工艺（生产技术）面改善。

（2）大幅缩短准备作业工时。

（3）大幅抑减制程不良。

（4）使得生产管理面改善，具体表现为大幅抑减生产设备故障，不必补偿。

（5）大幅抑减投产批量，现场体质面的改善表现为建立能迅速因应需求变化的生产体制。

其中，提升绩效、降低成本的大战略，消除了非生产现场的隐藏性浪费。例如，成品库存、材料库存、呆料等，也消除（减少）生产中的停顿、等待的浪费，这些才是低效率、高成本原因所在，因此必须使这些停顿迅速处理、恢复正常作业。

抑减制程不良的发生，可以减少用料成本的耗损以及重制和返工的浪费，大幅减少假性作业。例如，换模转产的工时、不正确的低效率作业方法、检验等。

4. JIT 生产方式＝绝对的 IE

从 JIT 到精益生产，是以无库存为目标的产销体系的建立，接近无库存（最低库存）的经营，没有库存积压（包括成品、原材料、在制品），建立迅速适应市场需求变化的产销体系，以"交货日"导向为生产指引，后制程的需求引为前制程的投产指令，完全"省人化"的降低成本体系，而并不以"减少工时"为工作改善最终目标，是绝对的"工作改善"，因此，JIT 生产方式等于绝对的 IE（工业工程）。

JIT 生产方式的倡导始祖大野耐一的名言就是"JIT 生产方式等于绝对的 IE"，即 JIT 生产方式要求假性作业为最少，必须依赖 IE 工艺面的努力，要求大幅抑减制程不良，除了品管机制之外，最重要的是，运用 IE 工艺手段使不良不致发生，要使生产批量降到最小还能经济生产，必须运用高端的 IE 工艺手段；要使制程期间为最短，除生管手段之外，最重要的是运用高端的 IE 工艺手段来压缩时间。

综上所述，JIT 生产的观念与实施途径可以概括为以下几个方面。

（1）相对于传统的生产管理模式，JIT 生产提供了突破传统的革命性做法，也称为精益生产。

（2）要理解 JIT 生产，首先要理解制造业七大浪费。

（3）JIT 生产模式，目的在大幅抑减库存，迅速因应市场（订单）需求与变化，还要抑减各种浪费，达成高绩效/低成本的目标。

14.4.4 JIT 生产的主要技巧

平准化生产，是以应付每日出货需求为中心，生产线需用"混流生产"方式。

1. 两个消减库存的生产方式

一般来说，两个消减库存的生产方式是指批次分割生产方式和平准化生产方式。

（1）批次分割生产：将一个月（旬/周）的生产需量分成若干批，视实际出货需求，以接近的数量投产，没有明确出货需求，就暂缓投产。

（2）平准化生产：将一个月（旬/周）的生产需量，细分成每日需投产量，每日复查真正需出货量，实时投入明日生产。

2. 平准化生产

（1）平准化生产的要义：在于混流生产（mixed production），即 cycle time 等于 tact time，无成品库存的实时生产，破除了传统的"批量生产"观念，必须使"经济批量"大幅压低，依赖于 IE 工作改善的努力，以必须出货量做次日投产计划安排，营销作业与生产安排一体化，及时/及早因应订单（市场）变化。

（2）平准化生产的具体方法：包括每月主排程的适应和每日生产排程的因应。

①每月主排程的适应。需求预测（配合已有订单的调整），决定每月之下平均每日应有产量，做成月份总生产计划，做基本用料筹备（协力厂）之依据。

②每日生产排程的因应。根据现有订单（旬/日），按次日生产线混流生产安排，

然后运用看板做导引，指令生产。如图 14-7 所示。

$$
\begin{array}{cccc}
\text{A A B A A B C} & \text{A A B A A B C} & \text{A A B A A B C} & \text{A A B A A B C} \\
\text{第1循环} & \text{第2循环} & \text{第3循环} & \text{第4循环} \\
\text{ABC各批量为5} & \text{ABC各批量为5} & \text{ABC各批量为5} & \text{ABC各批量为1}
\end{array}
$$

图 14-7　混流生产的生产线安排示意图（当日）

注：A、B、C 各代表不同的车型规格

3. "一个流"生产

"一个流"生产，是采用图 14-8 所示 U 形加工站生产线布局，以多能工方式弹性生产。

1)"一个流"的定义

"一个流"是若干连续的工序连成一个"工作岛"型布局，入口就是出口，在一定"作业段"内作业员连续做完所有工序。

2)"一个流"生产的应有效益

"一个流"生产的应有效益体现为：缩短工作件制程周程期间；制程问题的快速响应；提升作业员质量意识与质量责任；弹性配置作业人数。

这种配置方案把传统的推出式作业改为拉动式，在推出式作业的做法中，生产批的投产，是从最前面的主制程开始的，做完缴库，再由次主制程领料来投产，因此必须有半成品库存，当同一个自制件在连续若干工序作业时，必须前工序整批（或一定数量）完成，再推给次工序去作业，因此有等待/停滞/在制品积压状况。

4. 拉动式作业的做法

采用拉动式作业的做法，以次工序（主制程）为主体，将少数手头用料量取用之后，立即提示前工序（主制程）投产该已取走的料量，因此每个工序（主制程）之间不会发生太多的在制（半成品）存量。

各制程仅保持"最低"的"标准手头存量"，后制程一旦投产"耗用"该"材料手头存量"，立即向前制程"领用"，以弥补其耗用量，前制程依后制程送来的卸下如图 14-9 所示看板，立即投产（做生产指令）指定的（广告牌）量，以为补充，包括最前面的前制程，依被耗用的量转成看板，向供料厂商要求"实时补货"。次工序向前工序"领料"的依据，为前工序投产的工作令。

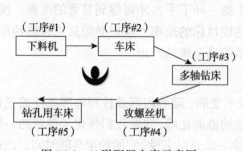

图 14-8　U 形配置方案示意图

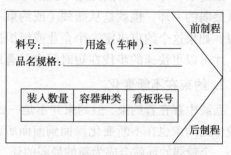

图 14-9　制程看板的形式示意图

14.4.5　JIT 方法与传统库存管理方式的比较

JIT 生产方式与传统的库存管理方式存在较大区别，如表 14-10 所示。

表 14-10　JIT 与传统库存管理方式比较

项目	传统库存管理的思考方式	JIT 的战略思考方式
质量对成本	以最少的成本实现可接受的质量	高标准质量要求，零缺陷
库存	大量库存，原因在于考虑数量购买折扣、生产的规模经济性、安全库存储备等	可靠的连续库存补充方式实现低库存水平
柔性	交纳周期较长，缺乏柔性	交纳周期较短，顾客服务推动，柔性好
运输	以最少的成本实现可接受的服务水平	完全可靠的服务水平
供应商关系	是一种紧张和敌意的交易关系	是一种合作伙伴的关系，相互依赖
供应商数目	数目多，避免单一的供应源，缺乏信赖和影响	数目少，长期开放的关系
供应商交流	很少，许多企业信息是秘密，控制很严	开放，企业信息分享，共同解决问题，多重关系
推动力	成本推动	顾客服务推动

14.5　TOC 理论

TOC 是 theory of constraints 的简称，中文译为"约束理论"。美国生产及库存管理协会（APICS）又称它为约束管理（constraint management）。

TOC 是由以色列的物理学家 Eliyahu M.Goldratt 博士创立的。他的第一本有关 TOC 的著作于 1984 年出版，书名为《目标》（*The Goal*）。该书以小说的行文写成，描述一位厂长应用 TOC 在短时间内将工厂转亏为盈的故事。

14.5.1　TOC 理论的内容

1. 约束无处不在

TOC 认为，任何系统至少存在一个约束，否则它就可能有无限的产出。因此要提高一个系统（任何企业或组织均可视为一个系统）的产出，必须要打破系统的约束。任何系统可以想象成由一连串的环所构成，环与环相扣，整个系统的强度就取决于其最弱的一环，而不是其最强的一环。相同的道理，我们也可以将我们的企业或机构视为一条链条，每一个部门是这个链条中的一环。如果我们想达成预期的目标，我们必须从最弱的一环，也就是从瓶颈（或约束）的一环下手，才可得到显著的改善。换句话说，如果这个约束决定一个企业或组织达成目标的速率，我们必须从克服该约束着手，才可以更快速的步伐在短时间内显著地提高系统的产出。

2. 约束在不断变化

系统中存在着约束，但约束并不是一成不变的，随着内部条件和外部条件的变化，系统中的约束也在不断变化。回到前面所说的链的比喻，如果我们强化了最弱的一环，另外一个较弱的环就会成为新的最弱的环。拿一家公司来说，它的约束会随时间而漂移。例如从制造到成品的分销，或是从生产到研发，或是营销业务可否接到更多客户的订单，在这条供应链上的任何一环都可能成为下一个最弱的环。有的约束是在工厂或公司内，称为"内部的约束"，有的是市场或外在环境的约束，称为"外部的约束"。因此，我们要不断地探讨：下一个约束在哪里？我们该如何克服这个新的约束？

3. 寻找约束的核心步骤

TOC 有一套思考的方法和持续改善的程序，称为五大核心步骤（five focusing steps），这五大核心步骤如下。

第一步，找出系统中存在哪些约束。

第二步，寻找突破（exploit）这些约束的办法。

第三步，使企业的所有其他活动服从于第二步中提出的各种措施。

第四步，具体实施第二步中提出的措施，使第一步中找出的约束环节不再是企业的约束。

第五步，回到步骤一，别让惰性成为约束，持续不断地改善。

TOC 持续改善的程序示意图如图 14-10 所示。

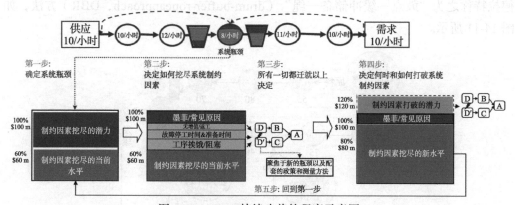

图 14-10　TOC 持续改善的程序示意图

这五大核心步骤可以让人们有能力以逻辑和系统的方式回答任何想做持续改善时必会问的三个问题。

（1）要改进什么？（What to change?）

（2）要改进成什么？（To what to change?）

（3）怎样使改进得以实现？（How to cause the change?）

这三个问题可以应用到各式各样的题目上，包括生产、分销、项目管理、公司战略的制定、沟通、授权、团队建设等。

一般人经过经验的累积，遇到问题时通常会通过直觉来解决问题，但往往只是针对问题的"结果""症状"，而不是问题根本的"原因"。因此花了许多时间、精力和成本，却没有触及问题的核心。TOC 告诉人们如何通过逻辑的程序，系统地指出问题的核心所在，再依此构建一个完整的方案，并消除可能产生的负面效应，制定出导入和行动的方案。

14.5.2　TOC 理论的应用

TOC 是在 OPT（optimized production technology，最优生产技术）的基础上发展起来的，它是一种在能力管理和现场作业管理方面的哲理，把重点放在瓶颈工序上，保证瓶颈工序不发生停工待料，提高瓶颈工作中心的利用率，从而得到最大的有效产出。根据不同的产品结构类型、工艺流程和物料流动的总体情况，设定管理的控制点。约束是多方面的，有市场、物料、能力、工作流程、资金、管理体制、员工行为等，其中，市场、物料和能力是主要的约束。根据市场的约束制订物料的初步生产规划，同步地用能力约束修订，生成主生产计划（MPP）；MRP／CRP 也同步运行。

TOC 把主生产计划比喻为"鼓"，根据瓶颈资源的可用能力确定物流量，作为约束全局的"鼓点"，控制在制品库存量；所有瓶颈和总装工序前要有缓冲，保证起制约作用的瓶颈资源得以充分利用，以实现企业最大的产出；所有需要控制的工作中心如同用一根传递信息的绳子牵住的队伍，按同一节拍，保持一定间隔，按同一步伐行进。也就是在保持均衡的在制品库存、保持均衡的物料流动条件下进行生产。戈德拉特称之为"鼓点—缓冲储备—绳"（drum-buffer-ropeapproach，DBR）方法，如图 14-11 所示。

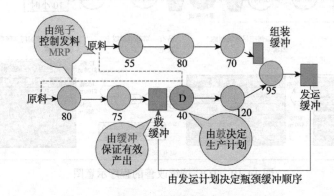

图 14-11 鼓点—缓冲储备—绳方法示意图

OPT 有九条基本原则，这些原则在约束理论中得到应用。它们是：

（1）重要的是平衡物流，不是平衡能力。

（2）非瓶颈资源的利用率是由系统的其他约束条件决定的，而不是由其本身能力决定的。

（3）让一项资源充分开动运转起来同使该项资源带来效益不是同一个含义。

（4）瓶颈资源损失 1 小时相当于整个系统损失 1 小时，而且是无法补救的。

（5）想方设法在非瓶颈资源上节约下 1 小时以提高生产率只是一种幻想，非瓶颈资源不应满负荷工作。

（6）产量和库存量是由瓶颈资源决定的；为保证瓶颈资源负荷饱满并保证企业的产出，在瓶颈工序和总装配线前应有供缓冲用的物料储备。瓶颈工序前可用拉式作业，其后可用推式作业。

（7）传送批量可以不等于甚至多数情况不应等于加工批量。

（8）批量是根据实际情况动态变化的，而不是固定不变的；加工批量应当是一个变数。

（9）只有同时考虑到系统所有的约束条件后才能决定加工件计划进度的优先级。提前期只是排进度的结果。

TOC广泛应用于生产管理、分销（distribution）管理、供应链（supplychain）管理、项目管理和教育领域中。TOC可以应用到任何行业，包括营利和非营利的机构。目前已应用TOC的产业包括航天工业、汽车制造、半导体、钢铁、纺织、电子、机械五金、食品等行业。TOC也可应用于学校、医院、财团法人、政府机构等。TOC目前已在教育界从幼儿园到大学推广应用。TOC还可用于个人的决策与人生规划上。

14.6 MRPⅡ、JIT和TOC的比较

TOC与MRPⅡ、JIT是在不同时代、不同经济与社会环境下产生的不同的企业管理方式。但作为生产组织管理领域当今最流行的先进管理思想与方式，三者又有其相通之处。本节将从运用背景、运用准则、管理手段等多层面、多角度，对TOC、MRPⅡ、JIT进行比较。

14.6.1 运用背景比较

MRPⅡ的核心MRP的思想在20世纪四五十年代即已产生，随着六七十年代计算机技术的发展逐步走向应用。其后又经过多次改进，直至形成MRPⅡ体系，现阶段又继续融合了其他的现代管理思想和技术，向ERP发展。MRPⅡ根植于美国的大量生产方式，寻求最有效地配置企业资源，以保证企业经济、有效地运行。

第二次世界大战以后，日本汽车工业开始起步，但当时主流的生产模式是以美国福特制为代表的大量生产方式。与此同时，日本企业还面临需求不足与技术落后等严重困难，加上战后日本国内的资金严重不足，难有大规模的资金投入以保证日本国内的汽车生产达到有竞争力的规模。因此，丰田汽车公司根据自身特点，逐步创立了一种独特的多品种、小批量、高质量和低消耗的JIT生产方式。它的核心是力求消除一切浪费，体现了一种追求尽善尽美的思想。

而TOC从OPT（最优生产技术）的基础上发展而来，在20世纪90年代逐渐形成更加成熟完善的体系。在新的经济环境下，企业面临的竞争更加激烈，只有不断创新才能持续地立于不败之地。所以，企业有必要把有限的资源和精力投入最紧要的环节中去，强调决策沟通与团体协作，体现了"抓住重点，以点带面"的管理思想，具体如表14-11所示。

表14-11 MRPⅡ、JIT和TOC的比较（一）

比较项目	TOC	MRPⅡ	JIT
市场需求	产生初期面临的是一种内部生产能力不平衡的情况，多应用于离散型生产环境。随着经济环境向买方市场过渡，来自企业外部的约束以及企业内部的无形约束日益重要起来，同时应用也拓展到酿酒等流程型环境	初期考虑采用MRPⅡ的企业，大多是产品种类的变化不大、产品结构基本稳定、成品类型少而组合件类型多的企业，随着MRPⅡ向ERP的拓展，亦逐渐面临产品变化多，特别是多配置项的生产与市场要求	产生初期的社会需求基本为多品种、少批量。随着市场的发展，企业面临的市场需求更加多样化，而产品的多样化则对企业进一步增强竞争力提出了挑战。因此大批量基础上的高柔性是采用JIT生产的大型企业所面临的市场需求

比较项目	TOC	MRP Ⅱ	JIT
企业间协作环境	产生初期，由于市场的多变性、生产能力的难以平衡，企业转向追求彼此间物流的通畅无阻。随着全球经济的一体化发展，供应链上某环节出现不通畅时，企业就要设法突破这一瓶颈	MRP Ⅱ系统是在整个社会处于一个比较完善、规范的市场环境下产生与推行的，企业间不强调密切的协作关系，但一般都遵循一套规范的市场运作程序，如合同执行规范、生产协作规范等	产生初期正处于社会资金与需求都不足的情况，整个社会基本上采用分级协作的方式展开密切合作，而未采用完全自由的市场竞争方式进行社会分工，在此基础上建立了JIT的合作配合关系
企业内人员协作环境	管理者为解决部门林立、日常管理决策与企业整体目标脱钩现象，于是产生了需要一套中间管理指标的需求。20世纪90年代知识经济社会的特点日益凸显，创新成为持续性的集体行为，强调借助科学的管理工具进行共同管理决策	源于西方的个人主义环境，企业的人事管理以建立公平竞争的制度为目标。企业的内部管理多处于严格的控制下，业务运作强调集权，即在企业高层强有力的控制之下，员工展开自由竞争，因此MRP Ⅱ倾向于集权式管理	起源于东方的文化环境，具有较强烈的集体观念，重视社会以及团体对个人的长期评价。同时建立社会半强制性的终身雇佣制度，使企业内部能够产生非常和谐的合作氛围。企业的组织机构与人事制度也有效地确保了内部合作关系的维持
生产专业化技术	市场的波动已经相当频繁，多变性要求企业向柔性化发展，企业生产中每道工序在库存水平、批量大小、提前期等各项指标都要适应这种动态的变化。因此TOC中的指标是编制作业计划产生的结果，而不是事先固定输入	源于大量生产的鼎盛期，社会生产专业化程度较高。由于自身局限，适用于产品和生产较稳定的环境，因此初期多用于高度专业化的行业。作为一套计算机管理系统，MRP Ⅱ的应用得以迅速拓宽，对专业化依赖性减弱	初期面临多品种、小批量的生产需求，且资金缺乏，难以建立高度专业化的生产线。后期推行生产专业化的程度逐渐提高，但市场对产品多样化的需求带动了对生产柔性的需求，JIT逐渐适用于强调对生产线进行干预的柔性化生产
信息技术	OPT思想提出后不久，就贯彻到了计算机软件编程当中。TOC软件与TOC的管理思想同步发展成熟。TOC软件包是实现TOC思想的重要工具。随着TOC软件用户的逐渐增多，TOC的思想也越来越为人们所重视	MRP Ⅰ思想的提出比其计算机应用提早约20年。MRP Ⅱ所要求的高速计算与及时的信息反馈，都需要先进的计算机与信息技术来实现。随着现代信息技术的进一步发展，ERP系统的功能将比MRP Ⅱ大大拓宽	JIT运用初期，以计算机为基础的信息系统并没有真正应用在企业的管理实践上，其在计划协调上更加重视人际协调，但其后期，现代化的信息技术也逐渐引入JIT的运行体系

14.6.2 运用准则比较

TOC与MRP Ⅱ、JIT源于不同的背景，因而有着不同的管理目标与追求，即实际管理运用的准则不同，如表14-12所示。

表14-12 MRP Ⅱ、JIT和TOC的比较（二）

比较项目	TOC	MRP Ⅱ	JIT
追求目标	企业目标是在现在和将来赚到更多的钱，由增加有效产出、降低库存、降低运行费来实现	有效合理地利用资源，改善计划，压缩库存	追求尽善尽美，消灭一切浪费
成品储备	取决于约束环节的位置。例如，如果成品运输是约束，则应允许储备适量的成品作为缓冲	尽量满足客户需求，平衡生产能力，压缩成品库存	生产直接面对客户，追求零库存

续表

比较项目	TOC	MRP II	JIT
在制品库存	合理设置"缓冲器",以配合约束环节的"鼓点"	控制少量,保证连续生产	属于浪费,应当消灭
原材料库存	原材料库存数量与投放速度由"绳子"来控制,与约束环节的"鼓点"相协调	为应对生产与供给的波动,必须有一定的安全库存	不利于降低成本,应尽量减少
提前期	TOC 的提前期是批量、优先权等多种因素的函数,是编制左翼计划产生的结果。从平衡物流的角度出发,允许在非关键资源上安排适当的闲置时间	控制一定的提前期,保证安全生产,事先设定	不利因素,必须压缩至最短

14.6.3 管理手段的比较

出于不同的管理思想,TOC 与 MRP II、JIT 在具体的管理手段上也同样存在着巨大差别。这几乎涉及企业经营规划、业务运作、决策方式以及持续改进管理等企业运作管理的方方面面。图 14-12 把重点放在企业的生产制造体系来进行了三者的比较。

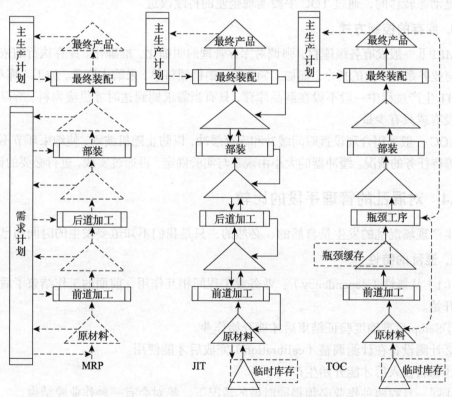

图 14-12 MRP II、JIT 和 TOC 的比较

1. 计划展开方式

MRP II 采用集中式的倒排计划方式计算开工时间,计算机系统首先建立一套规范、准确的零件、产品结构及加工工序等数据系统,并在系统中维护准确的库存、订单等供需数据,MRP II 据此按照无限能力计划法,集中展开对各级生产单元以及供应单元

的生产与供应指令。

JIT采用看板驱动方式，按照有限能力计划，逐道工序地倒序传递生产中的取货指令和生产指令，各级生产单元依据所需满足的上级需求组织生产。

TOC先安排约束环节上关键件的生产进度计划，以约束环节为基准，把约束环节之前、之间、之后的工序分别按拉动、工艺顺序、推动的方式排定，并进行一定优化，然后再编制非关键件的作业计划。

2. 能力平衡方式

MRPⅡ提供能力计划功能。由于MRPⅡ在展开计划的同时将工作指令落实在具体的生产单元上，因此根据生产单元的初始化能力设置，可以清楚地判断生产能力的实际需求，由计划人员依据经验调整主生产计划，以实现生产能力的相对平衡。

JIT计划展开时基本不对能力的平衡做太多考虑，企业以密切协作的方式保持需求的适当稳定并以高柔性的生产设备来保证生产线上能力的相对平衡。

TOC按照能力负荷比把资源分为约束资源和非约束资源，通过"五大核心步骤"与思维流程（TP）来消除"约束"，改善企业链条上最薄弱的一环。同时注意到"约束"是动态转移的，通过TOC手段实现企业的持续改进。

3. 库存的控制方式

MRPⅡ一般设有各级库存，强调对库存管理的明细化、准确化。库存执行的依据是计划与业务系统产生的指令，如加工领料单、销售领料单、采购入库单、加工入库单等。

JIT生产过程中一般不设在制品库存，只有当需求期到达时才供应物料，所以库存基本没有或只有少量。

TOC一般采用合理设置时间缓冲和库存缓冲，以防止随机波动，使约束环节不至于出现等待任务的情况。缓冲器的大小由观察与实验确定，再通过实践，进行必要的调整。

14.6.4 对混乱的管理手段的比较

生产现场混乱的发生是自然的、必然的，只是我们不知道要发生的时间而已。

1. 混乱的特性

（1）从属性（dependency）：业务或工程间相互作用，前面的工作结束了后面的才能开始。

①Setup后准确度验证结束后才能开始作业。
②计测设备在计测调整（calibration）完成后才能使用。
③物料投入后才能开始生产。
④同一日程两种作业必须得同时做的情况下，绝对会有一种作业晚结束。
⑤技术部门研讨结束后营业部门才能报价。
⑥顾客收到估价单才能下订单。

（2）变动性（variability）。

①无序发生事件：无法预测的事情发生。如重要客户突然取消订单、工具的破损、操作人员离岗、旷工、负伤、配送人员罢工、物料配送一时中断。

②统计性偏差：所有工序都有某种程度的、固有的变动性。如入库的物料在采购订单和性能/品质上有差异、机器的 setup 时间每次并不是都一样、客户实际下的订单与销售预测不一样、工程的每次作业时间不一样、式样变更指示所需时间有变动。

2. 混乱（murphy）的影响

（1）由于从属成果变动性，越往后的工序混乱的余波影响越大，带来日程上的差异，这样的混乱称为 Murphy。

（2）这样的混乱造成整个系统所能生产的量低于平均生产能力，大部分的个别资源只能是在生产能力以下工作。

（3）从混乱中挽回（去除、取消变动成果从属性）的能力，即保护能力是绝对必要的。

3. MRP Ⅱ、JIT 以及 TOC 对混乱的应对措施比较

MRP Ⅱ、JIT 和 TOC 对混乱的应对措施比较如图 14-13 所示。

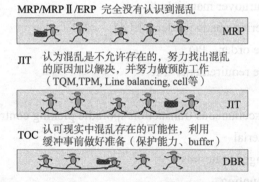

图 14-13　MRP Ⅱ、JIT 和 TOC 对混乱的应对措施比较

学生自学要求

一、概括本章基本知识逻辑，200~300 字

二、熟悉本章基本概念、术语及其英文表达

　　料号/part number，P/N

　　预备待出货/production shipping inventory，PSI

　　平均存货/average inventory

　　存货周转率/inventory carry rate/turnover rate of inventory/inventory turnover

　　库存周转天数/turn over days＝INVS/NSB X WD

　　批量储备/lot size stock

　　存货水平/stock level

　　存货比例/inventory ratio

　　生产存货报告/production inventory report

　　库存监控日报/daily inventory monitoring report

　　世界级制造/world class manufacturing

全件组装出货/completed kits delivery，CKD
半件（小件）组装出货/semi kits delivery，SKD
合同及时齐套发货率/timely and complete delivery rate of contract
客户要货完成率/customer demand completion rate
客户合同投诉率/customer contract complaint rate
生产存货周转率/turnover rate of production inventory
合同平均延误周期/average contract delay period
合同平均运作周期/average contract operation cycle
万元发货制造费用/RMB 10 000 delivery and manufacturing expenses
承诺发货准确率/ promised delivery accuracy
客户合同计划/customer contract plan，CCP
统计字典/statistical dictionary
死料/dead material
低周转物料/low turnover materials
版本切换/ engineering change order，ECO
采购订单/purchase order，PO
采购需求/purchase requirement，PR
损耗率/loss rate
零星领料控制/miscellaneous transaction/sporadic picking control
不良物料/bad material
共管物料/co managed materials
循环盘点/cycle counting
物料复审会议/material review board，MRB
进料检验/in-coming quality control，IQC
出货质量控制/out going quality control
退换货授权/return material authorization，RMA
剩余物料/surplus material
物料齐套性/material kitting
欠料/ lack of material
预测采购/forecast purchase，PTF
单次采购/time/single purchase，PTO
库存采购/stock purchase，PTS
材料质量工程师/material quality engineer，MQE
无库存生产方式/stockless production
零库存/zero inventories
一个流/one-piece flow
超级市场生产方式/supermarket production
价值流/value stream

在制品看板/production card
约束理论/theory of constraints，TOC
分销管理/distribution management
库存/stock
缓冲库存/buffer stock
半成品库存/semi-finished
滞留库存/goods stock
呆滞库存/hold up stock and dead stock

三、预习并思考下列问题

1. 基本问题：是什么的问题

（1）生产计划部门的统计业务主要包括什么？
（2）影响存货水平的主要因素有哪些？
（3）物料控制的中心思想是什么？
（4）投料控制的步骤是什么？
（5）什么是里特定律？
（6）什么是及时生产？
（7）精益生产的原则是什么？
（8）制造业七大浪费分别是什么？
（9）"一个流"是什么？
（10）什么是 TOC 理论？
（11）JIT 方法与传统库存管理方式比较有什么优点？
（12）物料控制中的存货出库控制内的不良物料清理与库存分析中死料、低周转物料的分析与处理有何异同？
（13）物料控制与物料需求计划二者之间有何关系？
（14）生产计划对库存管理有什么影响？
（15）统计部门统计得出的数据是物料分析和库存控制的基础。请具体阐述各项业务得出数据的相应用处以及作用过程。
（16）库存周转率是库存结构分析的一个重要参数。请问计算库存周转率需要统计部门提供哪些数据？该数据的来源又是哪些统计业务呢？
（17）物料齐套性的变更控制是一个复杂的过程，其具体的步骤是什么？变更过程需要哪些部门和环节的配合？
（18）通过控制合理的库存结构（原材料、半制品、成品的库存比例）能够得到什么？

2. 综合性问题：怎么做、在哪些场合适合做

（1）如何利用存货分析建立合理的库存结构？
（2）从运用背景、运用准则、管理手段等多层面多角度如何对 TOC、MRP Ⅱ、JIT 进行比较？
（3）JIT 生产方式下，库存如何管理？

（4）现有一家公司，其内部存在大量的不良库存，已知该公司最近在研发新产品且客户近期订单需求无变动，如果你是该公司的工程师，你将如何对公司内部的不良库存进行分析？

（5）现有某个领域的市场，已知该行业市场需求不足，整体技术相对落后。请问JIT生产方式、TOC理论和MRPⅡ，这三种不同的企业管理方式中哪种更适合该行业的公司呢？其他两种管理方式又更适合哪种行业状况呢？请分别阐述。

（6）如何降低变更对生产过程和销售订单交期的影响？

（7）根据（预）缺料对生产、发货及研发的影响程度，将（预）缺料按怎样的层次划分？

（8）存货状态是如何划分的？

3. 关键问题：为什么的问题

（1）不同的生产方式下，物料控制的方法相同吗？为什么？

（2）为什么说物料控制是组装类企业的控制关键？物料控制中最重要的是什么？

（3）为什么说JIT生产方式等于绝对的IE？

（4）为什么将JIT生产方式称为"看板方式"是不正确的？

（5）什么样的物料必须采用预测采购，为什么？

四、本章知识逻辑

 即测即练题

第15章

工作催查与生产进度控制

【学习目标】 通过本章学习了解工作催查、供应商跟催、生产进度控制、生产瓶颈的控制、生产计划变更管理以及产销协同控制的基本内容、基本概念和术语。掌握供应商评价与选择方法、生产进度控制工具的使用方法以及产销协同控制基本方法等。

【学习效益】 当你走进制造业生产现场时,通过本章的学习你将具有按图索骥掌控生产现场的能力。

15.1 工作催查

制造工作既经分派,即可依据排程时间开始生产,但制造工作是否确能按照排定日程完成,尚无任何保证,因此对于正在进行中的工作,必须采用工作催查。所谓工作催查,即对正在实施的制造命令或工作命令,从原物料开始加工起,直至变成成品止,将其进度做一检查。换言之,亦即进度控制。通常生产不能按照计划进行的原因很多,主要原因包括:

(1) 原计划不正确;
(2) 机器设备之故障;
(3) 设计之变更;
(4) 临时工作或特急订单之干扰;
(5) 品质不良;
(6) 工作人员缺勤与流动。

上述情形应尽量避免,但无法完全防止其发生,故只有设法补救,其分为两种方法。

(1) 对于已发生之问题,即采取紧急措施,使不影响其后生产计划,此种方法,通常为针对局部问题而采取最迅速优先的一种对症下药的治疗方法。

(2) 为防止再度发生,探求问题的真正原因,并设法将此根源消除,以期一劳永逸的治本方法。

1. 集权方式催查

工作催查常需采取集权方式,即由生产控制部门对各种不同产品在制造过程中负责催查,制造工作分派后,各项操作的进度,应时有报告,换言之,进度控制,亦应由生产控制部门承担,较由各领班分别承担更为经济而不致重复,因控制部门更容易设计一套图表及利用控制工具,借以明显标出各种产品的制造进度。

生产控制部门常指派催查员（follow-up men）赴各生产部门协调与联系，其主要任务是对不正常工作进度设法进行补救，当某特殊主要工作进度延误落后，设法消除原因或采取紧急措施推动赶工。但有时需将机器上原有工作拆卸，催查员应考虑由此而产生的增加成本费用，与控制部门共谋良策，思考如何赶工较妥。若对所有工作均需赶工，则所有工作均成紧急，也并不适合。生产控制部门虽获各种进度报告，但有时生产部门可能遗忘某件工作，或未有进度报告，催查员的任务则为寻觅此项遗落的工作，探究在何处停滞，找出后，最好能当场与生产部门协调处理，设法弥补赶上进度，但催查员仍需进一步注意此项工作的后续情形，如停滞原因较为严重，催查员必须与控制部门排程人员重新协商，另列排程，继续管制，催查员应将各项停滞落后工作的原因，随时与控制部门联系协调，并留作日后参考。

2. 工作催查问题

工作催查基本问题为究竟有多少催查工作，在理论上，如途程与排程计划，工作分派均极正确，即无须再做催查，但此为理论上的理想境界，很难实现。各工厂可依据其本身实际情况，将进度报告以每日、每周或甚至以每项作业为基准提供相应报告，所谓每项作业完成立即提出报告，亦可订明何种情形及以口头方便。至于生管部门如何获得催查信息，也视公司业务性质与实际情形而定，但应注意尽量使催查费用减至最低而不牺牲有效控制。例如排程所用表格，常可兼供催查工作之用，可以减免若干纸上作业，也可节省费用。工作催查为生产控制的一个环节，催查工作可显示途程计划安排的时间是否切实可行，也可考验排程计划的绩效，指出工厂中各物是否按照预先的机器负荷进行工作。催查工作亦可稽核工作分派之绩效，指出既定的途程与排程，是否由工作人员确实执行，所以工作催查可以衡量全局，是生产控制功能中的主要部分。

15.2　供应商跟催

15.2.1　采购

采购为购买的过程，采购的功能为从适当的来源获得适当的物料、正确的数量、合适的运送（包含运送时间和位置）和合理的价格。选择正确的物料必须从销售、工程、制造和采购等部门来获取相关信息，生产计划与控制（PPC）必须事先决定何时应订购什么物料、订购多少，以满足生产或市场需求，然后采购部门负责下确定性订单以确保货品能及时到达。

采购部门主要责任为确认合适的供应来源和议价，然后采购部门需要获得其他部门的相关输入信息，才能辅助采购部门来选择适合的供应商和议价，因此广义的采购不仅仅为采购部门的责任，而是涉及公司里的所有部门。

采购循环包含请购、请购审核、产品与供应商信息的搜寻、开标、比价、议价、决标、验收到付款的整个采购作业流程。而在整个采购循环中，也包含供应商评估、采购运输管理、品质管理、合约管理、付款条件管理、采购零组件的规格制定和进阶的策略采购。另外采购项目也可大略分为制造相关（如生产所需的原物料、元件、零组件等）和非制造相关（维持企业运作的办公室设备、工具、耗材品等）两大类的物品。

1. 采购循环

一个完整的采购循环应包含从请购作业到最后收货付款的所有作业程序，可将采购循环分为以下几项作业。

1）需求确立与需求描述

需求确立指的是采购部门获知采购的需求，这可能是来自用料单位或仓管单位的请购，或是由物料需求计划得来的采购需求。

由于采购需求是来自公司内部单位的需求或由物料需求计划而来，所以请购的资料是由内部的作业表单记载，物料需求清单的信息也可能是专为工程单位使用的格式，因此将采购需求的说明转为标准、共通的格式，以利对外的采购作业。

2）选择供应商与询价作业

在确定采购的需求后，接下来便是要根据价格、品质、交期、过去的交易状况等因素，选择可能的供应商。

而询价的目的则是希望可以用最合理的价格取得欲采购的商品，通常有几种不同的处理方式。对于数量较少、标准化的产品，通常会直接以目录上的价格进行采购。至于与供应商透过议价的过程以获得较低廉的价格，或是透过公开招标的方式进行，在采购中应用相当广泛。

3）订单开立、发放与跟催流程

采购仍需要有正式的凭证给予供应商，也就是所谓的采购订单，订单的内容需经过采购承办人员与相关主管的确认。除了将订单送达供应商外，交货前的跟催也是相当重要的，以确定商品可以在指定的交期送达。

4）发票核定与退货处理作业

这个步骤一般也称为对账，确认卖方开立的发票与买方的记录是否相符，若一切无误，便进行付款的作业。而若供应商送交的货品有品质异常、瑕疵或交货项目与订单不符合的状况时，则需要进行退货作业。

5）结案与维护相关记录

在交货付款作业处理完毕之后，整个采购流程便告一段落，此时订单的状况由开放转为关闭。最后便是将相关的资料进行建档、存档检查，以作为往后采购行为的参考依据。

一般企业的采购行为，若依照采购物品的不同大致上可分为两大类：直接材料的采购与非直接材料的采购，直接材料指的是生产时所需要的相关原物料或零组件的采购行为，而非直接材料采购指的是办公用品、维持企业运作的器具（maintenance, repairs, and operations, MRO）、人员出差的机票饭店等与生产非直接相关的采购行为。

2. 供应商选择

当公司决定购买什么材料时，选择正确的供应商为下一个重要的购买决策。一个良好的供应商必须有技术能力、能制造出所需的产品品质，并且能够生产足够的数量，以及其企业营运可以有足够的获利和能维持其产品销售的竞争性。一般而言，材料供应来源有下面三种类型。

（1）唯一来源：指基于专利、技术规格、原料及位置等，仅有一个供应商符合其需求。

（2）多重来源：指超过一个供应商可提供其材料项目。由于竞争的结果，多重来源的潜在优势在于能够提供较低的材料价格及更好的服务，并且可以长期性地稳定供给。

（3）单一来源：当有许多供应来源时，公司的决策可能还是只选择单一供应商，这主要是企图与该供应商保持一种长期性的合作伙伴关系。

一般面临有多重供应来源可做选择时，如何选择和评估一个适当的供应商是重要的决策问题，以下讨论一些因素。

（1）技术能力：供应商是否有足够的技术能力制造或供给所需要的产品？供应商是否具有产品研发与改善的计划？供应商能够辅助改善产品吗？这些问题是非常重要的，因为买方会依据其供给者所提供的产品改良方式，提高或减少买方的产品销售费用，有时供应商亦能建议改变其产品技术规格以改善此产品或降低生产成本。

（2）制造能力：制造能力需能够满足产品规格的一致性，且尽可能没有任何的生产瑕疵。也就是供应商的制造流程必须能够供给所需求产品的品质及数量。供应商必须有良好稳定的品质控制机制、专业的制造人员，以及良好的制造计划和控制系统以确保能准时运送，这些对于确认供应商是否能够供给想要的品质和数量是非常重要的。

（3）可靠能力：在选择供应商时，通常选择好评多、稳定和财务稳健的供给者。如果此关系要延续，必定得互相信任，且其供应商的财务必须稳定可靠。

（4）售后服务能力：如果产品具有技术性质，或可能需要更换零部件和技术的支援时，供给者必须提供良好的售后服务，包括良好的服务机构及维修零件的库存服务。

（5）供应商位置：有时理想的供应商应位于接近买方的位置，或至少维持一定的库存量，因为紧密接近的位置有助于缩短运送时间，且表示紧急缺乏时能迅速送达。

（6）价格：供应商应该能够提供具有竞争性的价格，它未必是指最低的价格，必须同时考虑其供给者所能提供的需求的数量和品质，以及时间及其他服务的需要。

理想上，供应商和买方之间的关系应是一个相互依赖的长期性关系，买方如此将可确保被供应具有品质的产品，获得技术支援与产品的改善。买方和供给者之间的沟通需是完整且公开的，这样双方才可寻求相互利益及稳定的长期性伙伴关系。供应商调查与评价工具如表15-1～表15-3所示。

表15-1 供应商调查表

供应商名称			地址		
服务类别			职工总人数		技术人员
固定资产			流动资金		体制
序号	调查项目		情况记录		备注
1	检验设备				
2	技术要求				
3	人员配备能力				
4	质量保证能力	质量管理			
5		质量记录			
6		服务现场			

审查意见：
　　　签名：
　　　　　　　　　　　　　　　　　　　年　月　日

表 15-2 供应商评价调查报告

供应商名称		供应商编号		统计日期	年 月 日	评价人员	
评价项目	得分	比重/%		总分	审查意见		
经营评价		30					
品管评价		30					
工程评价		40					
评价总分		评价等级					

批准：_____　　　　　审核：_____　　　　　承办：_____

表 15-3 供应商每月评价记录

厂商名称		评价分数		评价等级	
厂商编号		产品料号			
项目				小评	
一、品质 50%	1	A. 品质水准： B. 品质评分：		（品管部门负责评分）	
二、交期 30%	2	A. 总迟交批数： B. 总交货批数： C. 交期评分：		（采购部门负责评分）	
三、综合配合度 20%	1	品质配合度 10% A. 配合度： B. 评分：		（品管部门负责评分）	
	2	交期配合度 10% A. 配合度： B. 评分：		（采购单位负责评分）	
实施评价者		采购部门主管		总经理	
品管部门	采购部门	综合评估		批准	

3. 准备采购订单计划

1）了解市场需求

任何一家生产型企业，要想制订较为准确的订单计划，首先必须熟知市场需求计划，从市场需求的进一步分解中制订生产需求计划，再根据年度计划制订季度、月度计划。

2）了解生产需求

（1）为了利于理解生产物料需求，采购计划人员须熟知生产计划工艺常识。

（2）物料需求计划来源于：生产计划、独立需求的预测、物料清单文件、库存文件。

3）准备订单基本资料

订单基本资料如下。

（1）订单物料的供应商信息。

（2）对同时有多家供应商的物料来说，每个供应商分摊的下单比例，该比例由采购人员进行协调。

（3）订单周期，订单制定人员根据生产需求的物料项目，从信息系统中查询了解该物料的采购基本参数。

4）制订订单计划所需资料

订单计划所需要的资料的内容如下。

（1）物料名称、需求数量、到货日期。

（2）有时会附有市场需求计划、生产计划、订单基本资料等。

4. 物料清单文件的生成

（1）物料清单是制造企业的核心文件，采购部门要根据物料清单确定采购计划，生产部门要根据物料清单安排生产，财务部门要根据物料清单计算产品成本，计划部门要根据物料清单确定物料的需求计划，其他销售、存储等部门都要用到物料清单。

（2）物料清单包含了构成产品的所有装配件、零部件和原材料信息，为编制物料需求计划提供产品组成信息。

（3）企业物料清单应该由专职部门统一存放、维护、更新、管理，并建有物料清单数据库，以保证物料清单的准确性、完整性和通用性，提高使用查询效率，应避免物料清单由各部门各自存放的做法。

（4）零件清单的制定。由产品设计人员从产品设计图纸中提取数据生成该最终组成产品的所有零部件及组件清单，形成产品的零件清单。

5. 采购订单的准备

（1）熟悉需求订单操作的物料项目。订单的种类很多，订单人员首先应熟悉订单计划，花时间去了解物料项目，花时间去了解物料技术资料等。

（2）比较/确认价格。采购人员有权利向供应商群体中价格最适当的供应商下达订单/合同，以维护企业的最大利益。

（3）确认需求材料的标准及数量。

15.2.2 供应商跟催与催货

采购人员首先要了解跟催（follow-up）与催货（expediting）的区别。跟催是为了确保供应商如期交货，而采取的监控采购现状的行动。其目的之一就是确保订单的执行，特别是备货时间长的订单能定期地追踪检查。

当备货时间长，而采购人员又不采取追踪措施时，即很容易造成供应商交货的延迟。借由定期地检查，采购人员能在供应商发生问题与困难时，及时采取适当的措施来确保交货。

而催货则是当采购人员要求改变交货时间或供应商不能及时交货时，联络供应商或运输业者，以加速货物抵达的作业。当一份订单下单完成后，也会有很多情形使得采购人员需要改变送货时间。此时，催货可以是定期地联络供应商以评估订货的进展，并根据实际情况与生产进度决定是否提前或延后进货。

催货并不能为货品带来价值，相反地只会增加成本，所以所有的采购部门都要设法减少催货的发生。为了做到这一点，所选择的供应商必须要尽可能的可靠并能对采购人员的要求做积极回应。另外，采购部门也要加强计划与预测，以尽量减少这种情况发生。

催货与跟催的原因有很多，实施的方法也不少。例如，可以透过书信要求或电子通信的方式向供应商提供订货的情况,其中最常见的是以电话联络。根据问题的严重程度,有时有必要对供应商进行实地考察,或者会见对方的高级主管,并逐渐增加反映的层级,直至获得正面的回应为止。

采购合同的跟踪流程如下:

1. 跟踪工艺文件

(1)对任何外协件(需要供应商加工的物料)的采购,订单人员都应对提供给供应商的工艺文件进行跟踪。

(2)如果发现供应商没有相关工艺文件,或者工艺文件有质量、货期问题,应及时提醒供应商修改。

(3)要求供应商及时供货,如果不能保质、保量、准时供货,则要按照合同条款进行赔偿。

2. 跟踪供应商的原材料

个别供应商接到合同后就认为"大功告成",必要时必须提醒供应商及时准备原材料,特别是对一些信誉差/合作少的供应商更要警惕。

3. 跟踪加工过程

对于一次性/大开支的项目采购、设备采购、建筑采购等,为了保证货期、质量、采购人员需要对加工过程进行监控,甚至要参加其加工过程的监理工作。

4. 跟踪总装及测试

总装及测试是产品生产的重要环节,需要采购人员有较好的专业背景和行业工作经验。

5. 跟踪包装入库

采购人员可以通过电话方式了解物料的入库信息。对重要物料,采购人员最好去供应商现场考察。对一些紧急物料,采购人员要进行全力跟踪;对长期持续稳定供应的供应商可以考虑免去合同跟踪环节。

15.3 生产进度控制

15.3.1 生产进度控制对象

进度控制最重要的是生管部门决定如何采取改正措施,并反映紧要信息给上级及有关人员。例如发现不良率增加,立即采取行动并通知品管部门。若因重大事故,无法自行采取措施,应当向上级及时反映。适时获得正确的信息非常重要。信息延迟可能导致工厂蒙受很大损失。例如不良率增加,继续生产半日或一日,成品数量将非常可观;又如工人的工作时间,若为薪酬依据,如工作通知单上仅列预计完成时间,则财务部门必须在实际工作时间报表到达后,才能调整薪酬,影响工厂行政效率。正确的信息更为重要,否则根据错误信息制订的改正措施无法弥补以往缺点与消除真正原因。最后,生产部门人员如不履行生管部门的改正措施,也将前功尽弃。

进度控制的对象,除原物料通常属采购部门职责外,还包括:

1. 在制品或半成品

（1）根据日报表，常用的是延迟工作日报表及综合周报表。

（2）根据工作通知单及物料搬运单。

（3）进度控制板管理。

（4）利用例外管理原则。

（5）如系订货生产，有时可依个别产品管理。

2. 装配

（1）通常有专人负责进度管理。

（2）依据完工报告表，此报告表项目也常合并于工作命令中。

（3）对大件产品需时较长者，催查员也可将所耗工时，按完成的百分比进行报告。对小件产品，催查员可检视有无停滞情形或堆置于某处，并调查原因。

（4）依据装配检验报告表。

（5）由领班将工场工作命令送回的报告，或由领班每天填报建议的完工报告表。

3. 检验

（1）检验是整个进度管理上一个重要项目，通常由检验部门负责。

（2）利用各种检验报告表，获知进展情形，完成最后检验，才能交货。

（3）检验工作的管理可加强与检验部门的联系与协调。

15.3.2 生产进度报告方式

一般生产工厂常用的报告方式包括以下几种。

1. 口头报告

口头报告多用于小型工厂，由领班告知生产进度情形，生管人员亦于当面询问领班中获知，并告知其变更的指示。

2. 电话报告

规模较大的工厂，因走动费时，遇到有紧急工作不及写报告时采用电话报告。有时可利用中央控制系统以红绿灯指示，此种系统为在各机器边端装有小控制箱，直接与生管部门的中央控制中心相连。

3. 书面报告

书面报告为生管部门收集咨询获知现况的正常方式，主要包括以下几种。

1）工作通知单

依据工作通知单填报交回生管部门，即可获知该工作何时开始、何时完成，有时检验人员也在上面注明完成产品数量及不良率。

2）物料搬运单

通常物料搬运单由搬运者由一工场搬运至另一工场，经其签章后交回生管部门，即可获悉物料、半成品现在何处，进而反映制造进度之阶段。有时由物料搬运者将一天搬运各项物料、半成品之情形，于下班前填写总结报告送生管部门。规模较小工厂也可由搬运者口头向主管部门报告或者写于黑板上。

3）延迟工作日报表

延迟工作日报表常由催查员填送至生管催查部门，并分送有关领班。有时亦可由各工场自行填报，但催查员仍需核对真实情形，避免每日报表徒具形式。

4）综合周报表

综合周报表通常为生管部门将一周内生产方面发生主要问题的原因及改正措施填报工厂厂长或其上级主管，作为上级核查生产现况所需。

5）检验报告书

生管部门与检验部门协调各项产品，决定应在何项工作前后检验，检验结果报告表一份送交生管部门参考，说明零件名称、工场、原因及如何处理不良在制品等。

对于书面报告的报表应视其实际用途设计恰当的项目、合适的份数。报表过少影响控制效率，报表过多不但耗费甚巨，而且也影响工作效率。

15.3.3　生产进度报告内容

进度报工，可以从"时间""工序""数量"三个维度定义。

1. 时间

报工可以是随时报工、定时报工两种方式。随时报工，是完工一个产品就报工。而定时报工，是在规定时间将这个时刻前的完工状态进行报工。最常见的是按照一天报工，即每一个员工需要将当天的完工情况进行报工。

2. 工序

报工分为全工序报工和关键工序报工两种。全工序报工是该工单的所有工序都必须报工，适用于产品要求高、工艺要求严的场景。而关键工序报工，是利用工序之间的相依性，关键工序报工时，默认前置工序完工的方法。

3. 数量

一般而言，数量维度的报工分为三种情况：第一种是以"单件"完工报工，即完工一件报工一件。这种场景适用于大件、关键件的方式。第二种是"转移批量"方式报工，也可以称之为"lot"报工，或者是一个载具报工，即完工一个小的包装单元，进行报工。第三种是"工单批量"的方式，即以一个车间级的生产任务作为一个报工数量单元进行报工，完工即报工，不完工不报工。

报工的颗粒度，需要根据具体的业务状态来决定，而且需要根据工序特征、产品管理精度要求和管理的颗粒度要求决定。最低要求，报工的三个维度是：每天、关键工序、按照工单完工量（不能完工才报工）报工，并建立日报表。日报表时，还需要记录异常状态，工单完工过程中需要记录异常的类型，是设计异常、来料异常、工艺异常、设备或模具异常，还是作业异常。

15.3.4　影响生产进度的因素

生产进度是对生产计划的诠释。然而，很多因素会造成生产进度与生产计划不能完全相符。影响生产进度的因素，可以概括为两个方面，即内部影响因素和外部影响因素。其中，外部因素是企业无法控制的。

例如，在抗震救灾期间，政府发令号召企业平时转战时，原本生产被服的企业改为生产帐篷等救灾应急物资；原本准备交付国外需求厂家的货物，转运至灾区。为社会谋福利是企业的本分，但是突发事件的发生对企业生产进度的影响是不可预测的。

地震等外部因素是企业无法控制的。而内部因素则是可控的，是企业应重点关注的。内部影响因素主要包括设备故障、废品率过高、物料供应中断、组织不力、人员出勤率低等。企业应尽力消除或削弱这些内部影响因素，确保计划的进度如期达成。

（1）设备故障。在生产过程中，如果设备发生故障的时间超出计划允许的上限，就会对进度造成影响，特别是一些关键设备，如果出现故障，就会严重影响交货的及时性。

（2）废品率过高。在制订生产计划时，会将废品率考虑在内，因为如果废品率超出计划上限，就会影响到生产进度。引起废品率过高的主要原因有机器设备、人员、原材料、工艺设计等。

（3）物料供应中断。物料供应中断时间过长，且加工计划也没能及时调整，会严重影响生产进度。

（4）组织不力。组织不力导致前后工序衔接不好，造成后续工序的中断，也会影响到生产进度。

（5）人员出勤率低。人员出勤率长期过低，会导致生产率的下降，继而对生产进度造成影响。

事实上，内部影响因素皆可以通过严肃生产纪律、加强生产管理等方式予以消除或解决，这也凸显了实施生产进度全面跟踪的重要性。

15.3.5　生产进度的全面跟踪

对生产进度进行全面跟踪的主要目的，是按照生产计划检查各种零部件的投入和产出时间、数量以及配套性，以确保产品能够准时交货。生产进度的跟踪对象主要包括投入进度和产出进度。下面，我们将介绍生产进度跟踪的工具及投入和产出进度跟踪的方法。

1. 投入进度跟踪

投入进度跟踪是指对产品开始投入的日期、数量、种类进行控制，以确保实际生产和计划相符，生产进度跟踪是指对产品的生产时间、生产提前期、生产量和生产成套性的控制。下面，我们分别介绍具体的跟踪方法。

除了上述跟踪内容外，投入进度跟踪还包括检查各生产环节、各种原材料、毛坯和零部件是否按要求投产，技术、设备及人力等的投入是否符合计划要求等。根据企业类型，可以将投入进度控制的方法分为两大类。

批量生产的投入进度跟踪：指根据投产指令、投料单（表 15-4）、生产日报表（表 15-5）等，对生产投入进度进行的控制。

表 15-4　投料单

产品名称		日期：　年　月　日　班		编号：
名称		批号	投料量/千克	
			合计：	

领料人：　　　　　　　　投料人：　　　　　　　　QA：

表 15-5　生产日报表

年　月　日　　　　　　　　　　　　　　　　　　　　制表人：

生产单号	产品名称编号	预定产量	本日产量		累计产量		耗费工时		半成品	
			预定	实际	预定	实际	本日	累计	今日	昨日

单件生产的投入进度跟踪：对少量多品种生产投入进行进度跟踪要比对批量生产投入进度进行跟踪复杂得多，既要跟踪投入的品种数量和成套性，又要跟踪投入的前提期，对此，管理人员可以借助配套计划表和工艺过程卡等工具进行控制。

2. 生产进度跟踪

进行生产进度跟踪，可以确保按时按量完成计划，确保各生产环节之间衔接紧密，各零部件成套均衡生产。生产进度跟踪通常是将计划进度和实际生产进度同列在一张表上进行比较控制，如倾向分析及坐标图等。

批量生产进度跟踪：批量生产进度跟踪和批量生产投入跟踪所使用的工具类似。进度控制人员可以将生产日报与生产日历进度计划表进行对比，以此跟踪控制每天的生产进度。

单件生产进度跟踪：管理人员可以直接利用生产计划表，只需要在计划进度线下用不同颜色的线标记实际进度即可对生产进度进行控制。

在大多数情况下，企业的进度跟踪和控制是同时进行的。在跟踪的过程中，如果发现问题，就应及时解决，将问题消灭在萌芽。

15.3.6　生产进度的计划安排

生产进度的计划安排，可以分为两类：大量生产的进度安排和批量生产的进度安排。

1. 大量生产的进度安排

大量生产的产品（如汽车、电脑等），其生产过程连续进行，市场需求量较大。进行生产进度安排的主要思想是：实现均衡安排，将全年的生产任务均衡分配到各季度和月份。根据产量在各月的分配情况，可以将进度安排的方法分为平均分配法、抛物线递增法和分期递增法三类，如表15-6所示。

企业可以不拘泥于以上进度安排方法，根据市场需求特点来安排生产进度。如对于空调生产的进度安排，生产企业可以选择在夏季以外的季节正常生产，在夏季加大生产量。

表 15-6　大量生产的进度安排

方法	说明	案例解释
平均分配法	每月生产任务量为全年生产任务量的平均	某企业计划全年生产 20 000 件产品，平均每月生产量为 1 667 件
抛物线递增法	主要用于新产品的生产过程，逐渐扩大生产规模，以至大量生产。随着个人操作熟练程度的提高，产量的提高速度逐渐趋于平稳	某企业试制新产品，新产品规模的增长速度逐渐变缓，最后形成具有一定规模生产过程
分期递增法	将全年生产任务量分为若干期，每期生产数量递增	某企业计划全年生产 20 000 件产品，将计划期按季度分为四期，期与期之间的产量差距为 200 件，第一期生产 4 700 件，第二期生产 4 900 件，第三期生产 5 100 件，第四期生产 5 300 件。期内月产量为季度产量的平均值

2. 批量生产的进度安排

批量生产的产品种类较多，生产方式主要分为定期和不定期两种。在编制生产计划时，需要按照季度或月份来分配产量，以使不同品种的产品在不同的时期内搭配生产。在实际安排生产进度时，需要注意以下事项。

（1）对于企业的主导产品，应在各季度和月份均衡安排。

（2）对于产量较少的产品，可将订单按照生产的相似性进行合并生产。

（3）尽量使每个进度的产量相当或呈一定的比例关系。

综合考虑各类产品生产过程中所需原材料、机器、外协件的供应数量和使用时间。

15.3.7　生产进度控制的有效措施

生产进度控制人员可结合影响生产进度的各种因素，找出控制生产进度有效的方法。目前，较为常用的生产进度控制措施主要包括以下几种。

（1）备有足够的成品和原材料库存量。这种措施简单有效，可以避免停工待料和交货延误等问题，但需要占用大量资金。如果单靠增加库存来保证生产进度与生产计划的一致性，就可能掩盖了管理中存在的诸多问题。库存水平和企业管理问题之间的关系，如图 15-1 所示。

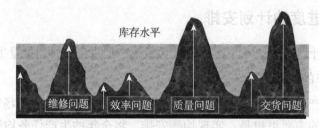

图 15-1　库存水平与企业管理问题之间的关系

（2）降低设备故障率。建立一套严格的设备检修保养体系，做好设备维护保养工作。一旦设备出现问题，立即组织人员抢修，缩短误工时间。

（3）完善加班制度。建立健全加班制度，通过加班赶工来弥补由于各种原因造成的时间损失，以确保生产计划的如期完成。加班审批单如表 15-7 所示。

表 15-7　加班审批单

填表日期：＿＿＿年＿＿＿月＿＿＿日

姓名		部门		岗位	
加班事由：					
加班起止时间	＿＿年＿＿月＿＿日＿＿时至＿＿年＿＿月＿＿日＿＿时，共计＿＿天＿＿小时				
部门经理					
人力资源部签收人			签收时间		
备案					

（4）培养"多面手"。通过培养一专多能的员工，可以使其在其他员工缺勤时及时补位，以减少缺勤率对生产进度的影响。

15.3.8　生产进度控制的工具

生产进度控制图板，均是利用甘特图的原理制成，将需控制进度的对象，如各项订单与各项机器与产品等，列于进度控制图板的左方，仍以横轴代表时间，但因进度控制需经常修正为最新资料，各种控制图板的设计，均着重易于调整，现简述如下。

1. 生产控制图板

左端可列订单、产品或机器名称等。在图板的主要部分，钻有许多细小圆孔，相距约 1/4 寸（1 寸≈3.33 厘米），在图板后方有很多固定的松紧拉动线，拉至图板前方左端，表明订单或机器名称右方的起点圆孔，上面附有木栓，穿插于圆孔上，若每一圆孔代表 1 小时，如某订单计划在 3 小时内完成，则将此木栓连同松紧拉动线拉至间隔 3 个圆孔的孔中插上。每一订单预留 3 排圆孔，下方一排圆孔为另一拉线，代表实际进行的进度。若目前进度已完成两小时的工作，则穿插于间隔两个圆孔的孔中，若实际书面报告以工作件数作为单位，则应将此件数化为小时后再穿插。另在穿透图板的上下方装有本日拉线，可以左右移动，置于现在时间上，以此为准，可一目了然看清目前各订单进度的正常、滞后或超前的情形。此种控制图板，有时亦称木栓控制图板。

2. shed-V-graphs 控制图板

此为美国斯佩里兰德公司雷明顿兰德分部（Remington-Rand Div. of Sperry Rand Corp）发展的控制图板，如图 15-2 所示，用于负荷以及作业计划的控制。在左边垂直方向标明需要控制的订单及机器名称等，水平方向标明时间。另外备有机器负荷卡，长为 10 寸，刻有 100 期，卡上有时间与期间的换算表，当决定工作时间后，可依据此表换算在制期间。剪成所需长度后插入控制图板上面的透明下垂袋中，并可以左右移动。各种订单或每部机器都有此种下垂袋，但是

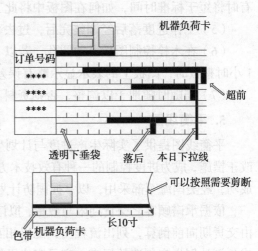

图 15-2　shed-V-graphs

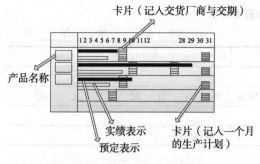

图 15-3 APPOLO 控制图板

垂叠后，只能看到下面色带，其长度即为计划的作业，利用本日拉线与信号即可看出进度的超前或落后情况。

3. APPOLO 万能控制图板

这种控制图板适用于以 1 个月为单位的控制项目。左端列出需要控制的项目，并用小卡片与不同型号的磁铁联合，使管理更为方便。如图 15-3 所示。

4. 简易控制板

前述控制图板一般均用于生管部门，供全厂控制应用。在各工场内通常利用较为简易的控制板，供该工场本身自行管理应用。例如最简易者为黑板粉笔或在木板上覆盖塑料纸与蜡笔作简易甘特图，且调整时可由擦拭改正完成。另外利用木板，在控制一项订单或机器等之横列上，钉有 3 对或 4 对钉钩，供挂订单资料用。通常第一对钉钩表示正在工作中的订单，依次为次一订单，再为准备中的订单，再次为等待的订单，作为控制机器之用，称为钉钩控制板。另亦可由储袋代替钉钩，将订单资料储存于袋中，称为储袋控制板。

控制图板虽可一目了然地展示目前实际进度情况，但也并非万能，并不能告知所有资料，其缺点略述如下。

（1）因经常必须调整修正资料，此为烦琐额外工作，亦增加费用。

（2）无法告知工作落后原因，仍需生管人员或催查员赴现场调查。

（3）控制图板之长度有限。例如水平方向时间总计代表 3 周，则工作长达 3 周以上者，无法在图板上显示，故无法表示全貌。又若第一周已过去，若将第二周、第三周资料往前移，又觉烦琐，通常将第一周资料抹拭后，改填第四周资料，但又觉前后颠倒，不易一目了然。

（4）控制图板原计划均以标准时间为准，但实际工作中如由于奖金制度的激励，有时将短于标准时间，如何在图板中将此工作换算反映真正实际情况，也非常烦琐。

（5）工作进度落后经调整完后，过去落后记录无法表示，除非再加特殊记号。

（6）在木栓控制图板上的圆孔，若以 1 小时为间隔，但实际本日完成的工作不及 1 小时整数时，图板上的表示显示略有误差。

（7）需随时随地予以调整，否则资料不够新颖。

5. 平衡线图

平衡线图提供了实际生产进度与计划生产目标的相互比较，使之能适时据此采取改正措施，成为进度控制的一种有效技术方法。平衡线图首先由美国的 G.E.Fonch 发展成功，经美国海军部采用，以掌握国防计划进度，效果良好，遂引起各界广泛的注意。

依据承诺顾客之交货期限与数量，拟订生产计划后，将制程中重要工作的控制点，由交货期向前倒算，列出流程图，配以相互间关系与设置各重要工作的完成时间，即成预订计划生产制造的标准，亦可完成平衡线图第一部分的生产计划图。依据承诺数量与生产计划图中的时程,算出每一时期(以月、周或日为单位均可),应累计生产完成各重要工作的数量,画制平衡线图中第二部分的目标图。钉定进度检查日期,以此日期在目标图上或以相当方法算出各重要工作在检查日期应生产的累计数量,做成锯齿形线段,即为平衡线。此平衡线与实际生产进度相比较,合并画于平衡线图第三部分的生产进度图。在此图上,实际生产数量若超过平衡线所示的数量即为超前,反之,即是落后,在图上可一目了然,即可采取改正措施。

例如顾客所需产品,订单内言明 10 月底前累计交货 60 单位,每月应交 10 单位,经分析结果,该项产品的流程图列出重要工作控制点后,完成生产计划图,如图 15-4 所示,图中所列时间比例是以 1 个月为标准,即厂内自制零件 1 应于运送前 4 个月完成,才能按期交货,外购零件 2 与零件 3 分别应于 3 个月及 2 个月前全部采购抵达,零件 2 至 1 个月前应已完成组件 4,零件 1 与零件 3 亦应于 1 个月前再与组件 4 完成装配并检验,图中最后控制点 6 表示运送,按期交货。

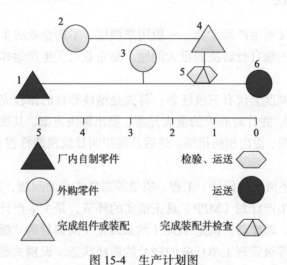

图 15-4　生产计划图

现依据生产计划图绘制目标图,如图 15-5 所示,因每月交货 10 单位,自 5 月初至 10 月底止 6 个月内累计交货 60 单位,故累计交运数量正好在图上成一直线,但需注意,一般情况下应为曲线,在本例中 5 月底应交运 10 单位,6 月底为 20 单位,依次类推。现订明每月进度检查一次,若现在为 5 月底,即因自制条件 1 应在 4 个月前完成,故在进度检查日期线再向前推进 4 个月,如图上箭头所示应至 9 月底,在 9 月底时由累计交运数量线上值应为 50 单位,同理零件 2 箭头指至 8 月底应为 40 单位,据此类推,将此等各零件应已生产之累计单位数延伸至生产进度图。如图 15-6 所示,连成锯齿形线,即为平衡线。在图上依实际生产累计数以垂直柱线表示之,如零件 1 在 5 月底已生产 53 单位,垂直柱线超过平衡线之 60 单位,故一目了然,可知超前。由图亦知,零件 2 超前,零件 3 正常,其余均落后,且数量亦已显示。又依据实际生产数量或交运数量,亦可在目标图上标画成线,如图 15-5 所示。此线在计划累计交运数量线下,即表示落后。至于如何找出落后原因与采取改正措施,与前控制图板相同,无法在平衡线图上表示,仍需生管人员自行检查及采取行动。

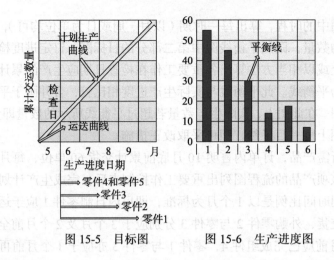

图 15-5　目标图　　　图 15-6　生产进度图

15.3.9　调度会议

生产协调会，又叫生产调度会，一般用来调度、平衡企业的生产进度，研究解决企业各部门、车间不能自行解决的重大问题，是企业每天生产运作管理活动的一个重要会议。

一般情况下，调度会议有三项任务：首先是稽核昨日的排程完工情况，发现昨天的重大异常（延误），并针对昨天的重大异常，提出解决方案。其次是检查今天的工单排程及预期完工情况，提出预防措施。最后是展望明日的预期排程及需要协同的问题，并提出预防措施。

在调度会上，还可以就设计、工程、质量等需要注意的问题，提出要求或注意点。所以，调度会是主生产计划（MPP）真正落实的环节，是主生产计划执行的末梢点，是日常管理的起点。调度会，也是TOC（约束理论）所倡导的"缓冲管理"（BM）会议，即是根据优先等级管理工单任务的缓冲的消耗状态，识别关键生产任务（延误工单或即将延误工单的处理方案）等。开好调度会议需要遵循以下方法。

1. 限制选择法

限制选择即会议主题控制、时间控制。

首先，要明确召开生产协调会的目的，它不是问题讨论会，更不是生产茶话会，因而必须有时间限制。一般是30分钟，人均发言时间、部门发言的总时间也要有规定，超过时间就罚主持人。既然开会的时间短，参会人员就必须提前把会议材料如表单、数据等准备好。为什么有的企业的生产协调会开不好？因为没有限制。开会的人不带数据、不带表单，现场拍脑袋胡乱发挥，光凭记忆讲话，信口开河、离题万里、没完没了，浪费自己的时间，也"谋杀"别人的时间。

其次，要明确生产协调会的性质。生产协调会不是问题解决会，很多问题也不是半个小时能解决的。生产协调会的主要内容是总结前一天的任务，把次日的任务分派下去，有什么问题大家各自提出来。如果遇到必须解决的问题，那就要进行攻关，开专题问题讨论会。不要把常规的生产协调会变成马拉松式的问题讨论会，表面上解决问题，实际上问题还在持续。

2. 横向控制法

横向控制即参会的各部门要形成互相制约的关系。业务部通报计划部订单完成情况，计划部通报生产完成情况，品管部通报生产品质情况。各部门形成制约关系，并相互考核。生产协调会一般是计划部主持，生产部门、采购部、品管部、稽核部必须出席，有时业务部、技术部也会参加，这些部门之间是横向平行关系。为了更好地体现横向制约，最好先给稽核部3分钟，让稽核部的人汇报前一天稽核的情况，因为稽核部和所有部门都是横向制约关系。生产协调会上一定要强调横向控制，发挥平行部门的相互控制作用，不要让老板、老总或厂长一个人讲几十分钟，然后散会，这就没有意义了。

3. 三要素法

标准：生产协调会一定要形成决议。开了会没有决议，决议写成文字不追究、不跟进，完成完不成又不管，这样的生产协调会根本就是在做无用功。

制约：要把任务明确地布置下去，并形成标准，将任务分配到人，将责任落实到岗。

责任：必须由稽核部对完成情况进行跟进检查、总结，进行责任追究和奖罚。

决议、跟进检查和奖罚共同构成了生产协调会的三要素。其实很多企业开生产协调会效果不佳，就是缺乏这个三要素法，就像水烧到99 ℃，差1 ℃，就是不沸腾。

4. 分段控制法

生产协调会每天开，生产的问题被分成一天一天解决，生产任务也被一天一天分派下去，这就是分段。会上每个部门的发言时间也有分段，可以是1分钟、3分钟，老板发言也要控制时间，不能随意。

5. 数据控制法

生产协调会是生产型会议，参会的各部门要带着表单、数据来，带着表单、数据走。前一天的任务成为数据在表单中体现，下一天的任务也要以数据体现，在表单上列明，这是生产协调会的基本要求。生产协调会要统计任务的完成情况，要有完成率、合格率，这些都是数据，生产协调会离不开数据。

6. 稽核控制法

生产协调会刚开始，最好让稽核部的稽核员把头一天各部门生产任务的执行情况简单地通报一遍。会议进行当中，对于违反会议制度的行为，如接听手机、随意走动、讲话超时等，稽核人员当场开罚单。该回来的物料，当天一查没回来的，稽核员介入，该罚的得罚。所以，稽核控制法在生产协调会中是通过稽核员的动作来实现的。

7. 案例分析法

生产协调会是每个部门发现问题、检讨问题的最直接的方式。生产任务没完成，物料没有回来，现场做检讨，现场做分析，现场说明原因，之后再追踪。所以，生产协调会需要各个部门对前一天的工作进行评估。好，表扬；不好，批评。

8. 全员主角法

生产协调会是跨部门会议，各个部门要有问题说问题，有需求说需求，能解决马上解决，不能解决的放到会后的专门会议讨论，这是全员主角法。绝对不要把生产协调会开成计划部的一言堂,厂长的一言堂,老板的一言堂,品管部的一言堂,每个部门都必须发挥它的作用。

15.3.10　连续与重复生产的工作催查与进度控制

前述工作催查与进度控制,大部分以间歇生产或订货生产为主,通常以订单为主要对象,故称订单控制。由于连续生产工厂的特质常用流程控制,途程与排程以及工作分派,均较简单,工作催查亦可简化,制造中并无任何顾客订单,需查询进度,所有订单均在成品库中完成交货。重复大量生产的情形亦颇类似,此类工厂,在排程计划中,即决定每日应生产的单位数量。将这一数量,在工作分派时通知领班,若有不正常情形出现,各工场领班可就现况通知生管部门,生管部门将此资料记载于总排程表上,以供该部门及高级管理人员参与排查,生管部门如发现工作落后太多,应即进行调查,并采取改正措施,以免严重影响全盘生产,有时检查部将检查结果填送生管部,亦颇收效。一张列有完成在制品或成品数量的报表,可供生管部门足够资料,作为及时催查之用。

在连续生产中,进度控制较为简单,仅需控制其生产速率与前后生产程序的衔接。在重复生产时,通常在完成产品前,或多或少稍有差异。例如电视机或汽车,其式样或颜色稍有不同,因此在装配线上的控制,亦需特别注意,以免停滞。

单品种连续生产的进度控制图表可用单线斜式进度图显示,如图15-7中,直线表示累计产量,在此图中为直线,表示每日产量速率相同,如不同时,当为一曲线。图中连接各点之曲线,为依此据实际每日产量而画成的累计产量曲线,在直线上方时,表示超前,在下方者,表示落后。

由于连续生产时,加工物料不停地流动,各制程在制品数量的多寡便表示停滞时间的长短,除非采用输送带以强制节拍的方式运行,否则仍有作业不稳定现象,以致各制程间有生产速度的变化,此时若将在制品数量的变化用图表示,即能作为进度控制的参考依据,图15-8所示流动曲线就是以此为目的绘制的,由该曲线可看出当生产物由材料经过加工完成为成品的物料流动情形。图15-8为简单的流动曲线,曲线 A 为此加工制程承受的累计生产数量,曲线 B 为此制程上月未完工作量的转移数目,取于纵坐标后,A 曲线由此开始。

流动曲线的倾斜度表示生产速度,而曲线的波形变动为生产变异。输入曲线与输出曲线(完成曲线)间的水平距离代表生产期间隔期,而垂直距离即表示每天在制品存量。若有两个以上制程的生产流动曲线,则可在曲线 A 上再画较 A 制程前的曲线,或在 A 与 B 间再画较 A 制程后的曲线,兹不赘述。

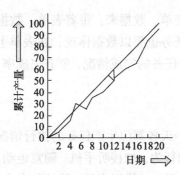

图15-7　单线斜式进度图

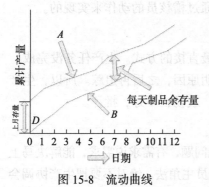

图15-8　流动曲线

15.4　生产瓶颈的控制

瓶颈管理即 TOC 管理，它将企业在实现目标过程中存在的或潜在的制约因素称为"瓶颈"或"约束"，通过对这些"瓶颈"的识别和消除，帮助企业有效地实现目标。近年来，瓶颈管理在制造业中越来越受到重视，这和瓶颈管理的理念不无关系。瓶颈管理的特征如表 15-8 所示。

表 15-8　瓶颈管理的特征

简称	管理目标	改进模式	战略	主要技术	要求	适用范围
TOC	消除"约束"，提高企业生产效率	激进式	强调约束是快速提高效率的突破点	信息技术流程图	全局性、创造性、协作性	企业一级的非营利组织

TOC 认为，对于由多个相关环节构成的制造系统而言，生产率最低的环节决定着整个系统的生产水平。

（1）部分生产环节的生产能力低于市场需求。

如某企业配套生产的零部件加工数据如表 15-9 所示。

表 15-9　某企业配套生产的零部件加工数据　　　　　　　　　件/月

需求	零件1	零件2	零件3	零件4
500	600	450	490	520

其中月产量低于市场需求的零件 2 即为瓶颈（生产速度慢），该企业每月最大生产量为 450 套。

（2）添加新的生产资源或改进工艺时，可能打破原有生产线的平衡，导致新的瓶颈环节出现。其中，生产资源是指各种支持企业生产能力的资源，如机器、设施、动力、资金等。如改进零件 2 的加工工艺，将其月生产量提高至 500 件/月，则瓶颈环节将会转移到零件 3。改进工艺后的零部件生产数据如表 15-10 所示。

表 15-10　改进工艺后的零部件生产数据　　　　　　　　　件/月

需求	零件1	零件2	零件3	零件4
500	600	500	490	520

（3）通过外包加工提高生产能力时，原有瓶颈环节发生"飘移"。

将零件 2 的加工实行外包，瓶颈转移至零件 3。通过外包改进后的零部件生产数据如表 15-11 所示。

表 15-11　通过外包改进后的零部件生产数据　　　　　　　　　件/月

需求	零件1	零件2	零件3	零件4
500	600	—	490	520

（4）通过促销等措施提高市场需求时，会对企业的瓶颈环节产生影响。

假设企业通过上述工艺改进，消除了瓶颈，企业的生产能力大于市场需求，采取促销措施以后，该企业的生产过程又出现了瓶颈环节。采取促销措施前后数据如表15-12 所示。

表 15-12　采取促销措施前后数据　　　　　　　　　　　　　件/月

需求	零件 1	零件 2	零件 3	零件 4
500（促销前）	600	550	530	520
550（促销后）	非瓶颈	非瓶颈	非瓶颈	瓶颈

在对瓶颈产生的原因有了一定认识之后，就可以有针对性地进行瓶颈管理，消除瓶颈。

1. 找出系统中的瓶颈环节

生产线上的瓶颈环节很容易被找出。例如，两道工序之间若存在多于其他暂存点的半成品库存，则说明下一道工序为瓶颈工序；对于生产环节较多的情况，可由机器负荷表得出。如某企业产品生产的负荷率如表 15-13 所示。

表 15-13　某企业产品生产的负荷率

设备	每周工作时间/分钟		加工负荷/周	可用时间/周	负荷率/%
	零件 1	零件 2			
A	150	50	200	240	83
B	150	130	300	240	125（瓶颈）
C	150	25	175	240	73
D	100	25	125	240	52

从表 15-13 可以直观地看出，设备 B 所在的工序即为瓶颈环节。

2. 寻找突破瓶颈的方法

主观上的瓶颈，如机器的加工能力限制等较容易化解。消除瓶颈的常见方法如表 15-14 所示。

表 15-14　消除瓶颈的常见方法

方法	具体说明
设置缓冲时间	在企业加工能力难以满足市场需求的情况下，企业可以在需求淡季安排紧凑的生产计划，实行备货生产，如大型联合收割机的生产等
在瓶颈环节前设置质检环节	根据检验的需要和瓶颈环节的位置，在瓶颈环节之前设置质检环节，对于不合格品及时返修，如此一来可以为瓶颈环节的生产赢得时间
设置在制品缓冲	瓶颈环节要充分利用机器的加工能力，尽量避免影响到下一道工序的正常生产
降低瓶颈设备的废品生产率	瓶颈环节如果生产较多的废品，就会使生产过程的流畅性更难以达到。因此，要找出瓶颈环节产生废品的原因，并根除

在实施瓶颈管理的过程中，应使生产过程的其他环节服从于以上各种措施。而瓶颈消除的检验标准，即第一步中所找到的瓶颈环节不再是瓶颈。

不过，不管企业发展到多么完美的程度，总是会存在发展空间，存在着限制企业进一步发展的要素。而进行瓶颈管理，使瓶颈得以转移，也意味着生产率得到了提高。

15.5 生产计划变更管理

市场环境的多变、产品生命周期的逐渐缩短、顾客需求的个性化及竞争等因素，都会影响到企业生产计划的顺利执行。科学地实施计划变更管理，会使企业在应对这些外界因素时，更加得心应手。

15.5.1 生产计划变更的内容

生产计划变更是对原有计划作出调整，所形成的结果仍然是生产计划，所以计划变更的内容与制订生产计划时所涉及的内容是相同的。

生产计划变更涉及的内容，主要包括四个方面：成本、时间、质量和范围。在进行计划变更管理时，要审视计划变更在这四方面造成的影响。

（1）如果只是直接成本发生了变化，如加班需要多付给员工工资等，那么只需要变更财务预算即可。

（2）如果是时间上的变化，如需要顺延交货期等，那么势必会对资源和成本都产生一定的影响。

（3）如果是产品质量要求发生了变化，就只能从原始的产品设计开始设计质量。

（4）如果是需求范围发生了变更，就需要从分析、预测需求开始，重新进行总体的计划体系设计。

由此可见，在需要更改生产计划时，一定要搞清楚是什么原因导致计划发生变化，以明确计划变更所涉及的工作范围和工作量，适时、适量地对计划作出调整。

在明确计划变更的范围，并细化到具体的变更项目后，就可以出具生产计划变更通知单。生产计划变更通知单如表 15-15 所示。

表 15-15 生产计划变更通知单

制造单号码		生产日期	
通知部门		附加通知	
更改事项：		原订事项：	
更改原因：			
备注			
发单部门		填单		审核	

生产计划变更通知单及其附件除生产部自存外，还应比照生产计划的发放要求，发放至技术开发部、品管部、制造部、采购部及仓储部等。各部门接到生产计划变更通知单后，应立即确认本部门调整后的工作安排，以确保计划变更的顺利执行。

15.5.2 生产计划变更的时机

企业生产计划要适应市场需求，但并不是说，市场一旦出现需求波动，就要立即调整生产计划。企业进行变更生产计划时，应把握好以下几个时机。

（1）客户要求发生变化时。如客户要求追加或减少订单数量、客户要求取消订单及变更交付时等。

（2）因生产进度延时可能会影响交期时。

（3）因物料短缺预计将导致较长时间停工时。

（4）因技术问题延误生产时。

（5）因品质问题尚未解决而需延迟生产时。

（6）因其他因素必须做生产计划调整时。

企业在遇到上述状况时，应确认是否需要变更生产计划，如有需要，就发出生产计划变更通知单。在对大范围的生产计划变更时，企业各部门应做好以下任务，如表 15-16 所示。

表 15-16 企业各部门的任务

部门	任务
生产部	修改周生产计划及日生产进度安排；确认并跟踪变更后的物料需求状况；协调各部门因此产生的工作调整
销售部	修改销售计划；确认是否可以确保计划变更后各订单交期；及时与客户沟通协调；处理出货安排的各项事务
生产技术部	确认生产工艺、作业标准的及时性和完整性；确认技术变更状况；确认设备状况；确认工装、夹具状况
技术开发部	确认产品的设计和开发进度；确认技术资料的完整性和及时性
品管部	确认品质历史档案；安排品质重点控制点；确认检验、试验以及设备、仪器状况；确认检验规范、检验标准的完整性
采购部	确认物料供应状况；处理与供应商之间的沟通事宜
库管部	确认库存物料状况；负责现场多余物料的接收、保管事宜
制造部	人员、设备调度；生产任务安排调整

另外，如果生产计划变更范围较大，生产计划部就应召集生产管理人员、库管员、采购部、制造部、业务部和其他相关部门进行检讨确认，且在生产计划变更通知单后附上新的周生产计划。此外，生产计划部也要对生产资源的调度计划做出调整。

15.5.3 生产计划变更的调度

在计划变更通知单下发至各部门后，生产计划部应对原来的生产调度计划作出调整，调整的内容和步骤按照正常工作调度制度执行。

1. 生产计划调度的任务管理

在生产计划发生改变时，加强调度管理工作，对及时了解和掌握生产进度、分析影响生产的各种因素、采取相应对策提供客户满意的产品是非常重要的。生产计划变更调度，主要包括以下几个步骤。

（1）接收并分析生产计划变更通知单，对需要作出变更的环节进行定位。如某零件的计划生产数量发生变化，则与该零件生产相关的仓储、检验等环节的工作内容，都要做相应的调整。

（2）在计划发生改变后，及时督促仓储部、工夹具设计部、生产部等，做好各项新生产计划的准备工作。

（3）按照计划增减已定劳动人员的数量。在生产人员数量需要增加时，应尽量通过增加"多面手"的劳动量及管辖范围，达到提高生产能力的目的。

（4）对工具、原材料及动力等的供应情况和厂内物流的畅通状况，进行督促并检查。

（5）对于生产计划执行过程中发生的计划，管理人员要做好工作实施的监督工作。

2. 生产计划变更调度管理的要求

在生产计划发生变更时，调度管理要敏捷和准确。敏捷，是指能够及时贯彻和落实新的生产计划；准确，是指能够在计划发生改变时，解决或排除生产过程面临的障碍（如更换夹具等），确保新生产计划保质保量地完成。

具体而言，生产计划变更调度管理时应做到以下几点。

（1）以变更后的生产进度计划为依据。这是生产计划调度管理工作的基本原则，意即调度业务要围绕完成计划任务来开展。

（2）高度集中和统一。生产调度工作要统一指挥目标及管理，确保动作的一致性，产生最大合力。

（3）预防为主。计划预防调度工作的发生，同时也是调度管理工作中最重要的组成部分。计划人员只有做好生产前的计划准备工作，避免各种不协调现象的产生，做到"以前报后"，才能取得调度工作的主动权。

3. 生产计划调度员的职责分配

不管是变更前还是变更后的生产计划，都属同一机构管辖。在此机构中，副总经理为主要负责人，生产总调度室为核心，有关作业的调度人员和车间管理人员为主要组成部分。

在生产计划发生变更后，该组织机构主要负责处理生产计划变更部分的调度工作，消除生产活动中出现的偏差。概括而言，处理变更部分生产计划的工作内容主要包括以下方面。

（1）负责定期对企业所下达的新任务进行贯彻落实，并对生产运行情况作出汇报。

（2）负责变更计划中涉及的原材料、外协件进厂及产成品出厂的衔接工作。

（3）当生产设备出现异常时，积极采取有效措施，协助解决问题。

（4）负责组织生产调度会议，监督和检查生产调度会议决议的执行情况。

计划出现变动并不可怕，可怕的是当生产计划变更通知单分发至各部门后，各部门无从下手执行新计划。此时，就需要管理人员具备足够的能力和智慧，及时排除新计划执行过程中的障碍，以确保新计划得到有效贯彻和落实。

15.5.4 插单管理与控制

造成紧急生产的情况主要有两种：一是提前期设置不合理，大于实际的采购周期，就需要调整系统设置；二是提前期设置合理，但客户要求的交货期太短，这便造成了紧急插单。

处理紧急插单涉及的人员包括生产计划员、物料管理员、设备管理员和生产主管。插单管理流程如图15-9所示。

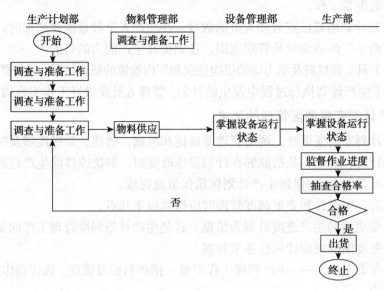

图15-9 插单管理流程

下面，我们将对插单管理流程进行会诊说明，找出各节点的负责人和具体工作任务。插单管理流程说明如表15-17所示。

表15-17 插单管理流程说明

序号	节点	负责人	相关说明
1	调查与准备	生产计划人员	调查与分析插单的计划情况、物料供应情况等
2	草拟计划指标		1. 确定产量指标； 2. 合理搭配紧急插单生产计划与原有生产计划； 3. 合理安排产品生产进度
3	确定计划指标		1. 核算生产能力对插单生产任务的满足程度； 2. 平衡插单任务与物料供应、生产能力、劳动力、生产技术以及资金占用的关系
4	确认物料供应	物料管理员	确认物料供应状况，与采购部和仓储部及时沟通，确保按质、按量供应
5	掌握设备运行状态	设备管理员	掌握设备的实时运行状态，预知潜在故障，预先做好维护工作
6	了解作业人员状态		掌握作业人员的实时工作状态，及时发现问题，作出调整，确保作业人员时刻处于最佳工作状态
7	抽查合格率		定期或随时检查半成品和成品的合格率，并采取相应的处理措施
8	监督作业进度		定期或不定期检查紧急插单的作业进度： 1. 若进度落后，立即采取补救措施； 2. 若生产进度超前，则做好质量管理和安全管理工作

在按部就班地执行上述程序时，也要注意采取一些实用措施预防因紧急生产不力

而导致延期的情况发生,具体可采取以下措施。

(1)对一次采购周期较长物料适当保持安全库存。

(2)与合作意识强的供应商合作,确保供货质量和响应速度。

(3)制订生产计划时,采取成组策略,节省生产线切换的时间。

(4)对客户实行分等级管理,是否允许插单要先审查客户的信誉和优先等级。

(5)紧急插单的调整。如果紧急插单的影响不大(如导致后一订单延期一天交付),企业就可以通过加班等进行调整;若影响较大(如会导致以后半年内或几个月内的订单都要延期交付),企业则应该从整体考虑是否允许插单。

(6)生产能力调整。在已有固定的外包合作伙伴前提下,企业还可以采取将产品或零部件的生产外包等策略,使企业即便在生产能力不足的情况下,也可获得额外的收益。

导致生产进度延误的因素,除紧急插单外,还有很多,计划人员还应对这些不稳定因素加以管理,以全面控制生产进度。

15.6 产销协同控制

以最简单的业务订单式生产来分析,生产的目的是满足销售的需求。由于销售订单需求的不确定性,更由于生产产出的刚性(需要基于瓶颈产能的满产),必然会造成销售需求与产出的冲突。而且,客户需求所追求的与工厂内部产出所追求的也是冲突的(图15-10)。客户需求的是时间的准确性、短周期,而工厂追求的是高产出,而高产出最简单的方式是采用合批生产。

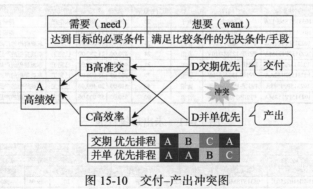

图15-10 交付–产出冲突图

销售与生产的不匹配体现为:时间的不匹配、数量的不匹配,这些不匹配都需要以库存作为缓冲来弥补。从这个维度上讲,零库存是伪命题。"库存是计划的结果",库存是生产和出运的缓存。

15.6.1 出运计划的控制

生产计划部门是依据销售订单的出运需求拉动成品作业和前置半成品车间的投料控制,以控制同步性和实现高效生产。生产的出运计划,必须处于预算控制状态,可以建立相关的统计报表进行关注。编制出运计划,是成品车间、半成品车间、原材料车间的拉动的核心。

1. 出运控制

需要对过去的出运高度关注,并对当前的出运进行有效控制,以确保销售计划的达成。未出货订单汇总表如表 15-18 所示。

表 15-18　未出货订单汇总表　　　　　　　　　万元

订单分布月份	4		5		6	
金额	966.9		572.7		321.6	
完成状况	已完成	未生产	已完成	未生产	已完成	未生产
分布金额	313.0	653.9	107.8	464.9	4.2	317.4
合计金额	1 861.2					

2. 出运异常控制

在控制出运额度的同时,需要控制出运过程中存在的异常。出运异常是改善的发现点之一,也是溯源销售异常原因之一。未出运统计表如图 15-11 所示。

3. 即将出运异常的控制

关注过去是为了展望未来,而生产计划和控制的关键,是永远关注未来。未来 4 周的出运计划,是生产计划和控制的重点。而下周的出运计划是重点中的重点。生产计划的控制原则是"近细远粗",则下周的出运计划才是计划和控制的关键环节。下周预计出运计划如图 15-12 所示。

客户订单号	中荣订单号	系统品号	机种型号	产品类型	出货数量/件	单价/元	金额/元	生产状况	未出货原因
20110224009	221-20110225001	103315TSMP12A	CS65.2	电子	20	19.04	380.80	未生产	待研发确认材料是否可用
20110224009	221-20110225001	103315TSMP12A	CS65.2	电子	2 000	19.04	38 080.00	未生产	待研发确认材料是否可用
SA/11003	221-20110122002	102315PP120AB	PPHP-120A-110V	音箱	24	420.00	10 080.00	已完工	东威拼柜的产品功放未到,产品未做,无法出货
SA/11003	221-20110122002	102315PP123MA	PPHP-123M-110V	音箱	24	470.00	11 280.00	已完工	东威拼柜的产品功放未到,产品未做,无法出货
SA/11003	221-20110122002	102315PP1288A	PPHP-1288A-110V	音箱	24	440.00	10 560.00	已完工	东威拼柜的产品功放未到,产品未做,无法出货
SA/11003	221-20110122002	102315PP150AA	PPHP-150A-110V	音箱	70	500.00	35 000.00	已完工	东威拼柜的产品功放未到,产品未做,无法出货
SA/11003	221-20110122002	102315PP1588A	PPHP-1588A-110V	音箱	40	510.00	20 400.00	已完工	东威拼柜的产品功放未到,产品未做,无法出货
SA/11003	221-20110122002	102315PP153MA	PPHP-153M-110V	音箱	100	550.00	55 000.00	已完工	东威拼柜的产品功放未到,产品未做,无法出货

图 15-11　未出运统计表

产品类型	音箱	电子	木箱	合计		生产状况	已分工	生产中	未生产	
预计出货值/元	937 274.68	38 460.80	-	975 735.48		金额	937.00	0.00	38 460.80	
客户	客户订单号	中荣订单号	系统品号	机种型号	产品类型	订总数量/件	出货数量/件	单价/元	金额/元	要求出货日	生产状况	备注
TONWEL	20110224009	221-20110225001	103315TSMP12A	CS65.2	电子	20	20	19.04	380.80	2011-04-20	未生产	
TONWEL	20110224009	221-20110225001	103315TSMP12A	CS65.2	电子	2 000	2 000	19.04	38 080.00	2011-04-20	未生产	
SA	SA/11003	221-20110122002	102315PP120AB	PPHP-120A-110V	音箱	24	24	420.00	10 080.00	2011-04-21	已完工	
SA	SA/11003	221-20110122002	102315PP123MA	PPHP-123M-110V	音箱	24	24	470.00	11 280.00	2011-04-21	已完工	
SA	SA/11003	221-20110122002	102315PP1288A	PPHP-1288A-110V	音箱	24	24	440.00	10 560.00	2011-04-21	已完工	
SA	SA/11003	221-20110122002	102315PP150AA	PPHP-150A-110V	音箱	70	70	500.00	35 000.00	2011-04-21	已完工	
SA	SA/11003	221-20110122002	102315PP1588A	PPHP-1588A-110V	音箱	40	40	510.00	20 400.00	2011-04-21	已完工	
SA	SA/11003	221-20110122002	102315PP153MA	PPHP-153M-110V	音箱	100	100	550.00	55 000.00	2011-04-21	已完工	
PV	10180	221-20110111001	1020010PRO012A	PRO12A	音箱	50	50	401.00	20 050.00	2011-04-20	已完工	
PV	10180	221-20110111001	1020010PROO15A	PRO15A	音箱	350	350	446.50	156 275.00	2011-04-20	已完工	

图 15-12　下周预计出运计划

4. 编制成品车间的投料计划

编制完毕周出运计划后,就可以根据成品车间的产品与产线的对应关系,产品与产线的产出关系（注：产品与产线是多对多的关系），进行成品作业排程。成品车间的排程，需要基于有限产能的预排程，可以确定产品工单的开工时间。有限产能的预排程，可以根据出运需求和物料供应，进行合批排程，以减少切换时间，如果实行快速换模（SMED），则可以不考虑合批。

5. 根据投料优先顺序确定前置自制件、外购件的同步拉动

根据成品车间的投料顺序（优先顺序），再进行成品车间的齐套性控制。可以利用BOM（物料清单）及ERP（企业资源计划）系统的投料单，进行采购件、自制件的同步性控制。

15.6.2 产销协同会议

出运计划是按照销售订单的需求编制，一般情况下需要编制4周（月计划）。出运计划是销售部门、生产部门交接的界面，是销售、供应协同的点，销售需要根据客户的需求进行变动，而生产需要根据产能异常、供应异常对交付调整出运计划。销售的变动、生产的调整在产销协同会上进行协同和调整。一般情况下，本周的周三、周四需要编制下一个周期（4周）的出运计划；出运计划的周期是4周（1个月），按照4周的周期间隔滚动控制，实现有效的出运控制。一般情况下，出运计划相当于是预算，而实际的出运相当于是决断。预算与出运之间有偏差，而偏差必然是由异常引起。异常的记录，是改善的起点。

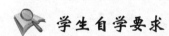 学生自学要求

一、概括本章基本知识逻辑，200～300字
二、熟悉本章基本概念、术语及其英文表达

工作催查/follow-up
进度管制/progress control
供应商跟催/vendor follow-up
供货商质量保证/vendor quality assurance，VQA
催货/expediting
物料搬运单/move order
工具申请单/tool order
延迟工作日报表/daily delay report
综合周报表/weekly summary report
例外管理原则/principle of exception
完工报告表/completion report
投入进度跟踪/input progress tracking
生产进度跟踪/follow up production progress
木栓控制图板/peg control board
shed-V-graphs 控制图板/shed-V-graphs control board

APPOLO 万能管制图板/APPOLO universal control chart
钉钩管制板/hook board
储袋管制板/pocket board
平衡线图/line of balance
生产计划图/product plan
目标图/objective chart
负荷管制/load control
编号管制/number control
瓶颈管理/bottleneck management/theory of constraints ,TOC
插单管理/production order inserting management
生产计划变更管理/production plan change management
作业切换管理/job change-over management
工程变动公告/engineering change notice，ECN
工程临时变动公告/temporary engineering change notice，TECN
工程变更申请/engineering change request，ECR
工程变更指令/engineering change order，ECO
换模时间/mold changing time
工作指令/job instructions
生产进度图/progress chart

三、预习并思考下列问题

1. 基本问题：是什么的问题

（1）采购循环所要做的是什么？
（2）什么是工作催查？
（3）什么是生产进度控制？
（4）生产进度报告的方式都有什么？
（5）影响生产进度的因素是什么？
（6）生产进度控制的工具都有哪些？
（7）调度会议是什么？
（8）生产计划变更的内容都是什么？
（9）什么是产销协同控制？
（10）什么是即将出运异常的控制？
（11）跟催与催货的区别是什么？

2. 综合性问题：怎么做、在哪些场合适合做

（1）现有一家公司需要进行现场作业的排程，由于该公司工厂的机器较为庞大，且是生产的关键，如果你是该工厂的工程师，你将如何进行排程？你需要采用哪种控制模式、需要哪些方面的数据？

（2）不同生产类型需要的生产进度报告的跟踪指令和表单都不一样。请根据生产类型意义举例说明。

（3）现有一家工厂请你为该工厂进行生产进度控制。请简述你需要了解哪些方面的信息，采用什么样的控制方法以及使用哪些工具。

（4）生产计划的变更讲求时机与原因。请简述生产计划变更的实际以及具体的管理过程。

（5）插单管理与控制的步骤有哪些？

（6）调度会议应当解决什么样的问题？

（7）生产计划产生变更时要做的第一件事是什么？

（8）前期设置合理，但客户要求的交货期太短可能会产生什么样的问题？

（9）如何解决生产和销售之间的不匹配？

（10）一家快餐店材料供应来源中，唯一来源、多重来源、单一来源分别都有什么？

3. 关键问题：为什么的问题

（1）为什么说采购不仅仅为采购部门的责任，而是涉及公司里的所有部门？

（2）为什么要进行工作催查与进度控制？

（3）为什么要对产销协同控制？

（4）应当用什么样的方式去选择一个合适的供应商，为什么？

四、本章知识逻辑

 即测即练题

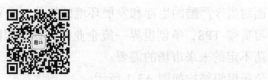

案例研究 3

准时化生产模式在某汽车配套公司的应用

一、企业概况

某汽车配套公司是为几家跨国大型汽车公司生产汽车线束的汽车配套公司，汽车线束主要由电线、端子、接头、机盒、套管、胶带等部分组成，为了使汽车安装方便，人们又重新把它组合成一种必要的形状，成为汽车的神经血管，担任着传递信息和能量的工作，最近随着汽车工业的急速发展，发动机的控制、空调、间歇雨刷器、音响、安全装置等各种体系都变得高性能化、多功能化。

公司的方针：认真学习贯彻丰田生产方式（TPS）、争创世界一流企业。全公司共有 2 600 人左右，设有端子、护套等部品公司和电线加工厂。线束的生产包括两大部分：铆压和组立装配，即公司的前、后工程制造部。前工程有 600 人，有 28 台全自动铆压设备（瑞士、日本产）和 30 多台半自动铆压设备，包括端子铆接机、开点机、熔接钉机、连接钉机、自动下线机等；后工程为线束装配，有 1 000 人，设有 30 多条流水线和 60 块固定板装配，是将铆压生产的各种单线、复合线按照线路图的要求进行装配。公司约有 30 多个车型、100 多种产品，原材料及部品种类较多（2 000 余种）。是一个典型的多品种、小批量加工企业。

面对当今严酷的生存和发展环境的挑战，公司开始吸收丰田生产的思想，本着认真学习贯彻 TPS，争创世界一流企业的方针，积极推行准时化生产，以适应急剧变化和动荡不定的未来市场的需要。

公司组织结构如图 A3-1 所示。

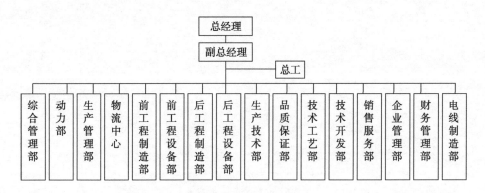

图 A3-1　公司组织结构

二、推行准时化生产的理由

1. 外部环境的迫切要求

随着汽车工业的发展，市场竞争激烈，汽车的产品周期在缩短，正在朝着品种多、花样多、功能强的方向转变，以满足不同层次的客户需求。公司客户某世界知名跨国汽车公司先后提出了减少库存、缩小加工批量，提高制造系统的柔性，以便对应市场的需求，给配套带来了极大的挑战。

2. 内部自身的不足

原有的生产组织是面向库存式的生产，每种品种集中投产，批量较大，制造周期相对较长。以前所有的返销日本佳美的线束，每周日本会在固定的时间传真不同车型的生产计划，同时每周向日本发一次货；国内丰田公司每周会给两次生产计划，发两次货，相对加工批量较大，生产比较容易组织。为了适应市场多变的需求，减少在库，丰田公司首先提出要求采用"1-4-2"看板循环模式运作，即每天丰田会向所有配套厂商发送四次加工指令，同时取两次货，每月向配套厂商提供 $N+2$ 月生产预示，佳美公司也从以前的每周一次计划、一次发货改为每天一次生产计划、每两天发一次货。现有的生产组织形式造成生产周期很难得到有效的控制，经常出现顺延交货的现象，引起了客户的极大抱怨。为应对客户的需求，提高生产及各相关职能部门的运作效率，公司管理层决定对现有的生产方式进行变革，逐步导入准时化生产方式。

三、准时化生产在该公司的具体应用

1. 优化生产过程、推行看板管理

首先将丰田系列的产品改为看板拉动式生产，以便对应每天接收四次生产指令、发两次货的需求。根据所有车型线束的 BOM，将丰田与佳美两大系列的线束，依照丰田的 $N+2$ 月内的产量需求和返销的中长期计划预示，并按照不同设备的加工性能，重新分配生产能力，并设立为专有设备和通用设备；分析所有线束的 BOM，依照线色、线径、线长、端子、所穿防水栓及部品等将每一根单线、复线分类，分为全共用、准共用和专用线材，除长周期的加工线材外，全部采用共用化投产；出货管理科从丰田物流公司手中收取加工指示信息，每天四次，分别为 6 点、12 点、18 点、24 点。然后每隔一次取上次数量的货。"1-4-2"看板模式取货循环如图 A3-2 所示。

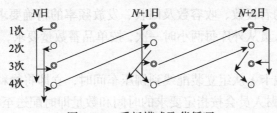

图 A3-2　看板模式取货循环

成品库接收到信息后，输入计算机并打印出发货指示书、标签。用读码器读取 KANBAN 条码，把数据输入电脑，并更换成公司的加工看板和看板明细书，根据

KANBAN 明细书,发行生产指示 KANBAN,并按品番切分,按组立线(固定板合起来)分开,装入后工程流水线组立的看板存放箱中,把确认无误的 KANBAN 和下回的将回执装入看板保管箱,流水线的排产人员依据各流水线在制品线材的库存情况,按照线路图的要求收集铆压加工指示书(线卡),送至铆压车间,同时打印出一流至四流物料需求明细至各部门进行备料,并依照每日各流水线排产计划,标明送料时间和频次,同时给中间库收线人员打印出收线明细表,铆压车间每天组织两次投产,制造出来的单、复线附带着线卡,由中间库人员负责收齐直接送至各流水线的每个上线工位后,取下线卡放置线卡存放箱。在此过程各阶段都有严格的时间限制(图 A3-3)。

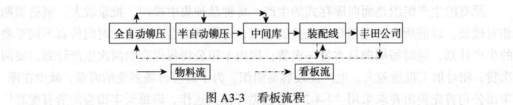

图 A3-3 看板流程

生产组织形式也从原有的工艺专业化组织改为按产品加工对象专业化与工艺专业化相结合的方式,对于加工周期较长或生产能力受制约的工序按生产预示的需求,设定临时蓄水池(在制品库存),由于期量标准不同,此种线材在投产前需到生产部门更换看板,丰田的生产指令看板直接通过成品库下达到组立装配线,装配线根据不同车型的线束回路要求,将所有的回路卡(往返移动的看板,该看板卡指明了加工参数、数量、工序过程、所需设备及总装配线的地址等)收集齐全,传递给前序铆压车间,按照固定的生产时间,直接投入生产,大大减少了生产准备时间。

2. 专人配送模具、端子、防水栓等部品(实行送料制和看板取料)

由于车型较多,相应的线束的线色、线径、线长、端子、所穿防水栓及附加部品也相应较多,共计 2 000 多种,现场所使用的铆压模具 600 多套,仅丰田系列就有 300 套左右,加之批量变小,给资财、模具的供应带来很多问题,经常出现混、缺、丢物料,造成极大的浪费,材料的消耗率随之上升。因此在材料的供应上也根据准时化的三个必要的原则"必要的时间,必要的数量,必要的品种",从原有的组长领料改为资财送料。

首先,公司将所有的物料实行分流管理,共分为四个流:一流物料为线材、端子,二流物料为防水栓、热缩管等,三流物料为各种护套,四流物料为卡子、喉箍等部品。每流物料都有各自的看板数、收容数及回收、发放频率的精确要求。第四流物料还设有专门的物流配送人员从外库每两小时一次,按单品番数量要求,直接送往 30 多条组立流水线。

生产指令单(线卡)从组立装配线到铆压车间时,立即将物料卡片填写好放入看板存放箱,公司的资财人员会按指定要求的时间和数量即时配送至机台或现场存放处,大大提高了作业效率。

600 套模具也设有两个专有辅助人员定时送达和收回,同时所有模具架位中都明确了模具的去向和在机台的使用时间,各机台的作业人员依据手中的看板卡每半小时填写模具需求单注明型号、时间等信息放入指定看板箱。在机台处都设有专门的架位，注明"已用模具""待用模具""故障模具"，大大减少了加工过程中的寻找、等待时间，提高了作业效率。

3. 提高设备利用率——缩短切换时间（模具、端子、防水栓工装）

由于汽车线束是一个典型的多品种、小批量加工行业，生产过程中各种物料、模具的切换次数多，公司每天仅模具的切换最多可达 600 次/25 台，产量为 60 万套，包括电线和端子的切换可达千余次，每天有 40%左右的时间设备处于切换中，设备利用率（机器运行效率）低，生产准备及辅助时间过长，员工的作业差错率高，造成生产周期很难得到有效的控制。日本住友电装公司和本公司为同种加工类型，稼动率可达 65%～70%，而我公司只能达到 50%左右，加之加工批量的缩小，以前最小批量也需 100 台左右，每单品番线束约有 300～500 套回路，每天只需加工十几个品番，产量不过 30 万～40 万套，现在最小的批量只有 5 套，还经常插入 1～2 套的样品线，每天会有几十个甚至上百个品番，600 多次切换，高达 70 万套的产量。每次切换少则 5 分钟，多则需 15～30 分钟，给生产造成极大的压力。因此，作业更换时间的缩短，就成了实现生产同步化的关键问题。必须通过改善作业方法、改善工夹具、提高作业人员的切换速度以及开发小型简易设备等来缩短切换时间。典型的切换包括如下动作：更换端子、更换电线、卸下已用模具、检查待用模具状态（钳口、送料爪有无严重磨损；止退片、退料爪有无变形、折断）、安装导料装置、安装并锁紧模具、更换防水栓工装、装卸刀架、调整刀具间距、输入加工信息、加工首件、调整高度值、确认拉拔力、线长、开始批量加工。公司应用了 IE（工业工程）中的 ECRS（取消、合并、调整顺序、简化）分析和 SMED 技术对整个切换过程进行了全方位的改善。

1）分析内部、外部时间，确定增值、非增值动作

首先，分析切换过程中的每一个动作，通过大量循环往复的测试并记录时间，确定哪些工作必须在停机时进行，哪些可在运行中进行，确定哪些动作可以减少、省略，将内部时间最大限度地向外部时间转化。

将刀具的调整转化为外部调整，线束需切断和剥皮，是需要 5 片刀具固定在刀架上进行，不同的线径和剥皮长度需要不同的刀具间隙，以前的调整是在停机时进行，由于没有足够的刀具和刀架，加之作业速度慢，非常影响切换速度。依此内部时间向外部时间转化原则，购置了足够的刀具和刀架，并根据不同的线径和剥皮长度在设备切换之前将间隙调整好，设备停止后直接更换，只需装卸刀架的时间，提高了切换速度。

将导料装置的安装时间转化为外部时间。端子的铆压会产生碎片，须有导料装置从模具中排出，以免损坏钳口。每个机台只有必要的几个导料装置，当更换模具时根据模具的类型安装导料槽、盖。为减少切换时间，将所有模具依照加工类型配备导料装置。

增加检验设备和辅助人员。确认拉拔力须专有设备测量，加工首件后必须检测拉拔力，合格后方可生产。由于没有足够的设备（30 台加工设备，只有 2 台检测拉拔力仪器），换型后经常出现等待检测结果，增加 3 台检测拉拔力仪器后，大大缩短了检验员的移动距离和检测时间。

2）缩短调整时间

通过对作业人员和检验人员的技能培训和技术评比，提高了切换的技能和速度。公司根据近期产量的要求，每周每班次至少安排一台全自动铆压机器对当班所有主操作进行各类型切换的技能培训，对于典型的切换 IE 人员将记录切换时间，进行评比，对前几名的人员进行奖励。同时，住友电装公司每两年将在全球的线束公司举行"奥林匹克技能大赛"以促进和提高员工的作业技能。

3）经常性、习惯性动作的标准化

对于装卸模具、更换端子、检验动作等切换过程中的所有动作 IE 人员都逐一做了标准化，并用目视化图片直接张贴在各加工机台，以提高动作的效率，减少时间的浪费。

四、目前准时化生产应用的补充

1. 看板运作部分

由于加工指示书（看板）在铆压车间经由工序较多，先后经由机器铆压、手工铆压、线材开点、连接钉、抵抗熔接、手工穿着部品、防水处理等，工序内各种不良原因造成数量差异无法及时补充，会影响在铆压车间的加工周期。建议增加专人补充线材，即可保证不被打散批量，同一批次的产品同时结批。

产品设计变更及工艺调整等因素使得加工指示书（看板）更换时间较长，即投产准备时间过长，严格控制新品及设计变更的计划进度，以确保足够的生产准备时间。

由于每种产品的加工指示书（看板）的张数不一，且工艺流程不同，在投产准备时经常有漏投产现象。建议采用计算机系统管理投产或采用更加目视化的辅助工具。

2. 工厂内物流部分

由于线材在铆压车间的物流比较乱，有的经过全自动铆压直接可去中间库，称为 A 类线材；有的则需自动铆压机进行一端铆压，另一端需半自动铆压或有其他的后续作业，称为 B 类线材。虽然 A、B 类线材在投产时间上有区分，但由于线材的种类、数量较多，在 28 台自动铆压设备上无法平行收齐，A、B 类线材会出现混合作业，经常使线材丢失，无法进行后续作业。但补充加工后，中间库结批时，丢失的线材又出现了，造成时间、材料、工时的浪费较大。建议在自动铆压车间内部设 B 类线材的专职物流人员，并用具体的收线明细进行跟踪。

3. 员工技能方面

虽已采用多技能的作业人员培训系统，但在实际工作中人员相对较固定，不利于提高人员的作业技能，而且对于人员岗位的变化较随意，对于变化点的跟踪确认缺乏系统的管理，质量隐患较大。建议完善员工各阶段教育机制、调岗审批等制度，采用目视化较强的变化点管理看板或采用听觉的效果（工厂内播音系统）强化变化点的管理，提高质量意识。

思考题：

1. 试根据本案例，简述准时化生产的原理。
2. 该公司在推行准时化生产的过程中，具有哪些特点与不足？

参 考 文 献

[1] 松林光南，渡部弘. 工厂管理机制[M]. 张舒鹏，译. 北京：东方出版社，2013.
[2] 李全喜，赵裕综. 生产管理[M]. 长春：吉林科学技术出版社，1998.
[3] 李松龄，等. 一汽工艺文件编制与管理（上、下）[R]. 长春：中国第一汽车集团公司人事部职工教育处，1994.
[4] 王文信. 生产计划管理实务[M]. 厦门：厦门大学出版社，2002.
[5] 林则梦. 生产计划与管理[M]. 台北：华泰文化事业股份有限公司，2006.
[6] 汤普金斯，等. 设施规划[M]. 北京：机械工业出版社，2007.
[7] HEIZER J, RENDER B. 生产与作业管理教程[M]. 北京：华夏出版社，2002.
[8] WIENDAHL H P. 面向负荷的生产控制——理论基础、方法与实践[M]. 北京：清华大学出版社，1999.
[9] 孟亚杰，孙丽. 生产计划管理实操手册[M]. 北京：中国电力出版社，2012.
[10] 傅和彦. 生产计划与管制[M]. 厦门：厦门大学出版社，2006.
[11] WILD R. Production and operation management, principles and techniques[M]. London: Cassell Educational Limited, 1991.

教师服务

感谢您选用清华大学出版社的教材！为了更好地服务教学，我们为授课教师提供本书的教学辅助资源，以及本学科重点教材信息。请您扫码获取。

▶ 教辅获取

本书教辅资源，授课教师扫码获取

▶ 样书赠送

管理科学与工程类重点教材，教师扫码获取样书

清华大学出版社

E-mail: tupfuwu@163.com
电话: 010-83470332 / 83470142
地址: 北京市海淀区双清路学研大厦 B 座 509

网址: https://www.tup.com.cn/
传真: 8610-83470107
邮编: 100084